齐鲁文化经典文库

管子新注

姜涛　著

齊魯書社

《齐鲁文化经典文库》

出版说明

齐鲁大地是中华民族主流文化的主要发祥地，数千年来，生长在这里的齐鲁人，用自己的聪明和智慧创造了璀璨的文明。首先是在中华文化的整体框架中地位突出、做出重大贡献的先秦诸子，其中影响尤著者大部分生长于斯；其后历朝历代，几乎都有引领潮流、成就卓著的思想家、文学家、科学家等，他们为中华文化的形成和发展谱写了辉煌的篇章，同时也留下了一大批千古流传、影响深远的文化典籍。将这些记录着他们的思想、积淀着丰富厚重的文化内涵、为一代代中国人所承继的典籍系统地予以整理出版，从而进一步扩大齐鲁文化的影响，提高其在当代人中的认知度，促进中华优秀传统文化的积累、传承和弘扬，无疑具有重要的意义。鉴于此，我们向读者推出了这套“齐鲁文化经典文库”。该书的出版系由山东出版集团组织，具体工作由齐鲁书社负责实施。

通过有关专家论证，确定本“文库”的收录范围是那些由齐鲁籍人士（或有一说为齐鲁籍人士）著述的、已经独立成册、在中华历史文化典籍中堪称经典的著作；对像荀子这样原籍虽非齐鲁，但其主要政治生活是在齐鲁地域、其形成影响的思想和主要著述也产生在这里的个别作家，其经典著作也酌情收录。

收录的作品均采用现代标点本，除小说、戏曲之外，其余作品尽可能加以注释，而对先秦典籍则多数予以今译，以便于读者的阅读和理解。所收部分校注本因问世较早,其中难免存有时代的痕迹,诸如高亨先生的《周易大传今注》,陆侃如、牟世金先生的《文心雕龙译注》等,但这些著作是世人公认的具有权威性的注本,仍需得到我们的尊重。

对经典著述的整理出版绝非一日之功,因此,本"文库"在最初集中推出一批后,未出品种将陆续整理出版,谨此说明。

齐鲁书社

2009 年 3 月

前言

管仲，名夷吾，因谥“敬”，故又称管敬仲，春秋时杰出的政治家，颍上人。曾为齐相，被齐桓公尊为仲父，辅佐桓公九合诸侯，一匡天下，成为春秋五霸之首。

管仲早年贫困，先是经商，后又从政，与挚友鲍叔牙分别辅佐公子纠和公子小白。齐襄公十二年（前686年），齐国内乱，公孙无知弑君自立，后被杀，当时流亡在鲁的公子纠和流亡在莒的公子小白争相回国夺取君位。管仲为使其辅佐的公子纠夺得君位，于途中设伏狙击小白，箭中带钩，小白假装中箭而死，在鲍叔牙的协助下抢先回国夺得君位，是为桓公。桓公即位后，借鲁国之手杀了公子纠，并要杀管仲，报一箭之仇。鲍叔牙及时劝阻并竭力举荐管仲，桓公不计前嫌，让管仲回国并任用为相，治理齐国。管仲自己也说过：“吾始困时，尝与鲍叔贾，分财利多自与，鲍叔不以我为贪，知我贫也。吾尝为鲍叔谋事而更穷困，鲍叔不以我为愚，知时有利不利也。吾尝三仕而三见逐于君，鲍叔不以我为不肖，知我不遭时也。吾尝三战三走，鲍叔不以我为怯，知我有老母也。公子纠败，召忽死之，吾幽囚受辱，鲍叔不以我为无耻，知我不羞小节而耻功名不显于天下也。生我者父母，知我者鲍子也。”（《史记·管晏列传》）

为政之初，桓公并没有听从管仲的足民、富国、强兵、待时而动的策略，忙于征伐，先伐宋，后又伐鲁，均以失败而告终，这才退而修内政，放手任用管仲进行一系列的改革。政治上实行“参其国而伍其鄙”的行政体制和士、农、工、商分治，提出了“爱民”、“安民”、“以人为本”、以法治国、选贤任能等施政纲领；经济上以轻重之术理财，采取“相地而衰征”的赋税政策，强调“利出一孔”，实行“官山海”的盐铁专卖政策；军事上“作内政而寄军令”，军事编制和行政编制合二为一，寓兵于农；对外则打起“尊王攘夷”旗号，拥护周王室，联合中原各国抵御北方各少数民族的入侵，与各国订立修好的盟约。所有这些，都大大提高了齐国的政治、经济、军事实力和国际影响力，使齐国得到了周天子的支持和各国的拥护，实现了称霸天下的大业。后来的孔子曾对子路称赞说：“桓公九合诸侯，不以兵车，管仲之力也。如其仁！如其仁！”又对子贡称赞说：“管仲相桓公，霸诸侯，一匡天下，民到如今受其赐。微管仲，吾其被发左衽矣！”（《论语·宪问》）

《管子》一书的内容异常复杂，思想也非常丰富。《七录》将其列入法家，《汉书·艺文志》将其列入道家，《隋书·经籍志》将其改入法家。罗根泽先生在《管子探源》中指出：“《管子》八十六篇，今亡者才十篇，在先秦诸子，裒为巨帙，远非他书所及。《心术》、《白心》诠释道体，老庄之书，未能远过；《法法》、《明法》究论法理，韩非《定法》、《难势》未敢多让；《牧民》、《形势》、《正世》、《治国》多政治之言；《轻重》诸篇又多为理财之语；阴阳则有《宙合》、《侈靡》、《四时》、《五行》；用兵则有《七法》、《兵法》、《制分》；地理则有《地员》；《弟子职》言礼；《水地》言医；其他诸篇，亦皆率有孤诣。各家学说保存最夥，诠发甚精，诚战国秦汉学术之宝藏也。”（《罗根泽说诸子》，上海古籍出版社2001年版）20世纪50年代始，郭沫若先生提出对《管子》进行分类研究，并首先对《心术》上下、《白心》、《内业》以及《侈靡》等篇进行了分析。此后，从各个方面对《管子》思想进行研究的论著层出不穷，蔚为大观。从现在的学术分类来看，包含了哲学、政治、经济、法律、军事、教育、外交等方面的思想，也涉及了天文、地理、农业、水利、医学、矿产资源和冶炼、制盐等科学技术方面的内容。

《管子》一书的作者和断代，历来众说纷纭，莫衷一是。从现有文献资料来看，战国时已有之，韩非说过：“今境内之民皆言治，藏商、管之法者家有之，而国愈贫。”（《韩非子·五蠹》）在汉代已经很流行，司马迁在《史记》中就提到了《管子》的一些内容，并说：“吾读管氏《牧民》、《山高》、《乘马》、《轻重》、《九府》，详哉其言之也。既见其著书，欲观其行事，故次其传。”（《史记·管晏列传》）当时对此并未有异议，如《淮南子·要略》

篇也说:"齐桓公之时,天子卑弱,诸侯力征,南夷北狄,交伐中国,中国之不绝如线。齐国之地,东负海而北障河,地狭田少,而民多智巧。桓公忧中国之患,苦夷狄之乱,欲以存亡继绝,崇天子之位,广文武之业,故《管子》之书生焉。"这代表了当时的普遍观点,也是以后通行的说法,所以一直为历代的史志纪传等典籍所沿用。至晋代傅玄开始提出怀疑,他说:"《管子》一书,过半便是后之好事所加,乃说管仲死后事,其《轻重》篇尤复鄙俗。"(转引自王应麟《困学纪闻》卷十)北宋的苏辙认为:"管仲既没,齐国因其遗业,常强于诸侯。至战国之际,诸子著书,因管子之说而益增之。"(《古史·管晏列传》)此说对后世影响甚大。南宋叶适在其《习学记言》中提出了"《管子》非一人之笔,亦非一时之书"的著名论断。而朱熹则认为,"管子以功业著者,恐未必曾著书","想只是战国时人收拾仲当时行事言语之类著之,并附以他书"。(《朱子语类》卷一三七)清初辨伪大家姚际恒的《古今伪书考》认为《管子》是真伪参半。《四库全书总目》说:"今考其文,大抵后人附会多于仲之本书……意其中孰为手撰,孰为记其绪言如语录之类,孰为述其逸事如家传之类,孰为推其义旨如笺疏之类,当时必有分别。"日本学者安井衡则认为有手著和承学者述之之别:"谓之夷吾自著固失之,谓之后人伪撰亦未为得也。今详考全部,《经言》九篇盖成于管敬仲之手,故尊称《经言》。《外言》以下,则承其学者述之,而其所本亦各不同。"(《管子纂诂·序》)上世纪初,在清末民初疑古思潮影响下,管仲与《管子》的著作权可以说是渐行渐远,而对《管子》一书的断代也是越推越晚。梁启超先生先是在其《管子评传》中认为《管子》"其非尽出管子手撰无可疑者",而且"度其中十之六七为原文,十之三四为后人增益"。后来在其《古书真伪及其年代》中又指斥《管子》为伪书,谓其为战国乃至汉初"无系统之类书"。此后,几位影响较大的专家如罗根泽先生、郭沫若先生、马非百先生,还有美国学者李克先生等,都在其有关专著中把《管子》的成书由战国初推到了秦至汉的文、景、武、昭时期甚至更晚。在他们的影响下,"《管子》书中没有管仲的著作,而多数篇章都是战国末期的作品,可能还有不少是秦汉时人的作品,这成为二十世纪学界

的主流看法。"(张固也《管子研究》,齐鲁书社2006年版)

我们认为,关于《管子》的作者和时代,应该把握以下几点:

第一,《管子》完全是管仲的著作和《管子》完全不是管仲的著作,这两个极端的说法对于解决这一问题甚至对整个《管子》研究都是没有意义的,《管子》内有管仲遗说,至少与管仲或管仲学派有关,这是研究《管子》的基本前提。前一说法绝大多数情况是史志纪传根据古书通例著录,正如吕思勉先生所说:"故读子者,不能以其忽作春秋时人语,忽为战国时人之言,而疑其书之出于伪造。犹之读集者,不能以其忽祖儒家之言,忽述墨家之论,而疑其文非出于一人。先秦诸子,大抵不自著书。今其书存者,大抵治其学者所为,而其纂辑,则更出于后人。亡佚既多,辑其书者,又未必通其学。不过见将此类学术之书,共有若干,即合而编之,而取此种学派中最有名之人,题之曰某子云耳。然而某子之标题,本不过表明学派之词,不谓书即其人所著,与集部之标题为某某者大不相同。"(《先秦学术概论》,东方出版中心1985年版)而后一说法中,认为管仲与《管子》毫无关系的,也只有胡适先生、傅斯年先生等几个人。大多数人都认为《管子》虽不是管仲的著作,但其思想源流与管仲有关,如上文所引的朱熹,明代宋濂也祖述朱熹之说:"是书非管仲自著也。其中有绝似曲礼者,有近似老庄者,有论伯术而极精微者,或小智自私而其言至卑污者。疑战国时人,采掇仲之言行,附以他书成之。"(《诸子辨》)清代的章学诚说得更有道理:"春秋之时,管子尝有书矣。然载一时之典章政教,则犹周公之有《官礼》也。记管子之言行,则习管氏法者所缀辑,而非管仲所著述也。"(《文史通义校注》,中华书局1985年版)正是在这一基本前提下,罗根泽、关锋、林聿时、余敦康、胡家聪等先生对《管子》逐部分、逐篇章分类进行考证研究,分析其思想流派和时代特征,使《管子》研究日益深入,张固也博士的《管子研究》是近年此类研究的代表。

第二,《管子》与稷下学的关系值得重视。最早提出《管子》与稷下学宫有关的是南宋韩元吉,他说:"当是时,齐有稷下之邑,盖亦是尧舜,非桀纣,谈道德而言仁义,虽仲之作内政以寓军令,在于强兵富国而霸齐,今其书则尚权术，务笼络，要以愚其民而用其力，驳杂为甚，已有战国之风，不知仲之说果如是乎？故意其为游士之术也。”（《南涧甲乙稿》卷十六）明代朱长春更进一步提出：“故其书杂者，半为稷下大夫坐议泛论，而半乃韩非、李斯辈袭商君以党管氏，遂以借名行者也。故其书有春秋之文，有战国之文，有秦先周末之文。”（《管子榷·序》）顾颉刚、郭沫若、冯友兰诸先生和日本学者武内义雄、美国学者李克等也都肯定了二者的关系。20世纪80年代以后，随着《管子》和稷下学研究的深入，二者在地域、语言、文化、传统、思想等各方面的密切关系也越来越多地被揭示出来。池万兴博士甚至认为：“它包含了春秋时代齐国的史官以及管仲的门人弟子、后代，直到战国田齐时代稷下学宫崇尚管仲功业的可以称之为‘管仲学派’的稷下学士的论著。也就是说，《管子》一书的断代应该是：春秋管仲时代到战国末年齐王建时稷下学宫衰亡前的作品汇集。”（《管子研究》，高等教育出版社2004年版）

第三，出土文献材料对这一问题的研究有重要参考价值。20世纪70年代始，各地相继出土了多批帛书、简书，为这一问题的研究增加了实证。唐兰先生首先指出，马王堆出土老子乙本卷前古佚书引用了《管子》的语言文句。李学勤先生用临沂银雀山汉墓竹简证明，一向被视为晚出的《轻重》诸篇是战国时期的作品。最近，郭丽博士通过对银雀山简相关内容与管子的对比研究，认为“管子的主体部分在春秋末年已经成书”。

今本《管子》为汉代刘向编定。他在《管子叙录》中说：“所校雠中《管子》书三百八十九篇，太中大夫卜圭书二十七篇，臣富参书四十一篇，射声校尉立书十一篇，太史书九十六篇，凡中外书五百六十四，以校除重复四百八十四篇，定著八十六篇，杀青而书可缮写也。”除了有十篇亡佚之外，我们现在看到的本子也大致是这样。至于版本的流传过程和各个版本的优劣异同，郭丽博士的专著《管子文献学研究》考之甚详，可以参阅。唐代，有房玄龄（一说尹知章）为之作注。宋人校刊的《管子》，今可考者有二，一为具杨忱序的南宋初年浙江刻本，现存国家图书馆；另一为绍兴年间刊刻的瞿源蔡潜道墨宝堂本，该本民国年间在国内已失传。明代校刊研究《管子》者不乏其人，但明人的风尚习气是好任意选编、改编、删削、点评，其中赵用贤校刊的《管韩合刻》本《管子》是后来流传的善本，刘绩(郭沫若定其为辽人)的《管子补注》、朱长春的《管子榷》是较好的注释本。清代的《管子》研究可以说是异军突起，出现了王念孙、洪颐煊、戴望、陈奂、丁士涵、俞樾等大家和一大批校释《管子》的著作。20 世纪 50 年代，郭沫若先生在闻一多、许维遹两先生遗稿基础上完成的《管子集校》，是当时校释《管子》的集大成者，此后重要的校释注译本还有赵守正先生的《管子注译》、《管子通解》和台湾李勉先生的《管子今注今译》。

《管子》一书非常古朴，之所以号称难读，主要是错简、脱误、窜乱严重，语言文字和典章制度时间跨度太大。本书的目的是提供一个完整可靠的现代注释本，以供阅读研究之需，所以底本选取的是流行较广、校勘精善的浙江书局刊行的《二十二子》本，校以国家图书馆所藏南宋初年浙江刻本，同时参考了明清以来的其他善本和各家校注、校释本(《主要参考书目》附后)。本书始撰于 1991 年，完成于 2006 年，并于当年年底由齐鲁书社出版。这次收入《齐鲁文化经典文库》，只对个别明显的错误进行了改正，并按出版社统一要求重新撰写了前言。我的老师，原山东大学古籍研究所所长、博导董治安先生自始至终指导了本书的撰写并审订了部分文稿，我的同门师兄山东大学文学院博导徐超教授、山东大学文史哲研究院博导刘晓东教授审阅了本书的大部分文稿并提出了许多修改意见，在此谨表谢意。由于本人学识有限，闻见不广，疏漏之处，还请各位专家和读者朋友指正。

姜涛于山东科学院宿舍

2008 年 12 月 8 日

目录

牧民第一

［解题］

本篇论述的是统治管理人民的基本方法。共分五部分：一是总论治国理民之道（国颂），二是提出礼、义、廉、耻四条治理国家的根本纲领（四维），三是行政顺民心的四个方面（四顺），四是治理国家和人民的十一种方法（十一经），五是管理宗族百姓的五条基本法则（六亲五法）。

［原文］

凡有地牧民者，务在四时，守在仓廪①。国多财则远者来，地辟举则民留处②。仓廪实则知礼节，衣食足则知荣辱③。上服度则六亲固，四维张则君令行④。故省刑之要，在禁文巧⑤；守国之度，在饰四维⑥；顺民之经，在明鬼神、祗山川、敬宗庙、恭祖旧⑦。不务天时则财不生，不务地利则仓廪不盈。野芜旷则民乃荒，上无量则民乃妄⑧。文巧不禁则民乃淫，不障两原则刑乃繁⑨。不明鬼神则陋民不悟，不祗山川则威令不闻，不敬宗庙则民乃上校，不恭祖旧则孝悌不备⑩。四维不张，国乃灭亡。

右国颂

［注释］

① 有地牧民者：拥有土地并统治人民的人。牧：牧养，这里指统治、治理。务：致力。四时：指春耕、夏耘、秋收、冬藏四季农事。守：保持。仓廪：指粮食。古时藏谷者称仓，藏米者称廪。 ② 地辟举：土地开辟充分。辟：开辟。举：尽、全。留处：停留安居。 ③ 这两句意思是：粮仓充实，人们才会讲究礼仪等级；丰衣足食，人们才能懂得光荣耻辱。 ④ 服度：遵守制度。服：行。六亲：父、母、兄、弟、妻、子。四维：指礼、

义、廉、耻。维:绳索,引申为纲领。张:伸张。这两句的意思是:统治者遵守法度,亲戚六族才会亲和稳固;礼、义、廉、耻四大纲领伸张发扬,君主的法令才能得以推行。 ⑤ 要:关键。禁文巧:禁止生产和使用奢侈物品。文巧:指只供装饰或玩赏而无实用价值的器物。 ⑥ 守国之度:巩固国家的原则。饰:通“饬”,修治、整顿。 ⑦ 顺民之经:教育训导人民的根本方法。顺:通“训”。经:常规。明:尊。祗:读音 zhí,敬。祖旧:宗亲旧臣。 ⑧ 芜:荒芜。旷:废弃。荒:懒惰懈怠。“荒”原本为“菅”,据戴望说校改。量:限度。这两句的意思是:田地荒废,人们就会懒散懈怠;统治者贪欲无度,人民就会越轨妄为。 ⑨ 淫:放纵,过度。障:堵塞。“障”原本为“璋”,据俞樾说校改。两原:指“民乃妄”和“民乃淫”的两个根源,即统治者贪欲无度、不禁文巧。 ⑩ 陋民:小民。悟:觉悟。闻:传播。校:通“较”,对抗。孝悌:善事父母为孝,善事兄长为悌。备:具备。

［原文］

国有四维,一维绝则倾,二维绝则危,三维绝则覆,四维绝则灭①。倾可正也,危可安也,覆可起也,灭不可复错也②。何谓四维?一曰礼,二曰义,三曰廉,四曰耻。礼不逾节,义不自进,廉不蔽恶,耻不从枉③。故不逾节则上位安,不自进则民无巧诈,不蔽恶则行自全,不从枉则邪事不生④。

右四维

［注释］

① 以上五句意思是:维系国家政权有四维,一维断绝则国家倾斜,二维断绝则国家动乱,三维断绝则国家垮台,四维断绝则国家灭亡。 ② 正:纠正。复错:挽救。复:再,重。错:同“措”,安置。 ③ 逾节:超越等级规范。自进:不通过推荐而自己投机钻营。蔽恶:掩盖过错。从枉:干坏事。枉:曲、邪。 ④ 上位:统治者的职位。行自全:品行自然完美。

［原文］

政之所兴,在顺民心①;政之所废,在逆民心。

民恶忧劳，我佚乐之[2]；民恶贫贱，我富贵之；民恶危坠，我存安之[3]；民恶灭绝，我生育之[4]。能佚乐之，则民为之忧劳[5]；能富贵之，则民为之贫贱；能存安之，则民为之危坠；能生育之，则民为之灭绝。故刑罚不足以畏其意，杀戮不足以服其心[6]。故刑罚繁而意不恐，则令不行矣[7]；杀戮众而心不服，则上位危矣。故从其四欲，则远者自亲[8]；行其四恶，则近者叛之[9]。故知予之为取者，政之宝也[10]。

右四顺

［注释］

① 政：政策法令。兴：兴起，推行。 ② 恶：读音 wù，厌恶。忧劳：忧愁劳苦。佚乐之：使人民安逸快乐。 ③ 危坠：危险灾难。存安之：使人民生存安定。 ④ 灭绝：灭亡，断绝后代。生育之：使人民生育繁衍。 ⑤ 这两句的意思是：能使人民安逸快乐，人民才能与你一起承担忧愁和劳苦。 ⑥ 这两句的意思是：所以说，只靠刑罚，不足以使人民畏惧；单凭杀戮，不足以使人民心服。 ⑦ 刑罚繁而意不恐：刑罚繁多但人民并不害怕。 ⑧ 四欲：指“逸乐”、“富贵”、“存安”、“生育”。 ⑨ 四恶：指“忧劳”、“贫贱”、“危坠”、“灭绝”。 ⑩ 这两句的意思是：所以懂得“给予就是为了取得”这个道理，是治国的法宝。

［原文］

错国于不倾之地，积于不涸之仓，藏于不竭之府，下令于流水之原，使民于不争之官，明必死之路，开必得之门，不为不可成，不求不可得，不处不可久，不行不可复[1]。错国于不倾之地者，授有德也[2]；积于不涸之仓者，务五谷也[3]；藏于不竭之府者，养桑麻育六畜也[4]；下令于流水之原者，令顺民心也；使民于不争之官者，使各为其所长也[5]；明必死之路者，严刑罚也；开必得之门者，信庆赏也⑥；不为不可成者，量民力也⑦；不求不可得者，不强民以其所恶也⑧；不处不可久者，不偷取一时也⑨；不行不可复者，不欺其民也。故授有德则国安，务五谷则食足，养桑麻育六畜则民富，令顺民心则威令行，使民各为其所长则用备⑩，严刑罚则民远邪⑪，信庆赏则民轻难⑫，量民力则事无不成，不强民以其所恶则诈伪不生，不偷取一时则民无怨心，不欺其民则下亲其上。

右十一经

[注释] ① 错：同“措”，安置。涸：干枯。府：府库，贮存财物的地方。流水之原：喻指事情的源头、根本。官：指职业、行业。必死：犯罪必以死严惩。必得：立功必以赏鼓励。复：重复，再。以上十一句的意思是：把国家政权置于稳固的基础之上，将粮食积蓄在不枯竭的粮仓内，把钱财储存在用之不尽的府库里，把政令制定在人民最关心的根本问题上，将人民安置在互不争夺的行业中，向人民指明犯罪必死的道路，敞开立功必赏的大门，不做不能成功的事情，不追求得不到的东西，不要停留在不能长久停留的地方，不要做不能重复和持续的事情。 ② 有德：指有德能的人。 ③ 务五谷：致力于粮食生产。 ④ 养：种植。育：繁殖。 ⑤ 使各为其所长：让人民各自从事他们所擅长的职业。⑥ 信庆赏：以庆赏为信。信：讲信用。庆赏：奖赏。 ⑦ 量民力：根据人民的负担能力行事。 ⑧ 不强民以其所恶：不强迫人民去干他们所厌恶的事情。 ⑨ 偷取一时：贪图眼前的利益。偷：苟且。“时”原本为“世”，据张佩纶说校改。 ⑩ 用备：各种供使用的物品齐全。

⑪ 远邪：远离邪恶的人和事。 ⑫ 轻难：把危难看得很轻，意即不怕危难。

[原文] 以家为乡，乡不可为也①；以乡为国，国不可为

也[2];以国为天下,天下不可为也。以家为家,以乡为乡,以国为国,以天下为天下。毋曰不同生,远者不听[3];毋曰不同乡,远者不行[4];毋曰不同国,远者不从[5]。如地如天,何私何亲[6]?如月如日,唯君之节[7]。

御民之辔,在上之所贵[8];道民之门,在上之所先[9];召民之路,在上之所好恶[10]。故君求之则臣得之,君嗜之则臣食之,君好之则臣服之,君恶之则臣匿之[11]。毋蔽汝恶,毋异汝度,贤者将不汝助[12]。言室满室,言堂满堂,是谓圣王[13]。城郭沟渠不足以固守,兵甲强力不足以应敌,博地多财不足以有众[14]。唯有道者能备患于未形也,故祸不萌[15]。

天下不患无臣,患无君以使之[16];天下不患无财,患无人以分之。故知时者可立以为长,无私者可置以为政,审于时而察于用,而能备官者,可奉以为君也[17]。缓者后于事,吝于财者失所亲,信小人者失士[18]。

右六亲五法

[注释]

① 为:从事,治理。这两句的意思是:用治理家的办法去治理乡,乡一定治理不好。 ② 国:国都。 ③ 同生:同属一个宗族。“生”通“姓”。这两句的意思是:对于关系疏远的人的意见,不要因为不是同姓宗族就不听取。 ④ 行:实行。 ⑤ 从:听从。 ⑥ 这两句的意思是:要像天地生育万物那样无私,哪里有什么亲近偏爱呢?
⑦ 这两句的意思是:要像日月普照一切那样无偏,这才是君主的原则啊! ⑧ 御:驾驭,引申为统治。辔:马的缰绳,这里指关键。贵:崇尚,重视。这两句的意思是:统治人民的关键,在于君主重视什么。
⑨ 道:通“导”,引导。门:门路。上之所先:统治者提倡什么。先:

以……为先。 ⑩ 召：招引。路：途径。上之所好恶：统治者爱好和讨厌什么。 ⑪ 嗜：嗜好，特别喜欢。服：实行。匿：躲避。以上四句的意思是：君主想要的，臣下也想得到；君主喜欢的，臣下也想尝尝；君主爱好的，臣下也想去干；君主厌恶的，臣下也想逃避。 ⑫ 以上三句的意思是：不要掩盖你的错误，不要更改你的法度，否则，贤能的人就不会帮助你。 ⑬"言室满室，言堂满堂"：在室内讲话，要让全室的人都听到；在堂内讲话，要让满堂的人都听到。比喻君主说话办事要公开。

⑭ 城郭沟渠：城墙和护城河，指防御工事。城郭：古代内城叫城，外城叫郭。兵甲强力：武器装备和军队。兵甲：兵器、盔甲。强力：指强有力的军队。有众：拥有人民。 ⑮ 备患于未形：防患于未然。备：防备。形：出现。萌：萌发。 ⑯ 患：担心，害怕。使：役使。 ⑰ 知时：把握事物发展的趋势。时：时势。长：读音 zhǎng，官长。置：安置，任用。政：同"正"，长官。审于时：能审时度势。审：观察、研究。察于用：明白怎样使用财物。察：明了，通晓。备官：任用调配官吏。备：安置。 ⑱ 悉：同"吝"。以上三句的意思是：反应慢的人就会落后于形势，吝惜财物的人就会失去亲信，宠信小人的人就会失掉有才能的人。

形势第二

[解题]

本篇又名《山高》,取首句为题。《史记·管晏列传》:"太史公曰:'吾读管氏《牧民》、《山高》、《乘马》……详哉其言之也。'"其中的《山高》即此篇。形势指的是事物的外在形态和发展变化的趋势。全篇列举了大量自然界和人类社会的事例,说明它们的发展变化有着必然的因果联系和规律,主张在处理人事、治理国家时要重视和运用这些规律和原则。

[原文]

山高而不崩,则祈羊至矣①;渊深而不涸,则沈玉极矣②。天不变其常,地不易其则,春秋冬夏不更其节,古今一也③。蛟龙得水,而神可立也④;虎豹得幽,而威可载也⑤。风雨无乡,而怨怒不及也⑥。贵有以行令,贱有以忘卑,寿夭贫富,无徒归也⑦。衔命者君之尊也,受辞者名之运也⑧。上无事则民自试,抱蜀不言而庙堂既修⑨。鸿鹄锵锵,唯民歌之⑩;济济多士,殷民化之,纣之失也⑪。飞蓬之问,不在所宾⑫;燕雀之集,道行不顾⑬。牺牷圭璧,不足以飨鬼神,主功有素,宝币奚为⑭?羿之道,非射也⑮;造父之术,非驭也⑯;奚仲之巧,非斫削也⑰。召远者使无为焉,亲近者言无事焉⑱。唯夜行者独有之也⑲。

[注释]

① 崩:崩塌。祈羊:祭祀山陵所用的羊。祈:祭祀求福。这两句意思是:山高而不崩塌,人们就会用羊来祭祀。 ② 沈玉:祭祀河川所用的玉。沈:同"沉"。极:至、到。这两句的意思是:渊深而不干枯,人

们就会投玉祭祀。 ③ 常:常规。则:法则。节:顺序。 ④ 立:成立。这两句的意思是:蛟龙只有在水中,它的神灵才能显示出来。 ⑤ 幽:指幽深的山林。载:行。这两句的意思是:虎豹只有在深山丛林里,它的威势才能得到施展。 ⑥ 乡:同"向",方向。这两句的意思是:风雨没有定向,无偏无私,人们也就不去怨恨它。 ⑦ 寿夭:人寿命的长短。归:至,来。以上四句意思是:高贵的人能执法行令,低下的人能忘掉其卑贱,人的长寿或短命、贫穷或富贵,都不是凭空而来的。 ⑧ 衔:接受,奉行。辞:言辞,指命令。名:名分,指君臣之间的关系。运:作用。这两句的意思是:臣下奉行君主的命令,是由于君主的尊严;臣下接受君主的指示,是由于君臣之间的名分。 ⑨ 无事:无为而治。自试:各司其职。试:尝试。抱蜀:祭器。《形势解》:"所谓抱蜀者,祠器也。"庙堂:指朝政。修:修明。 ⑩ 鸿鹄:天鹅。锵锵:天鹅飞翔时发出的声音。这两句意为:天鹅飞翔发出动听的声音,人民歌颂它。 ⑪ 纣:商朝最后一个君主。以上两句意为:周朝人才众多,殷朝百姓都被感化,这是纣王的过失啊! ⑫ 飞蓬:随风飘飞的枯草。问:言论。宾:听。这两句意为:像飞蓬一样没有根据的言论,不必去听取。 ⑬ 燕雀:泛指小鸟,比喻细小的事物。道行:走路的人。 ⑭ 牺牷:祭祀用的牛羊猪等牲畜。圭璧:祭祀用的玉器。飨:祭献,让鬼神享用。素:平时的所作所为。奚:何。以上四句的意思是:用牛羊、玉器等祭祀鬼神,不一定能得到保佑;君主的功绩在于平时的所作所为,哪里用得着奉献珍宝玉帛呢? ⑮ 羿:后羿,传说远古的一个部落首领,善于射箭。射:这里指射箭的动作。这两句意为:后羿善射,并不仅仅在于他射的动作,而是在于他把握了射箭的技巧。 ⑯ 造父:传说是周穆王时一个驯马驾车的能手。驭:驾驭,这里指驾车的动作。 ⑰ 奚仲:传说夏禹时造车的巧匠,担任过车正的官职。斫:用刀斧砍。 ⑱ 召:同"招"。远者:指其他诸侯国的人。这两句意为:招抚远方的人单靠使者是没有用的,亲近近处的人只凭空话也是不起作用的。 ⑲ 夜行者:暗中行动的人,这里喻指内心按道行事的君主。之:原本无,据刘绩说补。本句意为:只有内心按道行事的君主,才能得到国内外人民的支持。

［原文］

平隰之封，奚有于高①？大山之隈，奚有于深②？訾讆之人，勿与任大③。譕巨者可以远举，顾忧者可与致道④。其计也速而忧在近者，往而勿召也⑤。举长者可远见也，裁大者众之所比也⑥。欲人之怀，定服而勿厌也⑦。必得之事，不足赖也⑧。必诺之言，不足信也⑨。小谨者不大立，訾食者不肥体⑩。有无弃之言者，必参于天地也⑪。坠岸三仞，人之所大难也，而猿猱饮焉⑫。故曰：伐矜好专，举事之祸也⑬。

［注释］

① 隰：低湿的地方。封：土丘。奚：何。平隰之封：原本为"平原之隰"，据王念孙说校改。这两句意为：低平地上的土丘，怎能算高？
② 隈：山凹。这两句意为：大山上的小沟，怎能算深？ ③ 訾：诋毁好人。讆：读音 wèi，称赞坏人。任大：担任重要职务。这两句意为：诽谤好人、称誉坏人的人，不能让他担当重任。 ④ 譕巨：谋略远大。譕：读音 mó，同"谟"，谋划。巨：原本为"臣"，据王引之说校改。远举：进行长远的事业。顾：考虑。忧：忧患。致道：致力于国家大事。以上两句意为：谋略远大的人可以与他共图大业，考虑忧患的人可以与他共商国事。 ⑤ 计：谋划。忧：忧患。往：使离开。这两句意为：谋划事情只贪求速度而不考虑随之而来的忧患的人，让他离开别再召他回来。
⑥ 举长：举办长远的事业。远见：影响深远。见：现，显现。裁：通"才"。比：通"庇"，依赖。 ⑦ 欲：原本作"美"，据《形势解》改。之：是。怀：怀念。服：行。这两句意为：要想使人怀念，就一定要不厌倦地身行道德。 ⑧ 这两句意思是：看起来必成的事，不一定靠得住。
⑨ 这两句意思是：听起来完全许诺的话，不一定值得信赖。
⑩ 谨：谨慎。大立：成就大事。訾：读音 cí，挑食。原本为"訾"，据刘绩补注及《形势解》校改。这两句意思是：谨小慎微的人办不了大事，挑拣食物的人身体不会胖起来。 ⑪ 弃：抛弃。之：是，此。参：比。这两

句意思是：能不抛弃这些格言的人，一定能与天地相匹配。 ⑫ 坠岸三仞：从三仞高的陡岸上跳下去。坠：下落。仞：古代计量单位，七尺为一仞。猱：猿类动物。 ⑬ 伐矜好专：骄傲自大，独断专行。伐：夸耀。矜：矜持、傲慢。

［原文］

不行其野，不违其马①。能予而无取者，天地之配也②。怠倦者不及，无广者疑神③；疑神者在内，不及者在门④；在内者将假，在门者将待⑤。曙戒勿怠，后稚逢殃⑥。朝忘其事，夕失其功。邪气入内，正色乃衰⑦。君不君则臣不臣，父不父则子不子。上失其位则下逾其节⑧。上下不和，令乃不行。衣冠不正则宾者不肃，进退无仪则政令不行⑨。且怀且威，则君道备矣⑩。莫乐之则莫哀之，莫生之则莫死之⑪。往者不至，来者不极⑫。

［注释］

① 违：丢弃。这两句意为：即使不乘马到野外去，也不要丢弃马。比喻要有备无患。 ② 天地之配：道德可以比于天地。配：匹配。 ③ 怠倦：懒散拖拉。及：跟得上。广：通“旷”，荒废时间。疑：通“拟”，如。这两句意为：懒散拖拉的人必定会落在后面，不荒废时间的人则成事如神。 ④ 内：室内。门：门外。原文无“疑”，据上句补。 ⑤ 假：借为“暇”，闲暇，空闲。待：通“怠”，疲惫。 ⑥ 曙戒：早晨。曙：天明。戒：报更用的戒鼓。勿：通“忽”。稚：通“迟”。这两句意思是：清晨忽视怠慢，夜晚遭受灾殃。 ⑦ 入内：侵入体内。正色：正常的颜色。 ⑧ 位：职位。逾：超越。节：等级制度。 ⑨ 宾者：接待宾客的官员。肃：庄重、严肃。进退：行为举止。仪：礼仪。 ⑩ 怀：关心。威：威慑。备：完备。这两句意为：一边关心爱护，一边用刑罚威慑，治理人民的方法才算完全。 ⑪ 莫：不。乐之：使人民安居乐业。之：指人民。这两句的意思是：君主不能使人民安居乐业，人民就不会为君主承担忧患；君主不能使人民生育繁衍，人民就不会为君主舍命效力。

⑫ 往者:指君主给人民的待遇。来者:指人民对君主的回报。极:到。这两句意为:人民得不到君主给他们的好处,他们就不会为君主效劳。

[原文]

道之所言者一也,而用之者异①。有闻道而好为家者,一家之人也②;有闻道而好为乡者,一乡之人也;有闻道而好为国者,一国之人也;有闻道而好为天下者,天下之人也;有闻道而好定万物者,天地之配也③。道往者其人莫来,道来者其人莫往④。道之所设,身之化也⑤。持满者与天,安危者与人⑥。失天之度,虽满必涸⑦;上下不和,虽安必危。欲王天下而失天之道,天下不可得而王也。得天之道,其事若自然⑧;失天之道,虽立不安⑨。其道既得,莫知其为之⑩;其功既成,莫知其释之⑪。藏之无形,天之道也。疑今者察之古,不知来者视之往⑫。万事之生也,异趣而同归,古今一也⑬。

[注释]

① 所言者:指其内容。这两句意为:道的基本原理是一样的,但具体运用起来却各不相同。 ② 闻道:听到道,指认识或掌握道。为家:治理家。一家之人:能够治理家的人才。 ③ 定:安定。配:匹配。"地"原文为"下",据王念孙说改。这两句意为:有人把握了道,并能用它来治理万物,那他就能与天地媲美了。 ④ 往:离开。来:得到。这两句意为:失去了道,人民就不会来归附;得到道,人民才不会离去。 ⑤ 设:设置,具备。化:融化,合而为一。这两句意为:凡是道所具备的,自身就必须与它保持一致。 ⑥ 这两句意为:要想保持强盛,一定要顺从天道;要想安定危亡,一定要顺应人心。 ⑦ 失:背离。度:法则。这两句意为:违背了自然的法则,虽然暂时强盛,最终必将衰败。 ⑧ 其事若自然:办事情自然而然地就会成功。 ⑨ 虽立不安:即使成功了也不会稳定。 ⑩ 既:已。这两句意思是:已经

掌握了道，但不知是怎样得到的。 ⑪ 释：舍，指离开。这两句意为：事情成功之后，也不知它是怎样离开的。 ⑫ 疑：疑问。察：考察。来：未来。往：过去。 ⑬ 趣：旨趣，指内容。归：归宿。以上三句意思是：万事万物的产生和发展，其具体内容虽然各有不同，但其最终原理是同一的，从古到今，都是如此。

［原文］

生栋覆屋，怨怒不及①；弱子下瓦，慈母操箠②。天道之极，远者自亲③；人事之起，近亲造怨④。万物之于人也，无私近也，无私远也⑤。巧者有余，而拙者不足。其功顺天者天助之，其功逆天者天违之⑥。天之所助，虽小必大；天之所违，虽成必败。顺天者有其功，逆天者怀其凶，不可复振也⑦。

［注释］

① 生栋：新伐的树林做成的房梁。这两句意为：用新伐的树木做房梁致使房屋倒塌，谁也不怨恨木材。 ② 箠：鞭子。这两句意为：小孩上房拆瓦，就连慈母也会拿鞭子打他。 ③ 天道之极：处处顺应天道。 ④ 这两句意思是：按主观好恶办事，亲近的人也会产生怨恨。 ⑤ 私：偏爱。引申为特别。远：疏远。 ⑥ 功：事业。违：背离，抛弃。 ⑦ 怀：招致。凶：灾祸。复：再。振：救。

［原文］

乌集之交，虽善不亲①；不重之结，虽固必解②。道之用也，贵其重也③。毋与不可，毋强不能，毋告不知④。与不可，强不能，告不知，谓之劳而无功。见与之友，几于不亲⑤；见爱之交，几于不结⑥；见施之德，几于不报⑦。四方所归，心行者也⑧。独王之国，劳而多祸⑨；独国之君，卑而不威⑩；自媒之女，丑而不信⑪。未之见而亲焉，可以往矣⑫；久而不忘焉，可以来矣⑬。日月不明，天不易也⑭；山高而不见，地不易也。言而不可复者，君不言也⑮；行而不可再者，君不行也[16]。凡言而不可复、行而不可再者，有国者之大禁也[17]。

[注释]

① 乌集之交：原文为“乌鸟之狡”，据《形势解》改。这两句意为：像乌鸦聚集一样的交往，看起来友善，实际并不亲密。 ② 重：重复，再。这两句意为：只打一个结的绳索，看起来结实，最终必会松开。 ③ 重：慎重。 ④ 与：结交。不知：不明智。以上三句意思是：不结交不可靠的人，不强迫能力不够的人，不告诉不明智的人。 ⑤ 见：现，显示。与：亲密。“友”原本为“交”，据《形势解》改。几：几乎，接近。这两句的意思是：故意显得很亲密的朋友，这就已经接近不亲密了。 ⑥ 见爱之交：原本作“见哀之役”，据《形势解》改。不结：疏远。 ⑦ 施：给予。这两句意为：故意显示出施舍的恩德，将要得不到报答。 ⑧ 心行：内心暗行道德。心：内心，指暗中，不声张。这两句意为：只有内心坚持按道德办事的人，四方的人才能归附。 ⑨ 独王：孤立称王。 ⑩ 独国：独断国事。 ⑪ 自媒：自己做媒。丑而不信：被人耻笑而得不到信任。 ⑫ 未之见：没有见到他。这两句意为：还没有见面就表示亲近的人，可以让他离去。 ⑬ 这两句意为：久别而不能忘怀的人，可以召来任用。 ⑭ 易：变更。这两句意为：日月有不明的时候，但天是不会改变的。 ⑮ 言而不可复：只说一次而不能再说的话。复：重复。 ⑯ 行而不可再：只做一次而不能再做的事。 ⑰ 有国者：指君主。禁：禁忌。

权修第三

[解题]

权修意即修重权力。本篇主要论述了修重权力、巩固政权、管理人民、治理国家的途径和方法，体现了作者重视农业、爱惜民力、教化百姓、崇尚法治的思想倾向。

[原文]

万乘之国，兵不可以无主①；土地博大，野不可以无吏；百姓殷众，官不可以无长②；操民之命，朝不可以无政③。

[注释]

① 万乘之国：拥有万辆兵车的大国。乘：古代一车四马为一乘。主：主帅。 ② 殷：多。官：官府。长：长官。 ③ 操：掌握。朝：朝廷，指国家。政：政策法令。

[原文]

地博而国贫者，野不辟也①；民众而兵弱者，民无取也②。故末产不禁则野不辟，赏罚不信则民无取③。野不辟，民无取，外不可以应敌，内不可以固守。故曰，有万乘之号而无千乘之用，而求权之无轻，不可得也④。

地辟而国贫者，舟舆饰，台榭广也⑤；赏罚信而兵弱者，轻用众，使民劳也⑥。舟车饰，台榭广，则赋敛厚矣⑦；轻用众，使民劳，则民力竭矣⑧。赋敛厚，则下怨上矣；民力竭，则令不行矣。下怨上，令不行，而求敌之勿谋己，不可得也⑨。

[注释]

① 野不辟：土地得不到开垦。 ② 兵：军队。无取：没有动力。取：通“趣”，督促。 ③ 末产：指工商业。信：讲信用。 ④ 号：名

称。用：内容，指实力。以上四句的意思是：所以说，虽有万乘之国的称号，却连千乘之国的实力都没有，还想保持权势不被削弱，这是办不到的。 ⑤ 地辟而国贫：土地得到开垦而国家仍然贫困。舟舆饰：装饰华丽的车船。台榭广：建造宽大的宫室楼台。 ⑥ 赏罚信：赏罚兑现。轻用众：轻易地役使人民。 ⑦ 赋敛厚：赋税重。 ⑧ 竭：尽。 ⑨ 求敌之勿谋己：想不让敌国图谋侵略自己。

［原文］

欲为天下者，必重用其国①；欲为其国者，必重用其民；欲为其民者，必重尽其民力②。无以畜之，则往而不可止也③；无以牧之，则处而不可使也④。远人至而不去，则有以畜之也⑤；民众而可一，则有以牧之也⑥。见其可也，喜之有征⑦；见其不可也，恶之有刑⑧。赏罚信于其所见，虽其所不见，其敢为之乎⑨？见其可也，喜之无征；见其不可也，恶之无刑。赏罚不信于其所见，而求其所不见之为之化，不可得也⑩。厚爱利足以亲之，明智礼足以教之⑪。上身服以先之，审度量以闲之，乡置师以说道之⑫。然后申之以宪令，劝之以庆赏，振之以刑罚⑬。故百姓皆说为善，则暴乱之行无由至矣⑭。

［注释］

① 为：治理。重用其国：爱惜地使用本国的力量。 ② 重尽其民力：珍惜民力，不使耗尽。 ③ 无以畜之：君主没有东西养活人民。往：离开。 ④ 牧：治理。处：留居。使：使用。 ⑤ 远人：指其他诸侯国的人。至：来到。 ⑥ 民众而可一：人民众多而能够统一。 ⑦ 可：指好事。征：征兆。这两句意为：见到好事，就应该用奖赏来鼓励。 ⑧ 不可：指坏事。恶：厌恶，反对。这两句意为：见到坏事，就要用刑罚来反对。 ⑨ 信：兑现。以上三句的意思是：君主对他所见到的事情能够赏罚兑现，那么，即使君主看不见，人们还敢为非作歹吗？ ⑩ 求其所不见之为之化：要求看不见的人和事接受其教化。

⑪ 爱利：仁爱利益。智礼：是非礼节。这两句的意思是：给予更多的关怀和利益，人民就会亲近君主；明确是非和礼节，人民就能得到教化。

⑫ 上身服以先之：统治者要身体力行引导人民。审度量：明确规章制度。闲：防范。置：设置。师：乡师，乡的长官。说道：教育引导。

⑬ 申：申饬，约束。宪令：法令。劝：勉励。庆赏：奖赏。振：读为"震"，威慑。 ⑭ 说：同"悦"，喜欢。无由至：没法产生，不会发生。

[原文]

地之生财有时，民之用力有倦，而人君之欲无穷[①]。以有时与有倦养无穷之君，而度量不生于其间，则上下相疾也[②]。是以臣有杀其君、子有杀其父者矣。故取于民有度，用之有止，国虽小必安[③]；取于民无度，用之不止，国虽大必危。

[注释]

① 时：季节。倦：疲劳。欲：贪欲。 ② 度量：标准，限度。疾：怨恨。以上三句的意思是：用有限的财力和民力来供养贪得无厌的君主，中间又没有合理的限度和标准，那么君主和人民就会互相怨恨。

③ 度：限度。止：止境。

[原文]

地之不辟者，非吾地也；民之不牧者，非吾民也。凡牧民者，以其所积者食之，不可不审也[①]。其积多者其食多，其积寡者其食寡，无积者不食。或有积而不食者，则民离上[②]；有积多而食寡者，则民不力[③]；有积寡而食多者，则民多诈；有无积而徒食者，则民偷幸[④]。故离上、不力、多诈、偷幸，举事不成，应敌不用[⑤]。故曰，察能授官，班禄赐予，使民之机也[⑥]。

[注释]

① 积：功劳。食：读音 sì，喂养，指给予俸禄奖赏。审：慎重。以上三句意思是：凡是治理人民，都要按照人们的功劳大小给予俸禄和奖赏，这个问题一定要慎重。 ② 或：有人。离：背离。这两句意思是：若

有人有功劳而得不到俸禄赏赐，人们就会背离君主。 ③ 不力：不肯出力。 ④ 徒食：凭空得到禄赏。偷幸：图侥幸。 ⑤ 应敌不用：抗敌作战不愿卖力。 ⑥ 察：考察。班禄：把禄赏分开等级。机：关键。以上三句意思是：所以说，根据才能高低授予官职，按照功劳大小给予禄赏，这是用人的关键。

［原文］ 野与市争民，家与府争货，金与粟争贵，乡与朝争治①。故野不积草，农事先也②；府不积货，藏于民也③；市不成肆，家用足也④；朝不合众，乡分治也⑤。故野不积草、府不积货、市不成肆、朝不合众，治之至也⑥。

［注释］ ① 野：指农村。市：集市。家：民家。府：府库，国库。以上四句意思是：农村与集市争夺民力，民家与国库争夺财物，货币与粮食争夺贵贱，地方与朝廷争夺权限。 ② 农事先：以农事为先。 ③ 府不积货：国库不聚积财物。 ④ 市不成肆：集市上没有货物排列。肆：排列。 ⑤ 这两句意思是：朝廷不召集众人议事，是因为地方政府各司其职。 ⑥ 治之至：治理国家的最高境界。

［原文］ 人情不二，故民情可得而御也①。审其所好恶，则其长短可知也②；观其交游，则其贤不肖可察也③。二者不失，则民能可得而官也④。

［注释］ ① 情：性。二：不同。御：驾驭，掌握。这两句的意思是：人性没有什么不同，所以，民性是可以了解掌握的。 ② 审其所好恶：考察了解他爱好什么、讨厌什么。长短：长处和短处。 ③ 观其交游：观察与他交往的都是些什么人。不肖：不好，指坏人。察：明白。 ④ 二者：指上面所说的“审其所好恶”、“观其交游”两条。能：才能。官：使用。这两句的意思是：把握了以上两点，那么，人的才能就可掌握并为我所用了。

[原文] 地之守在城，城之守在兵，兵之守在人，人之守在粟，故地不辟则城不固①。有身不治，奚待于人②？有人不治，奚待于家？有家不治，奚待于乡？有乡不治，奚待于国？有国不治，奚待于天下？天下者，国之本也③；国者，乡之本也；乡者，家之本也；家者，人之本也；人者，身之本也；身者，治之本也。故上不好本事，则末产不禁④；末产不禁，则民缓于时事而轻地利⑤。轻地利而求田野之辟，仓廪之实，不可得也。

[注释] ① 守：防守，保卫，引申为保障，保证。城：城池，泛指防御工事。兵：军队。粟：泛指粮食。地不辟则城不固：土地不开垦，城池就不能稳固。 ② 身：自身。奚：何。待：至。这两句意思是：自身治理不好，又怎么能治理别人？ ③ 之：是。这两句意思是：天下是以国家为根本的。 ④ 本事：指农业。末产：指工商业。 ⑤ 缓于时事而轻地利：延误农时怠慢农事而轻视土地所得的收入。缓：怠慢，松懈。时事：农时农事。

[原文] 商贾在朝，则货财上流①；妇人言事，则赏罚不信②；男女无别，则民无廉耻。货财上流，赏罚不信，民无廉耻，而求百姓之安难，兵士之死节，不可得也③。朝廷不肃，贵贱不明，长幼不分，度量不审，衣服无等，上下凌节，而求百姓之尊主政令，不可得也④。上好诈谋间欺，臣下赋敛竞得，使民偷壹，则百姓疾怨，而求下之亲上，不可得也⑤。有地不务本事，君国不能壹民，而求宗庙社稷之无危，不可得也⑥。上恃龟筮，好用巫医，则鬼神骤祟⑦。故功之不立，名之不章，为之患者三⑧：有独王者，有

贫贱者，有日不足者⑨。

［注释］

①商贾：商人。古行商为商，坐商为贾。这两句意思是：商人立身朝中，财物就会流向上层。 ②妇人言事：妇女参与政事。原本为“妇言人事”，据洪颐煊说改。 ③安难：安于危难，即不怕危难。死节：为国而死。 ④肃：严肃，整肃。度量不审：规章制度不明确。衣服无等：服制没有等级差别。凌节：违犯等级制度。凌：超越。尊：尊重。

⑤诈谋间欺：搞阴谋诡计，玩弄骗术。赋敛竞得：争相征收苛捐杂税。使民偷壹：奴役人民，只贪图眼前之利，不计长远。 ⑥务本事：致力于农业生产。君国：治理国家。壹民：使人民统一服从。宗庙社稷：指国家政权。 ⑦恃：依靠。龟筮：占卜用的龟甲和蓍草，指占卜。巫医：靠鬼神巫术治病的人。骤：数，频繁。祟：作怪。以上三句意思是：君主依靠占卜，信用巫医，鬼神反而经常作怪。 ⑧章：同“彰”。以上三句意思是：所以，致使君主事业不能成功、名声不能显著的障碍有三条。 ⑨独王：独断专行。贫贱：指国家贫困地位卑贱。日不足：指政事繁乱，时间不够，疲于奔命。

［原文］

一年之计，莫如树谷①；十年之计，莫如树木；终身之计，莫如树人②。一树一获者，谷也；一树十获者，木也；一树百获者，人也。我苟种之，如神用之，举事如神，唯王之门③。

［注释］

①树：种植，培养。这两句意思是：一年的打算，最好是种植五谷。

②树人：培养人才。 ③苟：如果。王：称王。门：门路。以上四句意思是：我若培养人才，使用起来得心应手，举办大事成功神速，这是称王天下的途径。

［原文］

凡牧民者，使士无邪行，女无淫事①。士无邪行，教也；女无淫事，训也②。教训成俗而刑罚省，数也③。凡牧民者，欲民之正也。欲民之正，则微邪不可不禁也[4]。微邪者,大邪之所生也。微邪不禁,而求大邪之无伤国,不可得也[5]。凡牧民者,欲民之有礼也。欲民之有礼,则小礼不可不谨也。小礼不谨于国,而求百姓之行大礼,不可得也[6]。凡牧民者,欲民之有义也。欲民之有义,则小义不可不行。小义不行于国,而求百姓之行大义,不可得也。凡牧民者,欲民之有廉也。欲民之有廉,则小廉不可不修也[7]。小廉不修于国,而求百姓之行大廉,不可得也。凡牧民者,欲民之有耻也。欲民之有耻,则小耻不可不饰也[8]。小耻不饰于国,而求百姓之行大耻,不可得也。凡牧民者,欲民之谨小礼、行小义、修小廉、饰小耻、禁微邪,此厉民之道也[9]。民之谨小礼、行小义、修小廉、饰小耻、禁微邪,治之本也。

[注释] ① 士:这里指男人。邪行:邪恶的行为。淫事:淫乱的事情。 ② 教:教育。训:训导。 ③ 数:自然之理,规律。 ④ 欲民之正:要求人民走正路。微邪:较小的邪恶。 ⑤ 伤国:伤害国家。 ⑥ 小礼不谨于国:在国内不重视小礼。谨:谨慎,重视。 ⑦ 修:修整,培养。 ⑧ 饰:通"饬",整顿。 ⑨ 谨小礼、行小义、修小廉、饰小耻:原本作"修小礼、行小义、饰小廉、谨小耻",据上文改,下句同。厉民之道:教育人民的方法。厉:同"砺",磨砺,引申为教育。

[原文] 凡牧民者,欲民之可御也[1]。欲民之可御,则法不可不重[2]。法者,将立朝廷者也[3]。将立朝廷者,则爵服不可不贵也[4]。爵服加于不义,则民贱其爵服[5];民贱其爵服,则人主不尊;人主不尊,则令不行矣。法者,将用民力者也[6]。将用民力者,

则禄赏不可不重也[7]。禄赏加于无功,则民轻其禄赏[8];民轻其禄赏,则上无以劝民[9];上无以劝民,则令不行矣。法者,将用民能者也[10]。将用民能者,则授官不可不审也[11]。授官不审,则民间其治[12];民间其治,则理不上通[13];理不上通,则下怨其上;下怨其上,则令不行矣。法者,将用民之死命者也[14]。用民之死命者,则刑罚不可不审。刑罚不审,则有辟就[15];有辟就,则杀不辜而赦有罪[16];杀不辜而赦有罪,则国不免于贼臣矣[17]。故夫爵服贱、禄赏轻、民间其治、贼臣首难,此谓败国之教也[18]。

[注释] ① 欲民之可御:要求人民服从统治。御:驾驭,统治。 ② 法不可不重:不能不重视法。"重"原本为"审",据王念孙说改。 ③ 立:确立,保持。这两句意为:法是用来保持朝廷权威的。 ④ 爵服:爵位及相应的服制。服:朝服的等级,是爵位高低的标志。贵:慎重。 ⑤ 不义:不义之人。贱其爵服:轻视爵位和服制。 ⑥ 这两句意为:法是用来驱使人民出力的。 ⑦ 禄赏:俸禄和赏赐。重:重视。 ⑧ 无功:无功之人。 ⑨ 劝:鼓励。 ⑩ 这两句意为:法是用来发挥人民才能的。 ⑪ 审:慎重、谨慎。 ⑫ 民间其治:人民背离君主的统治。间:隔离,背离。 ⑬ 理:情,指下情。上通:上达。 ⑭ 死命:以死报效。这两句意为:法是用来使人民舍命报效的。 ⑮ 辟就:放过坏人曲枉好人。辟:同"避",避开。就:牵就,治罪。 ⑯ 不辜:无罪的人。辜:罪。赦:赦免。 ⑰ 贼臣:篡权的臣子。这两句意思是:无辜的人被杀掉,有罪的人反而被赦免,那国家政权就难免被乱臣贼子篡夺了。 ⑱ 贼臣首难:贼臣带头作乱。败国之教:败国的政教。

立政第四

［解题］

立政即执政。本文主要讨论了执政必须面对的九个方面的重大问题，即三本、四固、五事、首宪、首事、省官、服制、九败、七观，内容涉及官职任用考察、政策法令和服制礼制的制定、发展经济的要务、危害国家言论的禁止、判断国家治理水平的标准等方面。

［原文］

国之所以治乱者三，杀戮刑罚，不足用也①。国之所以安危者四，城郭险阻，不足守也②。国之所以富贫者五，轻税租，薄赋敛，不足恃也③。治国有三本，而安国有四固，而富国有五事。五事，五经也④。

［注释］

① 三：三本。这三句的意思是：决定国家治乱有三个根本问题，只靠杀戮刑罚是不解决问题的。 ② 四：四固。城：内城；郭：外城。险阻：指险要的地势。 ③ 五：五事。轻：减轻。薄：减少。恃：依靠。 ④ 经：纲领。

［原文］

君之所审者三：一曰德不当其位，二曰功不当其禄，三曰能不当其官①。此三本者，治乱之原也②。故国有德义未明于朝者，则不可加于尊位③；功力未见于国者，则不可授以重禄④；临事不信于民者，则不可使任大官⑤。故德厚而位卑者谓之过，德薄而位尊者谓之失⑥。宁过于君子，而毋失于小人⑦。过于君子，其为怨浅；失于小人，其为祸深。是故国有德义未明于朝而处尊位者，则良臣不进；有功力未见于国而有重禄者，则劳臣不劝[8]；有临事不信于民而任大官者，则材臣不用[9]。三本者审，则下不敢求[10]。三本者不审，则邪臣上通，而便辟制威[11]。如此则明塞于上，而治壅于下，正道捐弃，而邪事日长[12]。三本者审，则便辟无威于国，道涂无行禽，疏远无蔽狱，孤寡无隐治[13]。故曰刑省治寡，朝不合众[14]。

右三本

［注释］ ① 审：慎重。德不当其位：品德与爵位不相称。功不当其禄：功劳与俸禄不相符。能不当其官：才能与所担任的职务不相当。 ② 本：根本。原：同“源”。 ③ 德义未明于朝者：德义没有在朝廷中显示出来的人。 ④ 功力：功劳和能力。见：通“现”，表现出来。重禄：优厚的俸禄。 ⑤ 临事：主持政事。临：莅。不信于民：不取信于民。 ⑥ 过：用人不当。失：用人错误。 ⑦ 这两句的意思是：宁肯对君子安排不当，也不能错用小人。 ⑧ 劳臣不劝：勤劳的大臣不去努力。 ⑨ 材臣不用：有才能的大臣不为所用。 ⑩ 求：谋求。这两句的意思是：能慎重处理这三个问题，那臣下就不敢轻易谋求官职。 ⑪ 邪臣：善于投机钻营的邪恶之臣。上通：接近君主。便辟：君主宠信的近臣。辟：同“嬖”。制威：专权。 ⑫ 治：统治，指进行统治的政策法令。壅：堵塞。捐弃：抛弃。以上四句的意思是：这样，君主就会遭受蒙蔽，政策法令得不到贯彻执行，背离了正道，坏事日益增多。 ⑬ 禽：同“擒”，指囚犯。涂：同“途”。蔽狱：冤案。隐治：隐藏的话。治：同“辞”。以上五句的意思是：对这三个根本问题处理得当，那么，近臣小人就不会在国中专权，道路之上就看不到押送的犯人，疏远的人不会蒙受冤案，孤寡的人没有无处申诉的冤屈。 ⑭ 这两句的意思是：所以说，刑罚减少，政事精简，朝廷不用召集大臣议事。

［原文］

君之所慎者四：一曰大德不至仁，不可以授国柄①；二曰见贤不能让，不可与尊位②；三曰罚避亲贵，不可使主兵③；四曰不好本事，不务地利，而轻赋敛，不可与都邑④。此四务者，安危之本也⑤。故曰卿相不得众，国之危也⑥；大臣不和同，国之危也⑦；兵主不足畏，国之危也⑧；民不怀其产，国之危也⑨。故大德至仁，则操国得众；见贤能让，则大臣和同；罚不避亲贵，则威行于邻敌⑩；好本事，务地利，重赋敛，则民怀其产⑪。

右四固

［注释］

① 大德不至仁：虽尊崇道德，但却达不到仁。大德：以德为大，即重视道德。国柄：国家大权。柄：权柄。 ② 与：给予。尊位：尊贵的爵位。 ③ 罚避亲贵：对亲近或有权势的人不敢施加刑罚。避：回避。主兵：统帅军队。 ④ 本事：指农耕。轻赋敛：随便征收赋税。轻：轻易，不慎重。与都邑：给他都邑，即任命为都邑的长官。 ⑤ 四务：四件事。本：根本。 ⑥ 卿相：指执政大臣。得众：得民心。 ⑦ 和同：和谐一致。 ⑧ 兵主：军队的统帅。 ⑨ 怀其产：关心他们的产业。怀：怀念，留恋。 ⑩ 操国得众：掌握政权取得民心。操：掌握。威行于邻敌：威势能慑服邻近的敌国。 ⑪ 重赋敛：不轻易征收赋税。重：慎重，爱惜。

［原文］

君之所务者五：一曰山泽不救于火，草木不殖成，国之贫也①；二曰沟渎不遂于隘，障水不安其藏，国之贫也②；三曰桑麻不植于野，五谷不宜其地，国之贫也③；四曰六畜不育于家，瓜瓠荤菜百果不备具，国之贫也④；五曰工事竞于刻镂，女事繁于文章，国之贫也⑤。故曰山泽救于火，草木植成，国之富也；沟渎遂于隘，障水安其藏，国之富也；桑麻植于野，五谷宜其地，国之富也：六畜育于家，瓜瓠荤菜百果备具，国之富也；工事无刻镂，女事无文章，国之富也。

右五事

［注释］ ① 务：从事，致力。不救于火：不能防止火灾。救：止，引申为防止。不殖成：不能繁殖成熟。殖：繁殖。原本为"植"，据刘绩补注本改。成：成熟。 ② 沟渎：沟渠。不遂于隘：在狭窄的地方不流畅。遂：通。障水：用堤坝围住的水。不安其藏：不停留在蓄水的地方，即冲毁堤坝，泛滥成灾。藏：处所，指蓄水的池塘、水库等。 ③ 植：种植。不宜其地：不因地制宜。 ④ 育：饲养。瓠：葫芦类蔬菜。荤菜：葱蒜等带有辛辣气味的蔬菜。备具：齐全。 ⑤ 工事：工匠的工作。刻镂：雕刻。女事：妇女的工作。文章：色彩，图案。以上三句意思是：五是工匠只在雕刻花纹上比高低，妇女只在色彩图案上下工夫，国家就会贫困。

［原文］ 分国以为五乡，乡为之师①。分乡以为五州，州为之长。分州以为十里，里为之尉。分里以为十游，游为之宗。十家为什，五家为伍，什伍皆有长焉。筑障塞匿，一道路，抟出入②。审闾闬，慎管键，管藏于里尉，置闾有司，以时开闭③。闾有司观出入者，以复于里尉④。凡出入不时，衣服不中，圈属群徒不顺于常者，闾有司见之，复无时⑤。若在长家子弟、臣妾、属役、宾客，则里尉以谯于游宗，游宗以谯于什伍，什伍以谯于长家⑥。谯敬而勿复⑦。一再则宥，三则不赦⑧。凡孝悌、忠信、贤良、俊材，若在长家子弟、臣妾、属役、宾客，则什伍以复于游宗，游宗以复于里尉，里尉以复于州长，州长以计于

乡师，乡师以著于士师⑨。凡过党，其在家属，及于长家⑩；其在长家，及于什伍之长；其在什伍之长，及于游宗；其在游宗，及于里尉；其在里尉，及于州长；其在州长，及于乡师；其在乡师，及于士师。三月一复，六月一计，十二月一著。凡上贤不过等，使能不兼官，罚有罪不独及，赏有功不专与⑪。

［注释］ ① 国：国都。乡，与下文州、里、游、什、伍，均为国都的行政单位，其长官分别是乡师、州长、里尉、游宗、什长、伍长。 ② 匿：缺口。抟：专一。原本为“博”，据王念孙说改。以上三句意思是：修筑围墙，堵塞缺口，只设一条道路和一个出入口。 ③ 闾闬：里门。管：钥匙。键：门闩。闾有司：管理里门的小吏。以上五句意思是：要小心里门，注意钥匙和门闩，钥匙由里尉保管，设立一个闾有司，掌握里门的按时开闭。 ④ 观：观察，察看。复：报告。 ⑤ 不时：不按时。不中：不符合规定。圈属群徒：泛指里内外的人。圈：同“眷”。群徒：属役宾客。不顺于常：行为异常。复无时：随时报告。 ⑥ 长家：大户人家。谯：通“诮”，责备。 ⑦ 谯敬而勿复：批评改正后就不用向上报告了。敬：同“儆”，儆戒，引申为改正。 ⑧ 再：第二次。宥：宽恕。赦：赦免。 ⑨ 俊材：优秀的人才。计：统计，汇总。著：登记。士师：主管刑赏的官员。 ⑩ 过党：犯罪的党徒。家属：家庭成员。及：连及。长家：户主。以上三句意思是：凡是犯罪的党徒，若有家庭成员，户主要连座。 ⑪ 以上四句意思是：荐举贤人不能超越等级，使用有才能的人不让他兼职，处罚有罪不单单处罚犯罪者本人，赏赐有功也不单独赏赐立功者本人。

［原文］ 孟春之朝，君自听朝，论爵赏校官，终五日①。季冬之夕，君自听朝，论罚罪刑杀，亦终五日②。正月之朔，百吏在朝，君乃出令，布宪于国③。五乡之师，五属大夫，皆受宪于太史④。大朝之日，五乡之

师，五属大夫，皆身习宪于君前⑤。太史既布宪，入籍于太府，宪籍分于君前⑥。五乡之师出朝，遂于乡官，致乡属，及于游宗，皆受宪⑦。宪既布，乃反致令焉，然后敢就舍⑧。宪未布，令未致，不敢就舍；就舍谓之留令，罪死不赦⑨。五属大夫，皆以行车朝，出朝不敢就舍，遂行⑩。至都之日，遂于庙，致属吏，皆受宪⑪。宪既布，乃发使者致令，以布宪之日，蚤晏之时⑫。宪既布，使者以发，然后敢就舍⑬。宪未布，使者未发，不敢就舍；就舍谓之留令，罪死不赦。宪既布，有不行宪者，谓之不从令，罪死不赦⑭。考宪而有不合于太府之籍者，侈曰专制，不足曰亏令，罪死不赦⑮。首宪既布，然后可以行宪⑯。

右首宪

［注释］ ① 论：评议。校：读音 jiào，考核。以上四句的意思是：正月初，君主亲自临朝听政，评定爵位和禄赏的等级，考核官吏，用五天的时间。 ② 季冬之夕：十二月末。罚罪刑杀：处罚杀戮有罪者。 ③ 朔：初一。布宪：公布法律。 ④ 五属大夫：五属的行政长官。五属：国都分为五乡，其外分为五属。受：接受。太史：记录历史、掌管文献典籍的官员。 ⑤ 身习宪于君前：亲自在国君面前学习法令。 ⑥ 入籍于太府：将底本存入太府。籍：记载法令的简册。太府：收藏典籍的机构。宪籍分于君前：把载有律令的简册当着国君的面分发给乡师和五属大夫。 ⑦ 遂：到达。乡官：乡师办公的官府。致：召集。原本“致”下有“于”字，据王引之说删。乡属：乡师所属的官吏。及于游宗：一直召集到游宗这一级。 ⑧ 反致令：返回去复命。就舍：回到住处。 ⑨ 留令：私自扣留国君的法令。罪死不赦：按罪当处死，不能赦免。 ⑩ 以行车朝：乘车入朝。 ⑪ 都：都邑，属大夫官府所在地。遂：停止。 ⑫ 蚤：通“早”。晏：晚。以上四句意思是：法令既已传达

完毕，就派使者回国都复命，使者一定要在传达完法令的当天派出，不论早晚。 ⑬ 以：同“已”。 ⑭ 行宪：执行法令。 ⑮ 考宪：考察检验法令的执行情况。侈：法令内容增多。专制：独断专行。不足：法令内容减少。亏：亏缺。 ⑯ 首宪：指正月初君主颁布的法令。行：执行。原文为“布”，据丁士涵说改。

[原文]

凡将举事，令必先出①。曰事将为，其赏罚之数，必先明之②。立事者谨守令以行赏罚，计事致令，复赏罚之所加③。有不合于令之所谓者，虽有功利，则谓之专制，罪死不赦④。首事既布，然后可以举事。

右首事

[注释]

① 将：将要。举：兴办。 ② 曰：这就是说。为：做。数：政策，办法。 ③ 谨：严格。计事致令：统计进展情况并回复君主。复赏罚之所加：汇报赏罚的执行情况。 ④ 令之所谓：法令所规定的。虽：即使。功利：功效和利益。

[原文]

修火宪，敬山泽林薮积草，天财之所出，以时禁发焉，使民足于宫室之用，薪蒸之所积，虞师之事也①。决水潦，通沟渎，修障防，安水藏，使时水虽过度，无害于五谷，岁虽凶旱，有所秎获，司空之事也②。相高下，视肥墝，观地宜，明诏期，前后农夫，以时均修焉，使五谷桑麻皆安其处，申田之事也③。行乡里，视宫室，观树艺，简六畜，以时钧修焉，劝勉百姓，使力作毋偷，怀乐家室，重去乡里，乡师之事也④。论百工，审时事，辨功苦，上完利，监壹五乡，以时钧修焉，使刻镂文采，毋敢造于乡，工师之事也[5]。

右省官

[注释] ① 敬:同“警”,警戒。薮:水浅草茂的湖泽。天财:天然的物产。“天”原本为“夫”,据丁士涵说改。足:原本无,据戴望说补。薪蒸:烧柴。虞师:主管山泽的官员。以上七句意思是:制定防火的法令,警戒山林、湖泽、积草之地,出产各种自然物产的地方按时封禁开放,使人民有足够的建筑木材和柴草,这是虞师的职责。 ② 决水潦:排除积水。通沟渎:疏通沟渠。障防:拦水的堤坝。安:加固。水藏:蓄水的池塘、水库等。时水:季节的雨水。秎:收割。 ③ 相:测量。高下:地势的高低。墝:土地贫瘠。观地宜:察看土地适合生长何种谷物。诏期:征召服役的日期。前后农夫:安排农夫生产、服役的先后次序。以时均修:按时进行调节。申田:亦称司田,主管农业生产的官员。“申”原本为“由”,形近而误。 ④ 行:巡视。树艺:种植。简:察看。力作毋偷:努力耕作,不贪图一时之乐。重去乡里:不轻易离开乡里。 ⑤ 论:评议。审时事:明确不同季节的工作。辨功苦:分辨器物质量的好坏。上完利:提倡产品完美精致。监壹:监督管理。刻镂文采:指奢侈性的产品。工师:主管百工的官员。

[原文] 度爵而制服,量禄而用财[1]。饮食有量,衣服有制,宫室有度,六畜人徒有数,舟车陈器有禁[2]。生则有轩冕、服位、谷禄、田宅之分,死则有棺椁、绞衾、圹垄之度[3]。虽有贤身贵体,毋其爵不敢服其服[4];虽有富家多资,毋其禄不敢用其财。天子服文有章,而夫人不敢以燕以飨庙[5]。将军大夫以朝,官吏以命,士止于带缘[6]。散民不敢服杂采,百工商贾不得服长鬈貂[7]。刑余戮民不敢服丝,不敢畜连乘车[8]。

右服制

[注释] ① 度：度量。这两句意思是：按照爵位的高低制定待遇的等级，根据俸禄的多少规定花费的标准。 ② 量：数量。制：制度。度：限度。人徒：奴仆。数：数目。陈器：陈设的器物。禁：限制。 ③ 轩冕：车、帽。服位：职位。谷禄：俸禄。分：应该享受的待遇。棺椁：棺材。古时内棺为棺，外棺为椁。绞：捆尸的带子。衾：被子。圹：墓穴。垄：坟丘。度：规定。原本“生”上有“修”字，据上下文文例删。 ④ 毋：无。 ⑤ 文：文饰。章：章法。燕：燕服，在家闲居时所穿的衣服。飨庙：在宗庙里祭祀祖先。 ⑥ 朝：朝服，君臣朝会时所穿的衣服。命：命服，百官按等级应穿的衣服。士止于带缘：士人只在衣服上缘边以为标志。 ⑦ 散民：平民百姓。杂采：杂有文采。长鬈：指羔羊皮。貂：貂皮。 ⑧ 刑余戮民：服过刑和正在服刑的人。丝：用丝织品做的衣服。“丝”原本为“绝”，据洪颐煊说改。畜连：同“蓄辇”，即备有辇。

[原文] 寝兵之说胜，则险阻不守①；兼爱之说胜，则士卒不战；全生之说胜，则廉耻不立②；私议自贵之说胜，则上令不行③；群徒比周之说胜，则贤不肖不分④；金玉货财之说胜，则爵服下流⑤；观乐玩好之说胜，则奸民在上位⑥；请谒任举之说胜，则绳墨不正⑦；谄谀饰过之说胜，则巧佞者用⑧。

右九败

[注释] ① 寝兵：息兵。胜：得胜。这两句意思是：如果息兵不战的言论占优势，那么，即使有险要的地势也守不住。 ② 全生：保全生命。廉耻不立：廉耻的观念得不到确立。 ③ 私议自贵：宣扬私说，自命清高。 ④ 群徒比周：结党营私。 ⑤ 金玉财货之说：指追求金玉财货的言论。爵服下流：爵位流到下面，意即将出现卖官鬻爵之事。 ⑥ 观乐玩好：指讲究玩乐享受。 ⑦ 请谒：请托。任举：保举。绳墨：木匠取直用的墨线，引申为标准，这里指用人标准。 ⑧ 谄谀饰过：阿谀奉承，掩盖过错。巧佞：巧诈奸邪的人。

［原文］

期而致，使而往，百姓舍己以上为心者，教之所期也①。始于不足见，终于不可及，一人服之，万人从之，训之所期也②。未之令而为，未之使而往，上不加勉而民自尽竭，俗之所期也③。好恶形于心，百姓化于下，罚未行而民畏恐，赏未加而民劝勉，诚信之所期也④。为而无害，成而不议，得而莫之能争，天道之所期也⑤。为之而成，求之而得，上之所欲，小大必举，事之所期也⑥。令则行，禁则止，宪之所及，俗之所被，如百体之从心，政之所期也⑦。

右七观

［注释］

① 期：约集。致：至，到达。以上四句的意思是：听到征召立刻就来，奉了使命马上就去，百姓舍弃了自己的一切而把君主作为自己命运的主宰，这就是教化所希望达到的效果。 ② 不足见：看不到什么。不可及：意想不到，不能企及。服：实行。训：训导。 ③ 未之令而为：没有下达命令人民就去干。勉：鼓励。尽竭：尽心竭力。俗：风气。 ④ 形于心：在心中形成。百姓化于下：百姓就在下面化为行动。诚信：指提倡诚信，进行关于诚信的教育。 ⑤ 议：异议。以上四句意思是：做任何事情也不至于有害，成功后谁也没有异议，得到以后谁也不去争夺，这是天道所希望达到的效果。 ⑥ 小大必举：大事小事都能实现。事之所期：办事所希望达到的效果。 ⑦ 宪之所及：法令所包含的。俗之所被：风俗所涉及的。如百体之从心：像身体的各个器官服从心的支配一样。政之所期：行政所希望达到的效果。

乘马第五

［解题］

乘为计算，马即计算所用之筹码，乘马即运算筹划。一说古时兵农合一，行政编制与军事编制合一，乘马为军赋、财政计量单位。本篇以乘马为题，阐述了治理国家需要运筹的一些重大经济问题，提出了比较系统的治国理财的基本经济政策。

［原文］

凡立国都，非于大山之下，必于广川之上①。高毋近旱而水用足，下毋近水而沟防省②。因天材，就地利③。故城郭不必中规矩，道路不必中准绳④。

右立国

［注释］

① 国都：国中的都邑、城市。广川：大河。　② 沟防：沟渠和堤防。这两句意思是：地势高但不要接近干旱，水源才能充足；地势低但不要接近水面，沟堤就可以省去。　③ 天材：天生的自然资源。地利：有利的地势。因：依靠。就：凭借。　④ 城郭：内城为城，外城为郭。中：符合。规矩：圆规和曲尺，指方圆。准绳：水平仪和取直的墨线。

［原文］

无为者帝，为而无以为者王，为而不贵者霸①。不自以为所贵，则君道也②；贵而不过度，则臣道也③。

右大数

［注释］

① 无为：无为而治。为而无以为：想做但又没什么事情可做（即因治理有法，事情各有所主）。为而不贵：亲自操劳，不自以为尊贵。

② 不自以为所贵:不自以为尊贵。道:准则,原则。 ③ 过度:超越限度。

[原文]

地者政之本也,朝者义之理也,市者货之准也,黄金者用之量也,诸侯之地千乘之国者器之制也①。五者其理可知也,为之有道②。

[注释]

① 政之本:执政的根本。朝者义之理:朝廷是贵贱等级的体现。货之准:商品贵贱多少的标准。用之量:财用奢俭的尺度。器之制:军备的标志。器:兵器,引申为军备。制:制度,标准。 ② 为之有道:做起来也一定有法则可循。道:规律,法则。

[原文]

地者政之本也,是故地可以正政也①。地不平均和调则政不可正也,政不正则事不可理也②。春秋冬夏,阴阳之推移也③;时之短长,阴阳之利用也④;日夜之易,阴阳之化也⑤。然则阴阳正矣,虽不正,有余不可损,不足不可益也⑥。天也,莫之能损益也⑦。然则可以正政者地也,故不可不正也。正地者,其实必正⑧。长亦正,短亦正,小亦正,大亦正,长短大小尽正。地不正则官不理,官不理则事不治,事不治则货不多⑨。是故何以知货之多也?曰事治。何以知事之治也?曰货多。货多事治,则所求于天下者寡矣⑩。为之有道。

右阴阳

[注释]

① 正政:调整政事。正:匡正、纠正。 ② 和调:调配合理。事:政事。理:治理。 ③ 推移:运动。 ④ 时:时间,这里指白天。利用:作用。 ⑤ 易:交换,更替。化:变化。 ⑥ 正:正常,有规律。以上四句意思是:但阴阳变化都是有规律的,即使有不正常的地方,多余的也不能削减,不足的也无法增补。 ⑦ 天也:原本作“天地”,

据郭沫若说改。 ⑧ 实：实数，指土地的实际面积。 ⑨“地”原本为“正”，据王念孙说改。官不理：官府无法管理。治：治理。货：商品。 ⑩ 求：求助。寡：少。

［原文］

朝者义之理也。是故爵位正而民不怨，民不怨则不乱，然后义可理①。不正则不可以治，而不可不理也②。故一国之人不可以皆贵，皆贵则事不成而国不利也③。使无贵者，则民不能自理也④。是故辨于爵列之尊卑，则知先后之序、贵贱之义矣⑤。为之有道。

右爵位

［注释］

① 怨：怨恨，不满。义可理：等级制度才能得以体现。 ② 不正：指爵位不正。原文“不正”上有“理”字，据丁士涵说删。而：则。理：区别。 ③ 皆贵：都尊贵。事不成：事情办不成功。国不利：对国家没好处。 ④ 使：假设。原文“使”字上有“为事之不成，国之不利也”句，是上句注文掺入正文，今删。理：治理，管理。这一句的意思是：假如没有尊贵的人，人民也不会管理自己。 ⑤ 辨：辨别。爵列：爵位。

［原文］

市者货之准也，是故百货贱则百利不得，百利不得则百事治，百事治则百用节矣①。是故事者生于虑，成于务，失于傲②。不虑则不生，不务则不成，不傲则不失。故曰市者可以知治乱，可以知多寡，而不能为多寡③。为之有道。

右务市事

［注释］

① 百货：各种商品。百利不得：经商者得不到利益。百事：各种生产活动。百用：各种费用。节：适度。 ② 虑：考虑，谋划。务：努力。傲：懈怠。以上三句的意思是：所以说，各种事业产生于周密计划，成功于努力工作，失败于怠慢懒惰。 ③ 为：生产。以上三句意思是：通

过市场,可以了解国家的治乱,可以了解商品的多少,但不能直接生产商品的多少。

[原文]

黄金者用之量也。辨于黄金之理则知侈俭,知侈俭则百用节矣①。故俭则伤事,侈则伤货②。俭则金贱,金贱则事不成,故伤事。侈则金贵,金贵则货贱,故伤货。货尽而后知不足,是不知量也;事已而后知货之有余,是不知节也③。不知量,不知节,不可。为之有道④。

[注释]

① 辨:辨别,明白。侈:奢侈。俭:节俭。节:调节。这两句意思是:明白黄金是财政的尺度这个道理,就能了解国家是奢侈还是节俭,知道是奢侈还是节俭,各种财政支出就可以调节掌握了。 ② 伤:妨碍。这两句意思是:所以,费用过分节俭不利于生产事业,过分奢侈就会妨碍商品流通。 ③ 已:完成。 ④ 为:原本作“谓”,据郭沫若说改。

[原文]

天下乘马服牛,而任之轻重有制①。有一宿之行,道之远近有数矣。是知诸侯之地千乘之国者,所以知器之小大也,所以知任之轻重也②。重而后损之,是不知任也③;轻而后益之,是不知器也④。不知任,不知器,不可。为之有道⑤。

[注释]

① 乘马服牛:驾驭马、牛。任:负担。制:定数。这两句意思是:天下驾驭马牛者,它所能负担的重量是一定的。 ② 器:兵器,指军备。原文为“地”,据王念孙说改。以上三句意思是:所以,知道一个诸侯国拥有千辆兵车,就可以推知它的军备的规模,也可以推知其负担的轻重。

③ 重:负担重。损:减少。这两句意思是:等到负担重了再去削减,这是不知道承受能力。 ④ 轻:负担轻。益:增加。器:指军备规模。

⑤ 为:原文为“谓”,据郭沫若说改。

［原文］

地之不可食者，山之无木者，百而当一①。涸泽，百而当一②。地之无草木者，百而当一。楚棘杂处，民不得入焉，百而当一③。薮，镰缨得入焉，九而当一④。蔓山，其木可以为材，可以为轴，斤斧得入焉，九而当一⑤。汎山，其木可以为棺，可以为车，斤斧得入焉，十而当一⑥。流水，网罟得入焉，五而当一⑦。林，其木可以为棺，可以为车，斤斧得入焉，五而当一。泽，网罟得入焉，五而当一。命之曰地均，以实数⑧。

［注释］

① 不可食：指不生长谷物。百而当一：百亩相当于一亩。 ② 涸泽：干涸的湖泊。 ③ 楚棘杂处：荆棘纵横交错。楚：荆，原文为"樊"，据王引之说改。 ④ 薮：草盛水浅的湖泽。镰缨得入：指人们可以进去打柴。镰：镰刀。缨：读音 mò，两股的绳，泛指绳索。"缨"原文为"缠"，据王念孙说改。 ⑤ 蔓山：丘陵。蔓：蔓延低缓。轴：车轴。 ⑥ 汎山：高山。"汎"同"洀"，"洀"，古"盘"字，"盘"即盘旋。棺：棺材。 ⑦ 流水：河流。网罟得入：指可以捕鱼。网罟：渔网。 ⑧ 命：叫做，称为。均：折算。实数：实际出产的数量。这两句意思是：这就叫做把所有土地按实际出产的数量折算成可耕土地。

［原文］

方六里，命之曰暴，五暴命之曰部，五部命之曰聚①。聚者有市，无市则民乏②。五聚命之曰某乡，四乡命之曰方，官制也③。官成而立邑④：五家而伍，十家而连，五连而暴，五暴而长，五长命之曰某乡，四乡命之曰都，邑制也⑤。邑成而制事⑥：四聚为一离，五离为一制，五制为一田，二田为一夫，三夫为一家，事制也⑦。事成而制器⑧：方六里，为一乘之地也。一乘者，四马也。一马，其甲七，其蔽五⑨；一乘，其甲二十有八，其蔽二十，白徒三十人奉车两，器制也⑩。

［注释］ ① 方六里：六里见方。暴：村落。与下文的“部”、“聚”、“方”都是地方行政单位名称。 ② 这两句意思是：每聚都要有集市，否则，人民的日用品就要缺乏。 ③ 官制：行政管辖制度。 ④ 官成而立邑：行政管理制度确立后，还要建立居民组织制度。 ⑤ 伍：与下文的“连”、“暴”、“长”、“乡”、“都”都是居民组织单位名称。邑制：居民组织制度。 ⑥ 邑成而制事：组织制度建立后，就要制定生产活动。 ⑦ 离、制、田、夫、家：都是生产组织的名称。事制：生产活动组织制度。 ⑧ 制器：确定军事装备。 ⑨ 甲：铠甲，指披甲的士兵。蔽：防卫的盾牌，指持盾防卫的士兵。 ⑩ 一：原文为“四”，据丁士涵说改。白徒：未经训练的步卒。奉：跟随。器制：军事装备的制度。

［原文］ 方六里，一乘之地也①；方一里，九夫之田也②。黄金一镒，百乘一宿之尽也③。无金则用其绢，季绢三十三制当一镒④。无绢则用其布，絟暴布百两当一镒⑤。一镒之金，食百乘之一宿⑥。则所布之地六步一斢，命之曰中⑦。方六里，名之曰社，有邑焉，名之曰央⑧。岁有市，无市则民乏矣，亦关市之赋⑨。黄金百镒为一箧，其货一谷笼为十箧⑩。其商苟在市者三十人，其正月、十二月黄金一镒，命之曰正分⑪。春曰书比，夏曰月程，秋曰大稽，与民数得亡⑫。

［注释］ ① 一乘之地：应出一辆兵车的土地。 ② 九夫之田：应出九人徭役的土地。 ③ 镒：重量单位，一镒为二十四两。百乘一宿之尽：百辆兵车行三十里的经费。宿：三十里为一宿。尽：通“赆”，费用。 ④ 季绢：细绢。制：长度计量单位，一丈八尺为一制。当：相当，等于。 ⑤ 絟：细布，引申为细。原文为“经”，据张佩纶说校改。暴布：白

布。两：匹。 ⑥ 食：供给食物。 ⑦ 布：经过。原文为“市”，据文义改。㪷：“斗”的俗字。中：中等。这两句的意思是：那么，所经之地六步就要征收一斗粮的赋税，相当于中等税率。 ⑧ 社：古二十家为一社。邑：社中聚居处。央：邑的名称。 ⑨ 此句原在“命之曰中”句下，据安井衡说移此。岁有市：每年都有集市贸易。原文“乏”上有“不”字，据上文文例删。关市之赋：征收关卡和市场税。 ⑩ 箧：小箱。谷笼：盛谷的筐。这两句的意思是：黄金一百镒征收一箧，货物一筐征收十箧。 ⑪ 苟：如果。正分：征税率。以上三句意思是：市场上的商人如达到三十人，正月、十二月征税时，要收黄金一镒，这就是征税的比率。 ⑫ 书比：公布税率。月程：按月考核。稽：统计。与：记录。得亡：得失。以上四句意思是：春天公布税率，夏天按月核实，秋天全面统计，记录商人数量的多少。

［原文］

三岁修封，五岁修界，十岁更制，经正也[①]。一仞见水不大潦，五尺见水不大旱[②]。一仞见水轻征，十分去一，二则去二，三则去三，四则去四，五则去半，比之于山[③]。五尺见水，十分去一，四则去二，三则去三，二则去四，一尺而见水，比之于泽[④]。

［注释］

① 封：田埂。界：田界。更制：重新划分田界。经正：例行的政事。经：常。正：政。 ② 一仞：古七尺为一仞。原文为“十仞”，据俞樾说校改。潦：同“涝”。 ③ 轻征：减轻赋税。原文为“十分去二三，二则去三四”，据王引之说校改。以上七句意思是：地下一仞才见水就要减轻赋税，一仞见水减赋税十分之一，二仞见水减十分之二，以此类推，五仞见水减一半，与山地同样征收赋税。 ④ 原文为“四则去三，三则去二，二则去一，三尺而见水”，据俞樾说校改。泽：湖泊沼泽。

［原文］

距国门以外，穷四竟之内，丈夫二犁，童五尺一犁，以为三日之功[①]。正月令农始作，服于公田农耕②。及雪释，耕始焉，芸卒焉③。士，闲见、博学、意察，而不为君臣者，与功而不与分焉④。贾，知贾之贵贱，日至于市，而不为官贾者，与功而不与分焉⑤。工，治容貌功能，日至于市，而不为官工者，与功而不与分焉⑥。不可使而为工，则视贷离之实，而出夫粟⑦。

[注释] ① 距：从。国门：国都的城门。穷：止，到。竟：同“境”。丈夫：指成年男子。童五尺：指未成年男子。二犁、一犁：指按两张犁的定额、按一张犁的定额。犁：指一张犁一天所耕的地。以为三日之功：为公家服三天劳役。 ② 作：耕作。服：从事。公田：公室的土地。 ③ 及：等到。释：融化。芸：同“耘”，锄草。卒：结束。 ④ 闲见：见识多。“闲”原文为“闻”，据孙诒让说校改。意察：精明果断。不为君臣者：还没有做官的。与功而不与分：参加服役但不能分取收益，指无偿服役。

⑤ 贾：商人。知贾：熟悉市场价格。“贾”同“价”，读音 jià。官贾：官商。 ⑥ 工：工匠。治：讲求。容貌：样式。功能：功用。官工：官府的工匠。 ⑦ 工：同“功”，劳役。贷离：差别。夫粟：相当于出一人服役的粮食。以上三句意思是：不能出人服劳役者，要根据所欠缺的实数，交纳相当于出人服役的粮食。

[原文] 是故智者知之，愚者不知，不可以教民①；巧者能之，拙者不能，不可以教民②。非一令而民服之也，不可以为大善③；非夫人能之也，不可以为大功④。是故非诚贾不得食于贾，非诚工不得食于工，非诚农不得食于农，非信士不得立于朝⑤。是故官虚而莫敢为之请，君有珍车珍甲而莫之敢有⑥；君举事，臣不敢诬其所不能⑦。君知臣，臣亦知君知己也，故臣莫敢不竭力俱操其诚以来⑧。

[注释] ① 教：令，使。以上三句意思是：所以，只有聪明人才懂而愚笨

的人不懂的事，不能让人们都去干。 ② 巧者：灵巧的人。拙者：笨拙的人。 ③ 服：服从。善：好。这两句意思是：如果不是一声令下人民都服从，就不能达到天下大治。 ④ 夫人：众人，人人。功：功绩。 ⑤ 诚贾：诚实的商人。食于贾：靠经商吃饭。信士：诚信的士人。立于朝：在朝廷做官。 ⑥ 官虚：官职有空缺。珍：贵重。莫之敢有：没有人敢享有。这两句意思是：所以，官职即使有空缺，也没有人敢请求去补；君主虽设有珍车珍甲的厚遇，也没有人敢妄求享有。 ⑦ 举事：举办大事。诬其所不能：本来不能干的事而谎称能干。诬：说谎，不实。 ⑧ 操其诚以来：怀着赤诚之心来报效君主。

［原文］

道曰：均地分力，使民知时也①。民乃知时日之蚤晏，日月之不足，饥寒之至于身也②。是故夜寝蚤起，父子兄弟不忘其功，为而不倦，民不惮劳苦③。故不均之为恶也，地利不可竭，民力不可殚④。不告之以时而民不知，不道之以事而民不为⑤。与之分货则民知得正矣，审其分则民尽力矣⑥。是故不使而父子兄弟不忘其功⑦。

右士农工商

［注释］

① 道：规律，常理。均地分力：把土地分给个人耕种。知时：知道把握农时。 ② 乃：就。蚤：通“早”。晏：晚。饥寒之至于身：指饥寒的威胁。 ③ 夜寝：晚睡。功：指农事。为而不倦：劳动起来不知疲倦。惮：害怕。 ④ 不均之为恶：不把土地分给人民的害处。竭：尽。殚：用完。 ⑤ 告之以时：按时告诉他们。道之以事：用农事教导他们。

⑥ 分货：分取财物。得：自己所得。正：同“征”，国家所征。审：明确。分：标准。这两句意思是：采取与民分取产品的方式，人民就明白自己得到多少，国家征收多少；明确征收赋税的标准，人民就会尽力劳作。

⑦ 使：役使，驱使。

[原文]

圣人之所以为圣人者，善分民也[①]。圣人不能分民，则犹百姓也[②]，于己不足，安得名圣[③]？是故有事则用，无事则归之于民，唯圣人为善托业于民[④]。民之生也，辟则愚，闭则类[⑤]。上为一，下为二[⑥]。

右圣人

[注释]

① 善：善于。分民：分利于民。 ② 犹：如同。 ③ 安：如何，怎样。这两句的意思是：自己总是感到不满足，怎么能叫圣人呢？ ④ 用：指征收财物。托业于民：把产业寄托在人民手中。以上三句意思是：所以，国家有事之时，就取用于民，无事之时，就藏于民，只有圣人才善于把产业寄托在人民手中。 ⑤ 生：同"性"。辟：开辟，放纵。闭：禁止、约束。类：善良。 ⑥ 这两句的意思是：君主做什么，人民会加倍地效仿。

[原文]

时之处事精矣，不可藏而舍也[①]。故曰今日不为，明日忘货，昔之日已往而不来矣[②]。

右失时

[注释]

① 精：珍贵。舍：停留。这两句意思是：时间对于事业来说真是太宝贵了，人们不能把它收藏起来使它停滞不前。 ② 为：劳动，生产。忘：通"亡"，失，无。货：产品。以上三句的意思是：所以说，今天不劳动，明天就没有成果，时光一去不复返。

[原文]

上地方八十里，万室之国一，千室之都四[①]。中地方百里，万室之国一，千室之都四。下地方百二十里，万室之国一，千室之都四。以上地方八十里与下地方百二十里，通于中地方百里[②]。

右地里

[注释]

① 上地：上等土地。国：大城市。都：小城镇。以上三句意思是：上等土地，八十里见方就能建成一个万户的城市，四个千户的城镇。

② 中地：中等土地。下地：下等土地。通：相等。

七法第六

[解题] 本篇是一篇军事论文，主要论述治军和用兵之道，兼及理民、为政、治国。七法即则、象、法、化、决塞、心术、计数，作者认为它们是为兵、胜敌国、正天下的基础。

[原文] 言是而不能立，言非而不能废，有功而不能赏，有罪而不能诛，若是而能治民者，未之有也[①]。是必立，非必废，有功必赏，有罪必诛，若是安治矣[②]？未也，是何也[③]？曰形势器械未具，犹之不治也[④]。形势器械具，四者备，治矣[⑤]。不能治其民，而能强其兵者，未之有也。能治其民矣，而不明于为兵之数，犹之不可[⑥]。不能强其兵，而能必胜敌国者，未之有也。能强其兵，而不明于胜敌国之理，犹之不胜也。兵不必胜敌国，而能正天下者，未之有也[⑦]。兵必胜敌国矣，而不明正天下之分，犹之不可[⑧]。故曰：治民有器，为兵有数，胜敌国有理，正天下有分。

[注释] ① 言：言论。是：正确。立：采用，确立。诛：惩罚。未之有：从来没有过。 ② 若是安治矣：这样就治理好了吗？安：则，就。 ③ 这两句意思是：还是治理不好，为什么呢？ ④ 形势：客观条件。器械：兵器等军事装备。具：具备。犹之不治：仍然治理不好。犹：仍然。⑤ 四者：指上文所说的“立是”、“废非”、“赏有功”、“诛有罪”四条。 ⑥ 为兵之数：用兵的策略。数：原则，方法。犹之不可：仍然不行。 ⑦ 必胜：一定战胜。正：纠正，匡正。 ⑧ 正天下之分：匡正天下

的步骤。分：计划，步骤。

［原文］

则、象、法、化、决塞、心术、计数①：根天地之气，寒暑之和，水土之性，人民鸟兽草木之生，物虽甚多，皆均有焉，而未尝变也，谓之则②。义也、名也、时也、似也、类也、比也、状也，谓之象③。尺寸也、绳墨也、规矩也、衡石也、斗斛也、角量也，谓之法④。渐也、顺也、靡也、久也、服也、习也，谓之化⑤。予夺也、险易也、利害也、难易也、开闭也、杀生也，谓之决塞⑥。实也、诚也、厚也、施也、度也、恕也，谓之心术⑦。刚柔也、轻重也、大小也、实虚也、远近也、多少也，谓之计数。不明于则，而欲错仪画制，犹立朝夕于运均之上，摇竿而欲定其末⑧。不明于象，而欲论材审用，犹绝长以为短，续短以为长⑨。不明于法，而欲治民一众，犹左书而右息之⑩。不明于化，而欲变俗易教，犹朝揉轮而夕欲乘车⑪。不明于决塞，而欲驱众移民，犹使水逆流⑫。不明于心术，而欲行令于人，犹倍招而必射之⑬。不明于计数，而欲举大事，犹无舟楫而欲经于水险也⑭。故曰：错仪画制，不知则不可；论材审用，不知象不可；治民一众，不知法不可⑮；变俗易教，不知化不可；驱众移民，不知决塞不可；布令必行，不知心术不可；举事必成，不知计数不可。

右七法

［注释］

① 则：法则，规律。象：现象，表现。法：标准，规范。化：教化。决塞：开放和禁止。心术：心理活动。计数：计算方法。　② 根：追究，探求。和：调和。物虽甚多：原文“甚”上有“不”字，据文义删。均有：共

同拥有。以上八句意思是：考察天地间的元气、寒暑的调和、水土的性质、人类和鸟兽草木的发育生长，事物虽然很多，但都拥有一个共同的东西，它并不发生变化，这就是规律。 ③ 义：同“仪”，指事物的外表。名：名称。时：时间。似：相似。类：类别。比：联系。状：形状。 ④ 绳墨：工匠取直用的绳和墨斗。规矩：圆规和曲尺。衡石：泛指衡器。衡：秤。石：容量单位，十斗为石，合一百二十斤。斗斛：量器，古十斗为一斛。角：量器。 ⑤ 渐：逐渐。顺：顺应。靡：细致。服：适应。习：习惯。 ⑥ 险易：危险与平易。杀生：杀死与放生。 ⑦ 厚：宽厚。施：施舍。度：大度。恕：宽容。 ⑧ 明：了解，懂得。错仪画制：制定法令制度。原文为“出号令”，据丁士涵说改。错：借为“措”，着手。画：谋划。仪、制：规章制度。犹立朝夕于运均之上：就好比把测日影的标杆树立在转动的陶轮之上。犹：如。朝夕：早晚，这里指测量日影确定早晚的标杆。运均：转动的陶轮。均：制陶器所用的转轮。摇竿而欲定其末：又好像摇动着竹竿却想固定其末端一样。摇：原文为“檐”，据王引之说改。 ⑨ 论材审用：按其才能恰当地使用人才。绝：截断。续：续接。 ⑩ 治民一众：治理人民，统一百姓。左书而右息之：用左手书写，又用右手去阻止它。息：止。 ⑪ 变俗易教：改变风俗习惯。揉轮：制造车轮。揉：使直木弯曲。 ⑫ 驱众移民：调遣和驱使人民。逆流：倒流。 ⑬ 倍：同“背”。招：练习射箭用的靶子。射：原文为“拘”，据王引之说改。以上三句意思是：不了解人民的心理活动，又想让人民执行法令，就像背向着靶子却硬想要射中一样。 ⑭ 举大事：指发动战争。舟：船。楫：船桨。经：渡过。 ⑮ 治：原文为“和”，据戴望说改。

［原文］ 百匿伤上威，奸吏伤官法，奸民伤俗教，贼盗伤国众[①]。威伤则重在下，法伤则货上流，教伤则从令者不辑，众伤则百姓不安其居[②]。重在下则令不行，货上流则官徒毁，从令者不辑则百事无功，百姓不安其居则轻民处而重民散[③]。轻民处、重民散则

地不辟，地不辟则六畜不育，六畜不育则国贫而用不足，国贫而用不足则兵弱而士不厉，兵弱而士不厉则战不胜而守不固，战不胜而守不固则国不安矣[④]。故曰：常令不审，则百匿胜[⑤]；官爵不审，则奸吏胜；符籍不审，则奸民胜[⑥]；刑法不审，则盗贼胜。国之四经败，人君泄见危[⑦]。人君泄，则言实之士不进[⑧]；言实之士不进，则国之情伪不竭于上[⑨]。

［注释］ ① 百匿：各种坏人。匿：同“慝”，奸邪。上威：君主的威势。官法：官府的政策法令。俗教：风俗和教化。 ② 威伤：威势受到伤害。重在下：权力下落。货上流：财物流向上层，指官吏贪污受贿。从令者：指百姓。辑：和睦。 ③ 官徒毁：官吏败坏。轻民处：无业游民增多。处：居处，聚集。重民散：务农者离散。 ④ 兵弱：军队削弱。士：战士。厉：勇猛。 ⑤ 常令：各种固定的法令。审：严明。胜：得胜，占优势。 ⑥ 符籍：各种凭证和档案。 ⑦ 四经：指上述“常令”、“官爵”、“符籍”、“刑法”。经：根本。败：遭到破坏。泄：秘密泄露。见危：遭受危害。这两句的意思是：国家的四个根本被破坏，国君的秘密泄露，就会遭到侵害。 ⑧ 言实之士：说实话的人。进：进言。
⑨ 国之情伪不竭于上：国情的真假，君主就不能全部了解掌握。情伪：真假。情：诚，实。竭：尽，完全。

［原文］ 世主所贵者，宝也[①]；所亲者，戚也[②]；所爱者，民也；所重者，爵禄也。明君则不然[③]。致所贵，非宝也[④]；致所亲，非戚也；致所爱，非民也；致所重，非爵禄也。故不为重宝亏其命，故曰令贵于宝[⑤]。不为亲戚危其社稷，故曰社稷亲于戚[⑥]。不为爱人枉其法，故曰法爱于人[⑦]。不为重禄爵分其威，故曰威重于爵禄[⑧]。不通此四者，则反于无有[⑨]。故曰治人如治水潦，养人如养六畜，用人如用草木[⑩]。

君身论道行理，则群臣服教，百吏严断，莫敢开私焉⑪。论功计劳，未尝失法律也⑫。便辟、左右、大族、尊贵、大臣，不得增其功焉⑬。疏远、卑贱、隐不知之人，不忘其劳⑭。故有罪者不怨上，受赏者无贪心，则列陈之士，皆轻其死而安难，以要上事，本兵之极也⑮。

右四伤百匿

[注释] ① 世主：当代一般的君主。 ② 亲：亲近。戚：亲属。 ③ 明君：高明的君主。“明”原文为“亡”，据张佩纶说改。 ④ 致所贵：最宝贵的。致：至，最。 ⑤ 亏：损害。这两句意思是：因此，不为贵重的珍宝而损害政令，所以说政令比珍宝还贵重。 ⑥ 亲戚：亲属。原文为“爱亲”，据上文“所亲者戚也”改。社稷：指国家政权。亲于戚：比亲属还亲。原文为“戚于亲”，据上文文义改。 ⑦ 枉：弯曲。这两句意思是：不因为爱护人民而违背法律，所以说，爱护法律胜于爱护人民。 ⑧ 不为重禄爵分其威：不因为重视官爵俸禄而分散其威势。 ⑨ 反于无有：归于无有，指君主的权威将一无所有。 ⑩ 水潦：流水和积水。 ⑪ 君：原文为“居”，据丁士涵说改。论道行理：讲原则按道理办事。开私：走后门。 ⑫ 失：失掉，引申为违背。 ⑬ 便辟：阿谀奉承的小人。左右：君主身边亲近的人。大族：势力大的家族。 ⑭ 隐不知之人：没有知名度、地位低下的人。 ⑮ 列陈之士：参战的将士。陈：通“阵”。安难：不怕危难。以要上事：以此来取得国君的赏赐。本兵之极：统帅军队的最好方法。本：主，统帅。极：至。

[原文] 为兵之数：存乎聚财，而财无敌①；存乎论工，而工无敌②；存乎制器，而器无敌③；存乎选士，而士无敌④；存乎政教，而政教无敌⑤；存乎服习，而服习无敌⑥；存乎遍知天下，而遍知天下无敌⑦；存乎明于机数，而明于机数无敌⑧。故兵未出境，而无敌

者八[9]。是以欲正天下，财不盖天下，不能正天下[10]；财盖天下，而工不盖天下，不能正天下；工盖天下，而器不盖天下，不能正天下；器盖天下，而士不盖天下，不能正天下；士盖天下，而教不盖天下，不能正天下；教盖天下，而习不盖天下，不能正天下；习盖天下，而不遍知天下，不能正天下；遍知天下，而不明于机数，不能正天下。故明于机数者，用兵之势也，大者时也，小者计也[11]。

王道非废也，而天下莫敢窥者，王者之正也，衡库者，天子之礼也[12]。

［注释］

① 存：寄寓。以上三句的意思是：治理军队的方法，在于聚积财富，使财富无敌于天下。 ② 论工：考究工匠的技巧。 ③ 制器：制造武器装备。 ④ 选士：选拔战士。 ⑤ 政教：管理教育。 ⑥ 服习：训练。 ⑦ 遍知天下：掌握天下各国的情况。 ⑧ 明于机数：掌握时机和策略。机：时机，战机。数：方法，策略。 ⑨ 无敌者八：指上述无敌于天下的八条。 ⑩ 正：匡正。盖：超过。 ⑪ 势：关键。大者时：首要的是时机。小者计：其次是计谋。 ⑫ 以上数句，戴望认为文义不连贯，疑为错简。

［原文］

是故器成卒选，则士知胜矣[1]。遍知天下，审御机数，则独行而无敌矣[2]。所爱之国而独利之，所恶之国而独害之，则令行禁止，是以圣王贵之[3]。胜一而服百，则天下畏之矣[4]；立少而观多，则天下怀之矣[5]；罚有罪、赏有功，则天下从之矣。故聚天下之精材，论百工之锐器，春秋角试以练，精锐为右[6]。成器不课不用，不试不藏[7]。收天下之豪杰，有天下之骏雄[8]。故举之如飞鸟，动之如雷电，发之如风雨，莫当其前，莫害其后，独出独入，莫敢禁圉[9]。成功立事，必顺于理义[10]。故不理不胜天下，不义不胜人[11]。故贤知之君，必立于胜地，故正天下而莫之敢御也[12]。

右为兵之数

［注释］ ① 知胜：预知胜利。这两句意思是：因此，武器制成，勇士选定，战士就有必胜的信心。 ② 审御：善于把握。独行而无敌：独往独来，所向无敌。 ③ 独：特别。贵：重视。以上四句意思是：对于所喜欢的国家，要特别给予好处，对于所厌恶的国家，要特别予以惩罚，这样就能做到令行禁止，所以圣明的君主对此很重视。 ④ 胜一而服百：战胜一个国家从而使更多的国家服从。 ⑤ 立：树立。观：示，给人看。怀：归附。这两句的意思是：扶植少数为多数做出榜样，那天下的人就会归附。 ⑥ 精材：制造武器的精良材料。材：原文为“财”，据王念孙说改。论：评定。角：较量，比较。练：选择。右：上。以上四句的意思是：聚集天下精良的材料，考评百工的锐利武器，春秋两季通过比较试验加以选择，精锐武器列为上等。 ⑦ 成器：制成的武器。课：检验。这两句的意思是：已经制成的武器，不经过检验不能使用，不经过试验也不能入库收藏。 ⑧ 收：聚集。有：拥有。骏雄：俊杰和勇士。
⑨ 举：指举行军事行动。动：行动。发：发动。当：抵挡。害：伤害。禁圉：阻止。 ⑩ 成功立事：成就事业。顺：符合。理义：道理和正义。原文为“礼”，据宋杨忱本改。 ⑪ 不理：不符合道理。不义：不符合正义。 ⑫ 贤知：贤能明智。胜地：不败之地。正：匡正。莫之敢御：没有人敢抵抗。御：抵抗。

［原文］ 若夫曲制时举，不失天时，毋圹地利[1]。其数多少，其要必出于计[2]。故凡攻伐之为道也，计必先定于内，然后兵出乎境[3]。计未定于内而兵出乎境，是则战之自胜，攻之自毁也[4]。是故张军而不

能战，围邑而不能攻，得地而不能实，三者见一焉，则可破毁也⑤。故不明于敌人之政，不能加也⑥；不明于敌人之情，不可约也⑦；不明于敌人之将，不先军也⑧；不明于敌人之士，不先陈也⑨。是故以众击寡，以治击乱，以富击贫，以能击不能，以教卒练士击驱众白徒，故十战十胜，百战百胜⑩。

［注释］　①若夫：至于。曲制：部队建制，这里指军队。时举：按时机行动。圹：通“旷”，荒废。　②其：指军队。要：要害，关键。计：计划。原文“计”下有“数”字，据丁士涵说删。这两句意思是：出动军队数量的多少，关键是按计划而定。　③道：方法，原则。乎：于。　④是：这。则：就。战之自胜：自己战胜自己。攻之自毁：自己毁灭自己。⑤张军：摆开阵势。围邑：包围城镇。实：充实，占据。三者见一焉：上面的三种情况出现一种。见：现。　⑥政：政治。加：加兵，即发动战争。　⑦情：情况，敌情。约：约定，下战书宣战。　⑧先军：先采取军事行动。　⑨先陈：先排列阵势。陈：陈列。　⑩教卒练士：经过教育训练的士兵。驱众白徒：未经军事训练的乌合之众。

［原文］　故事无备，兵无主，则不蚤知敌①；野不辟，地无吏，则无蓄积②；官无常，下怨上，而器械不功③；朝无政，则赏罚不明；赏罚不明，则民幸生④。故蚤知敌则如独行，有蓄积则久而不匮，器械功则伐而不费，赏罚明则人不幸生，人不幸生则勇士劝之⑤。故兵也者，审于地图，谋于日官，量蓄积，齐勇士，遍知天下，审御机数，兵主之事也⑥。

［注释］　①主：统帅。蚤：通“早”。敌：原文无，据丁士涵说补。以上三句意思是：因此，对战争没有准备，军队没有统帅，就不能提前了解敌情。②地无吏：土地没有官吏管理。　③官无常：官府没有固定的规章制度。功：同“工”，质量好。　④幸生：侥幸偷生。　⑤则如独

行:原文为“人如独行”,据丁士涵说改。独行:独往独来,如入无人之境。匮:缺乏。伐而不费:战斗中不会受挫。费:通“拂”,挫折。幸生:原文无“生”字,据上句“民不幸生”补。劝:劝勉,努力。 ⑥ 地图:地形。谋于日官:与掌管天文的官员谋划,指研究天时。原文为“谋十官日”,据何如璋说校改。量:估量,度量。齐:统一,训练。兵主之事:统帅的职责。

[原文]

有风雨之行,故能不远道里矣①。有飞鸟之举,故能不险山河矣②。有雷电之战,故能独行而无敌矣。有水旱之功,故能攻国救邑③。有金城之守,故能定宗庙、育男女矣④。有一体之治,故能出号令、明宪法矣⑤。风雨之行者,速也。飞鸟之举者,轻也⑥。雷电之战者,士不齐也⑦。水旱之功者,野不收、耕不获也⑧。金城之守者,用货财,设耳目也⑨。一体之治者,去奇说,禁雕俗也⑩。不远道里,故能威绝域之民⑪。不险山河,故能服恃固之国⑫。独行无敌,故令行而禁止。攻国救邑,不恃权与之国,故所指必听⑬。定宗庙、育男女,天下莫之能伤,然后可以有国⑭。制仪法,出号令,莫不响应,然后可以治民一众矣。

右选陈

[注释]

① 原文“有”上有“故”字,据下文文例删。这两句意思是:行动像急风骤雨一样迅猛,因而不怕路途遥远。 ② 飞鸟之举:举动如同飞鸟。不险山河:不以高山大河为险。 ③ 水旱之功:像水旱一样的毁灭性作用。功:功用,效果。攻国救邑:攻伐敌国,救助友邦。 ④ 金城:坚固的城池。定宗庙:安定宗庙。育:生育。 ⑤ 一体之治:浑然一体、无懈可击的政治。宪法:法律法令。 ⑥ 轻:轻便,敏捷。⑦ 士不齐:敌人的士兵来不及排列阵势。 ⑧ 野不收、耕不获:指的

是使敌国田野不能耕种,农业得不到收获。 ⑨ 用货财:指用财物收买敌人。设耳目:指布置间谍。 ⑩ 奇说:异端邪说。雕俗:奢侈的风气。雕:雕饰,奢侈。 ⑪ 威:威慑,震服。绝域:偏远的地方。这两句意思是:不怕路途遥远,因而能威服偏远之地的人民。 ⑫ 服:征服。恃固之国:凭据坚固城池的国家。恃:依靠,凭借。固:坚固的防御工事。 ⑬ 原文"攻"上有"故",据上下文文例删。权与之国:盟国。所指必听:所到之处,人必听从。 ⑭ 莫之能伤:没有人能够伤害。有国:保有国家,掌握政权。

版法第七

[解题] 版即书写用的木版、竹版。把为政之要撮录于版,故名版法。本篇的主旨是说明执政治国的关键在于正君心、顺天时、得人和,在于赏罚严明、任用贤人、与民同利。

[原文] 凡将立事,正彼天植,风雨无违,远近高下各得其嗣①。三经既饬,君乃有国②。

[注释] ① 立事:成就事业。正彼天植:要端正其心。天植:心。植:志,心。风雨无违:不要违背风来雨到的自然规律。风雨:按时而至的风雨,指自然之理。各得其嗣:都得到治理。嗣:通“治”。 ② 三经:三个根本问题,指“正彼天植”、“风雨无违”、“远近高下各得其嗣”。饬:修治,整顿。有国:掌握国家政权。

[原文] 喜无以赏,怒无以杀①。喜以赏,怒以杀,怨乃起,令乃废。骤令不行,民心乃外②。外之有徒,祸乃始牙③。众之所忿,寡不能图④。

[注释] ① 以:用。这两句的意思是:高兴时不要随意赏赐,发怒时也不要擅自惩罚。 ② 骤:数,屡次。民心乃外:人民就会有外心。③ 徒:党徒。牙:同“芽”。这两句意思是:有外心者有了同伙,祸患就开始萌芽。 ④ 寡:原文为“置”,据《版法解》改。图:图谋,对付。这两句意思是:众人产生了忿怒,少数人就无法对付。

[原文] 举所美必观其所终,废所恶必计其所穷①。庆勉敦敬以显之,禄富有功以劝之,爵贵有名以休之②。兼爱无遗,是谓君心③。必先顺教,万民乡

风[4]。旦暮利之，众乃胜任[5]。取人以己，成事以质[6]。

［注释］ ① 终：结束。计：考虑。穷：终结。这两句意思是：举办所喜欢的事情，一定要看看它的结局；废除所厌恶的事情，一定要考虑它的后果。

② 庆勉敦敬以显之：用赏赐、慰劳来表彰敦厚恭敬的人。庆：赏赐。勉：慰劳。敦敬：敦厚、恭敬的人。以：用。显：显明，引申为表彰。禄富有功：给予俸禄使有功之人富有。禄富：原文为“富禄”，据丁士涵说改。劝：鼓励。爵贵有名：授爵位给有名望的人使他尊贵。休：赞美。

③ 兼爱无遗：要兼爱而没有遗漏。 ④ 顺：同“训”。乡：通“向”。这两句意思是：一定要先进行教育训导，人民才会趋向于好的风俗。

⑤ 旦暮：早晚，引申为经常。这两句意思是：要经常给予人民好处，人民才能担负起自己的工作。 ⑥ 以：用，按照。质：实际。这两句的意思是：要想选择人才，必须先考虑一下自己的才能；要想成就大事，一定要实事求是，量力而行。

［原文］ 审用财，慎施报，察称量[1]。故用财不可以啬，用力不可以苦[2]。用财啬则费，用力苦则劳[3]。民不足令乃辱，民苦殃令不行[4]。施报不得，祸乃始昌[5]；祸昌不寤，民乃自图[6]。

［注释］ ① 施报：施予和报偿。称量：限度，标准。以上三句的意思是：要谨慎地使用钱财，慎重地对待施予和报偿，明察事物的标准与限度。

② 啬：吝啬，过分爱惜。苦：竭尽。 ③ 费：通“拂”，逆，不顺。劳：疲劳。 ④ 辱：辜负。这两句意思是：百姓贫困，政令就会作废；百姓遭受苦难，政令就无法实行。 ⑤ 得：得当。昌：生。这两句意思是：施予和报偿处理不当，灾祸就开始冒头。 ⑥ 寤：觉醒，觉悟。图：图谋不轨。

［原文］ 正法直度，罪杀不赦[1]。杀僇必信，民畏而

惧②。武威既明,令不再行③。顿卒怠倦以辱之,罚罪有过以惩之,杀僇犯禁以振之④。植固不动,倚邪乃恐⑤。倚革邪化,令往民移⑥。

[注释] ① 正法直度:端正法律,明确制度。 ② 僇:通"戮"。惧:恐惧。 ③ 再行:重复。 ④ 顿卒:困苦。怠倦:懒惰的人。罚罪:处罚。罪:罚。有过:犯错误的人。有:原本为"宥",据《版法解》改。振:通"震",威慑。以上三句意思是:用困苦来羞辱懒惰的人,用处罚来惩罚犯错误的人,用杀戮来威慑犯罪的人。 ⑤ 植:心。倚邪:奇异邪僻之人。倚:通"奇"。这两句意思是:执法之心坚定不移,奇异邪僻的人就会害怕。 ⑥ 革:除去。化:改正。这两句意思是:奇异除掉了,邪僻改正了,法令所到之处,人民就会随之而动。

[原文] 法天合德,象地无亲,参于日月,伍于四时①。悦众在爱施,有众在废私,召远在修近,闭祸在除怨,备长在乎任贤,安高在乎同利②。

[注释] ① 法:效法。合:同。地:原文为"法",据刘绩补注本改。参:参与,参加。伍:与……为伍。原本为"佐",据王念孙说改。以上四句意思是:君主应效法上天,对万物遍施恩德,应模仿大地,对万物无私无亲。

② 悦众在爱施:使众人喜悦在于仁爱和施舍。原文为"悦在施",据刘绩说校补。有众:拥有民心。召远:召来远方的人民。修近:好好对待周围的人。闭:关闭,防止。备长:为长远做准备。备:原文为"修",据王念孙说改。安高:保持尊贵的地位。原文为"高安",据王念孙说改。同利:与民分享利益。

幼官第八

［解题］

幼官，即玄宫，亦称玄堂，均为明堂别名。明堂是古代帝王宣教化、理政事的场所，其规模、形制、方位均有定制。本篇分十章，按照五行、五方、四季排列，以中央土主季夏，统治四方四时，每章列每季之月令、方物以及政治、军事施政纲领。原是图文并行，后图亡佚。

［原文］

若图，处虚守静，人物则皇①。五和时节，君服黄色，味甘味，听宫声，治和气，用五数，饮于黄后之井，以倮兽之火爨②。藏温濡，行欧养，坦气修通，凡物开静，形生理③。常至命，尊贤授德则帝④；身仁行义，服忠用信则王⑤；审谋章礼，选士利械则霸⑥；定生处死，谨贤修伍则众⑦；信赏审罚，爵材禄能则强⑧；计凡付终，务本饬末则富⑨；明法审数，立常备能则治，同异分官则安⑩。通之以道，畜之以惠，亲之以仁，养之以义，报之以德，结之以信，接之以礼，和之以乐，期之以事，考之以言，发之以力，威之以诚⑪。一举而上下得终，再举而民无不从，三举而地辟政成，四举而农佚粟十，五举而务轻金九，六举而絜知事变，七举而外内为用，八举而胜行威立，九举而帝事成形⑫。

九本博大，人主之守也⑬。八分有职，卿相之守也⑭。七胜备威，将军之守也⑮。六纪审密，贤人之守也[16]。五终不解，庶人之守也[17]。动而无不从，静而无不同。治乱之本三，安危之机四，富贫之终五，盛衰之纪六，卑尊之交七，强弱之应八，存亡之数九[18]。练之以散群傰，署凡数[19]。杀僇以聚财，劝勉以迁众，使二分具本[20]。发善必审于密，执威必明于中[21]。

此居图方中

[注释]

① 若图：如图所示。图：原本为“因”，据刘师培说校改。处虚守静：清静无为。处：原本为“夜”，据下篇《幼官图》校改。则皇：效法先皇。

② 五和时节：指夏季最末之月。甘：甜。用五数：五和时节，故用五数。黄后之井：中央之井。中央土，其色黄，故名。倮兽：无毛或短毛的兽。爨：炊。 ③ 濡：柔软。欧养：保养。欧：通“呕”，养育。坦：平。开：通“恺”，安乐。 ④ 帝：称帝。 ⑤ 身：亲身体行。服：行。

⑥ 审谋章礼：仔细谋划，明确礼法。章：通“彰”，显明。 ⑦ 谨：敬。伍：五家为伍。这两句大意是：生有所安，死有所葬，尊敬贤士，修好乡里，就会得到百姓拥护。 ⑧ 信赏审罚：奖赏兑现，刑罚谨慎。爵材禄能：把爵禄给有才能的人。 ⑨ 计凡付终：预算大数，核算结果。凡：大数，总数。付：通“符”，查验。本：指农业。饬：整顿。末：指工商业。 ⑩ 数：通“术”。立常备能：制定规章制度，培养有才能的人。同异分官：分清不同官职的职责。 ⑪ 畜：养。考之以言：原本为“攻之以官”，据刘绩说校改。 ⑫ 举：举措，行政。终：结果。政：原文为“散”，据猪饲彦博、洪颐煊、何如璋说改。农佚粟十：农民安逸而粮食多。十：泛指多。务轻金九：事务少而财用多。九：通“勼”，聚集。絜：测度。帝事：帝王之业。 ⑬ 九本：主位、主明、主听、主赏、主问、主因、主周、主参、督名，见《九守》。博：原文为“抟”，据王念孙说改。

⑭ 八分：主画之，相守之；相画之，官守之；官画之，民役之。符节、印玺、典法、策籍。又称八揆。见《君臣上》。 ⑮ 七胜备威：原本为“十官饰胜备威”，据何如璋说改。七胜：众胜寡、疾胜徐、勇胜怯、智胜愚、善胜恶、有义胜无义、有天道胜无天道。见《枢言》。 ⑯ 六纪：下文有

"盛衰之纪六",疑即"六秉":杀、生、贵、贱、贫、富,见《小匡》。⑰ 五终:下文有"贫富之终五",疑指《立政》篇中所言"五事"。终:原文为"纪",据郭沫若说校改。解:同"懈"。 ⑱ 治乱之本三:见《立政》篇"三本"。安危之机四:见《立政》篇"四固"。原文为"卑尊之交四",与下文的"安危之机七"互讹,据张佩纶说改正。富贫之终五:见《立政》篇"五事"。卑尊之交七:即则、象、法、化、决塞、心术、计数,见《七法》篇。强弱之应八:即八观,详见《八观》篇。存亡之数九:见《立政》篇"九败"。 ⑲ 练:简,阅。群傰:团伙。傰:通"朋"。署凡数:只记录总数。原文"数"下有"财署",据张佩纶、许维遹说删。 ⑳ 僇:同"戮"。迁:改变。原文为"选",据丁士涵说改。使二分具本:使聚财、迁众都成为根本措施。 ㉑ 发善:行赏。审于密:谨慎周密。执威:刑罚。明于中:指公开。

[原文]

春行冬政肃,行秋政霜,行夏政阉①。十二地气发,戒春事②。十二小卯,出耕。十二天气下,赐与。十二义气至,修门闾。十二清明,发禁。十二始卯,合男女。十二中卯,十二下卯,三卯同事。八举时节,君服青色,味酸味,听角声,治燥气,用八数,饮于青后之井,以羽兽之火爨③。藏不忍,行欧养,坦气修通,凡物开静,形生理。合内周外,强国为圈,弱国为属④。动而无不从,静而无不同。举发以礼,时礼必得⑤。和好不基,贵贱无司,事变日至⑥。

此居于图东方方外

[注释]

① 肃:肃杀。霜:原文为"雷",据丁士涵说校改。阉:通"掩",掩闭。 ② 十二:十二天,本篇以十二天为一个节气,每季三月,春秋分为八节,夏冬分为七节。地气发:疑与下文"小卯"、"天气下"等均为节气名。戒春事:告诫春天的农事。戒:通"诫"。 ③ 八举时节:即上

所举春季八个节气。青后之井：东方之井。东方色青，故名。羽兽：指鸟类。 ④ 合内周外：普天之下。原文"周"上有"空"，据戴望说删。圈：眷，眷属，亲属。此指强国、弱国都已服从，成为亲属。 ⑤ 发：通"废"。时：处。 ⑥ 基：谋，谋害，算计。司：通"伺"，窥探隐私。至：同"窒"，阻止。

[原文]

夏行春政风，行冬政落，重则雨雹，行秋政水①。十二小郢，至德②。十二绝气下，下爵赏③。十二中郢，赐与。十二中绝，收聚。十二大暑至，尽善。十二中暑，十二小暑终，三暑同事。七举时节，君服赤色，味苦味，听羽声，治阳气，用七数，饮于赤后之井，以毛兽之火爨④。藏薄纯，行笃厚，坦气修通，凡物开静，形生理⑤。定府官，明名分，而审责于群臣有司，则下不乘上，贱不乘贵⑥。法立数得，而无比周之民，则上尊而下卑，远近不乖⑦。

此居于图南方方外

[注释]

① 落：同"雾"，雨连绵不断。雨雹：下冰雹。 ② 郢：通"盈"，满。至德：招至有德之人。 ③ 下爵赏：颁布爵赏。 ④ 赤后之井：南方之井。南方色赤，故名。 ⑤ 薄纯：博大纯正。薄：通"博"。 ⑥ 乘：凌驾，逾越。 ⑦ 比周：结党营私。乖：错，乱。

[原文]

秋行夏政叶，行春政华，行冬政耗①。十二期风至，戒秋事②。十二小卯，薄百爵③。十二白露下，收聚。十二复理，赐与。十二始节，赋事。十二始卯，合男女。十二中卯，十二下卯，三卯同事。九和时节，君服白色，味辛味，听商声，治湿气，用九数，饮于白后之井，以介兽之火爨④。藏恭敬，行搏锐，坦气修通，凡物开静，形生理[5]。间男女之畜，修乡闾之什伍[6]。量委积之多寡，定府官之计数[7]。养老弱而勿遗，信利周而无私[8]。

此居于图西方方外

［注释］ ① 叶：叶盛。华：花盛。耗：损耗。 ② 戒秋事：告诫秋天的农事。戒：通“诫”。 ③ 薄：布。 ④ 白后之井：西方之井。西方色白，故名。介兽：有介壳的动物，如龟之类。兽：原文为“虫”，据猪饲彦博、王引之说改。 ⑤ 搏锐：指用兵。 ⑥ 间：通“简”，检视。畜：养。 ⑦ 委积：积蓄。 ⑧ 遗：遗漏。原文为“通”，据吴志忠说改。信利：信和利。周：普遍，平均。

［原文］ 冬行秋政雾，行夏政雷，行春政烝泄[1]。十二始寒，尽刑。十二小榆，赐予[2]。十二中寒，收聚。十二中榆，大收。十二寒，至静。十二大寒之阴，十二大寒终，三寒同事。六行时节，君服黑色，味咸味，听徵声，治阴气，用六数，饮于黑后之井，以鳞兽之火爨[3]。藏慈厚，行薄纯，坦气修通，凡物开静，形生理。器成于僇，教行于钞[4]。动静不记，行止无量[5]。戒四时以别息，异出入以两易，明养生以解固，审取予以总之[6]。一会诸侯，令曰：非玄帝之命，毋有一日之师役[7]。再会诸侯，令曰：养孤老，食常疾，收孤寡[8]。三会诸侯，令曰：田租百取五，市赋百取二，关赋百取一，毋乏耕织之器[9]。四会诸侯，令曰：修道路，偕度量，一称数，薮泽以时禁发之[10]。五会诸侯，令曰：修春秋冬夏之常祭，食天壤山川之故祀，必以时[11]。六会诸侯，令曰：以尔壤生物共玄宫，请四辅，将以礼上帝[12]。七会诸侯，令

曰：官处四体而无礼者，流之焉莠命⑬。八会诸侯，令曰：立四义而毋议者，尚之于玄宫，听于三公⑭。九会诸侯，令曰：以尔封内之财物、国之所有为币⑮。九会大命焉出，常至⑯。千里之外，二千里之内，诸侯三年而朝，习命⑰。二年，三卿使四辅⑱。一年正月朔日，令大夫来修，受命三公⑲。二千里之外，三千里之内，诸侯五年而会至，习命。三年，名卿请事⑳。二年，大夫通吉凶。十年，重適入，正礼义㉑。五年，大夫请受变㉒。三千里之外，诸侯世一至。置大夫以为廷官，入共受命焉㉓。

此居于图北方方外

［注释］

① 烝泄：泄而上烝。 ② 榆：通"緰"，缩短。 ③ 六行时节：指上述六个节气。黑后之井：北方之井。北方色黑，故名。鳞兽：有鳞的动物，如龙之类。 ④ 僇：通"穆"，静。钞：通"眇"，细微。 ⑤ 不记：失去纲纪。记：通"纪"。无量：没有章法。 ⑥ 戒四时以别息：以不同之气来分辨四时。戒：辨别。原文"戒"下有"审"，据丁士涵说删。异：区别。出入、两易：指呼出、吸入之气。固：指固结不通之处。 ⑦ 玄帝：黑帝。师役：战争。 ⑧ 食常疾：奉养久病之人。 ⑨ 市赋：市场税。关赋：关卡税。 ⑩ "偕度量，一称数"：统一度量衡标准。偕：同。以时禁发之：按照季节封禁或开发。 ⑪ 食：飨，让神灵或祖先享用。壤：土、地。 ⑫ 生物：所出的物产。共玄宫：供奉于玄宫。共：同"供"。宫：原文为"官"，形近而误，据文义改。四辅：泛指辅政或助祭的大臣。 ⑬ 四体：指视、听、言、动的器官肢体。流之焉莠命：列入不良之类。焉：于。莠：田中杂草。 ⑭ 四义：四体有礼节。义：同"仪"。议：通"俄"，邪僻。尚：举。听于三公：听候三公评议。三公：太师、太傅、太保。 ⑮ 币：进贡的财物。 ⑯ 大命焉出：命令从这里发出。命：古"命"、"令"同。焉：于此。常至：诸侯按规定时间来朝聘。 ⑰ 习命：修习政策法令。 ⑱ 使四辅：向四辅报告政

事。使：通使，出使。 ⑲ 令大夫：即命大夫，位在列大夫之上。修：修习政教。 ⑳ 名卿请事：特命之卿到朝廷领受政事。名：命。 ㉑ 適：嫡子，这里指诸侯世子。入：入朝。义：仪。 ㉒ 受变：学习言辞名物。变：通“辩”。 ㉓ 世一至：三十年来朝一次。世：古三十年为一世。置大夫以为廷官：派一名大夫留驻朝廷。官：原文为“安”，据郭沫若说校改。入共受命：负责向朝廷进贡，接受政事、政令。共：同“贡”。

［原文］

必得文威武，官习胜之务[1]。因时，胜之纪[2]；无方，胜之几[3]；行义，胜之理；名实，胜之分[4]；急时，胜之事；察伐，胜之行[5]；备具，胜之原[6]；无象，胜之本[7]。定独威，胜[8]；定计财，胜；定闻知，胜[9]；定选士，胜；定制禄，胜[10]；定方用，胜[11]；定纶理，胜[12]；定死生，胜；定成败，胜；定依奇，胜[13]；定实虚，胜；定盛衰，胜。举机诚要则敌不量，用利至诚则敌不校[14]。明名章实则士死节，举发不意则士欢用[15]。交物因方则械器备，因能利备则求必得[16]。执务明本则士不偷，备具无常无方应也[17]。

听于钞故能闻未极，视于新故能见未形，思于濬故能知未始，发于惊故能至无量，动于昌故能得其宝，立于谋故能实不可敌也[18]。器成教守则不远道里，号审教施则不险山河，专一纯固则独行而无敌，慎号审章则其攻不待权与，明必胜则慈者勇，器无方则愚者智，攻不守则拙者巧，数也[19]。

动慎十号，明审九章，饰习十器，善习五教，谨修三官[20]。必设常主，计必先定[21]。求天下之精材，论百工之锐器，器成角试否臧[22]。收天下之豪杰，有天下之称材，说行若风雨，发如雷电[23]。

此居于图方中

［注释］

①得：通“德”。这两句意思是：官吏必须要德、文、威、武兼备，懂得胜利的要务。　②因时：因时而动。原文为“时因”，据张佩纶说校正。纪：纲纪、法则。原文为“终”，据张佩纶说改。　③无方：变化无方。几：通“机”，关键。　④分：名分。原文误在“急时”下，据石一参说校正。　⑤察伐：明察征伐之事。　⑥具：指攻战器具和兵器。原：同“源”。　⑦无象：没有表现和迹象，指隐蔽。　⑧定独威：确立统一指挥的权威。　⑨闻知：指情报信息。　⑩制禄：俸禄等级制度。　⑪方用：各种各样物品的功用。　⑫纶：通“伦”。

⑬依奇：指盟国。奇：通“倚”。　⑭举机诚要：把握战机确实得其要领。量：测度，预料。校：对抗。　⑮章：同“彰”。举发：指发兵。原文“举发”上有“奇”字，据王念孙说删。　⑯交物因方：按照方案考校兵器装备。交：通“校”。因能利备：根据人的特长选备人才。

⑰执务明本：掌握关键，明确根本。偷：苟且，侥幸。备具：准备。无方应：无法应对。　⑱钞：通“眇”，细微。闻未极：能听到尚未到来的声音。新：萌芽状态。濬：深远。惊：通“警”，警戒。无量：不可测度。昌：始。宝：指俘获的人及财物。实：准备充分。敌：原文为“故”，据戴望说改。　⑲不远道里：不怕路途遥远。号审：号令明确。不险山河：不畏山河艰险。专：原文为“博”，据猪饲彦博、王念孙说改。章：旗帜。权与：盟国。方：通“防”。不守：无防守。数：自然的道理。　⑳十号：十种号令。九章：九种旗帜。详见《兵法》篇。饰习十器：整修练习十种兵器。五教：目、耳、足、手、心的动作要领。详见《兵法》篇。原文作“五官”，据洪颐煊说改。三官：鼓、金、旗。详见《兵法》篇。　㉑常主：固定的主帅。　㉒论：评选。角试否臧：比较好坏、优劣。角：较。臧：善。　㉓称：好。说行：教令推行。发：行动。

［原文］

旗物尚青，兵尚矛，刑则交寒害钛[1]。器成不守经不知，教习不著发不意[2]。经不知，故莫之能圉[3]；发不意，故莫之能应。莫之能应，故全胜而无害；莫之能圉，故必胜而无敌。四机不明，不过九日而游兵惊军[4]；障塞不审，不过八日而外贼得间[5]；申守不慎，不过七日而内有谗谋[6]；诡禁不修，不过六日而窃盗者起[7]；死士不食，不过四日而军财在敌[8]。

此居于图东方方外

［注释］ ① 尚青：东方属木，其色青，故云。交、蹇、害、钛：刑具。交：通"校"，木囚。蹇：通"键"，木枷上的锁。原文为"寒"，据戴望说改。害：通"辖"，手铐。钛：脚镣。 ② 这两句的意思是：有了兵器而不用来防守，敌方经过也不知道；有了教令而不好好掌握，敌方发兵也意料不到。 ③ 圉：抵挡。 ④ 四机：指敌情、敌政、敌将、敌士。见《兵法》篇。 ⑤ 审：谨慎。间：刺探情报。 ⑥ 申守：多层守备。申：重。原文为"由"，据俞樾说改。 ⑦ 诡禁：防止诡诈的禁令。修：整顿。 ⑧ 死士不食：不奉养敢死的勇士。士：原文为"亡"，据王引之说改。军财在敌：军队财物将落入敌手。

［原文］ 旗物尚赤，兵尚戟，刑则烧交疆郊[1]。必明其情，必明其将，必明其政，必明其士[2]。四者备，则以治击乱，以成击败。数战则士疲，数胜则君骄。骄君使疲民，则国危。至善不战，其次一之[3]。大胜者，积众胜无非义者焉，可以为大胜[4]。大胜无不胜也。

此居于图南方方外

［注释］ ① 尚赤：南方属火，其色赤，故云。烧交疆郊：疑均为火刑之名。 ② 情：原文为"一"，据何如璋说改。 ③ 一之：指一战而胜。 ④ 积众胜：积累多次或多方面的胜利。无非义者：所进行的战争都是正义的。

［原文］

旗物尚白，兵尚剑，刑则绍昧断绝[①]。始乎无端，卒乎无穷。始乎无端，道也；卒乎无穷，德也。道不可量，德不可数。不可量，则众强不能图；不可数，则为诈不敢乡[②]。两者备施，动静有功[③]。畜之以道，养之以德。畜之以道，则民和；养之以德，则民合。和合故能习，习故能偕，偕习以悉，莫之能伤也[④]。

此居于图西方方外

［注释］

① 尚白：西方属金，其色白，故云。绍昧断绝：疑均为刀剑断斩之刑。 ② 为：同"伪"。乡：通"向"。 ③ 两者：指道与德。备施：并用。 ④ 习：通"辑"，和谐。偕：同。悉：完全。以：而。

［原文］

旗物尚黑，兵尚胁盾，刑则游仰灌流[①]。察数而知治，审器而识胜，明谋而胜敌，通德而天下定[②]。定宗庙，育男女，官四分，则可以立威行德，制法仪，出号令[③]。至善之为兵也，非地是求也，非人是君也[④]。立义而加之以胜，至威而实之以德，守之而后修胜，心樊海内[⑤]。民之所利立之，所害除之，则民人从。立为六千里之侯，则大人从[⑥]。使国君得其治，则人君从。会请命于天地，知气和，则生物从[⑦]。计缓急之事，则危危而无难[⑧]。明于器械之利，则涉难而不变。察于先后之理，则兵出而不困。通于出入之度，则深入而不危。审于动静之务，则功得而无害。著于取与之分，则得地而不执[⑨]。慎于号令之官，则举事而有功[⑩]。

此居于图北方方外

[注释] ① 尚黑：北方属水，其色黑，故云。游仰灌流：疑均为水刑之名。 ② 胜敌：原文为"适胜"，据王念孙说校改。 ③ 官四分：指士、农、工、商分业而治。法仪：法度。 ④ 非地是求：不单纯追求土地规模。非人是君：不单纯追求治理百姓的数量。原文"非"作"罚"，据张佩纶说改。 ⑤ 至威：树立权威。至：通"致"。心樊海内：内心想着控制天下。樊：包围。原本为"焚"，据戴望说改。 ⑥ 大人：指三公、四辅等大臣。 ⑦ 会：合。生物：指万物。 ⑧ 危危：极度危险。 ⑨ 著于取与之分：指当取则取，当予则予。著：明。与：予。执：通"慹"，恐惧，害怕。 ⑩ 官：事。

幼官图第九

［解题］

幼官图，即玄宫图。原是图文合一，相辅相成。后图亡佚，只存文字说明。有的以《幼官》为题，有的以《幼官图》为题，两篇并收入《管子》。因两篇文字相同，只是排列顺序不同，故校、注并参见前篇《幼官》。

［原文］

若图，处虚守静，人物则皇。五和时节，君服黄色，味甘味，听宫声，治和气，用五数，饮于黄后之井，以倮兽之火爨。藏温濡，行欧养，坦气修通，凡物开静，形生理。常至命，尊贤授德则帝；身仁行义，服忠用信则王；审谋章礼，选士利械则霸；定生处死，谨贤修伍则众；信赏审罚，爵材禄能则强；计凡付终，务本饬末则富；明法审数，立常备能则治，同异分官则安。通之以道，畜之以惠，亲之以仁，养之以义，报之以德，结之以信，接之以礼，和之以乐，期之以事，考之以言，发之以力，威之以诚。一举而上下得终，再举而民无不从，三举而地辟政成，四举而农佚粟十，五举而务轻金九，六举而絜知事变，七举而内外为用，八举而胜行威立，九举而帝事成形。

九本博大，人主之守也；八分有职，卿相之守也；七胜备威，将军之守也；六纪审密，贤人之守也；五终不解，庶人之守也。动而无不从，静而无不同。

治乱之本三，安危之机四，富贫之终五，盛衰之纪六，卑尊之交七，强弱之应八，存亡之数九。练之以散群傰，署凡数。杀僇以聚财，劝勉以迁众，使二分具本。发善必审于密，执威必明于中。

此居图方中

右中方本图

［原文］

必得文威武，官习胜之务。时因，胜之纪；无方，胜之几；行义，胜之理；名实，胜之分；急时，胜之事；察伐，胜之行；备具，胜之原；无象，胜之本。定独威，胜；定计财，胜；定知闻，胜；定选士，胜；定制禄，胜；定方用，胜；定纶理，胜；定死生，胜；定成败，胜；定依奇，胜；定实虚，胜；定盛衰，胜。举机诚要则敌不量，用利至诚则敌不校。明名章实则士死节，举发不意则士欢用。交物因方则械器备，因能利备则求必得。执务明本则士不偷，备具无常无方应也。

听于钞故能闻无极，视于新故能见未形，思于濬故能知未始，发于惊故能至无量，动于昌故能得其宝，立于谋故能实不可敌也。器成教守则不远道里，号审教施则不险山河，专一纯固则独行而无敌，慎号审章则其攻不待权与，明必胜则慈者勇，器无方则愚者智，攻不守则拙者巧，数也。

动慎十号，明审九章，饰习十器，善习五教，谨修三官。必设常主，计必先定。求天下之精材，论百工之锐器，器成角试否臧。收天下之豪杰，有天下之称材，说行若风雨，发如雷电。

此居于图方中

右中方副图

[原文] 春行冬政肃，行秋政霜，行夏政阉。十二地气发，戒春事。十二小卯，出耕。十二天气下，赐与。十二义气至，修门闾。十二清明，发禁。十二始卯，合男女。十二中卯，十二下卯，三卯同事。八举时节，君服青色，味酸味，听角声，治燥气，用八数，饮于青后之井，以羽兽之火爨。藏不忍，行欧养，坦气修通，凡物开静，形生理。合内周外，强国为圈，弱国为属。动而无不从，静而无不同。举发以礼，时礼必得。和好不基，贵贱无司，事变日至。

此居于图东方方外

右东方本图

[原文] 旗物尚青，兵尚矛，刑则交寒害钛。器成不守经不知，教习不著发不意。经不知，故莫之能圉；发不意，故莫之能应。莫之能应，故全胜而无害；莫之能圉，故必胜而无敌。四机不明，不过九日而游兵惊军；障塞不审，不过八日而外贼得间；申守不慎，不过七日而内有谗谋；诡禁不修，不过六日而窃盗者起；死士不食，不过四日而军财在敌。

此居于图东方方外

右东方副图

[原文] 夏行春政风，行冬政落，重则雨雹，行秋政水。

十二小郢，至德。十二绝气下，下爵赏。十二中郢，赐与。十二中绝，收聚。十二大暑至，尽善。十二中暑，十二小暑终，三暑同事。七举时节，君服赤色，味苦味，听羽声，治阳气，用七数，饮于赤后之井，以毛兽之火爨。藏薄纯，行笃厚，坦气修通，凡物开静，形生理。定府官，明名分，而审责于群臣有司，则下不乘上，贱不乘贵。法立数得，而无比周之民，则上尊而下卑，远近不乖。

此居于图南方方外

右南方本图

［原文］

旗物尚赤，兵尚戟，刑则烧交疆郊。必明其情，必明其将，必明其政，必明其士。四者备，则以治击乱，以成击败。数战则士疲，数胜则君骄。骄君使疲民，则国危。至善不战，其次一之。大胜者，积众胜而无非义者焉，可以为大胜。大胜无不胜也。

此居于图南方方外

右南方副图

［原文］

秋行夏政叶，行春政华，行冬政耗。十二期风至，戒秋事。十二小卯，薄百爵。十二白露下，收聚。十二复理，赐与。十二始节，赋事。十二始卯，合男女。十二中卯，十二下卯，三卯同事。九和时节，君服白色，味辛味，听商声，治湿气，用九数，饮于白后之井，以介兽之火爨。藏恭敬，行搏锐，坦气修通，凡物开静，形生理。间男女之畜，修乡里之什伍。量委积之多寡，定府官之计数。养老弱而勿遗，信利周而无私。

此居于图西方方外

右西方本图

［原文］ 旗物尚白，兵尚剑，刑则绍昧断绝。始乎无端，卒乎无穷。始乎无端，道也；卒乎无穷，德也。道不可量，德不可数。不可量，则众强不能图；不可数，则为诈不敢乡。两者备施，动静有功。畜之以道，养之以德。畜之以道，则民和；养之以德，则民合。和合故能习，习故能偕，偕习以悉，莫之能伤也。

此居于图西方方外

右西方副图

［原文］ 冬行秋政雾，行夏政雷，行春政烝泄。十二始寒，尽刑。十二小榆，赐予。十二中寒，收聚。十二中榆，大收。十二寒，至静。十二大寒之阴，十二大寒终，三寒同事。六行时节，君服黑色，味咸味，听徵声，治阴气，用六数，饮于黑后之井，以鳞兽之火爨。藏慈厚，行薄纯，坦气修通，凡物开静，形生理。器成于僇，教行于钞。动静不记，行止无量。戒四时以别息，异出入以两易，明养生以解固，审取予以总之。一会诸侯，令曰：非玄帝之命，毋有一日之师役。再会诸侯，令曰：养孤老，

食常疾,收孤寡。三会诸侯,令曰:田租百取五,市赋百取二,关赋百取一,毋乏耕织之器。四会诸侯,令曰:修道路,偕度量,一称数,薮泽以时禁发之。五会诸侯,令曰:修春秋冬夏之常祭,食天壤山川之故祀,必以时。六会诸侯,令曰:以尔壤生物共玄宫,请四辅,将以礼上帝。七会诸侯,令曰:官处四体而无礼者,流之焉莠命。八会诸侯,令曰:立四义而无议者,尚之于玄宫,听于三公。九会诸侯,令曰:以尔封内之财物、国之所有为币。九会大令焉出,常至。千里之外,二千里之内,诸侯三年而朝,习命。二年,三卿使四辅。一年正月朔日,令大夫来修,受命三公。二千里之外,三千里之内,诸侯五年而会至,习命。三年,名卿请事。二年,大夫通吉凶。十年,重適入,正礼义。五年,大夫请受变。三千里之外,诸侯世一至,置大夫以为廷官,入共受命焉。

此居于图北方方外

右北方本图

[原文]

旗物尚黑,兵尚胁盾,刑则游仰灌流。察数而知治,审器而识胜,明谋而胜敌,通德而天下定。定宗庙,育男女,官四分,则可以立威行德,制法仪,出号令。至善之为兵也,非地是求也,非人是君也。立义而加之以胜,至威而实之以德,守之而后修胜,心樊海内。民之所利立之,所害除之,则民人从。立为六千里之侯,则大人从。使国君得其治,则人君从。会请命于天地，知气和，则生物从。计缓急之事，则危危而无难。明于器械之利，则涉难而不变。察于先后之理，则兵出而不困。通于出入之度，则深入而不危。审于动静之务，则功得而无害。著于取与之分，则得地而不执。慎于号令之官，则举事而有功。

此居于图北方方外

右北方副图

五辅第十

［解题］

五辅指为政辅国的五项政策措施，即德、义、礼、法、权。本篇详细论述了这五项政策措施的内容、表现和作用，最后兼论除奸邪、禁淫巧和禁止奢侈浪费。

［原文］

古之圣王所以取明名广誉，厚功大业，显于天下，不忘于后世，非得人者未之尝闻①。暴王之所以失国家，危社稷，覆宗庙，灭于天下，非失人者未之尝闻②。今有土之君，皆处欲安，动欲威，战欲胜，守欲固③。大者欲王天下，小者欲霸诸侯，而不务得人④。是以小者兵挫而地削，大者身死而国亡。故曰：人不可不务也，此天下之极也⑤。

［注释］

① 取：取得。明名广誉：盛名大誉。明：盛。广：大。显：显露。非得人者未之尝闻：不是由于得到人们的拥护的，从来没听说过。 ② 暴王：残暴的君主。危：危亡。覆：颠覆，倾倒。灭于天下：湮没无闻。灭：消失。 ③ 有土之君：拥有国土的君主。处欲安：居处想要安定。动欲威：举动想要有威势。 ④ 不务得人：不努力去争取人民的拥护。务：致力于。 ⑤ 极：至，最。这两句的意思是：所以说，人是不能不努力去争取的，这是天下最重要的。

［原文］

曰：然则得人之道，莫如利之①；利之之道，莫如教之以政②。故善为政者，田畴垦而国邑实，朝廷闲而官府治，公法行而私曲止，仓廪实而囹圄空，贤人进而奸民退③。其君子，上中正而下谄谀④；其士民，贵武勇而贱得利[5]；其庶人，好耕农而恶饮食[6]。于是财用足而饮食薪菜饶[7]。是故上必宽裕而有解舍，下必听从而不疾怨[8]。上下和同而有礼义，故处安而动威，战胜而守固，是以一战而正诸侯[9]。不能为政者，田畴荒而国邑虚，朝廷凶而官府乱，公法废而私曲行，仓廪虚而囹圄实，贤人退而奸民进[10]。其君子，上谄谀而下中正；其士民，贵得利而贱武勇；其庶人，好饮食而恶耕农。于是财用匮而饮食薪菜乏[11]。上弥残苛而无解舍，下愈覆鸷而不听从[12]。上下交引而不和同，故处不安而动不威，战不胜而守不固[13]。是以小者兵挫而地削，大者身死而国亡。故以此观之，则政不可不慎也[14]。

［注释］ ① 然则：然而。道：方法，途径。利之：给予好处。 ② 教之以政：用政策来教育他。 ③ 垦：开垦。实：充实。私曲：自私偏邪的事情。囹圄：监狱。以上六句的意思是：所以，善于为政的，总是使田地得到开垦而国都城邑充实，朝廷清闲而官府得到治理，公法畅行无阻而自私偏邪的事情得到禁止，国库充实而监狱空虚，贤人得到重用而坏人被斥退。 ④ 这两句意思是：君子崇尚公平正直而鄙视阿谀奉承。 ⑤ 贵：以……为贵，引申为重视。贱：以……为贱，引申为鄙夷，轻视。 ⑥ 庶人：平民百姓。恶饮食：厌恶过分讲究饮食。 ⑦ 饮食：吃的、喝的。薪：烧柴。菜：蔬菜。饶：富足。 ⑧ 解舍：免除，减免。解：释放。舍：舍弃，免除。疾：恨。 ⑨ 正：匡正。 ⑩ 凶：险恶。 ⑪ 匮：缺少。 ⑫ 弥：更。残苛：残暴苛刻。“苛”原文为“苟”，据刘绩说改。覆鸷：固执凶狠。覆：通“愎”，固执。鸷：一种凶猛的鸟，引申为凶狠。 ⑬ 交引：争夺，较量。 ⑭ 政：执政、行政。

［原文］ 德有六兴，义有七体，礼有八经，法有五务，权有三度[1]。

[注释] ① 六兴:六件需兴办的事。七体:七种体现。八经:八条规定。五务:五项职能。三度:三个要考虑的因素。

[原文] 所谓六兴者何?曰:辟田畴,制坛宅,修树艺,劝士民,勉稼穑,修墙屋,此谓厚其生①。发伏利,输墆积,修道途,便关市,慎将宿,此谓输之以财②。导水潦,利陂沟,决潘渚,溃泥滞,通郁闭,慎津梁,此谓遗之以利③。薄征敛,轻征赋,弛刑罚,赦罪戾,宥小过,此谓宽其政④。养长老,慈幼孤,恤鳏寡,问疾病,吊祸丧,此谓匡其急⑤。衣冻寒,食饥渴,匡贫窭,振罢露,资乏绝,此谓振其穷⑥。凡此六者,德之兴也。六者既布,则民之所欲,无不得矣⑦。夫民必得其所欲,然后听上;听上,然后政可善为也⑧。故曰:德不可不兴也⑨。

[注释] ① 制:建造。原文为“利”,形近而误,据王念孙说改。坛宅:住宅。坛:通“廛”,古一夫之居为廛。修树艺:讲究种植。勉稼穑:鼓励士民勤耕作和收获。厚其生:搞好人民的生活。 ② 发伏利:开发潜在的财利。输墆积:疏散滞积的财物。墆:同“滞”。便:使方便。将宿:送迎。输之以财:给人们输送财物。 ③ 潦:积水。陂:池塘。潘:洄流。渚:水中之地。溃:决,开挖。郁闭:阻塞。津:渡口。遗:给。以上七句的意思是:排除积水,修筑池塘和排水沟,开掘洄流浅地,清除淤积的泥沙,疏通阻塞之处,注意渡口桥梁,这叫给人们以便利。 ④ 敛:税。赋:租。弛:宽松。戾:暴行。宥:宽恕。宽:宽缓。 ⑤ 慈:慈爱。恤:抚恤。鳏:无妻者。寡:无夫者。吊:哀悼,慰问。匡其急:救助危急。匡:辅助,帮助。 ⑥ 衣:给人穿衣。食:给人吃饭。窭:读音 jù,贫穷,简陋。振罢露:救济家业破败的人。振:通“赈”,救济。罢露:疲弊破败。罢:通“疲”,弊。露:败。资:资助。 ⑦ 布:实施。以上三句的意思是:这六条已经实施,那人民的要求,没有得不到满足的。

⑧ 得其所欲：得到他想要的。善：好。　⑨ 德：德政。兴：兴办。

［原文］

曰：民知德矣，而未知义，然后明行以导之义[1]。义有七体。七体者何？曰：孝悌慈惠以养亲戚，恭敬忠信以事君上，中正比宜以行礼节，整齐撙诎以辟刑僇，纤啬省用以备饥馑，敦懞纯固以备祸乱，和协辑睦以备寇戎[2]。凡此七者，义之体也。夫民必知义然后中正，中正然后和调，和调乃能处安，处安然后动威，动威乃可以战胜而守固。故曰：义不可不行也。

［注释］

① 明行以导之义：以身作则用义来引导人民。明行：明于行，即显示在行动上。　② 亲戚：古称父母为亲戚。以：用。养：供养。中正比宜：公平正直，团结友爱。比：结交。宜：同"谊"，友好。整齐撙诎：有规矩，克制，谦逊。撙：抑制。诎：同"屈"，屈服。僇：同"戮"。纤啬：计较细微，引申为节约。纤：纤细。啬：吝啬。备饥馑：防备饥荒。饥：谷不熟。馑：蔬菜不收。敦懞纯固：郭厚朴实，单纯专一。辑睦：和睦。寇戎：敌人。

［原文］

曰：民知义矣，而未知礼，然后饰八经以导之礼[1]。所谓八经者何？曰：上下有义，贵贱有分，长幼有等，贫富有度[2]。凡此八者，礼之经也。故上下无义则乱，贵贱无分则争，长幼无等则倍，贫富无度则失[3]。上下乱，贵贱争，长幼倍，贫富失，而国不乱者，未之尝闻也[4]。是故圣王饬此八礼以导其民。八者各得其义，则为人君者中正而无私，为人臣者忠信而不党，为人父者慈惠以教，为人子者孝悌以肃，为人兄者宽裕以诲，为人弟者比顺以敬，为人夫者敦懞以固，为人妻者劝勉以贞[⑤]。夫然，则下不倍上，臣不杀君，贱不逾贵，少不陵长，远不间亲，新不间旧，小不加大，淫不破义[⑥]。凡此八者，礼之经也。夫人必知礼然后恭敬，恭敬然后尊让，尊让然后少长贵贱不相逾越，少长贵贱不相逾越，故乱不生而患不作[⑦]。故曰：礼不可不谨也[⑧]。

［注释］　① 饰：通"饬"，修治，整顿。　② 义：通"仪"，礼仪。分：本分。等：等级。度：法度。　③ 倍：通"背"，背弃，乖戾。失：无节制。④ 未之尝闻：未曾听说过。　⑤ 义：同"宜"。不党：不拉帮结伙。以：而。教：教育。肃：恭敬，严肃。诲：教诲。比顺：和顺。敦懞：敦厚。固：专一。劝勉：自勉自励。贞：贞节。　⑥ 夫然：如果这样。逾：超越。陵：欺辱。间：离间。加：欺。淫：邪恶。　⑦ 患：祸患。作：兴起。　⑧ 谨：严谨。

［原文］　曰：民知礼矣，而未知法，然后布法以任力[①]。任力有五务，五务者何？曰：君择臣而任官，大夫任官辩事，官长任事守职，士修身功材，庶人耕农树艺[②]。君择臣而任官，则事不烦乱，大夫任官辩事则举措时，官长任事守职则动作和，士修身功材则贤良发，庶人耕农树艺则财用足[③]。故曰：凡此五者，力之务也。夫民必知务然后心一，心一然后意专，心一而意专，然后功足观也[④]。故曰：法不可不务也[⑤]。

［注释］　① 法：原文为"务"，据丁士涵说改。布：公布。任力：安排人力。② 辩：治理。任事守职：担负政事，严守职责。修身功材：修养品德，研习才艺。功：通"攻"，修治。耕农树艺：耕作种植。　③ 举措时：办事恰当。时：及时，合适。动作和：举动和谐。发：出现。　④ 心一：思想统一。意专：意志专一。功足观：功效可观。　⑤ 法不可不务：

法不能不努力实施。法：原文为“力”，据丁士涵说改。务：从事。

[原文]

曰：民知法矣，而未知权，然后考三度以动之①。所谓三度者何？曰：上度之天祥，下度之地宜，中度之人顺，此所谓三度②。故曰：天时不祥，则有水旱；地道不宜，则有饥馑；人道不顺，则有祸乱。此三者之来也，政召之③。曰：审时以举事，以事动民，以民动国，以国动天下④。天下动，然后功名可成也。故民必知权然后举错得，举错得则民和辑，民和辑则功名立矣⑤。故曰：权不可不度也⑥。

[注释]

① 法：原文为“务”，据丁士涵说改。权：权衡。考三度以动之：考究三度来行动。 ② 度：考虑，测度。人顺：人和。 ③ 政召之：是由行政不慎重考虑造成的。 ④ 以上四句的意思是：审度时机再举办大事，用举办大事来推动人民，用人民来推动国家，用国家来推动天下。 ⑤ 错：同“措”。得：得当。和辑：和谐。立：成立，确立。 ⑥ 权不可不度：权衡轻重缓急，这一点不能不考虑。

[原文]

故曰：五经既布，然后逐奸民，诘诈伪，屏谗慝，而毋听淫辞，毋作淫巧①。若民有淫行邪性，树为淫辞，作为淫巧，以上谄君上而下惑百姓，移国动众，以害民务者，其刑死流②。故曰，凡人君之所以内失百姓，外失诸侯，兵挫而地削，名卑而国亏，社稷灭覆，身体危殆，非生于谄淫者，未之尝闻也③。何以知其然也？曰：淫声谄耳，淫观谄目④。耳目之所好谄心，心之所好伤民⑤。民伤而身不危者，未之尝闻也⑥。

[注释]

① 五经：即上述“德有六兴”、“义有七体”、“礼有八经”、“法有五

务”、“权有三度”。诘：整治，治理。屏：除去。谗：进谗言者。慝：邪恶之人。淫辞：浮夸不实之词。淫巧：过度的奇巧。　②谄：通“慆”，喜悦，引申为取悦。死流：死刑、流放。以上七句的意思是：如果有人有邪恶的行为和性情，制造谣言，生产过度奢侈的东西，取悦君主，愚弄人民，危及国家，损害百姓，妨碍人们的工作，轻者流放，重者处死。　③名卑而国亏：名声低微而国家缺损。灭覆：毁灭、颠覆。危殆：危险。生于谄淫：产生于享乐过度。谄：通“慆”，喜悦，引申为享乐。淫：过度。

④淫声：过度的声色。淫观：过分的观赏。　⑤这两句的意思是：满足耳目的所好，内心就欢喜；满足内心的所好，就会伤害百姓。

⑥民伤而身不危：百姓受到伤害，而自身不危亡。

［原文］

曰：实圹虚，垦田畴，修墙屋，则国家富①；节饮食，撙衣服，则财用足②；举贤良，务功劳，布德惠，则贤人进③；逐奸人，诘诈伪，去谗慝，则奸人止；备饥馑，救灾害，赈罢露，则国家定④。

［注释］

①实圹虚：移民充实边远之地。实：充实。圹虚：边远空旷之地。“圹”同“旷”。　②撙：抑制，引申为节省。　③举：举荐。务：注重。布：施。　④备：防备。原文为“修”，据俞樾说改。

［原文］

明王之务，在于强本事，去无用，然后民可使富①；论贤人，用有能，而民可使治②；薄税敛，毋苛于民，待以忠爱，而民可使亲③。三者，霸王之事也④。事有本，而仁义其要也⑤。今工以巧矣，而民不足于备用者，其悦在玩好⑥；农以劳矣，而天下饥者，其悦在珍怪⑦；女以巧矣，而天下寒者，其悦在文绣⑧。是故博带梨，大袂列，文绣染，刻镂削，雕琢平⑨。关几而不征，市鄽而不税⑩。古之良工，不劳其知巧以为玩好⑪。是故无用之物，守法者不矢⑫。

[注释]

① 明王：明智的君主。务：从事，致力于。本事：指农业。 ② 论：评比，选择。有能：有才能的人。 ③ 薄：减轻。苛：苛刻。原文为“苟”，据王念孙说改。亲：亲近。 ④ 霸王之事：成就霸业、王业的大事。 ⑤ 本：根本。要：关键。 ⑥ 以：同“已”。于：以。以上三句的意思是：现在，工匠是够巧的了，但人民的需求还是得不到满足，是因为君主喜欢玩赏淫巧的东西。 ⑦ 珍怪：珍贵、怪异的食物。 ⑧ 原文“女以巧矣”上有“方丈陈于前”，据丁士涵说删。文绣：指花纹、色彩华美的衣饰。 ⑨ 博：宽广。梨：通“剺”，割。袂：衣袖。列：同“裂”。平：原文为“采”，据王引之说改。以上五句的意思是：所以，要割开宽广的衣带，裁开肥大的衣袖，染素华美的色彩，削掉刻镂的图案，磨平雕琢的花纹。 ⑩ 几：考察。廛：同“廛”，市场存放货物的房屋。这两句意思是：关卡、市场只是检查货物而不收税，市场提供存放货物的仓库而不收费。 ⑪ 劳其知巧以为玩好：运用技术去制造只供玩赏的东西。 ⑫ 矢：陈列，摆设。原文为“失”，据何如璋说改。

宙合第十一

[解题]

宙指古往今来,合指上下四方。宙合意谓宇宙时空,包罗万象。本篇分两部分,前一部分为经,是格言体;后一部分为解,分章对经文逐句解说。内容涉及天时、地利、君臣之道、论人用贤、制法修德,几乎无所不及,故以宙合为题。

[原文]

左操五音,右执五味①。怀绳与准钩,多备规轴,减溜大成,是唯时德之节②。春采生,秋采蓏,夏处阴,冬处阳,大贤之德长③。明乃哲,哲乃明,奋乃苓,明哲乃大行④。毒而无怒,怨而无言,欲而无谋⑤。大揆度仪,若觉卧,若晦明,若敖之在尧也⑥。毋访于佞,毋蓄于谄;毋育于凶,毋监于谗,不正广其荒⑦。不用其区,鸟飞准绳⑧。讂充末衡,易政利民⑨。毋犯其凶,毋迩其求而远其忧⑩。高为其居,危颠莫之救⑪。可浅可深,可浮可沉,可曲可直,可言可默⑫。天不一时,地不一利,人不一事⑬。可正而视,定而履,深而迹⑭。夫天地一险一易,若鼓之有桴,擿挡则击⑮。天地,万物之橐,宙合有橐天地⑯。

[注释]

① 五音:宫、商、角、徵、羽。五味:酸、辛、咸、苦、甘。 ② 怀:怀藏,掌握。绳、准、钩、规、轴:绳以取直,准以取平,钩以画曲,规以画圆,轴以转轮,这里均喻指治国的法度。减溜大成:全面完备。时德之节:时机与德行的结合。节:符节。 ③ 采生:采食生叶。采蓏:采食瓜类。蓏:瓜类等蔓生植物的果实。 ④ 奋:奋起,兴盛。苓:通“零”,衰落。

大行:德行大。 ⑤ 毒而无怒:厌恶但不要发怒。毒:恶。无:毋。欲而无谋:有想法不可轻易向别人透漏。谋:与人谋划。 ⑥ 大揆度仪:深谋远虑的态度。觉卧:睁着眼睛躺着,喻指不懈怠。晦明:在黑暗中明察,喻指警戒。若敖之在尧:就如同尧的儿子丹朱在尧的管束之下。敖:尧的儿子,名丹朱,因其傲慢不恭,故又名敖。 ⑦ 毋:不要。访于佞:访问聘用奸邪之人。蓄于谄:保留谄媚的言行。蓄:同“畜”。育于凶:培育凶暴。监于谗:听信谗言。监:通“鉴”,借鉴,听取。不正广其荒:不坚持正义,虽大必亡。 ⑧ 区:虚。原本为“区区”,衍一“区”字,据陈奂、安井衡说删。准:符合。这两句的意思是:不要用虚伪的人,鸟飞虽有曲折,但大方向是直而中绳的。比喻用人要识其大体而不必拘于小节。 ⑨ 谩充:心胸开阔。谩:远。末衡:耳目平正。易政:平易之政。 ⑩ 凶:凶险。毋迩其求而远其忧:不要只顾眼前的享乐而不顾将来的忧患。 ⑪ 高为其居:居高位而傲慢自大。危颠:危亡。颠:倾倒,颠覆。 ⑫ 默:沉默。以上四句大意是:可有多种态度选择,要根据其效果而定。 ⑬ 以上三句大意是:天不止有一种时序,地不止有一种物利,人不只从事一种事务。 ⑭ 而:同“尔”。以上三句的意思是:要端正你的眼光,坚定你的步伐,加深你的足迹。
⑮ 桴:鼓槌。原文为“揨”,据洪颐煊说校改。擿挡则击:击鼓则丁当作响,指敲鼓必有反响。擿挡:同“丁当”,指鼓声。 ⑯ 櫜:口袋。有:又。櫜天地:包容天地。

[原文]

左操五音,右执五味,此言君臣之分也[①]。君出令佚,故立于左[②];臣任力劳,故立于右[③]。夫五音不同声而能调,此言君之所出令无妄也,而无所不顺,顺而令行政成[④]。五味不同物而能和,此言臣之所任力无妄也,而无所不得,得而力务财多[⑤]。故君出令,正其国而无齐其欲,一其爱而无独与是[⑥]。王施而无私,则海内来宾矣[⑦]。臣任力,同其忠而无争其利,不失其事而无有其名。分敬而无妒，则夫妇和勉矣⑧。君失音则风律必流，流则乱败⑨。臣离味则百姓不养，百姓不养则众散亡⑩。君臣各能其分则国宁矣，故名之曰不德⑪。

[注释]

① 分：本分，职分。 ② 君出令佚：人君在上面发号施令，是安逸的。 ③ 臣任力劳：人臣在下面奔走出力，是操劳的。 ④ 无妄：不随意。而：则。 ⑤ 得而力务财多：得则用力专而获财多。 ⑥ 无齐其欲：不要满足其私欲。齐：通“济”。一其爱而无独与是：使自己的好恶与国人相同而不是自行其是。 ⑦ 施：施恩德。宾：服。 ⑧ 同其忠：同尽忠心。无有其名：不只图虚名。分敬：相互尊敬。夫妇：泛指男女百姓。和勉：和谐共勉。 ⑨ 失音：五音不协调。风律：音律。流：变，失去正调。 ⑩ 离味：五味不协调。 ⑪ 能：得。不德：大德。不：通“丕”，大。

[原文]

怀绳与准钩，多备规轴，减溜大成，是唯时德之节。夫绳扶拨以为正，准坏险以为平，钩入枉而出直①。此言圣君贤佐之制举也，博而不失，因以备能而无遗②。国犹是国也，民犹是民也，桀纣以乱亡，汤武以治昌③。章道以教，明法以期，民之兴善也如化，汤武之功是也④。多备规轴者，成轴也⑤。夫成轴之多也，其处大也不窕，其入小也不塞，犹迹求履之宪也，夫焉有不适⑥？善适，善备也，迁也，是以无乏，故谕教者取辟焉⑦。天淯养，无计量，地化生，无泮崖⑧。所谓是而无非，非而无是，是非有，必交来⑨。苟信是，以有不可先规之，必有不可识虑之⑩。然将卒而不戒，故圣人博闻多见，畜道以待物，物至而对形，曲均存矣⑪。减，尽也；溜，发也。言遍环毕，莫不备得⑫。故曰：减溜大成。成功之术，必有巨获，必周于德，审于时[13]。时德之遇，事之会也，若合符然[14]。故曰：是唯时德之节。

[注释]

① 拨：倾斜。坏险以为平：把险峻之处整平。入枉而出直：曲进而直出。 ② 制举：法度的运用。博而不失：全面而不缺失。备能而无遗：功能完备而无遗漏。 ③ 以乱亡：因乱而灭亡。以治昌：因治而昌盛。 ④ 章道以教：彰明治国之道以教化人民。章：同"彰"。期：约。民之兴善也如化：百姓行善成为风俗习惯。化：原文为"此"，据王念孙说校改。 ⑤ 规轴：指法度。成轴：现成的法度。 ⑥ 窕：细。原文为"究"，据王念孙说校改。宪：通"楦"，俗称"楦"，制鞋用的模型。以上五句的意思是：成规成法很多，用到大的地方不显小，用到小的地方也不显大，就像按照脚印去做鞋的模型一样，怎么会不合适呢？ ⑦ 迁：改变。原文为"仙"，据姚永概说校改。辟：同"譬"，比喻。以上五句意思是：善于适应，善于准备，并且随时变革，所以不会贫乏，因此讲学的人用来作为比喻。 ⑧ 淯养：养育了万物。淯：古"育"字。养：原文为"阳"，据丁士涵说校改。化生：化生万物。泮崖：边际。泮：同"畔"。原文为"法"，据王引之说校改。 ⑨ 而：则。有：又。以上四句意思是：所说的"是"就不是"非"，"非"就不是"是"，而"是"与"非"又是相互联系的，不是孤立存在的。 ⑩ 苟：假设。规：同"窥"。以上三句的意思是：如果确定是正确的，是因为先看到了错误的作为对比，一定是先有错误的为借鉴。 ⑪ 卒而不戒：指事物的出现仓猝而无法准备。卒：通"猝"。畜道以待物：积累规律性的东西等待事物出现。物至而对形：新事物一出现就拿来与已积累的模式相对照。形：同"型"。曲均存矣：错误的和正确的就弄清了。 ⑫ "言遍环毕，莫不备得"：说的是全部完备，没有不完备的地方。 ⑬ 巨获：通"矩矱"，规矩，法度。周于德：全面修养德行。审于时：明辨时机。 ⑭ 遇：结合。会：机会。

[原文]

春采生，秋采蓏，夏处阴，冬处阳。此言圣人之动静、开阖、诎信、温儒、取与之必因于时也[①]。时则动，不时则静。是以古之士有意而未可阳也，故愁其治言，含愁而藏之也[②]。贤人之处乱世也，知道之不可行，则沉抑以辟罚，静默以侔免[③]。辟之也，犹夏之就清，冬之就温焉，可以无及于寒暑之菑矣，非为畏死而不忠也[④]。夫强言以为僇，而功泽不加，进伤为人君严之义，退害为人臣者之生，其为不利弥甚[⑤]。故退身不舍端，修业不息版，以待清明[⑥]。故微子不与于纣之难，而封于宋，以为殷主，先祖不灭，后世不绝[⑦]。故曰：大贤之德长。

[注释]　① 阖：合。诎信：屈伸。温儒：燥湿。温：原文为“湼”，据洪颐煊说校改。儒：通“濡”，湿。与：予。因：根据。　② 阳：显现。愁其治言：收敛其治世的言论主张。愁：通“揫”，敛。　③ 辟罚：躲避刑罚。辟：同“避”。侔免：求免灾祸。　④ 就：靠近。清：清凉。温：温暖。菑：同“灾”。　⑤ 强言以为僇：强进谏言而招致杀身之祸。僇：通“戮”。严：尊严。生：生命。弥甚：更加厉害。　⑥ 端：上朝奏事所用的笏板。版：古时用以书写的木版。　⑦ 微子：商纣王的庶兄，名启，曾数谏纣王，纣王不听，因此离开朝廷。周灭商后，分封于宋，为宋国始祖。与：参与，分担。

[原文]　明乃哲，哲乃明，奋乃苓，明哲乃大行。此言擅美主盛自奋也，以琅汤凌轹人，人之败也常自此[①]。是故圣人著之简策，传以告后进曰：奋盛苓落也[②]。盛而不落者，未之有也。故有道者不平其称，不满其量，不依其乐，不致其度[③]。爵尊则肃士，禄丰则务施，功大而不伐，业明而不矜[④]。夫名实之相怨久矣，是故绝而无交[⑤]。惠者知其不可两守，乃取

一焉,故安而无忧[6]。

[注释] ①擅美:独擅其美。主盛:自恃其盛。自奋:自奋其能。琅汤:同"浪荡",傲慢的样子。凌轹:欺凌。 ②简策:简册。 ③不平其称:不显示分量十足。不依其乐:不使音乐盛大。依:殷,大。不致其度:不达到最高限度。以上四句意为:不骄傲,保持谦虚。 ④肃士:礼贤下士。务施:注重施舍。伐:自夸。明:显著。 ⑤名实之相怨:名与实不符。怨:违。无交:没有联系。 ⑥惠者:智者。惠:通"慧"。两守:名与实两者兼得。取一:指去名而取实。

[原文] 毒而无怒,此言止忿速济也[1]。怨而无言,言不可不慎也。言不周密,反伤其身。故曰欲而无谋,言谋不可以泄,谋泄菑极[2]。夫行忿速遂,没法贼发,言轻谋泄,菑必及于身[3]。故曰:毒而无怒,怨而无言,欲而无谋。

[注释] ①止忿速济:控制忿怒速成其事。原文"速济"下有"没法"二字,涉下文而衍,据章炳麟说删。 ②菑:同"灾"。极:至,到。 ③行忿速遂:发怒就想速成其事。没法贼发:用没命之法去查获盗贼。没法:没命之法,又称沉命法,凡发觉藏匿盗贼或不捕盗贼的,均死,没其命,故名。言轻:言语不谨慎。轻:轻易。

[原文] 大揆度仪,若觉卧,若晦明,言渊色以自诘也[1],静默以审虑,依贤可用也[2]。仁良既明,通于可不利害之理,循发蒙也[3]。故曰:若觉卧,若晦明,若敖之在尧也。

[注释] ①渊色以自诘:不动声色地内心反省。 ②审虑:深思熟虑。依贤:倚靠贤明之人。 ③仁良:仁义善良之人。可不:可否。循发蒙:遵循启发蒙昧的方法。

［原文］

毋访于佞，言毋用佞人也，用佞人则多私行。毋蓄于谄，言毋听谄，听谄则欺上。毋育于凶，言毋使暴，使暴则伤民。毋监于谗，言毋听谗，听谗则失士。夫行私、欺上、伤民、失士，此四者用，所以害君义失正也①。夫为君上者，既失其义正，而倚以为名誉，为臣者，不忠而邪，以趋爵禄，乱俗败世，以偷安怀乐，虽广，其威可须也②。故曰：不正广其荒。是以古之人，阻其路，塞其遂，守而沕修③。故著之简策，传以告后世人曰：其为怨也深，是以威尽焉。

［注释］

① 害君义失正：损害甚至失去君主的正义。 ② 趋：追求。其威可须：其灭亡指日可待。威：古“灭”字。须：待。原文为“其威可损”，据俞樾说校改。 ③“阻其路，塞其遂”：阻塞上述四种弊端的道路。遂：通“隧”，道。沕修：潜修。沕：潜藏。原文为“物”，据许维遹说校改。

［原文］

不用其区。区者，虚也。人而无良焉，故曰虚也①。凡坚解而不动，陼陻而不行，其于时必失，失则废而不济②。天植之正而不谬，不可贤也③。直而无能，不可善也④。所贤美于圣人者，以其与变随化也⑤。渊泉而不尽，微约而流施，是以德之流润泽均加于万物⑥。故曰：圣人参于天地⑦。

［注释］

① 良：善良、忠良。虚：空虚，指没有贤良的人。 ② 坚解：固结。陼陻：同“堵堤”，阻塞。济：成功。 ③ 天植：指心。《版法》：“天植者，心也。”天：原文为“失”，据俞樾说校改。 ④ 直：原文为“植”，据郭沫若说校改。 ⑤ 与变随化：与时俱进。 ⑥ 微约而流施：细小而长流不断。均：平均，普遍。 ⑦ 参于天地：与天地相

配。

[原文]

鸟飞准绳。此言大人之义也①。夫鸟之飞也，必还山集谷。不还山则困，不集谷则死。山与谷之处也，不必正直。而还山集谷，曲则曲矣，而名绳焉②。以为鸟起于北，意南而至于南，起于南，意北而至于北③。苟大意得，不以小缺为伤④。故圣人美而著之曰⑤：千里之路，不可扶以绳，万家之都，不可平以准⑥。言大人之行，不必以先常，义立之谓贤⑦。故为上者之论其下也，不可以失此术也⑧。

[注释]

① 大人之义：这里是用鸟飞虽曲折但大方向还是固定的，来比喻大人之行应看大体，不应拘于小节。 ② 绳：直。 ③ 以为：因为。意：想要。 ④ 苟：假设，如果。 ⑤ 美而著之：称赞并记录在简册。 ⑥ 扶以绳：用墨线来取直。都：城市。平以准：用一个标准来取平。 ⑦ 先常：先例常规。原文为“先帝常”，据王念孙说删“帝”字。义立之谓贤：确立正义就叫做贤。 ⑧ 论：评论，评价。术：办法。

[原文]

谫充，言心也，心欲忠。末衡，言耳目也，耳目欲端①。中正者，治之本也②。耳司听，听必顺闻，闻审谓之聪③。目司视，视必顺见，见察谓之明④。心司虑，虑必顺言，言得谓之知⑤。聪明以知则博，博而不惛，所以易政也⑥。政易民利，利乃劝，劝则吉⑦。听不顺不审不聪，不审不聪则缪⑧。视不察不明，不察不明则过。虑不得不知，不得不知则昏。缪过以昏则忧，忧则所以伎苛，伎苛所以险政⑨。

政险民害，害乃怨，怨则凶。故曰：谡充末衡，言易政利民也。

［注释］　①端：正。　②中：忠。　③顺：慎。审：仔细，谨慎。下文诸“顺”字意同。　④察：清楚。　⑤言得：言语得当。知：同“智”。　⑥以：而且。惛：昏乱。易政：政事平易。　⑦劝：鼓励。吉：原文为“告”，据刘绩说校改。　⑧不顺：不慎。缪：同“谬”。　⑨以：而。伎苛：妒忌苛刻。伎：通“忮”，妒忌。险政：政事艰险。

［原文］　毋犯其凶，言中正以蓄慎也[①]。毋迩其求，言上之败，常贪于金玉马女，而悉爱于粟米货财也[②]。厚藉敛于百姓，则万民怼怨[③]。远其忧，言上之亡其国也，常迩其乐，立优美，而外淫于驰骋田猎，内纵于美色淫声，下乃解怠惰失，百吏皆失其端，则烦乱以亡其国家矣[④]。高为其居，危颠莫之救。此言尊高满大，而好矜人以丽，主盛处贤，而自予雄也[⑤]。故盛必失而雄必败。夫上既主盛处贤，以操士民，国家烦乱，万民心怨，此其必亡也[⑥]。犹自万仞之山，播而入深渊，其死而不振也必[⑦]。故曰：毋迩其求，而远其忧。高为其居，危颠莫之救也。

［注释］　①蓄慎：保持谨慎。　②悉爱：过分珍爱，吝啬。悉：同“吝”。　③厚藉敛：征收过重的赋税。怼：怨、恨。　④迩其乐：近于音乐歌舞。优美：倡优美女。淫于：沉迷于。解：同“懈”。失：同“佚”，安逸。端：正。　⑤矜人以丽：骄傲炫耀。主盛处贤：自高自大，自以为贤。自予雄：自诩为英雄。　⑥操：掌握，治理。　⑦播：翻。

［原文］　可浅可深，可沉可浮，可曲可直，可言可默。此言指意要功之谓也[①]。天不一时，地不一利，人不

一事，是以著业不得不多分，名位不得不殊方②。明者察于事，故不官于物，而旁通于道③。道也者，通乎无上，详乎无穷，运乎诸生④。是故辩于一言，察于一治，攻于一事者，可以曲说，而不可以广举⑤。圣人由此知言之不可兼也，故博为之治而计其意⑥；知事之不可兼也，故各为之说而况其功⑦。岁有春秋冬夏，月有上下中旬，日有朝暮，夜有昏晨，半星辰序，各有其司⑧。故曰：天不一时。山陵岑岩，渊泉闳流，泉逾瀷而不尽，薄承瀷而不满，高下肥硗，物有所宜⑨。故曰：地不一利。乡有俗，国有法，食饮不同味，衣服异采，世用器械，规矩绳准，称量数度，品有所成⑩。故曰：人不一事。此各事之仪，其详不可尽也⑪。

［注释］ ① 指意要功：根据所要表达的意愿选择效果。指：示。　② 著业不得不多分：职业不能不分为多种。分：原文为“人之”，据郭沫若说校改。殊方：不同的方面，多样。　③ 不官于物：不只专于具体事物。官：主。　④ 乎：于。以上四句的意思是：道这种东西，可通晓最高智慧，可详尽无限奥妙，可运用于世间万物。　⑤ 治：辞。攻：治，研究。曲说：解释说明局部。广举：广泛应用。　⑥ 言：言辞。兼：兼容并包。博为之治而计其意：多用言辞而考虑选择能表达其意义的。　⑦ 各为之说而况其功：分别予以说明而比较其功效。各：原文为“名”，据王念孙说校改。　⑧ 半星：半夜。辰序：星辰的顺序。　⑨ 岑：高。闳：大。瀷：读音 yì，溢出的小水流。薄：通“泊”，浅水洼。承：承接，容纳。　⑩ 异采：色彩不同。品有所成：各种事物都有成规。品：品物。　⑪ 仪：法度。其详不可尽：详细内容说不尽。

［原文］ 可正而视，言察美恶，别良苦，不可以不审①。操分不杂，故政治不悔②。定而履，言处其位，行其

路,为其事,则民守其职而不乱,故葆统而好终[3]。深而迹,言明墨章画,道德有常,则后世人人修理而不迷,故名声不息[4]。

[注释] ① 别良苦:鉴别好坏。苦:质量粗劣。原文"别"字上有"审"字,据王念孙说删。审:谨慎,仔细。 ② 操分:各按其职分。不悔:没有灾祸。 ③ 葆统而好终:保持国家纲常,取得好的结果。葆:同"保"。 ④ 明墨章画:明确绳墨尺寸,彰显规划格式。章:同"彰"。画:原文为"书",据王念孙说校改。修:循。

[原文] 夫天地一险一易,若鼓之有桴,擿挡则击。言苟有唱之,必有和之,和之不差,因以尽天地之道。景不为曲物直,响不为恶声美,是以圣人明乎物之往者,必以其类来也[1]。故君子绳绳乎慎其所先[2]。

[注释] ① 景不为曲物直:影子不可能把曲的表现为直的。响不为恶声美:回音不可能把恶的反映成美的。往:去,发出。原文为"性",据安井衡说校改。必以其类来:指原本发出的是什么,必定按其原来的返回,不会发生曲直、美恶的本质变化。类:同类。 ② 绳绳乎:小心谨慎的样子。慎其所先:谨慎地对待其率先倡行的。

[原文] 天地,万物之橐也,宙合有橐天地。天地苴万物,故曰万物之橐[1]。宙合之意,上通于天之上,下泉于地之下,外出于四海之外,合络天地,以为一裹[2]。散之至于无间,不可名而山[3]。是大之无外,小之无内,故曰有橐天地。其义不传,一典品之,不极一薄,然而典品无治也[4]。多内则富,时出则当[5]。而圣人之道,贵富以当[6]。奚谓当?本乎无妄之治,运乎无方之事,应变不失之谓当[7]。变无不至,应无不当,主

错不敢忿,故言而名之曰宙合⑧。

[注释] ① 苴:包容。 ② 泉:深入,到达。合络:包罗,网罗。 ③ 无间:没有间隙,充满天地。山:宣。 ④ 一典品之:一旦整理出来。极:达到。一薄:一版。典品无治:整理的工作无人来做。 ⑤ 多内则富:容纳得多内容就丰富。内:纳。时出则当:应时而出就恰当。⑥ 贵富以当:贵在丰富而且恰当。 ⑦ 奚:何。本乎无妄之治:根据不违背法度的言论。治:辞。运乎无方之事:运用到没有固定模式的事物。方:常规,模式。 ⑧ 变无不至:变化无所不至。应无不当:应用无所不当。原文为"无有应当",据文义校改。主错:举措。主:通"注",安置。原文为"本",据孙蜀丞说校改。

枢言第十二

［解题］

枢言即关键、重要的言论。本篇为格言体，内容大致包含以下几个方面：一是重百姓轻珠玉的民本思想，二是以道义治国王天下的道理，三是先王治国理民王天下的条件和原则，四是臣下辅佐君主的规范和原则。

［原文］

管子曰：道之在天者，日也①；其在人者，心也。故曰：有气则生，无气则死，生者以其气②；有名则治，无名则乱，治者以其名③。

［注释］

①这两句的意思是：道在天上，就好比太阳。 ②生者以其气：生存依靠的是精气。作者认为，心是精气的处所。参见《内业》篇。 ③名：名分。治者以其名：统治凭借的是名分。

［原文］

枢言曰①：爱之，利之，益之，安之，四者道之出②。帝王者用之，而天下治矣。帝王者，审所先所后③：先民与地则得矣，先贵与骄则失矣④。是故先王慎所先所后⑤。

［注释］

①枢言：格言、名言。枢：中枢，引申为精要。 ②之：指百姓。四者道之出：这四条，都是由道产生出来的。 ③审所先所后：分清事情的先后次序。审：明察，分辨。 ④先民与地：把人民和土地放在前边。贵：高贵。骄：骄傲。 ⑤慎所先所后：慎重对待何先何后的问题。原文“慎”下有“贵在”，据王念孙说删。

［原文］

人主不可以不慎贵，不可以不慎民，不可以不慎富①。慎贵在举贤,慎民在置官,慎富在务地②。故人主之卑尊轻重在此三者,不可不慎。

［注释］ ① 慎贵:慎重对待尊贵。慎民:慎重对待百姓。慎富:慎重对待财富。 ② 举贤:荐举贤人。置官:设置官吏。务地:注重农业生产。

［原文］ 国有宝,有器,有用。城郭、险阻、蓄藏,宝也①;圣智,器也②;珠玉,末用也③。先王重其宝器而轻其末用,故能为天下。

［注释］ ① 城郭:内城为城,外城为郭。险阻:险要的地势。蓄藏:贮备。 ② 圣智:圣明智慧。 ③ 末用:最不重要的东西。

［原文］ 生而不死者二,亡而不立者四①。喜也者,怒也者,恶也者,欲也者,天下之败也,而贤者寡之②。

［注释］ ① 二:指名与气。亡:灭亡。原文为“立”,据郭沫若说改。四:指下文的喜、怒、恶、欲。这两句意思是:能生而不死的事物有两种,使国家得不到成功以致灭亡的因素有四个。 ② 天下之败:使天下败亡。寡:少。原文为“宝”,据郭沫若说改。

［原文］ 为善者,非善也①。故善无以为也,故先王贵善②。

［注释］ ① 为:通“伪”。这两句意思是:假装的善,并不是善。 ② 无以为:无法假装。贵:重视。

［原文］ 王主积于民,霸主积于将士①;衰主积于贵人,亡主积于妇女珠玉②。故先王慎其所积。

［注释］ ① 积:聚积。原文“士”上有“战”,据刘绩补注本删。这两句意思是:成就王业的君主聚积人民,成就霸业的君主收罗将士。 ② 衰主:衰败的君主。贵人:贵族。亡主:亡国的君主。

[原文] 疾之，疾之，万物之师也[1]。为之，为之，万物之时也[2]。强之，强之，万物之指也[3]。

[注释] ① 疾：迅速。师：众。这三句意思是：要赶快认识，万物是众多的。② 为：做。时：有时间的限制。这三句意思是：要抓紧去做，万物是随时而逝的。 ③ 强：努力。指：旨，意义精深。这三句意思是：要努力学习，万物的含义是精深的。

[原文] 凡国有三制：有制人者，有为人之所制者，有不能制人、人亦不能制者[1]。何以知其然？德盛义尊，而不好加名于人[2]；人众兵强，而不以其国造难生患[3]；天下有大事，而好以其国后[4]。如此者，制人者也。德不盛，义不尊，而好加名于人；人不众，兵不强，而好以其国造难生患；恃与国，幸名利[5]。如此者，人之所制也。人进亦进，人退亦退；人劳亦劳，人佚亦佚，进退劳佚，与人相胥[6]。如此者，不能制人，人亦不能制也。

[注释] ① 制：驾驭，控制。为：被。 ② 盛：大。尊：高。加名于人：把自己的意图强加于人。名：名义。 ③ 以：用。造难生患：制造灾难和祸患。 ④ 好以其国后：好让本国跟随在后面。 ⑤ 恃与国：依靠盟国。幸名利：偷取名利。幸：苟且，侥幸。 ⑥ 佚：安逸。与人相胥：与人相随。胥：从。

[原文] 爱人甚而不能利也，憎人甚而不能害也[1]。故先王贵当，贵周[2]。周者，不出于口，不见于色，一龙一蛇，一日五化之谓周[3]。故先王不以一过二[4]。先王不独举，不擅功[5]。先王不约束，不结纽[6]。约

束则解，结纽则绝，故亲不在约束、结纽[7]。先王不货交，不列地，以为天下[8]。天下不可改也，而可以鞭箠使也[9]。

［注释］ ① 甚：过度。这两句的意思是：对人再喜欢，也不能随意施利；对人再厌恶，也不能随意加害。 ② 贵当：注重恰当。贵周：注重周密。 ③ 见：同"现"。色：颜色，脸色。以上五句的意思是：所谓周密，指的是不说出口，不形于色，像龙和蛇一样，一天变化五次。 ④ 以一过二：用一超过二，即夸大、不实。 ⑤ 独举：一人单干。擅功：把功劳归己有。 ⑥ 约束：捆绑，指结交。结纽：系扣，指缔结联盟。
⑦ 解：松开。绝：断，指解开。以上三句意思是：能捆绑起来就必然能解散，能打结连起来就一定能解开弄断，所以，亲近不必靠结交联盟。
⑧ 货交：用财货结交。列地：以割地结盟。列：同"裂"。为：治理。
⑨ 鞭箠：马鞭，指武力。这两句意思是：天下的定局不可改变，只能用武力统治驱使。

［原文］ 时也，利也，世为之也[1]。余目不明，余耳不聪，是以能继天子之容，官职亦然[2]。时者得天，义者得人[3]。既时且义，故能得天与人[4]。

［注释］ ① 世：时势。原文为"出"，据郭沫若说改。以上三句意思是：天时，地利，这都是时势形成的。 ② 明：看。聪：听。容：容止。以上四句意思是：多余的不看，多余的不听，这才能保持天子的举止仪容，官吏的职责也是如此。 ③ 这两句意思是：符合天时的，就会得到天的帮助；符合正义的，就能得到人的拥护。 ④ 既时且义：既符合天时，又符合正义。

［原文］ 先王不以勇猛为边竟，则边竟安[1]。边竟安，则邻国亲。邻国亲，则举当矣[2]。

［注释］ ① 勇猛：指武力。为：治理。竟：同"境"。 ② 亲：亲善，和睦。

举当:举措得当。

[原文]

人故相憎也,人之心悍,故为之法①。法出于礼,礼出于治②。治、礼,道也,万物待治、礼而后定③。

[注释]

① 人故相憎:人本来是相互憎恶的。故:通“固”。悍:凶暴。为之法:制定了法律。 ② 治:通“辞”,言论,理论。 ③ 万物待治、礼而后定:万事万物都是等治和礼出现后才确定的。

[原文]

凡万物,阴阳两生而参视①。先王因其参而慎所入所出②。以卑为卑,卑不可得,以尊为尊,尊不可得③。桀、舜是也④。先王之所以最重也⑤。

[注释]

① 阴阳两生而参视:是由阴阳相合而生成第三种事物。参:同“叁”。视:生。 ② 因:依靠,利用。这句是说:先王利用这第三种事物而慎重对待入和出这正反两方面。 ③ 以上四句意思是:以卑为标准来衡量卑,也就不存在卑;以尊为标准来衡量尊,也就无所谓尊。 ④ 桀:暴君,夏代最后一个君主。舜:传说中的圣王。这句是说:桀和舜就是如此(以桀为标准衡量,他并非暴君;以舜为标准衡量,他也不算圣王)。 ⑤ 最:极。原文为“冣”,据刘绩补注本改。这句是说:这就是先王最重视这个相反相成道理的原因。

[原文]

得之必生失之必死者,何也?唯粟①。得之,尧舜禹汤文武孝己,斯待以成②。天下必待以生,故先王重之。一日不食,比岁歉③;三日不食,比岁饥④;五日不食,比岁荒⑤;七日不食,无国土⑥;十日不食,无畴类,尽死矣⑦。

[注释]

① 粟:指粮食。原文为“无”,据文义改。 ② 孝己:殷高宗太子。斯待以成:才得以成功。斯:乃,才。待:凭借,依赖。 ③ 比:相

当，等于。岁歉：歉收年。这两句意思是：一天不吃，等于歉收年。④ 比岁饥：等于饥饿年。 ⑤ 比岁荒：等于灾荒年。 ⑥ 国士：国家杰出的人才。“士”原文为“土”，据尹桐阳说改。 ⑦ 畴类：同类。畴：同“俦”。

［原文］

先王贵诚信。诚信者，天下之结也①。贤大夫不恃宗，至士不恃外权②。坦坦之利不以功，坦坦之备不为用③。故存国家，定社稷，在卒谋之间耳④。

［注释］

① 天下之结：结交天下的根本。结：结纳，交结。 ② 恃：依靠。宗：宗族。至士：优秀的士。至：最。外权：国外的同盟者。 ③ 坦坦：平平。以：以为，视为。备：富足，这里指财富。这两句的意思是：不把平常的小利看做显著的功劳，也不把平常的小财视为大的费用。④ 存国家：使国家生存。定社稷：使社稷安定。卒谋：短暂的谋划。卒：同“猝”，猝然，忽然。

［原文］

圣人用其心，沌沌乎抟而圜，豚豚乎莫得其门，纷纷乎若乱丝，遗遗乎若有从治①。故曰，欲知者知之，欲利者利之，欲勇者勇之，欲贵者贵之②。彼欲贵，我贵之，人谓我有礼③；彼欲勇，我勇之，人谓我恭；彼欲利，我利之，人谓我仁；彼欲知，我知之，人谓我慜④。

［注释］

① 沌沌：浑圆的样子。抟：圆。原文为“博”，据丁士涵说改。豚豚：隐蔽的样子。豚：通“遯（即‘遁’）”，隐。遗遗：有次序的样子。治：理。以上五句意思是：圣人运用其心，有时浑然圆转，模糊得像是找不到它的门径，有时纷乱得像一团乱丝，有时又井然有序，像是经过了梳理。② 知：读音 zhì，同“智”，智慧。知之：使他有智慧。利之：给他好处。勇之：使他勇敢。贵之：使他尊贵。以上五句意思是：也就是说，想要智慧

的，就给他智慧，想要好处的，就给他好处，想要勇敢的，就让他勇敢，想要尊贵的，就让他尊贵。 ③ 彼：他，别人。 ④ 慜：同“敏”，聪明。

[原文] 戒之，戒之，微而异之，动作必思之，无令人识之，卒来者必备之①。

[注释] ① 戒：防备。微而异之：要在暗中进行，要隐蔽起来。微：暗中。异：通“翼”，遮蔽。思：慎重思考。卒：突然。

[原文] 信之者，仁也①；不可欺者，智也。既智且仁，是谓成人②。

[注释] ① 信之：对人讲信用。 ② 成人：完人。

[原文] 贱固事贵，不肖固事贤①。贵之所以能成其贵者，以其贵而事贱也②；贤之所以能成其贤者，以其贤而事不肖也。恶者，美之充也③。卑者，尊之充也。贱者，贵之充也。故先王贵之④。

[注释] ① 固：本来。事：事奉。不肖：不肖之徒。 ② 以：因为。这两句的意思是：尊贵者之所以能成为尊贵，是因为他能够做到以贵事贱。

③ 充：借为“统”，根本。 ④ 贵：尊崇，重视。

[原文] 天以时使，地以材使，人以德使，鬼神以祥使，禽兽以力使①。所谓德者，先之之谓也②。故德莫如先，应適莫如后③。

[注释] ① 天以时使：天依靠时令发挥作用。以：用，凭借。时：时节。使：使用。材：物产。祥：吉祥，这里指保佑，赐福。 ② 先之：率先实行。

③ 適：通“敌”。以上两句意思是：所以，行德最好是走在前面，战争对敌最好是后发制人。

［原文］

先王用一阴二阳者霸，尽以阳者王①；以一阳二阴者削，尽以阴者亡②。

［注释］

① 阴：指负，柔。阳：指正，刚。霸：称霸。以：用。尽：全。② 削：削弱。亡：灭亡。

［原文］

量之不以少多，称之不以轻重，度之不以短长①。不审此三者，不可举大事②。

［注释］

① 以：按照。以上三句的意思是：既已计量却不按照它的数量，既已称量却不按照它的轻重，既已度量却又不按照它的长短。 ② 审：弄清。

［原文］

能戒乎？能敕乎？能隐而伏乎①？能而稷乎？能而麦乎？春不生而夏无得乎②？

［注释］

① 戒：防备。敕：谨严。伏：藏。 ② 而：如。春不生而夏无得：春天不生长夏天就无收获。

［原文］

先王事以合交，德以合人①。二者不合，则无成矣，无亲矣②。

［注释］

① 原文"先王"上有"众人之用其心也，爱者憎之始也，德者怨之本也，唯贤者不然"，据王念孙说删。事：政事。以：用。交：交往，交情。这两句的意思是：先王的政事用以结交友情，德行用以结交人才。② 二者：指结友和交人。无成：不会成功。无亲：不会有亲信。

［原文］

凡国之亡也，以其长者也①；人之自失也，以其所长者也。故善游者死于梁池，善射者死于中野②。

［注释］

① 以其长：是因为它的长处。以：因为。 ② 梁池：有堤的池

塘。梁：堤坝。中野：田野之中。

［原文］

命属于食，治属于事①。无善事而有善治者，自古及今，未之尝有也②。

［注释］

① 属：从属，隶属。治属于事：言辞从属于事实。治：通“辞”，言辞。

② 未之尝有：未尝有之，从来也不曾有这种事。原文为“未尝之有”，据文例改。

［原文］

众胜寡，疾胜徐，勇胜怯，智胜愚，善胜恶，有义胜无义，有天道胜无天道①。凡此七胜者贵众，用之终身者众矣②。

［注释］

① 疾：迅猛。徐：缓慢。　② 凡此七胜者贵众：这七条贵在具备其多数。

［原文］

人主好佚欲，亡其身失其国者，殆①；其德不足以怀其民者，殆②；明其刑而残其士者，殆③；诸侯假之威久而不知极已者，殆④；身弥老不知敬其適子者，殆⑤；蓄藏积，陈朽腐，不以与人者，殆⑥。

［注释］

① 佚：放纵。亡：同“忘”。殆：危险。　② 怀其民：使人民感激思念。怀：感怀。　③ 明：盛。残：残害。原文为“贱”，据刘绩补注本改。　④ 之：其。极：同“亟”，急。已：停，止。这三句意思是：别的诸侯假借他的威势已经很久了，而他却不知道迅速制止，这很危险。⑤ 弥：愈，更。適子：嫡子，正妻所生之子，这里指太子。　⑥ 蓄藏积：贮存的物资堆积如山。陈朽腐：陈旧的粮食腐烂变质。与：予。

［原文］

凡人之名三：有治也者，有耻也者，有事也者①。事之名二：正之，察之②。五者而，天下治矣③。名正则治，名倚则乱，无名则死④。故先王贵名。

[注释] ① 治:治理。耻:受辱,引申为服从,即被治理。事:事奉。以上四句意思是:人的名分有三种:有治理人者,有被治理者,有事奉人者。 ② 正:端正,纠正。察:督察。以上三句意思是:事物的名分有两种:有用来纠正的,有用以督察的。 ③ 而:通"能",发挥作用。这两句意思是:五者充分发挥各自的作用,天下就能得到治理。 ④ 倚:不正,偏邪。死:灭亡。

[原文] 先王取天下,远者以礼,近者以体[①]。体、礼者,所以取天下;远、近者,所以殊天下之际[②]。

[注释] ① 以:用,靠。体:亲近,联结。 ② 殊天下之际:区分天下各国边界。殊:区别。际:边际。

[原文] 日益之而患少者惟忠,日损之而患多者惟欲[①]。多忠少欲,智也,为人臣者之广道也[②]。为人臣者,非有功劳于国也,家富而国贫,为人臣者之大罪也[③];为人臣者,非有功劳于国也,爵尊而主卑,为人臣者之大罪也[④]。无功劳于国而贵富者,其唯尚贤乎[⑤]?

[注释] ① 益:增加。患:担心,害怕。惟:同"维",是。忠:忠心。欲:欲望。 ② 智:明智,聪明。广:宽厚,博大。 ③ 非有功劳于国:对国家没有什么功劳。家富而国贫:自己富有,国家反而贫穷。 ④ 爵尊而主卑:自己爵位尊贵而君主的地位却低下。 ⑤ 唯:通"谁"。这两句意思是:对国家没有功劳却能得到富贵,那谁还推崇有才能的人呢?

[原文] 众人之用其心也,爱者憎之始也,德者怨之本也[①]。其事亲也,妻子具,则孝衰矣[②];其事君也,有好业,家室富足,则行衰矣[③];爵禄满,则忠衰矣[④]。

唯贤者不然，故先王不满也⑤。人主操逆，人臣操顺⑥。

［注释］ ① 众人：普通人。始：开始。本：根本。 ② 事亲：事奉父母。具：具备。孝衰：孝心衰减。 ③ 好业：好的产业。行衰：德行衰减。 ④ 满：满足，达到顶点。忠：忠心。 ⑤ 先王不满：先王不使人臣的爵位、俸禄达到顶点。 ⑥ 操：行。这两句意思是：君主逆常理而行，臣下就顺常理而行。

［原文］ 先王重荣辱，荣辱在为①。天下无私爱也，无私憎也②。为善者有福，为不善者有祸。祸福在为，故先王重为③。

［注释］ ① 荣辱在为：荣辱的取得在于实际行动。 ② 私爱：偏爱。私憎：私恨。 ③ 祸福在为：祸福取决于实际行动。重为：注重实际行动。

［原文］ 明赏不费，明刑不暴①。赏罚明，则德之至者也，故先王贵明②。

［注释］ ① 明：显明，公开。费：浪费。暴：残暴。这两句的意思是：公开行赏，即使赏的多也不算浪费；公开处罚，即使处罚的多也不算残暴。
② 德之至：德政的最高形式。贵明：重视公开。

［原文］ 天道大，而帝王者用①。爱爱恶恶，天下可秘②。爱恶重，闭必固③。

［注释］ ① 这两句意思是：天道博大宽广，而帝王能够运用它。 ② 爱爱恶恶：原文为“爱恶爱恶”，据郭沫若说改。秘：通“闭”，控制，掌握。这两句意思是：喜欢好的，厌恶坏的，天下就能够控制。 ③ 重：慎重。固：牢固。这两句意思是：慎重地对待所喜欢的和所厌恶的，天下就能掌握得牢固。

[原文] 釜鼓满则人概之,人满则天概之,故先王不满也[①]。

[注释] ① 釜鼓:古代的量具。六斗四升为一釜,四石为一鼓。概:本是用来平斗、斛等量器的器具,引申为削、刮。这三句意思是:釜鼓等量器满了,人就会用概刮平;人自满了天就会来平,因此,先王从不自满。

[原文] 先王之书,心之敬执也,而众人不知也[①]。故有事事也,毋事亦事也[②]。吾畏事,不欲为事[③];吾畏言,不欲为言[④]。故行年六十而老吃也[⑤]。

[注释] ① 敬执:敬爱。执:爱。 ② 事:事情。事:事奉,指读。这两句意思是:因此,有事时,读它,无事时,也读它。 ③ 畏事:怕事。为事:做事情。 ④ 为言:发言,讲话。 ⑤ 行:经历。老吃:年老而口吃。这段是本篇作者的后记。

八观第十三

［解题］

观，观察。八观即是从八个方面进行考察，即饥饱、贫富、侈俭、实虚、治乱、强弱、兴灭、存亡。作者认为，只要从这八个方面进行调查了解，一个国家的政治、经济、军事、社会风俗等情况就能全面掌握。

［原文］

大城不可以不完，周郭不可以外通，里域不可以横通，闾闬不可以毋阖，宫垣关闭不可以不备①。故大城不完，则乱贼之人谋②；周郭外通，则奸遁逾越者作③；里域横通，则攘夺窃盗者不止；闾闬无阖，外内交通，则男女无别；宫垣不备，关闭不固，虽有良货，不能守也④。故形势不得为非，则奸邪之人悫愿⑤。禁罚威严，则简慢之人整齐⑥；宪令著明，则蛮夷之人不敢犯⑦；赏庆信必，则有功者劝⑧；教训习俗者众，则民化变而不自知也⑨。是故明君在上位，刑省罚寡，非可刑而不刑，非可罪而不罪也⑩。明君者，闭其门，塞其涂，弇其迹，使民毋由接于淫非之地⑪。是以民之道正行善也若性然，故罪罚寡而民以治矣⑫。

［注释］

① 大城：指内城。完：牢固，完整。周郭：外城。原文为“郭周”，据张佩纶说改。下句“周郭”同。域：边界。闾闬：里门。阖：合，关闭。宫垣：院墙。关闭：门闩。备：完备。原文为“修”，据下文“宫垣不备”改。

② 乱贼之人：作乱的暴徒。谋：图谋不轨。　③ 奸遁逾越者：邪恶、逃亡、犯上作乱的人。作：兴起。　④ 固：牢固。良货：好东西，指

财宝。 ⑤ 形势：客观条件。悫愿：谨慎老实。悫：读音 què，恭敬谨慎。愿：朴实。这两句意思是：所以，创造出使人不能为非作歹的客观环境，奸诈邪恶的人就会谨慎老实。 ⑥ 禁罚：禁令和刑罚。简慢：轻视，怠慢。整齐：指遵守秩序。 ⑦ 宪令著明：法令公开明确。蛮夷之人：古代对边远少数民族的蔑称，借指不守法纪的人。 ⑧ 赏庆：奖赏。信必：一定兑现。劝：受到勉励。 ⑨ 原文"民"上有"君"，据俞樾说删。不自知：自己感觉不到。这两句意思是：受到教育，遵守风俗习惯的人多了，人们就在不知不觉中潜移默化了。 ⑩ 刑省罚寡：刑罚减省。非可刑而不刑：不应该惩罚的决不滥加惩罚。非可罪而不罪：不应该治罪的决不随便治罪。 ⑪ 闭：关闭。塞：堵塞。弇：通"掩"，消灭。迹：痕迹。淫非之地：产生邪恶、错误的场所。由：途径，方法。以上五句的意思是：高明的君主，关闭犯罪的门户，堵塞犯罪的途径，消灭导致犯罪的因素，使人民无法接近能导致违法犯罪的客观环境。
⑫ 道正：走正道。行善：做好事。性：本性。以：已。这两句意思是：所以，人民走正道、做好事，就会像按照他们的本性行动一样。因此，刑罚减省而人民已经得到治理了。

［原文］ 行其田野，视其耕芸，计其农事，而饥饱之国可以知也①。其耕之不深，芸之不谨，地宜不任，草田多秽，耕者不必肥，荒者不必墝，以人猥计其野，草田多而辟田少者，虽不水旱，饥国之野也②。若是而民寡，则不足以守其地③；若是而民众，则国贫民饥；以此遇水旱，则众散而不收④。彼民不足以守者，其城不固；民饥者，不可以使战；众散而不收，则国为丘墟⑤。故曰：有地君国而不务耕芸，寄生之君也⑥。故曰：行其田野，视其耕芸，计其农事，而饥饱之国可知也。

［注释］ ① 行：巡视。芸：同"耘"，锄草。计其农事：计算一下农业生产。

② 谨:通“勤”。地宜不任:地利得不到充分发挥。任:使用。草田:未开垦的土地。秽:杂草。耕者不必肥:耕种的土地不一定是肥沃的。荒者不必墝:荒废的土地不一定是贫瘠的。以人猥计其野:按照人口多少去计算地的数量。猥计:累计,总计。猥:积累,引申为凡,总。辟田:已开垦的土地。 ③ 若是:如果这样。民寡:百姓少。 ④ 以此:以这种情况。散:流散。收:聚积,收拢。 ⑤ 国为丘墟:国家灭亡,变为废墟。丘墟:荒丘废墟。 ⑥ 君国:治理国家。

[原文] 行其山泽,观其桑麻,计其六畜之产,而贫富之国可知也。夫山泽广大则草木易多也,壤地肥饶则桑麻易植也,荐草多衍则六畜易繁也①。山泽虽广,草木毋禁,壤地虽肥,桑麻毋数,荐草虽多,六畜有征,闭货之门也②。故曰:时货不遂,金玉虽多,谓之贫国也③。故曰:行其山泽,观其桑麻,计其六畜之产,而贫富之国可知也。

[注释] ① 壤地肥饶:土地肥沃。荐:草。衍:多。繁:繁殖。 ② 草木毋禁:没有禁止乱砍滥伐的法令。桑麻毋数:却没有种植桑麻的好方法。数:同“术”,方法。六畜有征:饲养六畜却要征收赋税。闭货之门:堵塞财货的来源。 ③ 时货不遂:各个季节的物产不能顺利生产。时货:应时的产品。遂:通顺。

[原文] 入国邑,视宫室,观车马衣服,而侈俭之国可知也①。夫国城大而田野浅狭者,其野不足以养其民②;城域大而人民寡者,其民不足以守其城③;宫营大而室屋寡者,其室不足以实其宫④;室屋众而人徒寡者,其人不足以处其室;囷仓寡而台榭繁者,其藏不足以共其费⑤。故曰:主上无积而宫室美,氓家无积而衣服修,乘车者饰观望,步行者杂文采,

本资少而末用多者，侈国之俗也[⑥]。国侈则用费，用费则民贫，民贫则奸智生，奸智生则邪巧作[⑦]。故奸邪之所生，生于匮不足[⑧]；匮不足之所生，生于侈；侈之所生，生于毋度[⑨]。故曰：审度量，节衣服，俭财用，禁侈泰，为国之急也[⑩]。不通于若计者，不可使用国[⑪]。故曰：入国邑，视宫室，观车马衣服，而侈俭之国可知也。

［注释］ ① 国：国都。邑：城镇。侈俭：奢侈或节俭。 ② 国城大而田野浅狭：国都和城镇广大而田野狭小。 ③ 城域：城市的区域、范围。 ④ 宫营：房屋四周的庭院。营：环绕，这里指环绕房屋的庭院。室：房间。实：填塞，充实。 ⑤ 囷仓：粮仓。囷：一种圆形的粮仓。台榭：殿阁楼台。台：四方而高平的建筑物。榭：建在台上的亭子。藏：积蓄。共：同“供”。 ⑥ 积：积蓄。氓：同“民”。修：修饰，讲究。饰：装饰。观望：指外表。杂：掺杂。文采：花纹色彩。本资少而末用多：生活必需物品少而奢侈品多。本资：生存根本所需的物资。末用：多余的装饰品。 ⑦ 奸智：奸邪巧诈。作：兴起。 ⑧ 匮：缺乏。 ⑨ 毋度：没有限度。 ⑩ 审度量：严格掌握财政收支。审：严谨。侈泰：奢侈浪费。泰：骄侈。为国之急：治国的当务之急。 ⑪ 通：通晓。若计：这个道理。用：掌握，治理。

［原文］ 课凶饥，计师役，观台榭，量国费，而实虚之国可知也[①]。凡田野万家之众，可食之地方五十里，可以为足矣[②]。万家以上则就山泽可矣，万家以下则去山泽可矣[③]。彼野悉辟而民无积者，国地小而食地浅也[④]；田半垦而民有余食而粟米多者，国地大而食地博也；国地大而野不辟者，君好货而臣好利者也；辟地广而民不足者，上赋重流其藏者也[⑤]。故曰：粟行于三百里，则国毋一年之积[⑥]；粟行于四

百里，则国毋二年之积；粟行于五百里，则众有饥色[7]。其稼亡三之一者，命曰小凶[8]。小凶三年而大凶，大凶则众有遗苞矣[9]。什一之师，什三毋事，则稼亡三之一[10]。稼亡三之一，而非有故积也，则道有捐瘠矣[11]。什一之师，三年不解，非有余食也，则民有鬻子矣[12]。故曰：山林虽近，草木虽美，宫室必有度，禁发必有时[13]。是何也？曰：大木不可独伐也，大木不可独举也，大木不可独运也，大木不可加之薄墙之上[14]。故曰：山林虽广，草木虽美，禁发必有时；国虽充盈，金玉虽多，宫室必有度[15]；江海虽广，池泽虽博，鱼鳖虽多，罔罟必有正[16]。船网不可一财而成也，非私草木爱鱼鳖也，恶废民于生谷也[17]。故曰：先王之禁山泽之作者，抟民于生谷也[18]。彼民非谷不食，谷非地不生，地非民不动，民非作力毋以致财[19]。夫才之所生，生于用力，力之所生，生于劳身[20]。是故主上用财毋已，是民用力毋休也[21]。故曰：台榭相望者，其上下相怨也。民毋余积者，其禁不必止[22]；众有遗苞者，其战不必胜；道有捐瘠者，其守不必固。故令不必行，禁不必止，战不必胜，守不必固，则危亡随其后矣[23]。故曰：课凶饥，计师役，观台榭，量国费，实虚之国可知也。

［注释］ ① 课：考查。师役：兵役和劳役。费：费用。以上五句意思是：考查灾荒的程度，统计兵役劳役的数量，察看修建楼台亭阁的多少，计算国家财政收支，国力的虚实强弱就可以知道了。 ② 可食之地：可以耕种的土地。方：见方、平方。 ③ 上：原文为“下”，据俞樾说改。就：靠近。下：原文为“上”，据俞樾说改。去：离开。这两句意思是：超过一万

家，就靠近山泽，以山泽收入为补充，也就够了；不足一万家，就离开山泽，只耕种土地就足够了。 ④ 彼：其。悉：全，尽。积：蓄积。国地：国家的土地。食地：可食之地。浅：狭小。 ⑤ 上赋重：国君的赋税太重。流其藏：粮食贮备流散。流：流散，流失。藏：贮存的粮食。 ⑥ 粟：泛指粮食。行：外流。这两句意思是：粮食流散到三百里之外，国家一年的粮食贮备就没有了。 ⑦ 众有饥色：百姓就会饿得面黄肌瘦。 ⑧ 亡三之一：三分之一没有收成。命：叫做。小凶：小的灾荒。

⑨ 众有遗苞：百姓就会有饿死在路上的。苞：通"殍"，饿死者。原文"遗苞"上有"大"，据洪颐煊说删。 ⑩ 师：军队，指服兵役。以上三句意思是：十分之一的人去服兵役，十分之三的人不从事农业生产，那就等于庄稼丧失三分之一。 ⑪ 故积：原来的蓄积。原文"故"下有"盖"，据许维遹说删。捐瘠：遗弃的尸体。捐：抛弃，原文为"损"，据洪颐煊说改。瘠：通"胔"，未腐烂的尸体。 ⑫ 解：释放，免除。鬻：卖。

⑬ 度：限度。禁发：封禁和开放。有时：按时。 ⑭ 独：单独，一个人。以上四句意思是：因为大的木材的砍伐、搬运不是一个人所能办到的，大的木材又不可能用在小的墙屋之上，这样必然会动用民力，大兴土木，妨碍农业生产。 ⑮ 充盈：富裕。 ⑯ 罟：渔网。正：规定的标准。 ⑰ 船网：指拥有船网的人。财：财路，财源。私：偏爱。恶：读音 wù，害怕，担心。废：荒废。生谷：生产粮食。以上三句意思是：拥有船网的人，不能仅靠捕捞这一条财路为生，这并不是对草木鱼鳖有所偏爱，而是担心人民荒废了农业生产。 ⑱ 山泽之作：指上山砍伐、下水捕捞等以山泽为对象的生产活动。作：行动，活动。抟：通"专"，专一。原文为"博"，据王念孙说改。这两句意思是：先王禁止以山泽为对象的生产活动，是为了使人民专心一意地从事农业生产。

⑲ 地非民不动：土地没有人民就得不到开垦耕种。作力：出力。致：招致。 ⑳ 夫才：原文为"天下"，据郭沫若说改。才：通"财"。力之所生：原文"力"上有"用"，据文义删。以上四句意思是：财富产生于使用力气，力气产生于身体的劳动。 ㉑ 毋已：不停止。是：则。休：止息。 ㉒ 毋：没有。其禁不必止：有禁令也肯定不会立刻停止。

㉓ 危亡随其后：国家的危亡随之而来。

［原文］

入州里，观习俗，听民之所以化其上，而治乱之国可知也①。州里不鬲，闾闬不设，出入毋时，早晏不禁，则攘夺、窃盗、攻击、残贼之民毋自胜矣②。食谷水，巷凿井，场圃接，树木茂，宫墙毁坏，门户不闭，外内交通，则男女之别毋自正矣③。乡毋长游，里毋士舍，时无会同，丧蒸不聚，禁罚不严，则齿长辑睦毋自生矣④。故昏礼不谨，则民不修廉⑤；论贤不乡举，则士不及行⑥；货财行于国，则法令毁于官⑦；请谒得于上，则党与成于下⑧；乡官毋法制，百姓群徒不从⑨。此亡国弑君之所自生也⑩。故曰：入州里，观习俗，听民之所以化其上者，而治乱之国可知也。

［注释］

① 州里：州和里，二者都是古代基层行政区域。听民之所以化其上：听听人民是怎样被统治者教化的。　② 鬲：同“隔”。闾闬不设：不设置里门。毋时：不按时。早晏：早晚。攘夺、窃盗、攻击、残贼之民：破坏法制、扰乱治安的人。毋自胜：无法制服。自：从，由。　③ 谷水：山谷的水。凿井：打井。场：场院。圃：菜园。正：纠正，分清。以上八句意思是：同吃一条山谷的水，同用一个巷里的井，场院菜园相连接，树木茂密成荫，院墙毁坏，门户不关，内外相通，这样男女的界限就无法分清了。　④ 毋：没有。长游：伍长、什长及游宗，指乡里的官吏。士舍：乡里的学堂。时无会同：不按时聚会。丧蒸不聚：丧事和祭祀不集合在一起。蒸：冬祭，泛指祭祀。齿长辑睦毋自生：长幼和睦的风气无从产生。　⑤ 昏：同“婚”。谨：严肃，谨慎。修廉：注重廉耻。　⑥ 论：评定，选举。乡举：由乡里推荐。及：顾及。这两句意思是：选举贤人不经过乡里推荐，士人就会不注重品德修养。　⑦ 货财：指贪污受贿、卖官鬻爵等。行于国：在国内流行。官：官府。　⑧ 请谒：请托，拜见。党与：团伙，帮派。这两句意思是：拜见请托在上面行得通，下面就

会结成帮派。 ⑨ 毋法制:不遵守法制。 ⑩ 弑:杀。所自生:所产生的原因。

[原文]

入朝廷,观左右,求本朝之臣,论上下之所贵贱者,而强弱之国可知也①。功多为上,禄赏为下,则积劳之臣不务尽力②;治行为上,爵列为下,则豪杰材臣不务竭能③。便辟左右不论功能而有爵禄,则百姓疾怨非上,贱爵轻禄④;金玉货财商贾之人不论志行而有爵禄也,则上令轻,法制毁⑤;权重之人不论才能而得尊位,则民倍本行而求外势⑥。彼积劳之人不务尽力,则兵士不战矣;豪杰材人不务竭能,则内治不别矣⑦;百姓疾怨非上,贱爵轻禄,则上毋以劝众矣⑧;上令轻,法制毁,则君毋以使臣,臣毋以事君矣;民倍本行而求外势,则国之情伪竭在敌国矣⑨。故曰:入朝廷,观左右,求本朝之臣,论上下之所贵贱者,而强弱之国可知也。

[注释]

① 左右:指君主周围亲近的人。求:探究。原文"求"在"本"下,据洪颐煊说校改。论:考察,研究。以上五句意思是:进入朝廷,观察一下君主亲近的人,研究研究朝廷的百官,考察一下朝廷上下重视什么、轻视什么,这个国家的强弱就可以知道了。 ② 积劳:屡建功劳。不务尽力:不致力于尽力报效。 ③ 治行:政绩。爵列:爵位。材臣:有才能的大臣。不务竭能:不致力于竭能效劳。 ④ 便辟:阿谀奉承的小人。功能:功劳和才能。疾怨非上:怨恨、非议君主。 ⑤志行:志向品行。上令轻:君主的法令被看得很轻。 ⑥ 倍:通"背",背离。本行:本国的军队。行:行伍。外势:外国的势力。 ⑦ 内治:内政。不别:得不到治理。别:辨别,条理,引申为治理。 ⑧ 毋以劝众:没有什么可以用来鼓励人民的。 ⑨ 情伪:真假,虚实。竭:尽,全部。

［原文］

置法出令，临众用民，计其威严宽惠行于其民与不行于其民，而兴废之国可知也①。法虚立而害疏远，令一布而不听者存，贱爵禄而毋功者富，然则众必轻令而上位危②。故曰：良田不在战士，三年而弱③；赏罚不信，五年而破；上卖官爵，七年而亡④；倍人伦而禽兽行，十年而灭⑤。战不胜，弱也；地四削，入诸侯，破也⑥；离本国，徙都邑，亡也⑦；有者异姓，灭也⑧。故曰：置法出令，临众用民，计威严宽惠行于其民不行于其民，而兴废之国可知也⑨。

［注释］

① 临：统治，治理。用：使用。计：考察。威严：指刑罚。宽惠：指奖赏。而兴废之国：原文无此五字，据郭沫若说补，下同。以上四句的意思是：按照君主制定的法律、公布的法令以及统治、使用人民的情况，来考察一下赏罚制度是否在人民中推行了，这个国家的盛衰就可以知道了。

② 疏远：关系疏远的人。贱爵禄：轻视爵禄，随便给人。然：如此。以上四句的意思是：刑罚形同虚设，只危害关系疏远的人；法令一经公布，而不服从的人仍然存在；爵禄封赏很随便，而使无功的人富贵，如果这样，那统治者的地位就危险了。 ③ 三年而弱：原文"弱"上有"兵"，据俞樾说删。 ④ 七年而亡：原文"七"为"十"，据郭沫若说改。 ⑤ 倍人伦：背离人伦道德。倍：同"背"。禽兽行：行同禽兽。

⑥ 四削：四面受到削弱，即割地。入诸侯：土地并入别的诸侯国。

⑦ 徙都邑：都城迁移。 ⑧ 有者异姓：有国者异姓，即国家被别人占据、统治。 ⑨ 原文"宽惠"下有"而"字，衍文，今删。

［原文］

计敌与，量上意，察国本，观民产之所有余不足，而存亡之国可知也①。敌国强而与国弱，谏臣死而谀臣尊，私情行而公法毁，然则与国不恃其亲，而敌国不畏其强，豪杰不安其位，而积劳之人不怀其禄[②]。悦商贩而不务本货，则民偷处而不事积聚[③]。豪杰不安其位则良臣出，积劳之人不怀其禄则兵士不用，民偷处而不事积聚则囷仓空虚[④]。如是而君不为变，然则攘夺、窃盗、残贼、进取之人起矣[⑤]。内者廷无良臣，兵士不用，囷仓空虚，而外有强敌之忧，则国居而自毁矣[⑥]。故曰：计敌与，量上意，察国本，观民产之所有余不足，而存亡之国可知也。

［注释］ ① 敌：敌国。与：盟国。意：主观意志，如好恶等。国本：国家的根本，指农业生产。以上五句意思是：计算一下敌国与盟国的数量，考察衡量一下君主的主观意志和农业生产情况，看一看人民的财产是有余还是不足，这个国家的存亡就可以预知了。 ② 谏臣：敢于劝谏的大臣。谀臣：善于阿谀奉承的大臣。私情行：徇私情的风气流行。与国不恃其亲：盟国就不再依靠两国的亲密关系。积劳之人不怀其禄：有功劳的人不留恋爵位和俸禄。 ③ 悦：喜欢。本货：指农产品。偷处：苟且偷生。事：从事。这两句意思是：君主喜欢商贩而不致力于农产品的生产，那人民就会苟且偷生而不从事财富的积累。 ④ 出：出走。不用：不为所用，即不愿作战。囷：一种圆形粮仓。 ⑤ 变：变革，改变。进取：指夺取政权。这两句意思是：像这样而君主还不实行改革，那么，抢劫、盗窃、残害人民、夺取政权的人就会趁机而起了。 ⑥ 居而自毁：坐而待亡。

［原文］ 故以此八者观人主之国，而人主毋所匿其情矣[①]。

［注释］ ① 匿：隐瞒。情：情实，即真实情况。这两句意思是：所以，从上述八个方面去调查研究一个君主所治理的国家，君主就无法隐瞒其真情实况了。

法禁第十四

［解题］

法禁，指制定并推行法制，禁止危害君主和国家政权的言行。本篇前半部分论述了法制对于君主统治和国家政权的重要性和必要性，后半部分列举了十八种所要禁止的言行，比较系统地体现了作者的法制思想。

［原文］

法制不议，则民不相私①；刑杀毋赦，则民不偷于为善②；爵禄毋假，则下不乱其上③。三者藏于官则为法，施于国则成俗，其余不强而治矣④。

［注释］

① 议：议论。相：相互。私：谋求私利。这两句意思是：法令制度不准私自议论，人民就不敢相互勾结谋求私利。 ② 赦：赦免。偷：苟且。这两句意思是：该刑罚杀戮的决不赦免，百姓就不再单纯地为苟且应付而去干好事。 ③ 假：借给。这两句意思是：封爵赏禄的大权不交给别人，臣民就不敢犯上作乱。 ④ 三者：指"法制不议"、"刑杀毋赦"、"爵禄毋假"。藏于官：掌握在官府。施于国：在国中推行。其余不强而治：其他的事情不用费力就能治理好。强：勉强、费力。

［原文］

君一置其仪则百官守其法，上明陈其制则下皆会其度矣①。君之置其仪也不一，则下之倍法而立私理者必多矣②。是以人用其私，废上之制而道其所闻③。故下与官列法，而上与君分威，国家之危必自此始矣④。昔者圣王之治其民也不然，废上之法制者，必负以耻⑤；厚财博惠以私亲于民者，正经而自正矣⑥。圣王既殁，受之者衰⑦。君人而不能知立君之道，以为国本，则大臣之赘下而射人心者必多矣[8]。君不能审立其法以为下制，则百姓之立私理而径于利者必众矣[9]。

［注释］ ①一置其仪：统一制定准则。明陈其制：明确颁布法令制度。会其度：符合法度。会：合。 ②倍法：背离法制。倍：同"背"。立私理：创立私说。 ③这两句的意思是：所以，人人都拿出自己的一套，抛弃君主的法制，宣扬个人的观点。 ④下与官列法：庶民百姓在下面与国法对立。列：同"裂"，分裂。上与君分威：官吏大臣在上面与君主争夺权势。 ⑤必负以耻：一定要使他受到耻辱，即予以惩罚。 ⑥厚财：原本作"财厚"，据王念孙说校改。经：常法。这两句意思是：用钱财和恩惠收买人心的现象，端正国法以后，自然而然地就会得到纠正。

⑦殁：死。受：接受，继承。衰：衰落。 ⑧君人：统治人民。立君之道：做君主的原则。以为国本：把它当做治国的根本。赘下：拉拢部下。赘：通"缀"，连属。射人心：收买人心。射：猎取。 ⑨审立其法以为下制：慎重地确立法制并把它作为臣民的准则。审：谨慎，周密。制：制度，准则。立私理而径于利者：创立私说以追求私利的人。径：径直。

［原文］ 昔者圣王之治人也，不贵其人博学也，欲其人之和同以听令也[1]。《泰誓》曰："纣有臣亿万人，亦有亿万之心，武王有臣三千而一心[2]。"故纣以亿万之心亡，武王以一心存。故有国之君，苟不能同人心，一国威，齐士义，通上之治以为下法，则虽有广地众民，犹不能以为安也[3]。君失其道，则大臣比权重以相举于国，小臣必循利以相就也[4]。故举国士以为己党，行公道以为私惠，进则相推于君，退则相誉于民，各便其身而忘社稷，以广其居，聚徒成群，上以蔽君，下以索民，此皆弱君乱国之道也[5]。

故国之危也⑥。

［注释］ ① 贵：重视，提倡。和同：协调一致。 ②《泰誓》：《尚书》的一篇，所引之文今本《尚书》无。纣：商朝最后一个君主。亿万：形容数量之多，并非确指。武王：周武王，周文王之子。 ③ 苟：如果。同：统一。一国威：集中国家权威。齐士义：统一士人的思想。通上之治以为下法：把君主的统治措施贯彻下去，使它成为人民行动的准则。通：贯彻。治：治理政策。犹：仍然，还是。安：安定，稳固。 ④ 比权重以相举于国：勾结起来，依靠权势，在国内互相吹捧。比：比附，勾结。权重：权势。举：推举。循利以相就：以私利相勾结。循：按照，沿着。相就：相互勾结。就：靠近。 ⑤ 举国士以为己党：提拔国内士人结为同党。原本"士"上有"之"，据陶鸿庆说删。己：原文为"亡"，据王念孙说校改。行公道以为私惠：把按国法推行的好事说成是他们私人所施的恩惠。相推：相互推荐。相誉：相互吹捧。各便其身：各自贪图自身的便利。广：扩大。居：居处的地方，指势力范围。成：原本为"威"，据洪颐煊说校改。蔽君：蒙蔽君主。索民：搜刮百姓。弱君：削弱君主。乱国：破坏国家。 ⑥ 国之危：国家的危险。

［原文］ 乱国之道，易国之常，赐赏恣于己者，圣王之禁也①。擅国权以深索于民者，圣王之禁也②。其身毋任于上者，圣王之禁也③。进则受禄于君，退则藏禄于室，毋事治职，但力事属，私王官，私君事，去非其人而私人行者，圣王之禁也④。修行则不以亲为本，治事则不以官为主，举毋能、进毋功者，圣王之禁也⑤。交人则以为己赐，举人则以为己劳，仕人则与分其禄者，圣王之禁也⑥。交于利通而获于贫穷，轻取于其民而重致于其君，削上以附下，枉法以求于民者，圣王之禁也⑦。用不称其人，家富于其列，其禄甚寡而资财甚多者，圣王之禁也⑧。拂

世以为行，非上以为名，常反上之法制以成群于国者，圣王之禁也⑨。饰于贫穷而发于勤劳，权于贫贱，身无职事，家无常姓，列上下之间，议言为民者，圣王之禁也⑩。壹士以为己资，修甲以为己本，则私养必死之士，然后矢矫以深，与上为市者，圣王之禁也⑪。审饰小节以示民，时言大事以动上，远交以逾群，假爵以临朝者，圣王之禁也⑫。卑身杂处，隐行辟倚，侧入迎远，遁上而遁民者，圣王之禁也⑬。诡俗异礼，大言法行，难其所为而高自错者，圣王之禁也⑭。守委闲居，博分以致众，勤身遂行，说人以货财，济人以买誉，其身甚静，而使人求者，圣王之禁也⑮。行辟而坚，言诡而辩，术非而博，顺恶而泽者，圣王之禁也⑯。以朋党为友，以蔽恶为仁，以数变为智，以重敛为忠，以遂忿为勇者，圣王之禁也⑰。固国之本，其身务往于上，深附于诸侯者，圣王之禁也⑱。

［注释］ ① 原本此句在上文“圣王既殁”句上，错简，据丁士涵说移至此。道：法则。易：改变。常：常规常法。恣于己：自己说了算。恣：肆意。圣王之禁：圣明的君主所要禁止的。 ② 擅国权以深索于民：独揽国家大权，肆意搜刮百姓。索：索取。 ③ 其身毋任于上：不为君主卖命效劳。 ④ 室：家。毋事治职：不从事职责范围内的事情。但力事属：只致力于结党营私。属：联结。私王官：把国家官吏当做自己的奴仆。私君事：把国家公事当做自己的私事。去非其人而私人行：排斥异己而任用私人。私人行：原文为“人私行”，据文义改。 ⑤ 修行：修养道德品行。以亲为本：即以孝为本。以官为主：以公为主。官：官府，指公家。毋：无。 ⑥ 交人则以为己赐：把为国家结交人才当做自己对别人的恩赐。仕人则与分其禄：任命国家官吏还要分取他们的俸禄。 ⑦ 交于利通而获于贫穷：结交有钱有势的权贵，敲诈穷苦贫困的百

姓。通:显达。轻:轻易。重致于其君:不向君主进献。削上以附下:削弱君主而增强同党。 ⑧ 用不称其人:享受的待遇与其身份不相称。用:服用,如衣服、器物、车马等。称:符合。家富于其列:家产超过了其爵禄的等级规定。家:家业。列:爵禄的等级。 ⑨ 拂世以为行:把逆时代潮流而动看做自己的操行。拂:违背。非上以为名:靠非议君主来取得声誉。成群于国:在国内广结党徒。 ⑩ 饰于贫穷而发于勤劳:伪装贫穷而不辛勤劳作。饰:装扮。发:通“废”,停止。权于贫贱:暂时安于贫贱的现状。权:暂且,姑且。职事:稳定的职业。常姓:固定的、赖以为生的产业。姓:通“生”。列:处于。议言为民:自称其言论是为了人民。 ⑪ 壹:聚集。原本为“壶”,据王念孙说改。己资:自己的资本。己:原本为“亡”,据王念孙说改,下“己本”之“己”同。甲:指武器。原本为“田”,据何如璋说改。则私养必死之士:私自豢养敢死之人。原文为“则生之养私不死”,据许维遹说校改。矢矫以深:强硬坚持。矢:直。原文为“失”,据郭沫若说校改。为市:做买卖,讨价还价。

⑫ 审饰小节以示民:注重修饰小节在人民面前显示。远交以逾群:广泛结交而凌驾于众人之上。逾:超越。假爵以临朝:凭借职权控制朝廷。 ⑬ 卑身:降低身份。隐行辟倚:暗中干坏事。辟倚:邪僻。侧入迎远:潜伏在国内,勾结国外势力。侧:侧伏。 ⑭ 诡俗异礼:违背风俗,改变礼节。大言法行:夸大自己的言行。法:通“废”,大。难其所为而高自错:把自己的所作所为说得很难,借此来抬高自己。错:通“措”,放置。 ⑮ 委:积蓄。博分以致众:广为施舍来收买人心。勤身遂行:举动殷勤以顺从人意。济人以买誉:用救济别人来沽名钓誉。其身甚静:表面上看来很恬静。 ⑯ 辟:邪恶。坚:顽固。诡:欺诈。辩:狡辩。术非而博:荒谬的观点很多。术:观点、主张。顺恶而泽:支持邪恶而且为之修饰润色。 ⑰ 蔽恶:隐瞒罪恶。数变:变化多端。遂忿:泄私忿。 ⑱ 固国之本:封锁把持国家的根本。固:同“锢”,禁锢,封锁。务往于上:竭力欺骗君主。往:通“诳”,欺骗。附:依附。

[原文] 圣王之身,治世之时,德行必有所是,道义必有

所明[①]。故士莫敢诡俗异礼，以自见于国[②]；莫敢布惠缓行，修上下之交，以私亲于民[③]；故莫敢超等逾官，渔利苏功，以取顺其君[④]。圣王之治民也，进则使无由得其所利，退则使无由避其所害，必使反乎安其位，乐其群，务其职，荣其名，而后止矣[⑤]。故逾其官而离其群者，必使有害[⑥]；不能其事而失其职者，必使有耻[⑦]。是故圣王之教民也，以仁错之，以耻使之，修其能，致其所成而止[⑧]。故曰：绝而定，静而治，安而尊，举错而不变者，圣王之道也[⑨]。

[注释]

① 身：本身。德行必有所是：对于德一定要有正确的标准。道义必有所明：对于道义一定要有明确的原则。 ② 自见：自我标榜。见：同"现"，表现，显示。 ③ 布惠：布施恩惠。缓行：放宽执法标准。修上下之交：搞好上下关系。私亲于民：私下里来收买人心。私：原本为"和"，据王念孙说改。 ④ 超等逾官：超越等级和职权。官：职官。渔利苏功：谋取功利。苏：取。取顺：取悦。 ⑤ 进：钻营进取。退：畏缩退避。无由：没有办法。反：同"返"，回到。安其位：安于本身职位。乐其群：乐于和众人在一起。务其职：努力从事本职工作。荣其名：因其名誉而感到光荣，即珍惜名誉。 ⑥ 必使有害：一定让他受到惩罚。 ⑦ 不能其事：不能胜任本职工作。必使有耻：一定使他遭受耻辱。 ⑧ 以仁错之：用仁爱来安置他们。错：通"措"，置。以耻使之：用耻辱来驱使他们。修其能：按照他们各自的能力。修：遵循。致其所成：完成能力所及的事情。 ⑨ 绝而定：坚定而不动摇。静而治：静而图治。安而尊：安稳而有威仪。

重令第十五

[解题]

本篇以首句为题,重令即严格执行法令。作者从正反两方面论述了法令对于统治国家的极端重要性,主张严明法令,严格执行,要求在法令面前人人平等,是典型的早期法家言论。

[原文]

凡君国之重器,莫重于令①。令重则君尊,君尊则国安,令轻则君卑,君卑则国危②。故安国在乎尊君,尊君在乎行令,行令在乎严罚。罚严令行,则百吏皆恐③。罚不严,令不行,则百吏皆喜④。故明君察于治民之本,本莫要于令⑤。故曰:亏令者死,益令者死,不行令者死,留令者死,不从令者死⑥。五者死而无赦,唯令是视⑦。故曰:令重而下恐。

[注释]

① 君:统治、治理。重器:重要的东西。这两句意思是:统治国家的重要工具,没有比法令更重要的了。 ② 令重:法令具有权威。令轻:法令无权威。 ③ 罚严令行:刑罚严厉,法令能够推行。恐:恐惧。 ④ 喜:同"嬉",不重视。 ⑤ 察:明白,清楚。本莫要于令:治国的根本措施没有比法令更重要的了。 ⑥ 亏:减损。益:增加。留:拖延,不及时传达。 ⑦ 赦:赦免。唯令是视:一切只看法令,以法令为准则。

[原文]

为上者不明,令出虽自上,而论可与不可者在下①。夫倍上令以为威,则行恣于己以为私,百吏奚不喜之有②？且夫令出虽自上，而论可与不可者在下，是威下系于民也③。威下系于民，而求上之毋危，不可得也。令出而留者无罪，则是教民不敬也④。令出而不行者毋罪，行之者有罪，是皆教民不听也⑤。令出而论可与不可者在官，是威下分也。益损者毋罪，则是教民邪途也⑥。如此，则巧佞之人将以此成私为交，比周之人将以此阿党取与，贪利之人将以此收货聚财，懦弱之人将以此阿贵事富，便辟伐矜之人将以此买誉成名⑦。故令一出，示民邪途五衢，而求上之毋危，下之毋乱，不可得也⑧。

［注释］　①论可与不可者在下：决定可行还是不可行的权限就会落在下面。论：议论，决定。　②倍：同“背”。恣：肆意。奚：何。以上三句意思是：若是违背君主的法令自树权威，就可以为所欲为地牟取私利，百官为什么不视法令如儿戏呢？　③且夫：况且，何况。威下系于民：权威由下边的人控制。系：属。　④教民不敬：教导人民不尊重法令。　⑤毋罪：不加罪。不听：不服从。　⑥益损：指擅自增删法令。教民邪途：引导人民走邪路。　⑦巧佞：巧诈奸佞。成私为交：牟取私利，相互勾结。比周之人：善于拉帮结伙的人。阿党取与：迎合同伙争取同党。阿贵：奉承有权势的人。事富：事奉有钱财的人。便辟：受君主宠信的小人。伐矜：自我夸耀的人。买誉成名：沽名钓誉。　⑧示：显示。衢：道路。以上五句意思是：命令一发布，就给人民显示出五条邪路，这样还想使君主的地位没危险，下面的人不作乱，是办不到的。

［原文］　菽粟不足，末生不禁，民必有饥饿之色，而工以雕文刻镂相稚也，谓之逆①。布帛不足，衣服毋度，民必有冻寒之伤，而女以美衣锦绣綦组相稚也，谓之逆②。万乘藏兵之国，卒不能野战应敌，社稷必

有危亡之患，而士以毋分役相稚也，谓之逆[3]。爵人不论能，禄人不论功，则士无为行制死节，而群臣必通外请谒，取权道，行事便辟，以贵富为荣华以相稚也，谓之逆[4]。

［注释］

① 菽粟：泛指粮食。菽：豆类。粟：谷类。末生：末业，指奢侈品的生产。工以雕文刻镂相稚：工匠以描绘雕刻相夸耀。文：描绘花纹。镂：雕刻金属。稚：骄，夸耀。逆：倒行逆施。 ② 毋度：没有限度。纂组：有花纹的丝带。 ③ 万乘藏兵之国：拥有万辆兵车的军事大国。社稷：指国家。患：祸患。以毋分役相稚：以能不分担兵役相夸耀。

④ 爵人：给人爵位。禄人：给人俸禄。论：按照。为行制死节：为执行军令牺牲。通外请谒：请托拜见，里通外国。取权道：采取权术。便辟：邪僻。

［原文］

朝有经臣，国有经俗，民有经产[1]。何谓朝之经臣？察身能而受官，不诬于上[2]；谨于法令以治，不阿党[3]；竭能尽力而不尚得，犯难离患而不辞死[4]；受禄不过其功，服位不侈其能，不以毋实虚受者，朝之经臣也[5]。何谓国之经俗？所好恶不违于上，所贵贱不逆于令[6]；毋上拂之事，毋下比之说，毋侈泰之养，毋逾等之服[7]；谨于乡里之行，而不逆于本朝之事者，国之经俗也[8]。何谓民之经产？畜长树艺，务时殖谷，力农垦草，禁止末事者，民之经产也[9]。故曰：朝不贵经臣，则便辟得进，毋功虚取，奸邪得行，毋能上通[10]。国不服经俗，则臣下不顺，而上令难行[11]。民不务经产，则仓廪空虚，财用不足。便辟得进，毋功虚取，奸邪得行，毋能上通，则大臣不和。臣下不顺，上令难行，则应难不捷[12]。

仓廪空虚，财用不足，则国毋以固守[13]。三者见一焉，则敌国制之矣[14]。

［注释］　①经：稳定、固定，引申为标准。　②察：明察。诬：欺。这两句意思是：弄清自身的才能才接受官职，不欺骗君主。　③谨：严谨。这两句意思是：严格按法令办事，不结党营私。　④尚得：重视所得，即计较得失。犯难离患而不辞死：碰到灾难、遭受祸患而不怕死。离：通"罹"，遭遇。辞：逃避。　⑤过：超过。服位不侈其能：官职和待遇不超出自己的能力。毋实虚受：无真实才能而凭空领受爵禄。　⑥这两句意思是：人们所喜欢和厌恶的不违背君主的心意，所重视和所轻视的不违背法令的规定。　⑦毋：没有。上拂：违背君主意愿。下比之说：结党营私的言论。侈泰之养：奢侈浪费的生活。养：奉养。逾等之服：超越等级规定的待遇。　⑧谨于乡里之行：约束自己在乡里的行动。谨：谨慎。不逆于本朝之事：不违背朝廷的规定。　⑨畜长树艺：饲养牲畜，栽种树木。务时殖谷：抓紧农时，生产五谷。力农垦草：努力生产，开垦荒地。　⑩贵：重视，重用。以上五句意思是：国家若不重用经臣，奸邪的小人就会爬上高位，无功的人就会凭空领取俸禄，邪恶的人就会为所欲为，无能的人就会混进朝廷。　⑪服：推行。顺：服从。　⑫应难不捷：不能迅速地应付危难。捷：敏捷。　⑬毋以固守：无法固守。　⑭三者：指："朝不贵经臣"、"国不服经俗"、"民不务经产"。见：同"现"，出现。这两句意思是：如果三种情况出现一种，那国家就要被敌国所控制了。

［原文］　故国不虚重，兵不虚胜，民不虚用，令不虚行[1]。凡国之重也，必待兵之胜也，而国乃重[2]。凡兵之胜也，必待民之用也，而兵乃胜[3]。凡民之用也，必待令之行也，而民乃用。凡令之行也，必待近者之胜也，而令乃行[4]。故禁不胜于亲贵，罚不行于便辟，法禁不诛于严重，而害于疏远，庆赏不施于

卑贱，而求令之必行，不可得也⑤。能不通于官，受禄赏不当于功，号令逆于民心，动静诡于时变，有功不必赏，有罪不必诛，令焉不必行，禁焉不必止，在上位无以使下，而求民之必用，不可得也⑥。将帅不严威，民心不专一，阵士不死制，卒士不轻敌，而求兵之必胜，不可得也⑦。内守不能完，外攻不能服，野战不能制敌，侵伐不能威四邻，而求国之重，不可得也⑧。德不加于弱小，威不信于强大，征伐不能服天下，而求霸诸侯，不可得也⑨。威有与两立，兵有与分争，德不能怀远国，令不能一诸侯，而求王天下，不可得也⑩。

［注释］ ① 国不虚重：国家不是凭空强大起来的。虚：凭空。重：强大。民不虚用：人民不是凭空接受役使的。行：推行。 ② 待：等待。乃：才。 ③ 必待民之用：一定要等人民能听从役使。 ④ 近者之胜：制服亲近的人。 ⑤ 原文“卑贱”下有“二三”，据宋本删。以上七句意思是：因此，禁令不能制服亲近和尊贵的人，刑罚不能施于宠幸的人，法令不能用来惩处犯严重罪行的人，反而伤害了与自己关系疏远的无辜的人，奖赏不授予地位低下的人，这样还想使法令得到贯彻执行，是不可能的。 ⑥ 能不通于官：才能与官职不相符。通：联系、挂钩。当：符合。动静诡于时变：政策措施违背时代的变化。动静：动作举止，指政策措施。诡：背离。令焉不必行：命令发布了但不是一定得到贯彻执行。禁焉不必止：下了禁令但不是一定能禁止。无以：无法。
⑦ 阵士：战阵之士，即作战的士兵。死制：为军令而死。轻敌：藐视敌人。 ⑧ 内守：内部防守。完：坚固完整。服：征服。威：震慑，慑服。
⑨ 德：恩德。加：施，给予。威：威势。信：通“伸”，伸张。霸诸侯：称霸于诸侯。 ⑩ 威有与两立：在威势方面，有和自己对立的。兵有与分争：在军事方面，有和自己抗争的。怀远国：安抚远方的国家。怀：怀柔，安抚。一诸侯：统一诸侯国。

［原文］

地大国富，人众兵强，此霸王之本也，然而与危亡为邻矣①。天道之数，人心之变②。天道之数，至则反，盛则衰③；人心之变，有余则骄，骄则缓怠④。夫骄者，骄诸侯⑤；骄诸侯者，诸侯失于外⑥；缓怠者，民乱于内。诸侯失于外，民乱于内，天道也。此危亡之时也。若夫地虽大，而不并兼，不攘夺⑦；人虽众，不缓怠，不傲下⑧；国虽富，不侈泰，不纵欲⑨；兵虽强，不轻侮诸侯，动众用兵必为天下政治，此正天下之本而霸王之主也⑩。

［注释］

① 霸王之本：成就霸业、王业的根本。与危亡为邻：接近危亡。 ② 数：术，法则。这两句意思是：这就是自然发展的法则和人心变化的规律。 ③ 至：极。以上三句的意思是：自然发展的法则是，到了顶点就会走向反面，发展到极盛就要趋于衰落。 ④ 骄：骄傲。缓怠：松懈懒惰。 ⑤ 骄诸侯：对诸侯骄傲。 ⑥ 诸侯失于外：在外失去诸侯的支持。 ⑦ 若夫：至于。并兼：兼并。攘夺：掠夺。 ⑧ 傲下：对臣民傲慢。 ⑨ 侈泰：奢侈浪费。纵欲：放纵无节制。 ⑩ 轻：轻易，随便。侮：侮辱。必为天下政治：必定是为了把天下的政事治理好。政：政事。治：治理。原文为“理”，据篇末“以为天下政治也”改。正：纠正，匡正。本：根本。主：主要的，关键。

［原文］

凡先王治国之器三，攻而毁之者六①。明王能胜其攻，故不益于三者，而自有国，正天下②。乱王不能胜其攻，故亦不损于三者，而自有天下而亡③。三器者何也？曰：号令也，斧钺也，禄赏也④。六攻者何也？曰：亲也，贵也，货也，色也，巧佞也，玩好也⑤。三器之用何也？曰：非号令毋以使下，非斧钺毋以威众，非禄赏毋以劝民⑥。六攻之败何也⑦？

曰：虽不听而可以得存者，虽犯禁而可以得免者，虽毋功而可以得富者⑧。凡国有不听而可以得存者，则号令不足以使下；有犯禁而可以得免者，则斧钺不足以威众；有毋功而可以得富者，则禄赏不足以劝民。号令不足以使下，斧钺不足以威众，禄赏不足以劝民，若此则民毋为自用⑨。民毋为自用则战不胜，战不胜而守不固，守不固则敌国制之矣⑩。然则先王将若之何⑪？曰：不为六者变更于号令，不为六者疑错于斧钺，不为六者益损于禄赏⑫。若此，则远近一心；远近一心，则众寡同力；众寡同力，则战可以必胜，而守可以必固。非以并兼攘夺也，以为天下政治也，此正天下之道也⑬。

[注释] ① 器：工具，手段。攻而毁之者六：被攻伐而至于毁灭的因素有六条。 ② 益：增加，超过。以上四句意思是：明王能战胜这六条不利因素的进攻，所以其工具不超过那三个，却照样拥有国家，治理天下。 ③ 损：减少。有天下而亡：拥有天下却导致灭亡。 ④ 斧钺：用于刑杀的兵器，指刑罚。钺：一种形如大斧、用于砍杀的兵器。 ⑤ 货：财货。色：美色。巧佞：奸邪的小人。玩好：玩赏的东西。 ⑥ 毋以使下：无法役使人民。威众：慑服百姓。劝民：鼓励人民。 ⑦ 败：败坏，破坏。这一句的意思是：六条导致毁灭的因素所产生的破坏作用是什么？ ⑧ 得存：得以生存。得免：得到赦免。毋功：无功。得富：得以富贵。 ⑨ 民毋为自用：百姓就不会为自己（指君王）效力。 ⑩ 敌国制之：被敌国控制。制：控制，制服。 ⑪ 然则：如果这样，那么。若之何：怎么办。 ⑫ 疑错于斧钺：怀疑改变刑罚。错：同“措”。益损于禄赏：增加或减少禄赏。 ⑬ 以：用。并兼：兼并。正天下之道：治理天下的原则。

法法第十六

[解题]

法法即以法为法，以法行法。本篇主要从立法、执法两方面论述了法治的极端重要性。首先，作者认为立法者应带头守法、执法，这样法才能得到贯彻执行。其次，作者强调执法要坚决严格，公正无私，这样才能保持法的严肃性。

[原文]

不法法则事毋常，法不法则令不行①。令而不行，则令不法也②。法而不行，则修令者不审也③。审而不行，则赏罚轻也。重而不行，则赏罚不信也④。信而不行，则不以身先之也⑤。故曰：禁胜于身，则令行于民矣⑥。

[注释]

① 常：常规。这两句意思是：不按法去办，事情就没有常规；法不实行，政令就得不到贯彻执行。 ② 令而不行：政令发布了而得不到贯彻执行。不法：没有形成法。 ③ 审：慎重。这两句意思是：已形成法但还得不到贯彻执行，是因为制定的人不慎重。 ④ 重：赏罚重。信：讲信用，兑现。 ⑤ 以身先之：以身作则。 ⑥ 禁胜于身：禁令能约束自身。胜：制服，约束。

[原文]

闻贤而不举，殆①；闻善而不索，殆②；见能而不使，殆；亲人而不固，殆③；同谋而离，殆④；危人而不能，殆⑤；废人而复起，殆⑥；可而不为，殆⑦；足而不施，殆⑧；几而不密，殆⑨。人主不周密，则正言直行之士危⑩；正言直行之士危，则人主孤而毋内⑪；人主孤而毋内，则人臣党而成群。使人主孤而毋内、人臣党而成群者，此非人臣之罪也，人主之过也。

［注释］ ① 殆：危险，失败。 ② 索：搜寻，查找。 ③ 亲人而不固：团结人却不牢固。 ④ 离：背离，不团结。 ⑤ 危人而不能：想危害人却办不到。 ⑥ 废人而复起：已废弃的人却再次起用。 ⑦ 可而不为：可为而不为。 ⑧ 足而不施：富有却不肯施舍。 ⑨ 几而不密：想隐藏的事情却不能保密。 ⑩ 周密：周到细密，不外泄。 ⑪ 孤而毋内：孤立而没有亲信。内：亲信。

［原文］ 民毋重罪，过不大也，民毋大过，上毋赦也①。上赦小过，则民多重罪，积之所生也②。故曰：赦出则民不敬，惠行则过日益③。惠赦加于民，而囹圄虽实，杀戮虽繁，奸不胜矣④。故曰：邪莫如蚤禁之⑤。赦过遗善，则民不励⑥。有过不赦，有善不遗，励民之道，于此乎用之矣⑦。故曰：明君者，事断者也⑧。

［注释］ ① 毋：无，不。以上四句意思是：人民没有重罪，是因为过失不大，人民没有大的过失，是因为君主严刑不赦。 ② 积之所生：逐步积累所形成的。 ③ 民不敬：人民不畏惧谨慎。敬：同“儆”，警戒。过日益：过失一天比一天增多。 ④ 惠赦：恩惠和赦免。加：施加。而：如，即使。囹圄：监狱。奸不胜：邪恶不能禁止。 ⑤ 莫如：不如。蚤：通“早”。 ⑥ 遗：遗忘。励：鼓励。这两句意思是：赦免罪过，遗忘善行，人民就得不到勉励。 ⑦ 用之：发挥作用。 ⑧ 断：果断。这句的意思是：所以说，英明的君主，是处事果断的。

［原文］ 君有三欲于民，三欲不节，则上位危①。三欲者何也？一曰求，二曰禁，三曰令。求必欲得，禁必欲止，令必欲行②。求多者其得寡，禁多者其止寡，

令多者其行寡。求而不得则威日损，禁而不止则刑罚侮，令而不行则下凌上[3]。故未有能多求而多得者也，未有能多禁而多止者也，未有能多令而多行者也。故曰：上苛则下不听，下不听而强以刑罚，则为人上者众谋矣[4]。为人上而众谋之，虽欲毋危，不可得也。

［注释］ ① 欲：欲望，要求。节：节制。 ② 求必欲得：索取就一定想得到。 ③ 威日损：威势日益受到损害。侮：侮辱，轻视。凌：欺侮。 ④ 苛：苛刻。强以刑罚：用刑罚强制。众谋：被众人图谋。

［原文］ 号令已出又易之，礼义已行又止之，度量已制又迁之，刑法已错又移之[1]。如是，则庆赏虽重，民不劝也；杀戮虽繁，民不畏也。故曰：上无固植，下有疑心，国无常经，民力必竭，数也[2]。

［注释］ ① 易：改变。止：废止。制：制定。迁：变更。错：同“措”，设置。移：更改。 ② 固植：恒心。常经：常规常法。竭：尽。数：法则，规律。

［原文］ 明君在上位，民毋敢立私议自贵者，国毋怪严，毋杂俗，毋异礼，士毋私议[1]。倨傲易令，错仪画制，作议者尽诛[2]。故强者折，锐者挫，坚者破。引之以绳墨，绳之以诛僇，故万民之心皆服而从上[3]。推之而往，引之而来。彼下有立其私议自贵，分争而退者，则令自此不行矣[4]。故曰：私议立则主道卑矣。况夫倨傲易令，错仪画制，变易风俗，诡服殊说犹立[5]。上不行君令，下不合于乡里，变更自为，易国之成俗者，命之曰不牧之民[6]。不牧之民，绳

之外也，绳之外诛⑦。使贤者食于能，斗士食于功⑧。贤者食于能则上尊而民从，斗士食于功则卒轻患而傲敌⑨。上尊而民从，卒轻患而傲敌，二者设于国，则天下治而主安矣⑩。

［注释］ ① 毋：没有。立私议自贵：宣扬自己的观点借以抬高自己。立：确立。私议：私说。怪严：怪诞。严：通“谳”，诞。异礼：奇异的礼节。 ② 倨傲：傲慢。错：同“措”，设立。以上三句意思是：傲慢自大，改变法令，擅自制定议论法规制度的，都定死罪。 ③ 引之以绳墨：用法规来引导。绳墨：木匠取直用的墨线，代指用以规范人们行为的规范。绳之以诛僇：用刑罚来约束。绳：用绳索捆绑，指约束。僇：同“戮”，杀。 ④ 分争而退：纷争而逃避责任。退：逃避。 ⑤ 主道卑：君主的地位降低。卑：低下。况夫：况且。夫：原文为“主”，据郭沫若说改。诡服殊说：奇异的服饰和奇怪的言论。诡：奇特。殊：不同，怪异。犹立：尚且存在。 ⑥ 变更自为：擅自变换更改。国之成俗：国家固定的风俗。不牧之民：不服从治理的人。 ⑦ 绳之外：置身于法制之外，即不遵守法制。 ⑧ 这两句意思是：让贤能的人靠才能吃饭，勇敢的人靠战功吃饭。 ⑨ 尊：尊贵。卒：士卒。轻患而傲敌：不怕患难而藐视敌人。 ⑩ 二者设于国：这两条在国中得到确立。设：设立。

［原文］ 凡赦者，小利而大害者也，故久而不胜其祸①。毋赦者，小害而大利者也，故久而不胜其福。故赦者，奔马之委辔，毋赦者，痤雎之砭石也②。

［注释］ ① 这三句意思是：赦免，利小弊大，因此，时间长了就不胜其祸。 ② 委：丢弃。辔：缰绳。痤雎：痈疮。雎：同“疽”。砭石：古代用于治痈疮的尖石或石片。砭：原文为“矿”，据王念孙说改。以上四句意思是：所以，赦免就好像奔马丢弃了缰绳，不赦免就像痈疮有了砭石。

［原文］ 爵不尊禄不重者，不与图难犯危，以其道为未

可以求之也[①]。是故先王制轩冕所以著贵贱，不求其美[②]；设爵禄所以守其服，不求其观也[③]。使君子食于道，小人食于力[④]。君子食于道则上尊而民顺，小人食于力则财厚而养足。上尊而民顺，财厚而养足，四者备体，则胥时而王不难矣[⑤]。

［注释］ ① 图：谋划，对付。犯：赴。以其道为：按照他的办法去做。以上三句意思是：爵位不高，俸禄不重，没有人与他共赴危难，这是因为按照他的办法去做得不到爵位和俸禄。 ② 制：设置，规定。轩冕：卿大夫所乘的车及所穿的衣帽。著：区别。 ③ 守其服：保持其待遇。服：服用，指车马、衣服、器具等享受的待遇。观：好看，美观。 ④ 食于道：靠才能吃饭。道：治国之道。 ⑤ 备：完全。体：包含，容纳，引申为具备。胥：待。原文“胥”下有“足上尊”，据王念孙说删。胥时而王：等待时机而称王天下。

［原文］ 文有三侑，武毋一赦[①]。惠者，多赦者也，先易而后难，久而不胜其祸[②]；法者，先难而后易，久而不胜其福。故惠者，民之仇雠也[③]；法者，民之父母也。太上以制制度，其次失而能追之，虽有过，亦不甚矣[④]。

［注释］ ① 侑：通“宥”，宽恕。这两句意思是：对文人可以宽恕三次，对武将则一次也不能赦免。 ② 惠：恩惠。以上四句意思是：所谓惠，就是多赦免，这样开始时容易可越往后越难，时间长了，就承受不了其祸患。

③ 仇雠：仇敌。 ④ 以制制度：用法制来控制衡量人们的行为。度：度量。追：挽救。虽：即使。以上四句意思是：最上等的办法是使用法制来衡量控制人们的行为，其次是有了过失能够补救，这样，即使有过失，也不会太大。

［原文］ 明君制宗庙，足以设宾祀，不求其美[①]；为宫室

台榭，足以避燥湿寒暑，不求其大[2]；为雕文刻镂，足以辨贵贱，不求其观[3]。故农夫不失其时，百工不失其功，商无废利，民无游日，财无砥墆[4]。故曰：俭其道乎[5]！

［注释］ ①制：修造。设宾祀：举行祭祀活动。宾：通“傧”，敬。 ②为：建造。避：躲避。燥：干燥。 ③雕文刻镂：描绘的花纹及雕刻的图案，指文采雕饰。镂：雕刻金属。辨：区别。观：美观。 ④废利：失利。游日：游手好闲的日子。砥墆：堵塞，不流通。砥：通“坻”，止。墆：通“滞”，停留。 ⑤这两句意思是：所以说，节俭，这才叫正道啊！

［原文］ 令未布而民或为之，而赏从之，则是上妄予也[1]。上妄予则功臣怨，功臣怨而愚民操事于妄作，愚民操事于妄作则大乱之本也[2]。令未布而罚及之，则是上妄诛也[3]。上妄诛则民轻生，民轻生则暴人兴、曹党起而乱贼作矣[4]。令已布而赏不从，则是使民不劝勉、不行制、不死节[5]。民不劝勉、不行制、不死节，则战不胜而守不固；战不胜而守不固，则国不安矣。令已布而罚不及，则是教民不听。民不听，则强者立；强者立，则主位危矣。故曰：宪律制度必法道，号令必著明，赏罚必信，此正民之经也[6]。

［注释］ ①或：有人。赏从之：进行奖赏。从：及，到。妄予：乱施奖赏。 ②怨：怨忿，不满。愚民操事于妄作：愚民胡作非为。操事：从事。 ③罚及之：进行惩罚。及：至，到。妄诛：乱加刑罚。 ④轻生：不怕死。曹党：帮派团伙。曹：群。乱贼：作乱造反的人。 ⑤劝勉：勉励从事。行制：执行命令。死节：为国牺牲。 ⑥法道：符合治国之道。法：效法、符合。著明：显明，明确。赏罚必信：赏罚一定要坚决，讲究信用。原文“信”下有“密”，据王念孙说改。正民之经：规正人民的准

则。经:常规,常法。

[原文]

凡大国之君尊,小国之君卑。大国之君所以尊者,何也?曰:为之用者众也[①]。小国之君所以卑者,何也?曰:为之用者寡也。然则为之用者众则尊,为之用者寡则卑,则人主安能不欲民之众为己用也[②]?使民众为己用,奈何[③]?曰:法立令行,则民之用者众矣;法不立,令不行,则民之用者寡矣。故法之所立、令之所行者多,而所废者寡,则民不诽议,民不诽议则听从矣[④]。法之所立,令之所行,与其所废者钧,则国毋常经,国毋常经则民妄行矣[⑤]。法之所立、令之所行者寡,而所废者多,则民不听,民不听则暴人起而奸邪作矣。

[注释]

① 为之用者众:为他所用的人多。 ② 然则:既然。安能:怎么能。欲民之众为己用:希望更多的人为自己所用。众:多 ③ 奈何:怎么办。 ④ 废:废止。诽议:诽谤议论。 ⑤ 钧:同"均",均等。国毋常经:国家没有固定的法规。

[原文]

计上之所以爱民者,为用之爱之也[①]。为爱民之故,不难毁法亏令,则是失所谓爱民矣[②]。夫以爱民用民,则民之不用明矣[③]。夫至用民者,杀之危之,劳之苦之,饥之渴之[④]。用民者将致之此极也,而民毋可与虑害己者[⑤]。明王在上,道法行于国,民皆舍所好而行所恶[⑥]。故善用民者,轩冕不下拟,而斧钺不上因[⑦]。如是,则贤者劝而暴人止。贤者劝而暴人止,则功名立其后矣。蹈白刃,受矢石,入水火,以听上令,上令尽行,禁尽止[⑧]。

引而使之，民不敢转其力；推而战之，民不敢爱其死⑨。不敢转其力，然后有功；不敢爱其死，然后无敌。进无敌，退有功，是以三军之众皆得保其首领，父母妻子完安于内⑩。故民未尝可与虑始，而可与乐成功⑪。是故仁者、知者、有道者，不与人虑始⑫。

［注释］ ① 计：衡量，考虑。这两句意思是：考虑一下君主爱民的原因，是为了使用他们才爱的。 ② 故：原因。难：以……为难事。亏：减损。这两句意思是：为了爱民的缘故，不惜毁坏法制，删削法令，那就失去爱民的意义了。 ③ 这两句意思是：只单纯地用爱民去使用人民，那人民就会不为所用，这是很明显的。 ④ 至用民者：最善于使用人民的人。 ⑤ 将：要。致：达到。极：极端。这两句意思是：役使人民的人要使人民达到上述极端，人民是不能和他们一起考虑损害他们自己的事情的。 ⑥ 道法：道德和法令。舍所好而行所恶：舍弃所喜欢的而去干所不喜欢的。 ⑦ 轩冕：车服，指赏赐。拟：考虑给予。斧钺：指刑罚。因：就，及。这三句意思是：因此，善于使用人民的人，不因人的地位低下就该赏不赏，也不因其地位高尊就该罚不罚。 ⑧ 蹈白刃：踩利刃。受矢石：冒着箭石。入水火：赴汤蹈火。 ⑨ 引：召。转：转移，逃避。爱：爱惜。以上四句意思是：召来驱使，人民不敢不出力；送去作战，人民不敢爱惜生命。 ⑩ 进：指作战。退：指在国内出力。首领：脑袋。完安：完好安稳。 ⑪ 未尝：不曾。虑始：考虑开始，指创业。乐：享受。这两句意思是：所以，人民不能与他谋划创业，而可以与他一起享受成功。 ⑫ 人：原文为“大”，据王念孙说改。

［原文］ 国无以小与不幸而削亡者，必主与大臣之德行失于身也，官职、法制、政教失于国也，诸侯之谋虑失于外也，故地削而国危矣①。国无以大与幸而有功名者，必主与大臣之德行得于身也，官

职、法制、政教得于国也，诸侯之谋虑得于外也，然后功立而名成。然则国何可无道？人何可无求②？得道而导之，得贤而使之，将有所大期于兴利除害③。期于兴利除害莫急于身，而君独甚④。伤也，必先令之失⑤。人主失令而蔽，已蔽而劫，已劫而弑⑥。

［注释］ ① 无以：没有因为。必：一定是。德行失于身：自身没有好的德行。失于国：在国内有失误。诸侯之谋虑失于外：国外对诸侯的图谋有失误。 ② 然：如此。何：怎么。求：指求贤。 ③ 导：引导。将有所大期于兴利除害：将对兴利除害有大的希望。期：期望。 ④ 莫急于身：没有比以身作则更迫切的了。而君独甚：君主更加需要。 ⑤ 这两句意思是：如果受到损害，那一定是政令有失误。 ⑥ 蔽：蒙蔽。劫：劫持，胁迫。弑：杀。以上三句意思是：君主政令有失误就会被蒙蔽，既被蒙蔽就会被胁迫劫持，既被胁迫劫持就会被杀。

［原文］ 凡人君之所以为君者，势也①。故人君失势，则臣制之矣②。势在下，则君制于臣矣③；势在上，则臣制于君矣。故君臣之易位，势在下也④。在臣期年，臣虽不忠，君不能夺也⑤；在子期年，子虽不孝，父不能服也⑥。故春秋之记，臣有弑其君、子有弑其父者矣⑦。故曰：堂上远于百里，堂下远于千里，门庭远于万里⑧。今步者一日，百里之情通矣，堂上有事，十日而君不闻，此所谓远于百里也⑨。步者十日，千里之情通矣，堂下有事，一月而君不闻，此所谓远于千里也。步者百日，万里之情通矣，门庭有事，期年而君不闻，此所谓远于万里也。故请入而不出谓之灭，出而不入谓之绝，入而不至谓

之侵，出而道止谓之壅[10]。灭绝侵壅之君者，非杜其门而守其户也，为政之有所不行也[11]。故曰：令重于宝，社稷先于亲戚，法重于民，威权贵于爵禄[12]。故不为重宝轻号令，不为亲戚后社稷，不为爱民枉法律，不为爵禄分威权[13]。故曰：势非所以予人也[14]。

［注释］ ① 势：指权力和地位。 ② 制：控制。 ③ 制于：被……所控制。 ④ 易：交换。这两句意思是：所以，君主和臣下地位的颠倒，是因为权势落在了臣下手中。 ⑤ 以上三句意思是：臣下掌握权势一年，即使不忠，君主也无法剥夺他的职位。期年：一整年。虽：即使。 ⑥ 服：制服。 ⑦ 春秋之记：史书的记载。春秋：古代对史书的泛称。弑：杀，古代在下者杀在上者称弑。 ⑧ 堂：指朝堂。门庭：指宫廷。 ⑨ 步者一日：步行者走一天。 ⑩ 请：通“情”。道止：半路停止。以上四句意思是：所以，下情上达后没有反应叫做灭，上情下通后不能反馈回去叫做绝，下情上达而到不了君主叫做侵，上情下通而受到阻碍叫做壅。 ⑪ 灭绝侵壅之君：国家有灭、绝、侵、壅这四种情况的君主。杜：堵塞。为：因为。 ⑫ 令重于宝：令比珍宝重要。社稷先于亲戚：国家政权比父母至亲更重要。社稷：指国家政权。亲戚：古人对父母等至亲的称呼。 ⑬ 轻：轻视。后社稷：把国家政权放在后面。分：分散。 ⑭ 势非所以予人：权势是不能随便给予别人的。

［原文］ 政者，正也。正也者，所以正定万物之命也[1]。是故圣人精德立中以生正，明正以治国[2]。故正者，所以止过而逮不及也[3]。过与不及也，皆非正也；非正，则伤国一也[4]。勇而不义伤兵，仁而不正伤法[5]。故军之败也，生于不义；法之侵也，生于不正[6]。故言有辨而非务者，行有难而非善者[7]。故言必中务，不苟为辩；行必思善，不苟为难[8]。规矩

者，方圜之正也[9]。虽有巧目利手，不如拙规矩之正方圜也。故巧者能生规矩，不能废规矩而正方圜[10]。虽圣人能生法，不能废法而治国。故虽有明智高行，倍法而治，是废规矩而正方圜也[11]。

［注释］ ①正定万物之命：规正确定万物之名。命：名。 ②精德立中以生正：用精修品德确立适中的标准来产生正。精：修养，使之精美。中：中庸之道。 ③止过：防止过失。逮不及：补充不足。逮：使……赶上。 ④伤国一：对国家造成的损害是一样的。 ⑤兵：军队。仁而不正伤法：原文为“仁而不法伤正”，据文义改。 ⑥侵：侵害。

⑦辨：通“辩”。非务：不符合时务，没有用。这两句的意思是：有雄辩而无用的语言，也有虽然难以办到但效果不好的行为。 ⑧苟：苟且。这四句的意思是：因此，说话一定要合于时务，不贪图一时的雄辩；办事一定要考虑到好的后果，不求解决一时的困难。 ⑨规：圆规。矩：矩尺。圜：通“圆”。 ⑩生规矩：制造规矩。废：废弃。⑪明智高行：高明的智慧和德行。倍：通“背”。

［原文］

一曰[1]：凡人君之德行威严，非独能尽贤于人也[2]；曰人君也，故从而贵之，不敢论其德行之高卑有无[3]。为其杀生，急于司命也；富人贫人，使人相畜也；贵人贱人，使人相臣也[4]。人主操此六者以畜其臣，人臣亦望此六者以事其君[5]。君臣之会，六者谓之谋[6]。六者在臣期年，臣不忠，君不能夺；在子期年，子不孝，父不能夺。故春秋之记，臣有弑其君、子有弑其父者。得此六者，而君父不智也[7]。六者在臣，则主蔽矣[8]。主蔽者，失其令也。故曰：令入而不出谓之蔽，令出而不入谓之壅，令出而不行谓之牵，令入而不至谓之瑕[9]。牵瑕蔽壅之君者，非敢杜其门而守其户也，为令之有所不行也[10]。

此其所以然者，由贤人不至而忠臣不用也[11]。故人主不可以不慎其令[12]。令者，人主之大宝也。

[注释] ① 一曰：编书者把大意相同而文辞略异的文字编在一起，兼存异说。刘绩云："此乃集书者再述异闻。" ② 独：特别。尽：全，都。 ③ 曰人君也：因为是人君。贵：尊崇。卑：低。无：原文为"故"，据文义改。 ④ 司命：主管生死的神。畜：养。臣：服从。以上六句的意思是：因为他掌握着生杀之权，比司命之神还厉害；他操纵着使人贫富的大权而使人相互奉养，还把握着使人贵贱的大权而使人相互服从。 ⑤ 操：持，拿。六者：指生、死、富、贫、贵、贱。望：看。 ⑥ 会：合。谓：通"为"。谋：通"媒"。这两句意思是：君臣的结合，就以这六点为媒介。 ⑦ 智：同"知"。这两句意思是：是因为臣下和人子掌握了以上六点，而君主和人父没有觉察啊。 ⑧ 这两句意思是：这六点掌握在臣子手中，君主就会被蒙蔽。 ⑨ 牵：被左右所牵制。瑕：通"格"，扞格，阻碍。 ⑩ 原文"君"上有"事"，据王念孙说删。 ⑪ 此其所以然：这种情况之所以出现。由：由于，因为。 ⑫ 慎其令：慎重地对待法令。

[原文] 一曰：贤人不至谓之蔽，忠臣不用谓之塞，令而不行谓之障，禁而不止谓之逆[1]。蔽塞障逆之君者，不敢杜其门而守其户也，为贤者之不至，令之不行也[2]。

[注释] ① 障：阻塞。逆：反，不顺。 ② 为：因为。

[原文] 凡民从上也，不从口之所言，从情之所好者也[1]：上好勇则民轻死，上好仁则民轻财。故上之所好，民必甚焉[2]。是故明君知民之必以上为心也，故置法以自治，立仪以自正也[3]。故上不行则民不从，民不服法死制，则国必乱矣[4]。是以有道

之君，行法修制，先民服也⑤。

［注释］ ① 从：听从，服从。情之所好：本性的爱好。 ② 这两句意思是：所以，君主爱好什么，臣民必定跟从，而且更进一步。 ③ 以上为心：以君主的意志为标准。仪：礼仪。正：规正。 ④ 服法死制：服从法令，死于法制。 ⑤ 行法修制：推行法令，建立制度。先民服：先于人民而实行，即率先垂范。

［原文］ 凡论人有要：矜物之人，无大士焉①。彼矜者，满也；满者，虚也②。满虚在物，在物为制也③。矜者，细之属也④。凡论人而违古者，无高士焉⑤。既不知古而易其功者，无智士焉⑥。德行成于身而违古，卑人也⑦。事无资，遇时而简其业者，愚士也⑧。钓名之人，无贤士焉。钓利之君，无王主焉。贤人之行其身也，忘其有名也；王主之行其道也，忘其成功也⑨。贤人之行，王主之道，其所不能已也⑩。

［注释］ ① 矜：矜持，傲慢。以上三句的意思是：凡是评价人物，都有要点，恃才傲物的人，成不了大器。 ② 满：自满。虚：空虚，不实。 ③ 这两句意思是：对事物持自满不实的态度，就会被事物所制约。 ④ 属：类别。这两句意思是：骄傲的人，实际属于渺小之类。 ⑤ 违古：违背历史规律。违：原文为“远”，据张文虎说改。下“违古”之“违”同此。 ⑥ 知古：懂得历史。易其功：把建功立业看得很容易。 ⑦ 德行成于身：自身具备了道德品行。而：却。 ⑧ 资：资本，条件。简：怠慢。这三句意思是：做事情没有根基，遇到时机却怠慢事业的人，是愚人。 ⑨ 王主：成就王业的君主。以上四句意思是：贤人立身行事，忘掉了功名；王主推行治国之道，也忘掉了成败。 ⑩ 其所不能已：那是想不干也不能停止的。

［原文］

明君公国一民以听于世，忠臣直进以论其能①。明君不以禄爵私所爱，忠臣不诬能以干爵禄②。君不私国，臣不诬能，行此道者，虽未大治，正民之经也③。今以诬能之臣事私国之君，而能济功名者，古今无之④。诬能之人易知也。臣度之先王者，舜之有天下也，禹为司空，契为司徒，皋陶为李，后稷为田⑤。此四士者，天下之贤人也，犹尚精一德以事其君⑥。今诬能之人，服事任官，皆兼四贤之能，自此观之，功名之不立，亦易知也⑦。故列尊禄重无以不受也，势利官大无以不从也⑧。以此事君，此所谓诬能篡利之臣者也⑨。世无公国之君，则无直进之士；无论能之主，则无成功之臣⑩。

［注释］

① 这两句意思是：明君以公治国，统一民心，听从世人的评论；忠臣由正道进取来显示他的才能，供君主评定。 ② 私所爱：私自授予所喜爱的人。诬能：冒充有才能。诬：谎称。干：求取。 ③ 私国：以国家为私有。正民之经：纠正人民的标准。 ④ 以：用。事：事奉。济：成就。 ⑤ 臣：著者自称。度：思虑，考究。司空：古代六卿之一，主管工程建筑及制造等。契：商人始祖帝喾的儿子。司徒：古代六卿之一，主管教化。李：同“理”，主管刑狱的官员。后稷：周人的始祖。田：主管农业生产的官员。 ⑥ 犹尚：尚且。精一德：精通一行。 ⑦ 自此：由此。易知：容易理解。 ⑧ 这两句意思是：对于高尊的爵位和丰厚的俸禄无不接受，对于有权势和官职大的人无不服从。 ⑨ 诬能篡利：冒充贤能，夺取名利。 ⑩ 论能：识别选拔贤能。

［原文］

昔者三代之相授也，安得二天下而杀之①？贫民伤财，莫大于兵；危国忧主，莫速于兵②。此四患者明矣，古今莫之能废也③。兵当废而不废，则惑也[4];不当废而欲废之,则亦惑也[5]。此二者伤国一也[6]。黄帝唐虞,帝之隆也,资有天下,制在一人[7]。当此之时也,兵不废。今德不及三帝,天下不顺,而求废兵,不亦难乎?故明君知所擅,知所患[8]。国治而民务积,此所擅也[9]。动与静,此所患也。是故明君审其所擅,以备其所患也[10]。

[注释] ① 这两句的意思是:从前三代天下的传授,都是禅让,哪里有第二个天下供杀戮争夺呢? ② 以上四句意思是:劳民伤财,没有比用兵更重的了;危国伤君,也没有比用兵更快的了。 ③ 四患:指贫民、伤财、危国、忧主。莫之能废:没有人能废除它。 ④ 惑:迷惑,引申为错误。原文"惑"上有"古今",据王念孙说删。 ⑤ 不当废:原文为"此二者不废",据王念孙说删补。 ⑥ 伤国一:对国家的危害是一样的。 ⑦ 隆:盛。资:用。制在一人:权威控制在一人手中。 ⑧ 所擅:所专门从事的。擅:专门。所患:所担忧害怕的。 ⑨ 务积:致力于积蓄。原文"所"下有"谓",据王念孙说删。 ⑩ 这两句意思是:因此,英明的君主慎重地对待应该专门从事的事而防备所担忧害怕的事。

[原文] 猛毅之君,不免于外难[1];懦弱之君,不免于内乱。猛毅之君者轻诛,轻诛之流,道正者不安[2]。道正者不安,则材能之臣去亡矣[3]。彼智者知吾情伪,为敌谋我,则外难自是至矣[4]。故曰:猛毅之君,不免于外难。懦弱之君者重诛,重诛之过,行邪者不革[5]。行邪者久而不革,则群臣比周[6]。群臣比周,则蔽美扬恶[7]。蔽美扬恶,则内乱自是起。故曰:懦弱之君,不免于内乱。

[注释] ① 猛:凶暴。毅:残酷。 ② 轻诛:轻易诛杀。流:流弊。道正者:走正道的人。 ③ 材能之臣:有才能的大臣。去亡:离国出走。

④ 彼：那些。智者：有智谋的人。情伪：实虚。谋：图谋。自是：从此。 ⑤ 重：注重。过：过失。行邪者：干坏事的人。革：改。⑥ 比周：拉帮结伙。 ⑦ 蔽美扬恶：掩盖君主的好处而宣扬君主的坏处。

[原文]

明君不为亲戚危其社稷，社稷戚于亲①；不为君欲变其令，令尊于君；不为重宝分其威，威贵于宝②；不为爱民亏其法，法爱于民③。

[注释]

① 社稷戚于亲：国家政权比父母至亲更重要。戚：亲近，引申为重要。 ② 威：权威。威贵于宝：权威比珍宝更可贵。 ③ 亏：损害。法爱于民：爱护法比爱护民更重要。

兵法第十七

[解题]

本篇讲用兵，作者比较注重战略目标的权衡取舍，内容涉及军令、军纪、训练、地形、武器装备、供应、情报等各个方面。思想内容有与《七法》、《幼官》相通之处。

[原文]

明一者皇，察道者帝，通德者王，谋得兵胜者霸①。故夫兵，虽非备道至德也，然而所以辅王成霸②。今代之用兵者不然，不知兵权者也③。故举兵之日而境内贫，战不必胜，胜则多死，得地而国败④。此四者，用兵之祸者也。四祸其国而无不危矣⑤。大度之书曰⑥：举兵之日而境内不贫，战而必胜，胜而不死，得地而国不败。为此四者若何⑦？举兵之日而境内不贫者，计数得也⑧。战而必胜者，法度审也⑨。胜而不死者，教器备利，而敌不敢校也⑩。得地而国不败者，因其民也⑪。因其民，则有发也⑫。教器备利，则有制也⑬。法度审，则有守也⑭。计数得，则有明也⑮。治众有数，胜敌有理。察数而知理，审器而识胜，明理而胜敌⑯。定宗庙，遂男女，官四分，则可以定威德⑰。制法仪，出号令，然后可以一众治民⑱。

[注释]

① 明一：懂得万物根源。一：古人认为万事万物都产生于一。察：明察。通：通晓。谋得兵胜：以智谋取得战争胜利。 ② 备：完备，完美。至：最。以上三句意思是：所以，战争虽不是完美至高的道德，但却可以用来辅助成就王业和霸业。 ③ 兵权：用兵得失的权衡。权：秤

锤，引申为衡量。 ④ 胜则多死：即使胜了，也必定牺牲很多人。得地而国败：即使得到土地，国家也会败落。 ⑤ 四：四种祸患。祸：危害。这句意思是：四种祸患危害国家，国家没有不危亡的。 ⑥ 大度：张佩纶以为是兵书《六弢》之误，许维遹以为是周太史大弢之误。 ⑦ 这句意思是：要达到这四条应该怎么办呢？ ⑧ 计数：筹划，计算。得：得当，恰当。 ⑨ 法度：法令制度。审：严格。 ⑩ 教器备利：训练完备，兵器锐利。校：对抗。 ⑪ 因其民：顺应被占领土的人民。因：因循，遵循。 ⑫ 有发：有发兵的资本。原文“有”上有“号制”，据郭嵩焘说删。 ⑬ 有制：有制服敌人的能力。 ⑭ 有守：有约束士兵的规矩。 ⑮ 有明：有判断胜负的高见。 ⑯ 数：通“术”，方法。察：考察。审：审查。识：识别。 ⑰ 遂男女：养育儿女。遂：养育。官四分：士、农、工、商四业的人民分别设置机构来治理。定：确立。 ⑱ 法仪：法令礼仪。一众治民：统一民心，治理人民。

[原文]

兵无主，则不蚤知敌①。野无吏，则无蓄积。官无常，则下怨上②。器械不巧，则朝无定③。赏罚不明，则民轻其产④。故曰：蚤知敌，则独行⑤；有蓄积，则久而不匮⑥；器械巧，则伐而不费⑦；赏罚明，则勇士劝也⑧。

[注释]

① 主：主帅。蚤：通“早”。 ② 官：官府。常：常规。 ③ 器械：武器装备。朝无定：朝廷不得安宁，意谓受到敌人侵略。 ④ 民轻其产：人民对于赏赐的田产看得很轻，意谓人民不会为此而勇敢作战。 ⑤ 独行：独往独来，如入无人之境。 ⑥ 匮：缺乏。 ⑦ 伐而不费：攻伐征战不受挫折。费：通“拂”，逆，引申为挫折。 ⑧ 劝：劝勉，鼓励。

[原文]

三官不缪，五教不乱，九章著明，则危危而无害，穷穷而无难①。故能致远以数，纵强以制②。三官：一曰鼓，鼓所以任也，所以起也，所以进也③；二曰金，金所以坐也，所以退也，所以免也④；三曰旗，旗所以立兵也，所以制兵也，所以偃兵也⑤。此之谓三官。有三令，而兵法治也⑥。五教：一曰教其目以形色之旗，二曰教其耳以号令之数，三曰教其足以进退之度，四曰教其手以长短之利，五曰教其心以赏罚之诚⑦。五教各习，而士负以勇矣⑧。九章：一曰举日章则昼行，二曰举月章则夜行，三曰举龙章则行水，四曰举虎章则行林，五曰举乌章则行陂，六曰举蛇章则行泽，七曰举鹊章则行陆，八曰举狼章则行山，九曰举韟章则载食而驾⑨。九章既定，而动静不过⑩。三官、五教、九章，始乎无端，卒乎无穷⑪。始乎无端者，道也；卒乎无穷者，德也。道不可量，德不可数也。故不可量则众强不能图，不可数则伪诈不敢乡⑫。两者备施，则动静有功⑬。径乎不知，发乎不意⑭。径乎不知，故莫之能御也⑮；发乎不意，故莫之能应也⑯。故全胜而无害。

［注释］ ① 缪：通“谬”，错误。著：显著。危危而无害：处于极度危难之中也不会受到损害。危危：至危。穷穷而无难：陷入极端困厄之中也不会有灾难。穷穷：至穷。 ② 致远：招致远者。以：用。数：术，方法。纵强：操纵控制强者。制：规章制度。 ③ 所以：用来，用于。任：担负。起：动作。 ④ 坐：止。免：免战。 ⑤ 立：集合，出动。制：节制。原文为“利”，据陶鸿庆说改。偃：止，息。 ⑥ 三令：即鼓、金、旗三官代表的号令。治：治理，实行。这两句意思是：有上述三官发号施令，兵法就能实行了。 ⑦ 教其目以形色之旗：教士兵用眼睛分辨各种形状、颜色的旗帜。耳：原文为“身”，据洪颐煊说改。数：缓急。进退之

度：前进或后退行走步伐的节奏。长：长兵器。短：短兵器。利：好处。赏罚之诚：赏罚兑现，讲信用。 ⑧ 习：熟练。负以勇：依靠它（五教）而有勇气。负：恃。 ⑨ 乌：原文为“鸟”，据郭沫若说改。陂：山坡。韗：韬，弓衣。载食而驾：装载粮草驾车行军。 ⑩ 动静：指军队的行止。不过：没有失误。 ⑪ 乎：于。端：开端。卒：结束，终了。 ⑫ 众强：指众强之敌。图：图谋，算计。不敢乡：伪诈的计谋不敢对我军施行。伪诈：指伪诈之术。乡：通“向”。 ⑬ 两者：指道和德。备施：兼施。动静：进退。功：功效。 ⑭ 这两句意思是：在敌人不知道时径直临敌，在敌人意料不到的时候猝然而发。 ⑮ 莫之能御：莫能御之，没有人能够抵抗。 ⑯ 应：应付。

[原文]

因便而教，准利而行①。教无常，行无常，两者备施，动乃有功②。器成教施，追亡逐遁若飘风，击刺若雷电③。绝地不守，恃固不拔④。中处而无敌，令行而不留⑤。器成教施，散之无方，聚之不可计⑥。教器备利，进退若雷电，而无所疑匿⑦。一气专定，则傍通而不疑⑧；厉士利械，则涉难而不匿⑨。进无所疑，退无所匿，敌乃为用⑩。凌山坑不待钩梯，历水谷不须舟楫⑪。径于绝地，攻于恃固，独出独入而莫之能止⑫。实不独入，故莫之能止⑬；实不独出，故莫之能敛⑭。无名之至，尽而不意，故能疑神⑮。畜之以道则民和，养之以德则民合。和合故能谐，谐故能辑，谐辑以悉，莫之能伤⑯。

[注释]

① 因：根据。教：训练。准：按照。 ② 常：固定的程序。备：全。乃：则，就。 ③ 器成教施：兵器完备，训练已成。追亡逐遁：追逐逃亡的敌人。遁：逃。 ④ 这两句意思是：孤军深入绝地不可固守，凭借坚固工事防守的敌人，不要强行攻取。 ⑤ 中处：处于适中

有利的地位。留：留止，阻碍。 ⑥ 散之无方：分兵则没有固定的方向。聚之不可计：合兵则不可预料。 ⑦ 备：齐备。利：精良。疑：止。匱：通“溃”，溃散。下“匱”字同。 ⑧ 一气专定：保持士气，专一而且固定。疑：止，阻碍。 ⑨ 厉士利械：使士兵猛厉，器械精良。 ⑩ 疑：阻碍。为用：为我所用。 ⑪ 凌：超越。坑：沟。待：依靠。历：经过。 ⑫ 径于绝地：通过险要孤绝之地。攻于恃固：攻取凭固坚守之城。 ⑬ 实不独入：实际上并不是单人而入。实：原文为“宝”，据刘绩说改，下句“实”字同。 ⑭ 实不独出：实际上并不是单人而出。出：原文为“见”，据丁士涵、戴望说改。敛：收敛，引申为制约。 ⑮ 无名：指道。至：最，原文“至”下有“尽”，涉下而衍，今删。原文“故”下有“不”，据俞樾说删。疑：通“拟”。以上三句意思是：道的最高形式，是尽行之而意想不到，因此，它就像神一样。 ⑯ 谐：和谐。辑：和睦。以：而且。悉：周全。莫之能伤：没有人能伤害。

［原文］

定一至，行二要，纵三权，施四机，发五教，设六行，论七数，守八应，审九章，章十号①。故能全胜大胜。无守也，故能守胜②。数战则士罢，数胜则君骄③。夫以骄君使罢民，则国安得无危④？故至善不战，其次一之⑤。破大胜强，一之至也⑥。乱之不以变，乘之不以诡，胜之不以诈，一之宝也⑦。近则用实，远则施号，力不可量，强不可度，气不可极，德不可测，一之原也⑧。众若时雨，寡若飘风，一之终也⑨。

［注释］

① 定一至：确立破大胜强的目标。一至：即破大胜强。见下文。行二要：实行“因便施教，准利而行”的原则。二要：指因便施教，准利而行。见上文。纵：操纵。三权：即三官（鼓、金、旗）的指挥之权。四机：四项军机，即敌情、敌将、敌政、敌士。见《幼官》。原文“机”为“教”，据张佩纶说改。五教：即目、耳、足、手、心之教。见上文。原文“教”为

“机”，据张佩纶说改。六行：六种行军作战之法，即风雨之行、飞鸟之举、雷电之战、水旱之功、金城之守、一体之治。论：讲究。七数：七种方法，即则、象、法、化、决塞、心术、计数。见《七法》。守：掌握。八应：八种效应，即聚财、论工、制器、选士、政教、服习、遍知天下、审御机数。见《七法》。审：明确。九章：九种旗章，见上文。原文“章”为“器”，据张佩纶说改。章：同“彰”，彰明。十号：《幼官》有“动慎十号”之语，不言具体内容。　②无：语助词。这两句的意思是：坚守，故能以坚守取胜。

③罢：同“疲”，下同。　④使：役使、驱使。安得：怎么能。⑤一之：一战而胜。　⑥至：最高境界。　⑦乱：扰乱。之：敌人。变：权变。乘：利用。诡：诡计。诈：伪诈。一之宝：这是一战而胜中最可宝贵的。宝：宝贵。原文为“实”，涉下文而误，据文义改。　⑧用实：用实力征战。施号：用号令慑服。量：衡量。度：测度。气：士气。极：尽。德：指心。一之原：一战而胜的根本。　⑨众：增加。寡：减少。以上三句意思是：增兵像时雨一样急骤，减兵像飘风一样迅速，这是一战而胜的最终目的。

［原文］

利适，器之至也①；用适，教之尽也②。不能致器者，不能利适③；不能尽教者，不能用适④。不能用适者穷，不能致器者困⑤。速用兵，则可以必胜⑥。出入异涂，则伤其敌⑦。深入危之，则士自修⑧；士自修，则同心同力。善者之为兵也，使敌若据虚，若搏景⑨。无设无形焉，无不可以成也⑩；无形无为焉，无不可以化也⑪。此之谓道矣。若亡而存，若后而先，威不足以命之⑫。

［注释］

①适：适宜。这两句意思是：锐利适宜，是兵器的最好状态。②尽：至、最。这两句意思是：使用士兵运用自如，是训练的最佳效果。

③致器：修缮兵器。致：通“緻”，使……细致，精良。　④尽教：训练达到最佳效果。　⑤适：原文为“敌”，据文义改。穷：用兵之计尽。困：遭围困。　⑥速：原文为“远”，据张文虎说改。　⑦异

涂:不同的路线,指多路出入,使敌军劳伤。涂:通“途”。 ⑧ 修:警戒。这两句的意思是:深入敌人造成危险,那士兵就会警惕戒备。⑨ 善者:善于用兵者。为兵:用兵。据虚:据守空虚。搏景:与影子搏斗。景:同“影”。 ⑩ 这两句意思是:像是没有防守、没有阵势的样子,没有不成功的。 ⑪ 这两句意思是:像是没有阵势、无所作为的样子,没有不见效的。 ⑫ 命:说明,形容。以上三句意思是:像是没有而实际却存在,像是在后而实际在前,用“威”都不能形容其用兵之妙。

大匡第十八

［解题］

本书有大匡、中匡、小匡三篇，内容都是记述管仲辅佐齐桓公九合诸侯，一匡天下，成就霸业的史实与言论。匡为匡正，辅助。三匡之名，见于《周书》："大匡封摄，外用和大；中匡用均，劳故礼新；小匡用惠，施舍静众。"

［原文］

齐僖公生公子诸儿、公子纠、公子小白[①]。使鲍叔傅小白，鲍叔辞，称疾不出[②]。管仲与召忽往见之，曰："何故不出[③]？"鲍叔曰："先人有言曰：'知子莫若父，知臣莫若君。'今君知臣不肖也，是以使贱臣傅小白也，贱臣知弃矣[④]。"召忽曰："子固辞无出，吾权任子以死亡，必免子[⑤]。"鲍叔曰："子如是，何不免之有乎[⑥]？"管仲曰："不可。持社稷宗庙者，不让事，不广闲[⑦]。将有国者未可知也，子其出乎。"召忽曰："不可。吾三人者之于齐国也，譬之犹鼎之有足也，去一焉，则必不立矣[⑧]。吾观小白，必不为后矣[⑨]。"管仲曰："不然也。夫国人憎恶纠之母，以及纠之身，而怜小白之无母也[⑩]。诸儿长而贱，事未可知也[⑪]。夫所以定齐国者，非此二公子者，将无已也[⑫]。小白之为人无小智，惕而有大虑，非夷吾莫容小白[⑬]。天不幸降祸加殃于齐，纠虽得立，事将不济，非子定社稷，其将谁也[⑭]？"召忽曰："百岁之后，吾君下世，犯吾君命，而废吾所立，夺吾纠也，虽得天下，吾不生也，兄与我齐国之政也[15]。受君令而不改，奉所立而不济，是吾义也[16]。”管仲曰：“夷吾之为君臣也，将承君命，奉社稷，以持宗庙，岂死一纠哉[17]？夷吾之所死者，社稷破，宗庙灭，祭祀绝，则夷吾死之[18]。非此三者，则夷吾生。夷吾生，则齐国利；夷吾死，则齐国不利。”鲍叔曰：“然则奈何？”管子曰：“子出奉令则可。”鲍叔许诺，乃出奉令，遂傅小白[19]。鲍叔谓管仲曰：“何行[20]？”管仲曰：“为人臣者，不尽力于君则不亲信，不亲信则言不听，言不听则社稷不定[21]。夫事君者无二心。”鲍叔许诺。

［注释］ ① 齐僖公：亦作齐釐公，名禄甫，庄公之子，公元前730年至公元前698年在位。公子诸儿：齐襄公，继齐僖公后立。 ② 鲍叔：鲍叔牙，齐大夫。傅：辅佐。 ③ 召忽：齐大夫。 ④ 不肖：不好。贱臣：鲍叔自称。知弃：知道国君不想重用。 ⑤ 固：坚决。权：暂且。任子以死亡：担保说您宁肯死或逃亡也不干。 ⑥ 这两句意思是：您这样做，还有什么理由不免除我呢？ ⑦ 持：主持。社稷宗庙：指国家政事。让事：推辞工作。广闲：空闲。广：通“旷”，空。 ⑧ 以上四句的意思是：我们三人对于齐国来说，好比鼎有三足，去掉一足就立不起来了。 ⑨ 必不为后：一定不会成为王位继承人。 ⑩ 以及纠之身：连累到公子纠自身。及：至。 ⑪ 长而贱：虽居长位但人品低贱。事：指继承之事。 ⑫ 二公子：指公子纠与公子小白。无已：没有别人来干。已：同“以”。 ⑬ 小智：小聪明。惕：急。大虑：远虑。容：容纳，理解。 ⑭ 济：成。定社稷：掌握国家政权。其将谁也：那还有谁呢？ ⑮ 吾君：指齐僖公。下世：辞世。原文“下”为“卜”，据俞樾说改。犯：违背。夺吾纠：夺去我公子纠的君位。虽：即使。不生：不再活着，即为公子纠而死。兄：古“况”字，况且。与：参与。 ⑯ 奉：尊奉。济：灭，废。义：义不容辞。 ⑰ 承：接受。奉：事奉。持：主持。

死一纠:为一个公子纠而死。 ⑱ 死之:为之而死。之:指社稷破、宗庙灭、祭祀绝。 ⑲ 奉令:接受任命。遂:于是就。 ⑳ 何行:怎样干。 ㉑ 不亲信:得不到国君的亲近和信任。言不听:意见得不到国君采纳。

[原文]

僖公之母弟夷仲年生公孙无知,有宠于僖公,衣服礼秩如適[①]。僖公卒,以诸儿长,得为君,是为襄公。襄公立后,绌无知,无知怒[②]。公令连称、管至父戍葵丘,曰:“瓜时而往,及瓜时而来[③]。”期戍,公问不至,请代,不许,故二人因公孙无知以作乱[④]。鲁桓公夫人文姜,齐女也。公将如齐,与夫人皆行[⑤]。申俞谏曰:“不可,女有家,男有室,无相渎也,谓之有礼[⑥]。”公不听,遂以文姜会齐侯于泺[⑦]。文姜通于齐侯,桓公闻,责文姜[⑧]。文姜告齐侯,齐侯怒,飨公,使公子彭生乘鲁侯胁之,公薨于车[⑨]。竖曼曰:“贤者死忠以振疑,百姓寓焉[⑩];智者究理而长虑,身得免焉[⑪]。今彭生二于君,无尽言而谀行,以戏我君[⑫]。使我君失亲戚之礼,今又力成吾君之祸,以构二国之怨,彭生其得免乎?祸理属焉[⑬]。夫君以怒遂祸,不畏恶亲,开容昏生,无丑也[⑭]。岂及彭生而能止之哉[⑮]?鲁若有诛,必以彭生为说[⑯]。”二月,鲁人告齐曰:“寡君畏君之威,不敢宁居,来修旧好,礼成而不反,无所归咎,请以彭生除之[⑰]。”齐人为杀彭生,以谢于鲁。五月,襄公田于贝丘,见豕彘[⑱]。从者曰:“公子彭生也。”公怒曰:“公子彭生安敢见[⑲]!”射之,豕人立而啼[⑳]。公惧,坠于车下,伤足亡屦[㉑]。反,诛屦于徒人费,不得也，鞭之见血[22]。费走而出，遇贼于门，胁而束之[23]。费袒而示之背，贼信之，使费先入，伏公而出，斗死于门中[24]。石之纷如死于阶下，孟阳代君寝于床，贼杀之，曰："非君也，不类[25]。"见公之足于户下，遂杀公，而立公孙无知也。鲍叔牙奉公子小白奔莒，管夷吾、召忽奉公子纠奔鲁。

［注释］ ① 母弟：同母弟。礼：礼遇。秩：品级和俸禄。如適：同嫡子一样。適：通"嫡"，正妻所生的长子，即世子。 ② 绌：同"黜"，免除，废除。 ③ 戍：驻防。葵丘：齐邑，在今山东临淄西。"瓜时而往，及瓜时而来"：瓜熟时去，等明年瓜熟时回来。及：等到。 ④ 期戍：驻防一年期满。期：一周年。问：问询，指调回的命令。代：换防。因：借助，勾结。 ⑤ 如：去，到。皆：同"偕"，共同。 ⑥ 申俞：鲁大夫。家：夫家。室：妻室。渎：亵渎。 ⑦ 以：与。泺：水名，源于山东济南西南，流经济南，在洛口入济水。 ⑧ 通于齐侯：与齐侯通奸。 ⑨ 飨：宴请。乘鲁侯胁之：扶鲁侯上车时折断其肋骨。乘：升，扶之登车。胁：肋骨。薨：诸侯死叫薨。 ⑩ 竖曼：齐大夫。死忠以振疑：为忠诚而死以消除人的怀疑。振：通"拒"，擦拭，清刷。寓：寄托，怀念。 ⑪ 究理而长虑：推求事理而深谋远虑。究：研究。免：免祸。 ⑫ 二于君：地位仅次于国君。二：贰。尽言：极力劝谏。谀行：阿谀逢迎。戏：戏弄。 ⑬ 今：原文为"命"，据许维遹说改。力成：以力促成。构：造成。彭生其得免乎：彭生怎能免其罪呢？祸理属焉：祸的原因应归咎于他。祸理：灾祸的原因。属：属于。 ⑭ 遂：造成。恶亲：得罪亲戚之国。开容：开脱宽容。开：原文为"闻"，据刘师培说改。昏生：昏恶的彭生。无丑：无耻。 ⑮ 这一句意思是：岂止是彭生一人所能了事的呢？ ⑯ 有诛：指兴师问罪。以彭生为说：拿彭生作交代。 ⑰ 寡君：鲁人自称其君。宁居：安居。无所归咎：罪过无所归属。咎：原文为"死"，据王念孙说改。以彭生除之：用彭生来抵罪。 ⑱ 田：打猎。贝丘：在今山东省博兴县南。豕彘：野猪。 ⑲ 安：怎么。见：同"现"，出现。 ⑳ 人立而啼：像人一样站起来啼叫。 ㉑ 坠：掉。亡屦：丢了鞋。

㉒ 诛：索要。徒人：随侍者。费：人名。鞭之：鞭打他。 ㉓ 走：跑。贼：作乱的人。胁而束之：抓住他的胁部把他捆起来。 ㉔ 袒：脱去衣服。伏：藏。斗死：战死。 ㉕ 石之纷如、孟阳：皆为人名。代：冒充。类：类似，像。

［原文］

九年，公孙无知虐于雍廪，雍廪杀无知也[①]。桓公自莒先入，鲁人伐齐，纳公子纠，战于乾时[②]。管仲射桓公中钩，鲁师败绩，桓公践位[③]。于是劫鲁，使鲁杀公子纠[④]。桓公问于鲍叔曰："将何以定社稷？"鲍叔曰："得管仲与召忽，则社稷定矣。"公曰："夷吾与召忽，吾贼也[⑤]。"鲍叔乃告公其故图[⑥]。公曰："然则可得乎？"鲍叔曰："若亟召则可得也，不亟不可得也。夫鲁施伯知夷吾为人之有慧也，其谋必将令鲁致政于夷吾[⑦]。夷吾受之，则彼知能弱齐矣[⑧]；夷吾不受，彼知其将反于齐也，必将杀之[⑨]。"公曰："然则夷吾将受鲁之政乎，其否也[⑩]？"鲍叔对曰："不受。夫夷吾之不死纠也，为欲定齐国之社稷也[⑪]。今受鲁之政，是弱齐也。夷吾之事君无二心，虽知死，必不受也。"公曰："其于我也，曾若是乎[⑫]？"鲍叔对曰："非为君也，为先君也。其于君不如亲纠也，纠之不死，而况君乎[⑬]？君若欲定齐之社稷，则亟迎之。"公曰："恐不及，奈何？"鲍叔曰："夫施伯之为人也，敏而多畏[⑭]。公若先及，恐注怨焉，必不杀也[⑮]。"公曰："诺。"施伯进对鲁君曰："管仲有慧，其事不济，今在鲁，君其致鲁之政焉[⑯]。若受之，则齐可弱也；若不受，则杀之。杀之，以说于齐也，与同怒，尚贤于已[⑰]。"君曰："诺。"

鲁未及致政，而齐之使至，曰："夷吾与召忽也，寡人之贼也，今在鲁，寡人愿生得之。若不得也，是君与寡人贼比也[18]。"鲁君问施伯，施伯曰："君与之。臣闻齐君惕而亟骄，虽得贤，庸必能用之乎[19]？及齐君之能用之也，管子之事济也[20]。夫管仲天下之大圣也，今彼反齐，天下皆乡之，岂独鲁乎[21]！今若杀之，此鲍叔之友也，鲍叔因此以作难，君必不能待也，不如与之[22]。"鲁君乃遂束缚管仲与召忽[23]。管仲谓召忽曰："子惧乎？"召忽曰："何惧乎？吾不蚤死，将胥有所定也[24]。今既定矣，令子相齐之左，必令忽相齐之右[25]。虽然，杀君而用吾身，是再辱我也[26]。子为生臣，忽为死臣。忽也知得万乘之政而死，公子纠可谓有死臣矣。子生而霸诸侯，公子纠可谓有生臣矣。死者成行，生者成名[27]。名不两立，行不虚至[28]。子其勉之，死生有分矣[29]。"乃行，入齐境，自刎而死。管仲遂入。君子闻之曰："召忽之死也，贤其生也[30]；管仲之生也，贤其死也。"

［注释］ ① 虐：虐待。雍廪：齐国渠丘邑的大夫。 ② 纳公子纠：送公子纠回国继承君位。乾时：地名，在今山东益都境内。 ③ 钩：衣带钩。败绩：溃败。践位：登上君位。 ④ 劫：逼迫，要挟。 ⑤ 贼：仇人。 ⑥ 故图：先前的计划。 ⑦ 施伯：鲁大夫。慧：智谋。谋：计谋。致政于夷吾：把政权交给管仲。 ⑧ 彼：指鲁国。弱齐：削弱齐国。 ⑨ 反：同"返"。其、之：指代管仲。 ⑩ 其否也：还是不接受呢？其：副词，表示疑问。 ⑪ 死纠：为公子纠而死。为欲：为的是想要。 ⑫ 这两句意思是：他对于我，岂能这样呢？曾：岂。 ⑬ 以上三句意思是：他对您不如对公子纠那样亲，他都不肯为公子纠而死，更何况是您呢？ ⑭ 敏而多畏：聪明但怕事。 ⑮ 及：原文为"反"，据张

文虎说改。注怨:结怨。 ⑯ 慧:原文为“急”,据陶鸿庆说改。其事不济:指帮助公子纠夺取君位没有成功。济:成。其:表示商量语气的语助词。致鲁之政:把鲁国政权交给他。 ⑰ 说:同“悦”,取悦。与同怒:表示与齐同怒。尚贤于已:比不杀还好。尚:还。已:止,不杀。 ⑱ 与寡人贼比:和我的仇人相等。比:等于。 ⑲ 亟:极。庸:岂,难道。 ⑳ 及:至,等到。济:成功。 ㉑ 彼:指管仲。反:同“返”。乡:同“向”,归顺。 ㉒ 因此:借此。待:准备,应付。 ㉓ 乃:于是。遂:就。 ㉔ 蚤:通“早”。胥:等待。有所定:国家有所安定。 ㉕ 相齐之左:担任齐国的左相。相齐之右:担任齐国的右相。 ㉖ 虽然:即使这样。君:指公子纠。再:又,第二次。 ㉗ 成:成就。行:德行。名:功名。 ㉘ 名不两立:生的功名和死的美名不能同时得到。行不虚至:德行也不能凭空来到。 ㉙ 勉:努力。有分:各有所属。分:名分。 ㉚ 贤:好于。

[原文]

或曰:明年,襄公逐小白,小白走莒[①]。三年,襄公薨,公子纠践位。国人召小白。鲍叔曰:“胡不行矣[②]?”小白曰:“不可。夫管仲知,召忽强武,虽国人召我,我犹不得入也[③]。”鲍叔曰:“管仲得行其知于国,国可谓乱乎[④]?召忽强武,岂能独图我哉[⑤]?”小白曰:“夫虽不得行其知,岂且不有焉乎[⑥]?召忽虽不得众,其及岂不足以图我哉[⑦]?”鲍叔对曰:“夫国之乱也,智人不得作内事,朋友不能相合摎,而国乃可图也[⑧]。”乃命车驾,鲍叔御小白乘而出于莒[⑨]。小白曰:“夫二人者奉君令,吾不可以试也[⑩]。”乃将下,鲍叔履其足曰[⑪]:“事之济也,在此时;事若不济,老臣死之,公子犹之免也[⑫]。”乃行。至于邑郊,鲍叔令车二十乘先,十乘后。鲍叔乃告小白曰:“夫国之疑二三子,莫忍老臣[⑬]。事之未济也，老臣是以塞道[14]。”鲍叔乃誓曰：“事之济也，听我令；事之不济也，免公子者为上，死者为下，吾以五乘之实距路[15]。”鲍叔乃为前驱，遂入国，逐公子纠。管仲射小白，中钩。管仲与公子纠、召忽遂走鲁。桓公践位，鲁伐齐，纳公子纠而不能。

［注释］ ① 或曰：另一种说法，史家记录异闻、异说之辞。逐：驱逐。走：逃奔。 ② 胡：何，为什么。 ③ 知：同“智”。强武：刚强勇武。犹：仍然。 ④ 得：得以。可谓：通“何为”，为什么。 ⑤ 独：单独。图：图谋，对付。 ⑥ 这两句的意思是：管仲虽然不能使用其智谋，难道能说他无智谋吗？且：语助词。 ⑦ 其及：其党羽同伙。 ⑧ 作内事：治理内政。合摎：团结合作。摎：读音 jiū，纠结。而：则。乃：就。 ⑨ 驾：把马套到车上。御：驾驭。乘：坐车。 ⑩ 二人：指管仲与召忽。试：尝试，冒险。 ⑪ 履：用脚踩。 ⑫ 死之：为此而死。犹之免：还可以解脱。 ⑬ 二三子：指小白的其他随员。这两句意思是：国内的人可能对其他的随行人员产生怀疑，但他们不会忍心伤害我。 ⑭ 是以塞道：用车阻塞道路。 ⑮ 距：通“拒”，阻挡。

［原文］ 桓公元年，践位，召管仲[1]。管仲至，公问曰：“社稷可定乎？”管仲对曰：“君霸王，社稷定[2]；君不霸王，社稷不定。”公曰：“吾不敢至于此其大也，定社稷而已[3]。”管仲又请，君曰：“不能。”管仲辞于君曰：“君免臣于死，臣之幸也。然臣之不死纠也，为欲定社稷也[4]。社稷不定，臣禄齐国之政而不死纠也，臣不敢[5]。”乃走出，至门，公召管仲。管仲反，公汗出曰：“勿已，其勉霸乎[6]。”管仲再拜稽首而起曰[7]：“今日君成霸，臣贪承命[8]。”趋立于相位，乃令五官行事[9]。异日，公告管仲曰：“欲以诸侯之间无事也，小修兵革[10]。”管仲曰：“不可。百姓病，公先

与百姓，而藏其兵[11]。与其厚于兵，不如厚于人[12]。齐国之社稷未定，公未始于人而始于兵，外不亲于诸侯，内不亲于民[13]。”公曰：“诺。”政未能有行也[14]。

[注释] ① 践位：指桓公继承君位。② 霸王：建立霸业、王业。社稷：国家。定：安定。③ 这两句意思是：我不敢有那么大的雄心，只是想使国家安定而已。④ 死纠：为公子纠而死。⑤ 禄齐国之政：掌握齐国的政权。禄：通“录”，领有。⑥ 这两句意思是：你这样坚持不止，那就勉励图谋霸业吧。⑦ 再拜：拜了两次。稽首：磕头，以首触地。⑧ 贪承命：贪心地接受任命。这是管仲自谦之辞。⑨ 趋：去。五官：指各个官府。行事：办理政事。⑩ 异日：另外一天。事：指战事。小修兵革：稍微加强一下军备。修：修治。⑪ 病：贫困。与：亲近。藏：收敛。⑫ 厚于兵：使军队强大。厚于人：使人民富裕。⑬ 始于人：从富民开始。始于兵：从扩军开始。⑭ 政未能有行：这件政事没能实行。

[原文] 二年，弥乱[1]。桓公又告管仲曰：“欲缮兵[2]。”管仲又曰：“不可。”公不听，果为兵。桓公与宋夫人饮船中，夫人荡船而惧公，公怒，出之，宋受而嫁之蔡侯[3]。明年，公怒告管仲曰：“欲伐宋。”管仲曰：“不可。臣闻内政不修，外举事不济。”公不听，果伐宋。诸侯兴兵而救宋，大败齐师。公怒，归告管仲曰：“请修兵革。吾士不练，吾兵不实，诸侯故敢救吾仇，内修兵革[4]！”管仲曰：“不可，齐国危矣。内夺民用，士劝于勇，乱之本也[5]。外犯诸侯，民多怨也。为义之士，不入齐国，安得无危[6]？”鲍叔曰：“公必用夷吾之言。”公不听，乃令四封之内修兵[7]。关市之政侈之，公乃遂用以勇授禄[8]。鲍叔谓管仲

曰:“异日者,公许子霸,今国弥乱,子将何如⑨?”管仲曰:“吾君惕,其智多诲,姑少胥,其自及也⑩。”鲍叔曰:“比其自及也,国无阙亡乎⑪?”管仲曰:“未也。国中之政,夷吾尚微为,焉乱乎?尚可以待⑫。外诸侯之佐,既无有吾二人者,未有敢犯我者⑬。”明年,朝之争禄相刺,裚领而刎颈者不绝⑭。鲍叔谓管仲曰:“国死者众矣,毋乃害乎⑮?”管仲曰:“安得已然,此皆其贪民也⑯。夷吾之所患者,诸侯之为义者莫肯入齐,齐之为义者莫肯仕,此夷吾之所患也⑰。若夫死者,吾安用而爱之⑱?”

[注释] ① 弥乱:更加混乱。原文“弥乱”在“桓公”下,据文义改。 ② 缮:修治。 ③ 惧公:让齐桓公害怕。出之:把她赶回娘家。宋受而嫁之蔡侯:宋国接回去后把她嫁给了蔡侯。 ④ 练:训练。实:充实。 ⑤ 士劝于勇:鼓励士兵打仗。原文“乱”上有“外”字,据王念孙说删。 ⑥ 为义之士:正义的人。安得:怎么能。 ⑦ 封:边界。 ⑧ 政:同“征”,指税收。侈:增加。乃:于是。遂:就。用以勇授禄:把所得收入用来按勇武授予禄赏。 ⑨ 异日:从前。何如:怎么办。 ⑩ 以上四句意思是:我们的君主性急,但他的智慧足以使他感到后悔,还是暂且稍等,让他自己觉悟吧。诲:同“悔”。胥:待。 ⑪ 比:等到。无:不就。阙亡:毁坏灭亡。 ⑫ 微为:暗中治理。微:隐。焉乱乎:怎么会乱呢?尚可以待:还可以等待一段时间。 ⑬ 佐:辅佐之人。 ⑭ 争禄相刺:为了争夺爵禄相互残杀。裚:同“折”。领:项颈,脖子。 ⑮ 毋乃:岂不。害:危害,损害。 ⑯ 安得已然:怎么会这样?贪民:贪图爵禄的人。 ⑰ 患:担心。 ⑱ 若夫:至于。安:何,为什么。

[原文] 公又内修兵。三年,桓公将伐鲁,曰:“鲁与寡人近,于是其救宋也疾,寡人且诛焉①。”管仲曰:

"不可。臣闻有土之君,不勤于兵,不忌于辱,不辅其过,则社稷安②。勤于兵,忌于辱,辅其过,则社稷危。"公不听。兴师伐鲁,造于长勺③。鲁庄公兴师逆之,大败之④。桓公曰:"吾兵犹尚少,吾参围之,安能圉我⑤?"

[注释] ① 疾:快。且:将,先。 ② 忌于辱:忌恨所受的侮辱。辅其过:扩大过错。辅:助。 ③ 造:至,到。长勺:鲁地名,在今山东曲阜境内。 ④ 逆:迎战。 ⑤ 参围之:包围三层。安:怎么。圉:抵抗。

[原文] 四年,修兵,同甲十万,车五千乘①。谓管仲曰:"吾士既练,吾兵既多,寡人欲服鲁。"管仲喟然叹曰②:"齐国危矣,君不竞于德而竞于兵,天下之国,带甲十万者不鲜矣③。吾欲发小兵以服大兵,内失吾众。诸侯设备,吾人设诈,国欲无危,得已乎④?"公不听,果伐鲁。鲁不敢战,去国五十里而为之关⑤。鲁请比于关内,以从于齐,齐亦毋复侵鲁⑥。桓公许诺。鲁人请盟,曰:"鲁小国也,固不带剑,今而带剑,是交兵闻于诸侯,君不如已,请去兵⑦。"桓公曰:"诺。"乃令从者毋以兵。管仲曰:"不可。诸侯加忌于君,君如是以退,可⑧。君果弱鲁君,诸侯又加贪于君⑨。后有事,小国弥坚,大国设备,非齐国之利也⑩。"桓公不听。管仲又谏曰:"君必不去,鲁胡不用兵⑪?曹刿之为人也,坚强以忌,不可以约取也⑫。"桓公不听,果与之遇。庄公自怀剑,曹刿亦怀剑。践坛,庄公抽剑其怀曰:"鲁之境去国五十里,亦无不死而已⑬。"左揕桓公,右自承曰:"均之死也,戮死于君前⑭。"管仲走君,曹

刿抽剑当两阶之间，曰："二君将改图，无有进者[15]！"管仲曰："君与地，以汶为竟[16]。"桓公许诺，以汶为竟而归。桓公归而修于政，不修于兵革，自圉，辟人，以过，弭师[17]。

[注释]

①同甲：完整坚固的甲士。同：整齐。 ②喟然：叹息的样子。 ③竞于德：在德行上竞争。带甲：披甲的将士。鲜：少。 ④设备：设兵防备。设诈：施行欺诈。得已：能行。已：停止。 ⑤去：距离。国：国都。关：边界的关卡。 ⑥比于关内：和齐国境内的封邑一样。比：等。从：服从。毋复：不再。 ⑦固：当然。今：如果。是交兵闻于诸侯：这就成了两国交战而传闻于各国诸侯。已：止，指不带剑。兵：指刀剑等兵器。 ⑧加忌于君：对国君您很忌恨。如是以退：就这样告退。 ⑨弱：削弱，指接受了鲁国的土地。加贪于君：把贪名加在您头上。 ⑩弥坚：更加坚强。非齐国之利：对齐国没有好处。 ⑪必不去：坚持不去掉兵器。胡：怎么能。 ⑫曹刿：鲁大夫。坚强以忌：坚强而狠毒。忌：同"惎"，狠毒。以约取：用盟约取信。 ⑬践坛：登上盟誓的台子。践：踩，蹬。无不死：没有不死的道理，即只有一死。 ⑭揕：读音 zhèn，刺。自承：放在自己身上。均之死：都是死。均：等，同。 ⑮走君：跑向国君。当两阶之间：站在两阶之间。改图：改议。无有进者：任何人不准上前。 ⑯与：给予。汶：汶水。竟：同"境"。 ⑰自圉：自己慎守边境。辟人：不干涉别国。辟：同"避"。以过：改正过错。以：同"已"。弭师：息兵。弭：止。

[原文]

五年，宋伐杞①。桓公谓管仲与鲍叔曰："夫宋，寡人固欲伐之，无若诸侯何②。夫杞，明王之后也。今宋伐之，予欲救之，其可乎？"管仲对曰："不可。臣闻内政之不修，外举义不信③。君将外举义，以行先之，则诸侯可令附④。"桓公曰："于此不救，后无以伐宋⑤。"管仲曰："诸侯之君，不贪于土。

贪于土必勤于兵，勤于兵必病于民，民病则多诈[6]。夫诈密而后动者胜，诈则不信于民[7]。夫不信于民则乱，内动则危于身[8]。是以古之人闻先王之道者，不竞于兵。”桓公曰：“然则奚若[9]？”管仲对曰：“以臣则不而令人以重币使之[10]。使之而不可，君受而封之[11]。”桓公问鲍叔曰：“奚若？”鲍叔曰：“公行夷吾之言。”公乃命曹孙宿使于宋。宋不听，果伐杞。桓公筑缘陵以封之，予车百乘，甲一千[12]。明年，狄人伐邢，邢君出致于齐，桓公筑夷仪以封之，予车百乘，卒千人[13]。明年，狄人伐卫，卫君出致于虚，桓公且封之[14]。隰朋、宾胥无谏曰：“不可。三国所以亡者，绝以小[15]。今君蕲封亡国，国尽若何[16]？”桓公问管仲曰：“奚若？”管仲曰：“君有行之名，安得有其实，君其行也[17]。”公又问鲍叔，鲍叔曰：“君行夷吾之言。”桓公筑楚丘以封之，与车三百乘，甲五千[18]。既以封卫，明年，桓公问管仲：“将何行？”管仲对曰：“公内修政而劝民，可以信于诸侯矣[19]。”君许诺，乃轻税，弛关市之征，为赋禄之制[20]。既已，管仲又请曰：“问病，臣愿赏而无罚，五年诸侯可令傅[21]。”公曰：“诺。”既行之，管仲又请曰：“诸侯之礼，令齐以豹皮往，小侯以鹿皮报；齐以马往，小侯以犬报。”桓公许诺，行之。管仲又请赏于国以及诸侯，君曰：“诺。”行之。管仲赏于国中，君赏于诸侯。诸侯之君有行事善者，以重币贺之；从列士以下有善者，衣裳贺之[22]；凡诸侯之臣有谏其君而善者，以玺问之，以信其言[23]。公既行之，又问管仲曰："何行？"管仲曰："隰朋聪明捷给，可令为东国[24]。宾胥无坚强以良，可以为西土。卫国之教，危傅以利[25]。公子开方之为人也，慧以给，不能久而乐始，可游于卫[26]。鲁邑之教，好逊而训于礼[27]。季友之为人也，恭以精，博于礼，多小信，可游于鲁[28]。楚国之教，巧文以利，不好立大义，而好立小信[29]。蒙孙博于教，而文巧于辞，不好立大义，而好结小信，可游于楚[30]。小侯既服，大侯既附，夫如是，则始可以施政矣。"君曰："诺。"乃游公子开方于卫，游季友于鲁，游蒙孙于楚。

［注释］ ① 杞：国名，周武王封夏禹的后代于此，即今河南杞县。 ② 固：本来。无若诸侯何：对于救宋的诸侯无可奈何。 ③ 举义：兴义兵。不信：得不到信服。 ④ 以行先之：先修自己的德行。附：亲近，归附。 ⑤ 无以：没有理由。 ⑥ 病于民：使人民贫穷。病：困乏。诈：欺骗。 ⑦ 诈密而后动者胜：欺诈的行动能保密，然后再发动军事进攻，可以获胜。 ⑧ 内动：国内动乱。 ⑨ 奚若：怎么办。奚：何。 ⑩ 不：读为"否"，不这样办，指兴兵伐宋救杞。使之：出使，与之交涉。 ⑪ 受而封之：接纳杞君，筑城封赐给他。 ⑫ 缘陵：城名。在今山东昌乐县东南，一名营陵。 ⑬ 致：至。夷仪：城名。在今河北邢台县西。 ⑭ 虚：地名。且：将。 ⑮ 绝：止，只。以：因为。 ⑯ 蕲：通"祈"，求。原文为"簕"，据孙星衍说改。 ⑰ 以上三句的意思是：您有了封亡国的名声，然后才能享有由此而来的好处，您还是封吧。安：同"爰"，乃。实：实际利益。 ⑱ 楚丘：城名。在今河南滑县东。 ⑲ 劝：勉励。信于诸侯：取信于诸侯。 ⑳ 弛：松弛，放松。关市之征：关卡、市场所征的税。为：建立。赋禄之制：授予俸禄的制度。赋：给予。 ㉑ 问病：慰问贫困者。傅：通"附"，归附。 ㉒ 衣裳贺之：送给他衣服表示祝贺。 ㉓ 问：慰问。信：验证。 ㉔ 捷给：敏捷。给：言语便捷。为东国：出使东方各国。 ㉕ 教：教

化。危傅以利：诡薄而好利。危：通“诡”。傅：通“薄”。 ㉖慧：智慧。久：持久。乐始：乐于开创。游：出使。 ㉗逊：谦逊。原文为“迩”，据戴望说改。训：顺。 ㉘恭：恭敬。精：专一。礼：原文为“粮”，据刘绩说改。 ㉙巧文以利：巧于文辞而好利。 ㉚文巧于辞：巧于文辞。

［原文］

五年，诸侯附。狄人伐，桓公告诸侯曰：“请救伐[1]。大侯车二百乘，卒二千人；小侯车百乘，卒千人。”诸侯皆许诺。齐车千乘，卒先致缘陵，战于后，故败狄[2]。其车甲与货，小侯受之，大侯近者，以其县分之，不践其国[3]。北州侯莫来，桓公遇南州侯于召陵，曰：“狄为无道，犯天子令，以伐小国。以天子之故，敬天之命，令以救伐。北州侯莫至，上不听天子令，下无礼诸侯，寡人请诛于北州之侯[4]。”诸侯许诺。桓公乃北伐令支，下凫之山，斩孤竹，遏山戎[5]。顾问管仲曰：“将何行？”管仲对曰：“君教诸侯为民聚食，诸侯之兵不足者，君助之发，如此则始可以加政矣[6]。”桓公乃告诸侯，必足三年之食，安以其余修兵革[7]。兵革不足以引其事，告齐，齐助之发[8]。既行之，公又问管仲曰：“何行？”管仲对曰：“君会其君臣父子，则可以加政矣[9]。”公曰：“会之道奈何？”曰：“诸侯毋专立妾以为妻，毋专杀大臣，无国劳毋专予禄[10]；士、庶人毋专弃妻，毋曲堤，毋贮粟，毋禁材[11]。行此卒岁，则始可以罚矣[12]。”君乃布之于诸侯，诸侯许诺，受而行之。卒岁，吴人伐縠，桓公告诸侯未徧，诸侯之师竭至，以待桓公[13]。桓公以车千乘会诸侯于竟，都师未至，吴人逃[14]。

诸侯皆罢。桓公归,问管仲曰:“将何行?”管仲曰:“可以加政矣。”曰:“从今以往二年,適子不闻孝,不闻爱其弟,不闻敬老国良,三者无一焉,可诛也⑮。诸侯之臣及国事,三年不闻善,可罚也⑯。君有过,大夫不谏,士、庶人有善,而大夫不进,可罚也。士、庶人闻之吏贤孝悌,可赏也⑰。”桓公受而行之,近侯莫不请事,兵车之会六,乘车之会三,飨国四十有二年⑱。

[注释] ① 伐:攻伐,侵略。原文“伐”下有“诸侯许诺”,据王念孙说删。 ② 卒:步卒。致:至。 ③ 县:狄人的县。践:践踏。国:都城。 ④ 诛:责罚。 ⑤ 令支:古国名,其地在今河北省滦县、迁安县之间,后为齐所灭。下:攻取。遏:抑制。原文为“遇”,据陶鸿庆说改。 ⑥ 助之发:在其发兵时帮助他。加政:对诸侯发号施令。 ⑦ 安:乃。 ⑧ 引:益,足。 ⑨ 会:稽查,考核。 ⑩ 毋:不准,不要。专:擅自。 ⑪ 曲堤:筑堤防。贮粟:囤积粮食。禁材:封禁自然资源。 ⑫ 卒:终。罚:惩罚不遵从者。 ⑬ 穀:齐邑,在今山东东阿县。徧:同“遍”。竭:尽。 ⑭ 竟:同“境”。都师:国都的军队。 ⑮ 以往:以后。適子:嫡子,正妻所生之子。国良:国家的贤良。 ⑯ 及:参与,办理。 ⑰ 士、庶人闻之吏贤孝悌:士和庶人有以贤良孝悌闻于官吏的。 ⑱ 近侯:邻近的诸侯。请事:请求事奉。兵车:指战争。乘车:指友好。飨国:享有国家。飨:同“享”。

[原文] 桓公践位十九年,弛关市之征,五十而取一①。赋禄以粟,案田而税②。二岁而税一,上年什取三,中年什取二,下年什取一③;岁饥不税,岁饥弛而税④。

[注释] ① 弛:放松,减轻。五十而取一:收取五十分之一。 ② 赋:田赋。禄:通“录”,取。以粟:按粮食计算。案:根据。税:征收。

③ 二岁而税一：两年征税一次。上年：上等年景。什取三：征收十分之三。　　④ 岁饥弛而税：饥荒缓解后再收税。弛：放松，缓解。而：则、就。

［原文］

桓公使鲍叔识君臣之有善者，晏子识不仕与耕者之有善者，高子识工贾之有善者[①]。国子为李，隰朋为东国，宾胥无为西土，弗郑为宅[②]。凡仕者近宫，不仕与耕者近门，工贾近市[③]。三十里置遽，委焉，有司职之[④]。凡诸侯欲通，吏从行者，令一人为负以车[⑤]；若宿者，令人养其马，食其委[⑥]。客与有司别契，至国入契费[⑦]。义数而不当，有罪[⑧]。凡庶人欲通乡，吏不通，七日，囚[⑨]。士欲通，吏不通，五日，囚[⑩]。贵人子欲通，吏不通，三日，囚。凡县吏进诸侯士而有善，观其能之大小以为之赏，有过无罪。令鲍叔进大夫，劝国家，得之成而不悔，为上举[⑪]。从政治，野为原又多不发，起讼不骄，次之[⑫]。劝国家，得之成而悔，从政虽治而不能，野原又多发，起讼骄，为下[⑬]。令晏子进贵人之子，出不仕，处不华，而友有少长，为上举[⑭]；得二为次，得一为下[⑮]。士处靖，敬老与贵，交不失礼，行此三者，为上举[⑯]；得二为次，得一为下。耕者农农用力，应于父兄，事贤多，行此三者，为上举[⑰]；得二为次，得一为下。令高子进工贾，应于父兄，事长养老，承事敬，行此三者，为上举[⑱]；得二者为次，得一者为下。令国子以情断狱[⑲]。三大夫既已选举，使县行之。管仲进而举言，上而见之于君，以卒年君举[⑳]。管仲告鲍叔曰："劝国家，不得成而悔，从政不治不能，野原又多而发，讼骄，凡三者，有罪无赦。”告晏子曰：“贵人子处华，下交，好饮食，行此三者，有罪无赦㉑。士出入无常，不敬老而营富，行此三者，有罪无赦㉒。耕者出入不应于父兄，用力不农，不事贤，行此三者，有罪无赦。”告高子曰：“工贾出入不应父兄，承事不敬，而违老治危，行此三者，有罪无赦㉓。凡于父兄无过，州里称之，吏进之，君用之，有善无赏，有过无罚。吏不进，旷怠㉔。于父兄无过，于州里莫称，吏进之，君用之，善为上赏，不善吏有罚。”君谓国子：“凡贵贱之义，入与父俱，出与师俱，上与君俱㉕。凡三者，遇贼不死，不知贼，则无赦㉖。断狱情与义易，义与禄易，易禄无敛，有可无赦㉗。”

［注释］ ① 识：辨别，考察。君：通“群”。工贾：工匠与商人。 ② 李：同“理”，掌管刑狱的官员。宅：掌管住宅的官员。 ③ 宫：宫廷。门：城门。市：市场。 ④ 遽：驿车，这里指驿站。委焉：在那里储积所需物品。委：积累。焉：在那里。职：掌管。 ⑤ 凡：原文为“从”，据许维遹说改。通：指通使等外交活动。为负以车：用车为他们运载行装。负：担负，运载。 ⑥ 宿：住宿。食：给……吃，喂养。委：所积贮的食物。 ⑦ 别契：分别各持契券。入：缴纳。 ⑧ 义：同“仪”，礼仪。 ⑨ 以上四句的意思是：平民百姓要向乡里反映情况，官吏拖延、阻碍，超过七天，要施以囚禁的处罚。 ⑩ 士：原文为“出”，据刘绩说改。 ⑪ 劝国家：勤勉于国事。得之成：得到成功。之：其。 ⑫ 治：政事得到治理。为：与。发：通“废”，荒废。起讼：受理诉讼案件。骄：通“矫”，以巧诈用法。原文“政治”下有“为次”，据王引之说删。 ⑬ 不能：没有才能。原文“为下”上有“行此三者”，涉下而衍，据王念孙说删。 ⑭ 不仕：淡泊功名，不想做官。处不华：居处简朴，不奢侈。 ⑮ 得二：具备以上两条的。 ⑯ 靖：恭敬谨慎。 ⑰ 农农：勤

勉的样子。应:顺。事贤多:事情干得好而且多。 ⑱ 承事敬:恭敬地对待所接受的任务。 ⑲ 情:实情。狱:案件。 ⑳ 举言:全面汇报选拔工作情况。举:尽,全。见:引见,推荐。以卒年:等到年终。以:及。举:举用。 ㉑ 下交:与坏人交往。 ㉒ 营富:谋利求富。

㉓ 高子:原文为"国子",据何如璋、陶鸿庆说改。违:背弃。治:行止。危:借为"诡",诡计。 ㉔ 旷怠:失职。原文为"廉意",据刘师培说改。 ㉕ 义:同"仪"。与父俱:与父亲在一起则贵贱俱备,父贵子贱。 ㉖ 遇贼不死:遇到这三条贵贱之仪受到侵害而不以死保护。贼:残害。不知贼:不知道而损害了。 ㉗ 情:人情。义:义理。禄:爵禄。易:交换。原文"无敛"上有"可",据郭沫若说删。有可无赦:有以上情况的,罪不可赦。以上四句意思是:断案,以人情代替公理,以爵禄代替公理,以此换取俸禄而不收敛,罪不可赦。

中匡第十九

［解题］

《大匡》、《小匡》两篇都是按年代记叙有关史实，本篇不同，所记为管仲与齐桓公的问答，内容为管仲向齐桓公讲述为身、为国、为天下以及成霸业之道。

［原文］

管仲会国用，三分二在宾客，其一在国[①]。管仲惧而复之。公曰："吾子犹如是乎[②]？四邻宾客，入者说，出者誉，光名满天下[③]；入者不说，出者不誉，污名满天下。壤可以为粟，木可以为货，粟尽则有生，货散则有聚[④]。君人者，名之为贵，财安可有[⑤]？"管仲曰："此君之明也。"公曰："民办军事矣，则可乎[⑥]？"对曰："不可，甲兵未足也。请薄刑罚，以厚甲兵[⑦]。"于是死罪不杀，刑罪不罚，使以甲兵赎。死罪以犀甲一戟，刑罪以胁盾一戟[⑧]。过罚以金钧，无所抑而讼者，成以束矢[⑨]。公曰："甲兵既足矣，吾欲诛大国之不道者，可乎[⑩]？"对曰："爱四封之内，而后可以恶竟外之不善者[⑪]；安卿大夫之家，而后可以危救敌之国[⑫]；赐小国地，而后可以诛大国之不道者；举贤良，而后可以废慢法鄙贱之民[⑬]。是故先王必有置也，而后必有废也；必有利也，而后必有害也。"桓公曰："昔三王者，既弑其君，今言仁义，则必以三王为法度，不识其故何也[⑭]？"对曰："昔者禹平治天下，及桀而乱之，汤放桀，以定禹功也[15]。汤平治天下，及纣而乱之，武王伐纣，以定汤功也。且善之伐不善也，自古至今，未有改之，君何疑焉？”公又问曰：“古之亡国其何失[16]？”对曰：“计得地与宝而不计失诸侯，计得财委而不计失百姓，计见亲而不计见弃[17]。三者之属一足以削，遍而有者亡矣[18]。古之隳国家、陨社稷者，非故且为之也，必少有乐焉，不知其陷于恶也[19]。”

[注释] ① 会：统计。国用：国家财政支出。在宾客：用于接待国外的宾客。

② 子：先生。犹如是：还至于这样。 ③ 说：通“悦”。光名：美名。 ④ 为：产生，制造。货：商品。 ⑤ 财安可有：钱财何必在意。安：焉。可：通“何”。 ⑥ 民办军事：人民参与军事行动。办：办理，从事。 ⑦ 薄：减轻。厚：增加。甲兵：铠甲兵器。 ⑧ 犀甲：犀牛皮制成的铠甲。戟：合戈矛为一体，既有直刃又有横刃的兵器。罪：原文为“罚”，据王引之说改。胁盾：保护胁部的盾牌。 ⑨ 钧：重量单位，三十斤为一钧，原文为“军”，声近而误，据王引之说改。抑：压制，指冤枉。原文为“计”，据苏舆说改。成以束矢：拿一束箭来抵其罪。成：平。 ⑩ 诛：征伐。不道：无道。 ⑪ 封：边界。竟：同“境”。

⑫ 危：危害。救：通“仇”。 ⑬ 废：废弃。慢法：无视法令。

⑭ 三王：指夏禹、商汤、周武王。既：已经。弑：下杀上、臣杀君叫弑。识：知。 ⑮ 及：到。放：流放。 ⑯ 其何失：他们的错误是什么。

⑰ 计：计较，考虑。委：积累。见亲：所亲信的。见：被。见弃：所抛弃的。 ⑱ 属一：具备一条。削：被削弱。遍：全。 ⑲ 隳：毁坏。陨：败坏。故：故意。且：语助词。少：稍微。

[原文] 桓公谓管仲曰：“请致仲父①。”公与管仲而将饮之，掘新井而柴焉②。十日斋戒，召管仲。管仲至，公执爵，夫人执尊，觞三行，管仲趋出③。公怒曰：“寡人斋戒十日而饮仲父，寡人自以为修矣，仲

父不告寡人而出，其故何也[4]？”鲍叔、隰朋趋而出，及管仲于途[5]。曰：“公怒。”管仲反，入，倍屏而立，公不与言[6]。少进中庭，公不与言，少进傅堂[7]。公曰：“寡人斋戒十日而饮仲父，自以为脱于罪矣。仲父不告寡人而出，未知其故也。”对曰：“臣闻之，沉于乐者洽于忧，厚于味者薄于行，慢于朝者缓于政，害于国家者危于社稷，臣是以敢出也[8]。”公遽下堂曰[9]：“寡人非敢自为偷也，仲父年长，虽寡人亦衰矣，吾愿一朝安仲父也[10]。”对曰：“臣闻壮者无怠，老者无偷，顺天之道，必以善终者也。三王失之也，非一朝之萃，君奈何其偷乎[11]？”管仲走出，君以宾客之礼再拜送之。明日，管仲朝，公曰：“寡人愿闻国君之信[12]。”对曰：“民爱之，邻国亲之，天下信之，此国君之信。”公曰：“善。请问信安始而可[13]？”对曰：“始于为身，中于为国，成于为天下[14]。”公曰：“请问为身。”对曰：“道血气，以求长年、长心、长德，此为身也[15]。”公曰：“请问为国。”对曰：“远举贤人，慈爱百姓，外存亡国，继绝世，起诸孤，薄税敛，轻刑罚，此为国之大礼也[16]。法行而不苛，刑廉而不赦，有司宽而不凌，菀浊困滞者，法度不亡，往行不来，而民游世矣，此为天下也[17]。”

［注释］ ① 请致仲父：请仲父到我这里来。仲父：桓公对管仲的尊称。② 与：读为“预”，约定。原文“管仲”下有“父”，涉上文而衍，今删。柴：用柴草覆盖，保持井水纯净，以示恭敬。 ③ 爵：酒爵。尊：酒杯。觞三行：酒过三巡。趋：快步走。 ④ 寡人：古代君主自己的谦称。修：恭敬。 ⑤ 及：赶上。 ⑥ 反：同“返”。屏：宫中对着正门的小墙。 ⑦ 少：稍微。傅：通“薄”，迫，接近。 ⑧ 沉于乐者洽于忧：

沉湎于安乐的就会遭受忧患。洽:沾染。厚于味者薄于行:追求口味厚重的其德行就薄。慢:怠慢。朝:听朝,朝会。缓于政:政事延误。⑨ 遽:赶快,连忙。 ⑩ 自为偷:自己苟且偷安。偷:原文为“修”,据郭沫若说改。安仲父:使仲父安乐。 ⑪ 萃:集。奈何:为什么。⑫ 愿:希望。信:威信。 ⑬ 安始而可:从什么地方着手才行。安:何。 ⑭ 为身:修身。为:治理。成:形成,成功。 ⑮ 道:同“导”,导引。长年:延年。长心、长德:修养心性和德行。 ⑯ 继:续,接。起:起用。诸孤:死于王事的卿大夫的后代。 ⑰ 苛:苛刻。廉:简。凌:严急。菀:通“冤”,有冤者。浊:受辱者。困:走投无路者。滞:冤情不能上达者。者:原文为“皆”,据郭沫若说改。法度不亡:法律保护他们,不使灭亡。来:通“勑”,约束。游世:游于世。

小匡第二十

［解题］

本篇记管仲相齐称霸的史实，起于桓公返齐即位，终于霸业既成，文字与上两篇略有出入，内容与《国语·齐语》大同小异。

［原文］

桓公自莒反于齐，使鲍叔牙为宰。鲍叔辞曰："臣，君之庸臣也，君有加惠于其臣，使臣不冻饥，则是君之赐也[①]。若必治国家，则非臣之所能也，其唯管夷吾乎[②]！臣之所不如管夷吾者五：宽惠爱民，臣不如也；治国不失秉，臣不如也[③]；忠信可结于诸侯，臣不如也；制礼义可法于四方，臣不如也[④]；介胄执枹，立于军门，使百姓皆加勇，臣不如也[⑤]。夫管仲，民之父母也，将欲治其子，不可弃其父母。"公曰："管夷吾亲射寡人，中钩，殆于死，今乃用之，可乎[⑥]？"鲍叔曰："彼为其君动也，君若宥而反之，其为君亦犹是也[⑦]。"公曰："然则为之奈何？"鲍叔曰："君使人请之鲁[⑧]。"公曰："施伯，鲁之谋臣也。彼知吾将用之，必不吾予也[⑨]。"鲍叔曰："君诏使者曰[⑩]：'寡君有不令之臣在君之国，愿请之以戮于群臣[⑪]。'鲁君必诺。且施伯之知夷吾之才，必将致鲁之政[⑫]。夷吾受之，则鲁能弱齐矣。夷吾不受，彼知其将反于齐，必杀之。"公曰："然则夷吾受乎？"鲍叔曰："不受也，夷吾事君无二心。"

公曰："其于寡人犹如是乎⑬？"对曰："非为君也，为先君与社稷之故。君若欲定宗庙，则亟请之，不然，无及也⑭。"公乃使鲍叔行成⑮。曰："公子纠，亲也，请君讨之⑯。"鲁人为杀公子纠。又曰："管仲，仇也，请受而甘心焉。"鲁君许诺。施伯谓鲁侯曰："勿予，非戮之也，将用其政也⑰。管仲者，天下之贤人也，大器也。在楚则楚得意于天下，在晋则晋得意于天下，在狄则狄得意于天下。今齐求而得之，则必长为鲁国忧，君何不杀而受之其尸⑱。"鲁君曰："诺。"将杀管仲。鲍叔进曰："杀之齐，是戮齐也⑲。杀之鲁，是戮鲁也。弊邑寡君愿生得之，以徇于国，为群臣僇⑳。若不生得，是君与寡君贼比也，非弊邑之君所请也，使臣不能受命㉑。"于是鲁君乃不杀，遂生束缚而柙以予齐㉒。鲍叔受而哭之，三举㉓。施伯从而笑之，谓大夫曰："管仲必不死。夫鲍叔之忎，不僇贤人，其智称贤以自成也㉔。鲍叔相公子小白先入得国，管仲、召忽奉公子纠后入，与鲁以战，能使鲁败㉕。功定以得天与失天，其人事一也㉖。今鲁惧，杀公子纠、召忽，囚管仲以予齐，鲍叔知无后事，必将劝管仲以劳其君，愿以显其功㉗。众必予之有得㉘。力死之功，犹尚可加也，显生之功将何如㉙？是昭德以贰君也，鲍叔之知，不是失也㉚。"

[注释] ① 庸：平庸。惠：恩惠。赐：恩赐。 ② 其：大概、或许。 ③ 秉：柄，指政权。 ④ 法于四方：使四方效法。 ⑤ 介胄：披挂盔甲。枹：鼓槌。加：增加。 ⑥ 殆：几乎。 ⑦ 为其君动：为其主而那样的。宥：宽恕。反之：使他回国。反：同"返"。犹是：如此。

⑧ 请之鲁:向鲁国请求。　⑨ 不吾予:不予吾。予:给。⑩ 诏:告诉。　⑪ 寡君:使者对本国国君的谦称。令:好。戮于群臣:在群臣面前杀掉,以为警戒。原文无“于”字,据刘绩说补。⑫ 致鲁之政:把鲁国政权交给他。　⑬ 这句的意思是:他对于我也是这样吗?　⑭ 亟:急。无及:来不及。　⑮ 行成:议和。⑯ 讨:讨伐。　⑰ 将用其政:将任用他,让他执政。　⑱ 长为鲁国忧:将来成为鲁国的忧患。受:同“授”。　⑲ 杀之齐:杀于齐。戮齐:杀齐国的犯人。　⑳ 弊邑:敝国。徇:示众。为群臣僇:杀之以警戒群臣。僇:同“戮”。　㉑ 比:等同。请:要求。原文为“谓”,据刘绩说改。　㉒ 束缚:捆绑。柙:木笼。这里指用木笼关押。　㉓ 三举:三举其声。举:高。指鲍叔牙假装悲痛。　㉔ 忎:古“仁”字。原文为“忍”,据张文虎说改。称贤以自成:举用贤人自成其事。　㉕ 与鲁以战:联鲁与齐战。与:连属。能:乃。　㉖ 这两句意思是:定君位的功劳取决于得天之助与失天之助,但他们所做的努力是一样的。定:原文为“足”,据俞樾说改。以:按照,决定于。　㉗ 劝:鼓励。原文为“勤”,据安井衡说改。劳其君:为君效劳。愿:希望。以:借此。㉘ 予之有得:以有德之名称赞他。予:与,赞同。得:同“德”。㉙ 以上三句意思是:如果为国牺牲的功劳还是可以增加的话,那么,使活人荣显的功劳又是怎样呢?犹:还。尚:尚且。　㉚ 昭德:显示管仲之德。以贰君:使他成为君之副,即立为相。知:同“智”。不是失:不失是,即不错过这个机会。

[原文]　至于堂阜之上,鲍叔祓而浴之三,桓公亲迎之郊①。管仲诎缨插衽,使人操斧而立其后②。公辞斧三,然后退之。公曰:“垂缨下衽,寡人将见。”管仲再拜稽首曰:“应公之赐,杀之黄泉,死且不朽③。”公遂与归,礼之于庙,三酌而问为政焉④。曰:“昔先君襄公,高台广池,湛乐饮酒,田猎罼弋,不听国政⑤。卑圣侮士,唯女是崇,九妃六嫔,陈妾

数千[6]。食必粱肉，衣必文绣，而戎士冻饥[7]。戎马待游车之弊，戎士待陈妾之余[8]。倡优侏儒在前，而贤大夫在后[9]。是以国家不日益，不月长。吾恐宗庙之不扫除，社稷之不血食，敢问为之奈何[10]？”管子对曰：“昔吾先王周昭王、穆王世法文武之远迹，以成其名。合群叟，比校民之有道者，设象以为民纪[11]。式美以相应，比缀以书，原本穷末[12]。劝之以庆赏，纠之以刑罚，班叙其颠旄，赐予以镇抚之，以为民终始[13]。”公曰：“为之奈何？”管子对曰：“昔者圣王之治其民也，参其国而伍其鄙[14]。定民之居，成民之事，以为民纪。谨用其六秉，如是而民情可得，而百姓可御[15]。”桓公曰：“六秉者何也？”管子曰：“杀、生、贵、贱、贫、富，此六秉也。”桓公曰：“参国奈何？”管子对曰：“制国以为二十一乡[16]：商工之乡六，士农之乡十五。公帅十一乡，高子帅五乡，国子帅五乡。参国故为三军。公立三官之臣：市立三乡，工立三族，泽立三虞，山立三衡[17]。制五家为轨，轨有长；十轨为里，里有司；四里为连，连有长；十连为乡，乡有良人；三乡一帅[18]。”桓公曰：“五鄙奈何？”管子对曰：“制五家为轨，轨有长；六轨为邑，邑有司；十邑为率，率有长；十率为乡，乡有良人；三乡为属，属有帅。五属一大夫。武政听属，文政听乡，各保而听，毋有淫佚者[19]。”

［注释］　①堂阜：齐地名，在今山东省蒙阴县西北。祓：古代除凶灾的仪式。浴之：让管仲沐浴。三：三次。之：至。　②诎缨插衽：垂下帽缨，挽起衣襟，表示将要受戮。诎：同“屈”，垂。插：挽起衣襟插入衣带。③再拜：拜了两次。稽首：磕头，以头触地。应：承受。且：将。

④ 遂:于是。与归:与之归。礼:以礼相见。酌:斟酒。 ⑤ 湛:通"耽",沉溺。罼:读音 bì,同"毕",捕鸟兽的网,小而柄长。弋:以绳系箭射取猎物。 ⑥ 卑:卑视。侮:侮辱。崇:宠信。陈:列。 ⑦ 粱:精米。文:文采。戎士:战士。 ⑧ 弊:败坏。 ⑨ 倡优:歌妓艺人。侏儒:供娱乐的矮人。 ⑩ 不扫除:无人打扫。不血食:无人祭祀。 ⑪ 叟:德高望重的老者。原文为"国",据《国语·齐语》改。比校:考察选择。校:试。象:榜样,典型。纪:纲纪,标准。 ⑫ 式:同"试",行。原:考求。穷:追究。以上三句意思是:行为好,与榜样相同的,联系对比,书写在简册上,推求其原因。 ⑬ 劝:鼓励。班叙其颠旄:按头顶的毛发排列其长幼次序。班叙:原文为"粪除",据俞樾说改。颠:头顶。旄:同"毛"。镇抚:安抚。以为民终始:用来作为治理人民的正常制度。终始:常规。 ⑭ 参其国:把国都划分为三部分。伍其鄙:把国都以外的地区划分为五部分。 ⑮ 谨:谨慎。秉:权柄。御:统治。 ⑯ 制:制定,划分。 ⑰ 三官之臣:三国官府的官吏。乡:官职名。工:手工业。族:官职名。虞:主管湖泽的官员。衡:主管山林的官员。 ⑱ 轨、里、连、乡:都是各级行政单位的名称,下文邑、率、属同。长、司、良人、帅:都是各级行政官职名称。 ⑲ 各保而听:各司其职。淫佚:过度放纵,失职。

[原文]

桓公曰:"定民之居,成民之事,奈何?"管子对曰:"士农工商四民者,国之石民也,不可使杂处①。杂处则其言哤,其事乱②。是故圣王之处士必于闲燕,处农必就田野,处工必就官府,处商必就市井③。令夫士群萃而州处,闲燕则父与父言义,子与子言孝,其事君者言敬,长者言爱,幼者言弟④。旦昔从事于此,以教其子弟,少而习焉,其心安焉,不见异物而迁焉⑤。是故其父兄之教不肃而成,其子弟之学不劳而能⑥。夫是故士之子常为士。令夫农群萃而州处，审其四时，权节其用，备其械器，比耒耜耞芟[7]。及寒击槁除田，以待时乃耕[8]。深耕、均种、疾耰，先雨芸耨，以待时雨[9]。时雨既至，挟其枪刈耨镈，以旦暮从事于田野，税衣就功，别苗莠，列疏遬[10]。首戴苎蒲，身服袯襫，沾体涂足，暴其发肤，尽其四支之力，以疾从事于田野[11]。少而习焉，其心安焉，不见异物而迁焉。是故其父兄之教不肃而成，其子弟之学不劳而能。是故农之子常为农，朴野而不慝，其秀才之能为士者，则足赖也[12]。故以耕则多粟，以仕则多贤，是以圣王敬农戚农[13]。令夫工群萃而州处，相良材，审其四时，辨其功苦，权节其用，论比计制断器，尚完利[14]。相语以事，相示以功，相陈以巧，相高以知[15]。旦昔从事于此，以教其子弟，少而习焉，其心安焉，不见异物而迁焉。是故其父兄之教不肃而成，其子弟之学不劳而能。夫是故工之子常为工。令夫商群萃而州处，观凶饥，审国变，察其四时而监其乡之货，以知其市之贾[16]。负任担荷，服牛辂马，以周四方[17]。料多少，计贵贱，以其所有，易其所无，买贱鬻贵[18]。是以羽旄不求而至，竹箭有余于国，奇怪时来，珍异物聚[19]。旦昔从事于此，以教其子弟。相语以利，相示以时，相陈以知贾[20]。少而习焉，其心安焉，不见异物而迁焉。是故其父兄之教不肃而成，其子弟之学不劳而能。夫是故商之子常为商。相地而衰其政，则民不移矣[21]。正旅旧，则民不惰[22]。山泽各以其时至，则民不苟[23]。陵陆、丘井、田畴均则民不惑，无夺民时则百姓富，牺牲不劳则牛马育㉔。”

[注释] ① 石民：柱石之民，即国家的根本。石：坚固如石。 ② 哤：读音 máng，言语杂乱。 ③ 处：安置。闲燕：清静，这里指清静之地。

④ 令：原文为“今”，据《国语·齐语》改，下同。萃：集。州处：聚居。闲燕：清闲。言：讲论。弟：同“悌”。 ⑤ 旦昔：朝夕。昔：通“夕”。 ⑥ 肃：急。不劳而能：不用费力也就学会了。 ⑦“权节其用，备其械器”：原文为“权节具备其械器用”，据刘绩说改。权节其用：衡量调节其生产费用。备其械器：备好生产工具。比耒耜枷芟：修理耒耜枷芟。比：比较、修治。耒耜：耕具。枷：打谷用的连枷。芟：收割用的镰。原文为“比耒耜谷芨”，据《国语·齐语》改。 ⑧ 及：等到。槁：通“稿”，干草。除田：修整农田。 ⑨ 疾：急，快。耰：下种后用土覆盖叫耰。芸：通“耘”，锄。耨：除草。 ⑩ 枪：掘土除草的农具。刈：镰。耨：除草的农具。镈：锄草的农具，锄头。税：通“脱”。功：劳动。莠：田间杂草。列：排列。遬：通“数”，密。 ⑪ 苎蒲：指用苎麻和蒲草编的草帽。袯襫：读音 bó shì，遮雨的蓑衣。疾：力。 ⑫ 朴野而不慝：质朴无邪。慝：邪恶。秀才：优秀的人才。足赖：足以信赖。

⑬ 敬农：原文为“敬畏”，据王念孙说改。戚：亲近。 ⑭ 相：察看。功：质量好。苦：质量差。论比计制断器：根据等级规格制造器物。尚完利：追求完美精致。尚：崇尚，重视。 ⑮ 陈：陈述。巧：技术。相高以知：用智慧来相互提高。原文“知”下有“事”，据陶鸿庆说删。

⑯ 监：监察，监视。贾：价。 ⑰ 辂马：套马于车。周：周游。

⑱ 料：估计，预料。买贱鬻贵：贱买贵卖。鬻：卖。 ⑲ 羽：雉羽。旄：旄牛尾。奇怪：奇特古怪的物品。珍异：珍贵奇异的物品。物：聚。

⑳ 知贾：所知之物价。 ㉑ 相地而衰其政：根据土地的好坏确定征税的等次。相：视。衰：差别。政：同“征”。 ㉒ 正旅旧：行政依照先王成法。正：同“政”。旅：陈。 ㉓ 各以其时至：各自按时开放。苟：苟且行事，贪图一时之利。 ㉔ 牺牲：祭祀用的牲畜。劳：取。育：繁殖。

[原文]

桓公又问曰："寡人欲修政以干时于天下，其可乎①？"管子对曰："可。"公曰："安始而可②？"管子对曰："始于爱民。"公曰："爱民之道奈何？"管子对曰："公修公族，家修家族，使相连以事，相及以禄，则民相亲矣③。放旧罪，修旧宗，立无后，则民殖矣④。省刑罚，薄赋敛，则民富矣。乡建贤士，使教于国，则民有礼矣。出令不改，则民正矣。此爱民之道也。"公曰："民富而以亲，则可以使之乎⑤？"管子对曰："举财长工以止民用，陈力尚贤以劝民知，加刑无苛以济百姓⑥。行之无私，则足以容众矣；出言必信，则令不穷矣⑦。此使民之道也。"

[注释]

① 干：求取。时：诸侯按时集会。 ② 安始而可：从什么地方开始才行。安：何。 ③ 修：治理。相及以禄：俸禄相互补充。及：足。 ④ 放：舍弃。修：整顿。立无后：为家族无继承人者立嗣。 ⑤ 以：已。 ⑥ 举财长工：开辟财源补助功役。长：增补。止：足。陈：陈列，选拔。力：有能力的人。劝：鼓励。知：同"智"。苛：苛刻。 ⑦ 穷：困，行不通。

[原文]

桓公曰："民居定矣，事已成矣，吾欲从事于天下诸侯，其可乎①？"管子对曰："未可。民心未吾安②。"公曰："安之奈何？"管子对曰："修旧法，择其善者，举而严用之③；慈于民，予无财，宽政役，敬百姓，则国富而民安矣。"公曰："民安矣，其可乎？"管仲对曰："未可。君若欲正卒伍，修甲兵，则大国亦将正卒伍，修甲兵。君有征战之事，则小国诸侯之臣有守圉之备矣④。然则难以速得意于天下⑤。公欲速得意于天下诸侯，则事有所隐，而政有所寓[6]。”公曰：“为之奈何？”管子对曰：“作内政而寓军令焉。为高子之里，为国子之里，为公里，三分齐国，以为三军。择其贤民，使为里君。乡有行伍、卒长，则有制令[7]。且以田猎，因以赏罚，则百姓通于军事矣[8]。”桓公曰：“善。”于是乎管子乃制五家以为轨，轨为之长；十轨为里，里有司；四里为连，连为之长；十连为乡，乡有良人，以为军令。是故五家为轨，五人为伍，轨长率之。十轨为里，故五十人为小戎，里有司率之。四里为连，故二百人为卒，连长率之。十连为乡，故二千人为旅，乡良人率之。五乡一帅，故万人一军，五乡之帅率之[9]。三军故有中军之鼓，有高子之鼓，有国子之鼓。春以田曰蒐，振旅，秋以田曰狝，治兵[10]。是故卒伍政，定于里，军旅政，定于郊。内教既成，令不得迁徙。故卒伍之人，人与人相保，家与家相爱，少相居，长相游，祭祀相福，死丧相恤，祸福相忧，居处相乐，行作相和，哭泣相哀[11]。是故夜战其声相闻，足以无乱。昼战其目相见，足以相识，欢欣足以相死。是故以守则固，以战则胜。君有此教士三万人，以横行于天下，诛无道，以定周室，天下大国之君莫之能圉也[12]。

［注释］ ① 从事于天下诸侯：意谓称霸于天下诸侯。 ② 未吾安：未安吾，没有安定倾向于我。 ③ 修：循，按照。严：敬。 ④ 守圉：防守。圉：通“御”。 ⑤ 然：这样。则：那么。速：快。 ⑥ 隐：隐藏。寓：寄托。 ⑦ 行伍：古代军队编制，五人为伍，二十五人为行。有：原文为“其”，据《通典》所引改。制令：制度与号令。 ⑧ 且：而且。以田猎：用这种编制进行田猎。因以赏罚：根据功劳进行赏罚。 ⑨ 帅：原文为“师”，据《国语·齐语》及本篇文改。 ⑩ 蒐：春猎。

狝：秋猎。振旅、治兵：泛指整顿训练军队。⑪ 相：互相。福：求福。恤：抚恤。⑫ 教士：训练有素的士卒。圉：通“御”。

[原文]

正月之朝，乡长复事，公亲问焉①。曰：“于子之乡，有居处为义好学、聪明质仁、慈孝于父母、长弟闻于乡里者，有则以告，有而不以告，谓之蔽贤，其罪五②。”有司已于事而竣③。公又问焉，曰：“于子之乡，有拳勇股肱之力，筋骨秀出于众者，有则以告，有而不以告，谓之蔽才，其罪五④。”有司已于事而竣。公又问焉，曰：“于子之乡，有不慈孝于父母，不长弟于乡里，骄躁淫暴，不用上令者，有则以告，有而不以告，谓之下比，其罪五⑤。”有司已于事而竣。于是乎乡长退而修德进贤。桓公亲见之，遂使役之官⑥。公令官长，期而书伐以告，且令选官之贤者而复之⑦。曰：“有人居我官有功，休德维顺，端悫以待时使⑧。使民恭敬以劝，其称秉言，则足以补官之不善政⑨。”公宣问其乡里，而有考验。乃召而与之坐，省相其质，以参其成功成事，可立而时⑩。设问国家之患而不疚，退而察问其乡里，以观其所能，而无大过，登以为上卿之佐⑪。名之曰三选⑫。高子、国子退而修乡，乡退而修连，连退而修里，里退而修轨，轨退而修家。是故匹夫有善，故可得而举也；匹夫有不善，故可得而诛也⑬。政既成，乡不越长，朝不越爵⑭。罢士无伍，罢女无家⑮。士三出妻，逐于境外⑯。女三嫁，入于舂谷⑰。是故民皆勉为善⑱。士与其为善于乡，不如为善于里；

与其为善于里,不如为善于家。是故士莫敢言一朝之便,皆有终岁之计[19];莫敢以终岁为议,皆有终身之功[20]。

[注释] ① 朝:朝会。复:报告。 ② 于:在。质仁:本性仁厚。长:教导晚辈。弟:同“悌”,尊敬年长者。蔽:掩盖,埋没。 ③ 已于事而竣:汇报完公事而告退。竣:退。 ④ 拳勇:大勇。股肱之力:体力。股肱:大腿和胳膊。秀:杰出。 ⑤ 骄:骄傲。躁:暴躁。淫:放纵。暴:横暴。用:服从。下比:在下面相互勾结掩盖。比:结交。 ⑥ 遂:于是。使役之官:让他们在官府中担任职务。 ⑦ 期:一年。伐:功绩。复:汇报。 ⑧ 休德维顺:德行好又服从命令。休:美好。端:端正。悫:朴实谨慎。 ⑨ 称:列举。秉:通“谤”。以上三句意思是:对人民恭敬鼓励,所举的民间一些诽谤的议论,足以补救官府政治的失误。

⑩ 省相其质:仔细观察他的素质。省:省察。相:观看。参:参验,检查验证。可立而时:可以提拔为官吏,则等待使用。而:乃。时:等时而用,候补。 ⑪ 设问国家之患而不疚:用国家的忧患所在考问他而对答如流。疚:贫乏。原文为“肉”,据王念孙说校改。登:升,提拔。佐:辅佐,助手。 ⑫ 三选:指乡长、官长、国君三级选拔。 ⑬ 匹夫:普通的人。举:举荐。诛:惩罚。 ⑭ 以上三句的意思是:政事治理好了以后,乡里没有超越尊长的事情,朝中没有超越职位的现象。

⑮ 罢士:德行不好的男人。罢:通“疲”,指缺乏德行。无伍:没人与他为伍。无家:指没有人娶。 ⑯ 出:休掉,离弃。 ⑰ 入于舂谷:罚到官府去服舂谷的劳役。 ⑱ 勉:努力。 ⑲ 言一朝之便:讲求一时的便利。终岁之计:一年的打算。 ⑳ 以终岁为议:只讲求一年的事。功:事业。

[原文] 正月之朝,五属大夫复事于公,择其寡功者而谯之曰①:“列地分民者若一,何故独寡功?何以不及人?教训不善,政事其不治②。一再则宥,三则不赦③。”公又问焉,曰:“于子之属,有居处为义好

学、聪明质仁、慈孝于父母、长弟闻于乡里者，有则以告。有而不以告，谓之蔽贤，其罪五。”有司已事而竣。公又问焉，曰：“于子之属，有拳勇股肱之力，秀出于众者，有则以告。有而不以告，谓之蔽才，其罪五。”有司已事而竣。公又问焉，曰：“于子之属，有不慈孝于父母，不长弟于乡里，骄躁淫暴，不用上令者，有则以告。有而不以告者，谓之下比，其罪五。”有司已事而竣。于是乎五属大夫退而修属，属退而修连，连退而修乡，乡退而修卒，卒退而修邑，邑退而修家。是故匹夫有善，可得而举；匹夫有不善，可得而诛。政成国安，以守则固，以战则强。封内治④，百姓亲，可以出征四方，立一霸王矣⑤。

［注释］ ① 谯：责备，训斥。 ② 其：表示猜测的疑问语气词，意为将会，将要。 ③ 再：两次。宥：宽恕，原谅。赦：赦免。 ④ 封内：国境之内。封：边境。 ⑤ 立一霸王：建立一个霸王的功业。

［原文］ 桓公曰：“卒伍定矣，事已成矣，吾欲从事于诸侯，其可乎①？”管子对曰：“未可。若军令则吾既寄诸内政矣②。夫齐国寡甲兵，吾欲轻重罪而移之于甲兵③。”公曰：“为之奈何？”管子对曰：“制重罪入以兵甲、犀胁、二戟，轻罪入兰、盾、鞈革、二戟，小罪入以金钧分，宥薄罪入以半钧，无坐抑而讼狱者，正三禁之而不直，则入一束矢以罚之④。美金以铸戈、剑、矛、戟，试诸狗马；恶金以铸斤、斧、钼、夷、锯、欘，试诸木土⑤。”

［注释］ ① 卒伍：军队的编制。 ② 若：至于。寄：寄予。诸：“之于”的合音。 ③ 吾欲轻重罪而移之于甲兵：我想从轻处理重罪，并用这个

方法来增加武器装备。 ④ 制重罪入以兵甲、犀胁、二戟:规定赎重罪要缴纳犀胁一件、戟两件。制:规定,制定。入:缴纳。犀胁:用犀牛皮制成的胁驱,是战车用的马具,保护马的胁部,长一丈。兰:兵器架。盾:盾牌。鞈:用以防箭的胸甲,用皮革制成。钧分:一钧有半。钧:古三十斤为一钧。分:半。坐抑:挫折压制,引申为冤屈。坐:通"挫"。正:长官。三禁之而不直:三次劝阻仍要诉讼,审问起来而冤情不属实。一束矢:一捆箭。 ⑤ 斤:斧。鉏:同"锄"。夷:指用来割草的钩镰之类。欘:锄。

[原文] 桓公曰:"甲兵大足矣,吾欲从事于诸侯,可乎?"管仲对曰:"未可。治内者未具也,为外者未备也[①]。"故使鲍叔牙为大谏,王子城父为将,弦子旗为理,宁戚为田,隰朋为行[②]。曹孙宿处楚,商容处宋,季友处鲁,卫开方处卫,匽尚处燕,审友处晋[③]。又游士八千人,奉之以车马衣裘,多其资粮,财币足之,使出周游于四方,以号召收求天下之贤士[④]。饰玩好,使出周游于四方,鬻之诸侯,以观其上下之所贵好,择其沈乱者而先政之[⑤]。

[注释] ① 这两句意思是:治理内政的人还没有齐全,从事外交的人也不足。 ② 大谏:谏官。理:法官。田:司田,管理农业的官。行:行人,管理通使国外的官。 ③ 处:驻,即以使节的身份长驻。季友:原文"友"为"劳",据宋翔凤说改。卫开方:即卫公子开方。原文为"徐开封",据王念孙说改。 ④ 奉:供应。 ⑤ 玩好:供玩乐观赏的器物。鬻:卖。贵好:爱好,嗜好。沈:通"淫"。政:同"征"。

[原文] 公曰:"外内定矣,可乎?"管子对曰:"未可。邻国未吾亲也[①]。"公曰:"亲之奈何?"管子对曰:"审吾疆埸,反其侵地,正其封界,毋受其货财,而美

为皮币，以极聘覜于诸侯，以安四邻，则邻国亲我矣②。”

［注释］ ① 未吾亲：没有亲附我们。 ② 审：审查。疆埸：边疆。反：同“返”，归还。封界：边界。以：用来。极：通“亟”，频繁，不断地。覜：古代诸侯之间相互聘问会见之礼，人少叫聘，人多叫覜。

［原文］ 桓公曰：“甲兵大足矣，吾欲南伐，何主①？”管子对曰：“以鲁为主。反其侵地常、潜，使海于有弊，渠弥于有陼，环山于有牢②。”桓公曰：“吾欲西伐，何主？”管子对曰：“以卫为主。反其侵地台、原、姑与柒里，使海于有弊，渠弥于有陼，环山于有牢③。”桓公曰：“吾欲北伐，何主？”管子对曰：“以燕为主，反其侵地柴夫、吠狗，使海于有弊，渠弥于有陼，环山于有牢④。”四邻大亲。

［注释］ ① 何主：以谁为依靠。主：依托。 ② 常、潜：鲁地名。以上四句意思是：归还侵占鲁国的常、潜两地，使齐国大海有屏障掩护，小海有堤防遮蔽，环山有险固坚守。弊：通“蔽”。有陼：原文为“河陼”，据《国语·齐语》改。环山：原文为“纲山”，据王念孙说改，下同。 ③ 台、原、姑、柒里：卫国的四个邑。原文“台”上有“吉”，据王念孙说删。④ 柴夫、吠狗：燕国的两个邑。

［原文］ 既反其侵地，正其封疆，地南至于岱阴，西至于济，北至于海，东至于纪随，地方三百六十里①。三岁治定，四岁教成，五岁兵出。有教士三万人，革车八百乘②。诸侯多沈乱③，不服于天子。于是乎桓公东救徐州，分吴半。存鲁陵蔡，割越地，南据宋、郑，征伐楚，济汝水，逾方城，望文山，使贡丝于周

室④。成周反胙于隆岳，荆州诸侯莫不来服⑤。中救晋公，禽狄王，败胡貉，破屠何，而骑寇始服⑥。北伐山戎，制泠支，斩孤竹，而九夷始听⑦。海滨诸侯，莫不来服。西征攘白狄之地，遂至于西河⑧。方舟投柎，乘桴济河，至于石沈⑨。县车束马，逾大行与卑耳之谿⑩。拘泰夏，西服流沙西虞，而秦戎始从⑪。故兵一出而大功十二。故东夷、西戎、南蛮、北狄、中国诸侯，莫不宾服⑫。与诸侯饰牲为载书，以誓要于上下庶神⑬。然后率天下定周室，大朝诸侯于阳谷⑭。故兵车之会六，乘车之会三，九合诸侯，一匡天下。甲不解垒，兵不解翳，弢无弓，服无矢，寝武事，行文道，以朝天子⑮。

［注释］

① 封疆：边界。岱阴：泰山之北。济：济水。随：通“腄”，地名，在今山东文登县西，古为纪邑。　② 教士：训练有素的士兵。革车：兵车。　③ 沈：通“淫”，放纵。　④ 分吴半：分得吴地的一半。存鲁：救存鲁国。陵蔡：侵犯蔡国。原文为“蔡陵”，据张佩纶说改。据：凭借。济：渡过。方城：楚国北部的长城，为我国古时九塞之一，从今河南方城县北至邓县。原文为“方地”，据刘绩说改。文山：楚国地名。　⑤ 成周：周室。胙：祭祀用的肉。隆岳：太岳，指齐桓公。四岳古称方伯，周天子以齐桓公为方伯。　⑥ 中：中原。禽：通“擒”。胡貉：古代北方少数民族。屠何：东胡的祖先。　⑦ 山戎：亦称北戎，古代北方少数民族，居于今河北省东部，与齐、燕、郑等国为邻。泠支：即令支，又作“离枝”、“离支”，古国名，其地在今河北省滦县、迁安县之间，后为齐所灭。孤竹：古国名，其地在今河北卢龙县境内。　⑧ 攘：夺取。白狄：亦称北狄，春秋时西北少数民族，居于陕西、山西西北一带。西河：古称黄河上游南北流向的一段为西河。　⑨ 方舟：把船并在一起。投柎：把木筏放入水中。柎：木筏。桴：小木筏。石沈：晋国地名。　⑩ 县车束马：悬挂起战车，包扎起马蹄。县：同“悬”。大行：即太行山。卑耳：山

名。谿:山谷。原文为“貉”,据王念孙说改。 ⑪ 拘:捕。泰夏:即大夏,西方国名。泰:原文为“秦”,据丁士涵说改。西虞:即西域,古代西部少数民族建立的国家。秦戎:泛指西部少数民族。 ⑫ 中国诸侯:中原各诸侯国。原文为“中诸侯国”,据戴望说改。 ⑬ 饰:摆设。庶:众。原文为“荐”,据《国语・齐语》和本篇上下文改。这两句意思是:与各国诸侯陈列祭品,书写盟辞,以誓约于上下诸神。 ⑭ 阳谷:即今山东省阳谷县。 ⑮ 垒:通“累”,捆绑铠甲的绳索。翳:盛兵器的匣子。弢:盛弓的袋子。服:箭袋。寝:息,停止。

[原文]

葵丘之会,天子使大夫宰孔致胙于桓公曰①:“余一人有事于文武,使宰孔致胙②。”且有后命曰:“以尔自卑劳,实谓尔伯舅毋下拜③。”桓公召管仲而谋,管仲对曰:“为君不君,为臣不臣,乱之本也。”桓公曰:“余乘车之会三,兵车之会六,九合诸侯,一匡天下。北至于孤竹、山戎、秽貉,拘泰夏,西至流沙、西虞,南至吴、越、巴、牂柯、𦙶、不庾、雕题、黑齿,荆夷之国,莫违寡人之命,而中国卑我④。昔三代之受命者,其异于此乎⑤?”管子对曰:“夫凤凰鸾鸟不降,而鹰隼鸱枭丰⑥;庶神不格,守龟不兆,握粟而筮者屡中⑦;时雨甘露不降,飘风暴雨数臻⑧。五谷不蕃,六畜不育,而蓬蒿藜藿并兴⑨。夫凤皇之文,前德义,后日昌⑩。昔人之受命者,龙龟假,河出图,雒出书,地出乘黄⑪。今三祥未见有者,虽曰受命,无乃失诸乎⑫?”桓公惧,出见客曰:“天威不违颜咫尺,小白承天子之命而毋下拜,恐颠蹶于下,以为天子羞⑬。”遂下拜,登受赏服、大路、龙旗九游、渠门赤旗⑭。天子致胙于桓公而不受,天下诸侯称顺焉。

[注释] ① 葵丘：齐邑，在今山东临淄西。胙：祭肉。 ② 有事于文武：指祭祀文王、武王。原文“有”上有“之命”，据丁士涵说删。 ③ 伯舅：周天子对异姓诸侯的称呼。这两句意思是：因为你谦卑而又劳顿，实话对你说，也就不必下堂拜受了。 ④ 孤竹、山戎、秽貉：当时北方的三个少数民族。巴：古国名，在今四川东部。牂柯：古地名，在今贵州境内。瓜：尹桐阳以为当为“长瓜”，“长沙”的声转。不庾：古国名，即北朐，在郁水南。雕题：南方古国名，因其风俗头上画有花纹而得名。黑齿：南方古国名，因牙齿黑而得名。荆夷：南方少数民族的统称。卑我：不尊崇我。 ⑤ 这两句意思是：从前夏、商、周受命为王的，和我还有什么不同吗？ ⑥ 鹰隼：泛指猛禽。隼：一种凶猛的鸟。鸱枭：猫头鹰一类的恶鸟。 ⑦ 庶：众。格：至。守龟：用来占卜的龟甲。筮：占卜。以上三句意思是：众神不来显灵，守龟不现征兆，而拿着谷子占卜的却很灵验。 ⑧ 飘风：旋风。臻：至。 ⑨ 蕃：茂盛。藜：蒺藜。藋：同“藋”，草名，状似藜。 ⑩ 以上三句意思是：凤凰羽毛的花纹，前面像德义，后面才像日昌。 ⑪ 假：至。河：黄河。雒：洛水。乘黄：神马。 ⑫ 以上三句意思是：现在三种祥瑞都没出现，即使说受命为王，不也是错误的吗？ ⑬ 违：离开。颜：脸面。以上四句意思是：天子的威严就在眼前，没离咫尺，我小白虽然奉天子之命不必下堂拜受，恐怕在下面颠倒礼法，给天子增加耻辱。 ⑭ 登受：登堂领受。大路：大车。路：同“辂”。龙旗九游：一种画有龙的图案、垂有九旒的旗。渠门赤旗：插在辕门两边的红旗。渠门：辕门。

[原文] 桓公忧天下诸侯。鲁有夫人庆父之乱，而二君弑死，国绝无后[①]。桓公闻之，使高子存之。男女不淫，马牛选具，执玉以见，请为关内之侯，而桓公不使也[②]。狄人攻邢，桓公筑夷仪以封之，男女不淫，马牛选具，执玉以见，请为关内之侯，而桓公不使也。狄人攻卫，卫人出旅于曹，桓公城楚丘封

之[3]。其畜以散亡，故桓公予之系马三百匹，天下诸侯称仁焉[4]。于是天下之诸侯知桓公之为己勤也，是以诸侯之归之也譬若市人[5]。桓公知诸侯之归己也，故使轻其币而重其礼[6]。故使天下诸侯以疲马犬羊为币，齐以良马报[7]。诸侯以缦帛鹿皮四介以为币，齐以文锦虎豹皮报[8]。诸侯之使垂橐而入，攟载而归[9]。故钓之以爱，致之以利，结之以信，示之以武[10]。是故天下小国诸侯，既服桓公，莫之敢倍而归之[11]。喜其爱而贪其利，信其仁而畏其武。桓公知天下小国诸侯之多与己也，于是又大施惠焉[12]。可为忧者为之忧，可为谋者为之谋，可为动者为之动[13]。伐谭、莱而不有也，诸侯称仁焉[14]。通齐国之鱼盐东莱，使关市几而不征，廛而不税，以为诸侯之利，诸侯称宽焉[15]。筑蔡、鄢陵、培夏、灵父丘，以卫戎狄之地，所以禁暴于诸侯也[16]。筑五鹿、中牟、邺、盖与牡丘，以卫诸夏之地，所以示劝于中国也[17]。教大成。是故天下之于桓公，远国之民望如父母，近国之民从如流水。故行地滋远，得人弥众[18]。是何也？怀其文而畏其武[19]。故杀无道，定周室，天下莫之能圉，武事立也[20]。定三革，偃五兵，朝服以济河，而无怵惕焉，文事胜也[21]。是故大国之君惭媿，小国诸侯附比[22]。是故大国之君事如臣仆，小国诸侯欢如父母[23]。夫然，故大国之君不尊，小国诸侯不卑。是故大国之君不骄，小国诸侯不慑。于是列广地以益狭地，损有财以与无财[24]。周其君子，不失成功[25]；周其小人，不失成命。夫如是，居处则顺，出则有成功。不称动甲兵之事，以遂文武之迹于天下㉖。

［注释］ ① 夫人庆父之乱：庆父为鲁庄公弟，庄公死后，子般即位。庆父勾结鲁庄公夫人姜氏，杀子般而立闵公，后又杀闵公。事见《左传·闵公元年》。后：后嗣，指继承君位者。 ② 淫：混杂。选具：齐全。请为关内之侯：请求做齐国的关内侯。以上都是指鲁国而言。使：允许。 ③ 旅：客居。城：建城。 ④ 系马：系在马厩中的良马。 ⑤ 为己勤：为自己操劳。是以：因此。譬若市人：好像集市上的人那样多。 ⑥ 轻其币而重其礼：看轻礼物而重视礼仪。币：本为缯帛，后指朝聘时赠送的礼物。 ⑦ 疲马：瘦马。报：回赠。 ⑧ 缦：没有花纹的丝织品。原文为“缕”，据王念孙说改。帛：布。“帛”下原有“布”，据王念孙说删。介：个。古书“个”通作“介”。原文为“分”，据王引之说改。 ⑨ 垂橐：空着口袋。橐：口袋。攟：通“捆”。 ⑩ 钓之以爱：用爱来钓取。钓：原文为“钧”，据郭沫若说改。以：用。致：招致。结：结交。示：显示，引申为威慑。 ⑪ 莫之敢倍：没有人敢违背他。倍：通“背”。 ⑫ 与：亲附。惠：原文为“忠”，据朱东光本改。 ⑬ 忧：分忧。谋：谋划。动：行动，办事。 ⑭ 谭：古国名，在今山东历城县东南。莱：古国名，在今山东黄县东南。有：据为己有。 ⑮ 通齐国之鱼盐东莱：从东莱与诸侯交换鱼盐。通：交换，流通。几而不征：只检查而不征税。廛而不税：提供市场上的房屋而不收费。宽：政策宽松。 ⑯ 卫：围绕。禁暴于诸侯：阻止他们侵略各诸侯国。 ⑰ 牡：原文为“社”，据《国语·齐语》改。示劝于中国：对中原各国显示他的努力。 ⑱ 滋：越，愈。弥：益，更加。 ⑲ 怀：感怀。文：指仁德。 ⑳ 莫之能圉：没有人能阻止他。圉：同“御”。武事：指武力征伐。 ㉑ 定：止，停止使用。三革：人、马、车的革甲。偃：收藏。五兵：指刀、剑、矛、戟、戈等各种兵器。朝服：穿着朝服，不披铠甲。怵惕：畏惧警惕。文事：指德政文治。 ㉒ 媿：同“愧”。比：附。 ㉓ 事：事奉齐国。 ㉔ 列：同“裂”。益：增加，补足。损：削减。与：给予。 ㉕ 周：救济。成功：已成就的功劳。 ㉖ 称：听说。遂：成就。迹：事业。

［原文］

桓公能假其群臣之谋以益其智也[①]。其相曰夷吾，大夫曰宁戚、隰朋、宾胥无、鲍叔牙。用此五子者何功，度义光德，继法绍终，以遗后嗣[②]。贻孝昭穆，大霸天下，名声广裕，不可掩也[③]。则唯有明君在上，察相在下也[④]。

［注释］

①假：借助。益：增加。 ②何功：承担事业。何：通“荷”，担负。度：行。光：发扬光大。继法绍终：继承法度，沿用到底。遗：传。后嗣：后代。 ③贻孝昭穆：对祖先尽孝。广裕：广大宽裕。掩：掩盖，埋没。 ④察：明察。

［原文］

初，桓公郊迎管子而问焉。管仲辞让，然后对以参国伍鄙，立五乡以崇化，建五属以厉武，寄兵于政，因刑罚，备器械，加兵无道诸侯，以事周室[①]。桓公大说，于是斋戒十日，将相管仲[②]。管仲曰：“斧钺之人也，幸以获生，以属其腰领，臣之禄也[③]。若知国政，非臣之任也[④]。”公曰：“子大夫受政，寡人胜任；子大夫不受政，寡人恐崩[⑤]。”管仲许诺，再拜而受相。三日，公曰：“寡人有大邪三，其犹尚可以为国乎[⑥]？”对曰：“臣未得闻。”公曰：“寡人不幸而好田，晦夜而至禽侧，田莫不见禽而后反[⑦]。诸侯使者无所致，百官有司无所复[⑧]。”对曰：“恶则恶矣，然非其急者也[⑨]。”公曰：“寡人不幸而好酒，日夜相继，诸侯使者无所致，百官有司无所复。”对曰：“恶则恶矣，然非其急者也。”公曰：“寡人有污行，不幸而好色，而姑姊有不嫁者[⑩]。”对曰：“恶则恶矣，然非其急者也。”公作色曰：“此三者且可，则恶有不可者矣[⑪]？”对曰：“人君唯优与不敏为不可，优则亡众,不敏不及事⑫。”公曰:“善。吾子就舍,异日请与吾子图之⑬。”对曰:“时可将与夷吾,何待异日乎⑭?”公曰:“奈何?”对曰:“公子举为人博闻而知礼,好学而辞逊,请使游于鲁,以结交焉⑮。公子开方为人巧转而兑利,请使游于卫,以结交焉⑯。曹孙宿其为人也小廉而苛忕,足恭而辞给,正荆之则也,请使往游,以结交焉⑰。”遂立行三使者而后退⑱。

[注释]

① 参国伍鄙:指把国都划为三部分,把国都以外划分为五部分而进行治理的制度。崇化:尊崇教化。厉武:治理军队。因刑罚:借助于刑罚。原文无“刑”,据陶鸿庆说补。 ② 说:同“悦”。相:任命为相。 ③ 斧钺:兵器,引申为刑杀。这里指犯有死罪,应受斧钺之刑。属:连接。领:颈。禄:福。 ④ 知:管理。任:胜任。 ⑤ 子:您,对人的尊称。崩:垮台。 ⑥ 大邪:大的缺点。其:疑问副词。犹尚:还。 ⑦ 田:田猎。晦夜:黑夜。晦:黑暗不明。禽侧:指禽鸟住宿的地方。莫:通“暮”,傍晚。 ⑧ 无所致:不能通报其使命。无所复:不能报告政事。 ⑨ 这两句意思是:这确实是件坏事,但还不是最紧要的。 ⑩ 污行:污秽的行为。姑姊有不嫁者:姑姑姐妹有不肯嫁给别人的。姊:原文为“姉”,据刘绩补注本改。 ⑪ 作色:变脸色。且:尚且。恶:何,什么。 ⑫ 优:优柔寡断。敏:勤勉。亡:失。及:成就。 ⑬ 就舍:回到住所。图:讨论,研究。 ⑭ 时:此时。将:即、就。 ⑮ 辞逊:言辞谦逊。 ⑯ 巧转:机灵圆滑。兑利:锐利。兑:通“锐”。 ⑰ 廉:明察。苛忕:能适应各种习惯。苛:繁。忕:习惯。辞给:善于言辞。给:原文为“结”,据本书《大匡》“蒙孙博于教,而文巧于辞”改。正:正好符合。荆之则:楚国的风格。 ⑱ 遂:于是。行:派出。

[原文]

相三月,请论百官。公曰:“诺。”管仲曰:“升降揖让，进退闲习，辨辞之刚柔，臣不如隰朋，请立为大行①。垦草入邑，辟土聚粟多众，尽地之利，臣不如宁戚，请立为大司田②。平原广牧，车不结辙，士不旋踵，鼓之而三军之士视死如归，臣不如王子城父，请立为大司马③。决狱折中，不杀不辜，不诬无罪，臣不如宾胥无，请立为大司理④。犯君颜色，进谏必忠，不辟死亡，不挠富贵，臣不如东郭牙，请立以为大谏之官⑤。此五子者，夷吾一不如，然而以易夷吾，夷吾不为也⑥。君若欲治国强兵，则五子者存矣；若欲霸王，夷吾在此。"桓公曰："善。"

[注释]

① 揖让：有礼节。进退闲习：熟悉进退的礼仪。　② 垦草入邑：开垦荒地，收取各邑的租赋。辟：开发。　③ 牧：郊外。结辙：车辙交错，指阵列混乱。旋踵：旋转脚后跟，指向后退缩。　④ 决狱：断案。折中：公正平允。　⑤ 辟：通"避"。不挠富贵：不畏权贵。挠：屈服。　⑥ 一不如：一个也赶不上。易：交换。不为：不干。

王言第二十一（亡）

霸形第二十二

［解题］

《霸形》当为《霸言》，与下篇题目误倒。霸言即王霸之业的言论。本篇记录了齐桓公和管仲图谋霸业的言论以及成就霸业的主要事实。

［原文］

桓公在位，管仲、隰朋见。立有间，有贰鸿飞而过之。桓公叹曰："仲父，今彼鸿鹄有时而南，有时而北，有时而往，有时而来，四方无远，所欲至而至焉[①]。非唯有羽翼之故，是以能通其意于天下乎[②]？"管仲、隰朋不对。桓公曰："二子何故不对？"管子对曰："君有霸王之心，而夷吾非霸王之臣也，是以不敢对[③]。"桓公曰："仲父胡为然？盍不当言，寡人其有乡乎[④]？寡人之有仲父也，犹飞鸿之有羽翼也，若济大水有舟楫也[⑤]。仲父不一言教寡人，寡人之有耳，将安闻道而得度哉[⑥]？"管子对曰："君若将欲霸王举大事乎？则必从其本事矣。"桓公变躬迁席，拱手而问曰[⑦]："敢问何谓其本？"管子对曰："齐国百姓，公之本也。人甚忧饥而税敛重，人甚惧死而刑政险，人甚伤劳而上举事不时[⑧]。

公轻其税敛则人不忧饥，缓其刑政则人不惧死，举事以时则人不伤劳[9]。”桓公曰：“寡人闻仲父之言此三者，闻命矣，不敢擅也，将荐之先君[10]。”于是令百官有司，削方墨笔[11]。明日，皆朝于太庙之门朝，定令于百吏[12]。使税者百一钟，孤幼不刑，泽梁时纵，关讥而不征，市书而不赋[13]。近者示之以忠信，远者示之以礼义。行此数年，而民归之如流水。

［注释］

①仲父：桓公对管仲的尊称。鸿鹄：天鹅。无远：不论多远。②非唯有羽翼之故：不就是因为有羽翼的缘故。是以：所以。通其意于天下：使其意通于天下。 ③霸王：成就霸业和王业。 ④胡为然：何必这样。盍：同“何”。当言：直言。当：通“谠”，正直。乡：通“向”，方向。 ⑤济：渡口。楫：船桨。 ⑥安：怎么。度：法度。

⑦变躬：动身。迁席：离开坐席。 ⑧险：险恶，严酷。伤：害怕，担忧。不时：不分农闲农忙。 ⑨惧死：为死而恐惧。以时：按时。伤劳：害怕劳役。 ⑩擅：专，私。荐：举荐。 ⑪削方墨笔：削好木板，准备笔墨。方：古人书写用的方形木板。 ⑫朝：朝会。门朝：门庭。 ⑬百一钟：百钟纳税一钟。钟：古量器。十釜为一钟，合六斛四斗。纵：开放。关讥而不征：关卡只检查而不收税。讥：稽查。市书而不赋：市场只登记而不收税。

［原文］

此其后，宋伐杞，狄伐邢、卫。桓公不救，裸体纫胸称疾[1]。召管仲曰：“寡人有千岁之食，而无百岁之寿，今有疾病，姑乐乎[2]！”管子曰：“诺。”于是令之县钟磬之榬，陈歌舞竽瑟之乐，日杀数十牛者数旬[3]。群臣进谏曰：“宋伐杞，狄伐邢、卫，君不可不救。”桓公曰：“寡人有千岁之食，而无百岁之寿，今又疾病，姑乐乎！且彼非伐寡人之国也，伐邻国也，子无事焉。”宋已取杞，狄已拔邢、卫矣。桓公起，行筍虡之间，管子从④。至大钟之西，桓公南面而立，管仲北乡对之⑤。大钟鸣，桓公视管仲曰：“乐夫，仲父？”管子对曰：“此臣之所谓哀，非乐也。臣闻之，古者之言乐于钟磬之间者不如此。言脱于口，而令行乎天下，游钟磬之间，而无四面兵革之忧。今君之事，言脱于口，令不得行于天下，在钟磬之间，而有四面兵革之忧。此臣之所谓哀，非乐也。”桓公曰：“善。”于是伐钟磬之县，并歌舞之乐，宫中虚无人⑥。桓公曰：“寡人以伐钟磬之县，并歌舞之乐矣，请问所始于国将为何行⑦？”管子对曰：“宋伐杞，狄伐邢、卫，而君之不救也，臣请以庆⑧。臣闻之：诸侯争于强者，勿与分于强⑨。今君何不定三君之处哉？”于是桓公曰：“诺。”因命以车百乘、卒千人以缘陵封杞，车百乘、卒千人以夷仪封邢，车五百乘、卒五千人以楚丘封卫⑩。

［注释］ ① 纫胸：以布帛包扎胸部。纫：包裹，捆束。 ② 姑：姑且，暂时。 ③ 榱：悬挂钟磬的器具。陈：陈列。 ④ 筍：通“枸”，悬挂钟磬的横木。虡：读音 jù，悬挂钟磬等乐器所用的木架，直木叫虡，横木叫枸。 ⑤ 乡：通“向”。 ⑥ 伐：斩断。县：同“悬”。并：通“屏”，除，退。 ⑦ 以：同“已”。所始于国将为何行：开始办理国事干什么好。 ⑧ 庆：庆幸，庆贺。 ⑨ 以上两句意思是：诸侯在争强的时候，不要与他们一起争强。 ⑩ 缘陵、夷仪、楚丘：参见《大匡》篇注。

［原文］ 桓公曰：“寡人以定三君之居处矣，今又将何

行[1]?”管子对曰:“臣闻诸侯贪于利,勿与分于利[2]。君何不发虎豹之皮、文锦以使诸侯,令诸侯以缦帛、鹿皮报[3]?”桓公曰:“诺。”于是以虎豹皮、文锦使诸侯,诸侯以缦帛、鹿皮报。则令固始行于天下矣[4]。

[注释] ① 以:同“已”。 ② 这两句的意思是:我听说,诸侯贪利时不要与他们争利。 ③ 发:送。文锦:有花纹的织锦。缦帛:素帛。 ④ 固:乃。

[原文] 此其后,楚人攻宋、郑,烧焫熯焚郑地[1]。使城坏者不得复筑也,屋之烧者不得复葺也[2]。令其人有丧雌雄,居室如鸟鼠处穴[3]。要宋田,夹塞两川,使水不得东流,东山之西,水深灭垝,四百里而后可田也[4]。楚欲吞宋、郑而畏齐,日思人众兵强能害己者,必齐也。于是乎楚王号令于国中曰:“寡人之所明于人君者莫如桓公,所贤于人臣者莫如管仲[5]。明其君而贤其臣,寡人愿事之[6]。谁能为我交齐者,寡人不爱封侯之赏焉[7]。”于是楚国之贤士皆抱其重宝币帛以事齐[8]。桓公之左右,无不受重宝币帛者。于是桓公召管仲曰:“寡人闻之,善人者人亦善之。今楚王之善寡人一甚矣,寡人不善,将拂于道。仲父何不遂交楚哉[9]?”管子对曰:“不可。楚人攻宋、郑,烧焫熯焚郑地。使城坏者不得复筑也,屋之烧者不得复葺也。令人有丧雌雄,居室如鸟鼠处穴。要宋田,夹塞两川,使水不得东流,东山之西,水深灭垝,四百里而后可田也。楚欲吞宋、郑,思人众兵强而能害己者,必齐也。是欲以文克

齐，而以武取宋、郑也⑩。楚取宋、郑而不知禁，是失宋、郑也⑪；禁之，则是又不信于楚也。知失于内，兵困于外，非善举也⑫。”桓公曰：“善。然则若何？”管子对曰：“请兴兵而南存宋、郑，而令曰：‘无攻楚，吾与楚王遇⑬。’至于遇上，而以郑城与宋水为请⑭。楚若许，则是我以文令也⑮；楚若不许，则遂以武令焉⑯。”桓公曰：“善。”于是遂兴兵而南存宋、郑，与楚王遇于召陵之上⑰。而令于遇上曰：“毋贮粟，毋曲堤，无擅废適子，无置妾以为妻⑱。”因以郑城与宋水为请于楚，楚人不许，遂退七十里而舍⑲。使军人城郑南之地，立石付城焉⑳。曰：自此而北至于河者，郑自城之，而楚不敢隳也㉑。东发宋田，夹两川，使水复东流，而楚不敢塞也㉒。遂南伐，乃逾方城，济于汝水，望汶山，南致吴越之君，而西伐秦，北伐狄，东存晋公于南，北伐孤竹，还存燕公㉓。兵车之会六，乘车之会三，九合诸侯，反位已霸，修钟磬而复乐㉔。管子曰：“此臣之所谓乐也。”

［注释］ ① 烧焫熯：指用火攻。焫：读音 ruò，烧。熯：读音 hàn，烧。② 葺：修缮。 ③ 丧雌雄：丧失配偶。如鸟鼠处穴：像鸟鼠藏在巢穴里一样。 ④ 要：截取。夹塞两川：从两边堵塞两条河流。灭垝：淹没了墙。垝：坏墙。 ⑤ 明：尊。贤：以……为贤。 ⑥ 事：事奉。 ⑦ 爱：爱惜，吝啬。赏：原文为“君”，据戴望说改。 ⑧ 币帛：缯帛，古人馈赠所用的礼物。事：交结，联系。 ⑨ 一：乃、竟。甚：太，程度副词。拂：违。遂：就此。交楚：与楚交好。 ⑩ 文：和平方式，指通过外交手段。克：制服。 ⑪ 禁：阻止。 ⑫ 知：同“智”，计谋。 ⑬ 吾：原文为“言”，据陶鸿庆说改。遇：会谈。 ⑭ 上：处

所。请:提出问题,请求解决。 ⑮ 文令:以和平方式命令。 ⑯ 遂:就。武令:即用武力征伐。 ⑰ 召陵:楚地,在今河南郾城县东。 ⑱ 毋、无:不要。贮粟:囤积粮食。曲堤:遍设堤防。適:通“嫡”。置:立。 ⑲ 遂:于是。舍:驻扎。 ⑳ 城:筑城。立石付城焉:在城上立上石碑。石付:原文为“百代”,据郭沫若说改。 ㉑ 河:黄河。自城:自己筑城。隳:毁坏。 ㉒ 发:发回。夹两川:从两边疏通两条河流。 ㉓ 乃:原文为“及”,形近而误。方城:楚国北部长城,古为九塞之一,从今河南方城县北至邓县。汶山:楚山名。致:召见。吴:原文为“楚”。据本书《小匡》篇改。 ㉔ 反位已霸:已称霸业后,回到国内。复:再,重新。

霸言第二十三

[解题]

本篇篇名当为《霸形》，以首句为题，即成就霸王之业的形势。作者首先称颂霸形之规模宏大，随后围绕如何实现王霸之业进行了深入探讨，提出并分析了民本、德义、外交、形势、权力、谋略等成就王霸之业所必须具备的条件和形势。

[原文]

霸王之形，象天则地，化人易代，创制天下，等列诸侯，宾属四海，时匡天下①。大国小之，曲国正之，强国弱之，重国轻之，乱国并之，暴王残之②。僇其罪，卑其列，维其民，然后王之③。夫丰国之谓霸，兼正之国之谓王④。夫王者有所独明，德共者不取也，道同者不王也⑤。夫争天下者，以威易危暴，王之常也⑥。君人者有道，霸王者有时⑦。国修而邻国无道，霸王之资也⑧。夫国之存也，邻国有焉⑨；国之亡也，邻国有焉。邻国有事，邻国得焉；邻国有事，邻国亡焉⑩。天下有事，则圣王利也⑪。国危，则圣人知矣⑫。夫先王所以王者，资邻国之举不当也。举而不当，此邻敌之所以得意也。

[注释]

① 象：模仿。则：效法。化人：教化世人。易代：改朝换代。创制：开创。等列诸侯：排列诸侯的等次。宾属四海：使四海归附。时匡天下：及时匡正天下。 ② 暴王：暴虐的君主。残：毁灭。 ③ 僇：同“戮”，用杀戮来惩处。卑其列：降低其爵位。 ④ 丰：使……强盛。之国：其他诸侯国。之：诸。 ⑤ 以上三句意思是：成就王业的人，必是有独到的高明之处，若德行与众人一样也就不能取得王位，道德与众

人相同也就不能称王天下。 ⑥ 以威易危暴:用威德代替暴乱。王之常:王天下的常理。 ⑦ 君人:治理人民。有时:掌握时机。⑧ 修:修明。资:凭借,借助。 ⑨ 有:有关,起作用。 ⑩ 事:变故,事变。得:有所得。亡:有所失。以上四句意思是:一国有变故,其邻国就有了可乘之机,这个有事的国家就可能受损失。 ⑪ 利:借助事变而得利。 ⑫ 知:同"智"。这两句意思是:在国家危难的时候,圣人的智慧才显示出来。

[原文]

夫欲用天下之权者,必先布德诸侯①。是故先王有所取,有所与,有所诎,有所信,然后能用天下之权②。夫兵幸于权,权幸于地③。故诸侯之得地利者,权从之;失地利者,权去之。夫争天下者,必先争人。明大数者得人,审小计者失人④。得天下之众者王,得其半者霸。是故圣王卑礼以下天下之贤而王之,均分以钓天下之众而臣之⑤。故贵为天子,富有天下,而世不谓贪者,其大计存也⑥。以天下之财,利天下之人;以明威之振,合天下之权⑦;以遂德之行,结诸侯之亲⑧;以奸佞之罪,刑天下之心⑨;因天下之威,以广明王之伐⑩。攻逆乱之国,赏有功之劳,封贤圣之德,明一人之行,而百姓定矣⑪。

[注释]

① 用:使用,掌握。布德诸侯:布德于诸侯。 ② 诎:同"屈"。信:通"伸"。 ③ 兵幸于权:军队幸运在于有权。幸:幸运,胜利。地:地利。 ④ 明大数:懂得天下大略。审小计:明察小计谋。⑤ 均分:均分爵禄。钓:吸引。 ⑥ 世不谓贪:世人不认为他贪。世:原文为"伐",据俞樾说改。 ⑦ 明威:盛威。振:通"震",威力。合:集合。 ⑧ 遂德之行:顺从道德的行为。遂:顺。 ⑨ 奸佞之罪:对奸佞的惩罚。罪:罚。刑:通"型",规范,统一。 ⑩ 因:借助。

威：威力。广：扩大。 ⑪ 明一人之行：显示天子的德行。一人：指天子。

[原文]

夫先王取天下也，术术乎大德哉，物利之谓也①。夫使国常无患，而名利并至者，神圣也；国在危亡，而能寿者，明圣也②。是故先王之所师者神圣也，其所赏者明圣也③。夫一言而寿国，不听而国亡，若此者，大圣之言也④。夫明王之所轻者马与玉，其所重者政与军。若失主不然，轻与人政，而重予人马⑤；轻予人军，而重与人玉；重宫门之营，而轻四竟之守，所以削也⑥。

[注释]

① 术术乎：盛大的样子。物利：以物利人。 ② 寿：长存。 ③ 师：效法。赏：欣赏。 ④ 寿国：使国家长存。 ⑤ 失主：亡国之君。轻与：轻易给予。重予：吝啬，不舍得给予。 ⑥ 营：经营。竟：同“境”。

[原文]

夫权者，神圣之所资也①；独明者，天下之利器也；独断者，微密之营垒也②。此三者，圣人之所则也③。圣人畏微，而愚人畏明④；圣人之憎恶也内，愚人之憎恶也外⑤。圣人将动必知，愚人至危勿辞⑥。圣人能辅时，不能违时⑦。知者善谋，不如当时⑧。精时者，日少而功多⑨。

[注释]

① 资：凭借。 ② 微：隐蔽。营垒：堡垒。 ③ 则：效法。 ④ 这两句意思是：圣人在事物还不明显的时候就担心、害怕，愚人在事物结局明朗时才感到恐惧。 ⑤ 内：表现在内心。外：显现在外表。 ⑥ 将动必知：将要行动时就能预料到后果。至危勿辞：至死不悟。危：危险，死亡。勿：原文为“易”。据刘绩补注本改。辞：改变，觉悟。 ⑦ 辅时：利用时机。辅：辅助，利用。 ⑧ 当时：适时，赶上

机会。 ⑨ 这两句的意思是:善于把握时机的人,费时少而功效多。精:善于。时:时机。

[原文]

夫谋无主则困,事无备则废①。是以圣王务具其备,而慎守其时②。以备待时,以时兴事,时至而举兵③。绝坚而攻国,破大而制地,大本而小标,埊近而攻远④。以大牵小,以强使弱,以众致寡⑤。德利百姓,威振天下,令行诸侯而不拂⑥。近无不服,远无不听。夫明王为天下正,理也⑦。按强助弱,圉暴止贪,存亡定危,继绝世⑧。此天下之所载也,诸侯之所与也,百姓之所利也,是故天下王之⑨。知盖天下,断最一世,材振四海,王之佐也⑩。

[注释]

① 主:主见。备:准备。废:失败。 ② 务具其备:一定要做好准备。慎守其时:谨慎地把握时机。 ③ 待:等待。兴事:举办大事,指用兵。 ④ 绝:断绝,引申为摧毁,毁灭。制:控制,制服。大本而小标:使根本坚实,缩小攻击目标。埊:同"地"。 ⑤ 牵:牵制。致:招致。 ⑥ 拂:违背。 ⑦ 正:长。理:理所当然。 ⑧ 按:抑制。圉:通"御",抵抗。继绝世:接续将要断绝的世家。 ⑨ 载:通"戴",爱戴。与:赞同。王之:尊他为王。 ⑩ 知:同"智",智谋。断:判断。原文为"继",据张佩纶说改。最:冠绝。振:通"震"。

[原文]

千乘之国得其守,诸侯可得而臣,天下可得而有也①。万乘之国失其守,国非其国也。天下皆理己独乱,国非其国也②;诸侯皆合己独孤,国非其国也③;邻国皆险己独易,国非其国也④。此三者,亡国之征也。夫国大而政小者,国从其政⑤;国小而政大者,国益大。大而不为者,复小⑥;强而不理者，复弱；众而不理者，复寡；贵而无礼者，复贱；重而凌节者，复轻⑦；富而骄肆者，复贫⑧。故观国者观君，观军者观将，观备者观野⑨。其君如明而非明也，其将如贤而非贤也，其人如耕者而非耕也⑩。三守既失，国非其国也⑪。地大而不为，命曰土满；人众而不理，命曰人满；兵威而不正，命曰武满⑫。三满而不止，国非其国也。地大而不耕，非其地也；卿贵而不臣，非其卿也⑬；人众而不亲，非其人也。

［注释］

① 得其守：具备据守的条件。得：得到，具备。守：指可以据以守卫的东西。有：拥有。 ② 理：治。 ③ 合：联合。原文为“令”，据王念孙说改。 ④ 险：地势险要。易：平易，无险可守。 ⑤ 政：政绩。国从其政：国家随着政绩的变小而缩小。 ⑥ 为：治理。复：再，又。 ⑦ 重：权重。凌节：超越等级。节：等级规范。 ⑧ 骄肆：骄奢放纵。 ⑨ 观：了解，考察。备：防守。野：指田野耕种情况。

⑩ 如明而非明：似明而非明。如：类似，好像。 ⑪ 三守：指上述君、将、人三条可以据守的条件。 ⑫ 正：正义。原文为“止”，据丁士涵说改。 ⑬ 不臣：不遵守为臣之道。

［原文］

夫无土而欲富者忧，无德而欲王者危，施薄而求厚者孤①。夫上夹而下苴，国小而都大者弑②。主尊臣卑，上威下敬，令行人服，理之至也③。使天下两天子，天下不可理也④：一国而两君，一国不可理也；一家而两父，一家不可理也。夫令，不高不行，不抟不听⑤。尧舜之人非生而理也，桀纣之人非生而乱也，故理乱在上也⑥。夫霸王之所始也，以人为本。本理则国固，本乱则国危。故上明则下敬，政平则人安，士教和则兵胜敌⑦。使能则百事理，亲仁则上不危，任贤则诸侯服⑧。

［注释］

① 施薄：付出的少。求厚：索取的多。孤：孤立。　② 夹：通“狭”。苴：通“粗”。都：都城。弑：杀君篡权。古时下杀上叫做弑。　③ 理之至：治理的最高水平。　④ 使：假使，如果。理：治。　⑤ 抟：同“专”。这三句意思是：法令，不从上边发布就不能推行，不专出一门就无法服从。　⑥ 生而理：天生服从统治。生而乱：天生犯上作乱。理乱在上：治乱的根源在于统治者。　⑦ 政平：政事公开。士教和：士兵得到训练，行动协调一致。和：和谐。　⑧ 使能：使用有才能的人。理：治。亲仁：亲近仁义。

［原文］

霸王之形，德义胜之，智谋胜之，兵战胜之，地形胜之，动作胜之，故王之①。夫善用国者，因其大国之重，以其势小之②；因强国之权，以其势弱之；因重国之形，以其势轻之③。强国众，合强以攻弱，以图霸。强国少，合小以攻大，以图王。强国众，而言王势者，愚人之智也④；强国少，而施霸道者，败事之谋也。夫神圣，视天下之形，知动静之时⑤；视先后之称，知祸福之门⑥。强国众，先举者危，后举者利。强国少，先举者王，后举者亡。战国众，后举可以霸⑦；战国少，先举可以王。

［注释］

① 动作：行动。王之：称王。　② 因、以：借助，利用。势：权利和地位。以上三句意思是：善于治国的人，利用大国的力量，借助于它的势来缩小它。　③ 重国：地位高、力量强大的国家。形：形势。轻之：使它变轻，指降低其地位，削弱其实力。　④ 言：谈论。王势：图谋称王。　⑤ 神圣：神圣之人。视：观察。形：形势。动静之时：动静的时机。　⑥ 先后之称：先后的适宜。称：宜。门：道路，途径。　⑦ 战国：交战的国家。

［原文］ 夫王者之心，方而不最①。列不让贤，不齿弟择众，是贪大物也②。是以王之形大也③。夫先王之争天下也以方正，其立之也以整齐，其理之也以平易④。立政出令用人道，施爵禄用地道，举大事用天道⑤。是故先王之伐也，伐逆不伐顺，伐险不伐易，伐过不伐不及⑥。四封之内以正使之，诸侯之会以权致之⑦。近而不服者以地患之，远而不听者以刑危之⑧。一而伐之，武也⑨；服而舍之，文也⑩；文武具满，德也。

［注释］ ① 方而不最：方正而不走极端。最：极。 ② 列：爵位。齿弟择众：按资历选拔人才。齿：年龄。弟：通“第”，顺序。原文“不”上有“贤”，据陈奂说删。大物：指爵位和俸禄。 ③ 形：形势，事业。 ④ 方正：与下文的“整齐”、“平易”，都是指方针政策而言。正：原文为“心”，据王念孙说改。立：建立。理：治理。 ⑤ 用人道：指符合人心。施：授予。用地道：指公正无私。用天道：指顺应天时。 ⑥ 原文“及”上无“不”字，据刘绩说补。 ⑦ 封：边境。正：同“政”，政令。权：权威。致：召集。 ⑧ 以地患之：用侵夺土地的手段危害它。以刑危之：用军事形势威胁它。刑：通“形”。 ⑨ 一而伐之：为了统一而征伐它。 ⑩ 服而舍之：征服后就赦免它。

［原文］ 夫轻重强弱之形，诸侯合则强，孤则弱。骥之材，而百马代之，骥必罢矣①。强最一代，而天下共之，国必弱矣②。强国得之也以收小，其失之也以恃强③。小国得之也以制节，其失之也以离强④。夫国小大有谋，强弱有形⑤。服近而强远，王国之形也⑥；合小以攻大，敌国之形也⑦；以负海攻负海，中国之形也⑧；折节事强以避罪，小国之形也⑨。自

古以至今,未尝有能先作难,违时易形,以立功名者⑩;无有常先作难,违时易形,而不败者也⑪。夫欲臣伐君,正四海者,不可以兵独攻而取也⑫。必先定谋虑,便地形,利权称,亲与国,视时而动,王者之术也⑬。夫先王之伐也,举之必义,用之必暴,相形而知可,量力而知攻,考得而知时⑭。是故先王之伐也,必先战而后攻,先攻而后取地。故善攻者料众以攻众,料食以攻食,料备以攻备⑮。以众攻众,众存不攻⑯;以食攻食,食存不攻;以备攻备,备存不攻。释实而攻虚,释坚而攻朥,释难而攻易⑰。

[注释] ① 骥:千里马。百马代之:百马更替与之竞奔。代:交换。原文为“伐”,据王念孙说改,下句“代”字同此。罢:疲劳。 ② 最:极、绝。共:同“攻”。 ③ 收:接收,容纳。恃:依靠,凭借。 ④ 制节:折节以事强国。制:折。离强:脱离强国。 ⑤ 这两句的意思是:使国家扩大或者缩小,要有计谋;使国家增强或者削弱,要依靠形势。 ⑥ 服近:征服近国。强远:以军事力量威慑远国。王国:称王之国。 ⑦ 敌国:力量相当的国家。敌:对等。 ⑧ 负海:指沿海国家。负:凭、靠。中国:中原之国。 ⑨ 折节事强:卑躬屈膝侍奉强国。 ⑩ 能先:原文为“先能”,据刘绩说改。作难:起事,发难。违:违背。易:变更。 ⑪ 而:原文为“无”,据张文虎说改。 ⑫ 独:单纯。 ⑬ 谋虑:计谋。便地形:使地形对自己便利。利权称:使权宜对自己有利。与国:盟国。视:看,根据。术:手段、策略。 ⑭ 暴:猛烈。相形:观察形势。可:可否举兵。攻:是否发动攻击。考得而知时:考虑得失然后了解时机是否得当。考:原文为“攻”,据安井衡说改。 ⑮ 料众以攻众:估算一下我军的数量,用来进攻敌军的数量。食:粮草。备:兵器装备。 ⑯ 这两句意思是:以我军数量对敌军数量,敌人数量若有余,那就不去进攻。 ⑰ 释:放弃。朥:读音 cuì,同“脆”,薄弱。

［原文］

夫抟国不在敦古，理世不在善故，霸王不在成典①。夫举失而国危，刑过而权倒，谋易而祸及，计得而强信，功得而名从，权重而令行，固其数也②。

［注释］

① 抟国：掌握国家。抟：擅。敦古：崇古，信古。故：故旧。原文为“攻”，据郭沫若说改。成典：已有的典章制度。典：原文为“曲”，据俞樾说改。 ② 举失：举措失当。刑过而权倒：错过形势权威就会丧失。刑：通“形”。过：失误。易：轻率。及：原文为“反”，据陶鸿庆说改。得：得当。信：通“伸”。固其数：根本的道理。

［原文］

夫争强之国，必先争谋、争刑、争权①。令人主一喜一怒者，谋也；令国一轻一重者，刑也；令兵一进一退者，权也。故精于谋，则人主之愿可得，而令可行也②；精于刑，则大国之地可夺，强国之兵可圉也③；精于权，则天下之兵可齐，诸侯之君可朝也④。夫神圣视天下之刑，知世之所谋，知兵之所攻，知地之所归，知令之所加矣⑤。夫兵攻所憎而利之，此邻国之所不亲也⑥。权动所恶，而实寡归者强⑦。擅破一国，强在后世者王⑧。擅破一国，强在邻国者亡。

［注释］

① 谋：谋略。刑：通“形”，形势。权：权威。 ② 愿：愿望。得：实现。 ③ 圉：通“御”。 ④ 齐：会集。朝：召见，朝会。 ⑤ 神圣：神圣的君主。视：观察。刑：通“形”。所谋：图谋的对象。 ⑥ 这两句意思是：发兵攻打所憎恨的国家并由此得利，这样的国家，邻国不会亲近它。 ⑦ 实：利益。这两句意思是：以权势侵犯所憎恶的国家而不把所得之利完全归于自己的国家，可以争强。 ⑧ 擅：善于。强在后世：使后世强盛。

问第二十四

［解题］

为政治国首先要调查研究，本篇即是一份调查提纲，共有六十多个问题，分门别类，内容涉及政治、经济、军事、社会救助、宗法制度等各个方面。

［原文］

凡立朝廷，问有本纪[①]。爵授有德，则大臣兴义；禄予有功，则士轻死节[②]。上帅士以人之所戴，则上下和[③]；授事以能，则人上功[④]；审刑当罪，则人不易讼[⑤]；无乱社稷宗庙，则人有所宗。毋遗老忘亲，则大臣不怨[⑥]；举知人急，则众不乱[⑦]。行此道也，国有常经，人知终始，此霸王之术也[⑧]。

［注释］

① 问：询问，调查。本纪：根本原则。纪：纲纪。 ② 予：给予。士：武士。轻死节：把死看得很轻，勇于为国牺牲。 ③ 上帅士以人之所戴：君主任用人们拥戴的将领来统帅士兵。 ④ 事：职事。以：按照。上：通“尚”，崇尚，重视。 ⑤ 审刑：量刑。当：符合。讼：诉讼，打官司。 ⑥ 遗老忘亲：遗忘老臣或近臣。 ⑦ 举知人急：举办事业知道哪些是人民最急需的。 ⑧ 常经：固定的法规。终始：事情的开头与结果，指整个过程。

［原文］

然后问事，事先大功，政自小始[①]。

［注释］

① 事：情况。事先大功：调查情况先从大事入手。功：事。政自小始：治理起来先从小事做起。

［原文］

问死事之孤，其未有田宅者有乎[①]？问少壮而未胜甲兵者几何人②？问死事之寡，其饩廪何如③？问国之有功大者，何官之吏也④？问州之大夫也，何里之士也？今吏，亦何以明之矣⑤？问刑论有常以行，不可改也，今其事之久留也何若⑥？问五官有度制，官都其有常断，今事之稽也何待⑦？

［注释］　① 死事之孤：死于国事之人的子孙。　② 少壮：指死事之孤中到了服役年龄的。未胜甲兵：还没有参军。几何：多少。　③ 寡：妻。饩廪：国家供应的粮食。　④ 官：官府。吏：官吏。　⑤ 明：尊显，升迁。这两句意思是：他（指州大夫）担任现在这个官职，是怎么升迁上来的？　⑥ 刑论有常：定罪量刑有固定的标准。以行：按照执行。久留：拖延不决。何若：怎么办。　⑦ 五官：大行、大司田、大司马、大司里、大司谏。官都：中央所设总理各部门事务的职官。常断：常规。稽：拖延。何待：等待什么。

［原文］　问独夫、寡妇、孤穷、疾病者几何人也①？问国之弃人，何族之子弟也②？问乡之良家，其所牧养者几何人矣③？问邑之贫人，债而食者几何家④？问理园圃而食者几何家⑤？人之开田而耕者几何家？士之身耕者几何家？问乡之贫人，何族之别也⑥？问宗子之收昆弟者，以贫从昆弟者几何家⑦？余子仕而有田邑，今入者几何人⑧？子弟以孝闻于乡里者几何人？余子父母存，不养而出离者几何人⑨？士之有田而不使者几何人？吏恶何事⑩？士之有田而不耕者几何人？身何事⑪？群臣有位而未有田者几何人⑫？外人之来徙而未有田宅者几何家⑬？国子弟之游于外者几何人⑭？贫士之受责于大夫者几何人⑮？官贱行书身士，以家臣自代者

几何人[16]？官承吏之无田饩而徒理事者几何人[17]？群臣有位事官大夫者几何人[18]？外人来游在大夫之家者几何人？乡子弟力田为人率者几何人[19]？国子弟之无上事，衣食不节，率子弟不田弋猎者几何人[20]？男女不整齐，乱乡子弟者有乎[21]？问人之贷粟米有别券者几何家[22]？

[注释]

① 独夫：鳏夫。孤穷：穷困无援。穷：原文为"寡"，据许维遹说改。 ② 弃人：有罪而被放逐者。 ③ 良家：富户。牧养：养活。 ④ 债而食：靠借债度日。 ⑤ 理园圃而食：靠经营菜园为生。 ⑥ 别：支裔，这里指后代。 ⑦ 宗子：宗族的继承人，一般为嫡长子。昆弟：兄弟。从：跟从，寄食。这句的意思是：宗子收养兄弟或者是宗子因贫穷而寄食于兄弟的有多少家。 ⑧ 余子：除宗子以外的其他子弟。入：指入宗族之籍。 ⑨ 不养而出离：无力养活父母而出走依附别家。离：通"丽"，读音 lì，依附别家。 ⑩ 不使：没有被任用。吏恶何事：官吏厌恶他什么(而不加任用)。 ⑪ 身何事：他本人干什么事情。 ⑫ 群：原文为"君"，据王引之说改。 ⑬ 外人：指别国之人。徙：迁入。原文为"从"，据王引之说改。 ⑭ 国子弟：指贵族子弟。 ⑮ 受责于大夫：向大夫借债。责：通"债"。 ⑯ 官贱行书身士：做官轻视处理文牍等职责范围内的事情。士：通"事"。 ⑰ 官承吏：担任佐丞、小吏等低级官职。承：通"丞"。田饩：土地和俸禄。徒理事：白做事。 ⑱ 位：职务。事官大夫：又在大夫家里担任职务。 ⑲ 乡子弟：农村的子弟。力田：努力耕种。率：表率。 ⑳ 无上事：没有正当职业。率：带领。不田：不从事农业生产。弋猎：射鸟捕兽。弋：用系绳的箭射鸟。 ㉑ 整齐：指守规矩。乱：扰乱。 ㉒ 贷粟米有别券：出借粮食而握有契券。

[原文]

问国之伏利，其可应人之急者几何所也[1]？人之所害于乡里者何物也[2]？问士之有田宅，身在陈列者几何人[3]？余子之胜甲兵有行伍者几何人[4]？问男女有巧伎，能利备用者几何人[5]？处女操工事者几何人[6]？问国所开口而食者几何人[7]？问一民有几人之食也[8]？问兵车之计几何乘也[9]？牵家马、轭家车者几何乘[10]？处士修行，足以教人，可使帅众莅百姓者几何人[11]？士之急难可使者几何人？工之巧，出足以利军伍，处可以修城郭、补守备者几何人[12]？城粟军粮其可以行几何年也[13]？吏之急难可使者几何人？大夫疏器：甲兵、兵车、旌旗、鼓铙、帷幕、帅车之载几何乘[14]？疏藏器：弓弩之张、夹钕之衣、钩弦之造、戈戟之翳，其厉何若[15]？其宜修而不修者故何视[16]？而造修之官，出器处器之具，宜起而未起者何待[17]？乡帅车辎造修之具，其缮何若[18]？工尹伐材用，毋于三时，群材乃植而造器定[19]。冬，完良备用必足[20]。人有余兵，诡陈之行，以慎国常[21]。时简稽帅马牛之肥瘠，其老而死者，皆举之[22]。其就山薮林泽食荐者几何[23]？出入死生之会几何[24]？若夫城郭之厚薄，沟壑之浅深，门闾之尊卑，宜修而不修者，上必几之[25]。守备之伍，器物不失其具，淫雨而各有处藏[26]。问兵之官吏、国之豪士，其急难足以先后者几何人[27]？夫兵事者危物也，不时而胜，不义而得，未为福也[28]。失谋而败，国之危也，慎谋乃保国[29]。

［注释］

① 伏利：潜在的、尚未开发的资源。几何所：多少处。 ② 人之所害于乡里者：人们认为对乡里有害的。 ③ 身在陈列：服兵役。陈列：指军队。 ④ 胜甲兵：符合服役条件。有行伍：已编入军队。 ⑤ 伎：通“技”。利备用：生产军事器械和日用品。 ⑥ 操：从事。

工事：指女工之事。⑦ 问：原文为“冗”，据丁士涵说改。开口而食：只消费而不从事生产。⑧ 一民有几人之食：一人能养活几人。人：原文为“年”，据刘绩说改。⑨ 计：总数，合计。⑩ 牵家马、轭家车：指私人的车马。轭：牛马驾车时套在脖子上的曲木，这里用作动词，套。⑪ 处士：没有做官的人。修行：品行好。莅：莅临，治理。

⑫ 出：出征。处：居处。守备：指守卫防御的器械。⑬ 城粟：用以守城的粮食。军粮：用以行军的粮食。行：用，维持。⑭ 疏器：登记军用的器械。疏：记录。铙：军队发令的器具，形状像铃而稍大，中空，有柄，用时持柄用槌敲击，表示停止击鼓。载：盖。⑮ 藏器：盛兵器的器物。张：借为“帐”，弓衣。夹锬之衣：原文为“衣夹铗”，据张佩纶说补改。夹锬：两刃刀。钩弦：用来钩弦拉弓的扳指。造：通“簉”，副，引申为外套。翳：戈戟的套。原文为“紧”，据丁士涵说改。厉：磨损。何若：怎么样。⑯ 其：指上述各种器物。宜：应该。故何视：怎样才能看出来。视：察看。⑰ 官：机构，场所。出器：出征所用的器械。处器：防守用的器械。具：储藏的地方。起：建。⑱ 帅：行政区划，《小匡》：“五乡一帅。”车：指战车。辎：运载辎重的车。具：场所。缮：修缮。⑲ 工尹：管理工匠的官员。三时：春、夏、秋。乃：才。植：长成。造器定：根据长成的木材确定制造器具。⑳ 完良备用：指完美精良以备使用的器械。㉑ 诡：训责。行：行伍，军队。慎：慎重、严肃。常：法。以上三句意思是：人们有多余的兵器，责令放在军队里，以严肃国家法纪。㉒ 时：经常。简：检阅。稽：核查。帅马牛：一帅所有的马牛。胔：同“瘠”，瘦。举：登记。㉓ 就：放到。荐：草。

㉔ 出：卖出。入：买进。生：繁殖。会：总数。㉕ 门闾之尊卑：里巷门楼的高低。几：查问。㉖ 具：储藏器物的东西。㉗ 兵之官吏：军队的将领。原文为“兵官之吏”，据许维遹说改。豪士：豪杰之士。先后：追随在君主左右。㉘ 不时而胜：侥幸取胜。㉙ 失谋：谋划有失。

[原文] 问所以教选人者何事[①]？问执官都者其位事

几何年矣[2]? 所辟草莱有益于家邑者几何矣[3]? 所封表以益人之生利者何物也[4]? 所筑城郭,修墙闬,绝通道,阨门阙,深沟防,以益人之地守者,何所也[5]? 所捕盗贼,除人害者几何矣?

[注释] ① 教选人:教育和选拔人才。何事:有哪些事项。 ② 执:执掌,担任。位事:视事,到职工作。位:通"莅"。 ③ 辟:开垦。草莱:荒地。家邑:私人和公家。 ④ 封表:上奏章,提建议。益人之生利:对人们谋生有好处。何物:什么事情。 ⑤ 闬:垣。原文为"闭",据郭沫若说改。绝:堵塞。阨门阙:把守城门和门楼。原文无"门",据陈奂说补。沟防:原文为"防沟",据陈奂说改。益人之地守:对人们防守国土有益。何所:在哪些地方。

[原文] 制地君曰[1]:理国之道,地德为首。君臣之礼,父子之亲,覆育万人[2]。官府之藏,强兵保国,城郭之险,外应四极,具取之地[3]。而市者,天地之财具也,而万人之所和而利也[4]。正是道也,民无荒苛,人尽地之职,一保其国[5]。各主异位,毋使谗人乱替,而德营九军之亲[6]。关者,诸侯之陬隧也,而外财之门户也,万人之道行也[7]。明道以重告之[8]:征于关者,勿征于市;征于市者,勿征于关。虚车勿索,徒负勿入,以来远人,十六道同身[9]。外事谨,则听其名,视其名,视其色,是其事,稽其德,以观其外则,无敦于权人,以困貌德,国则不惑,行之职也[10]。问于边吏曰[11]:小利害信,小怒伤义,边信伤德,厚和构四国,以顺貌德,后乡四极[12]。令守法之官曰:行度必明,无失经常[13]。

[注释] ① 制地君:疑为古书篇名。此段文字内容与本篇不相连属,郭沫若

所据古本没有,何如璋、张佩纶认为应当别为一篇。 ② 覆育:承载,养育。 ③ 以上五句意思是:官府所藏用来强兵保国的东西,对外应付四面八方的城郭险阻,都来源于土地。 ④ 市:市场。具:具备,会集。和而利:交易并从中获利。 ⑤ 正:端正。是道:指充分利用地利的原则。荒:荒废职业。原文“荒”在“民”下,据文义改正。苛:病。一:统一。 ⑥ 各主异位:各司其职。谗人:邪恶的人。乱替:随便代替。替:原文为“普”,据王念孙说改。营:环绕。九军:九围,九州。 ⑦ 陬隧:偏僻之处的通道。道行:道路。 ⑧ 这句意思是:明白了这个道理,于是就郑重宣布。 ⑨ 索:索取关税。徒负:背着商品步行去市场者。入:纳税。来:招致。十六道同身:各条通道都重申此令。身:同“申”,申述。 ⑩ 听:分辨。视:看,根据。是:肯定。稽:检验。敦:信。权人:奸人。困:借为“悃”,诚恳。貌德:外貌与内德。行:大行,主管外交的官员。 ⑪ 问:告诫。边吏:守卫边界的小官。 ⑫ 边:借为“偏”。厚和:宽厚和谐。构:交往。后乡四极:以宽厚的方式对待四邻。后:通“厚”。乡:通“向”。 ⑬ 度:法度。明:严明。经常:常规。

谋失第二十五（亡）

戒第二十六

［解题］

戒即劝诫。本篇记述了管仲劝诫齐桓公不能贪于游乐，要“近有德而远有色”，要疏远竖刁、易牙、卫公子开方等小人。

［原文］

桓公将东游，问于管仲曰：“我游犹东由转斛，南至琅邪①。司马曰，亦先王之游已，何谓也②？”管仲对曰：“先王之游也，春出，原农事之不本者，谓之游③。秋出，补人之不足者，谓之夕④。夫师行而粮食其民者，谓之亡⑤。从乐而不反者，谓之荒⑥。先王有游夕之业于人，无荒亡之行于身。”桓公退，再拜命曰⑦：“宝法也！”管仲复于桓公曰：“无翼而飞者，声也；无根而固者，情也；无立而贵者，生也⑧。公亦固情谨声，以严尊生，此谓道之荣⑨。”桓公退，再拜：“请若此言⑩。”管仲复于桓公曰：“任之重者莫如身，涂之畏者莫如口，期而远者莫如年⑪。以重任行畏涂，至远期，唯君子乃能矣⑫。”桓公退，再拜之曰：“夫子数以此言者教寡人⑬。”管仲对曰：“滋味动静，生之养也，好恶喜怒哀乐，生之变也，聪明当物,生之德也[14]。是故圣人齐滋味而时动静,御正六气之变,禁止声色之淫,邪行亡乎体,违言不存口,静然定生,圣也[15]。仁从中出,义从外作。仁,故不以天下为利;义,故不以天下为名。仁,故不代王;义,故七十而致政[16]。是故圣人上德而下功,尊道而贱物[17]。道德当身,故不以物惑[18]。是故身在草茅之中而无慑意,南面听天下而无骄色[19]。如此而后可以为天下王。所以谓德者,不动而疾,不相告而知,不为而成,不召而至,是德也[20]。故天不动,四时云,下而万物化[21];君不动,政令陈,下而万功成;心不动,四肢耳目使,而万物情[22]。寡交多亲谓之知人,寡事成功谓之知用,闻一言以贯万物谓之知道[23]。多言而不当,不如其寡也;博学而不自反,必有邪[24]。孝弟者,仁之祖也[25];忠信者,交之度也[26]。内不考孝弟,外不正忠信,泽其四经而诵学者,是亡其身者也[27]。"

[注释]

① 犹:欲。东由:原文为"轴",据张佩纶说改。转斛:张文虎认为即"之罘",山名,在今山东省烟台市。琅邪:地名,在今山东省胶南县。

② 司马:主管军事的官员。亦先王之游已:也像先王那样出游罢。

③ 原农事之不本者:调查农业生产有困难的。原:查问。不本:没有本钱。 ④ 补:补助。夕:通"豫",巡游。 ⑤ 师:指随从的人马。粮食其民:吃喝老百姓。 ⑥ 从:纵。 ⑦ 命:称赞。 ⑧ 无立而贵:没有地位却能尊贵。立:同"位"。原文为"无方而富",据郭沫若说改。生:同"性",下同。 ⑨ 严:严守。荣:繁盛。以上三句意思是:您应巩固感情,谨慎言语,保持心性的尊严,这就是道的发扬。⑩ 若:顺,遵守。 ⑪ 以上三句意思是:能担负重任的唯有身体,历经危险的唯有口舌,时间长的唯有年代。涂:同"途"。 ⑫ 畏涂:艰险的历程。乃:才。 ⑬ 数:急,快。 ⑭ 滋味:指饮食。动静:作

息。生:性。当物:对待事物。德:德能。 ⑮ 齐:调节。时动静:按时作息。御正:控制。御:驾驭。正:统治。六气:指好、恶、喜、怒、哀、乐。淫:侵蚀。乎:于。违言:违背事理的语言。定生:定性。 ⑯ 代王:取代君主。致政:交出政权。 ⑰ 上德:以道德为上。下功:以功名为下。尊道:尊崇道德。贱物:轻视物利。 ⑱ 当:在。不以物惑:不被物利所迷惑。 ⑲ 慑:恐惧,害怕。南面:指做君主,古代君主面南而坐。听:治理。 ⑳ 谓德者:称为有德行的人。不动而疾:没有行动却来得很快。是德:这就是德。 ㉑ 云:通“运”。下:在下面。化:成。 ㉒ 使:从,服从,听从。原文“使”在“四肢”上,据陶鸿庆说改。万物情:知道万事万物的情实。 ㉓ 寡交多亲:交往的少而亲近的多。寡事成功:做事情用力少而能成功。贯:运用。 ㉔ 自反:自我省察。邪:邪恶的行为。 ㉕ 祖:根本。 ㉖ 度:托,凭借。原文为“庆”,据郭沫若说改。 ㉗ 考:考求。正:端正。泽:通“释”,放弃。四经:四条根本,指孝、弟、忠、信。

[原文]

桓公明日弋在廪,管仲、隰朋朝①。公望二子,弛弓脱钎而迎之曰②:“今夫鸿鹄,春北而秋南,而不失其时,夫唯有羽翼以通其意于天下乎③?今孤之不得意于天下,非皆二子之忧也?”桓公再言,二子不对。桓公曰:“孤既言矣,二子何不对乎?”管仲对曰:“今夫人患劳而上使不时,人患饥而上重敛焉,人患死而上急刑焉④。如此,而又近有色而远有德,虽鸿鹄之有翼,济大水之有舟楫也,其将若君何⑤?”桓公蹴然逡遁⑥。管仲曰:“昔先王之理人也,盖人有患劳而上使之以时,则人不患劳也⑦;人患饥而上薄敛焉,则人不患饥矣;人患死而上宽刑焉,则人不患死矣。如此,而近有德而远有色,则四封之内视君其犹父母邪⑧!四方之外归君其犹流水乎!”公辍射,援绥而乘⑨。自御,管仲为左,隰朋参乘⑩。朔月三日,进二子于里宫,再拜顿首曰⑪:“孤之闻二子之言也,耳加聪而视加明,于孤不敢独听之,荐之先祖⑫。”管仲、隰朋再拜顿首曰:“如君之王也,此非臣之言也,君之教也⑬。”于是管仲与桓公盟誓为令曰:“老弱勿刑,参宥而后弊⑭。关几而不正,市正而不布⑮。山林梁泽,以时禁发而不正也⑯。”草封泽盐者之归之也,譬若市人⑰。三年教人,四年选贤以为长,五年始兴车践乘⑱。遂南伐楚,傅方城⑲。北伐山戎,出冬葱与戎叔,布之天下⑳。果三匡天子而九合诸侯㉑。

[注释]

① 弋:以绳系箭射鸟。廪:粮仓。朝:朝见。 ② 弛:松开。钎:读音 hàn,臂上的铠甲。 ③ 鸿鹄:天鹅。 ④ 患:担心,害怕。使:役使。不时:不分农闲农忙。急刑:加紧用刑。 ⑤ 有色:女色。有德:贤德的人。虽:即使。若君何:对你有什么用。 ⑥ 蹴然:恭敬的样子。逡遁:迟疑,徘徊不前。 ⑦ 理:治理。 ⑧ 封:边界。其:大概。犹:像。 ⑨ 辍:停止。援:拿起。绥:车上用来拉着上车的绳索。乘:上车。 ⑩ 御:驾车。左:坐在左边。参乘:古代乘车的规矩是,驾车的车夫居中,尊贵的人在左边,在右边的叫参乘,兵车称车右。 ⑪ 里宫:国君的宗庙。宫:原文为“官”,据何如璋说改。⑫ 聪:听觉灵敏。视:指眼。荐:献给。 ⑬ 如君之王:有您这样的君主。 ⑭ 参宥而后弊:赦免三次然后再惩罚。弊:定罪。⑮ 这两句的意思是:关卡只检查而不征税,市场只管理而不收费。布:借为“赋”。 ⑯ 以时:按时。禁:封禁。发:开放。正:同“征”。 ⑰ 草封泽盐者:在湖泽积草煮盐的人。封:积土,这里指积草。⑱ 兴车践乘:出动兵车。 ⑲ 傅方城:逼近方城。傅:通“附”,靠近。原文“傅”上有“门”,据丁士涵说删。方:原文为“施”。据洪颐煊说改。 ⑳ 山戎:参见《小匡》篇注。戎叔:胡豆。 ㉑ 果:果然。匡:匡

正,扶持。

［原文］

桓公外舍而不鼎馈[①]。中妇诸子谓宫人[②]:“盍不出从乎？君将有行[③]。”宫人皆出从。公怒曰:“孰谓我有行者[④]?”宫人曰:“贱妾闻之中妇诸子。”公召中妇诸子曰:“女焉闻吾有行也[⑤]?”对曰:“妾人闻之,君外舍而不鼎馈,非有内忧,必有外患。今君外舍而不鼎馈,君非有内忧也,妾是以知君之将有行也。”公曰:“善。此非吾所与女及也,而言乃至焉,吾是以语女[⑥]。吾欲致诸侯而不至,为之奈何[⑦]?”中妇诸子曰:“自妾之身之不为人持接也,未尝得人之布织也,意者更容不审耶[⑧]?”明日,管仲朝,公告之。管仲曰:“此圣人之言也,君必行也。”

［注释］

① 舍:住宿。鼎馈:列鼎进食,说明饮食丰盛。 ② 中妇诸子:宫中的女官。 ③ 盍:同“何”。 ④ 孰:谁。 ⑤ 女:你。焉闻:怎么听说。 ⑥ 以上三句的意思是:这是我没有同你谈到的,但你的话却讲到了,那我就告诉你。 ⑦ 致:招致。至:到,来。 ⑧ 以上三句的意思是:从我本人来说,没有服侍过别人,也没有得到过别人赠送的衣服,是不是我自己的仪表礼节不谨慎呢?

［原文］

管仲寝疾,桓公往问之[①]。曰:“仲父之疾甚矣,若不可讳也[②]。不幸而不起此疾,彼政我将安移之[③]?”管仲未对。桓公曰:“鲍叔之为人何如?”管仲对曰:“鲍叔,君子也,千乘之国,不以其道予之,不受也[④]。虽然,不可以为政[⑤]。其为人也,好善而恶恶已甚,见一恶终身不忘[⑥]。”桓公曰:“然则孰可[⑦]?”管仲对曰:“隰朋可。朋之为人,好上识而下问[8]。臣闻之，以德予人者谓之仁，以财予人者谓之良。以善胜人者未有能服人者也，以善养人者未有不服人者也[9]。于国有所不知政，于家有所不知事，必则朋乎[10]！且朋之为人也，居其家不忘公门，居公门不忘其家，事君不二其心，亦不忘其身。举齐国之币，振路家五十室，其人不知也[11]。大仁也哉，其朋乎！"公又问曰："不幸而失仲父也，二三大夫者，其犹能以国宁乎[12]？"管仲对曰："君请矍已乎[13]？鲍叔牙之为人也好直，宾胥无之为人也好善，宁戚之为人也能事，孙宿之为人也善言[14]。"公曰："此四子者，其孰能一人之上也，寡人并而臣之，则其不以国宁，何也[15]？"对曰："鲍叔之为人好直而不能以国诎，宾胥无之为人也好善而不能以国诎，宁戚之为人能事而不能以足息，孙宿之为人善言而不能以信默[16]。臣闻之，消息盈虚，与百姓诎信，然后能以国宁勿已者，朋其可乎[17]？朋之为人也，动必量力，举必量技。"言终，喟然而叹曰："天之生朋，以为夷吾舌也，其身死，舌焉得生哉[18]！"管仲曰："夫江、黄之国近于楚，为臣死乎，君必归之楚而寄之[19]；君不归，楚必私之[20]。私之而不救也，则不可；救之，则乱自此始矣。"桓公曰："诺。"管仲又言曰："东郭有狗啀啀，旦暮欲啮，我猳而不使也[21]。今夫易牙，子之不能爱，将安能爱君[22]？君必去之。"公曰："诺。"管子又言曰："北郭有狗啀啀 ，旦暮欲啮，我猳而不使也。今夫竖刁，其身之不爱，焉能爱君[23]？君必去之。"公曰："诺。"管子又言曰：

“西郭有狗嘊嘊,旦暮欲啮,我猳而不使也。今夫卫公子开方,去其千乘之太子而臣事君,是所愿也,得于君者是将欲过其千乘也[24]。君必去之。”桓公曰:“诺。”管子遂卒。卒十月,隰朋亦卒。桓公去易牙、竖刁、卫公子开方。五味不至,于是乎复反易牙[25]。宫中乱,复反竖刁。利言卑辞不在侧,复反卫公子开方。桓公内不量力,外不量交,而力伐四邻。公薨,六子皆求立[26]。易牙与卫公子内与竖刁,因共杀群吏,而立公子无亏[27]。故公死七日不殓,九月不葬。孝公奔宋,宋襄公率诸侯以伐齐,战于甗,大败齐师,杀公子无亏,立孝公而还[28]。襄公立十三年,桓公立四十二年。

[注释] ① 寝疾:卧病在床。疾:病。 ② 甚:严重。若:此,这。讳:忌讳,讳言。 ③ 这两句意思是:如果不幸这病治不好,那国家政事我将转交给谁呢? 起:医治好。 ④ 不以其道予之:不通过正当的方式授给他。 ⑤ 虽然:即使这样。 ⑥ 好善:喜欢好的。恶恶:厌恶坏的。已甚:太严重。 ⑦ 孰:谁。 ⑧ 好:喜欢。上识:向地位高的人学习。下问:向地位低下的人求教。 ⑨ 以善胜人:用行善来服人。以善养人:用行善来教育人。 ⑩ 以上三句的意思是:治国有不去管理的政务,治家有不去过问的事情,能做到的那一定是隰朋。则:是。 ⑪ 振:救济。原文为“握”,据王引之说改。路家:贫困户。路:通“露”,破败。 ⑫ 犹:还。以国宁:保持国家安宁。 ⑬ 这句意思是:你巡视一下周围的人就可以了。矍:快看的样子。 ⑭ 孙宿:即曹孙宿。宿:原文为“在”,据刘师培说改,下同。 ⑮ 埶能:才能。埶:同“艺”。原文为“孰”,据郭沫若说改。一:皆,全。并:合,都。臣之:任用为臣。 ⑯ 以国诎:为国而屈。诎:同“屈”,收缩,弯曲。以足息:因积蓄足而停止。以信默:取信以后保持沉默。 ⑰ 消息:消减与增长。息:滋长。与百姓诎信:与百姓一起屈伸。诎:同“屈”。信:

通“伸”。已：停止。 ⑱ 喟然：感叹的样子。焉：何，怎么。
⑲ 为：如。寄：存放。 ⑳ 私之：夺取而据为己有。之：指江、黄二国。 ㉑ 嗺嗺：想咬人的样子。啮：咬人。猳：通“枷”，锁狗的器具。
㉒ 易牙：齐桓公的宠臣，曾蒸子献给桓公食用。安：怎么。
㉓ 竖刁：齐桓公的宠臣，曾自宫其身为桓公管理内宫。焉：怎么会。
㉔ 去：抛弃，离开。臣事：称臣事奉。是所愿也：他的愿望是。得于君者：从国君您那里得到的。 ㉕ 复：又。反：同“返”，召回。
㉖ 立：继位。 ㉗ 与：勾结。 ㉘ 甗：读音 yán，齐地名，在今山东省历城县境内。

地图第二十七

[解题] 地图是治国用兵的工具,本篇主要论述了地图在军事上的重要作用,强调领兵作战者要审知地图。

[原文] 凡兵主者,必先审知地图①。轘辕之险,滥车之水,名山、通谷、经川、陵陆、丘阜之所在,苴草、林木、蒲苇之所茂,道里之远近,城郭之大小,名邑、废邑、困殖之地,必尽知之②。地形之出入相错者,尽藏之③。然后可以行军袭邑,举错知先后,不失地利,此地图之常也④。

[注释] ① 兵主:带兵的将帅。审知:详细了解。 ② 轘辕之险:形同车辕而环曲的险要之处。滥车之水:能淹没战车的河流。经川:常有水的川。陵陆:山地。丘阜:山岭。苴:草。困:不可耕种之地。殖:可耕种之地。 ③ 出入相错:参差不齐。藏:藏在心中。 ④ 错:同"措"。常:典常,引申为重要性。

[原文] 人之众寡、士之精粗、器之功苦尽知之,此乃知形者也①。知形不如知能,知能不如知意②。故主兵必参具者也,主明、相知、将能之谓参具③。故将出令发士,期有日数矣④。宿定所征伐之国,使群臣、大吏、父兄、便辟左右不能议成败,人主之任也⑤。论功劳,行赏罚,不敢蔽贤有私,行用货财,供给军之求索,使百吏肃敬,不敢解怠行邪,以待君之令,相室之任也。缮器械,选练士,为教服,连什

伍，遍知天下，审御机数，此兵主之事也⑥。

［注释］

①精粗：指士兵素质的优劣。功苦：指武器装备的好坏。形：形势，形态。 ②能：才能，能力。意：意图，计划。 ③知：同“智”。参具：具备三个条件。 ④期有日数：限定日期。 ⑤宿定：提前确定。宿：先。任：职责。 ⑥缮：修整。练士：训练有素的士兵。为教服：进行教练。服：习。连：编制。什、伍：军队的基层组织，五人为伍，十人为什。审：仔细。御：掌握。机数：战机与战略。

参患第二十八

[解题] 这是一篇军事论文。参患即用兵所担心的三个问题，一是人主猛毅或懦弱，二是计未定而兵出于境，三是将士与装备情况。

[原文] 凡人主者，猛毅则伐，懦弱则杀①。猛毅者何也？轻诛杀人之谓猛毅②。懦弱者何也？重诛杀人之谓懦弱③。此皆有失彼此④。凡轻诛者杀不辜，而重诛者失有罪⑤。故上杀不辜，则道正者不安⑥；上失有罪，则行邪者不变⑦。道正者不安，则才能之人去亡⑧；行邪者不变，则群臣朋党⑨。才能之人去亡，则宜有外难；群臣朋党，则宜有内乱。故曰：猛毅者伐，懦弱者杀也。

[注释] ① 猛毅：凶暴残酷。伐：遭到攻击。杀：被杀戮。 ② 轻诛杀人：轻易地杀罚人。 ③ 重诛杀人：诛杀罪人时思虑再三，不果断。重：慎重。 ④ 这句的意思是：这都是各有所失。 ⑤ 杀不辜：杀掉无罪之人。失有罪：使有罪者漏网。 ⑥ 道正者：走正道的人。 ⑦ 行邪者：走邪路的人。 ⑧ 去亡：逃走。 ⑨ 朋党：拉帮结伙。

[原文] 君之所以卑尊，国之所以安危者，莫要于兵①。故诛暴国必以兵，禁辟民必以刑②。然则兵者外以诛暴，内以禁邪，故兵者尊主安国之经也，不可废也③。若夫世主则不然，外不以兵而欲诛暴，则地

必亏矣④;内不以刑而欲禁邪,则国必乱矣。

[注释] ① 要:重要。兵:军队。以上三句意思是:决定君主的尊卑与国家的安危,没有比军队再重要的了。 ② 暴国:强暴的国家。辟民:邪僻的人。辟:同“僻”。 ③ 经:根本。 ④ 若夫:至于。世主:现世的君主。以:用。亏:缺损。

[原文] 故凡用兵之计,三惊当一至,三至当一军,三军当一战①。故一期之师,十年之蓄积殚②;一战之费,累代之功尽③。今交刃接兵而后利之,则战之自胜者也④。攻城围邑,主人易子而食之,析骸而爨之,则攻之自拔者也⑤。是以圣人小征而大匡,不失天时,不空地利,用日维梦,其数不出于计⑥。故计必先定而兵出于境。计未定而兵出于境,则战之自败,攻之自毁者也。

[注释] ① 计:军费的计算。三惊当一至:三次警戒的费用等于一次出征。惊:同“警”,警戒。当:相当。至:到达,这里指出兵。三至当一军:三次出兵的费用相当于一次驻扎。军:驻扎。三军当一战:三次驻扎的费用相当于一次战役。 ② 期:警。殚:竭尽。这两句意思是:所以,军队一次警戒,十年的积蓄就会用光。 ③ 这两句意思是:一场战役的费用,耗尽了几代的积累。 ④ 这两句意思是:如果两国已交战才为军队筹集费用,那就是自己战胜自己了。 ⑤ 易子而食:交换孩子当食物。析骸而爨:拆开尸骨烧火做饭。以上四句意思是:如果围攻城邑,守城者互相以孩子为食物,拆尸骨当柴烧,拼命抵抗,进攻者耗费大而攻不下,那就是自己攻破了自己。 ⑥ 小征而大匡:用小的征伐取得大的胜利。匡:匡正。空:旷,荒废。用日维梦:白天用兵,夜晚谋划。其数不出于计:各种情况都不出所料。

[原文] 得众而不得其心,则与独行者同实①;兵不完

利，与无操者同实②；甲不坚密，与俴者同实③；弩不可以及远，与短兵同实④；射而不能中，与无矢者同实⑤；中而不能入，与无镞者同实⑥；将徒人与俴者短兵待远矢，与坐而待死者同实⑦。故凡兵有大论，必先论其器、论其士、论其将、论其主⑧。故曰：器滥恶不利者，以其士予人也⑨；士不可用者，以其将予人也⑩；将不知兵者，以其主予人也⑪；主不积务于兵者，以其国予人也⑫。故一器成，往夫具，而天下无战心⑬；二器成，惊夫具，而天下无守城⑭；三器成，游夫具，而天下无聚众⑮。所谓无战心者，知战必不胜，故曰无战心；所谓无守城者，知城必拔，故曰无守城；所谓无聚众者，知众必散，故曰无聚众。

［注释］ ① 得众而不得其心：拥有众多的军队但不得军心。同实：实质相同。 ② 兵：兵器。完利：坚固锋利。无操：赤手空拳。 ③ 俴者：只穿单衣不披铠甲的人。 ④ 弩：弓箭的一种。及：到达。 ⑤ 矢：箭。 ⑥ 镞：箭头。 ⑦ 原文“短兵”上有“同实”二字，据郭沫若说删。徒人：未经训练的人。待远矢：抵御远处射来的箭。 ⑧ 大论：大体要考评的。论：考察，评判。器：兵器。士：战士。主：君主。 ⑨ 滥恶：破烂。予人：送人。这两句意思是：所以说，兵器破烂不锋利，就等于白白拿士兵的生命去送人。 ⑩ 不可用：不听指挥。

⑪ 不知兵：不懂得用兵作战。 ⑫ 积务于兵：坚持不懈地加强军备。 ⑬ 一器成：一种先进的武器制造成功。往夫：能征战的士兵。具：具备。以上三句意思是：所以，有一种先进武器，具备了能征战的士兵，天下人就无心敢应战。 ⑭ 惊夫：智勇惊众的人。无守城：没有守得住的城池。 ⑮ 游夫：能言善辩善于游说的人。无聚众：没有集合在一起的军队。

制分第二十九

［解题］

制分即把握原则。本篇认为，无论治国还是用兵，都有一定的原则，要认真分析掌握。

［原文］

凡兵之所以先争[1]：圣人贤士不为爱尊爵，道术知能不为爱官职，巧伎勇力不为爱重禄，聪耳明目不为爱金财[2]。故伯夷、叔齐非于死之日而后有名也，其前行多修矣[3]；武王非于甲子之朝而后胜也，其前政多善矣[4]。筑堵之墙，十人之聚，日五间之[5]。故小征，千里遍知之；大征，遍知天下。日五间之，散金财用聪明也[6]。故善用兵者，无沟垒而有耳目[7]。兵不呼儆，不苟聚，不妄行，不强进[8]。呼儆则敌人戒，苟聚则众不用，妄行则群卒困，强进则锐士挫[9]。故凡用兵者，攻坚则轫，乘瑕则神[10]。攻坚则瑕者坚，乘瑕则坚者瑕[11]。故坚其坚者，瑕其瑕者[12]。屠牛坦朝解九牛，而刀可以莫铁，则刃游间也[13]。故天道不行，屈不足从[14]；人事荒乱，以十破百[15]；器备不行，以半击倍[16]。故军争者不行于完城池，有道者不行于无君[17]。故莫知其将至也，至而不可圉[18]；莫知其将去也，去而不可止[19]。敌人虽众，不能止待[20]。

［注释］

①凡兵之所以先争：用兵首先要争取做到的。　②爱：贪图。

尊爵:高贵的爵位。道术知能:有法术有才能的人。巧伎勇力:有巧妙的技术和勇力的人。聪耳明目:指用耳朵、眼睛探取情报的人。 ③ 伯夷、叔齐:商代孤竹君的两个儿子,是古代推崇的贤人,周灭商后,隐居首阳山,不食周粟,采薇而食,饿死。修:好。 ④ 甲子之朝:武王战胜纣王的日子。 ⑤ 原文此三句在下文"大征"上,据猪饲彦博说移此。以上三句的意思是:一墙之隔,十人的聚会,也要每天侦查五次。⑥ 五:原文为"一",据郭沫若说改。散金财用聪明:用金钱收买间谍。 ⑦ 沟垒:壕沟和堡垒,泛指备战的工事。耳目:间谍。 ⑧ 呼儆:高声呼叫警戒。儆:同"警"。苟聚:轻易集合。 ⑨ 戒:有所戒备。不用:不肯效力。困:疲劳。挫:受到挫折。 ⑩ 轫:阻挡车轮使之停止的木,引申为阻止。原文为"韧",据刘绩说改。乘瑕:利用其薄弱环节,即出其不意,攻其不备。瑕:薄弱之处。神:收效若神。⑪ 这两句意思是:打攻坚战,敌人薄弱的环节也会得到加强;出其不意,敌人坚固的部分也会变得虚弱。 ⑫ 这两句意思是:所以,要抛开其坚固部分,攻打其薄弱环节。 ⑬ 坦:人名。朝:一天。解:分解。莫:削。刃游间:刀刃游移于骨节之间。 ⑭ 行:顺。屈不足从:即使敌人败了也不要穷追。屈:屈服,失败。从:追逐。 ⑮ 人事荒乱:与下句的"器备不行"均指敌人而言。 ⑯ 器备:武器装备。 ⑰ 这两句意思是:所以,军事争夺不攻打坚固的城池,有道义的军队不攻打丧失国君的国家。完:坚固。 ⑱ 圉:同"御"。 ⑲ 止:阻挡。⑳ 待:防御。

[原文]

治者所道富也,而治未必富也,必知富之事,然后能富①。富者所道强也,而富未必强也,必知强之数,然后能强②。强者所道胜也,而强未必胜也,必知胜之理,然后能胜③。胜者所道制也,而胜未必制也,必知制之分,然后能制④。是故治国有器,富国有事,强国有数,胜国有理,制天下有分⑤。

[注释]　①道：导致。而治：原文为“治而”，据下文例改。知：懂得，了解。事：生产事务。以上四句意思是：安定可以使国家富足，但不是安定了一定就能富足，必须要懂得富国的事情，然后才能使国家富足。　②强之数：使国家强盛的方法。数：通“术”。　③胜之理：战胜敌国的道理。　④制：控制，制服。制之分：控制天下的素质。分：素质，能力。⑤器：指军事装备。

君臣上第三十

［解题］

《君臣》有上、下两篇，主要论述为君之道、为臣之道及君臣之间的相互关系，故名。本篇主要阐述君臣之间应明确各自职分的观点，主张君不干预臣职，臣不侵夺君权，认为这样以道治国，才能形成君明、相信、五官肃、士廉、农愚、商工愿的理想状态。

［原文］

为人君者，修官上之道，而不言其中①；为人臣者，比官中之事，而不言其外②。君道不明，则受令者疑；权度不一，则修义者惑③。民有疑惑贰豫之心而上不能匡，则百姓之与间，犹揭表而令之止也④。是故能象其道于国家，加之于百姓，而足以饰官化下者，明君也⑤。能上尽言于主，下致力于民，而足以修义从令者，忠臣也。上惠其道，下敦其业，上下相希，若望参表，则邪者可知也⑥。吏啬夫任事，民啬夫任教⑦。教在百姓，论在不挠，赏在信诚，体之以君臣，其诚也以守战，如此，则民啬夫之事究矣⑧。吏啬夫尽有訾程事律，论法辟、衡权、斗斛、文劾，不以私论，而以事为正，如此，则吏啬夫之事究矣⑨。民啬夫成教、吏啬夫成律之后，则虽有敦悫忠信者不得善也，而戏豫怠傲者不得败也⑩。如此，则人君之事究矣。是故为人君者因其业，乘其事，而稽之以度⑪。有善者，赏之以列爵之尊、田地之厚，而民不慕也。有过者，罚之以废亡之辱、僇死之刑，而民不疾也⑫。杀生不违，而民莫遗其亲者，此唯上有明法，而下有常事也⑬。

［注释］

① 官上之道：统治百官的方法。不言其中：不参与其中的具体事务。　② 比：连缀，引申为办理。官中之事：职责范围之内的事情。外：指职责范围之外的事。　③ 权度不一：权限不一致。修义者：按义而行的人。　④ 贰：不信任。豫：犹豫。匡：纠正。间：隔阂。揭表而令之止：举着告示不让老百姓靠近。揭：举。表：作为标志的立木或木牌。　⑤ 象其道：把君道形象化。加：施加。饰：治理。化：教化。　⑥ 惠：顺。敦：努力从事。希：通“睎”，望。参表：作为标准的直木。　⑦ 吏啬夫、民啬夫：均为官职名称，其职责见下文。民：原文为“人”，据张佩纶说改，下文“民啬夫”之“民”同此。　⑧ 论：定罪。挠：曲枉。体：区别。其诚也以守战：教化成功后，既可以守，又可以战。诚：通“成”。究：穷，尽。　⑨ 訾程事律：度量规章和办事的制度。訾：计量，度量。论：制定。法辟：刑罚。文劾：文告与弹劾的奏章。私论：个人的意见。事：事实。正：准则。　⑩ 敦悫：宽厚朴实。善：通“缮”，修补、增补。戏豫怠傲：游戏、玩乐、懈怠、傲慢。败：损害。⑪ 因：借助。乘：利用。稽：考察，考核。度：法度。　⑫ 废亡之辱：废除和灭亡的耻辱。僇：通“戮”。疾：恨。　⑬ 违：违背法度。遗其亲：指抛弃父母，违法犯上。

［原文］

天有常象，地有常形，人有常礼，一设而不更，此谓三常。兼而一之，人君之道也①；分而职之，人臣之事也②。君失其道，无以有其国③；臣失其事，无以有其位。然则上之畜下不妄，而下之事上不虚矣④。上之畜下不妄，则出法制度者明也⑤；下之事上不虚，则循义从令者审也⑥。上明下审，上下同德，代相序也⑦。君不失其威，下不旷其产，而莫相德也⑧。是以上之人务德,而下之人守节⑨。义礼成形于上,而善下通于民,则百姓上归亲于主,而下尽力于农矣⑩。故曰:君明、相信、五官肃、士廉、农愚、商工愿,则上下体而外内别也,民性因而三族制也⑪。

[注释]

① 兼而一之:统率众官,使之统一。 ② 分而职之:各司其职。 ③ 无以:不能够。 ④ 畜:养活。不妄:真实,不虚伪。妄:荒诞,引申为虚伪。不虚:实在。 ⑤ 出法制度:颁布法令,制定制度。原文"出法制度"上有"所",据丁士涵与郭沫若说删。 ⑥ 循:遵循。审:谨慎。 ⑦ 代相序:互相之间的更换交替有秩序。代:更替,交换。 ⑧ 旷:荒废。产:事业。莫相德:相互之间不用感恩戴德。 ⑨ 务德:致力于修养德行。守节:守本分。 ⑩ 成形于上:在上面形成。善:善于。下通于民:贯彻到人民之中。归亲:归附,亲近。 ⑪ 廉:正直。愚:质朴。愿:恭谨诚实。体:区别。民性因:人民生存有依靠。性:同"生"。因:依靠。三族:指士、农、商工。制:遵守制度。

[原文]

夫为人君者,荫德于人者也①;为人臣者,仰生于上者也②。为人上者,量功而食之以足③;为人臣者,受任而处之以敬④。布政有均,民足于产,则国家丰矣⑤。以劳受禄,则民不幸生⑥。刑罚不颇,则下无怨心⑦。名正分明,则民不惑于道⑧。道也者,上之所以导民也。是故道德出于君,制令传于相,事业程于官⑨。百姓之力也,胥令而动者也⑩。是故君人也者,无贵如其言⑪;人臣也者,无爱如其力⑫。言下力上,而臣主之道毕矣⑬。是故主画之,相守之⑭;相画之,官守之;官画之,民役之⑮。则又有符节、印玺、典法、策籍以相揆也⑯。此明公道而灭奸伪之术也。

［注释］ ① 荫德于人：用德来庇护人民。 ② 仰生于上：依靠君主而生存。 ③ 量：衡量。食之以足：用足够的俸禄来养活臣下。 ④ 处之以敬：用恭敬认真的态度去执行。敬：原文为“教”，据刘师培说改。 ⑤ 布：行施。均：平均。丰：富裕。 ⑥ 受：通“授”。幸生：侥幸偷生。 ⑦ 颇：偏。 ⑧ 分：职分。惑于道：对政策措施感到疑惑。道：指治国之道。 ⑨ 制令：制度和法令。程：考核，衡量。 ⑩ 胥：待。 ⑪ 无贵如其言：没有比他的语言更可贵的了。 ⑫ 无爱如其力：没有比他的力更可珍惜的了。 ⑬ 言下力上：君主的语言下达后，大臣就尽力为君主效力。毕：完成。 ⑭ 画：谋划。守：贯彻执行。 ⑮ 役：出力服役。 ⑯ 符节：古代用来传令、调兵的信物，用竹、木或金属制成，上有文字，剖为两半，双方各持一半，用时两半验合为实。印玺：泛指印章。玺：上古时印章的通名，秦汉以后为皇帝印章的专名。策籍：文书之类。揆：揆度，衡量。

［原文］ 论材、量能、谋德而举之，上之道也[①]；专意一心，守职而不劳，下之事也[②]。为人君者，下及官中之事，则有司不任[③]；为人臣者，上共专于上，则人主失威[④]。是故有道之君，正其德以莅民，而不言智能聪明[⑤]。智能聪明者，下之职也；所以用智能聪明者，上之道也[⑥]。上之人明其道，下之人守其职，上下之分不同任，而复合为一体[⑦]。是故知善，人君也；身善，人役也[⑧]。君身善，则不公矣。人君不公，常惠于赏，而不忍于刑，是国无法也[⑨]。治国无法，则民朋党而下比，饰巧以成其私[⑩]。法制有常，则民不散而上合，竭情以纳其忠[⑪]。是以不言智能，而朝事治、国患解，大臣之任也[⑫]。不言聪明，而善人举、奸伪诛，视听者众也[⑬]。是以

为人君者，坐万物之原，而官诸生之职者也⑭。选贤论材，而待之以法⑮。举而得其人，坐而牧，其福不可胜收也⑯。官不胜任，奔走而奉，其败事不可胜救也⑰。而国未尝乏于胜任之士，上之明适不足以知之⑱。是以明君审知胜任之臣者也⑲。故曰：主道得，贤材遂，百姓治⑳。治乱在主而已矣。

［注释］

①论材：选择人才。量能：衡量才能。谋德：考虑德行。举：用。②不劳：不夸耀其功绩。③及：参与，插手。不任：无法负责。④共专于上：与君主共同执掌君权。专：专擅。⑤莅：临，治理。言：谈论，讲求。⑥所以：如何，怎样。⑦任：职责。复：又。⑧以上四句意思是：所以，知人善任者是人君，事必躬亲者是被人役使的人。身善：亲身干好各种事。⑨惠于赏：喜欢行赏。不忍于刑：不忍心使用刑罚。⑩朋党：结帮派。比：相互勾结。饰巧以成其私：玩弄巧诈来达到个人目的。⑪不散：不分帮派。上合：与君主合作。情：诚。纳：贡献。⑫言：讲究。朝：朝廷。原文为"顺"，据郭沫若说改。大臣之任：是因为任用大臣的缘故。之：是。⑬原文"聪明"上有"于"，据张文虎说删。视听者：指监督纠察的人。⑭坐：守。原：根本。官诸生之职：授予众人职分。官：主管，分配。⑮论：考核评定。待之以法：按法制的有关规定对待使用他们。⑯坐而牧：不用费力就可以统治人民。牧：放牧，引申为治理。原文为"收"，据郭沫若说改。⑰奉：行，办理事务。⑱适：特，只。⑲审知：仔细地考察、了解、发现。⑳以上三句的意思是：君主掌握了为君之道，贤明有才能的人得到任用，百姓就得到治理。遂：成，就。

［原文］

故曰：主身者，正德之本也；官治者，耳目之制也①。身立而民化，德正而官治②。治官化民，其要在上，是故君子不求于民[3]。是以上及下之事谓之矫，下及上之事谓之胜[4]。为上而矫，悖也；为下而胜，逆也[5]。国家有悖逆反迕之行，有土主民者失其纪也[6]。是故别交正分之谓理，顺理而不失之谓道，道德定而民有轨矣[7]。有道之君者，善明设法，而不以私防者也[8]。而无道之君，既已设法，则舍法而行私者也[9]。为人上者释法而行私，则为人臣者援私以为公[10]。公道不违，则是私道不违者也[11]。行公道而托其私焉，寖久而不知，奸心得无积乎[12]？奸心之积也，其大者有侵偪杀上之祸，其小者有比周内争之乱[13]。此其所以然者，由主德不立，而国无常法也。主德不立，则妇人能食其意[14]；国无常法，则大臣敢侵其势。大臣假于女之能，以规主情[15]；妇人嬖宠假于男之知，以援外权[16]。于是乎外夫人而危太子，兵乱内作，以召外寇，此危君之征也[17]。是故有道之君，上有五官以牧其民，则众不敢逾轨而行矣[18]；下有五横以揆其官，则有司不敢离法而使矣[19]。朝有定度衡仪，以尊主位，衣服緷绝，尽有法度，则君体法而立矣[20]。君据法而出令，有司奉命而行事，百姓顺上而成俗，著久而为常，犯俗离教者，众共奸之，则为上者佚矣[21]。

［注释］

① 以上四句的意思是：君主自身是端正德行的根本，各级官府如同耳目，受这根本的节制。官治：官府，官司。治：通“司”。　② 官治：官府得到治理。　③ 君子不求于民：君子不用这些（指治官、化民等君主的职责）去要求人民。　④ 是以：所以。及：参与。矫：干不属于自身职责范围内的事。胜：越职侵权。　⑤ 悖：违背事理。逆：大逆

不道。 ⑥ 反迕:违反背离。有土主民者:指君主。纪:纲纪。⑦ 别交正分:区别上下关系,端正君臣名分。轨:轨道,指正确的道路。 ⑧ 明设法:明确地制定法制。不以私防:不因私情而阻碍它。⑨ 则:却。舍:抛弃,违背。 ⑩ 释:放弃。援私以为公:把私事当做公事。援:引。 ⑪ 这两句意思是:名义上是不违背公道,而实际上是不违背私道。 ⑫ 托:寄寓。焉:在里面。寖:逐渐。得无:能不。 ⑬ 侵:欺凌。偪:同"逼",逼迫。比周:结党。 ⑭ 食其意:察知其意图。食:通"伺",窥测。 ⑮ 假:借。规:通"窥",窥测。情:情实。 ⑯ 妇人嬖宠:宠幸的妇人。男:指大臣。知:同"智"。援外权:勾引国外的势力。 ⑰ 外:除去,废黜。征:征兆。 ⑱ 五官:五个官府。据《小匡》,五官当为大行、大司田、大司马、大司理、大司谏。 ⑲ 五横:五官之中均有掌管纠察监督的官员,合称五横。横:通"衡"。揆:监督、管理。使:行。 ⑳ 定度:固定的制度。衡仪:不变的礼仪。衡:通"恒"。緷绕:同"衮冕",君主的衣帽。体:依。㉑ 犯俗离教:违犯习俗背离教化。众共奸之:众人都认为他是邪恶的。奸:以……为奸。佚:安闲。

[原文] 天子出令于天下,诸侯受令于天子,大夫受令于君,子受令于父母,下听其上,弟听其兄,此至顺矣。衡石一称,斗斛一量,丈尺一綧制,戈兵一度,书同名,车同轨,此至正也①。众顺独逆,众正独辟,此犹夜有求而得火也,奸伪之人,无所伏矣②。此先王之所以一民心也。是故天子有善,让德于天;诸侯有善,荐之于天子;大夫有善,纳之于君;民有善,本于父,荐之于长老③。此道法之所从来,是治本也④。是故岁一言者君也,时省者相也,月稽者官也,务四支之力、修耕农之业以待令者庶人也⑤。是故百姓量其力于父兄之间,听其言于君臣

之义，而官论其德能而待之⑥。大夫比官中之事，不言其外，而相为常具以给之⑦。相总要，者官谋士，量实义美，匡请所疑⑧。而君发其明府之法瑞以稽之，立三阶之上，南面而受要⑨。是以上有余日，而官胜其任，时令不淫，而百姓肃给⑩。此唯上有法制，下有分职也⑪。

［注释］ ① 一：相同，统一。綍制：规格。綍：布帛的幅宽。制：布帛的匹长。度：规格型号。名：文字。以上七句意思是：衡石的称计相同，斗斛的度量相同，丈尺的规格相同，武器的型号相同，书写的文字相同，车辙的宽窄相同，这是最规范的了。 ② 众：原文为“从”，据尹知章注改。下“众”字同。辟：同“僻”，邪僻。夜有求而得火：黑夜寻找而见到火光。比喻容易发现背逆邪僻之人。伏：潜藏。 ③ 荐：进。原文为“庆”，据王念孙说改，下“荐”同。纳：进献。本：追本溯源。长老：长辈。④ 这两句意思是：这就是道和法的由来，是治国的根本。 ⑤ 岁一言：每年过问政事一次。时省：按四时考察。月稽：按月考核监督。支：同“肢”。修：从事。 ⑥ 这三句意思是：所以，对于平民百姓，要在父兄之间衡量其能力，在君臣大义方面听取其言论，有关官吏据此评定其德行和能力而推荐给上级。 ⑦ 比：参与，从事。官中之事：职责范围内的事情。为：制定。常具：固定的规章制度。给：供……使用。⑧ 总要：总揽机要。者：同“诸”。量实义美：根据实际情况评定好的政策措施。义：同“议”。匡请所疑：对于有疑问的，则请相匡正裁决。⑨ 发其明府之法瑞以稽之：拿出公布宪令时藏在太府中的副本及印玺符信等，并据此进行检查考核。明府：太府。瑞：印玺符信等作为凭证的东西。受要：听取重要事情的汇报。 ⑩ 余日：闲暇。淫：错乱。肃给：恭敬地供奉君上。 ⑪ 此唯：这是因为。原文为“唯此”，据丁士涵说改。

［原文］ 道者，成人之生也，非在人也①。而圣王明君，善知而道之者也②。是故治民有常道，而生财有常

法。道也者，万物之要也。为人君者，执要而待之，则下虽有奸伪之心，不敢试也[3]。夫道者虚设，其人在则通，其人亡则塞者也[4]。非兹是无以理人，非兹是无以生财[5]。民治财育，其福归于上。是以知明君之重道法而轻其国也[6]。故君一国者，其道君之也[7]。王天下者，其道王之也。大王天下，小君一国，其道临之也[8]。是以其所欲者能得诸民，其所恶者能除诸民[9]。所欲者能得诸民，故贤材遂[10]；所恶者能除诸民，故奸伪省[11]。如冶之于金，陶之于埴，制在工也[12]。

［注释］

① 成人之生：原文为“诚人之姓”，据戴望说改。以上三句意思是：道这个东西，是生成人的生命的，并不是人为的。 ② 知：理解。道：由，遵循。 ③ 虽：即使。试：尝试。原文为“杀”，据王念孙说改。 ④ 虚设：虚而无形，没有固定的处所。其人：指行道的人。 ⑤ 非兹是无以理人：没有这个道就无法治理人民。兹：此，指道。是：则。 ⑥ 这句的意思是：这样，就知道明君为什么看重道和法而看轻国家了。 ⑦ 君：统治。 ⑧ 临：莅临，统治。 ⑨ 得诸民：从人民那里得到。除诸民：从人民那里消除。 ⑩ 遂：得到任用。 ⑪ 省：觉察。 ⑫ 以上三句意思是：就好像冶炼者对待金属、制陶者对待黏土，想制造成什么，完全由工匠掌握。

［原文］

是故将与之，惠厚不能供[1]；将杀之，严威不能振[2]。严威不能振，惠厚不能供，声实有闲也[3]。有善者不留其赏，故民不私其利[4]；有过者不宿其罚，故民不疾其威[5]。赏罚之制，无逾于民，则人归亲于上矣[6]。如天雨然，泽下尺，生上尺[7]。

[注释] ① 厚：指积蓄的钱财。 ② 严：严厉。振：通“震”。 ③ 声实有闲：名实不符。闲：通“间”，间隔。 ④ 留：延迟。私其利：把有利的事情据为己有。 ⑤ 宿：隔夜，引申为拖延。疾其威：怨恨刑罚太严。 ⑥ 赏：原文为“威”，据刘绩说改。无逾于民：不要超过人民所应该得到的，即赏和罚都应名实相符。 ⑦ 这三句意思是：就像天下雨一样，天降一尺的雨，禾苗就生长一尺。

[原文] 是以官人不官，事人不事，独立而无稽者，人主之位也①。先王之在天下也，民比之神明之德，先王善收之于民者也②。夫民别而听之则愚，合而听之则圣③。虽有汤武之德，复合于市人之言④。是以明君顺人心，安情性，而发于众心之所聚，是以令出而不稽，刑设而不用⑤。先王善与民为一体。与民为一体，则是以国守国、以民守民也⑥。然则民不便为非矣⑦。

[注释] ① 官人不官：授给别人官职而自身不任官职。事人不事：分配给别人事情而自己不动手做事情。稽：考核检查。 ② 在：指治理。比之神明之德：把他的德行比做神明。收之于民：听取人民的意见。收：取。原文为“牧”，据陶鸿庆说改。 ③ 这两句的意思是：对于人民的意见，片面地听取就会使你愚蠢，全面地听取就能使你圣明。别：分别，个别。合：全面，综合。 ④ 虽：即使。复合于市人之言：还要全面听取民众的意见。 ⑤ 安：适应。发于众心之所聚：做事情从众人所关心之点出发。稽：阻碍。 ⑥ 守：治理。 ⑦ 然则：这样，那么。

[原文] 虽有明君，百步之外，听而不闻；闲之堵墙，窥而不见也①。而名为明君者，君善用其臣，臣善纳其忠也②。信以继信，善以传善，是以四海之内，可

得而治[3]。是以明君之举其下也，尽知其短长，知其所不能益，若任之以事[4]。贤人之臣其主也，尽知短长与身力之所不至，若量能而授官[5]。上以此畜下，下以此事上，上下交期于正，则百姓男女皆与治焉[6]。

［注释］ ① 闻：听到。闲：通“间”，间隔。窥：窥视。见：看到。 ② 纳：贡献。 ③ 继：续。传：接。 ④ 所不能益：能力的最高限度。若：乃。 ⑤ 至：及。若：乃。授：同“受”。 ⑥ 畜：养，指使用。交期于正：互相以公正相约。期：约定。与：参与。

君臣下第三十一

[解题] 本篇围绕君臣关系这个中心,讨论了与此相关的诸多问题。阐明了君主实行赏罚和设相选贤的原则,分析了国家危亡的原因和君臣易犯的错误,要求君主从自身做起,研究治国之道,重视农业、法制、吏治,防止宫廷内乱和宠臣近臣篡权。

[原文] 古者未有君臣上下之别,未有夫妇妃匹之合,兽处群居,以力相征①。于是智者诈愚,强者凌弱,老幼孤独不得其所②。故智者假众力以禁强虐,而暴人止③;为民兴利除害,正民之德,而民师之④。是故道术德行,出于贤人。其从义理兆形于民心,则民反道矣⑤。名物处,是非分,则赏罚行矣⑥。上下设,民生体,而国都立矣⑦。是故国之所以为国者,民体以为国⑧;君之所以为君者,赏罚以为君⑨。

[注释] ① 妃匹:配偶。以力相征:依靠强力而相互争夺。 ② 诈:欺诈。凌:欺侮。 ③ 假:借助。强虐:强横暴虐。暴人:强暴的人。 ④ 正:规正。民师之:民以他们为师。之:指智者。 ⑤ 其:指道术德行。从:顺从,符合。兆形于民心:出现,形成,符合民心。反道:回到正道上来,反:同"返"。 ⑥ 处:辨别。是非分:原文为"违是非之分",据许维遹说删改。 ⑦ 上下设:上下的关系确立了。民生体:人民贵贱尊卑的体统形成了。体:体统,关系。 ⑧ 民体以为国:人民形成了贵贱尊卑的体统才形成国家。 ⑨ 赏罚以为君:君主掌握了赏罚之权才成为君主。

[原文] 致赏则匮，致罚则虐[①]。财匮而令虐，所以失其民也。是故明君审居处之教，而民可使居治、战胜、守固者也[②]。夫赏重，则上不给也；罚虐，则下不信也[③]。是故明君饰食饮吊伤之礼，而物属之者也[④]。是故厉之以八政，旌之以衣服，富之以国禀，贵之以王禁，则民亲君可用也[⑤]。民用，则天下可致也[⑥]。天下道其道则至，不道其道则不至也[⑦]。夫水波而上，尽其摇而复下，其势固然者也[⑧]。故德之以怀也，威之以畏也，则天下归之矣[⑨]。有道之国，发号出令，而夫妇尽归亲于上矣[⑩]。布法出宪，而贤人列士尽功能于上矣[⑪]。千里之内，束布之罚，一亩之赋，尽可知也[⑫]。治斧钺者不敢让刑，治轩冕者不敢让赏[⑬]。隤然若一父之子，若一家之实，义礼明也[⑭]。

[注释] ① 致赏：奖赏过多。致：同“至”。匮：缺乏。致罚：刑罚过重。虐：暴虐。 ② 审：重视。居处之教：平常的教化。居治：平常居处服从治理。 ③ 给：供应，满足。信：信服。 ④ 饰：修治，整顿。食饮：宴会。吊伤：吊丧。物属之：以类别之。物：观察，区分。属：类。 ⑤ 厉之以八政：用八种政事来劝勉他们。厉：同“励”。八政：指食、货、祀、司空、司徒、司寇、宾、师八种政事以及相应的职务。旌：区别，表彰。衣服：穿的和用的。国禀：俸禄。禀：同“廪”。原文为“裹”，据王引之说改。 ⑥ 致：来到，归附。 ⑦ 道其道：遵循正确的道路。至：极，指大治。 ⑧ 波：激荡。摇：摇动。势：趋势，规律。以上三句意思是：好比水激荡而上涌，达到顶点就会再落下来，这是自然的规律。 ⑨ 德之以怀：用恩德去安抚他们。怀：安抚。威之以畏：用威势去震慑他们。 ⑩ 夫妇：男女，泛指百姓。 ⑪ 列士：有名望的士人。功：通“贡”，贡献。 ⑫ 束布：五匹布。束：布帛五匹为一束。 ⑬ 钺：大斧。让：推辞。轩冕：君主赏给有功劳、职位高的人的车和帽

子，这里泛指奖赏。这两句意思是：主管刑罚的人有了罪也不敢逃避惩罚，主管奖赏的人有了功也不能辞让赏赐。 ⑭ 隤然：顺从的样子。隤：原文为“坟”，据陈奂说改。一家之实：一个家庭中的成员。义礼明：这是由于义理分明的缘故。

［原文］

夫下不戴其上，臣不戴其君，则贤人不来①。贤人不来，则百姓不用②。百姓不用，则天下不至。故曰：德侵则君危，论侵则有功者危，令侵则官危，刑侵则百姓危③。而明君者，审禁淫侵者也④。上无淫侵之论，则下无冀幸之心矣⑤。

［注释］

① 戴：尊奉，拥戴。来：指出来做官。 ② 不用：不肯为君主效力。 ③ 德：指施行恩德的权力。侵：侵害，削夺。论：指论功行赏的权力。令：指发号施令的权力。刑：指决定刑罚的权力。 ④ 审禁：严格禁止。淫：滥，过多。 ⑤ 冀幸：侥幸。冀：原文作“异”，据刘绩说改。

［原文］

为人君者，倍道弃法，而好行私，谓之乱①。为人臣者，变故易常，而巧言以谄上，谓之腾②。乱至则虐，腾至则北③。两者有一至，则敌人谋之④。故施舍优犹以济乱，则百姓悦⑤；选贤遂材而礼孝弟，则奸伪止⑥；要淫佚，别男女，则通乱隔⑦；贵贱有义，伦等不逾，则有功者劝⑧；国有常式，故法不隐，则下无怨心⑨。此五者，兴德匡过、存国定民之道也⑩。

［注释］

① 倍道弃法：背离正道，抛弃法制。倍：通“背”。 ② 变故易常：改变常规常法。言：原文为“官”，形近而误，今改正。谄：讨好，取媚。腾：凌驾于君主之上。 ③ 至：极。北：通“背”，背叛。
④ 两者：指乱、腾。两：原文为“四”，形近而误，今改正。至：到来，出现。

则：原文为“败”，形近而误，今改正。 ⑤ 原文“故”上有“则”，据郭沫若说删。优犹：宽容大度。济：止。 ⑥ 遂：任用。礼孝弟：以礼对待孝悌的人。 ⑦ 要：约束。淫佚：过度放纵。通：私通。乱：淫乱。隔：隔绝。 ⑧ 义：同“仪”，礼节，待遇。伦等：等级。劝：鼓励。 ⑨ 常式：固定的法律和制度。隐：隐藏。 ⑩ 匡：纠正。道：方法，途径。

［原文］

夫君人者有大过，臣人者有大罪①。国所有也，民所君也②。有国君民而使民所恶制之，此一过也③。民有三务，不布，其民非其民也④。民非其民，则不可以守战，此君人者二过也⑤。夫臣人者，受君高爵重禄，治大官，倍其官，遗其事，穆君之色，从其欲，阿而胜之，此臣人之大罪也⑥。君有过而不改，谓之倒；臣当罪而不诛，谓之乱⑦。君为倒君，臣为乱臣，国家之衰也，可坐而待之。是故有道之君者执本，相执要，大夫执法以牧其群臣，群臣尽智竭力以役其上⑧。四守者得则治，易则乱，故不可不明设而守固⑨。

［注释］

① 君人者：统治人民的人，指君主。臣人者：为人臣者，指大臣。 ② 所有：为君主所据有。所君：为君主所统治。 ③ 民所恶：人民憎恶的人。制：控制，治理。 ④ 三务：春、夏、秋三季的农事。布：安排。 ⑤ 不可以守战：不能用来守卫或作战。 ⑥ 治大官：担任重要职务。倍其官：背离职守。遗：放弃。穆君之色：逢迎君主的脸色。穆：顺从，迎合。阿而胜之：通过阿谀奉承控制君主。 ⑦ 当罪：有罪。 ⑧ 本：根本。要：枢要，机要。牧：治理。役：供奉，服务。 ⑨ 四守：指君主、辅相、大夫、群臣的职守。得：各尽其职。易：改变，更换。明设：明确地设立划分。守固：坚决遵照执行。

[原文]

昔者，圣王本厚民生，审知祸福之所生①。是故慎小事微，韪非索辩以根之②。然则躁作、奸邪、伪诈之人，不敢试也③。此正民之道也④。

[注释]

① 本厚民生：以厚民生为根本。厚民生：提高人民生活水平。审知：仔细地了解。 ② 韪：是。原文为"违"，形近而误，今改正。根：追究根本。这两句意思是：所以，微小的事情都谨慎地对待，要对是非进行探索、分辨并追究其根源。 ③ 躁作：轻举妄动。试：尝试。 ④ 正：治理。原文"正"上有"礼"，据文义删。道：方法。

[原文]

古者有二言："墙有耳，伏寇在侧①。"墙有耳者，微谋外泄之谓也②；伏寇在侧者，沈疑得民之道也③。微谋之泄也，狡妇袭主之请而资游慝也④。沈疑之得民也者，前贵而后贱者为之驱也⑤。明君在上，便僻不能食其意，刑罚亟近也⑥。大臣不能侵其势，比党者诛，明也⑦。为人君者，能远谗谄，废比党，淫悖行食之徒无爵列于朝者，此止诈拘奸、厚国存身之道也⑧。

[注释]

① 伏寇：潜藏的敌人。 ② 微谋：密谋。微：隐藏，保密。 ③ 沈疑：暗藏的坏人。得民：收买民心。道：谓。 ④ 狡妇：狡猾的女人，指君主身边的宠妾。袭：探取。请：通"情"。资：帮助。游慝：到处活动的奸人。 ⑤ 前贵而后贱者：丧失了高贵地位的人。为之驱：为他们奔走。 ⑥ 便僻：善于奉迎的小人。食：通"伺"，窥测。亟：通"及"。近：亲近的人。 ⑦ 势：权威。比党：相互勾结，结成帮派。明：明确。 ⑧ 谗谄：进谗言谄语的人。淫悖行食之徒：邪恶放纵以游说为生的坏人。爵列于朝：在朝中做官。拘：限制。厚：巩固。

[原文]

为人上者，制群臣百姓，通中央之人①。是以中央之人，臣主之参②。制令之布于民也，必由中央之人③。中央之人以缓为急,急可以取威;以急为缓,缓可以惠民④。威惠迁于下,则为人上者危矣⑤。贤不肖之知于上,必由中央之人⑥。财力之贡于上,必由中央之人。能易贤不肖而可成党于下⑦。有能以民之财力上啖其主,而可以为劳于上⑧。兼上下以环其私,爵制而不可加,则为人上者危矣⑨。先其君以善者,侵其赏而夺之惠者也⑩;先其君以恶者,侵其刑而夺之威者也⑪;讹言于外者,胁其君者也⑫;郁令而不出者,幽其君者也⑬。四者一作而上下不知也,则国之危,可坐而待也⑭。

[注释] ① 制:控制,治理。通中央之人:通过左右的大臣。原文“人”下有“和”,据文义删。 ② 臣主之参:群臣和君主的中介。 ③ 制令:制度和法令。由:经由,通过。 ④ 以上四句的意思是:左右的大臣把该缓办的事改为急办,就可以借此树立自己的权威;他们把该急办的事改为缓办,又可以以此向人民显示自己的恩惠。 ⑤ 威惠:威势和行施恩惠的权力。迁:转移。 ⑥ 不肖:缺乏德行才能的人。知于上:被君主了解。 ⑦ 易:颠倒。成:原文为“威”,据王念孙说改。 ⑧ 有:又。啖:以利诱人。为劳:邀功。上:原文为“下”,据陶鸿庆说改。 ⑨ 兼上下:指“为劳于上”和“成党于下”二者兼有。环:营。爵制而不可加:爵位和法制对他都不起作用。 ⑩ 善:指行赏。之:其,指君主。惠:原文为“实”,据丁士涵说校改。这两句意思是:先于君主而行赏,这是侵夺了君主行赏的权力和君主的恩惠。 ⑪ 恶:指惩罚。刑:指进行惩罚的权力。 ⑫ 讹言:制造谣言。胁:胁迫。 ⑬ 郁:阻塞。幽:封锁。 ⑭ 一:皆,全。作:出现,发作。

[原文] 神圣者王,仁智者君,武勇者长,此天之道、人之情也①。天道人情,通者质,穷者从,此数之因也②。是故始于患者不与其事,亲其事者不规其

道③。是以为人上者患而不劳也,百姓劳而不患也。君臣上下之分素,则礼制立矣④。是故以人役上,以力役明,以刑役心,此物之理也⑤。心道进退,而刑道滔迁⑥。进退者主制,滔迁者主劳⑦。主劳者方,主制者圆⑧。圆者运,运者通,通则和⑨。方者执,执者固,固则信⑩。君以利和,臣以节信,则上下无邪矣⑪。故曰:君人者制仁,臣人者守信,此言上下之礼也⑫。

[注释] ① 王:称王。君:为君。长:做官长。 ② 通:通达。质:主,指做君主。穷:困厄。原文为"宠",据丁士涵说改。从:从属,指为臣。数之因:自然法则决定的。因:依据,决定。 ③ 这两句意思是:所以,首先谋划大计的人不去干具体事务,亲自办具体事务的人不必考虑大的原则。患:思虑。规:谋划。 ④ 分:职分。素:确定。 ⑤ 以人役上:用臣民事奉君主。役:服侍,事奉。力:出力的人。明:动脑的人。刑:同"形",形体。 ⑥ 刑:同"形"。滔迁:仰俯屈伸。滔:流。迁:迂回。原文为"赶",据刘师培说改,下"迁"同。这两句意思是:心的功能是掌握举止进退,形体的功能是实施伸屈。 ⑦ 主:主管,负责。制:法令制度。这两句意思是:掌握举止进退的心主管发号施令,实施伸屈的形体负责实现动作。 ⑧ 主劳者:指臣下。方:方正。主制者:指君主。圆:圆通。 ⑨ 运:运转。通:变通。和:和谐。 ⑩ 执:执着,坚持。固:坚定。信:诚信。 ⑪ 以利和:用利来调节达到和谐。以节信:用守节来表示信诚。 ⑫ 制仁:法令制度要仁爱宽惠。

[原文] 君之在国都也,若心之在身体也。道德定于上,则百姓化于下矣①。戒心形于内,则容貌动于外矣②。正也者,所以明其德③。知得诸己,知得诸民,从其理也④。知失诸民,退而修诸己,反其本也⑤。所求于己者多,故德行立。所求于人者少,

故民轻给之⑥。故君人者上注，臣人者下注⑦。上注者，纪天时，务民力⑧。下注者，发地利，足财用也⑨。故能饰大义，审时节，上以礼神明，下以义辅佐者，明君之道⑩。能据法而不阿，上以匡主之过，下以振民之病者，忠臣之所行也⑪。

［注释］

① 定：确定，树立。化：教化。 ② 戒：谨慎。动：表现，显露。 ③ 所以：用来。明其德：表明君主的德行。 ④ 得：符合，适合。以上三句意思是：知道什么适合自己，就知道什么适合人民，这是从共同的道理出发的结果。 ⑤ 失：不适合。 ⑥ 轻给之：容易满足其要求。轻：轻易，容易。 ⑦ 上注：精力集中于上。下注：精力集中于下。 ⑧ 纪：掌握。务：从事，安排。 ⑨ 发：开发。 ⑩ 饰：修治，整顿。审：慎重对待。义：以义对待。辅佐：大臣。 ⑪ 阿：徇私枉法。匡：纠正。振：通“赈”，救济。病：贫困。

［原文］

明君在上，忠臣佐之，则齐民以政刑，牵于衣食之利，故愿而易使，愚而易塞①。君子食于道，小人食于力，分也②。威无势也无所立，事无为也无所生③。若此，则国平而奸省矣④。君子食于道，则义审而礼明⑤。义审而礼明，则伦等不逾。虽有偏卒之大夫，不敢有幸心，则上无危矣⑥。齐民食于力则作本，作本者众，农以听命⑦。是以明君立世，民之制于上，犹草木之制于时也⑧。故民迂则流之，民流则迂之⑨。决之则行，塞之则止。虽有明君，能决之，又能塞之⑩。决之则君子行于礼，塞之则小人笃于农⑪。君子行于礼，则上尊而民顺；小民笃于农，则财厚而备足⑫。上尊而民顺，财厚而备足，四者备体，顷时而王不难矣⑬。

[注释] ① 齐：使整齐，引申为治理。以：用。政刑：政令刑罚。牵：牵制，引诱。愿：忠厚老实。塞：关闭，控制。 ② 食于道：靠掌握治国之道为生。分：职分，本分。原文为"民"，据李哲明说改。 ③ 这两句意思是：君子没有权势就无法树立威望，小人不从事劳动就不能生产财富。

④ 平：安定。省：减少。 ⑤ 义审而礼明：义礼完备而明确。审：详细，完备。 ⑥ 虽：即使。有偏卒之大夫：拥有兵权的大夫。偏卒：指军队。偏：兵车的编制单位，九乘为小偏，十五乘为大偏。卒：士兵的编制单位，百人为卒。幸心：侥幸之心。 ⑦ 齐民：平民。作本：从事农业生产。农：勤勉。 ⑧ 立世：执政，统治。制：控制，制约。时：天时。 ⑨ 这两句意思是：所以，治民若治水，若迂曲堵塞就加以疏导，若过于流畅就加以节制。 ⑩ 虽：同"唯"。 ⑪ 行：遵行。笃：专心。 ⑫ 备：储备，积蓄。 ⑬ 备体：完全具备。顷时：短时。

[原文] 四肢六道，身之体也①。四正五官，国之体也②。四肢不通，六道不达，曰失③。四正不正，五官不官，曰乱④。是故国君聘妻于异姓，设为侄娣、命妇、宫女，尽有法制，所以治其内也⑤。明男女之别，昭嫌疑之节，所以防其奸也⑥。是以中外不通，谗慝不生⑦。妇言不及官中之事，而诸臣子弟无宫中之交⑧。此先王所以明德圉奸、昭公威私也⑨。

[注释] ① 六道：口、鼻、耳、目、前阴、后阴。 ② 四正：指君主、辅相、王后、太子。 ③ 通：关联。达：畅通。失：失调。 ④ 不正：不端正。不官：不忠于职守。 ⑤ 聘：娶。异姓：指不同姓的诸侯国。设：设立。侄娣：古时君主娶妻，其侄女、妹妹要随嫁。随嫁的侄女称"侄"，妹妹称"娣"。命妇：有封号的女人，如嫔妃等。 ⑥ 明：明确。昭：显示，公布。嫌疑之节：指用来防止产生嫌疑的礼节。 ⑦ 中外：宫内与宫外。通：交往。谗：谗言。慝：邪恶。 ⑧ 言：言谈。及：涉及。官中之事：指国家政事。 ⑨ 明：彰明。圉：禁止。威：同"灭"。

［原文］

明立宠设，不以逐子伤义①。礼私爱欢，势不并伦②。爵位虽尊，礼无不行③。適为都佼，冒之以衣服，旌之以章旗，所以重其威也④。然则兄弟无间隙，谗人不敢作矣⑤。

［注释］

① 明立宠设：树立、尊宠庶子。明、宠：指所尊宠的庶子。明：尊。以：因。逐子：赶走嫡长子。 ② 私：所偏爱的。欢：所喜欢的。这两句意思是：偏爱，以厚礼对待庶子，给他们的权势不能与嫡长子并列。 ③ 这两句意思是：庶子的爵位虽然尊贵，但必须遵守所有的礼法。 ④ 適：嫡长子。原文为“选”，据郭沫若说改。都佼：杰出，优秀。都：优雅。佼：美好。冒：修饰，装扮。旌：表彰。章旗：有图案的旗帜。重其威：提高他的威望。 ⑤ 间隙：隔阂。谗人：散布谣言、挑拨离间的人。

［原文］

故其立相也，陈功而加之以德，论劳而昭之以法①。参伍相德而周举之，尊势而明信之②。是以下之人无谏死之忌，而聚立者无郁怨之心③。如此，则国平而民无慝矣④。其选贤遂材也，举德以就列，不类无德⑤；举能以就官，不类无能⑥；以德弇劳，不以年伤⑦。如此，则上无困，而民不幸生矣⑧。

［注释］

① 加之以德：同时考虑其德行。加：附加。昭之以法：用法令来检验。昭：显示。 ② 参伍：参验比较。德：通“得”，符合。周：普遍。这两句意思是：通过比较参考，各方面都适合而且大家都公认，那就应该树立他的权威，明确对他的信任。 ③ 下之人：指大臣。谏死：因进谏而死。忌：顾虑。聚立者：指聚立在朝的小官吏。郁怨：抑郁，怨恨。 ④ 平：安定。慝：奸邪。 ⑤ 遂：任用。就列：安排爵位。不类：不包括。类：排列。 ⑥ 就官：安排官职。 ⑦ 以德弇劳：把德行放在功劳之上。弇：读音 yǎn，覆盖，遮蔽。不以年伤：不要受资历的限

制。原文为“不以伤年”,据文义改正。 ⑧ 困:困惑。幸生:侥幸偷生。

[原文]

国之所以乱者四,其所以亡者二。内有疑妻之妾,此宫乱也①。庶有疑適之子,此家乱也②。朝有疑相之臣,此国乱也。任官无能,此众乱也③。四者无别,主失其体④。群官朋党,以怀其私,则失族矣⑤;国之几臣,阴约闭谋以相待也,则失援矣⑥。失族于内,失援于外,此二亡也。故妻必定,子必正,相必直立以听,官必中信以敬⑦。故曰:有宫中之乱,有兄弟之乱,有大臣之乱,有中民之乱,有小人之乱⑧。五者一作,则为人上者危矣⑨。宫中乱曰妒纷,兄弟乱曰党偏,大臣乱曰称述,中民乱曰詟谆,小民乱曰财匮⑩。财匮生薄,詟谆生慢,称述、党偏、妒纷生变⑪。

[注释]

① 疑:同“拟”,比拟,并列。 ② 庶有疑適之子:庶子中有与嫡长子争权夺位的。 ③ 任官无能:所任用的官吏没有才能。众乱:众官之乱。 ④ 四者:指妻与妾、庶与嫡、相与臣、有能之官与无能之官。 ⑤ 朋党:结成帮派。失族:失去公室宗族的拥护。 ⑥ 几臣:掌管机要的大臣。阴约闭谋:阴谋策划。待:与君主相对抗。 ⑦ 直立以听:恭敬地服从君主。中:通“忠”。 ⑧ 中民:平民百姓。 ⑨ 一:皆,全。 ⑩ 妒纷:嫉妒纷争。党偏:结党营私。称述:使用主术。述:通“术”,君主驭臣治国之术。詟谆:诽谤不止。詟,读音 zhé。匮:缺乏。 ⑪ 薄:轻薄,不讲礼义。慢:傲慢。变:变故,变乱。

[原文]

故正名稽疑,刑杀亟近,则内定矣①。顺大臣以功,顺中民以行,顺小民以务,则国丰矣②。审天时，物地生，以辑民力，禁淫务，劝农功，以职其无事，则小民治矣③。上稽之以数，下十伍以征④。近其罪伏，以固其意⑤。乡树之师，以遂其学⑥。官之以其能，及年而举，则士反行矣⑦。称德度功，劝其所能，若稽之以众风，若任以社稷之任⑧。若此，则士反于情矣⑨。

[注释]

① 正名：正定嫡庶的名分。稽疑：稽查有嫌疑的妻妾。亟：通“及”。

② 顺大臣以功：用功劳来安定大臣。顺：顺从，安定。行：德行。务：事务。　③ 审：观察。物：辨别。生：同“性”。辑：和谐，调节。淫务：奢侈品的生产。劝：勉励。职其无事：给无业游民安排职业。　④ 稽之以数：核定赋税数额。下十伍以征：下到什伍进行征收。十伍：百姓基层组织单位，十家为什，五家为伍。十：同“什”。　⑤ 这两句意思是：使法律制裁在每个人的身边，使人们坚守本职。　⑥ 树：设立。遂：满足，完成。　⑦ 官：任命官职。年：年限。反行：回到正路上来。反：同“返”。　⑧ 称德度功：衡量德行和功绩。劝：通“观”，观察。若：乃。众风：人民的意见。风：同“讽”，议论。　⑨ 情：诚实。

小称第三十二

［解题］

称，举。小称，即管仲略举桓公之过，规劝其改正。本篇前半部分是管仲称举修身为君之道，以此劝谏桓公。后半部分则是规劝桓公远易牙、竖刁、堂巫、卫公子开方等小人以及桓公与管仲、鲍叔牙、宁戚四人以患难之时共勉。

［原文］

管子曰："身不善之患，毋患人莫己知①。丹青在山，民知而取之②；美珠在渊，民知而取之。是以我有过为，而民毋过命③。民之观也察矣，不可遁逃以为不善④。故我有善，则立誉我；我有过，则立毁我。当民之毁誉也，则莫归问于家矣⑤。故先王畏民。操名从人，无不强也；操名去人，无不弱也⑥。虽有天子诸侯，民皆操名而去之，则捐其地而走矣⑦。故先王畏民。在于身者孰为利？气与目为利⑧。圣人得利而托焉，故民重而名遂⑨。我亦托焉，圣人托可好，我托可恶⑩。我托可恶，以来美名，又可得乎⑪？爱且不能为我能也⑫。毛嫱、西施，天下之美人也，盛怨气于面，不能以为可好，我且恶面而盛怨气焉⑬。怨气见于面，恶言出于口，去恶充以求美名，又可得乎⑭？甚矣，百姓之恶人之有余忌也⑮。是以长者断之，短者续之，满者洫之，虚者实之⑯。"

［注释］

① 之：是。患：担心，害怕。这两句意思是：怕的是自身不好，而不要害怕别人不了解自己。 ② 丹青：丹砂，即朱砂、空青，两种可用来

制染料的矿石。 ③ 过为：错误的行为。过命：错误的评价。命：称谓，引申为评价。 ④ 观：指观察力。察：昭明。这两句的意思是：人民的眼睛是雪亮的，不能逃避人民的监督去干坏事。 ⑤ 当：承担，接受。家：指家人。 ⑥ 操：持。以上四句意思是：美名在身而人民追随，没有不强盛的；恶名在身而人民背离，没有不削弱的。 ⑦ 虽：即使。去之：离开他。捐：抛弃。 ⑧ 孰：谁，什么。利：功用。 ⑨ 托：借助。重：推重。遂：成功。这两句意思是：圣人掌握其功能而加以利用，所以，人民拥护而功名可成。 ⑩ 好：指行善。恶：指作恶。 ⑪ 来：招至，招来。原文"我托可恶"在"又可得乎"下，据刘绩补注本改。 ⑫ 爱：爱我者。且：尚且。能：得。这句的意思是：即使爱我的人也不能帮我得到好名声。 ⑬ 毛嫱、西施：古代的两个美女。盛：载，充满。且：况且。 ⑭ 见：通"现"，显现。去：通"弆"，蓄藏。充：实，与名相对。 ⑮ 恶：憎恶。余忌：严重缺点。余：多余，引申为严重。忌：禁忌，引申为缺点、错误。这两句的意思是：百姓憎恶有严重缺点的人真是太厉害了。 ⑯ 洫：排水的沟渠，引申为排泄、疏散。实：充实。

[原文]

管子曰："善罪身者，民不得罪也①；不能罪身者，民罪之。故称身之过者，强也；治身之节者，惠也②；不以不善归人者，仁也。故明王有过则反之于身，有善则归之于民③。有过而反之身则身惧，有善而归之民则民喜④。往喜民，来惧身，此明王之所以治民也⑤。今夫桀纣不然，有善则反之于身，有过则归之于民。归之于民则民怒，反之于身则身骄。往怒民，来骄身，此其所以失身也。故明王惧声以感耳，惧气以感目⑥。以此二者有天下矣，可毋慎乎⑦？匠人有以感斤欘，故绳可得料也⑧；羿有以感弓矢，故彀可得中也⑨；造父有以感辔策，故遬兽可及，远道可致⑩。天下者，无常乱，无常治。不善人在则乱，善人在则治。在于既善，所以感之也⑪。”

［注释］ ① 罪身：责备自身。罪：谴责，责备。 ② 治身之节：修养自身的节操。惠：通“慧”。 ③ 反之于身：反省检查自身。 ④ 惧：警戒。 ⑤ 喜民：使民喜悦。惧身：使自身警戒。 ⑥ 惧：担心，害怕。感：感应，影响。 ⑦ 以：因为。毋：不。这两句意思是：因为这两点关系天下的得失，怎能不谨慎呢？ ⑧ 有以：有办法用来。斤欘：斧子。欘：斧柄。绳可得料：墨绳能够测定木材。料：原文为“断”，形近而误，今改正。 ⑨ 羿：古代传说中善于射箭的人。彀：张满的弓弩。得中：适中。 ⑩ 造父：古代传说中善于驭马驾车的人。辔：缰绳。策：鞭。遬兽：跑得很快的野兽。遬：通“速”。⑪ 既：尽。这两句意思是：天下治理得尽善尽美，是因为执政者能够施加影响。

［原文］ 管子曰：“修恭逊、敬爱、辞让、除怨、无争以相逆也，则不失于人矣①。尝试多怨争利，相为不逊，则不得其身②。大哉！恭逊敬爱之道。吉事可以入祭，凶事可以居丧③。大以理天下而不益也，小以治一人而不损也④。尝试往之中国、诸夏、蛮夷之国，以及禽兽昆虫，皆待此而为治乱⑤。泽之身则荣，去之身则辱⑥。审行之身毋怠，虽夷貉之民，可化而使之爱⑦。审去之身，虽兄弟父母，可化而使之恶。故身者使之爱恶，名者使之荣辱⑧。此其变名物也，如天如地，故先王曰道⑨。”

［注释］ ① 修：修治，讲究。逆：对待。不失于人：对别人不会有过失。 ② 尝试：试行。不得其身：自身难保。 ③ 可以入祭：可以用

它（指恭逊敬爱之道）祭祀。祭：原文为“察”，据王念孙说改。④ 理：治理。益：增加。损：减少。⑤ 往：推行。中国：国都。诸夏：中原各国。蛮夷之国：指各少数民族。待此而为治乱：由此决定治乱。⑥ 泽之身：润泽到身上。之：指恭逊敬爱之道。⑦ 审：确实，果真。毋怠：不懈怠。夷貉：指少数民族。化：感化。爱：友爱。

⑧ 这两句意思是：所以，是否实行恭逊敬爱之道，在身上可以决定爱憎，在名上可以决定荣辱。⑨ 物：指事物的实际内容。以上三句意思是：它对事物名声和内容的改变，如同天地一样，因此，先王把它叫做道。

［原文］

管仲有病，桓公往问之曰：“仲父之病病矣，若不可讳而不起此病也，仲父亦将何以诏寡人[①]？”管仲对曰：“微君之命臣也，臣故且谒之[②]。虽然，君犹不能行也[③]。”公曰：“仲父命寡人东，寡人东；令寡人西，寡人西。仲父之命于寡人，寡人敢不从乎？”管仲摄衣冠起，对曰：“臣愿君之远易牙、竖刁、堂巫、公子开方[④]。夫易牙以调和事公，公曰惟烝婴儿之未尝，于是烝其首子而献之公[⑤]。人情非不爱其子也，于子之不爱，将何有于公[⑥]？公喜宫而妒，竖刁自刑而为公治内[⑦]。人情非不爱其身也，于身之不爱，将何有于公？公子开方事公，十五年不归视其亲，齐卫之间，不容数日之行[⑧]。臣闻之：务为不久，盖虚不长；其生不良者，其死必不终[⑨]。”桓公曰：“善。”管仲死，已葬。公憎四子者，废之官。逐堂巫而苛病起，逐易牙而味不至，逐竖刁而宫中乱，逐公子开方而朝不治[⑩]。桓公曰：“嗟！圣人固有悖乎[⑪]！”乃复四子者。处期年，四子作难，围公一室不得出[12]。有一妇人，遂从窦入，得至公所[13]。公曰："吾饥而欲食，渴而欲饮，不可得，其故何也?"妇人对曰："易牙、竖刁、堂巫、公子开方四人分齐国，涂十日不通矣[14]。公子开方以书社七百下卫矣，食将不得矣[15]。"公曰："嗟兹乎！圣人之言长乎哉[16]！死者无知则已，若有知，吾何面目以见仲父于地下！"乃援素幭以裹首而绝[17]。死十一日，虫出于户，乃知桓公之死也，葬以杨门之扇[18]。桓公之所以身死十一日，虫出户而不收者，以不终用贤也[19]。

［注释］　① 病病：疾病严重。讳：讳言。何以：用什么。诏：告。　② 微：无。故：本来。原文"故"在"臣"上，据王引之说改。且：将。谒：报告。这两句意思是：即使您不来问我，我也将要告诉您。　③ 这两句意思是：尽管这样，我还是担心您不能照我说的去做。　④ 摄：整顿，端正。　⑤ 调和：调和滋味，这里指厨师。首子：长子。　⑥ 以上三句意思是：按人之常情，没有不喜爱自己的儿子的，而他对自己的儿子都不爱，对您又将会怎样呢?　⑦ 喜宫而妒：喜欢女色而又妒忌。刑：指阉割。　⑧ 不容数日之行：用不了几天的路程。　⑨ 为：通"伪"。良：原文为"长"，据戴望说改。以上四句的意思是：做假的人不可能持久，掩盖虚伪的人也不会长远；活着不干好事的人，也一定不得善终。　⑩ 苛病：鬼魂附体之病。原文"苛病起"下有"兵"，据文义删。至：好。　⑪ 嗟：感叹词。固：原来。悖：错误。　⑫ 期年：一年。　⑬ 遂：于是。窦：洞。所：地方。　⑭ 涂：通"途"，道路。⑮ 书社：古二十五家为一社，造册登记称书社，这里指人口及土地。下卫：降卫。　⑯ 嗟兹乎：叹词。长：长远。　⑰ 援：拿。幭：手巾、头巾之类。　⑱ 虫：蛆虫。　⑲ 终：始终如一。

［原文］　桓公、管仲、鲍叔牙、宁戚四人饮，饮酣，桓公谓

鲍叔牙曰:“阖不起为寡人寿乎[①]?”鲍叔牙奉杯而起曰[②]:“使公毋忘出如莒时也,使管子毋忘束缚在鲁也,使宁戚毋忘饭牛车下也[③]。”桓公辟席再拜曰[④]:“寡人与二大夫能无忘夫子之言,则国之社稷必不危矣。”

[注释] ① 阖:通“盍”,何。寿:祝酒。 ② 奉:捧。 ③ 如:至,到。饭牛:喂牛。 ④ 辟:通“避”,离开。

四称第三十三

［解题］

称，例举。四称，即举出四种例子：有道之君、无道之君、有道之臣、无道之臣。作者借桓、管问答对话，举例分析了四者的表现和区别。

［原文］

桓公问于管子曰："寡人幼弱惽愚，不通诸侯四邻之义，仲父不当尽语我昔者有道之君乎？吾亦鉴焉①。"管子对曰："夷吾之所能与所不能，尽在君所矣，君胡有辱令②？"桓公又问曰："仲父，寡人幼弱惽愚，不通四邻诸侯之义，仲父不当尽告我昔者有道之君乎？吾亦鉴焉。"管子对曰："夷吾闻之于徐伯曰，昔者有道之君，敬其山川、宗庙、社稷，及至先故之大臣，收聚以德而大富之③。固其武臣，宣用其力④。圣人在前，贞廉在侧，竞称于义，上下皆饰⑤。形正明察，四时不贷，民亦不忧⑥。五谷蕃殖，外内均和，诸侯臣服，国家安宁，不用兵革⑦。受其币帛，以怀其德⑧。昭受其令，以为法式⑨。此亦可谓昔者有道之君也。"桓公曰："善哉！"

［注释］

①惽：不明智。通：懂得。诸侯四邻之义：与诸侯及邻国交往的道理。　②胡：何。以上三句意思是：我所能做的与不能做的，您都知道，又何必再让我说呢？　③及至：至于。先故之大臣：前朝旧臣。先故：先祖。德：原文为"忠"，据张文虎说改。　④固其武臣：巩固武臣的地位。宣：遍。　⑤贞廉：忠贞廉洁的人。竞称于义：竞相提倡

行义。饰:通“饬”,修治,整顿。 ⑥ 形:通“刑”。正:通“政”。贷:差失。 ⑦ 蕃:通“繁”。服:原文为“伏”,据刘绩说改。 ⑧ 受:接受。其:指其他诸侯国。币帛:朝聘时的礼物。 ⑨ 昭:明确。受:授予。法式:遵行的规范。

[原文]

桓公曰:“仲父既已语我昔者有道之君矣,不当尽语我昔者无道之君乎?吾亦鉴焉。”管子对曰:“今若君之美好而宣通也,既官职美道,又何以闻恶为①?”桓公曰:“是何言邪?以缁缘缁,吾何以知其美也②?以素缘素,吾何以知其善也③?仲父已语我其善,而不语我其恶,吾岂知善之为善也?”管子对曰:“夷吾闻之徐伯曰,昔者无道之君,大其宫室,高其台榭,良臣不使,谗贼是舍④。有国不治,借人为图⑤。政令不善,墨墨若夜⑥。辟若野兽,无所朝处⑦。不修天道,不鉴四方,有家不治,辟若生狂⑧。众所怨诅,希不灭亡⑨。进其俳优,繁其钟鼓⑩。流于博塞,戏其工瞽⑪。诛其良臣,敖其妇女⑫。獠猎毕弋,暴遇诸父⑬。驰骋无度,戏乐笑语。式政既辌,刑罚则烈⑭。内削其民,以为攻伐⑮。辟犹漏釜,岂能无竭⑯。此亦可谓昔者无道之君矣。”桓公曰:“善哉!”

[注释]

① 宣:明。官职:明察。官:宣。职:通“识”。何以闻恶为:还听那些坏的干什么。 ② 以缁缘缁:用黑布给黑色的衣服镶边。缁:黑。原文为“缯”,据王念孙说改。缘:衣边。 ③ 以素缘素:用白布给白色的衣服镶边。 ④ 使:用。谗贼是舍:把谗贼之人留在身边。舍:安置。 ⑤ 国:原文为“家”,据《册府元龟》引文改。图:谋划,治理。

⑥ 墨墨：形容政治黑暗。 ⑦ 辟：通“譬”，下“辟若生狂”、“辟犹漏釜”之“辟”同。无所朝处：没有归宿的地方。朝：朝向。 ⑧ 生：通“性”。 ⑨ 诅：诅咒。希：很少。 ⑩ 俳优：歌舞杂技艺人。俳：原文为“诶”，据刘绩说改。 ⑪ 流：沉溺。博塞：赌博游戏。工瞽：乐工，古以盲人为乐工。 ⑫ 敖：调戏。 ⑬ 獠：白天打猎。毕：以网捕鸟兽。弋：用系有丝绳的箭射鸟。暴遇：粗暴无礼地对待。诸父：诸侯对同姓大夫中的长辈们的尊称。 ⑭ 式：用。鍒：弯曲，引申为错误。烈：残酷。 ⑮ 以为攻伐：作为功劳来夸耀。攻：通“功”。 ⑯ 辟犹：好像。釜：锅。

[原文]

桓公曰：“仲父既已语我昔者有道之君与昔者无道之君矣，仲父不当尽语我昔者有道之臣乎？吾以鉴焉。”管子对曰：“夷吾闻之于徐伯曰，昔者有道之臣，委质为臣，不宾事左右①。君知则仕，不知则已。若有事，必图国家，遍其发挥②。循其祖德，辩其顺逆，推育贤人，谗慝不作③。事君有义，使下有礼，贵贱相亲，若兄若弟，忠于国家，上下得体。居处则思，语言则谋，动作则事④。居国则富，处军则克，临难据事，虽死不悔⑤。近君为拂，远君为辅⑥。义以与交，廉以与处⑦。临官则治，酒食则辞⑧。不谤其君，不讳其辞⑨。君若有过，进谏不疑⑩。君若有忧，则臣服之⑪。此亦可谓昔者有道之臣矣。”桓公曰：“善哉！”

[注释]

① 委质：委身下拜，表示归服。质：身，形体。宾事左右：敬奉君主左右的宠臣。 ② 遍其发挥：竭尽全力。 ③ 辩：通“辨”。推育：推荐，培养。谗慝：坏人。 ④ 思：思考。原文“思”下有“义”，据张文虎说删。谋：谋划。原文“谋”下有“谟”，据张文虎说删。事：成事。

⑤ 富：使国家富。克：胜。据：凭，临。事：事变。 ⑥ 拂：纠正过失。辅：辅佐。 ⑦ 以上两句意思是：与行义的人交往，与廉洁的人共处。 ⑧ 辞：原文为“慈”，据刘绩补注所引别本改。 ⑨ 讳：隐瞒。原文为“毁”，据刘绩补注本改。辞：意见。 ⑩ 疑：犹豫不前。 ⑪ 服：担负，承担。

［原文］

桓公曰：“仲父既以语我昔者有道之臣矣，不当尽语我昔者无道之臣乎？吾亦鉴焉。”管子对曰：“夷吾闻之于徐伯曰，昔者无道之臣，委质为臣，宾事左右。执说以进，不蕲亡已①。遂进不退，假宠鬻贵②。尊其货贿，卑其爵位③。进曰辅之，退曰不可，以败其君，皆曰非我④。不仁群处，以攻贤者⑤。见贵若货，见贱若过⑥。贪于货贿，竞于酒食，不与善人，唯其所事⑦。倨敖不恭，不友善士，谗贼与通⑧。不弥人争，唯趣人讼⑨。湛湎于酒，行义不从⑩。不修先故，变易国常，擅创为令，迷或其君，生夺之政，保贵矜宠⑪。迁损善士，捕援货人⑫。入则乘等，出则党骈⑬。货贿相入，酒食相亲⑭。俱乱其君，君若有祸，各奉其身⑮。此亦谓昔者无道之臣。”桓公曰：“善哉！”

［注释］

① 蕲：求。亡：通“忘”。 ② 假宠鬻贵：借君主的宠爱来显示自己高贵。鬻：卖。 ③ 尊：重视。货贿：财货。卑：轻视。 ④ 以上四句意思是：在朝廷之上声称辅佐君主，私下里却非议说君不可辅，以此来败坏君主的名声，却推说与自己无关。 ⑤ 不仁群处：与不仁的人结合在一起。 ⑥ 贵：原文为“贤”，据丁士涵说改。这两句意思是：见到高贵者就像见到财货一样追随，见到贫贱者就形同路人而不顾。 ⑦ 与：交往，结交。唯其所事：只结交那些事奉、亲近自己的人。

⑧ 通:原文为“斗”,据丁士涵说改。 ⑨ 弥:平息。趣:督促。讼:诉讼,打官司。原文为“诏”,据王念孙说改。 ⑩ 行义:举止仪表。义:通“仪”。从:顺。 ⑪ 修:循。先故:指旧法。常:法规。擅:擅自。或:通“惑”。保贵矜宠:保住其地位,夸耀君主的宠幸。原文为“保贵宠矜”,据张文虎说改。 ⑫ 迁损:迁改损害。捕:通“扶”。货人:市侩。 ⑬ 乘等:超越等级。乘:凌,超越。党骈:结党。骈:并。 ⑭ 货贿相入:相互行贿。 ⑮ 祸:原文为“过”,据郭沫若说改。奉:保。

正言第三十四（亡）

侈靡第三十五

［解题］

侈靡即奢侈。本篇主张按照等级实行奢侈的消费，以此来带动社会的发展。作者围绕这一主题，从多个角度进行了论述，因而全篇涉及了政治、经济、军事、外交、文化、哲学等各个领域。

［原文］

问曰：古之时与今之时同乎①？曰：同。其人同乎，不同乎②？曰：不同。可与？其政殊③。佶尧之时，混吾之美在下，其道非独出人也④。山不童而用赡，泽不弊而养足，耕以自养，以其余应养天子，故平⑤。牛马之牧不相及，人民之俗不相知，不出百里而求足，故卿而不理，静也⑥。其狱一踦腓一踦屦而当死⑦。今用法断指满稽，断首满稽，断足满稽，而死民不服，非人性也，敝也⑧。地重人载，毁敝而养不足，事末作而民兴之，是以下名而上实也⑨。圣人者，省诸本而游诸乐，大昏也，博夜也⑩。

［注释］

① 时：天时。 ② 人：人事。 ③ 可与：为什么。可：通“何”。其政殊：原文为“政其诛”，据张佩纶说校正。殊：不同。 ④ 佶：帝喾。混吾之美在下：昆吾的美金埋在地下无人开采。混吾：即昆吾，山

名,其山有美金(即铜)。独出人:高人一等。 ⑤ 童:山无草木。赡:足。弊:竭。应养:奉养。养:原文为“良”,据俞樾说改。平:天下太平。 ⑥ 求:需求。原文为“来”,据猪饲彦博说改。卿而不理:虽设官职但无事可治。 ⑦ 跨:一只脚。腓:通“扉”,字亦作“菲”,草鞋。屦:鞋。这句的意思是:其刑罚是象征性的,一脚穿草鞋一脚穿鞋就相当于死罪。指让其感到耻辱而不用实刑。 ⑧ 用法:原文为“周公”,据俞樾说改。稽:通“阶”,台阶。非人性也:并非人性不怕死。敝:极度贫困。 ⑨ 重:贵重。载:通“戴”,增加。事末作而民兴之:从事奢侈品的生产人民才兴盛起来。下名而上实:不求虚名而求实用。 ⑩ 省诸本而游诸乐:审视农业生产的不足而发展游乐事业。省:省察。诸:之于。大昏、博夜:指游乐业进行到很晚甚至整夜。

[原文]

问曰:兴时化若何?莫善于侈靡①。贱有实,敬无用,则人可刑也②。故贱粟米如敬珠玉,好礼乐如贱事业,本之始也③。珠者,阴之阳也,故胜火④;玉者,阳之阴也,故胜水⑤。其化如神⑥。故天子臧珠玉,诸侯臧金石,大夫畜狗马,百姓臧布帛。不然,则强者能守之,智者能收之,贱所贵而贵所贱⑦。不然,鳏寡独老不与得焉⑧。

[注释]

① 兴时化:引领时代潮流。 ② 刑:通“型”,规范,控制。 ③ 如:而。原文“如”上有“而”,据王引之说删。下“如”字同此。以上三句意思是:以粮食等生活用品为贱,以珠玉等奢侈消费品为贵,人们就能接受侈靡的观点。 ④ 阴之阳:珠生于水,属阴,其形圆,属阳。胜火:珠生于水,故能克火。 ⑤ 阳之阴:玉生于山属阳,其形方,属阴。原文为“阴之阴”,据王念孙说改。胜水:玉生于山,属土,故能克水。 ⑥ 化:作用。 ⑦ 守:控制。收:收取。原文为“牧”,据王念孙说改。贱所贵而贵所贱:指在“强者”、“智者”操控下,市场混乱,贵贱颠倒。 ⑧ 不与得:不能从中受益。

[原文] 均之始也，政与教孰急①？管子曰：夫政教相似而殊方②。若夫教者，摽然若秋云之远，动人心之悲③；蔼然若夏之静云，乃及人之体④；鸾然若皓月之静，动人意以怨⑤；荡荡若流水，使人思之，人所生往⑥。教之始也，身必服之⑦。辟之若秋云之始见，贤者不肖者化焉⑧。敬而待之，爱而使之，若樊神山祭之⑨。贤者少，不肖者多，使其贤，不肖恶得不化⑩？今夫政则少别⑪。若夫威，形之征者也，去则少，可使人乎⑫？

[注释] ① 这两句意思是：都是要着手做的，政与教哪个更急？ ② 殊方：方法不同。殊：异。 ③ 摽然：高远的样子。 ④ 蔼然：温和的样子。 ⑤ 鸾然：幽远的样子。鸾：原文为“鹃”，据郭沫若说改。皓：原文为“谪”，据郭沫若说改。 ⑥ 人所生往：人心向往。 ⑦ 服：实行。原文为“备”，据丁士涵说改。 ⑧ 辟：通“譬”，比方，比如。 ⑨ 若樊神山祭之：就像围起神山来祭祀它一样。这里是说对待百姓的态度，即孔子所说的“使民如承大祭”。 ⑩ 使其贤：把他们教化成贤人。恶：何。 ⑪ 今夫政则少别：至于行政则略有区别。今：若。别：原文作“则”，据刘师培说改。 ⑫ 威：威权，威慑。原文为“成”，据郭沫若说改。形之征：是刑罚的象征。形：通“刑”。使：役使，治理。

[原文] 用贫与富，何如而可？曰：甚富不可使，甚贫不知耻。水平而不流，无源则速竭；云平而雨不甚，无委云，雨则速已①。政平而无威则不行，爱而无亲则流②。亲左右，用无用，则辟之若相为盲，兆怨③。上短下长，无度而用，则危本④。

[注释] ① 委：积。已：停止。 ② 平而无威：平和而没有权威。爱而无亲则流：泛爱而无所偏重则流于一般。 ③ 右：原文为“有”，据张佩

纶说改。辟:通“譬”。相为盲:以盲导盲。盲:原文为“有”,据郭沫若说改。兆怨:引起怨恨。 ④ 上短下长:上小下大。度:限度。

[原文] 不称而祀谭,欺祖①。犯诅渝盟,伤信②。敬祖祢,尊始也③。齐约之信,论行也④。尊天地之理,所以论威也。薄德之,君之府囊也⑤。必因威形而论于人,此政也⑥。

[注释] ① 不称而祀谭:不称其位而主持祭祀。谭:通“禫”,祭名。欺:原文为“次”,据李哲明说改。 ② 犯诅渝盟:毁誓背盟。诅:盟誓。渝:改变。信:原文为“言”,据许维遹说改。 ③ 祢:父死称考,入庙称祢。 ④ 论行:表明德行。论:明。 ⑤ 薄德之:都具备它们(指尊始、论行、论威)。薄:通“普”,德:得。府囊:府库。 ⑥ 威:原文为“成”,据郭沫若说改。形:通“刑”。论:明。原文“政”下有“行”,衍文,今删。

[原文] 可以王乎?请问用之若何①?必辨于天地之道,然后功名可以殖②;辨于地利,而民可富;通于侈靡,而士可戚③。君亲以好事,强以立断,仁以好任人④。君政以寿年,百姓不夭厉,六畜遮育,五谷遮熟,然后民力可得用⑤。邻国之君俱不贤,然后得王。

[注释] ① 可:通“何”。 ② 殖:通“植”,树立。 ③ 戚:亲近。 ④ 亲以好事:亲力亲为。以:而。原文为“自”,据吴汝纶说改。 ⑤ 君政以寿年:君主执政的年限长久。原文为“君寿以政年”,据张佩纶说校改。夭:短命。厉:疫病。遮:通“庶”,众多。

[原文] 俱贤若何?曰:忽然易卿而移,忽然易事而化,变而足以成名①。承弊而民劝,慈种而民富②。应

言待感，与物俱长[3]。放日月之明，应风雨而动[4]。天之所覆，地之所载，斯民之养也，不有而丑天地，非天子之事也[5]。民变而不能变，是棁之傅革，有革而不能革，不可服[6]。民服信，诸侯服化[7]。

[注释] ① 易卿：指人事变革。易事：指政事变化。 ② 承弊而民劝：面临凋敝，百姓会努力。原文“劝”下有“之”字，据刘师培说删。慈：通“滋”，多。 ③ 应言待感：言行顺应自然。 ④ 放：原文为“故”，据俞樾说改。动：原文为“种”，据张文虎说改。 ⑤ 养：原文为“良”，“養”之坏字。丑：匹、比。 ⑥ 棁之傅革：木头包上皮革。有革而不能革：有革（皮革）而不能变革。服：行。 ⑦ 服：行。原文为“死”，据张文虎说改，下“服”字同。化：变化，变革。

[原文] 请问诸侯之化弊[1]。弊也者，家也[2]。家也者，以因人之所重而行之[3]。求猎之君，长虎豹之皮[4]；用功力之君，上金玉币[5]；好战之君，上甲兵。甲兵之本，必先于田宅[6]。今吾君战，则请行民之所重。

[注释] ① 化：通“货”。弊：通“币”。 ② 家：通“稼”。这句的意思是：货币起源于耕种用的农具。 ③ 以因人之所重而行之：是因为人们重视它才作为货币流通。 ④ 求猎之君：喜欢打猎的君主。原文为“吾君长来猎君”，据丁士涵、刘师培说校改。长：尚，重视。 ⑤ 上：看重，崇尚。 ⑥ 本：来源。

[原文] 饮食者也，侈乐者也，民之所愿也。足其所欲，赡其所愿，则能用之耳[1]。今使衣皮而冠角，食野草，饮野水，孰能用之[2]？伤心者不可以致功[3]。故尝至味而，罢至乐而[4]。雕卵然后瀹之，雕橑然后爨之[5]。丹沙之穴不塞，则商贾不处[6]。富者靡之，贫者为之，此百姓之怠生[7]。相振而食，非独自为

也，为之畜化⑧。

［注释］ ① 赡：满足。用之：使用他们。 ② 衣皮而冠角：穿毛皮戴兽角。指处于原始的生活状态。 ③ 这句的意思是：衣食不足，心情不好，不能够建功立业。 ④ 而：语气词。罢至乐：疲于至乐。罢：通“疲”。 ⑤ 瀹：煮。橑：木柴。爨：炊。这两句的意思是：把蛋刻画以后再煮食，把木柴雕刻以后再用来烧火做饭。 ⑥ 丹沙：泛指有利可图的矿产。塞：封闭。不处：不停止。 ⑦ 靡之：消费。为之：生产。怠生：安居乐业。怠：通“怡”。 ⑧ 相振而食：指贫者以生产为业，富者以消费为业，二者相济而生。相：原文为“百”，据猪饲彦博说改。振：通“赈”，救济。畜化：积累财富。化：通“货”。

［原文］ 用其臣者，予而夺之，使而辍之，徒以而富之，父系而伏之，予虚爵而骄之，收其春秋之时而消之，有集礼义而居之，时举其强者以誉之①。强而可使服事：辩以辩辞，智以招请，廉以标人②。坚强以乘下，广其德以轻上位，不能使之而流徙，此谓国亡之郄③。故法而守常，尊礼而变俗，上信而贱文，好缘而好驵，此谓成国之法也④。为国者，反民性，然后可以与民戚⑤。民欲佚而教以劳，民欲生而教以死。劳教定而国富，死教定而威行⑥。

［注释］ ① 予而夺之：赐给他，剥夺他。而：与。使：使用。辍：废止。徒以而富之：给他徒众而使他富有。父系：指施加刑罚。父：通“斧”。系：囚禁。伏：制服。时：通“莳”，种植，这里指所种植的粮食。消：削弱。有：通“又”。集：原文为“杂”，据姚永概说改。义：通“仪”。原文为“我”，据王引之说改。 ② 强而可使服事：精明强干的可以给他安排工作。辩以辩辞：能言善辩者，让他从事言辞雄辩的工作。招请：搞情报工作。请：通“情”。标人：监督检查别人。 ③ 乘下：欺凌下属。下：原文为“六”，据俞樾说改。广其德：废其德。广：通“旷”。轻：轻视。流徙：流

放。此谓国亡之郄：这都是国家灭亡的漏洞。郄：通“隙”。 ④ 故：通“固”。上：尚。文：文饰，不诚实。缘：衣服的边饰。驵：骏马。⑤ 为：治理。反民性：与好逸恶劳、好生恶死的本性相反，即反其道而行之。戚：亲近。 ⑥ 劳教定：劳动的教育成功。死教定：为国牺牲的教育成功。

[原文]

圣人者，阴阳理，故平外而险中①。故信其情者伤其神，美其质者伤其文②。化之美者应其名，变之美者应其时③。不能兆其端者，灾及之④。故缘地之利，承天之指，辱举其死，开其国门，奉其斝，辱知神次⑤。缘地之利者，所以参天地之吉纲也⑥。承从天之指者，动必明。辱举其死者，与其大夫同公事则道必行⑦。开其国门者，玩之以善言⑧。奉其斝，辱知神次者，操牺牲与其珪璧，以执其斝，家小害，以小胜大⑨。员其中，展其外，而复畏强，长其虚而物正，以视其中情⑩。

[注释]

① 阴阳理：阴阳协调。平外而险中：外表平和而内藏智术。② 信：放任。质：质地。文：文饰，文采。 ③ 化：变化。应其名：符合它的名分。变之：原文作“变其”，据王念孙说改。应其时：顺应它的时机。 ④ 兆其端：看到先兆和苗头。 ⑤ 承天之指：按照上天的旨意。原文“承”下有“从”字，据戴望、姚永概说删。辱举其死：耻言其死。《文选注》引《周书》“君忧臣劳，君辱臣死”。开其国门：指广泛听取意见。原文为“开国闭”，据猪饲彦博说校改补正。“奉其斝，辱知神次”：原文为“辱知其”，据猪饲彦博说校补。 ⑥ 吉：通“纪”。 ⑦ 大夫：原文为“夫人”，形近而误，今改正。 ⑧ 玩之以善言：听取研究好的意见。 ⑨ 奉：原文为“奈”，据猪饲彦博说改。斝：酒器。牺牲：祭祀用的牲畜。家小害：求神去除小的灾祸。家：通“嫁”，转移。这句与下句“以小胜大”都是祭告祈求语。 ⑩ “员其中，展其外”：

意即志欲圆而行欲方，即上文的“平外而险中”。员：同“圆”。展：直。原文为“辰”，据姚永概说改。畏强：使强者畏。长：崇尚，重视。情：情实。

[原文]

公曰：国门则塞，百姓讙敖，胡以备之①？择天之所宥，择鬼之所富，择人之所戴，而亟付其身，此所以安之也②。强与短而立齐，国若之何③？高予之名而举之，重予之官而危之，因责其能以随之④。犹傶则疏之，毋使人图之⑤；犹疏则数之，毋使人曲之，此所以为之也⑥。

[注释]

① 则：若。讙敖：喧躁不安。原文为“谁敢敖”，据丁士涵说校改。胡：何。 ② 宥：通“佑”，保佑。原文“天”下有“下”，据王念孙说删。富：通“福”，赐福，原文为“当”，据王念孙说校改。戴：拥戴。原文“人”下有“天”，据上下文的文义及文例删。亟付其身：对这种人赶紧委以重任。 ③ 强与短而立齐：能力强的和能力弱的在朝廷处于同等地位。立：通“位”。国若之何：国家拿他们怎么办。原文为“国之若何”，据陶鸿庆说改正。 ④ 举：通“誉”。危之：让他有危机感。因责其能：根据其官位督责其职能。 ⑤ 犹傶：过度亲近。傶：同“戚”。 ⑥ 数之：多亲近他。曲：曲枉。

[原文]

夫有臣甚大，将反为害，吾欲优患除害，将小能察大，为之奈何①？潭根之毋伐，固事之毋入，深㓨之毋涸，不仪之毋助，章明之毋灭，生荣之毋失②。六言者不胜此一，虽凶必吉，故平以满③。

[注释]

① 夫：原文为“大”，据安井衡说改。优：通“耰”，平。将：欲。能：而。 ② 潭根：深植其根。潭：通“覃”，延。固事之毋入：稳住其职位暂不问其罪。入：入其罪。㓨：通“刺”，刺探其虚实深浅。涸：竭、止。不仪：不合法度。助：通“锄”，铲除。章：同“彰”，显现。失：毁灭。以上

六句大意是：对于将要作乱为害的大臣不要轻举妄动，要欲擒故纵，让他多行不义必自毙。 ③ 六言者不胜此一：这六句一句也别丢失。六：原文为“十”，据丁士涵说校改。胜：失。平以满：因其恶贯满盈而平之。

［原文］

无事而总，以待有事，而为之若何①？积者立余日而侈，美车马而驰，多酒醴而靡，千岁毋出食，此谓本事②。县入有主，入此治用，然而不治，积之市③。一人积之下，一人积之上，此谓利无常④。百姓无宝，以利为首。一上一下，唯利所处。利然后能通，通然后成国⑤。利静而不化，观其所出，从而移之⑥。

［注释］

① 总：积累。 ② 立：通“俟”，等待。本事：作者认为消费促进生产，所以称消费为本事。 ③ 两“入”字原文均为“人”，涉下文而误。治：理。积：贮蓄生利。以上四句大意是：一县之收入有人主管，用它来支付各种费用，剩余的放到市场上去贮蓄生利。 ④ 一人积之下：指百姓。一人积之上：指官府。无常：不固定。 ⑤ 国：都市。

⑥ 以上三句大意是：利息固定不变，分析其原因，然后转移投资方向。

［原文］

视其不可使，因以为民等①。择其好名，因使长民②；好而不已，是以为国纪③。功未成者，不可以独名④；事未道者，不可以言名⑤。成功然后可以独名，事道然后可以言名，然后可以承致酢⑥。

［注释］

① 因以为民等：削职为民。等：等同。 ② 好名：名声好的。长民：为民之官长。 ③ 好而不已：一贯表现好。国纪：国家栋梁之材。

④ 独名：独享盛名。 ⑤ 道：治。 ⑥ 承致酢：接受君主赏赐的祭肉。古时在国家大祭之后，级别高的大臣可以得到君主赏赐的祭

肉。酢:通“胙”,祭肉。

[原文]

先其士者之为自犯,后其民者之为自赡①。轻国位者国必败,疏贵戚者谋将泄②。毋仕异国之人,是为失经③。毋数变易,是为败成④。大臣得罪,勿出封外,是为漏情⑤。毋数据大臣之家而饮酒,是为使国人谄⑥。三尧在,臧于县,返于连,比若是者,必从是偪亡乎⑦!辟之若尊觯,末胜其本,亡流而下不平⑧。令苟下不治,高下者不足以相待,此谓杀⑨。

[注释]

① 赡:满足。这两句的大意是:君主先于士人犯错叫自犯,先满足自己而不顾臣民叫自赡。 ② 疏:疏远。 ③ 是:指仕异国之人。失经:违背常法。 ④ 数变易:变得很快,朝令夕改。数:屡次。败成:败坏成事。 ⑤ 封:边境。 ⑥ 使国人谄:让国都的士人责骂。人谄:原文为“大消”,据石一参说校改。 ⑦ 以上五句是对上文君主“据大臣之家而饮酒”而言,其意为:即使有三个尧在,往返于县邑连伍之间饮酒作乐,一直是这样,也一定会因此而败亡。臧:通“藏”。比:每每。偪:败亡。 ⑧ 辟:同“譬”。尊、觯:酒器。觯:读音 zhì,原文为“谭”,据张佩纶说改。末胜其本:指上人下小。末:原文为“未”,据丁士涵说改。亡流:指酒流失。 ⑨ 苟:如果。不治:无效。高下者:指在上者和在下者。相待:相互对待,相互维持。杀:灭亡。

[原文]

事立而坏,何也?兵远而不畏,何也①?民已聚而散,何也?辍安而危,何也②?功成而不信者,殆③;兵强而无义者,残④;不谨于附近而欲来远者,不信⑤。略近臣合于其远者,则事立而坏⑥。亡国之纪,毁国之族,则兵远而不畏⑦。国小而修大,仁而不利,犹有争名者,累哉是也⑧!乐聚己力,以兼人之强，以待其害，虽聚必散[⑨]。大王不自恃而恃众，百姓自聚，供而后利之，成而无害[⑩]。疏戚而好外，企以仁而谋泄，贱寡而好大，此所以危[⑪]。

［注释］ ① 不畏：不能使敌国畏惧。原文无“不”，据安井衡说补。 ② 辍安：安定的局面停止。辍：止。 ③ 不信：不讲信用，不能取信于人。殆：危险。 ④ 残：残暴。 ⑤ 谨于附近：重视招附邻近的人民。来：招致。原文为“求”，据李哲明说改。原文“不信”上有“兵”，据李哲明说删。 ⑥ 略：疏远。合：亲近。则事立而坏：原文只作“立”，据刘绩说补。 ⑦ 国之纪：国家栋梁之材。纪：原文为“起”，据张佩纶说改。国之族：指公族。 ⑧ 修大：扩张。累哉是也：这样负担就太重了。 ⑨ 己：原文为“之”，据张文虎说改。兼人：兼并他国。之：为。待：等待，接受。 ⑩ 不自恃而恃众：原文为“不恃众而自恃”，据文义校正。供：养育。 ⑪ 疏戚而好外：疏远亲近而好结交外人。企以仁：图谋仁政。贱寡而好大：轻视小事而好大喜功。

［原文］ 众而约寡，取而言让，行阴而言阳，利人之有祸，言人之无患[①]。吾欲独有是，若何[②]？是故之时，陈财之道可以行[③]。今也利散而民察，必放之，身然后行[④]。公曰：谓何？长丧以毁其时，重送葬以起其财，一亲往，一亲来，所以合亲也，此谓众约[⑤]。问：用之若何？巨瘗培，所以使贫民也[⑥]；美垄墓，所以使文明也[⑦]；巨棺椁，所以起木工也[⑧]；多衣衾，所以起女工也[⑨]。犹不尽，故有次浮也，有差樊，有瘗藏[⑩]。作此相食，然后民相利，守战之备合矣[⑪]。

［注释］ ① 众而约寡：实际上多而对人说少。寡：原文为“实”，据张文虎、郭沫若说改。 ② 这一句的意思与上下不连贯，疑前后有脱误或错简。 ③ 故：同“古”。陈：施、用。 ④ 察：看得很清楚。放之：分散财

利。身：从自身做起。 ⑤ 长丧以毁其时：丧期延长来消磨人的时间。毁：原文为“黜”，据何如璋说改。重送葬：厚葬。起其财：耗费其钱财。起：使用，耗费。其：原文为“身”，据丁士涵说改。合亲：密切亲戚关系。众约：约定俗成的习俗。 ⑥ 巨瘗培：修建巨大的墓室。所以使贫民：役使贫民，让他们有活干。 ⑦ 使文明：使用雕镂刻画的工匠。使：原文无，据郭沫若说补。文：雕饰。明：同“萌”，民。 ⑧ 棺椁：古时内为棺，外为椁。 ⑨ 衾：被子。 ⑩ 次浮：包的等级。古时祭奠用牲，一牲一包，天子、诸侯、大夫各有差别。浮：通“包”。差樊：藩的差别。樊：藩。“藩”亦称“披”，古时灵车所系布帛，天子、诸侯、大夫各有差别。瘗藏：随葬的器物。 ⑪ 作此相食：依靠这些，百姓有饭吃。合：恰当，完备。

[原文]

乡殊俗，国异礼，则民不流矣①；不同法，则民不困②；乡丘老不通，睹诛流散，则人不眺③。安乡乐宅，享祭而讴吟称号者皆殊，所以留民俗也④。断方井田之数，乘马甸之众，制之⑤。陵溪立鬼神而谨祭，皆以能别以为食数，示重本也⑥。

[注释]

① 流：迁徙流动。 ② 困：困惑。 ③ 乡丘：乡曲。老不通：即老死不相往来。睹诛流散：阻止、责罚流散者。睹：通“堵”。诛：责。眺：通“逃”。 ④ 享祭而讴吟称号者皆殊：祭祀的祭文颂词和称呼都不同。殊：原文为“诛”，据张佩纶说改。 ⑤ 断：制定。方井田之数：指田赋的数量。乘马甸之众：指军赋的数量。制之：形成制度。⑥ 陵溪：山陵和溪谷。能别：等级差别。食数：祭器、祭品的数量。

[原文]

故地广千里者，禄重而祭尊，其君无余地。与他若一者，从而艾之①。始君者艾，若一者，从乎杀②。与于杀者从乎艾，艾若一者从于杀③。与于杀者，从无封始王事者④。王者上事，霸者上功，言重本⑤。是为十禺⑥。分免而不争，言先人而自后也⑦。

［注释］ ① 与他若一者：封地与别国一样的。艾：土地削减。 ② 始君：始受封为国君。原文为“君始”，误倒，今改正。从乎杀：爵禄和祭祀的等级随着降低。 ③ 与于杀者从乎艾：爵禄和祭祀降低的土地还要削减。原文为“与于杀若一者从者艾”，“若一”涉上而衍，今删。“者”为“乎”之误，今改正。艾若一者从于杀：土地开始与别国一样，后来削减了的国家，爵禄和祭祀的等级还要降低。 ④ “与于杀者，从无封始王事者”：降低爵禄和祭祀等级的，一直降到和那些没有封地刚开始做官的人一样。原文为“与于杀若一者从无封始王事者上”，“若一”涉上而衍，今删。“上”涉下文而衍，今并删。 ⑤ 上：崇尚，重视。上功：原文为“生功”，据丁士涵说改。 ⑥ 此句疑为错简，意不可晓。 ⑦ 分：指爵禄和祭祀的等级。自后：后己。

［原文］ 官礼之司，昭穆之离，功器之治，尊鬼而守故①。战事之任，高功而下死②。本事，食功而省利③。劝臣，上义而不能与小利④。五官者，人争其职，然后君闻⑤。

［注释］ ① 司：掌管。昭穆之离：昭穆先后的次序。古时宗庙始祖居中，二、四、六世居左称昭，三、五、七世居右称穆。离：位次先后的差别。功器之治：功勋等级和祭器规格等事。治：事。原文“功器”上有“先后”，下有“事”，“先后”为“昭穆之离”的注文误入正文，“事”为“治”的注文误入正文，今并删。守故：遵循旧有的成规。 ② 高功而下死：以立功为上，以牺牲为下。 ③ 食功而省利：依据实际效果来赏赐有功。食：酬劳。省：察。 ④ 劝：鼓励。上义：崇尚正义。 ⑤ 人争其职：各尽其职。

［原文］ 祭之时，上贤者也，故君臣掌①。君臣掌则上

下均,此以知上贤无益也,其亡兹适[2]。上贤者亡,而役贤者昌[3]。上义以禁暴,尊祖以敬祖,聚宗以朝杀,示不轻为主也[4]。

[注释] ① 上:尚。君臣掌:君、臣不分上下贵贱,共同执掌祭祀之礼。② 上下均:君主和臣下等同。上贤无益:只是在祭祀时尊崇贤者而不在实际中使用贤者,这样是没有好处的。其亡兹适:"兹适其亡"的倒文,这恰恰招致了灭亡。 ③ 役贤:使用贤者。 ④ 聚宗以朝杀:聚集族人在宗庙祭祀,是为了显示尊卑亲疏的等级。朝:通"昭"。

[原文] 载祭明置,高子闻之,以告中寝诸子[1]。中寝诸子告寡人,舍朝不鼎馈。中寝诸子告宫中女子曰:公将有行,故不送公。公言无行,女安闻之?曰:闻之中寝诸子。索中寝诸子而问之,寡人无行,女安闻之?吾闻之先人,诸侯舍于朝不鼎馈者,非有外事,必有内忧。公曰:吾不欲与汝及若,女言至焉,不得毋与女及若言。吾欲致诸侯,诸侯不至若何哉?女子不辩于致诸侯,自吾不为污杀之事人,布织不可得而衣,故虽有圣人,恶用之?

[注释] ① 中寝诸子:张文虎、孙诒让均以为当作"中妇诸子"。自此至"故虽有圣人,恶用之"与《戒》篇相关段落大同小异,只是本段文字颠倒错乱。注释可参阅《戒》篇相关部分,本篇用此,其意可能是想说明管子反对妇人言政,可与篇末"妇人为政,铁之重反旅金"相互参证。

[原文] 能摩故道新道,定国家,然后化时乎[1]?国贫而鄙富,莫美于市国[2];国富而鄙贫,莫尽如市[3]。市也者,劝也[4]。劝者,所以起本事而末事起[5]。不侈,本事不得立[6]。

[注释] ① 摩：揣摩。 ② 国：国都。鄙：乡村。莫美于市国：没有比在国都中发展市场更好的了。原文为“莫美于朝市国”，“直”为“莫”之误，“朝”为衍文，今改补校正。 ③ 莫尽如市：不如都发展市场。 ④ 劝：指鼓励发展工商业。 ⑤ 起本事而末事起：发展农业而工商业也随之发展。“本事”之“事”原文为“善”，据猪饲彦博说改。 ⑥ 这两句是说，不侈靡，不发展工商业，农业也发展不好。

[原文] 选贤举能不可得，恶得伐不服耶①？百夫无长，不可临也②；千乘有道，不可侵也③。夫纣在上，恶得不伐④？钧则战，守则攻，百盖无筑，千聚无社，谓之陋，一举而取⑤。天下有事之时也，万诸侯钧，万民无听，上位不能为功更制，其能王乎⑥？

[注释] ① 恶：何。耶：原文为“用”，据郭沫若说改。 ② 临：应对。 ③ 千乘有道：千乘之国，治理有道。侵：原文为“修”，据张佩纶说改。 ④ 恶得不伐：原文为“恶得伐不得”，据丁士涵说删正。 ⑤ 钧：双方势均力敌。守：对方处于守势。百盖无筑：百家没有像样的建筑。千聚无社：上千村落没有神社。聚：村落。 ⑥ 原文“事”上有“一”，据刘绩补注本删。无听：无所适从。上位：指统治者。为功：建立功业。更制：改革。

[原文] 缘故修法，以政治道，则钧杀于吾君，故取夷吾谓替①。公曰：何若？对曰：以同，其日久临，可立而待②。鬼神不明，囊橐之食无报，明厚德也③。浮沈，示轻财也④。先立象而定期，则民从之⑤；故为祷朝缕绵，明轻财而重名⑥。公曰：何临⑦？所谓同者，其以先后智渝者也⑧。钧同则争，倍则说，十则从服，万则化⑨。成功而不能识，而民期为后，成形而更名，则临矣⑩。

[注释] ① 缘故修法：遵循成规成法。修：循。以政治道：正其治国之道。钧杀于吾君：指其他诸侯都比不上齐桓公。这是管仲的话。钧：同“均”。杀：削减。原文为“约杀子吾君”，据张佩纶说校改。谓替：指代替齐桓公谋划。谓：为。 ② 同：同一，同化。临：治理。 ③ 不明：幽暗不明。无报：指祭祀并非求报答。自“鬼神不明”至“明轻财而重名”意思与上下文不连贯，疑为错简。 ④ 浮沈：投玉祭水。原文为“沈浮”，据何如璋说改。 ⑤ 立象而定期：设立鬼神之象，确定祭祀日期。 ⑥ 祷朝缕绵：在庙中祭祀，用缕绵招魂。朝：同“庙”。 ⑦ 何临：此问承上文“其日久临”而发。何：原文为“同”，据李哲明说改。 ⑧ 其以先后智渝者：是以智慧超越的先后为依据的。渝：通“逾”，超越。 ⑨ 钧同：智慧均等。则：原文为“财”，据猪饲彦博说改。倍则说：智慧超过一倍则对方悦服。倍：原文为“依”，据猪饲彦博说改。说：通“悦”。化：同化。 ⑩ 识：觉察。为：原文为“然”，据郭沫若说改。后：君王。

[原文] 请问为边若何①？对曰：夫边日变，不可以常知观也②。民未始变而是变，是为自乱③。请问诸边而参其乱，任之以事，因其谋④。方百里之地，树表相望者，丈夫走祸，妇人备食，内外相备⑤。春秋一日，败曰千金，称本而动⑥。候人不可重也，唯交于上，能必于边之辞⑦。行人不可有私，有私所以为内因也⑧。使能者有主，俟而内事⑨。

[注释] ① 为边：治理边境。 ② 不可以常知观：不能用一般常识对待。 ③ 民未始变而是变：百姓还没有发生变乱而采取行动。 ④ 请问诸边而参其乱：请教边地之人，研究其变乱的原因。因：利用。 ⑤ 树表：树立标志，用以报警。走祸：赴难，指应征平乱。 ⑥ 败曰千金：耗费的费用号称千金。称本而动：衡量农业生产情况再考虑是否用兵。 ⑦ 候人：管理边境事务的官吏。重：通“动”。交于上：向上级报告。必于边之辞：坚定地履行守边的职责。 ⑧ 行人：管理外交

事务的官吏。不可有私：原文为“可不有私不”，据张佩纶说删正。
⑨ 主：主管、职责。俟而内事：做好你职责内的事。俟：原文为“矣”，据郭沫若说改。而：尔。

［原文］

万世之国，必有万世之宝，必因天地之道①。无使其内，使其外，使其小，毋使其大②。弃其国宝，使其大，贵一与而圣③；称其宝，使其小，可以为道④。能则专，专则佚⑤。椽能逾，则椽于逾能⑥；宫，则不守而不散⑦。众能，伯⑧；不然，将见对⑨。

［注释］

① 宝：指“因天地之道”。原文为“实”，据王念孙说改。 ② 使其内：指在国内使用。使其外：在国外使用。使其小：从小处使用。使其大：从大处使用。 ③ 弃：通“弆”，藏。与：通“举”。 ④ 称：用。可以为道：可以为治国之道。 ⑤ 佚：安佚闲适。 ⑥ 椽：梯子。则椽于逾能：那么梯子对于超越来说就是能。这是解释“能则专”。 ⑦ 宫：围起来。不守而不散：围起来不用守也不会丢失。这是解释“专则佚”。 ⑧ 伯：霸。 ⑨ 见对：出现相互对立的形势。

［原文］

君子者，勉于乱人者也，非见乱者也①。故轻者轻，重者重，前后不慈②。凡轻者操实也，以轻则可使；重不可起轻，轻重有齐③。重以为国，轻以为死④。毋全禄，贫国而用不足⑤；毋全赏，好德恶使常⑥。

［注释］

① 乱：司，治。原文为“紊”，据刘绩补注本及张文虎说改。见：被。 ② 慈：通“戴”，相当，平衡。 ③ 齐：通“剂”，比例。 ④ 为国：治国。为死：办丧事。 ⑤ 全禄：把俸禄分光。 ⑥ 好德恶使常：不要使好德务施成为常事。恶：毋。原文“恶”下有“亡”，据张佩纶说删。

［原文］

请问先合于天下而无私怨，犯强而无私害，为之若何[①]？对曰：国虽强，令必忠以义[②]；国虽弱，令必敬以哀。强弱不犯，则人欲听矣。先人而自后而无以为仁也，加功于人而勿得，所橐者远矣，所争者外矣[③]。明无私交，则无内怨[④]；与大则胜，私交众则怨杀[⑤]。

［注释］

① 合于天下：联合天下诸侯。犯强：反抗强暴。 ② 令：辞令。以：而。 ③ 自后：后己。无以为仁：不自以为仁。勿得：不自以为有德。得：通“德”。橐：包容。争：争取。外：广阔。 ④ 明：公开。 ⑤ 与大：联盟强大。怨杀：怨怒杀伐。

［原文］

夷吾也，如以予人财者，不如毋夺时[①]；如以予人食者，不如毋夺其事，此谓无外内之患。忠敬者，君臣之际也[②]；礼义者，人君之神也[③]。且君臣之属，义也[④]；亲戚之爱，性也。使君亲之际同索，属敬也[⑤]。使人君不安者，属察也，不可不谨也[⑥]。

［注释］

① 如以：与其。 ② 忠敬者：原文为“事故也”，据李哲明、郭沫若说改。际：际遇。 ③ 神：法宝。 ④ 义：原文无，据李哲明说补。 ⑤ 使君亲之际同索：要想让与君主和与父母的关系一样。际：原文为“察”，据安井衡说改。索：要求。属敬：相互尊敬。敬：原文为“故”，据郭沫若说改。 ⑥ 属察：相互戒备、猜忌。察：原文为“际”，据郭沫若说改。

［原文］

贤不可威，能不可留，杜之于事前，易也[①]。水，泉之汨也，人聚之，壤地之美也，人死之[②]。若江湖之大也，求珠贝者不舍也[③]。逐神而远热，交觯者不处，兄遗利夫[④]！事在中国之人，观危国过君而弋其能者,岂不几于危社主哉[5]!

[注释] ① 威:以威制服。留:埋没不用。杜之于事前:原文为“杜事之于前”,据张佩纶说校正。 ② 泉:原文为“鼎”,据张文虎、陶鸿庆说改。汩:水流的样子。 ③ 舍:原文为“令”,据洪颐煊说改。④ 逐神而远热:指祭神时人们追逐传递火炬。交觯者不处:饮酒者也来参加,不能安处。兄遗利夫:何况是有余利呢。兄:古“况”字。⑤ 事:通“使”,假如。在:原文为“左”,据何如璋、张佩纶说改。中国:国中。危国过君:危难之国,过失之君。弋:显示,夸耀。几于:等于。社主:社稷,国家。

[原文] 利不可法,故民流[1];神不可法,故事之[2]。天地不可留,故动,化故从新[3]。是故得天者高而不崩,得人者卑而不可胜[4]。是故圣人重之,人君重之。故至贞生至信,至信生至交[5]。生至自有道,不务以文胜情,不务以多胜少[6]。不动则望有廧,旬身行[7]。

[注释] ① 法:常。流:为追利而流动迁徙。 ② 神不可法:鬼神祸福无常。 ③ 留:停留,不变。化故从新:指自然界的新陈代谢。④ 得天:得天之佑。得人:得人之助。不可胜:不可战胜。 ⑤ 贞:正,诚。至信生至交:原文为“至言往至绞”,据猪饲彦博、安井衡说校改。 ⑥ 生至自有道:产生至信、至交自有其道。文:文饰,引申为虚。情:实。 ⑦ 望有廧:看着好像有一堵墙。廧:同“墙”。旬身行:人只能顺着墙走。指不能“化故从新”。旬:通“徇”。

[原文] 法制度量,王者典器也[1]。执故义道,畏变也[2]。天地若夫神之动,化变者也,天地之极也[3]。能与化起而善用,则不可以道止也[4]。仁者善用,智者善用,非其人,则与神往矣[5]。

[注释] ① 典器：准则与工具。 ② 执故义道：坚持旧的义与道。③ 极：根本原则。 ④ 与化起而善用：与时势一起变化并善于把握利用这种变化。善用：善于把握利用。善：原文为“王”，据安井衡说校改。道止：中道而止。止，原文为“山”，据丁士涵说改。 ⑤ 与神往：指机遇与神一起消逝。

[原文] 衣食之于人也，不可以一日违也，亲戚可以时去也①。是故圣人万民，艰处而立焉②。人死则易云，生则难合也③。故一为赏，再为常，三为固然④。其小行之则俗也，久之则礼义⑤。故无使下当，上必行之，然后移⑥。

[注释] ① 违：离开。时去：时常离开。去：原文为“大”，据郭沫若说改。② 艰处而立：都是艰难地活在世上。 ③ 易云：好说。这两句意思是：人死了倒好说，活着时在一起也很难。 ④ 以上三句意思是：行赏之事一次，人们认为是赏赐；两次，人们认为是常事；三次以至于多次，人们就认为是理所当然了。 ⑤ 俗：形成风俗。礼义：指形成制度。 ⑥ 无使下当：不要让下面的人替君主行赏。当：任，承担。移：变换方法，不让行赏成为理所当然或风俗制度。

[原文] 商人于国，非用人也①。不择乡而处，不择君而使，出则从利，入则不守②。国之山林也，则而利之③。市廛之所及，二倍其本④。故上侈而下靡，而君臣上下相亲，则君臣之财不私藏，然则贫动枝而得食矣⑤。徙邑移市，亦为数一⑥。

[注释] ① 用：通“庸”。 ② 处：居住。使：事。从利：追求利润。守：囤积。 ③ 则：通“铡”，砍伐。 ④ 市：市场。廛：商铺。原文为“尘”，据孙星衍说改。倍：原文为“倍”，据丁士涵说改。 ⑤ 上侈而下靡：上下侈靡消费。原文“上下相亲”上有“相”，据李哲明说删。贫动

枝而得食：贫穷者动手劳动就可以有饭吃。贫：原文为“贪”，据张佩纶说改。枝：通“肢”。原文为“枳”，据张佩纶说改。 ⑥ 徙邑移市：搬迁城镇和市场。数一：方法之一。

［原文］

问曰：多贤可云①？对曰：鱼鳖之不食咡者，不出其渊②；树木之胜霜雪者，不听于天③；士能自治者，不从圣人。岂云哉？夷吾之闻之也，不欲，强能不服，智而不牧④。若盈虚期于月，律吕出于一，明然，则可以处矣⑤。故阨其道而薄其所予，则士云矣⑥。不择人而予之，谓之好人⑦；不择人而取之，谓之好利。审此两者，以为处行，则云矣⑧。

［注释］

① 多：众多。可云：何亲。可：通“何”。云：亲。 ② 咡：据孙星衍说当作“饵”。 ③ 不听于天：不屈从于天时的支配。 ④ 不欲：无欲。能：而。牧：统治。 ⑤ 若盈虚期于月：就像月亮圆缺有定期。盈：原文为“旬”，据猪饲彦博说改。律吕出于一：又像音律出于一元之气。律吕：原文为“津若”，据郭沫若说改。明然：明白这个道理。处：处理。原文为“虚”，据何如璋说改。 ⑥ 阨其道：控制其仕进之路。薄其所予：不给厚的俸禄和赏赐。 ⑦ 好人：爱好仁。人：同“仁”。 ⑧ 审：明确。处行：指处世行事的准则。

［原文］

不方之政，不可以为国①；曲静之言，不可以为道②。节时于政，与时往矣③。不动以为道，齐以为行，避世之道，不可以进取④。

［注释］

① 不方之政：不正确的政策。 ② 曲静之言：局限于静止的理论。不可以为道：道为一静一动，只言静不言动，所以称不上是道。 ③ 节时于政：把握好时与政的关系。与时往：可以与时俱进。 ④ 齐：等。即庄周所谓的“齐生死”。

［原文］

阳者运谋，几者应感，再杀则齐，然后谋可运也[①]。对曰：夫运谋者，天地之虚满也，合离也，春秋冬夏之胜也[②]。然有知强弱之所尤，然后应诸侯取交，故知安危国之所存[③]。以时事天，以天事神，以神事鬼，故国无罪而君寿，而民不杀，智运谋而离櫜刃焉[④]。

［注释］

① 阳者：指明显的事物。运谋：运筹谋划。运：原文为“进”，据张佩纶说改。几者应感：隐微的事物要去感觉。再杀则齐：多次实验就会成功。杀：通“试”。齐：通“济”。谋可运：原文为“运可请”，据丁士涵、张文虎、张佩纶说改正。 ② 胜：行。 ③ 有：又。尤：差异。应诸侯取交：应对诸侯应采取的策略。安危国：安国、危国。 ④ 事：祭祀。罪：指灾害、战乱。杀：被杀戮。离：原文为“杂”，据赵用贤说改。櫜刃：甲兵。櫜：读音 gāo，盛弓箭的袋子。

［原文］

其满为感，其虚为亡，满虚之合，有时而为实，时而为动[①]。阴阳时贷，其冬厚则夏热，其阳厚则阴寒[②]。是故王者谨于日至，故知虚满之所在，以为政令[③]。已杀生，其合而未散，可以决事[④]。将合，可以禺其随行以为兵，分其多少以为曲政[⑤]。

［注释］

① 感：感应。 ② 阴阳时贷：阴阳按时交替。阴：原文为“地”，据丁士涵说改。贷：通“代”。厚：长、重。 ③ 日至：指冬至、夏至。 ④ 已杀生：停止杀生。此句上当有脱简或错简。决事：指决狱。 ⑤ 禺其随行以为兵：把练兵寓于随时举行的各种活动之中。禺：通“寓”。多少：指人数。曲政：军政。

［原文］

请问有形时而变乎[①]？对曰：阴阳之分定，则甘苦之草生也[②]。从其宜，则酸咸和焉，而形色定焉，以为声乐[③]。夫阴阳进退，满虚亡时，其散合可以视岁④。唯圣人不为岁，能知满虚，夺余满，补不足，以通政事，以赡民常⑤。地之变气，应其所出⑥；水之变气，应之以精，受之以豫⑦；天之变气，应之以正⑧。且夫天地精气有五，不必为沮，其亟而反⑨。其重陔动毁之进退，即此数之难得者也，此形之时变也⑩。

[注释]

① 有形：指世上有形之物。原文为“形有”，据文义改正。时而变：根据时节发生变化。　② 分：指阴阳的比例。甘苦之草生：按阴阳五行理论，五味生于五行。　③ 宜：调和适中。和：调和。酸咸、形色、声乐：按阴阳五行的理论，事物的形色、味、声都取决于阴阳五行。④ 亡：无。其散合可以视岁：阴阳的散与合构成一年十二个月。⑤ 不为岁：不为岁所限。以赡民常：来满足百姓日常之用。　⑥ 变气：变异之气，灾变之气。应其所出：与方位和节气相应。　⑦ 精：精气。豫：预先准备。　⑧ 正：正气。　⑨ 五：即五行之气。沮：通“阻”，阻碍。其亟而反：物极而反，盛极而衰。亟：极。　⑩ 重陔：阻碍。陔：通“阂”，局限，妨碍。数之难得者：规律难以掌握。

[原文]

沮平气之阳，若如辞静①？余气之潜然而动，爱气之潜然而衰，胡得而治动②？对曰：得之衰时，位而观之，佁，美然后有煇③。修之心，其杀以相待，故有满虚哀乐之气也④。故书之帝八，神农不与存，为其无位，不能相用⑤。

[注释]

① 沮：通“祖”，始。平气：平正之气。阳：通“扬”。若如：怎样。辞：通“治”，控制，掌握。　② 余气：残余之气。爱气：隐藏之气。爱：通“薆”，隐藏。胡得：怎样才能。　③ 得：通“德”。位而观之：以五行之位而观之。佁：通“殆”，危险。美然后有煇：美盛然后有余光，指德由盛而衰。　④ 修之心：修养内心。其杀以相待：等待着五行相克。杀：指金、木、水、火、土五行相胜相克。　⑤ 故书：古代典籍。不与

存:不在其中。为其无位:因为他不得其位。位:指五行之位。

[原文]

问:运之合满安臧[①]?二十岁而可广,十二岁而聂广,百岁伤神[②]。周郑之礼移矣,则周之律废矣,则中国之草木有移于不通之野者[③]。然则人君声服变矣,则臣有千驷之禄,妇人为政,铁之重反于金[④]。而声好下曲,食好咸苦,则人君日退[⑤]。亟则溪陵山谷之神之祭更,应国之称号亦更矣[⑥]。

[注释]

① 安臧:在哪里。臧:通“藏”。 ② 广:指政权强大。聂广:代替者政权强大。聂:通“摄”。以上三句是对齐国命运的预言。二十年强大,预言齐国称霸;十二年代替者强大,预言晋文公代齐称霸;百岁伤神,预言百年后田氏篡齐。这可能是后来的人编造的预言。 ③ 周郑之礼:指周郑的礼乐。之律:原文为“律之”,据戴望说改正。不通之野:指未开化的地区。 ④ 声服:音乐与服饰。千驷:千乘。千:原文作“依”,据张佩纶说改。铁之重反于金:铁的价值反而比铜高。于:原文作“旅”,据丁士涵说改。 ⑤ 下曲:民间俗曲。 ⑥ 亟:通“极”,发展到极端。更:变换,更改。

[原文]

视之天变,观之风气[①]。古之祭,有时而星,有时而熺,有时而烅,有时而朐[②]。鼠应广之实,阴阳之数也[③]。华若落之名,祭之号也[④]。是故天子之为国,图具其树物也[⑤]。

[注释]

① 天:原文作“亦”,据俞樾说改。 ② 星:通“腥”,指杀牲,以其血毛而祭。熺:通“饎”,蒸熟的黍稷。烅:烤炙的肉。朐:脯脡。原文“熺”上有“星”,据猪饲彦博说改。 ③ 鼠应广之实:义不可解,疑有误。 ④ 华若落之名:义不可解,疑有误。 ⑤ 图具其树物:用图表示其标志性的东西,如《幼官图》之例。

心术上第三十六

[解题]

《心术》有上、下两篇。心术意即心的功能。古人认为心是思维的器官,是人身体的主宰,并把它比作君主。本篇是一篇侧重研究认识论的哲学论文,主要探讨了心的功能、修心之术、君主治国的方法等问题。本篇采用了经解并用的形式,前六段为经,后六段为解。

[原文]

心之在体,君之位也①;九窍之有职,官之分也②。心处其道,九窍循理③;嗜欲充盈,目不见色,耳不闻声④。故曰:心术者,无为而制窍者也⑤。上离其道,下失其事⑥。毋代马走,使尽其力⑦;毋代鸟飞,使弊其羽翼⑧;毋先物动,以观其则⑨。动则失位,静乃自得⑩。

[注释]

① 心之在体:心在身体的诸器官中。君之位:处于统治地位。② 九窍:指耳、目、口、鼻等人体器官的九个孔穴。职:功能。分:职责。这两句意思是:九窍各有其功能,就像百官各有其职责一样。③ 循理:遵循常理。这两句意思是:心的活动合于正道,九窍就遵循常理。④ 嗜欲充盈:内心充满了嗜好欲望。盈:原文为“益”,据王念孙说校改。⑤ 术:功能,作用。制:控制。这两句意思是:心的作用,就是以虚静无为来控制九窍,使其充分发挥作用。⑥ 上:心,指君主。下:九窍,指臣下。⑦ 毋:不要。走:奔跑。⑧ 弊:疲劳,损坏。⑨ 先物动:先物而动。则:规则,指事物发展变化的规律。这两句意思是:不要在客观事物出现前思考判断,而是要静心地观察其发展变化的规律。⑩ 位:位置,指心所处的主导地位。静乃自得:只要保持虚静,就会自然而然地掌握事物发展变化的规律。

[原文] 道，不远而难极也，与人并处而难得也①。虚其欲，神将入舍②；扫除不洁，神乃留处③。人皆欲智，而莫索其所以智④。智乎，智乎，投之海外无自夺，求之者不得处⑤。夫圣人无求之也，故能虚⑥。

[注释] ① 极：接近。得：掌握。 ② 神：指道。舍：指心。这两句的意思是：除去各种欲望，保持空虚，道就会来到心中。 ③ 不洁：不洁净的东西。留处：停留居住。 ④ 原文“所以智”下有“乎”字，据王念孙说删。智：智慧。索：了解。这两句意思是：人们都想有智慧但不知道怎样才能得到它。 ⑤ 投：抛弃。原文“处”下有“之者”二字，据俞樾说删。以上四句意思是：智慧啊，智慧啊，把它抛到海外，不要丧失了自我，让追求智慧者无处可寻。 ⑥ “圣”原文为“正”，音近而误，今改正。原文“虚”下有“无”字，据王念孙说删。这两句意思是：圣人不去追求智慧，所以能保持虚。

[原文] 虚而无形谓之道，化育万物谓之德①。君臣父子、人间之事谓之义②；登降揖让、贵贱有等、亲疏之体谓之礼③；简物、小末、一道、杀僇、禁诛谓之法④。

[注释] ① 而：原文为“无”，据王念孙说校改。化育万物：使万物生成发育。

② 事：理。这句的意思是：君臣、父子以及人世间的各种关系得当，这就叫义。 ③ 登降揖让：尊卑之间有谦让。等：等级。体：区别。

④ “末”原文为“未”，据墨宝堂本改。简物：选择事物。小末：使末枝小。这里是以本末喻君臣。一道：与道同一。这句的意思是：选择事物、削弱末枝，使事物统一于道所用的禁令、刑罚、杀戮等手段，叫做法。

[原文] 夫道可安而不可说①。真人之言不义不颇，不出于口，不见于色②。四海之人，孰知其则③？

［注释］

① “夫”原文为“大”，形近而误。安：通“案”，考究。说：解释。这句的意思是：道，可以探求但不能用语言解释。　② “真”、“颇”原文为“直”、“顾”，形近而误。言：言语。义：通“俄”，偏。不义不颇：不偏不颇。见：现。色：脸色，指表情。　③ 原文“孰”前有“又”字，涉注文而衍，今删。孰：谁。则：规律。

［原文］

天曰虚，地曰静，乃不忒①。洁其宫，开其门，去私毋言，神明若存②。纷乎其若乱，静之而自治③。强不能遍立，智不能尽谋④。物固有形，形固有名，名当，谓之圣人⑤。故必知不言之言，无为之事，然后知道之纪⑥。殊形异埶，不与万物异理，故可以为天下始⑦。

［注释］

① 忒：差错。原文为“伐”，形近致误。　② 宫：房室，指心。门：门户，指耳目等器官。以上四句意思是：清扫心室，打开门户，除去私欲，不发表言论，道就会在那里生存。　③ 纷乎：纷乱的样子。静之：使之平静。这两句的意思是：事物看起来似乎很纷乱，使它平静之后，自然就会有条理。　④ 这两句的意思是：再有能力也不能管理所有的事物，再有智慧也不能谋虑所有的事情。　⑤ 固：本来。形：形体。名：名称，概念。名当：名实相符。　⑥ 不言之言：没有用语言表达出来的思想。原文无“之言”二字，据下解文补。纪：纲领，原则。以上三句意思是：所以，必须知道不言之言和无为之事，才能懂得道的准则。
⑦ 埶：同“势”。始：祖，引申为标准。以上三句意思是：形势虽然各异，但不违背万物的公理，因此，可以成为天下万物的标准。

［原文］

人之可杀，以其恶死也①；其可不利，以其好利也②。是以君子不怵乎好，不迫乎恶，恬愉无为，去智与故③。其应也，非所设也④；其动也，非所取也⑤。过在自用，罪在变化⑥。是故有道之君子，其处也若无知，其应物也若偶之⑦。静因之道也⑧。

［注释］ ① 可杀：可以用刑杀来镇压。以：因为。恶：憎恶。 ② 利：利益。这两句的意思是：可以用夺取其利益的方法威胁，是因为他喜爱利。

③ 怵乎好：被喜爱的事物所诱惑。怵：通“訹”，诱惑。原文为“休”，据解文改。迫乎恶：被憎恶的事物所胁迫。恬愉：恬淡愉快。智：智谋。故：巧诈。 ④ 应：反应。设：设想。这两句的意思是：他对事物做出的反应，并不是事先就设想好的。 ⑤ 动：动作。取：肯定。这两句的意思是：他对事物采取的行动，并不是事先就肯定了的。

⑥ 过：过失。自用：自以为是。罪：错误。变化：指不顺应事物而擅自变动。 ⑦ 原文“君”后无“子”字，据解文补。偶：偶像。指与事物相符合，如同偶像。以上三句意思是：所以，有道的君子，他在静处的时候，像是一无所知，他对事物做出反应之时，准确得像偶像一样，完全符合。

⑧ 静：虚静。因：依靠。这句的意思是：这就是保持虚静，依靠客观事物本身的道理。

［原文］ “心之在体，君之位也；九窍之有职，官之分也。”耳目者，视听之官也，心而无与于视听之事，则官得守其分矣①。夫心有欲者，物过而目不见，声至而耳不闻也。故曰：“上离其道，下失其事。”故曰：心术者，无为而制窍者也②。故曰“君”。“毋代马走”，“毋代鸟飞”，此言不夺能能，不与下试也③。“毋先物动”者，摇者不定，趮者不静，言动之不可以观也④。“位”者，谓其所立也。人主者立于阴，阴者静，故曰“动则失位”。阴则能制阳矣，静则能制动矣，故曰“静乃自得”。

［注释］ ① 无与于视听之事：不干预看和听的事。 ② 无为而制窍：通过无为来控制九窍。 ③ 不夺能能：不限制有能力的人发挥才能。不与下试：不与臣下比试能力。试：原文为“诫”，据张文虎说改。

④ 趮:同"躁"。动之不可以观:先物而动就无法正确观察事物。

［原文］

道在天地之间也,其大无外,其小无内,故曰"不远而难极也"①。虚之与人也无间,唯圣人得虚道,故曰"并处而难得"②。世人之所职者精也③。去欲则宣,宣则静矣,静则精④。精则独立矣,独则明,明则神矣。神者至贵也,故馆不辟除,则贵人不舍焉⑤。故曰"不洁则神不处"。"人皆欲知而莫索之"⑥:其所知,彼也;其所以知,此也⑦。不修之此,焉能知彼? 修之此,莫能虚矣⑧。虚者,无藏也⑨。故曰:去知则奚求矣,无藏则奚设矣⑩。无求无设则无虑,无虑则反复虚矣⑪。

［注释］

① 无外:无限大。无内:无限小。 ② 虚:虚无。无间:没有距离。得虚道:懂得虚无之道。 ③ 职:主,依靠。 ④ 宣:通。 ⑤ 贵人:喻指神,即道。 ⑥ 人皆欲知而莫索之:是对上文"人皆欲智而莫索其所以智"的简略概括,下文是对此句的解说。 ⑦"其所知,彼也":原文为"其所以知彼也",据吴汝纶说删"以"字。以上四句意思是:人们所认识的对象是客观事物,而人们所用于认识的工具是心。 ⑧ 莫能虚:没有比虚空更好的了。以上四句意思是:不把心修养好,怎么去认识客观事物? 修养心的最好办法是保持虚空。 ⑨ 藏:贮藏,指所存在的成见和欲望。 ⑩ 知:同"智",智慧。奚求:何求。原文作"奚率求",据王引之说删"率"字。设:谋划,设计。 ⑪ 无虑则反复虚:没有思虑就回到了虚空状态。反:同"返"。复:回归。

［原文］

天之道,虚其无形①。虚则不屈,无形则无所低赶②。无所低赶,故遍流万物而不变。德者道之舍,物得以生生,知得以职道之精③。故德者得也,得也者,其谓所得以然也④。无为之谓道,舍之之谓德⑤。故道之与德无间,故言之者不别也⑥。无间者,谓其所以舍也⑦。义者,谓各处其宜也⑧。礼者,因人之情,缘义之理,而为之节文者也,故礼者谓有理也⑨。理也者,明分以谕义之意也⑩。故礼出乎义,义出乎理,理因乎道者也⑪。法者所以同出,不得不然者也,故杀僇禁诛以一之也⑫。故事督乎法,法出乎权,权出乎道⑬。

[注释]

① 其:而。 ② 不屈:没有穷尽。低赶:抵牾,抵触,矛盾。低:通"抵",原文为"位",据王引之说改。赶:通"牾"。 ③ 舍:施。知:心智。职:掌握。以上三句意思是:德是道的体现,万物得到它才能生长发育,人心得到它才能把握自然的关键。 ④ 其谓所得以然也:就是说想得的已经得到了。 ⑤ 原文"无"上有"以",据俞樾说删。 ⑥ 无间:没有差别。 ⑦ 无间者:原文为"间之理者",据王引之说删补。这两句的意思是:之所以说没有差别,是因为德就是道的体现。 ⑧ 宜:合适,恰当。 ⑨ 缘:根据,按照。为之节文:为它制定礼仪制度。 ⑩ 明分以谕义之意:明确名分职守来表明"义"的内涵。 ⑪ 理因乎道:理产生于道。道:原文为"宜",据郭沫若说改。 ⑫ 同出:统一参差不齐的事物。僇:同"戮"。一之:使之统一。 ⑬ 督:考察,检验。权:权衡。以上三句的意思是:事物都应以法为标准检验,法产生于轻重得失的权衡,权衡的标准来源于道。

[原文]

道也者,动不见其形,施不见其德,万物皆以得,然莫知其极①。故曰"可以安而不可说"也。"真人",言至也②。"不宜",言应也③。应也者,非吾所设,故能无宜也④。"不颇",言因也⑤。因也者,非吾所取,故无颇也⑥。"不出于口,不见于色",言无形也;"四海之人,孰知其则",言深囿也⑦。

［注释］　①万物皆以得：万物都是因为得道而生成的。莫知其极：不知道它的究竟。　②真：原文为“莫”，据上文改。至：最高境界。③宜：通“义”，偏。　④非吾所设：并不是我们提前设定的。⑤颇：偏颇。原文为“顾”，形近而误，据上文改。下“颇”字同。⑥非吾所取：并不是我们提前肯定的。取：原文为“顾”，据俞樾说改。　⑦深囿：深邃的园林，这里喻指蕴涵很深。

［原文］　天之道虚，地之道静。虚则不屈，静则不变，不变则无过，故曰“不忒”①。“洁其宫，开其门”，宫者，谓心也②。心也者，智之舍也，故曰宫。洁之者，去好过也③。门者，谓耳目也。耳目者，所以闻见也。“物固有形，形固有名”，此言名不得过实，实不得延名④。姑形以形，以形务名，督言正名，故曰“圣人”⑤。“不言之言”，应也。应也者，以其为之者人也⑥。执其名，务其所以成，此应之道也⑦。“无为之事”，因也⑧。因也者，无益无损也。以其形因为之名，此因之术也⑨。名者，圣人之所以纪万物也⑩。人者立于强，务于善，本于能，动于故者也⑪。圣人无之，无之则与物异矣⑫。异则虚，虚者万物之始也，故曰“可以为天下始”。

［注释］　①忒：原文为“伐”，据上文改。　②开：原文为“阙”，据上文改。　③好过：好恶。　④原文“此言”下无“名”，据王念孙说补。延：外延，超越。　⑤姑：通“诂”，解释。督：考察、检验。以上四句意思是：按照事物原有的形状来说明事物，命名事物，考察名称、概念的使用，使名与实相符，能做到这些，叫做圣人。　⑥以其为之者人也：因为做出“应”的是他人，而不是自己。原文“者人”互倒，今据文义改正。⑦执：把握。务其所以成：探究它形成的原因。　⑧事：原文为“道”，据上文改。　⑨以其形因为之名：根据事物的形状给它命名。

术:方法。 ⑩ 纪:掌握。 ⑪ 善:通“缮”,修饰。本:原文为“未”,据丁士涵说改。以上四句的意思是:一般人的特点是好强求,好修饰,好逞能,好用智巧。 ⑫ 无之:指没有上述一般人的特点。

[原文]

人迫于恶则失其所好,怵于好则忘其所恶,非道也①。故曰“不怵乎好,不迫乎恶”。恶不失其理,欲不过其情,故曰“君子”②。“恬愉无为,去智与故”,言虚素也③。“其应非所设也,其动非所取也”,此言因也。因也者,舍己而以物为法者也④。感而后应,非所设也⑤;缘理而动,非所取也⑥。“过在自用,罪在变化”,自用则不虚,不虚则仵于物矣⑦;变化则为生,为生则乱矣⑧。故道贵因。因者,因其能者,言所用也⑨。“君子之处也若无知”,言至虚也;“其应物也若偶之”,言时适也,若影之象形,响之应声也⑩。故物至则应,过则舍矣⑪。舍矣者,言复所于虚也⑫。

[注释]

① 迫于恶:被厌恶的东西所胁持。怵于好:被喜欢的东西所诱惑。

② 以上三句的意思是:厌恶某种事物不要违背常理,喜欢某种事物也不要超过人之常情,这样才叫君子。 ③ 虚素:虚空而质朴。 ④ 舍己而以物为法:舍弃自己的主观成见而以客观事物为准则。 ⑤ 感而后应:感受到才能有反应。 ⑥ 缘理而动:按照规律采取行动。 ⑦ 仵于物:与客观事物相抵触。 ⑧ 为生:产生假象。为:同“伪”。 ⑨ 言所用:指的是发挥其作用。 ⑩ 时适:随时适应。

⑪ 舍:放弃。 ⑫ 复所于虚:重新处于虚的状态。复:再。所:处。

心术下第三十七

[解题]

本篇并非《心术上》的延续或发展，两篇并没有内在的联系。本篇内容基本都见于《内业》，只是本文概括简略而《内业》详细完整。郭沫若及多数学者均以为本篇是《内业》的一个别本。

[原文]

形不正者德不来，中不精者心不治①。正形饰德，万物毕得②。翼然自来，神莫知其极③。昭知天下，通于四极④。是故曰：无以物乱官，毋以官乱心，此之谓内德⑤。是故意气定，然后反正⑥。气者身之充也，行者正之义也⑦。充不美则心不得，行不正则民不服⑧。是故圣人若天然，无私覆也⑨；若地然，无私载也⑩。私者，乱天下者也。

[注释]

① 形：形体，外表。中：内。精：精诚。治：修整，治理。 ② 饰：修治。毕：全。 ③ 极：至。这两句意思是：德就会像飞鸟一样神不知鬼不觉地到来。 ④ 这两句意思是：这样就可以明察天下事物，达到四方极远之地。 ⑤ 物：外物。乱：干扰，迷惑。官：耳、目、口、鼻等感觉器官。内德：内有所得。德：通“得”。 ⑥ 定：安定。反正：恢复正常。反：同“返”。 ⑦ 充：实。义：通“仪”。这两句意思是：气是用来充实身体的，行为是用来使仪表端正的。 ⑧ 充：实，引申为内容。 ⑨ 若天然：像天一样。覆：覆盖。 ⑩ 载：装载。

[原文]

凡物载名而来，圣人因而财之，而天下治①。实不伤，不乱于天下，而天下治②。

[注释]

① 载名而来：与名俱来。载：戴。名：事物的名称。因：凭借，依靠。财：通“裁”，裁判，引申为安排使用。 ② 实不伤：实不因圣人的裁判

而受到伤害,即名实不相违背。实:事物的内容。

［原文］

专于意,一于心,耳目端,知远之近[①]。能专乎?能一乎?能毋卜筮而知凶吉乎[②]?能止乎?能已乎?能毋问于人而自得之于己乎[③]?故曰思之。思之不得,鬼神教之。非鬼神之力也,其精气之极也[④]。

［注释］

① 知远之近:由近知远。之:自。近:原文为“证”,据许维遹说改。② 毋:不。卜筮:占卜。古时用龟甲占卜叫“卜”,用蓍草占卜叫“筮”。③ 已:止。④ 精气之极:精气作用的最终结果。极:至,最。

［原文］

一气能变曰精,一事能变曰智[①]。綦选者所以等事也,极变者所以应物也[②]。綦选而不乱,极变而不烦。执一之君子,执一而不失,能君万物,日月之与同光,天地之与同理[③]。

［注释］

① 一气能变:保持气的专一而最终能随心所欲。一:专一。气:精气。一事能变:专心从事一事最终会随心所欲。② 綦:极,甚。原文为“慕”,据刘师培说改。下“綦”字同。选:齐。等事:使事物齐等。应物:顺应事物的发展变化。③ 执:掌握。一:专一。君:统治,治理。

［原文］

圣人裁物,不为物使[①]。心安是国安也,心治是国治也[②]。治也者心也,安也者心也。治心在于中,治言出于口,治事加于民,故功作而民从,则百姓治矣[③]。所以操者非刑也,所以危者非怒也[④]。民人操,百姓治,道其至本也[⑤]。至本至无,非所人而乱[⑥]。

［注释］

① 裁:裁断,引申为掌握。不为物使:不被物所役使。② 是:

于是。治：治理，修养。 ③ 治心：修养好的心。作：兴，成。④ 操：控制，把持。这两句意思是：用来统治万民的，并不是刑罚；用来威胁百姓的，并不是暴怒。 ⑤ 至本：最根本的。原文为“本至”，据张舜徽说改。 ⑥ 至本至无：最根本的是最虚无的。本：原文为“不”，据张舜徽说改。所：其。而：则。

［原文］

凡在有司执制者之利，非道也①。圣人之道，若存若亡，援而用之，殁世不亡②。与时变而不化，应物而不移，日用之而不化③。

［注释］

① 有司：官府的各个部门。利：善。这两句意思是：凡是各部门贯彻执行并取得好的效果的，并不是道。 ② 亡：无。援：拿。殁：终。亡：尽。 ③ 与：参与。化：变化。应物：顺应事物。移：变动。化：损耗。

［原文］

人能正静者，筋肕而骨强①。能戴大圆者体乎大方，镜大清者视乎大明②。正静不失，日新其德，昭知天下，通于四极③。全心在中不可匿，外见于形容，可知于颜色④。善气迎人，亲如弟兄；恶气迎人，害于戈兵⑤。不言之言，闻于雷鼓⑥。全心之形，明于日月，察于父母⑦。昔者明王之爱天下，故天下可附⑧；暴王之恶天下，故天下可离。故赏之不足以为爱，刑之不足以为恶⑨。赏者爱之末也，刑者恶之末也⑩。

［注释］

① 正静：端正平和。肕：通“韧”。 ② 戴：载，顶。大圆：指天。体：行，立。大方：指地。大清：指水。大明：指日月。这两句的意思是：能体大方，然后能戴大圆；能视大明，然后能镜大清。 ③ 日新其德：道德将与日俱新。昭：明察的样子。通：通达。 ④ 全心：全部思想。全：原文为“金”，据《内业》篇改。下“全”字同。匿：隐藏。见：通“现”。形容：形体容貌。 ⑤ 害于戈兵：其危害如同动兵戈一样。

⑥ 闻：响。这两句意思是：这种不用口舌表达出来的言语，比打雷击鼓还要响亮。 ⑦ 察于父母：其明察的程度，胜过父母对子女的了解。 ⑧ 附：归附。 ⑨ 赏：原文为“货”，据俞樾说改。下“赏”字同。这两句意思是：所以，只是赏赐不足以表达爱心，只是刑罚也不足以表示厌恶之心。 ⑩ 这两句意思是：赏与罚只不过是爱与恶的细微表现罢了。

［原文］

凡民之生也，必以正平①；所以失之者，必以喜乐哀怒②。节怒莫若乐，节乐莫若礼，守礼莫若敬。外敬而内静者，必反其性③。

［注释］

① 以：依靠，凭借。正平：中正平和。 ② 失之：指失去中正平和。以：因。 ③ 反其性：恢复其本性。反：同“返”。

［原文］

岂无利事哉？我无利心①。岂无安处哉？我无安心②。心之中又有心，意以先言③。意然后形，形然后思，思然后知④。凡心之形，过知失生，是故内聚以为原⑤。泉之不竭，表里遂通⑥；泉之不涸，四支坚固⑦。能令用之，被及四圄⑧。是故圣人一言解之，上察于天，下察于地⑨。

［注释］

① 利事：好事。利心：求利之心。 ② 安处：安稳之处。安心：安宁之心。 ③ 意：意识，思想。这两句意思是：内心之中又有思想，这个思想先于语言而形成。 ④ 形：形象。思：思考。知：认识，理解。 ⑤ 过知失生：求知过多就会失其生命。原：源泉。 ⑥ 遂：于是，就。 ⑦ 支：同“肢”。 ⑧ 及：原文为“服”，据王念孙说改。圄：通“圉”，境。原文为“固”，据王念孙说改。这两句意思是：如能使人们掌握这个道理，就会运用推广到四面八方。 ⑨ 一言解之：这是对上述的“道”而言。察：通“际”，至，及。

白心第三十八

［解题］

白心，即扫除欲念，修养其心。这是一篇哲学论文，主要阐述的是无为而治的道家思想。作者主张虚静为本，顺应自然规律，守正养和，防止物极必反。

［原文］

建常立首，以靖为宗，以时为宝，以政为仪，和则能久①。非吾仪虽利不为，非吾常虽利不行，非吾道虽利不取②。上之随天，其次随人③。人不倡不和，天不始不随④。故其言也不废，其事也不堕⑤。

［注释］

① 常：常规，常法。原文为“当”，据王念孙说改，下“常”字同此。首：通“道”。原文为“有”，据王念孙说改。靖：通“静”，虚静。时：符合时宜。政：通“正”，中正。仪：仪法，准则。 ② 非：不是，不符合。虽：即使。 ③ 上：首先。随：随从，顺应。 ④ 这两句意思是：别人不倡导的事不去应和，上天不开创的事不去顺从。 ⑤ 堕：毁坏。原文为“随”，据王念孙说改。

［原文］

原始计实，本其所生①。知其象则索其形，缘其理则知其情，索其端则知其名②。故苞物众者，莫大于天地③；化物多者，莫多于日月④；民之所急，莫急于水火。然而，天不为一物枉其时，明君圣人亦不为一人枉其法⑤。天行其所行而万物被其利，圣人亦行其所行而百姓被其利⑥。是故万物均、既夸众矣⑦。是以圣人之治也，静身以待之，物至而名自治之[8]。正名自治之，奇名自废[9]。名正法备，则圣人无事。不可常居也，不可废舍也[10]。随变断事也，知时以为度[11]。大者宽，小者局，物有所余有所不足[12]。

［注释］ ① 原：追索，推求。计：核计，考察。本：考察根本。这两句意思是：推求事物的来源，考察其实质，考究其生成的依据。 ② 象：意象。索：考求，推知。缘：根据。情：情实。端：开端。 ③ 苞物众：包含物类众多。苞：通“包”。 ④ 化物：生育万物。化：化育。 ⑤ 枉其时：错乱节气时令。 ⑥ 行其所行：按其自身规律运行。被：享受。 ⑦ 均：平均。既：且。夸：大。 ⑧ 物至而名自治之：事物到来后，循名责实的工作就会自然完成。 ⑨ 奇名自废：不正的名就会自行废除。奇：邪曲，不正。名自：原文为“身名”，“身”与“自”形近而误，又误倒，据文义改正。 ⑩ 常居：长久停留不变。废舍：废除舍弃。 ⑪ 知时以为度：以把握时机为准则。 ⑫ 宽：宽绰，有余。局：局限，不足。

［原文］ 兵之出，出于人；其入，入于身[1]。兵之胜，从于适；德之来，从于身[2]。故曰：祥于鬼者义于人，兵不义不可[3]。

［注释］ ① 其入：原文为“其人入”，据王念孙说删“人”字。以上四句意思是：出兵作战是打击别人，别人反击，也会危及自身。 ② 从：跟随，取决。以上四句意思是：战争的胜利，取决于进退适度；道德的到来，取决于自身。 ③ 祥于鬼者义于人：凡想求得鬼神保佑的，一定要行义于人。

［原文］ 强而骄者损其强，弱而骄者亟死亡[1]。强而卑义信其强，弱而卑义免于罪[2]。是故骄之余卑，卑之余骄[3]。

［注释］ ① 亟：加速。 ② 卑：谦卑。义：宜，应该，就会。信：通“伸”。 ③ 这两句意思是：所以，骄傲过度就会变为弱小低下，谦卑有余就会变为强大骄傲。

［原文］ 道者，一人用之，不闻有余；天下行之，不闻不足。此谓道矣。小取焉则小得福，大取焉则大得福，尽行之而天下服，殊无取焉则民反，其身不免于贼①。左者，出者也；右者，入者也②。出者不伤人，而入者自伤也③。不日不月，而事以从④；不卜不筮，而谨知吉凶⑤。是谓宽乎形，徒居而致名⑥。出善之言，为善之事，事成而顾反无名⑦。能者无名，从事无事⑧。审量出入，而观物所载⑨。

［注释］ ① 取：利用，实行。殊：绝对。贼：残杀。 ② 古人以左为阳，主生；以右为阴，主死。 ③ 原文“出者”下有“而”，当是“入者”上的“而”误窜，据张舜徽说校改。这两句意思是：主生的方位不伤人，主死的方位难免有伤人之事。 ④ 不日不月：不必选择日期。而：则。从：遂，成就。 ⑤ 谨：仔细，细致。 ⑥ 这两句意思是：这就叫做形体宽闲，安居而功成名就。 ⑦ 出：说。原文为“去”，据许维遹说改。顾：还。反：同“返”。 ⑧ 这两句意思是：能干事的人不求有名，干起事来像无事一样。 ⑨ 这两句意思是：发布政令要谨慎考虑，要看看事物的承受能力。

［原文］ 孰能法无法乎？始无始乎？终无终乎？为无为乎①？故曰：美哉岪岪②。故曰：有中有中，孰能得夫中之衷乎③？故曰：功成者隳，名成者亏④。故曰：孰能弃名与功而还与众人同⑤？孰能弃功与名而还反无成⑥？无成有贵其成也，有成贵其无成也⑦。日极则仄，月满则亏⑧。极之徒仄，满之徒

亏,巨之徒灭[9]。孰能已无已乎?效夫天地之纪[10]。

[注释] ① 法无法:没有定法。始无始:没有开始。终无终:没有终结。为无为:无所作为。原文为"弱无弱",据颜昌峣、张舜徽说改。 ② 茀茀:深幽不明的样子。这里是以无智为美。 ③ 有中:保持虚静。中:内,引申为虚。得夫中之衷:得到保持虚空的恰当方法。衷:恰当。 ④ 这两句意思是:事业成就的,地位就会有所降低;名声盛大的,声誉就会有所缺损。 ⑤ 弃:抛弃。还:回到,返回。 ⑥ 还反无成:返回到一无所成的状态。反:同"返"。 ⑦ 这两句意思是:没有成就的重视成就,有成就的却以无所作为为贵。 ⑧ 极:到达顶点。仄:偏斜。亏:缺损。 ⑨ 极之徒仄:达到顶点的就要偏斜。徒:乃,就。 ⑩ 已无已:没有止息,运行不已。效:效法,仿效。纪:道。

[原文] 人言善亦勿听,人言恶亦勿听。持而待之,空然勿两之,淑然自清[1]。无以旁言为事成,察而征之,无听辩[2]。万物归之,美恶乃自见[3]。

[注释] ① 空然:虚静的样子。两:匹偶,对抗。 ② 征:验证。 ③ 归:归并,综合。见:通"现"。

[原文] 天或维之,地或载之[1]。天莫之维,则天以坠矣[2];地莫之载,则地以沉矣。夫天不坠,地不沉,夫或维而载之也夫[3]!又况于人,人有治之,辟之若夫雷鼓之动也[4]。夫不能自摇者,夫或摇之[5]。夫或者何?若然者也[6]:视则不见,听则不闻,洒乎天下满,不见其塞;集于颜色,知于肌肤,责其往来,莫知其时[7];薄乎其方也,韕乎其圜也,韕韕乎莫得其门[8]。故口为声也,耳为听也,目有视也,手有指也,足有履也,事物有所比也[9]。

[注释] ① 这两句意思是:天好像是有什么东西维系着,地可能是有什么东

西覆载着。　②莫之维：没有什么东西维系。以：已经。　③夫或维而载之也夫：大概是有什么东西维系覆载着吧。　④又况于人：再比如人。人有治之：人需要有人治理。辟之若：就好像。辟：通"譬"。雷鼓：八面鼓。　⑤夫或摇之：有什么东西摇动它。　⑥这两句的意思是：这种东西是什么呢？这种东西是这样的。　⑦知：觉察。责：考求。　⑧薄乎：方正的样子。韩乎：浑圆的样子。韩：通"沌"。　⑨履：走路。比：依靠。

［原文］

"当生者生，当死者死"，言有西有东，各死其乡①。置常立仪，能守贞乎②？常事通道，能官人乎③？故书其恶者，言其薄者④。上圣之人，口无虚习也，手无虚指也，物至而命之耳⑤。发于名声，凝于体色，此其可谕者也⑥。不发于名声，不凝于体色，此其不可谕者也。及至于至者，教存可也，教亡可也⑦。故曰：济于舟者和于水矣，义于人者祥于神矣⑧。

［注释］

①死：通"尸"，主管。乡：通"向"，方向。　②置常立仪：设置礼仪。贞：正。　③常事通道：把日常事情用道贯通起来。官：统治，管理。　④恶：粗。薄：细小。这两句意思是：所以，记在书上的只是道的粗略内容，谈论在口中的也只是道的微细部分。　⑤习：谈论。物至而命之：事物出现后就量能使用。　⑥凝：聚集。体色：形体颜色。谕：知晓，明白。　⑦以上三句意思是：等到了最精妙的时候，教化有没有都无关紧要了。　⑧于：原本为"其"，据古本改。这两句意思是：靠船渡水的人一定熟悉水性，对人行义的人必定受到神的保佑。

［原文］

事有适，而无适，若有适①；觿解，不可解而后解②。故善举事者，国人莫知其解。为善乎，毋提提③；为不善乎，将陷于刑。善不善，取信而止矣④。

若左若右，正中而已矣⑤。县乎日月无已也⑥。愕愕者不以天下为忧，剌剌者不以万物为筴，孰能弃剌剌而为愕愕乎⑦？

［注释］ ① 适：适从，适可。而：能。若：乃，就。以上三句意思是：事情本有所适从，能表现出无所适从，就能有所适从。 ② 觽：读音 xī，用来解结的骨锥。这两句意思是：觽是用来解结的，有不可解的结，才显示出它的作用。 ③ 提提：明显的样子。提：通“题”，显著。 ④ 取信而止：符合实际就可以了。信：实情。 ⑤ 这两句意思是：是左呢还是右呢？保持中正就行了。 ⑥ 县：通“悬”。这句的意思是：中正就能像日月悬在天上一样长久不息。 ⑦ 愕愕：忠贞直言的样子。剌剌：同“烈烈”，有作为的样子。筴：通“惬”，满足。

［原文］ 难言宪术，须同而出①。无益言，无损言，迺可以免②。故曰：知何知乎？谋何谋乎？审而出者彼自来③。自知曰稽，知人曰济④。知苟适，可为天下啻⑤。内固之一，可为长久⑥。论而用之，可以为天下王⑦。

［注释］ ① 宪术：法令政策。须同而出：一定要合于民心才发布出来。 ② 益言：有关增益的言论。损言：有关删减的言论。迺可以免：就可以免于损益。迺：乃。原文为“近”，据郭沫若说改。 ③ 以上三句意思是：君主还需要知道什么呢？还需要谋划什么呢？只要谨慎地发布法令政策就行了。 ④ 稽：考察。济：成事。 ⑤ 知苟适：知人若能适度。啻：通“帝”。原文为“周”，据郭沫若说改。 ⑥ 内固之一：内部固守于道。之：于。一：道。 ⑦ 论：选择。

［原文］ 天之视而精，四壁而知请，壤土而与生①。能若夫风与波乎？唯其所欲适②。故子而代其父，曰义也，臣而代其君，曰篡也。篡何能歌？武王是

也[3]。故曰:孰能去辩与巧,而还与众人同道[4]?故曰:思索精者明益衰,德行修者王道狭,卧名利者写生危[5]。知周于六合之内者,吾知生之有为阻也[6]。持而满之,乃其殆也[7]。名满于天下,不若其已也[8]。名进而身退,天之道也。满盛之国,不可以仕任[9]。满盛之家,不可以嫁子。骄倨傲暴之人,不可与交[10]。

[注释]

①壁:通“辟”,通。请:通“情”,实情。这三句意思是:天看得非常精确,四面八方尽知其情,大地土壤与之俱生。 ②若:像。唯其所欲适:想到哪里就到哪里。适:到。 ③这两句意思是:篡位怎么能歌颂呢?可武王又是受到歌颂的。 ④孰:谁。辩:狡辩。巧:巧诈。还:恢复。 ⑤明:聪明,明智。卧名利者写生危:躺在名利之上是把生命放在危险之上。写:置。 ⑥知:智慧。周:遍。六合:天地之间。这两句意思是:智慧充满天地之间的,我知道他的生命就要受到阻碍了。 ⑦持:矜持。满:自满。乃:就。殆:危险。 ⑧已:停止。 ⑨仕任:担任官职。 ⑩骄倨傲暴:骄傲自大,傲慢粗暴。

[原文]

道之大如天,其广如地,其重如石,其轻如羽。民之所以,知者寡[1]。故曰:何道之近而莫之能服也?弃近而就远何以费力也[2]?故曰:欲爱吾身,先知吾情,周视六合,以考内身[3]。以此知象,乃知行情[4]。既知行情,乃知养生。左右前后,周而复所[5]。执仪服象,敬迎来者[6]。今夫来者,必道其道[7]。无迁无衍,命乃长久[8]。和以反中,形性相葆[9]。一以无贰,是谓知道[10]。将欲服之,必一其端,而固其所守[11]。责其往来,莫知其时,索之于天,与之为期,不失其期,乃能得之[12]。故曰:吾语若大明之极[13]。大明之明非爱，人不予也[14]。同则相从，反则相距也[15]。吾察反相距，吾以故知古从之同也[16]。

[注释]

①这两句意思是：人民与它共处，但真正懂得的很少。 ②何：为什么。莫之能服：不能实行。原文"莫之"下有"与"字，据安井衡所引古本删。 ③周视：遍视。原文为"君亲"，据俞樾说改。六合：天地之间。以考内身：用来验证于自身。 ④象：具体表现。行情：运行的实情。 ⑤周而复所：一遍一遍地不断考求验证。所：原来的位置。 ⑥执仪服象：保持礼仪和表现。 ⑦来者：指道。道其道：遵循其道路。 ⑧迁：变迁。衍：通"延"，拖延。 ⑨和以反中：和谐并返回到中正上来。形：形体。性：性命。葆：通"保"。 ⑩一以无贰：专一不二。 ⑪服：实行。一其端：保持专一。固其所守：牢牢地坚持。 ⑫责：求。索：探求。与之为期：与天约定日期。 ⑬若：你。大明：指天。极：至理。 ⑭这两句意思是：天的至理我并非珍惜而不说，是人们不能接受。 ⑮同：指符合天的至理（即道）。反：指违背天的至理（即道）。距：背离。 ⑯以上三句意思是：我考察了背离天道就互相违背的现象，因此就知道过去符合天道就相互顺从的道理了。

水地第三十九

[解题] 这是一篇独具特色的哲学论文，它探讨了世界万物本原问题。作者认为，水是世界万物的本原，并从水的性质、各种事物与水的联系等方面进行了论证。最后，作者还分析了各地水性对人、土地及相关事物的影响。

[原文] 地者，万物之本原，诸生之根菀也，美恶、贤不肖、愚俊之所生也①。水者，地之血气，如筋脉之通流者也②。故曰：水，具材也③。何以知其然也？曰：夫水淖弱以清，而好洒人之恶，仁也④；视之黑而白，精也⑤；量之不可使概，至满而止，正也⑥；唯无不流，至平而止，义也⑦；人皆赴高，已独赴下，卑也⑧。卑也者，道之室，王者之器也，而水以为都居⑨。准也者，五量之宗也⑩；素也者，五色之质也⑪；淡也者，五味之中也⑫。是以水者，万物之准也，诸生之淡也，违非得失之质也⑬。是以无不满、无不居也⑭。集于天地而藏于万物，产于金石，集于诸生，故曰水神⑮。集于草木，根得其度，华得其数，实得其量⑯。鸟兽得之，形体肥大，羽毛丰茂，文理明著⑰。万物莫不尽其几、反其常者，水之内度适也⑱。

[注释] ① 根菀：生根之处。菀：通“苑”。俊：俊杰。 ② 如筋脉之通流：像筋脉通流人体的血气一样。 ③ 具材：具备众材。 ④ 淖弱：轻柔的样子。以：而。洒：洗。 ⑤ 这两句的意思是：看起来是黑

的而实际是白的，这是它的精纯。 ⑥ 量之不可使概：度量它不能使用概。概：用容器（如升、斗等）量东西时用于刮平的木板。 ⑦ 唯无不流：只有没有时才不流。 ⑧ 卑：谦卑。 ⑨ 室：处所。器：器用。而水以为都居：而水正是以卑下为聚居之地。都：聚。 ⑩ 准：用来测平的仪器。五量之宗：各种量器的根本。五量：古书说法不一，《管子》以权、衡、规、矩、准为五量。 ⑪ 素：白色。质：基础。 ⑫ 中：中间状态，适中。 ⑬ 准：标准。诸生之淡：万物的中心。淡：中间。韪：是。原文为"违"，据丁士涵说改。质：根本。 ⑭ 无不满：无所不满，即没有不能充满的东西。无不居：无所不居，即没有不能停留的地方。 ⑮ 产于金石：产生于金石之间。诸生：各种生物。故曰水神：所以说水同神一样。 ⑯ 根得其度：根能扎到一定的深度。数：数量。量：质量，重量。 ⑰ 文理明著：羽毛花色光泽鲜艳。 ⑱ 尽其几：焕发出生机。几：通"机"。反其常：返回其正常状态。水之内度：万物包含水分的程度。适：恰当，适中。

［原文］

夫玉之所贵者，九德出焉①。夫玉温润以泽，仁也②；邻以理者，知也③；坚而不蹙，义也④；廉而不刿，行也⑤；鲜而不垢，洁也⑥；折而不挠，勇也；瑕适皆见，精也⑦；茂华光泽，并通而不相陵，容也⑧；叩之，其音清抟彻远，纯而不殺，辞也⑨。是以人主贵之，藏以为宝，剖以为符瑞，九德出焉。人，水也。男女精气合，而水流形⑩。三月如咀。咀者何？曰五味⑪。五味者何？曰五藏⑫。酸主脾，咸主肺，辛主肾，苦主肝，甘主心。五藏已具，而后生内⑬。脾生隔，肺生骨，肾生脑，肝生革，心生肉⑭。五内已具，而后发为九窍⑮。脾发为鼻，肝发为目，肾发为耳，肺发为口，心发为下窍⑯。五月而成，十月而生。生而目视、耳听、心虑。目之所视，非特山陵之见也，察于荒忽⑰。耳之所听，非特雷鼓之闻也，察于湫湫⑱。心之所虑，非特知于粗粗也，察于微眇⑲。是以水集于玉而九德出焉，凝蹇而为人，而九窍五虑出焉⑳。此乃其精粗凝蹇能存而不能亡者也㉑。

［注释］ ① 出焉：从那里产生。 ② 以：而。泽：有光泽。 ③ 邻以理：清澈而有条理。邻：通"粼"，清澈。知：同"智"。 ④ 蹙：皱缩，曲折。 ⑤ 廉：有棱角。刿：刺伤。行：品行。 ⑥ 鲜而不垢：鲜明而没有污垢。 ⑦ 瑕：毛病，缺点。适：优点，好处。精：通"情"，诚实。 ⑧ 并通：同时容纳。陵：侵犯，欺凌。容：指度量大。 ⑨ 叩：敲打。清抟彻远：清脆专一悠远。抟：原文作"搏"，据段玉裁说改。般：混杂。原文为"杀"，据许维遹说改。辞：通"治"，有条理。 ⑩ 水流形：通过水来流布成形。 ⑪ 三月如咀：指胎儿三月就能含味。如：而。咀：含味。曰五味：指的是收含五味。 ⑫ 五藏：脾、肺、肾、肝、心。 ⑬ 内：体内之物。原文为"肉"，形近而误，据丁士涵说改。下"五内"之"内"同此。 ⑭ 革：皮肤。 ⑮ 发：发生。九窍：眼、耳、鼻、口以及前后二阴。 ⑯ "肺发为口，心发为下窍"：原文为"肺发为窍"，据《五行大义》所引补。 ⑰ 目之所视：眼睛所看到的。原文"所"下有"以"字，据刘绩说删。非特山陵之见：不仅仅是看到山陵。察于荒忽：也能看到恍惚不清的东西。 ⑱ 湫湫：通"啾啾"，微小的声音。 ⑲ 粗粗：大的事物。微眇：细小微渺的事物。原文"察于微眇"下有"故修要之精"句，据张佩纶说删。 ⑳ 凝蹇：凝聚停留。五虑：指五官。出：产生。 ㉑ 原文"其精"下有"也精"，据王引之说删。凝：原文作"浊"，据张佩纶说改。下文同。这句的意思是：这就是水能精微、能粗大、能凝聚停留、能存在而不能消亡的例证。

［原文］ 伏暗能存而能亡者，蓍龟与龙是也①。龟生于水，发之于火，于是为万物先，为祸福正②。龙生于水，被五色而游，故神③。欲小则化如蚕蠋，欲大则

藏于天下,欲尚则凌于云气,欲下则入于深泉④;变化无日,上下无时,谓之神⑤。龟与龙,伏暗能存而能亡者也。或世见,或世不见者,生蚼与庆忌⑥。故涸泽数百岁,谷之不徙,水之不绝者,生庆忌⑦。庆忌者,其状若人,其长四寸,衣黄衣,冠黄冠,戴黄盖,乘小马,好疾驰,以其名呼之,可使千里外一日反报,此涸泽之精也⑧。涸川之精者,生于蚼⑨。蚼者,一头而两身,其形若虵,其长八尺,以其名呼之,可使取鱼鳖,此涸川水之精也⑩。是以水之精粗凝蹇,能存而不能亡者,生人与玉;伏暗能存而能亡者,蓍龟与龙⑪;或世见或不见者,蚼与庆忌。故人皆服之,而管子则之⑫。人皆有之,而管子以之⑬。

[注释]

① 伏暗:潜藏在幽暗之处。亡:隐没。蓍龟:老龟。蓍:通“耆”,老。

② 发之于火:在火上现出兆纹。古时用龟卜,先钻其壳,然后放到火上灼烧,才能在所钻的小孔周围出现裂纹,卜者据兆纹而占。先:先兆。正:标准,用来判定祸福吉凶。 ③ 被:同“披”。 ④ 蚕蠋:蚕蛹,蚕蛾的幼虫。藏:容纳。尚:上。凌:超越。 ⑤ 无日:没有固定的日期。无时:没有固定的时间。 ⑥ 世:代,古人一般以三十年为一世。见:同“现”,出现。蚼、庆忌:水中精怪。这三句的意思是:几十年来一次水或者几十年不来一次水的川泽,就会产生蚼和庆忌。 ⑦ 涸泽:凝聚不流动的水泽。涸:通“沍”,水滞留不动。徙:迁移,改道。

⑧ 衣黄衣:穿着黄衣服。冠黄冠:戴黄帽。戴黄盖:打着黄色华盖。可使千里外一日反报:可以一天跑一千里,再返回来。 ⑨ 这句的意思是:不流动的川谷中产生的精怪是蚼。 ⑩ 虵:“蛇”的俗字。使:原文作“以”,据《山海经》注所引改。 ⑪ 能存而能亡:原文“而”下无“能”,据上文补。 ⑫ 服之:习惯了水。则之:以水为法则而效法它。 ⑬ 有:据有。以之:掌握利用它。

［原文］

是故具者何也？水是也①。万物莫不以生，唯知其托者能为之正②。具者，水是也。故曰：水者何也？万物之本原也，诸生之宗室也，美恶、贤不肖、愚俊之所产也③。何以知其然也？夫齐之水遒躁而复，故其民贪粗而好勇④；楚之水淖弱而清，故其民轻果而贼⑤；越之水浊重而洎，故其民愚疾而垢⑥；秦之水泔最而稽，淤滞而杂，故其民贪戾罔而好事齐⑦；晋之水枯旱而运，淤滞而杂，故其民谄谀葆诈，巧佞而好利⑧；燕之水萃下而弱，沈滞而杂，故其民愚戆而好贞，轻疾而易死⑨；宋之水轻劲而清，故其民间易而好正⑩。是以圣人之化世也，其解在水⑪。故水一则人心正，水清则民心易⑫。人心正则欲不污，民心易则行无邪⑬。是以圣人之治于世也，不人告也，不户说也，其枢在水⑭。

［注释］

① 具者：具备万物的。 ② 其：指万物。正：通“证”。这两句意思是：万物中没有一种不是因为有了水才得以生存的，只有知道了万物寄托于水，才能证明此理。 ③ 诸生：各种生物。宗室：根本。 ④ 遒躁：迫急。遒：急迫。原文为“道”，据王念孙说改。复：盛大。贪粗：贪婪、粗暴。 ⑤ 淖弱：轻柔的样子。轻果：敏捷，果断。贼：侵害。 ⑥ 浊重：混浊而下沉。洎：浸润。愚疾：愚蠢邪恶。垢：不干净，有灰尘。 ⑦ 泔最：像淘米水一样凝聚。泔：淘米水，有杂物。最：读音 jù，聚。贪：贪婪。戾：残暴。罔：欺诈。事齐：杀伐。事：通“剚”，刺。齐：通“剪”。 ⑧ 运：读为“浑”。葆诈：包藏讹诈。葆：包含，隐藏。佞：奸邪。 ⑨ 萃：聚集。下：沉淀。贞：忠贞。轻疾：敏捷急迫。易死：不怕死。 ⑩ 间易：淳朴平易。间：同“简”。 ⑪ 化世：教化人世。解：说。 ⑫ 一：纯净不杂。易：平易。 ⑬ 欲不污：欲望不污浊。原文作“一则欲不污”，据王念孙说校改。 ⑭ 人告：挨个人告诫。户说：挨户进行教育。枢：关键。

四时第四十

［解题］

本篇主要论述政令与阴阳四时的关系。认为阴阳是天地的大理，四时是阴阳的大经，君主的刑德赏罚合于阴阳四时则有福，违背阴阳四时则有祸。

［原文］

管子曰：令有时①。无时则必顺天之所以来，五漫漫，六惛惛，孰知之哉②？唯圣人知四时。不知四时，乃失国之基③。不知五谷之故，国家乃路④。故天信曰明，地信曰圣，四时信曰正⑤。其王信明圣，其臣乃正⑥。何以知其王之信明信圣也？曰：慎使能而善听信⑦。使能之谓明，听信之谓圣。信明圣者，皆受天赏。使不能为惛，惛而忘也者，皆受天祸⑧。是故上见成事而贵功，则民事接劳而不谋⑨。上见功而贱，则为人下者惰，为人上者骄⑩。是故阴阳者天地之大理也，四时者阴阳之大经也，刑德者四时之合也⑪。刑德合于时则生福，诡则生祸⑫。

［注释］

①令有时：发布政令要符合时历节令。 ②原文“顺”上有“视”，据丁士涵说删。以上四句意思是：不符合时历节令就只能顺从天的自然，昏昏漫漫，又有谁能知道呢？ ③失国之基：丢失立国的根本。 ④故：原因，来历。路：同“露”，败坏。 ⑤天信曰明：天按规律运行叫明。信：诚实无欺。原文为“天曰信明”，误倒，据许维遹说改，下“地信曰圣”同此。四时信：四时符合规律。原文无“信”，据上下文义补。正：准确。 ⑥信：诚，确实。 ⑦慎使能而善听信：慎

重地使用有才能的人,善于听取真实情况。原文"信"下有"之",据丁士涵说删。 ⑧ 惛:昏庸。忘:通"妄",狂妄。 ⑨ 见成事而贵功:看到成就尊重他们的功劳。接:通"捷",敏捷,迅速。谋:借为"悔"。 ⑩ 贱:轻视。惰:原文为"直",据张佩纶说改。 ⑪ 大理:根本原理。大经:根本法则。合:符合。 ⑫ 诡:背离,违背。

[原文]

然则春夏秋冬将何行?东方曰星,其时曰春,其气曰风,风生木与骨。其德喜嬴,而发出节时①。其事:号令修除神位,谨祷弊梗,宗正阳,治堤防,耕芸树艺,正津梁,修沟渎,甃屋行水,解怨赦罪,通四方②。然则柔风甘雨乃至,百姓乃寿,百虫乃蕃,此谓星德③。星掌发,发为风④。是故春行冬政则雕,行秋政则霜,行夏政则欲⑤。是故春三月以甲乙之日发五政。一政曰:论幼孤,赦有罪⑥;二政曰:赋爵列,授禄位⑦;三政曰:冻解修沟渎,复亡人⑧;四政曰:端险阻,修封疆,正千伯⑨;五政曰:无杀麑夭,毋蹇华绝萼⑩。五政苟时,春雨乃来⑪。

[注释]

① 嬴:同"赢",盈余。发出节时:指万物出生符合时节。 ② 修除:整修清洁。谨祷弊梗:用弊来举行祭礼恭敬地祈祷。弊:通"幣(币)",古时祭祀所用的布帛珍玉等。梗:祈祭的一种。宗正阳:以正阳为宗。津梁:渡口和桥梁。甃:用砖瓦修补。行水:疏通水道,使水畅行无阻。 ③ 然则:这样……就会。百虫:泛指各种动物。蕃:繁殖。 ④ 原文为"星者掌发为风",据上下文文例删"者"补"发"。 ⑤ 雕:通"凋",凋落。霜:肃杀。欲:借为"欲",《说文》作"㣯",极端疲乏。 ⑥ 论幼孤:评定幼孤者,以便照顾。赦:原文为"舍",据《太平御览》十所引改。 ⑦ 赋:给予。爵列:爵位次序。 ⑧ 复亡人:给死者修整坟墓。 ⑨ 端:平。封疆:边界。千伯:通"阡陌",田地之中的小路。 ⑩ 麑夭:幼鹿和獐。麑:幼鹿。夭:"麇"的省略,麇即

獐。蹇:通“搴”,拔。萼:花朵底部的叶片。原文为“芋”,据王念孙说改。 ⑪ 苟:如果。时:及时,准时。

[原文]

南方曰日,其时曰夏,其气曰阳,阳生火与气。其德施舍修乐。其事:号令赏赐,赋爵受禄,顺乡,谨修神祀,量功赏贤,以助阳气①。大暑乃至,时雨乃降,五谷百果乃登,此谓日德②。日掌赏,赏为暑③。夏行春政则风,行秋政则水,行冬政则落。是故夏三月以丙丁之日发五政。一政曰:求有功发劳力者而举之④;二政曰:开久积,发故屋,辟故窌以假贷⑤;三政曰:令禁扇去笠,毋扱免,除隐漏田庐⑥;四政曰:求有德赐布施于民者而赏之⑦;五政曰:令禁罝设禽兽,毋杀飞鸟⑧。五政苟时,夏雨乃至也。

[注释]

① 受:通“授”。顺:通“巡”,巡视。神祀:对神的祭祀。助:原文为“动”,据王念孙说改。 ② 大暑:原文为“九暑”,据王引之说改。登:丰收。此谓日德:原文此句下有“中央曰土……此谓岁德”六十六字,据文义及张文虎、许维遹说移至“夏雨乃至也”下。 ③ 赏为暑:原文此句下有“岁掌和和为雨”六字,据文义移至下文“此谓岁德”下。 ④ 求:访求。功发:功劳。发:通“伐”,功绩。劳力:为国出力。 ⑤ 久积:长时间的积蓄。积:原文为“墳(坟)”,形近而误,据刘师培说改。窌:读音 jiào,地窖。假贷:把钱粮借给百姓。 ⑥ 禁扇去笠:不让人抵御盛阳之气。毋扱免:保持端庄整齐。扱:插起衣襟。免:免冠。除:疏通整修。隐漏:井堰,排污水的沟渎。隐:原文为“急”,据张佩纶说改。 ⑦ 德赐布施:施舍救助别人。 ⑧ 罝:网。设:取。

[原文]

中央曰土,土德实辅四时入出,以风雨节,土益力①。土生皮肌肤。其德和平用均,中正无私,实辅四时[2]：春嬴育，夏养长，秋聚收，冬闭藏[3]。大寒乃极，国家乃昌，四方乃服[4]。此谓岁德。岁掌和，和为雨。

［注释］

① 四时入出：四时运行。以：使。节：适度。益力：更加有生产能力。 ② 用：以。均：平均。 ③ 嬴：同“赢”，盈，增长。育：发育。 ④ 极：至。

［原文］

西方曰辰，其时曰秋，其气曰阴，阴生金与甲[1]。其德忧哀、静正、严顺，居不敢淫佚[2]。其事：号令毋使民淫暴，顺旅聚收，量民资以畜聚[3]；賈彼群干，聚彼群材，百物乃收，使民毋怠[4]；所恶其察，所欲必得，义信则克，此谓辰德[5]。辰掌收，收为阴[6]。秋行春政则荣，行夏政则水，行冬政则耗[7]。是故秋三月以庚辛之日发五政。一政曰：禁博塞，圉小辩，译跽斗[8]；二政曰：毋见五兵之刃[9]；三政曰：慎旅农，趣聚收[10]；四政曰：补缺塞坼[11]；五政曰：修墙垣，周门闾[12]。五政苟时，五谷皆入。

［注释］

① 阴生金与甲：阴气凝聚而生金与指甲。 ② 顺：通“慎”。淫佚：过度放纵。 ③ 淫暴：过分暴虐。顺旅聚收：督促田野农人秋收。顺：通“慎”。旅：在田野中的农人。 ④ 賈：同“陨”，凋落。原文为“赏”，形近而误，据刘师培说改。群干：指树木。怠：懈怠。 ⑤ 所恶其察：把所厌恶的明确显示出来。察：显著。义：原文为“我”，据吴志忠说改。 ⑥ 这两句的意思是：辰主管收藏，收藏是阴气作用的结果。 ⑦ 荣：开花。水：多水。耗：减损、消耗。 ⑧ 博塞：赌博。圉小辩：制止小的争辩。译跽斗：排解争斗。译：读为“释”。原文为“斗译跽”，据俞樾说改。 ⑨ 毋见五兵之刃：不发动战争。见：现。 ⑩ 趣：促。这两句意思是：慎重对待田野中的百姓，督促他们收藏聚积粮食。 ⑪ 补缺塞坼：修补缺口，堵塞裂缝。坼：裂口。 ⑫ 周门

闾:使门闾完备。

[原文]

北方曰月,其时曰冬,其气曰寒,寒生水与血。其德淳越、温怒、周密①。其事:号令修禁徙民,令静止,地乃不泄②;断刑致罚,无赦有罪,以符阴气③。大寒乃至,甲兵乃强,五谷乃熟,国家乃昌,四方乃犕,此谓月德④。月掌罚,罚为寒。冬行春政则泄,行夏政则雷,行秋政则旱⑤。是故冬三月以壬癸之日发五政。一政曰:论孤独,恤长老⑥;二政曰:善顺阴,修神祀,赋爵禄,授犕位⑦;三政曰:效会计,毋发山川之藏⑧;四政曰:捕奸遁,得盗贼者有赏⑨;五政曰:禁迁徙,止流民,圉分异⑩。五政苟时,冬事不过,所求必得,所恶必伏⑪。

[注释]

① 淳越:淳厚清扬。淳:敦厚。越:远。温怒:和顺宽恕。怒:大度、宽容。原文为"怒",据安井衡说改。 ② 修禁徙民:修徙民之禁,严格不准人民迁徙的禁令。地乃不泄:地气才不泄漏。 ③ 致:到,给予。符:符合,适应。 ④ 犕:古"服"字。原文为"備",据安井衡说改。 ⑤ 泄:指地气流泄。 ⑥ 论孤独:评定孤独者,以便救济。恤:抚恤。 ⑦ 顺阴:适应阴气。顺:遵循,适应。犕位:等级职位。犕:古"服"字,指表示职位的服饰等。 ⑧ 效会计:考核财务收支情况。效:考较。山川之藏:指各种矿产,如金银珠玉等。 ⑨ 奸遁:逃亡的坏人。 ⑩ 圉分异:禁止分居离异。 ⑪ 不过:没有过失。伏:制服。

[原文]

是故春凋、秋荣、冬雷、夏有霜雪,此皆气之贼也①。刑德易节失次,则贼气遬至②;贼气遬至,则国多灾殃。是故圣王务时而寄政焉,作教而寄武,作祀而寄德焉③。此三者,圣王所以合于天地之行也[4]。日掌阳，月掌阴，星掌和。阳为德，阴为刑，和为事。是故日食，则失德之国恶之；月食，则失刑之国恶之；彗星见，则失和之国恶之；风与日争明，则失正之国恶之[5]。是故，圣王日食则修德，月食则修刑，彗星见则修和，风与日争明则修正。此四者，圣王所以免于天地之诛也[6]。信能行之，五谷蕃息，六畜殖，而甲兵强[7]。治积则昌，暴虐积则亡。道生天地，德出贤人。道生德，德生正，正生事[8]。是以圣王治天下，穷则反，终则始[9]。德始于春，长于夏；刑始于秋，流于冬[10]。刑德不失，四时如一。刑德离乡，时乃逆行[11]。作事不成，必有大殃。月有三政，王事必理，以为久长[12]。不中者死，失理者亡[13]。国有四时，固执王事[14]。四守有所，三政执辅[15]。

［注释］ ① 贼：害。 ② 易节失次：改变了时节和次序。遬：同“速”。 ③ 务时而寄政：寓政于时。作教而寄武：寓军事于教化。作祀而寄德：寓德于祭祀。 ④ 这两句意思是：这三条，都是圣王为了与天地相符而实行的。 ⑤ 争明：争胜。明：尊。正：同“政”。原文为“生”，据许维遹说改，下文“修正”之“正”与此同。 ⑥ 天地之诛：天地的惩罚。 ⑦ 信：诚，确实。蕃息：繁殖生长。 ⑧ 正：同“政”。 ⑨ 穷：走到尽头。反：同“返”。 ⑩ 流于冬：在冬天发展形成。 ⑪ 离乡：偏离了方向。乡：同“向”。 ⑫ 三政：指上文的“务时而寄政”、“作教而寄武”、“作祀而寄德”。 ⑬ 不中：指不符合三政。 ⑭ 固执王事：坚持执行君主之事。 ⑮ 四守有所：四时应办的事情各得其所。执辅：用来辅助四时之事。

五行第四十一

［解题］

本篇主要论述政事与五行的关系。以五行配五方四时，一年三百六十日，五行各掌七十二日，君主行政必与五行相合，顺则得福，逆则有祸。

［原文］

一者本也，二者器也，三者充也，治者四也，教者五也，守者六也，立者七也，前者八也，终者九也，十者然后具①。五官于六府也，五声于六律也②。

［注释］

① 本：根本，指农桑布帛。器：所用器具。充：物产丰富。治：管理。教：教化。守：坚持管理教化等措施。立：确立，成功。前：通“翦”，齐，使整齐。十者然后具：第十就是万事俱备。 ② 五官：田、司马、理、司空、都。六府：水、火、金、木、土、谷，财货所积之处。五声：宫、商、角、徵、羽。六律：黄钟、太蔟、姑洗、蕤、宾、夷则、无射。律：定音器。这两句意思是：就像在六府设立五官，用五声配六律一样。

［原文］

六月日至，是故人有六爻，六爻所以街天地也①。天道以九制，地理以八制，人道以六制②。以天为父，以地为母，以开乎万物，以总一统③。通乎九制、六府、三充，而为明天子④。修概水土，以待乎天⑤；谨反五藏，以视不亲⑥；治祀之下，以观地位⑦；货曋神庐，合于精气⑧。已合而有常，有常而有经⑨。审合其声，修十二钟，以律人情⑩。人情已得，万物有极，然后有德⑪。故通乎阳气，所以事天也，经纬日月，用之于民⑫。通乎阴气，所以事地也，经纬星历，以视其离⑬。通若道然后有行，然则神筮不灵，神龟不卜，黄帝泽参，治之至也⑭。

[注释] ① 六月日至：每年十二个月，过六个月是夏至，再过六个月是冬至。六爻：八卦由“—”、“ --”两个符号组成，称阳爻、阴爻，八经卦均为三爻，重为六十四卦则每卦为六爻，故称六爻。原文为“六多”，据张佩纶、郭沫若说改。街：道，效法。 ② 天道以九制：天道以九为制。③ 开：通。总：统帅。一统：即天下万物。 ④ 三充：指上文“三者充也”。而：能。 ⑤ 概：量具。用来取平的刮板，这里指平。土：原文为“上”，据王念孙说改。 ⑥ 谨：原文为“堇”，据丁士涵说改。五藏：古人以为五藏为五行之气的处所。视：察看。这两句意思是：谨慎地反省五藏，来寻求不亲和的原因。 ⑦ 治：从事。这两句意思是：进行祭祀之时，要观察地位的尊卑。 ⑧ 货曋神庐：教化深入内心。货：与“化”古同声通假，教化。曋：读音 shěn，据丁士涵说，当为“覃”，及、至。神庐：内心，与“精舍”同义。 ⑨ 常：常规。经：常法。⑩ 修：研制。律：规范。 ⑪ 得：得到规范。极：尽，即尽万物之理。

⑫ 通：通晓。经纬日月：掌握日月运行规律。 ⑬ 星历：历法节气。以视其离：来观察它们的顺序。离：列、次序。 ⑭ 若道：此道。行：实践。神筮不灵：再神的占筮也不再灵验。神龟不卜：再灵验的龟也不用再占卜。泽参：不用参谋。泽：通“释”，舍弃。参：谋划。

[原文] 昔者黄帝得蚩尤而明于天道，得大常而察于地利，得苍龙而辩于东方，得祝融而辩于南方，得大封而辩于西方，得后土而辩于北方①。黄帝得六相而天地治，神明之至也②。蚩尤明乎天道，故使为当时③；大常察乎地利，故使为廪者④；苍龙辩乎东方，故使为工师⑤；祝融辩乎南方，故使为司徒；大封辩于西方，故使为司马；后土辩乎北方，故使为李⑥。是故春者工师也，夏者司徒也，秋者司马也，冬者李

也。昔黄帝以其缓急作五声，以政五钟[⑦]。令其五钟[⑧]：一曰青钟大音，二曰赤钟重心，三曰黄钟洒光，四曰景钟昧其明，五曰黑钟隐其常。五声既调，然后作立五行以正天时，五官以正人位。人与天调，然后天地之美生[⑨]。

［注释］ ① 苍：原文为“奢”，据刘绩所见古本改。下文“苍龙”同此。② 六相：指蚩尤、大常、苍龙、祝融、大封、后土。神明之至也：原文为“神明至”，据《北堂书钞》、《太平御览》所引补。 ③ 当时：掌管天时的官员。当：掌握、主管。 ④ 廪者：掌管收藏粮食的官员。 ⑤ 工师：即司空，掌管工程建筑的官员。工：原文为“土”，据俞樾说改。下“工师”同此。 ⑥ 李：亦称“理”，掌管治狱的官员。 ⑦ 作：确立。政：同“正”。 ⑧ 令：命名。 ⑨ 天地之美：天地之间的美好事物。

［原文］ 日至，睹甲子木行御[①]。天子出令，命左右士师内御[②]。总别列爵，论贤不肖士吏[③]。赋秘，赐赏于四境之内，发故粟以田数[④]。出国，衡顺山林，禁民斩木，所以爱草木也[⑤]。然则冰解而冻释，草木区萌，蛰虫卵养[⑥]。春辟勿待，苗足本[⑦]。不疠雏鷇，不夭麑麇[⑧]。毋傅速，亡伤褓襁，时则不凋[⑨]。七十二日而毕。

［注释］ ① 御：统治、治理。这两句意思是：冬至后遇到甲子日，即应以木的德行治理事物。 ② 士师：官名。内御：到朝廷内值班。 ③ 总别：考察辨别。论：评定。 ④ 赋秘：发放秘藏的财物。发故粟以田数：按照田亩之数发放仓中积存的粮食。 ⑤ 国：都城。衡：掌管山林的官员。顺：读为“巡”，巡视。 ⑥ 区萌：发芽。区：草木弯曲着长出。萌：草木直着长出。蛰虫卵养：即蛰虫卵生。原文为“赎蛰虫卵菱”，据丁士涵说校改。 ⑦ 辟：耕种，开垦。待：原文为“时”，据郭

沬若说改。苗足本：给苗根部覆土。 ⑧ 疠：杀。雏彀：幼小的禽鸟。彀：读音 kòu，随母觅食的幼小禽鸟。夭：杀死。麛麇：幼小的麋鹿。 ⑨ 傅速：通"缚束"，捆绑。亡：无。襁褓：指襁褓中的婴儿。时则不凋：若能按时行事，则草木不会过早枯谢。

［原文］

睹丙子火行御。天子出令，命行人内御[1]。令掘沟浍，津旧涂[2]。发藏，任君赐赏。君子修游驰，以发地气[3]。出皮币，命行人修春秋之礼于天下，诸侯通遇者兼和[4]。然则天无疾风，草木发奋，郁气息，民不疾而荣华蕃[5]。七十二日而毕。

［注释］

① 行人：掌管外交事务的官员。 ② 浍：田间排水沟。津旧涂：在原来渡水处设置渡口。津：渡口。 ③ 修：讲究，从事。游驰：跑马游乐。发：散发。 ④ 诸侯通遇者兼和：凡是修礼通好的各个诸侯都能团结和睦。原文"通"下有"天下"二字，涉上文而衍，今删。兼：同。 ⑤ 发奋：指生长快。郁气：淤积之气。疾：病。荣华：草木开花。蕃：繁殖。

［原文］

睹戊子土行御。天子出令，命左右司徒内御。不诛不赏，农事为敬[1]。大扬惠，宽刑死，缓罪人[2]。出国，司徒令顺民之功力，以养五谷[3]。君子之静居，而农夫修其功力极[4]。然则天为奥宛，草木养长，五谷蕃实秀大，六畜牺牲具[5]。民足财，国富，上下亲，诸侯和。七十二日而毕。

［注释］

① 赏：原文为"贞"，据俞樾说改。 ② 扬惠：施行恩惠。原文"惠"下有"言"，衍文，据陶鸿庆说删。 ③ 令：原文"令"下有"命"，注文误入正文，今删。顺：读为"巡"，视察。养：种植。 ④ 修：从事。极：尽。 ⑤ 奥宛：深邃的园地。奥：原文为"粤"，据张佩纶说改。宛：通"苑"。

[原文]

睹庚子金行御。天子出令，命祝宗选禽兽之禁、五谷之先熟者，而荐之祖庙与五祀[①]。鬼神飨其气焉，君子食其味焉。然则凉风至，白露下，天子出令，命左右司马组甲厉兵，合什为伍，以修于四境之内[②]。谀然告民有事，所以待天地之杀敛也[③]。然则昼炙阳，夕下露，地竞环，五谷邻熟，草木茂实，岁农丰年大茂[④]。七十二日而毕。

[注释]

① 祝宗：掌管祭祀宗庙的官员。禽兽之禁：养在禁园中用来祭祀的禽兽。荐：进献。与：参与。五祀：古代的五种祭祀，郑玄《礼记注》谓即户、灶、中霤、门、行。　② 组甲：修理盔甲。组：穿甲的丝绳。原文"组甲"上有"衍"，为校语误入正文，今删。厉：通"砺"，磨。合什为伍：整顿队伍。合、为：设立。修于四境之内：在国内加强战备。　③ 谀然：和顺、从容。待：备。杀敛：杀伐、收敛。　④ 昼炙阳：土地白天被太阳烤晒。地竞环：太阳和夕露竞相环绕着土地。邻熟：渐次成熟。邻：连、比。

[原文]

睹壬子水行御。天子出令，命左右使人内御。其气足，则发而止[①]；其气不足，则发撊渎盗贼[②]。数剿竹箭，伐檀柘，令民出猎[③]。禽兽不释巨少而杀之，所以贵天地之所闭藏也[④]。然则羽卵者不段，毛胎者不牘，腫妇不销弃，草木根本美[⑤]。七十二日而毕。

[注释]

① 其气：指冬气。原文"其"上有"御"字，据王念孙说删。发：搜捕。而：乃。　② 撊渎：贪污财物者。撊：通"瞯"，窥视。渎：通"黩"，贪污。　③ 数剿竹箭：多截削竹子（用来做矢）。剿：读音 jiǎo，截。箭：箭竹，竹子的一种。檀柘：两种可制作弓的树木。　④ 释：通"择"。巨少：大小。闭藏：闭塞，收藏。　⑤ 段：通"毈"，禽鸟的卵孵

化不出称㱦。膭:通"殰",兽类怀胎不成称殰。䋴:古"孕"字。销弃:毁坏,流产。草木根本美:指冬天寒气足,土地闭藏结实,草木之根丰满。

[原文]

睹甲子木行御。天子不赋不赐赏,而大斩伐伤,君危①。不然太子危,家人夫人死②;不然,则长子死。七十二日而毕。睹丙子火行御。天子亟行急政,旱札,苗死,民厉③。七十二日而毕。睹戊子土行御。天子修宫室,筑台榭,君危;外筑城郭,臣死。七十二日而毕。睹庚子金行御。天子攻山击石,有兵作战而败,士死,丧执政④。七十二日而毕。睹壬子水行御。天子决塞,动大水,王后夫人薨。不然则羽卵者段,毛胎者膭,䋴妇销弃,草木根本不美。七十二日而毕。

[注释]

① 以上三句意思是:天子若不赋予赏赐,而大事斩杀,就会危及国君。 ② 不然:原文"然"作"杀",据孙诒让说改。 ③ 亟:数,屡次。原文"亟"作"敬",据王念孙说改。札:人因疫病而死。厉:瘟疫。

④ 攻山击石:开山采石。有兵:有战事。执政:指执政大臣。

势第四十二

［解题］

势即时势。本篇主要论述了形势和时机的重要性,强调行政、用兵要分析研究时势,把握时机,待机而动。

［原文］

战而惧水,此谓胆灭①。小事不从,大事不吉②。战而惧险,此谓迷中③。分其师众,人既迷芒,必其将亡之道④。

［注释］

① 水:指水险。胆:原文为“澹”,形近而误,据张佩纶说改。② 从:顺利。　③ 险:险要。迷中:心中迷惑。中:内心。　④ 分:通“纷”,乱。芒:通“茫”。必其将亡之道:这是注定要失败的做法。

［原文］

重静者比于死,重作者比于鬼,重信者比于距,重诎者比于避①。夫静与作,时以为主人,时以为客,贵得度②。知静之循,居而自利;知作之从,每动有功③。故曰无为者帝,其此之谓矣④。

［注释］

① 重:崇尚,提倡。原文为“动”,据俞樾说改,下同。死:尸体。鬼:原文为“醜”,据张佩纶说改。信:通“伸”。距:可伸展的尺。以上四句意思是:提倡静的时候应像死尸一样,提倡行动时应像鬼神出没一样,提倡扩展时应像距尺伸展一样,提倡收缩时应该像逃避那样。　② 作:行动。为主人:放在主要位置。为客:放在次要位置。得度:运用恰当。

③ 循:原文为“修”,形近而误。以上四句意思是:懂得静止时应遵循的法则,屯兵而自得其利;懂得动作时应该服从的规律,每次行动都会成功。　④ 无为:指遵从规律,放弃人为。帝:成就帝王之业。

［原文］

逆节萌生,天地未形,先为之政,其事乃不成,缪受其刑[①]。天因人，圣人因天[②]。天时不作勿为客，人事不起勿为始[③]。慕和其众，以修天地之从[④]。人先生之，天地刑之，圣人成之，则与天同极[⑤]。正静不争，动作不忒，素质不留，与地同极[⑥]。未得天极，则隐于德[⑦]；已得天极，则致其力[⑧]。既成其功，顺守其从，人不能代[⑨]。

［注释］ ① 逆节：悖逆的事情。形：征兆，表现。政：通“征”，征伐。缪：误。刑：惩罚。 ② 因：依据。这两句意思是：上天根据人的善恶降福祸，圣人根据上天的表现而采取行动。 ③ 客：主动出兵进攻者。这两句意思是：在上天还没有显示征兆时不要轻易兴兵征伐，在人事还没有出现悖逆的时候不要开始宣战。 ④ 慕：和。修：行。这两句意思是：使自己的军队团结一致，来遵行天地的法则。 ⑤ 生之：指产生悖逆之事。刑之：表现出征兆。刑：同“形”。成之：促成其事。与天同极：与上天的准则一致。极：标准。 ⑥ 忒：差错。原文为“贰”，据王念孙说改。素质不留：心地淳朴而无杂念。留：停滞。 ⑦ 得：符合。隐于德：隐居修德。 ⑧ 致其力：充分发挥其能力。 ⑨ 守：把握。从：成功之道。

［原文］ 成功之道，嬴缩为宝[①]。毋亡天极，究数而止[②]。事若未成，毋改其形，毋失其始，静民观时，待令而起[③]。故曰，修阴阳之从，而道天地之常[④]。嬴嬴缩缩，因而为当；死死生生，因天地之形[⑤]。天地之形，圣人成之。小取者小利，大取者大利，尽行之者有天下[⑥]。

［注释］ ① 嬴缩为宝：贵在能伸能屈。嬴缩：进退，伸屈。 ② 亡：失掉，背离。究：尽。数：天数，自然的法则。这两句意思是：不要背离上天的准则，尽天数就赶快停止。 ③ 形：形态。毋失其始：不要放弃开始的所作所为。静民：休养民力。令：时机。 ④ 修：遵循，从事。从：

轨道，法则。道：循。常：规律。　⑤ 死：灭亡，消失。生：产生，出现。天地之形：天地显示出的征兆迹象。以上四句的意思是：伸伸屈屈，根据时势采取适当的对策；隐隐显显，根据天地显示的征兆来行事。⑥ 取：取用，效法。指根据天地所显示的征兆去采取行动。

［原文］

故贤者诚信以仁之，慈惠以爱之，端政象，不敢以先人①。中静不留，裕德无求，形于女色②。其所处者，柔安静乐，行德而不争，以待天下之渍作也③。故贤者安徐正静，柔节先定，行于不敢，而立于不能，守弱节而坚处之④。故不犯天时，不乱民功⑤。秉时养人，先德后刑⑥。顺于天，微度人⑦。

［注释］

① 以：而。端政象：古代发布政令而征求百姓意见的一种方式，把政令悬挂出来，让百姓观看。这里指发布政令时征求百姓的意见。不敢以先人：不敢在没征求意见之前颁布法令。　② 不留：不存杂念。裕德无求：道德宽裕而无贪欲。形于女色：表现在他的脸色上。女：其。　③ 渍作：动乱。渍：喷涌。　④ 行于不敢：不敢妄行。立于不能：不去争强逞能。弱节：谦卑的节操。　⑤ 犯：违背。乱：扰乱。民功：农时。　⑥ 秉时：按时节。秉：持，按照。先德后刑：先施恩德，后用刑罚。　⑦ 微：暗中。这两句意思是：既顺应了天道，又暗合了人心。

［原文］

善周者，明不能见也；善明者，周不能蔽也①。大明胜大周，则民无大周也②；大周胜大明，则民无大明也。大周之先，可以奋信；大明之祖，可以代天③。下索而不得，求之招摇之下④。

［注释］

① 周：周密，引申为保密。以上四句意思是：擅长保密的，明察的也不能发现；擅长明察的，再保密也隐瞒不了。　② 大明：高度的明察。大周：高度的保密。民：人，指对方。无大周：没有高度保密可言，谈不上

高度保密。 ③ 以上四句意思是：能做到事前高度保密的，行动中可迅速扩展；能做到事先高度明察的，可以代替上天的预兆。奋：迅速。信：同“伸”。祖：先。 ④ 招摇：古星宿名。

［原文］

曽厌走，而有伏网罟，一偃一侧，不然不得①。大文三曽，而贵义与德②；大武三曽，而偃武与力③。

［注释］

① 厌：极，尽力。伏：潜伏。网罟：指持网罟的人。一偃一侧：有时停止有时埋伏。 ② 大文：大规模的文治。曽：载，年。贵：崇尚。 ③ 大武：大规模的征伐。偃武与力：平息暴力征伐。

正第四十三

[解题]

本篇讨论的,主题是正民、正己之道,认为治国者要用刑、政、法、德、道正人,同时又要用服信、日新、守慎、举人无私与先人后己来正己。

[原文]

制断五刑,各当其名,罪人不怨,善人不惊,曰刑①。正之、服之、胜之、饰之,必严其令,而民则之,曰政②。如四时之不忒,如星辰之不变,如宵如昼,如阴如阳,如日月之明,曰法③。爱之、生之、养之、成之,利民不德,天下亲之,曰德④。无德无怨,无好无恶,万物崇一,阴阳同度,曰道⑤。刑以弊之,政以命之,法以遏之,德以养之,道以明之⑥。刑以弊之,毋失民命⑦;令之以终其欲,毋使民径⑧;遏之以绝其志意,毋使民幸⑨;养之以化其恶,必自身始⑩;明之以察其生,必循其理⑪。致刑,其民庸心以敬⑫;致政,其民服信以听;致德,其民和平以静;致道,其民付而不争⑬。罪人当名曰刑,出令当时曰政,当故不改曰法,爱民无私曰德,会民所聚曰道⑭。

[注释]

① 断:定。五刑:古代以墨、劓、刖、宫、大辟为五刑。 ② 正之:归正人们。服:制服。胜:控制。饰:通"饬",整治。则:遵守。 ③ 忒:差错。宵:黑夜。 ④ 利民不德:为百姓谋利而不自以为有德。 ⑤ 万物崇一:万事万物都产生于一。崇:通"宗",本。度:规则,法度。 ⑥ 以上五句的意思是:用刑律来纠正人们,用政治来推

行命令，用法令遏制人们，用德来教养人们，用道来开导人们。弊：通“警”，纠正。遏：阻止，遏制。 ⑦ 失民命：错伤民命。 ⑧ 终其欲：断绝其贪欲。终：止。毋使民径：不使百姓走邪路。径：邪。原文为“明之毋径”，据刘绩说删补。 ⑨ 幸：侥幸。 ⑩ 化其恶：改变其恶行。 ⑪ 察其生：明察其品性。生：通“性”。循：遵循。原文为“修”，行近而误，据王念孙说改。 ⑫ 致：达到。庸：劳。敬：原文为“蔽”，形近而误，据俞樾说改。 ⑬ 付：通“附”，亲附，团结。 ⑭ 罪人当名：量刑与其罪名相符。罪：判罪。当：相当，相符。当时：原文为“时当”，误倒，今改正。故：成规成法。会民所聚：合于民心。会：合。

［原文］

立常行政，能服信乎①？中和慎敬，能日新乎②？正衡一静，能守慎乎③？废私立公，能举人乎？临政官民，能后其身乎④？能服信政，此谓正纪⑤。能服日新，此谓行理⑥。守慎正名，伪诈自止。举人无私，臣德咸道⑦。能后其身，上佐天子。

［注释］

① 常：法规。服：实行，履行。 ② 中和：中正和平。日新：即日新其德，指德行日益增进。 ③ 正：同“政”。衡：平，公正。一：专一。静：平稳。守：保持。 ④ 官：治理。后其身：先人后己。 ⑤ 信政：诚信无欺的政策。纪：纲纪。 ⑥ 服日新：做到日新其德。行理：遵循正理。 ⑦ 咸：都。道：称誉。

九变第四十四

［解题］

“变”为“娈”之误字。娈，意为思慕留恋。本文认为人民能“守战至死而不德其上”的原因是有九种思慕留恋。

［原文］

凡民之所以守战至死而不德其上者，有数以至焉①。曰：大者亲戚坟墓之所在也，田宅富厚足居也②。不然，则州县乡党与宗族足怀乐也③。不然，则上之教训、习俗、慈爱之于民也厚，无所往而得之④。不然，则山林泽谷之利足生也⑤。不然，则地形险阻，易守而难攻也。不然，则罚严而可畏也。不然，则赏明而足劝也⑥。不然，则有深怨于敌人也。不然，则有厚功于上也。此民之所以守战至死而不德其上者也。今恃不信之人，而求以智⑦；用不守之民，而欲以固⑧；将不战之卒，而幸以胜，此兵之三暗也⑨。

［注释］

① 德其上：自认为对君主有恩德。有数以至焉：有使人民达到这种程度的必然之理。 ② 大者：最重要的。亲戚：指父母。富厚：富裕殷实。 ③ 足：值得。怀乐：感怀想念。 ④ 之于民也厚：对百姓很深厚。无所往而得之：到任何别的地方都得不到。 ⑤ 足生：足以维持生存。 ⑥ 赏明：赏赐公开。足劝：足以鼓励人们。 ⑦ 今：若，假如。恃：依靠。信：诚实，讲信用。求以智：想要侦察敌情。 ⑧ 不守：不能坚守。 ⑨ 将：率领。幸以胜：想侥幸取胜。兵之三暗：用兵昏庸的三种情况。

任法第四十五

[解题]

本文论述的主题是以法治国。作者从正反两方面反复对比,阐明了法对治理国家的重要意义,主张"万物百事非在法之中者不能动",要求"君臣、上下、贵贱皆从法"。

[原文]

圣君任法而不任智,任数而不任说,任公而不任私,任大道而不任小物,然后身佚而天下治①。失君则不然,舍法而任智,故民舍事而好誉②;舍数而任说,故民舍实而好言③;舍公而好私,故民离法而妄行④;舍大道而任小物,故上劳烦,百姓迷惑,而国家不治。圣君则不然,守道要,处佚乐,驰骋弋猎,钟鼓竽瑟,宫中之乐,无禁圉也⑤。不思不虑,不忧不图,利身体,便形躯,养寿命,垂拱而天下治⑥。是故人主有能用其道者,不事心,不劳意,不动力,而土地自辟,囷仓自实,蓄积自多,甲兵自强,群臣无诈伪,百官无奸邪,奇术技艺之人莫敢高言孟行以过其情、以遇其主矣⑦。

[注释]

① 任:依靠,任用。智:智谋,聪明才智。数:通"术",政策,方法。说:议论。大道:根本原则。小物:小事。佚:安闲。 ② 舍:放弃。舍事而好誉:放弃实际工作而追求虚名。 ③ 舍实而好言:不去务实而喜欢空谈。 ④ 离法:违背法律。妄行:胡作非为。 ⑤ 守道要:掌握治国的关键。驰骋弋猎:骑马射猎。弋:用系有丝绳的箭射鸟。钟鼓竽瑟:四种乐器,这里指音乐。乐:娱乐活动。圉:禁止。 ⑥ 图:图谋,追求。便:利。形躯:身体。垂拱:垂衣拱手,形容毫不费

力。 ⑦ 事心:费心。劳意:劳神。动力:出力。囷:圆形的粮仓。奇术技艺之人:有特殊技艺的人。高言:说大话。孟行:过头的行为。情:实情。遇:通“愚”,欺骗,愚弄。

[原文]

昔者尧之治天下也,犹埴之在埏也,唯陶之所以为①;犹金之在炉,恣冶之所以铸②。其民引之而来,推之而往,使之而成,禁之而止③。故尧之治也,善明法禁之令而已矣④。黄帝之治天下也,其民不引而来,不推而往,不使而成,不禁而止。故黄帝之治也,置法而不变,使民安其法者也⑤。

[注释]

① 埴:黏土。埏:读音 shān,制作陶器所用的模型。唯陶之所以为:任凭陶工随意制作。陶:指制作陶器的陶工。 ② 金:金属。恣冶之所以铸:任凭工匠随意铸造。恣:肆意。冶:指冶炼金属的工匠。 ③ 引:招引。使之而成:使用人民办事都能成功。 ④ 善:善于。明:明确,宣布。 ⑤ 置:设立。安其法:服从法令。

[原文]

所谓仁义礼乐者,皆出于法,此先圣之所以一民者也①。《周书》曰:“国法法不一,则有国者不祥②;民不道法,则不祥③;国更立法以典民,则不祥④;群臣不用礼义教训,则不祥;百官服事者离法而治,则不祥⑤。”故曰:法者不可不恒也,存亡治乱之所以出,圣君所以为天下大仪也,君臣上下贵贱皆发焉,故曰“法”⑥。

[注释]

① 先圣:指古代圣贤的帝王。一民:治理统一百姓。 ②《周书》:周代官方文献,现存《尚书》中的《周书》没有这段话。法法:效法法令,即推行法治。一:一贯,专一。不祥:不吉祥,不利。 ③ 道:遵循。 ④ 更:改变,变更。典:治理。不:原文无,据上下文文例补。 ⑤ 服事者:办事的人。 ⑥ 不可不恒:不能不一贯坚持。原文

为“不可恒”，据张佩纶说补。仪：准则。发焉：从此出发，即由这里产生出来。

［原文］

古之法也，世无请谒任举之人，无闻识博学辩说之士，无伟服，无奇行，皆囊于法以事其主①。故明王之所恒者二：一曰明法而固守之，二曰禁民私而牧使之，此二者主之所恒也②。夫法者，上之所以一民使下也③；私者，下之所以侵法乱主也。故圣君置仪设法而固守之，然故堪材习士闻识博学之人不可乱也，众强富贵私勇者不能侵也，信近亲爱者不能离也，珍怪奇物不能惑也，万物百事非在法之中者不能动也④。故法者，天下之至道也，圣君之宝用也⑤。

［注释］

① 请谒任举：托人情请求保举。闻识博学：见识广有学问。闻：原文为“间”，据刘绩补注本改。辩说：能言善辩。伟：与众不同。奇：怪异。囊于法以事其主：一切按法律的要求为君主服务。囊：用口袋装，引申为包括、包罗。 ② 恒：持之以恒。明法而固守之：明确法令而坚定地执行它。禁民私：禁止人民行私。牧：统治，治理。原文为“收”，据李哲明说改。 ③ 一民使下：统一、驱使百姓。 ④ 堪材：精明强干的人。原文为“谌杵”，据孙诒让说改，下同。堪：胜任。习士：熟悉法律文献的人。众强：势力强大的人。私勇：私人豢养的亡命之徒。信：信任。离：违背。 ⑤ 至道：治国的最高原则。宝用：最宝贵的工具。宝：原文为“实”，据安井衡说改。

［原文］

今天下则不然，皆有善法而不能守也①。然故堪材习士闻识博学之士能以其智乱法惑上，众强富贵私勇者能以其威犯法侵陵，邻国诸侯能以其权置子立相，大臣能以其私附百姓、剪公财以禄私士②。

凡如是而求法之行、国之治,不可得也。圣君则不然,卿相不得剪公以禄其私,群臣不得辟其所亲爱,圣君亦明其法而固守之③。群臣修通辐凑以事其主,百姓辑睦听令道法以从其事④。故曰:有生法,有守法,有法于法⑤。夫生法者,君也;守法者,臣也;法于法者,民也。君臣上下贵贱皆从法,此谓为大治⑥。

[注释]

①善法:好的法律制度。守:坚持。 ②侵陵:侵犯欺凌君主。陵:同"凌"。置子:废立太子。立相:任命相国。以其私附百姓:用个人恩惠收买百姓,使百姓归附。剪公财以禄私士:利用国家之财供养自己的党羽。剪:损害,花费。 ③剪公以禄其私:原文为"剪其私",据上文文义补。辟其所亲爱:任人唯亲。辟:征召,任用。 ④修通:同心协力。辐凑:车轮的辐条向车轴聚集,比喻群臣以君主为核心。辑睦:和睦。道法:遵守法令。 ⑤生法:制定法令。守法:掌握贯彻法令。法于法:遵守法令。 ⑥从法:按法令规定办事。谓为:叫做。

[原文]

故主有三术①:夫爱人不私赏也,恶人不私罚也,置仪设法以度量断者,上主也②。爱人而私赏之,恶人而私罚之,倍大臣,离左右,专以其心断者,中主也③。臣有所爱而为私赏之,有所恶而为私罚之,倍其公法,损其正心,专听其大臣者,危主也④。故为人主者,不重爱人,不重恶人⑤;重爱曰失德,重恶曰失威⑥。威德皆失,则主危也。

[注释]

①术:方法。 ②私赏:违背法令,以一己之见进行赏赐。度量:指标准。断:判断,决定。 ③倍:通"背",背离,下同。离:抛开,脱离。专以其心断:只凭个人意愿决定。 ④正心:公正之心。⑤重爱:过分偏爱。重恶:过分厌恶。 ⑥失德:指赏赐不当。失威:指惩罚不当。

[原文]

故明王之所操者六：生之、杀之、富之、贫之、贵之、贱之[①]。此六柄者，主之所操也[②]。主之所处者四：一曰文，二曰武，三曰威，四曰德[③]。此四位者，主之所处也。藉人以其所操，命曰夺柄[④]；藉人以其所处，命曰失位。夺柄失位，而求令之行，不可得也。法不平，令不全，是亦夺柄失位之道也[⑤]。故有为枉法，有为毁令，此圣君之所以自禁也[⑥]。故贵不能威，富不能禄，贱不能事，近不能亲，美不能淫也[⑦]。植固而不动，奇邪乃恐，奇革而邪化，令往而民移[⑧]。故圣君设度量，置仪法，如天地之坚，如列星之固，如日月之明，如四时之信，然故令往而民从之[⑨]。而失君则不然，法立而还废之，令出而后反之，枉法而从私，毁令而不全[⑩]。是贵能威之，富能禄之，贱能事之，近能亲之，美能淫之也[⑪]。此五者不禁于身，是以群臣百姓人挟其私而幸其主[⑫]。彼幸而得之，则主日侵[⑬]。彼幸而不得，则怨日产[⑭]。夫日侵而产怨，此失君之所循也[⑮]。

[注释]

① 操：操持，掌握。 ② 柄：权柄，权力。 ③ 处：占据，控制。文：指政权。武：指军队。威：指刑罚。德：指赏赐。 ④ 藉：借。这两句意思是：把自己掌握的权力交给别人，这就叫做被剥夺了权力。

⑤ 平：公正。全：完备。道：途径。 ⑥ 以上三句的意思是：所以，有人要君主为他枉法行事，有人要君主为他毁坏法令，因此，高明的君主必须严格约束自己。 ⑦ 贵不能威：高贵的人不能威胁君主。富：富有的人。禄：通“赂”，贿赂，收买。贱：地位低下的人。事：侍奉，指通过侍奉讨好。近：亲近的人。亲：利用关系操纵。淫：惑乱。 ⑧ 植：决心，意志。奇邪：歪门邪道。革：除掉。令往而民移：人民听从法令的指

挥。⑨ 设:原文为“失”。据王念孙说改。信:准确无误。然故:这样……就。⑩ 还:立刻。反:否定,收回。全:完备。⑪ 是:这样。⑫ 身:指君主自身。是以:那么。挟:怀着。幸:讨好。⑬ 这两句的意思是:人们通过讨好君主私欲得到满足,那君主的权威就会日益削弱。⑭ 怨日产:怨恨产生并日益增加。⑮ 日侵而产怨:权威日益削弱,怨恨又不断产生。循:遵循。原文为“慎”,据郭沫若说改。

［原文］

凡为主而不得用其法,不适其意,顾臣而行,离法而听贵臣,此所谓贵而威之也[①]。富人用金玉事主而求焉,主离法而听之,此所谓富而禄之也[②]。贱人以服约卑敬悲色告诉其主,主因离法而听之,此所谓贱而事之也[③]。近者以偪近亲爱有求其主,主因离法而听之,此谓近而亲之也[④]。美者以巧言令色请其主,主因离法而听之,此所谓美而淫之也。治世则不然,不知亲疏、远近、贵贱、美恶,以度量断之[⑤]。其杀戮人者不怨也,其赏赐人者不德也[⑥]。以法制行之,如天地之无私也,是以官无私论,士无私议,民无私说,皆虚其匈以听于上[⑦]。上以公正论,以法制断,故任天下而不重也[⑧]。今乱君则不然,有私视也,故有不见也[⑨];有私听也,故有不闻也;有私虑也,故有不知也。夫私者,壅蔽失位之道也[⑩]。上舍公法而听私说,故群臣百姓皆设私立方以教于国,群党比周以立其私,请谒任举以乱公法,人用其心以幸于上[⑪]。上无度量以禁之,是以私说日益,而公法日损,国之不治,从此产矣[⑫]。

［注释］

① 得:能。用:实行。适其意:符合自己的意愿。顾臣而行:看大

臣的脸色行事。贵而威之：贵臣威胁君主。 ② 求：原文为“来”，形近而误。 ③ 服约：顺服小心。卑敬：谦卑。悲色：可怜的样子。此：原文无，据上下文文例补。下同。 ④ 偪近亲爱：关系密切。偪：通“逼”。 ⑤ 知：分别。度量：指法律标准。 ⑥ 怨：怨恨。德：感恩戴德。 ⑦ 虚其匈：指不怀有私心和成见。匈：同“胸”。⑧ 论：裁断。任天下而不重：担负治理天下的任务而不感到沉重。⑨ 以上三句意思是：现在昏庸的君主就不是这样，带着偏见去看东西，所以就有看不到的事物。 ⑩ 壅：堵塞。蔽：掩盖。道：途径，原因。这两句意思是：那些个人的偏见，正是导致堵塞视听、失掉地位的原因。

⑪ 舍：抛弃，背离。设私立方：建立自己的学说和主张。教于国：在国内宣传。比周：相互勾结。立其私：培植私人势力。幸于上：取得君主的欢心。 ⑫ 度量：标准，引申为法令。产：生。

[原文]

夫君臣者，天地之位也；民者，众物之象也①。各立其所职以待君令，群臣百姓安得各用其心而立私乎②？故遵主令而行之，虽有伤败，无罚；非主令而行之，虽有功利，罪死③。然故下之事上也，如响之应声也；臣之事主也，如影之从形也。故上令而下应，主行而臣从，此治之道也。夫非主令而行，有功利，因赏之，是教妄举也④；遵主令而行之，有伤败，而罚之，是使民虑利害而离法也⑤。群臣百姓人虑利害，而以其私心举措，则法制毁而令不行矣⑥。

[注释]

① 众物之象：万物并列的样子。象：形象。 ② 立其所职：站在各自的岗位上。安得：怎么能。立私：牟取私利。 ③ 伤败：挫折和失败。功利：功劳和利益。罪死：其罪当死。 ④ 教：引导。妄举：胡作妄为。 ⑤ 虑利害：考虑利害得失。 ⑥ 人：人人。以其私心举措：按照私心来行动。

明法第四十六

［解题］

明法即修明法度，本篇的中心思想是以法治国。作者认为：君主治理国家，要独揽权势，独断法令，做到“威不两错，政不二门”；同时，君主必须以法治国，做到“动无非法”。

［原文］

所谓治国者主道明也，所谓乱国者臣术胜也①。夫尊君卑臣，非计亲也，以执胜也②；百官论识，非惠也，刑罚必也③。故君臣共道则乱，专授则失④。

［注释］

① 主道：为君之道。臣术：臣下的私术。胜：强盛。 ② 计亲：考虑关系的亲疏。以执胜：是因为君主所掌握的权力强大。执：掌握，指所拥有的权利。 ③ 论：原文无，据《明法解》补。识：通“职”。以上三句意思是：百官明白各自的职责，这不是因为君主有恩惠，而是惩罚坚决的结果。 ④ 共道：君道与臣道不分。专授：把君权专授给臣下。失：失掉国家。

［原文］

夫国有四亡：令本不出谓之灭，出而道留谓之拥，下情本不上通谓之塞，下情上而道止谓之侵①。故夫灭、侵、塞、拥之所生，从法之不立也②。是故先王之治国也，不淫意于法之外，不为惠于法之内也③。动无非法者，所以禁过而外私也④。威不两错，政不二门⑤。以法治国则举错而已⑥。是故有法度之制者，不可巧以诈伪；有权衡之称者，不可欺以轻重；有寻丈之数者，不可差以长短⑦。今主释法以誉进能，则臣离上而下比周矣[8]；以党举官，则民务交而不求用矣[9]。是故官之失其治也，是主以誉为赏、以毁为罚也[10]。然则喜赏恶罚之人，离公道而行私术矣[11]。比周以相为匿，是忘主死交，以进其誉[12]。故交众者誉多，外内朋党，虽有大奸，其蔽主多矣[13]。是以忠臣死于非罪，而邪臣起于非功[14]。所死者非罪，所起者非功也，然则为人臣者重私而轻公矣。十至私人之门，不一至于庭[15]；百虑其家，不一图国[16]。属数虽众，非以尊君也；百官虽具，非以任国也[17]。此之谓国无人。国无人者，非朝臣之衰也，家与家务于相益，不务尊君也[18]；大臣务相贵，而不任国[19]；小臣持禄养交，不以官为事，故官失其能[20]。

［注释］ ① 本：原文作“求”，据王念孙说改。道留：中途停留。拥：阻塞。侵：侵夺。 ② 从：由。 ③ 淫意于法之外：在法制之外费心机。淫：过分。为惠：行恩惠。 ④ 动无非法：任何行动都不违背法度。禁过：禁止过错。外私：排除私心。外：抛弃。 ⑤ 错：通“措”，设置。这两句意思是：君主的权威不能由两家拥有，政令不能由两家制定发布。 ⑥ 举错：采取行动，这里形容很容易。错：通“措”。而已：罢了。 ⑦ 制：裁断。权衡：秤锤和秤杆。寻：长度计量单位，八尺为一寻。以上六句意思是：所以，有法度来裁判，人们就不能用伪诈来取巧了；有权衡来称量，人们就不会在轻重上搞欺骗了；有丈寻来计算，人们在长短上就不会有差错了。 ⑧ 今：假如。释：舍弃。以誉进能：按名声用人。下比周：在下面相互勾结。 ⑨ 以党举官：靠同伙的推荐用人。 ⑩ 以上三句意思是：所以，官吏治理不好，正是君主根据虚名行赏、根据诽谤惩罚的结果。 ⑪ 然则：这样，那么。恶：厌恶。私术：自己的一套办法。 ⑫ 相为匿：相互掩盖作假。为：同“伪”。死交：拼命结交。进：增加。 ⑬ 外内朋党：内外相互勾结，结成朋党。虽：即使。奸：

邪恶。蔽:蒙蔽。 ⑭ 起于非功:不是因有功而受到任用。起:起用。

⑮ 一至于庭:到朝廷一次。 ⑯ 不一图国:不为国家考虑一次。

⑰ 具:完备。任:担负,承担。国:国事。以上四句意思是:下属的人员数量很多,但并不是拥护君主的;百官很齐备,但不是治理国事的。

⑱ 家:指士大夫的家族。务于相益:从事于相互帮助。 ⑲ 相贵:相互吹捧抬举。任国:承担国事。 ⑳ 持禄养交:拿着俸禄去结交。不以官为事:不把本职工作当正事。能:功能,作用。

[原文]

是故先王之治国也,使法择人,不自举也①;使法量功,不自度也②。故能而不可蔽,败而不可饰也③;誉者不能进,而诽者不能退也④。然则君臣之间明别,明别则易治也⑤。主虽不身下为,而守法为之可也⑥。

[注释]

① 使:用,按照。自举:自己举荐。 ② 自度:自己衡量。

③ 能而不可蔽:有才能的人不会埋没。原文"能"下有"匿",据王念孙说删。饰:伪装。 ④ 誉者:有虚名的人。诽者:遭受诽谤的人。

⑤ 明别:明确职责界限。 ⑥ 身:亲身。下为:干下面的事。守法为之:按照法度的规定去做。

正世第四十七

［解题］

本篇主要是论述正世治国之道。作者认为，立法行政要从实际出发，要随世时与风俗的变化而变化。同时，作者还主张实行厚赏重罚，强化君主的权势。

［原文］

古之欲正世调天下者，必先观国政，料事务，察民俗，本治乱之所生，知得失之所在，然后从事①。故法可立而治可行②。

［注释］

①正世调天下：匡正当世，治理天下。正：匡正。调：调治。观国政：调查国家政治。料事务：分析国家事务。本治乱之所生：探究安定或动乱的根源。从事：着手采取措施。 ②法可立而治可行：法制才能确立，政治措施才能得到贯彻执行。

［原文］

夫万民不和，国家不安，失非在上，则过在下①。今使人君行逆不修道，诛杀不以理，重赋敛，竭民财，急使令，罢民力，财竭则不能毋侵夺，力罢则不能毋堕倪②。民已侵夺、堕倪，因以法随而诛之，则是诛罚重而乱愈起③。夫民劳苦困不足，则简禁而轻罪，如此则失在上④。失在上而上不变，则万民无所托其命⑤。今人主轻刑政，宽百姓，薄赋敛，缓使令，然民淫躁行私而不从制，饰智任诈，负力而争，则是过在下⑥。过在下，人君不廉而变，则暴人不胜，邪乱不止⑦。暴人不胜，邪乱不止，则君人者势伤而威日衰矣⑧。

［注释］ ①“失非在上，则过在下”：过失不是在君主，就是在臣民。失：过失。过：过错。 ②今使：假如。行逆：倒行逆施。不修道：不遵循治国的法则。不以理：不按照理法的规定。急使令：急速发布征调人民服役的命令。罢：同“疲”。毋：不。堕：同“惰”，懒惰。倪：怠慢。 ③因以法随而诛之：因而就按照法律去诛杀他们。 ④简禁而轻罪：无视禁令，轻视刑罚。简：简慢。禁：禁令。轻：轻视。 ⑤无所托其命：无法依靠君主安身立命。托：寄托。 ⑥淫：放纵。躁：骚乱。制：节制、统治。饰智任诈：修饰智巧，使用欺诈。负：凭借。 ⑦廉而变：考察了解后加以改正。暴人：暴乱之人。不胜：不能制服。 ⑧君人者：统治者。势伤：权势受到损害。威日衰：权威日益衰弱。

［原文］ 故为人君者，莫贵于胜。所谓胜者，法立令行之谓胜①。法立令行，故群臣奉法守职②。百官有常，法不繁匿③。万民敦悫，反本而俭力④。故赏必足以使，威必足以胜，然后下从⑤。

［注释］ ①法立令行：法令确立起来并能得到贯彻执行。 ②奉法：奉行法令。守职：忠于职守。 ③常：固定的规章制度。法不繁匿：法令禁止奸恶产生。繁：滋生。匿：同“慝”，奸恶。 ④敦悫：忠厚朴实。反本而俭力：回到农业这个根本上来，节俭勤劳。本：指农业。 ⑤赏必足以使：设立奖赏，一定要优厚得使人民乐于接受役使。威必足以胜：设立刑罚，一定要严厉得能制止人民犯罪。

［原文］ 故古之所谓明君者，非一君也①。其设赏有薄有厚，其立禁有轻有重，迹行不必同②。非故相反也，皆随时而变，因俗而动③。夫民躁而行僻，则赏不可以不厚，禁不可以不重④。故圣人设厚赏，非侈也⑤；立重禁，非戾也⑥。赏薄则民不利，禁轻则

邪人不畏[7]。设人之所不利，欲以使，则民不尽力[8]；立人之所不畏，欲以禁，则邪人不止。是故陈法出令而民不从[9]。故赏不足劝，则士民不为用[10]；刑罚不足畏，则暴人轻犯禁。民者，服于威杀然后从，见利然后用，被治然后正，得所安然后静者也[11]。

［注释］ ① 非一君：不是一样的君主。 ② 其：他们，指君主。禁：禁令。迹行：事迹，行为。 ③ 故：故意。因俗而动：根据人们的风俗而采取行动。 ④ 躁而行僻：骚乱而走邪路。 ⑤ 侈：过分。 ⑥ 戾：残暴。 ⑦ 不利：不以为有好处。畏：畏惧，害怕。 ⑧ 欲以使：想要用它来驱使人民。 ⑨ 陈法出令：公布法令。陈：摆设。 ⑩ 劝：鼓励。不为用：不为在上者效力。 ⑪ 服于威杀：被刑罚所镇服。用：出力。

［原文］ 夫盗贼不胜，邪乱不止，强劫弱，众暴寡，此天下之所忧，万民之所患也[1]。忧患不除，则民不安其居；民不安其居，则民望绝于上矣[2]。夫利莫大于治，害莫大于乱[3]。夫五帝三王所以成功立名、显于后世者，以为天下致利除害也[4]。事行不必同，所务一也[5]。夫民贪行躁，而诛罚轻，罪过不发，则是长淫乱而便邪僻也[6]。有爱人之心，而实合于伤民，此二者不可不察也[7]。

［注释］ ① 劫：掠夺。众暴寡：人多势众的欺压势孤力单的。 ② 民望绝于上：人民对君主的期望丧失了。 ③ 利莫大于治：最大的利益是国家安定。害莫大于乱：最大的祸患是国家动乱。 ④ 以：因为。致：招致，引申为兴。 ⑤ 事行：行为、事情。务：所追求的目标。 ⑥ 民贪行躁：人民贪心好利而骚乱。发：揭发。长：助长。便：方便。 ⑦ 而实合于伤民：实际上却达到了损害人民的效果。合：符合，达

到。察：辨别，分析。

［原文］

夫盗贼不胜则良民危，法禁不立则奸邪繁①。故事莫急于当务，治莫贵于得齐②。制民急则民迫，民迫则窘，窘则民失其所葆③；缓则纵，纵则淫，淫则行私，行私则离公，离公则难用④。故治之所以不立者，齐不得也，齐不得则治难行⑤。故治民之齐，不可不察也。圣人者，明于治乱之道，习于人事之终始者也⑥。其治民也，期于利民而止⑦。故其位齐也，不慕古，不留今，与时变，与俗化⑧。

［注释］

① 良民危：良民受到危害。奸邪繁：坏人增多。 ② 当务：首先要抓的事情。治：政策措施。齐：中，恰当。 ③ 制：治理。迫：紧迫。窘：处境穷困，走投无路。葆：同“保”，生活的保障。 ④ 纵：放纵。淫：过度，无节制。难用：难以驱使。 ⑤ 齐：指缓急适度的政策措施。 ⑥ 明：了解。治乱之道：安定和动乱的原因。习：熟悉，掌握。人事之终始：指世事发展变化的全过程。 ⑦ 其治民也：原文“民”上有“人”字，据张佩纶说及下文文例删。期于利民而止：期望达到利民的目的就行了。 ⑧ 位齐：确立缓急适度的政策措施。位：同“立”。慕古：崇拜古代。留今：停留在当今。“与时变，与俗化”：随着时代和风俗的发展而变化。

［原文］

夫君人之道，莫贵于胜①。胜，故君道立；君道立，然后下从；下从，故教可立而化可成也②。夫民不心服体从，则不可以礼义之文教化也，君人者不可以不察也③。

［注释］

① 君人：治理人民。 ② 教可立而化可成：教化得以确立并取得成效。 ③ 文：内容。化：原文作“也”，据郭沫若说校改。

治国第四十八

[解题]

本篇的主题是论述治国之道。作者认为,治国的根本在于强本禁末,即大力发展农业,增加粮食产量,禁止奢侈品等末作文巧,然后才能富民、富国、强兵、王天下。

[原文]

凡治国之道,必先富民。民富则易治也,民贫则难治也。奚以知其然也①?民富则安乡重家,安乡重家则敬上畏罪,敬上畏罪则易治也②。民贫则危乡轻家,危乡轻家则敢陵上犯禁,陵上犯禁则难治也③。故治国常富,而乱国常贫④。是以善为国者,必先富民,然后治之。

[注释]

① 奚:何,怎样。　② 安乡重家:安居本乡本土,珍惜自己的家产。上:指统治者。畏罪:害怕犯罪。　③ 危乡轻家:不安居乡里,轻视自己的家产。陵:通"凌",凌辱、侵犯。犯禁:违反法令。　④ 治国:治理得很好的国家。

[原文]

昔者,七十九代之君,法制不一,号令不同,然俱王天下者,何也①?必国富而粟多也②。夫富国多粟生于农,故先王贵之③。凡为国之急者,必先禁末作文巧④。末作文巧禁则民无所游食,民无所游食则必农⑤。民事农则田垦,田垦则粟多,粟多则国富⑥。国富者兵强,兵强者战胜,战胜者地广。是以先王知众民、强兵、广地、富国之必生于粟也,故禁末作,止奇巧,而利农事⑦。今为末作奇巧者,一日作而五日食[8]。农夫终岁之作，不足以自食也[9]。然则民舍本事而事末作[10]。舍本事而事末作，则田荒而国贫矣。

[注释] ① 七十九代之君：泛指上古历代君主。俱：全、都。 ② 粟：泛指粮食。 ③ 贵：重视，珍惜。之：指农业生产。 ④ 急者：急需要办的。末作：指生产奢侈品的行业。文巧：指奢侈品。 ⑤ 无所游食：没有游手好闲混饭吃的地方。必农：必须务农。 ⑥ 事农：从事农业生产。田垦：土地得到开垦。 ⑦ 以上四句意思是：先王因为知道增加人口、加强军事力量、扩大领土、使国家富足都来源于粮食，所以就禁止生产奢侈品的行业和各种奇巧物品而促进农业生产。 ⑧ 一日作而五日食：劳动一天所得之利可供五天享用。 ⑨ 终岁之作：整年劳动。 ⑩ 然：这样。则：那么。舍：放弃。本事：指农业生产。事末作：从事奢侈品生产。

[原文] 凡农者月不足而岁有余者也[1]。而上征暴急无时，则民倍贷以给上之征矣[2]。耕耨者有时，而泽不必足，则民倍贷以取庸矣[3]。秋籴以五，春粜以束，是又倍贷也[4]。关市之租，府库之征，什一之粟，厮舆之事，此四时亦当一倍贷矣[5]。故以上之征而倍取于民者四[6]。夫以一民养四主，故逃徙者刑而上不能止者，粟少而民无积也[7]。

[注释] ① 月不足而岁有余：每月都不足，只是年终才有一点盈余。 ② 上征：官府的税收。暴急无时：繁重急迫而无定时。倍贷：借一还二的高利贷。 ③ 耨：读音 nòu，锄草。泽：雨水。不必足：不一定够用。取庸：雇用帮工。 ④ 籴：读音 dí，买粮。粜：读音 tiào，卖粮。这里的买粮、卖粮者都是指商人而言。束：十。 ⑤ 关市之租：关卡、市场征收的租税。府库之征：国库征收的赋税。什一之粟：按十分之一的比例征收的农业税。原文为“粟什一”，据上下文文例改。厮舆之事：

指徭役。此句原文在“故以上之征而倍取于民者四”句下，据姚永概说移至此。　⑥ 倍取：加倍索取。四：指暴急无时之征，倍贷以取庸，秋籴以五、春粜以束，关市之租、府库之征、什一之粟、厮舆之事。　⑦ 以一民养四主：让一个农民养活四个主人。四主：即上述四项。徙：迁移。刑：使用刑罚。积：积蓄。

［原文］

常山之东，河汝之间，蚤生而晚杀，五谷之所蕃孰也，四种而五获[1]。中年亩二石，一夫为粟二百石[2]。今也仓廪虚而民无积，农夫以粥子者，上无术以均之也[3]。故先王使农、士、商、工四民交能易作，终岁之利无道相过也，是以民作一而得均[4]。民作一则田垦，奸巧不生。田垦则粟多，粟多则国富。奸巧不生则民治。富而治，此王之道也。

［注释］

① 常山：即恒山，在今山西省浑源县。河：黄河。汝：汝水。蚤生而晚杀：生长得早，死亡得晚，即生长期长。蚤：通“早”。蕃孰：生长成熟。孰：通“熟”。四种而五获：耕种四次可获得相当于五次的收获。　② 中年：中等年景。亩二石：亩产二石。为：生产。　③ 粥：通“鬻”，卖。术：办法。均：调剂平均。　④ 作一：指专一于农业生产。以上三句意思是：所以先王使农、士、商、工四民即使相互交换职业，终年所得之利也无法相互超过，所以人民就专心于农业生产，所得之利也就平均了。

［原文］

不生粟之国亡，粟生而死者霸，粟生而不死者王[1]。粟也者，民之所归也[2]；粟也者，财之所归也；粟也者，地之所归也。粟多则天下之物尽至矣。故舜一徙成邑，二徙成都，参徙成国[3]。舜非严刑罚重禁令，而民归之矣，去者必害，从者必利也[4]。先王者善为民除害兴利，故天下之民归之。所谓兴利者，利农事也；所谓除害者，禁害农事也。农事胜则入粟多，入粟多则国富，国富则安乡重家，安乡重家则虽变俗易习、驱众移民，至于杀之，而民不恶也⑤。此务粟之功也⑥。上不利农则粟少，粟少则人贫，人贫则轻家，轻家则易去，易去则上令不能必行，上令不能必行则禁不能必止，禁不能必止则战不必胜、守不必固矣。夫令不必行，禁不必止，战不必胜，守不必固，命之曰寄生之君。此由不利农少粟之害也。粟者，王之本事也，人主之大务，有人之涂，治国之道也⑦。

［注释］ ① 生：生产，积蓄。死：流散、丧失。 ② 归：归属，聚集。③ 舜：传说远古时的帝王。徙：迁移。参：同“叁”。 ④ 去者必害：离开他的人就会遭受损害。从者必利：跟随他的人就会得到利益。

⑤ 胜：发达。入粟：收入的粮食。变俗易习：改变风俗习惯。驱众移民：驱使调遣人民。至于：甚至。 ⑥ 务：从事、致力于。功：效果。

⑦ 本事：根本大事。大务：重要事情。有人：聚集百姓。涂：通“途”，途径。

内业第四十九

[解题]

这是一篇哲学论文，主题是研究如何修养内心和保持精气。作者认为，精气是人的生命和意识的本原，保持精气的基本方法是使内心虚静，不让外界事物扰乱自己的感官和内心，饮食、思虑、言行等都要保持中正平和。

[原文]

气，物之精，比则为生①。下生五谷，上为列星。流于天地之间，谓之鬼神；藏于胸中，谓之圣人。是故此气，杲乎如登于天，杳乎如入于渊，淖乎如在于海，卒乎如在于己②。是故此气也，不可止以力，而可安以德；不可呼以声，而可迎以意③。敬守勿失，是谓成德④。德成而智出，万物毕得⑤。

[注释]

① 气：原文为"凡"，据张舜徽说改。比：相互结合。原文为"此"，据石一参说改。 ② 此：原文为"民"，据丁士涵说改。杲乎：明亮的样子。杳乎：幽暗的样子。淖乎：宽大的样子。淖：通"绰"，宽绰。卒乎：仓猝的样子。 ③ 意：原文为"音"，据王念孙说改。 ④ 成德：成就其德行。 ⑤ 万物毕得：万事万物都能把握。毕：全，都。原文为"果"，据王念孙说改。

[原文]

凡心之刑，自充自盈，自生自成①。其所以失之，必以忧乐喜怒欲利。能去忧乐喜怒欲利，心乃反济②。彼心之情，利安以宁，勿烦勿乱，和乃自成③。折折乎如在于侧，忽忽乎如将不得，渺渺乎如穷无极④。此稽不远，日用其德⑤。

[注释] ① 刑:通“形”。自充自盈:自己充实完满。 ② 反济:恢复到完满无损的状态。 ③ 情:特性。利安以宁:需要安定与宁静。和:和谐。 ④ 折折:通“哲哲”,清楚的样子。忽忽:恍恍忽忽。渺渺:遥远。穷:探究,追寻。极:尽头。 ⑤ 这两句意思是:考察这个心,并不很远,人们每天都在运用其性能。

[原文] 夫道者,所以充形也,而人不能固[①]。其往不复,其来不舍[②]。谋乎莫闻其音,卒乎乃在于心[③];冥冥乎不见其形,淫淫乎与我俱生[④]。不见其形,不闻其声,而序其成,谓之道[⑤]。

[注释] ① 充形:充实形体。固:固守。 ② 复:回还。舍:居住。 ③ 谋:通“谟”,寂静。卒:忽然。 ④ 冥冥:幽暗的样子。淫淫:增进的样子。 ⑤ 序其成:逐步生长。序:顺序,依次。

[原文] 凡道无所,善心安爱,心静气理,道乃可止[①]。彼道不远,民得以产[②];彼道不离,民因以知[③]。是故卒乎其如可与索,眇眇乎其如穷无所[④]。彼道之情,恶音与声[⑤]。修心静意,道乃可得[⑥]。道也者,口之所不能言也,目之所不能视也,耳之所不能听也,所以修心而正形也,人之所失以死、所得以生也,事之所失以败、所得以成也[⑦]。

[注释] ① 所:处所。善心安爱:保持善心,安于博爱。理:顺。止:停留。 ② 产:生长。 ③ 因以知:根据它(即“道”)才得到智慧。 ④ 卒乎:高大的样子。卒:通“崒”。索:寻找。眇:同“渺”。穷:追索。这两句意思是:所以,它非常高大,好像可以寻找到;又渺茫得很,好像追寻不到它的所在。 ⑤ 情:性。恶:厌恶,讨厌。 ⑥ 意:原文为“音”,据王念孙说改。 ⑦ 所失以死:失去了就会死亡。所得以生:得到了就能生存。

［原文］

凡道无根无茎，无叶无荣①。万物以生，万物以成，命之曰道②。天主正，地主平，人主安静③。春秋冬夏，天之时也④；山陵川谷，地之枝也⑤；喜怒取予，人之谋也⑥。是故圣人与时变而不化，从物而不移⑦。能正能静，然后能定。定心在中，耳目聪明，四枝坚固，可以为精舍⑧。精也者，气之精者也，气道乃生，生乃思，思乃知，知乃止矣⑨。凡心之形，过知失生⑩。

［注释］

① 荣：花。 ② 以：因，依靠。 ③ 主：职责，功能。 ④ 时：季节。 ⑤ 地之枝：土地所别出的。枝：树木旁出的枝杈，引申为别出的事物。 ⑥ 谋：谋虑，思想。 ⑦ 与时变而不化：参与时事的变化而自身不发生变化。从物而不移：顺应事物的变迁而自己坚定不移。 ⑧ 定心：安定的心。枝：通“肢”。精舍：精气的住所。 ⑨ 道：通“导”，通达。思：思维。知：有智慧。止：满足。 ⑩ 过知失生：求知过多就会失去生机。

［原文］

一物能化谓之神，一事能变谓之智①。化不易气，变不易智，唯执一之君子能为此乎②！执一不失，能君万物③。君子使物，不为物使，得一之理④。治心在于中，治言出于口，治事加于人，然则天下治矣⑤。一言得而天下服，一言定而天下听，公之谓也⑥。

［注释］

① 一：对事物执著专一。这两句意思是：对事物专一而达到出神入化叫做神，对事情专一而至于随心所欲叫做智。 ② 易：改变。执一：执著专一。 ③ 君：统治，治理。 ④ 使：役使，使用。为：被。得一之理：掌握了专一的原则。 ⑤ 治心：修养好的心。中：胸中。治言：整理好的话。治事：安排好的事。 ⑥ 言：言词。得：得当。

定:决定。

[原文]

形不正,德不来;中不静,心不治①。正形摄德,天仁地义,则淫然而自至②。神明之极,照知万物,中守不忒③。不以物乱官,不以官乱心,是谓中得④。

[注释]

① 以上四句意思是:形体不端正,是因为内德没有到来;心中做不到虚静,是因为内心没有修养好。 ② 摄:摄取,保养。天仁地义:像天那样仁慈,像地一样无私。淫然:连续不断的样子。 ③ 神明:指认识能力。照:通“昭”,清楚,明白。原文“照”下有“乎”字,据王念孙说删。中守:保持中正。原文为“中义守”,据王念孙说改。忒:差错。 ④ 物:指外物。官:感官。中得:内心有所得。

[原文]

有神自在身,一往一来,莫之能思①。失之必乱,得之必治。敬除其舍,精将自来②。精想思之,宁念治之,严容畏敬,精将至定③。得之而勿舍,耳目不淫,心无他图④。正心在中,万物得度⑤。道满天下,普在民所,民不能知也⑥。一言之解,上察于天,下极于地,蟠满九州⑦。何谓解之?在于心安⑧。我心治,官乃治;我心安,官乃安⑨。治之者心也,安之者心也。心以藏心,心之中又有心焉⑩。彼心之心,意以先言⑪。意然后形,形然后言,言然后使,使然后治⑫。不治必乱,乱乃死。

[注释]

① 神:指道。莫之能思:不可测度。思:猜测。 ② 除:清扫。舍:场所。精:神,指道。 ③ 精想:精诚专一地思考。宁念:平息欲念。治:修养。严容:容貌严肃。至定:达到安定。 ④ 舍:舍弃。

淫:迷惑。 ⑤ 万物得度:万物就有了衡量的标准。 ⑥ 普在民所:普遍地存在于人们的住所。知:懂得。 ⑦ 察:通“际”,至,到。蟠:充满。 ⑧ 这两句意思是:怎样才叫理解道呢? 其关键在于使心安宁。 ⑨ 治:修养好。官:指感官。 ⑩ 心以藏心:内心中包含着思想。 ⑪ 意以先言:先有意念,然后才形成语言。意:原文为“音”,据刘绩说改,下“意”字同。 ⑫ 以上四句意思是:有了意念然后形成概念,有了概念然后用语言表述出来,有了语言然后才能起作用,发挥了作用事物才能得到治理。

[原文] 精存自生,其外安荣①。内藏以为泉原,浩然和平,以为气渊②。渊之不涸,四体乃固③;泉之不竭,九窍遂通④。乃能穷天地,被四海。中无惑意,外无邪灾⑤。心全于中,形全于外,不逢天灾,不遇人害,谓之圣人。人能正静,皮肤裕宽,耳目聪明,筋信而骨强⑥。乃能戴大圜而履大方,鉴于大清,视于大明⑦。敬慎无忒,日新其德,遍知天下,穷于四极⑧。敬发其充,是谓内得⑨。然而不反,此生之忒⑩。

[注释] ① 外:指形体。安:乃。荣:颜色有光泽。 ② 内藏:聚集在内部。浩:盛大。气渊:精气的渊源。 ③ 涸:枯竭。四体:四肢。④ 遂:于是,就。 ⑤ 穷:穷尽。被:遍及。中:内心。邪:邪恶。⑥ 裕宽:丰满。信:通“伸”,舒展。 ⑦ 大圜:指天。大方:指地。以上四句的意思是:才能顶天立地,心像镜子一样清,像日月一样明。⑧ 敬慎:恭敬谨慎。忒:差错。新:更新。穷:探究,追索。 ⑨ 发其充:把充满于内部的精气发挥出来。内得:内心有所得。 ⑩ 这两句的意思是:这样做了若还不能返归于道,那生命一定会有差失。

[原文] 凡道,必周必密,必宽必舒,必坚必固,守善勿

舍,逐淫泽薄[1]。既知其极,反于道德[2]。全心在中,不可蔽匿,知于形容,见于肤色[3]。善气迎人,亲于弟兄;恶气迎人,害于戎兵。不言之声,疾于雷鼓[4];心气之形,明于日月,察于父母[5]。赏不足以劝善,刑不足以惩过,气意得而天下服,心意定而天下听[6]。

[注释] ① 舍:抛弃。逐淫泽薄:驱逐淫邪,舍弃浮薄。泽:通“释”,舍。② 既:尽。极:最高标准。反:同“返”。 ③ 蔽:遮蔽。匿:隐藏。知:显现。原文为“和”,据刘绩说改。见:通“现”。 ④ 疾:严重。这两句的意思是:这种不用语言表达的声音,比打雷击鼓还厉害。⑤ 以上三句意思是:心气所表现出来的形象,比日月还明亮,比父母观察子女还透彻。 ⑥ 气意得:把握了气的意向。心意定:确定了心的意向。

[原文] 抟气如神,万物备存[1]。能抟乎?能一乎?能无卜筮而知吉凶乎[2]?能止乎?能已乎?能勿求诸人而得之己乎[3]?思之,思之,又重思之。思之而不通,鬼神将通之。非鬼神之力也,精气之极也[4]。

[注释] ① 抟:团结,凝聚。这两句意思是:把精气凝聚起来像神一样变化莫测,万物就能全部纳入心中。 ② 一:专一。卜筮:古时用龟甲占叫卜,用蓍草占叫筮。 ③ 已:停止。诸:之于。得之己:得自自身。④ 精气之极:精气专一到极点的结果。

[原文] 四体既正,血气既静,一意抟心,耳目不淫,虽远若近[1]。思索生知,慢易生忧,暴傲生怨,忧郁生疾,疾困乃死[2]。思之而不舍,内困外薄[3]。不蚤为图,生将巽舍[4]。食莫若无饱,思莫若勿致[5]。节适

之齐，彼将自至⑥。

［注释］ ① 一意抟心：心意专一。淫：滥看滥听。虽远若近：即使对远的事物也能像对近的事物一样了解。 ② 知：智慧。慢易：怠慢疏忽。暴傲：暴虐骄横。疾：病。困：严重。 ③ 舍：停止。内困外薄：内心困顿，形体受压迫。薄：通“迫”。 ④ 蚤：通“早”。生：生命。巽舍：让位，离去。巽：通“逊”，退让。舍：位置，场所。 ⑤ 莫若：不如。致：极端，过度。 ⑥ 齐：中。彼：指生命。这两句意思是：调节其适宜的程度而达到中正，生命就会自然而然地到来。

［原文］ 凡人之生也，天出其精，地出其形，合此以为人①。和乃生，不和不生。察和之道，其精不见，其征不丑②。平正擅匈，论治在心，此以长寿③。忿怒之失度，乃为之图④。节其五欲，去其二凶，不喜不怒，平正擅匈⑤。

［注释］ ① 天出其精：由天赋予精气。地出其形：由地养成其形体。此：指精气与形体。 ② 察：考察。道：方法。其征不丑：其形象也无法类比。征：形象。丑：类，比。 ③ 平正：平和中正。擅：占据，充满。匈：同“胸”。下同。论治：修养。以上三句意思是：平和中正充满胸怀，修养于内心，这就是长寿的原因。 ④ 图：想办法解决。 ⑤ 五欲：指耳、目、口、鼻、心五种感官的欲望。二凶：指喜与怒。

［原文］ 凡人之生也，必以平正。所以失之，必以喜怒忧患。是故止怒莫若诗，去忧莫若乐，节乐莫若礼，守礼莫若敬，守敬莫若静①。内静外敬，能反其性，性将大定②。

［注释］ ① 敬：恭敬。静：虚静。 ② 反：回复。性：本性。

［原文］ 凡食之道：大充，气伤而形胔①；大摄，骨枯而

血沍②。充摄之间，此谓和成③。精之所舍，而知之所生④。饥饱之失度，乃为之图⑤。饱则疾动，饥则广思，老则长虑⑥。饱不疾动，气不通于四末⑦；饥不广思，饱而不废⑧；老不长虑，困乃遬竭⑨。大心而敢，宽气而广⑩。其形安而不移，能守一而弃万苛⑪。见利不诱，见害不惧，宽舒而仁，独乐其身，是谓灵气，意行似天⑫。

[注释] ① 大充：吃得太饱。气伤而形戕：气不畅通而形体受到损害。原文为“伤而形不臧”，据许维遹说改。 ② 大摄：过分收敛，即吃得太少。摄：收敛。沍：凝滞，淤积。 ③ 充摄之间：处于大充和大摄之间，即饮食适度。和成：和顺而有所成。 ④ 这两句的意思是：精气所在的地方就是智慧产生之处。 ⑤ 图：想办法。 ⑥ 疾：快。广：通“旷”，停止，下“广”字同。长：重视，珍惜。 ⑦ 四末：四肢。 ⑧ 饱而不废：饱了也不能止住饥饿。废：停止。 ⑨ 困：故居，借指老人的躯体。遬：同“速”。 ⑩ 大心而敢：心浩大而勇敢。 ⑪ 守一：保持专一。苛：骚扰。 ⑫ 灵：原文为“云”，据丁士涵说改。意行似天：意念的运行就像在天上一样自由自在。灵气：指精气。

[原文] 凡人之生也，必以其欢。忧则失纪，怒则失端①。忧悲喜怒，道乃无处②。爱欲静之，遇乱正之③。勿引勿推，福将自归④。彼道自来，可藉与谋⑤。静则得之，躁则失之。灵气在心，一来一逝⑥。其细无内，其大无外⑦。所以失之，以躁为害。心能执静，道将自定⑧。得道之人，理丞而毛泄，匈中无败⑨。节欲之道，万物不害⑩。

[注释] ① 纪：条理，纲纪。端：头绪。 ② 无处：没有居处之地。 ③ 遇：通“愚”。这两句意思是：有了爱欲的念头就平息它，有了愚蠢纷

乱的心思就改正它。 ④ 引:迁就。归:至。 ⑤ 可藉与谋:可以借助它来谋划。 ⑥ 灵气:指道。一来一逝:一会儿来一会儿去。 ⑦ 细:小。无内:不能包含什么。无外:无边。 ⑧ 执静:保持平静。 ⑨ 理丞而毛泄:从纹理和毛孔中蒸发排泄出来。丞:通“蒸”。毛:原文为“屯”,据王引之说改。匈中无败:不会在胸中聚集腐败。匈:同“胸”。 ⑩ 这两句的意思是:能实行节欲之道,就不会受到万物的伤害。

封禅第五十

［解题］

古代帝王祭祀天地的典礼：在泰山上筑土为坛以祭天，报天之功称封；在泰山附近的小山辟场祭地，报地之功称禅。本篇记录了齐桓公和管仲关于封禅的对话及管仲谏止齐桓公封禅之事。原书本篇已亡，这是唐代尹知章（一说房玄龄）注《管子》时从《史记·封禅书》中节录有关内容补充的。

［原文］

桓公既霸，会诸侯于葵丘，而欲封禅①。管仲曰："古者封泰山禅梁父者七十二家，而夷吾所记者十有二焉②。昔无怀氏封泰山，禅云云③；虙羲封泰山，禅云云④；神农封泰山，禅云云；炎帝封泰山，禅云云；黄帝封泰山，禅亭亭⑤；颛顼封泰山，禅云云⑥；帝喾封泰山，禅云云⑦；尧封泰山，禅云云；舜封泰山，禅云云；禹封泰山，禅会稽⑧；汤封泰山，禅云云；周成王封泰山，禅社首⑨。皆受命然后得封禅⑩。"桓公曰："寡人北伐山戎，过孤竹⑪；西伐大夏，涉流沙，束马悬车，上卑耳之山⑫；南伐至召陵，登熊耳山以望江汉⑬。兵车之会三而乘车之会六，九合诸侯，一匡天下，诸侯莫违我⑭。昔三代受命，亦何以异乎⑮？"于是管仲睹桓公不可穷以辞，因设之以事⑯。曰："古之封禅，鄗上之黍，北里之禾，所以为盛⑰；江淮之间，一茅三脊，所以为藉也⑱；东海致比目之鱼，西海致比翼之鸟，然后物有不召而自至者十有五焉。今凤凰麒麟不来，嘉谷不生，而蓬蒿藜莠茂，鸱枭数至，而欲封禅，毋乃不可乎⑲？”于是桓公乃止。

［注释］ ① 葵丘：古时葵丘有二，一为宋地，在今河南兰考县东，即本篇所指；一为齐地，在今山东临淄西，即《大匡》篇言连称、管至父所戍之地。

② 泰山：亦称东岳，五岳之一，在今山东泰安境内。梁父：泰山附近的一座小山，在今山东新泰市西。 ③ 无怀氏：传说中上古的帝王，在伏羲之前。云云：泰山附近的一座小山，在今山东泰安市东南。 ④ 虙羲：即伏羲。 ⑤ 亭亭：泰山附近的一座小山，在今山东泰安市南。 ⑥ 颛顼：传说中五帝之一。 ⑦ 帝喾：传说中五帝之一。

⑧ 会稽：山名，在今浙江绍兴市东南。 ⑨ 社首：山名，旧注云在博县，或云在钜平南十三里。 ⑩ 受命：受天之命，指称帝王。

⑪ 山戎：古时北方部族，在今河北省东部。孤竹：古国名，其城在今河北卢龙县境内。事见《小匡》篇。 ⑫ 卑耳：山名，在今山西省平陆县。 ⑬ 召陵：楚地，在今河南省郾城县东。熊耳：山名，在今湖南省耒阳、益阳两县东北。江汉：长江、汉水。 ⑭ 兵车之会三而乘车之会六：三、六均为泛指，《大匡》、《小匡》等篇作“乘车之会三，兵车之会六”。 ⑮ 三代：指夏、商、周。何以异：有什么不同。 ⑯ 睹：目睹。穷以辞：用语言说服。设之以事：举出事例。 ⑰ 鄗上：地名。北里：地名。盛：装在祭器中的禾黍。 ⑱ 一茅三脊：有三条脊梗的茅草，即菁茅，又称灵茅。藉：以草铺地供人坐卧。 ⑲ 鸱枭：猫头鹰一类的恶鸟。毋乃：岂不。

小问第五十一

［解题］

本篇主要记述齐桓公就政治、经济、军事等问题向管仲咨询。全篇以问答形式为主,后半部分杂有叙事。

［原文］

桓公问管子曰:“治而不乱,明而不蔽,若何?”管子对曰:“明分任职,则治而不乱,明而不蔽矣①。”公曰:“请问富国奈何?”管子对曰:“力地而动于时,则国必富矣②。”公又问曰:“吾欲行广仁大义,以利天下,奚为而可③?”管子对曰:“诛暴禁非,存亡继绝,而赦无罪,则仁广而义大矣④。”公曰:“吾闻之也,夫诛暴禁非,而赦无罪者,必有战胜之器、攻取之数,而后能诛暴禁非,而赦无罪。”公曰:“请问战胜之器?”管子对曰:“选天下之豪杰,致天下之精材,来天下之良工,则有战胜之器矣。”公曰:“攻取之数何如?”管子对曰:“毁其备,散其积,夺之食,则无固城矣⑤。”公曰:“然则取士若何⑥?”管子对曰:“假而礼之,厚而无欺,则天下之士至矣⑦。”公曰:“致天下之精材若何?”管子对曰:“五而六之,九而十之,不可为数⑧。”公曰:“来工若何?”管子对曰:“三倍,不远千里⑨。”桓公曰:“吾已知战胜之器、攻取之数矣。请问行军袭邑,举错而知先后,不失地利若何⑩?”管子对曰:“用货,察图⑪。”公曰:“野战必胜若何?”管子对曰:“以奇⑫。”公曰:“吾欲遍知天下若何?”管子对曰:

"小以吾不识,则天下不足识也[13]。"公曰:"守战,远见,有患[14]。夫民不必死,则不可与出乎守战之难[15];不必信,则不可恃而外知[16]。夫恃不死之民而求以守战,恃不信之人而求以外知,此兵之三暗也[17]。使民必死必信若何?"管子对曰:"明三本[18]。"公曰:"何谓三本?"管子对曰:"三本者,一曰固,二曰尊,三曰质[19]。"公曰:"何谓也?"管子对曰:"故国,父母坟墓之所在,固也;田宅爵禄,尊也;妻子,质也。三者备,然后大其威,厉其意,则民必死而不我欺也[20]。"

[注释] ① 明分任职:明确贵贱的区别并据以安排官职。 ② 力地而动于时:尽力耕作动作合于天时。 ③ 奚为而可:怎样做才行呢? 奚:何。 ④ 诛暴禁非:惩罚暴国暴君,制止无理行为。存亡继绝:使亡国得以复存,使断绝之家得以延续。 ⑤ 备:指防守的器具设施。积:积蓄。之:其。 ⑥ 士:原文作"之",据王念孙说改。 ⑦ 假:嘉,赞美。厚:待遇优厚。 ⑧ 以上三句的意思是:别处出价五分,我们出价六分;别处出价九分,我们出价十分,价格不以定数限制。 ⑨ 这两句的意思是:工价相当于别处三倍,那工匠就会不远千里而来。 ⑩ 举错而知先后:行动可预知先后进退。错:同"措"。 ⑪ 用货:指用钱财收买耳目搞情报。察图:察看山川形势等地理情况。 ⑫ 奇:指出奇制胜。 ⑬ 这两句意思是:小的方面我们若不了解,也就不足以了解天下。 ⑭ 远见:指根据情报预见。患:困难。 ⑮ 与出乎守战之难:在出入守战中共患难。 ⑯ 恃而外知:依靠他们侦察敌国情况。恃:依靠。 ⑰ 兵之三暗:用兵的三种不明智的表现。三暗:指守、战、外知。 ⑱ 三本:三个根本条件。 ⑲ 固:固定。尊:尊荣。质:保证。 ⑳ 大:张大。厉:激励。不我欺:不欺骗我们。

[原文] 桓公问治民于管子。管子对曰:"凡牧民者,必

知其疾而忧之以德，勿惧以罪，勿止以力[1]。慎此四者，足以治民也。”桓公曰：“寡人睹其善也，何为其寡也[2]？”管仲对曰：“夫寡非有国者之患也[3]。昔者天子中立，地方千里，四言者该焉，何为其寡也[4]？夫牧民不知其疾则民疾，不忧以德则民多怨，惧之以罪则民多诈，止之以力则往者不反，来者鸷距[5]。故圣王之牧民也，不在其多也[6]。”桓公曰：“善，勿已，如是又何以行之[7]？”管仲对曰：“质信极仁，严以有礼，慎此四者，所以行之也[8]。”桓公曰：“请闻其说。”管仲对曰：“信也者，民信之；仁也者，民怀之；严也者，民畏之；礼也者，民美之。语曰，泽命不渝，信也[9]；非其所欲，勿施于人，仁也；坚中外正，严也[10]；质信以让，礼也[11]。”桓公曰：“善哉！牧民何先？”管子对曰：“有时先政，有时先德[12]。飘风暴雨不为人害，涸旱不为民患，百川道，年谷熟，籴贷贱，禽兽与人聚食民食，民不疾疫[13]。当此时也，民富且骄。牧民者厚收善岁以充仓廪，禁薮泽，先之以事，随之以刑，敬之以礼乐以振其淫，此谓先之以政[14]。飘风暴雨为民害，涸旱为民患，年谷不熟，岁饥，籴贷贵，民疾疫。当此时也，民贫且罢[15]。牧民者发仓廪、山林、薮泽以共其财，后之以事，先之以恕，以振其罢，此谓先之以德[16]。其收之也，不夺民财；其施之也，不失有德。富上而足下，此圣王之至事也[17]。”桓公曰：“善。”

［注释］　① 疾：疾苦。忧之以德：用恩惠来优待。忧：通“优”，优待。惧以罪：用刑罚来恐吓。止以力：用强力制止。　② 睹：看到，知道。其：指治理人民的方法。这两句意思是：我知道它的好处，可为什么这么少？

③ 这句意思是：治理人民的方法少，并不是治国者所担心的。 ④ 中立：在中央。方：方圆。四言者该焉：上述四条已经很完备了。该：通“赅”，完备。何为其寡：为什么说它少。 ⑤ 民疾：百姓憎恨。往者不反：离去的不再回来。反：通“返”。来者鸷距：来的人止足不前。鸷：马停止不前。原文作“鸷”，据王念孙说改。距：止。 ⑥ 不在其多：指治理百姓的方法不在于多。 ⑦ 勿已：不止于此。 ⑧ 质信极仁：诚信真实而达到仁。质：诚。极：至。仁：原文作“忠”，据宋翔凤说改。下“仁也者”之“仁”同此。 ⑨ 泽：通“释”，舍。渝：改变。

⑩ 坚中：内心坚定。 ⑪ 质信以让：诚信而谦让。 ⑫ 原文“有时先政”上有“有时先事”，“有时先德”下有“有时先恕”，据陶鸿庆说删。 ⑬ 飘风：旋风。涸：干。道：通“导”，通畅。籴贷：买粮、借粮。 ⑭ 厚收善岁：在丰年时多收藏财物。禁薮泽：禁止在山林湖沼中采伐捕猎。先之以事：以政事为先。原文“先”上有“此谓”，据陶鸿庆说删。敬：假借为“儆”，字亦作“檠”，辅正弓弩的器具，引申为辅正。振其淫：挽救其淫邪的风气。振：救。 ⑮ 民贫且罢：百姓贫困而疲惫。

⑯ 发：开发，利用。共：通“供”，供应。恕：宽缓，仁厚。 ⑰ 至：最好，最高。

［原文］

桓公问管仲曰：“寡人欲霸，以二三子之功，既得霸矣①。今吾有欲王，其可乎②？”管仲对曰：“公当召叔牙而问焉。”鲍叔至，公又问焉。鲍叔对曰：“公当召宾胥无而问焉。”宾胥无趋而进，公又问焉③。宾胥无对曰：“古之王者，其君丰，其臣杀，今君之臣丰④。”公遵遁，缪然远，二三子遂徐行而进⑤。公曰：“昔者大王贤，王季贤，文王贤，武王贤⑥。武王伐殷克之，七年而崩，周公旦辅成王而治天下，仅能制于四海之内矣⑦。今寡人之子不若寡人，寡人不若二三子。以此观之，则吾不王必矣[8]。”

[注释] ① 欲霸：想成就霸业。以：因。 ② 有：通“又”。欲王：想成就王业，称王天下。 ③ 趋而进：快步向前。 ④ 古之王者：古代称王的人。丰：指德厚。杀：指德薄。原文为“教”，据王引之说改。 ⑤ 遵遁：同“逡巡”，退却的样子。缪：通“穆”，严肃。远：远离席位。 ⑥ 大王：即古公亶父，周文王的祖父。王季：即季历，周文王之父。 ⑦ 崩：古代帝王死称崩。仅能制于四海之内：只能控制四海之内。 ⑧ 不王：不能够称王天下。必：必然，一定。

[原文] 桓公曰：“我欲胜民，为之奈何[1]？”管仲对曰：“此非人君之言也。胜民为易。夫胜民之为道，非天下之大道也[2]。君欲胜民，则使有司疏狱，而谒有罪者偿，数省而严诛[3]。若此，则民胜矣[4]。虽然，胜民之为道，非天下之大道也。使民畏公而不见亲，祸亟及于身[5]。虽能不久，则人特莫之弑也[6]。危哉，君之国岌乎[7]！”

[注释] ① 胜民：制服百姓。 ② 这两句的意思是：制服百姓作为一种方法，并不是治理天下的好方法。 ③ 疏狱：按条记录梳理案件。谒：告发，揭发。偿：同“赏”。数省而严诛：频繁察看而严加刑罚。 ④ 民胜：百姓被制服。 ⑤ 不见亲：国君不被百姓亲近。亟：快，迅速。 ⑥ 这两句意思是：虽然能治服百姓，但一定不会长久，只不过还没有人去杀国君罢了。特：只。原文为“持”，据吴汝纶、姚永概说改。 ⑦ 岌：危险的样子。

[原文] 桓公观于厩，问厩吏曰[1]：“厩何事最难？”厩吏未对，管仲对曰：“夷吾尝为圉人矣，傅马栈最难[2]。先傅曲木，曲木又求曲木，曲木已傅，直木无所施矣[3]。先傅直木，直木又求直木，直木已傅，曲木亦

无所施矣。”

[注释] ① 厩：马厩。厩吏：掌管马厩的小官。 ② 尝：曾经。圉人：养马的人。傅：通“附”，引申为构筑，编排。马栈：养马的栅栏。 ③ 曲木：喻指邪僻的小人。直木：喻指正直之士。

[原文] 桓公谓管仲曰：“吾欲伐大国之不服者，奈何[①]？”管仲对曰：“先爱四封之内，然后可以恶竟外之不善者[②]；先定卿大夫之家，然后可以危邻之敌国[③]。是故先王必有置也，然后有废也[④]；必有利也，然后有害也[⑤]。”

[注释] ① 奈何：怎么办。 ② 爱：爱护，团结。四封之内：指四境之内的人民。封：边境。竟：同“境”。 ③ 定：安定。危：危害。 ④ 置：设置，树立。废：废弃。 ⑤ 利：兴利。害：除害。

[原文] 桓公践位，令衅社塞祷[①]。祝凫已疵献胙，祝曰：“除君苛疾与君之多虚而少实[②]。”桓公不说，瞋目而视祝凫已疵[③]。祝凫已疵授酒而祭之曰：“又与君之若贤[④]。”桓公怒，将诛之，而未也，以复管仲，管仲于是知桓公之可以霸也[⑤]。

[注释] ① 衅社：用血祭土神。社：土地神。塞祷：酬谢神的祷告。塞：通“赛”，酬报。 ② 祝：祝史，掌管祝事的官员。凫已疵：祝史姓名。胙：祭肉。除：除去。苛疾：苛刻烦琐的毛病。君：原文为“若”，据王引之说改。 ③ 说：悦。瞋目：瞪着眼。瞋：原文作“瞑”，据刘绩补注本改。 ④ 这句的意思是：还有国君的似贤而非贤。 ⑤ 而未也：终于没有杀。复：告诉。

[原文] 桓公乘马，虎望见之而伏。桓公问管仲曰：“今者寡人乘马，虎望见寡人而不敢行，其故何也？”管仲对曰：“意者君乘驳马而洀桓，迎日而驰乎[①]？”公

曰："然。"管仲对曰："此駮象也。駮食虎豹，故虎疑焉[②]。"

[注释]　① 意者：大概。驳：马毛不纯，有杂色。原文为"駮"，据陶鸿庆说改。汭桓：盘旋。　② 駮：兽名，似马，锯牙，食虎豹。象：形象。

[原文]　楚伐莒，莒君使人求救于齐。桓公将救之，管仲曰："君勿救也。"公曰："其故何也？"管仲对曰："臣与其使者言，三辱其君，颜色不变[①]。臣使官无满其礼，三强其使者，争之以死[②]。莒君，小人也，君勿救[③]。"桓公果不救而莒亡。

[注释]　① 言：对话。三辱其君：三次污辱他们的国君。　② 以上三句意思是：我让负责接待的官员故意不行完接待莒国使者的礼节，三次让莒国使者就位，莒国使者就以死相争。　③ "莒君，小人也"：由其使臣怯于公而勇于私而知莒君是小人。

[原文]　桓公放春，三月观于野[①]。桓公曰："何物可比于君子之德乎？"隰朋对曰："夫粟，内甲以处，中有卷城，外有兵刃[②]。未敢自恃，自命曰粟[③]。此其可比于君子之德乎！"管仲曰："苗，始其少也，眴眴乎何其孺子也[④]！至其壮也，庄庄乎何其士也[⑤]！至其成也，由由乎兹免，何其君子也[⑥]！天下得之则安，不得则危，故命之曰禾。此其可比于君子之德矣。"桓公曰："善。"

[注释]　① 放春：春游。观于野：在田野游览。　② 内甲以处：指小米以皮为盔甲。卷城：指谷子以外壳为围城。卷：通"圈"。外有兵刃：指谷粒以芒刺为武器。　③ 这两句意思是：不敢自恃强大，以粟这一微小颗粒为名。　④ 眴眴：同"恂恂"，柔顺的样子。何其孺子：多么像孺

子。 ⑤ 庄庄:庄重的样子。何其士:多么像一个士人。 ⑥ 由由:通“油油”,和悦的样子。兹免:更加俯首向根。这是比喻君子不忘根本。兹:益。免:俯。

[原文]

桓公北伐孤竹,未至卑耳之谿十里,闟然止,瞠然视,援弓将射①。引而未敢发也,谓左右曰:“见是前人乎②?”左右对曰:“不见也。”公曰:“事其不济乎?寡人大惑③。今者寡人见人长尺而人物具焉④:冠,右祛衣,走马前疾⑤。事其不济乎?寡人大惑。岂有人若此者乎⑥?”管仲对曰:“臣闻登山之神有俞儿者,长尺而人物具焉。霸王之君兴,而登山神见。且走马前疾,道也⑦。祛衣,示前有水也。右祛衣,示从右方涉也⑧。”至卑耳之谿,有赞水者曰⑨:“从左方涉,其深及冠;从右方涉,其深至膝;若右涉,其大济⑩。”桓公立拜管仲于马前曰⑪:“仲父之圣至若此,寡人之抵罪也久矣⑫。”管仲对曰:“夷吾闻之,圣人先知无形⑬。今已有形,而后知之,臣非圣也,善承教也⑭。”

[注释]

① 未至卑耳之谿十里:离卑耳之谿还有十里。闟然止:突然停止。瞠然:睁大眼睛的样子。援:拿起。 ② 见是前人:看见这个前边的人。 ③ 事其不济乎:事情难道不成功吗? ④ 长尺:一尺长。人物具:人的形象具备。 ⑤ 冠:戴着帽子。右祛衣:撩起右边的衣襟。疾:快。 ⑥ 岂有人若此者:哪里会有人像这个样子。 ⑦ 这句意思是:并且从马前很快地走过,表示有道路可走。 ⑧ 涉:渡。 ⑨ 赞水者:引导渡水的人。赞:导。 ⑩ 及:至。济:渡过。 ⑪ 立拜:站在地上拜。 ⑫ 抵:当。这两句意思是:仲父您的圣明达到了这种程度,从前我却不知道,我有罪是很久了。 ⑬ 先知无形:在事物还不明显的时候就了解了。无形:没有成形。 ⑭ 善承

教:善于接受古人的经验。

［原文］

桓公使管仲求宁戚,宁戚应之曰:“浩浩乎[1]。”管仲不知,至中食而虑之[2]。婢子曰:“公何虑?”管仲曰:“非婢子之所知也[3]。”婢子曰:“公其毋少少,毋贱贱[4]。昔者吴干战,未龀不得入军门[5]。国子摘其齿,遂入,为干国多[6]。百里徯,秦国之饭牛者也,穆公举而相之,遂霸诸侯[7]。由是观之,贱岂可贱,少岂可少哉?”管仲曰:“然,公使我求宁戚,宁戚应我曰:‘浩浩乎。’吾不识。”婢子曰:“诗有之:‘浩浩者水,育育者鱼[8]。未有室家,而安召我居[9]?’宁子其欲室乎[10]?”

［注释］

① 求:征召。应:答复。 ② 不知:不明白。中食:吃中饭。虑:思考。 ③ 非婢子之所知:不是你这个婢女所能知道的。 ④ 毋:不要。少少:小看少年人。贱贱:鄙视低贱的人。 ⑤ 干:字当作“邗”,古国名。未龀:乳齿未脱。龀:读音 chèn,小孩换乳齿。 ⑥ 国子:小孩名。摘:摘取。入:指入军门。为干国多:为干国所称赞。多:称赞。 ⑦ 徯:字亦作“奚”。饭牛:喂牛。举而相之:任用他担任相国。 ⑧ 浩浩:水盛大的样子。育育:鱼游动自如的样子。 ⑨ 安召我居:让我到哪里安居? ⑩ 其欲室乎:大概是想成家吧?

［原文］

桓公与管仲阖门而谋伐莒,未发也,而已闻于国矣[1]。桓公怒谓管仲曰:“寡人与仲父阖门而谋伐莒,未发也,而已闻于国,其故何也?”管仲曰:“国必有圣人。”桓公曰:“然。夫日之役者,有执席食以视上者,必彼是邪[2]?”于是乃令之复役,毋复相代[3]。少焉,东郭邮至[4]。桓公令傧者延而上,与之分级而立[5]。

问焉，曰："子言伐莒者乎？"东郭邮曰："然，臣也。"桓公曰："寡人不言伐莒而子言伐莒，其故何也？"东郭邮对曰："臣闻之，君子善谋而小人善意，臣意之也⑥。"桓公曰："子奚以意之⑦？"东郭邮曰："夫欣然喜乐者，钟鼓之色也；夫渊然清静者，缞绖之色也⑧；漻然丰满而手足拇动者，兵甲之色也⑨。日者，臣视二君之在台上也，口开而不阖，是言莒也⑩；举手而指，势当莒也⑪。且臣观小国诸侯之不服者，唯莒，于是臣故曰伐莒。"桓公曰："善哉，以微射明，此之谓乎⑫！子其坐，寡人与子同之⑬。"

[注释]　① 阖：关闭。发：发动，行动。闻于国：在都城中传开了。② 夫日：那一天。役者：服役的人。食以视上：吃饭时向上看。必彼是邪：一定是他吧？　③ 复役：再次服役。代：代替。　④ 少焉：没多久。　⑤ 傧者：负责接待的人员。延而上：请他上来。立：原文为"上"，据王念孙说改。　⑥ 善意：善于以意猜测。意：同"臆"，推测。　⑦ 奚以意之：从哪里推测出来。奚：何。　⑧ 渊然：深沉的样子。缞绖之色：居丧的颜色。缞绖：丧服。　⑨ 漻然：清澈的样子。　⑩ 日者：那天。莒：发音时口开而不合。　⑪ 势当莒：方向对着莒。　⑫ 以微射明：从细微的小事能推测出明显的大事。射：猜测，推测。　⑬ 与子同之：和你一同谋划这件事。

[原文]　客或欲见齐桓公，请仕上官，授禄千钟①。公以告管仲。曰："君予之。"客闻之曰："臣不仕矣。"公曰："何故？"对曰："臣闻取人以人者，其去人也亦用人②。吾不仕矣。"

[注释]　① 请仕上官：请求做高级官员。授禄千钟：领取千钟的俸禄。② 这两句意思是：我听说根据别人的意见用人的人，他也会根据别人的意见免除人。

七臣七主第五十二

[解题] 本篇在开头和结尾分别列举了七种类型的君主和七种类型的大臣，故名。中间一部分泛论法制、经济、阴阳、时令等治国为政的一般问题，可能是别篇错简误入本篇。

[原文] 或以平虚请论七主之过，得六过一是[1]。以还自镜，以知得失，以绳七臣，得六过一是。呜呼美哉，成事疾[2]。

申主[3]：任势守数以为常，周听近远以续明[4]。皆要审则法令固，赏罚必则下服度[5]。不备待而得和，则民反素也[6]。故主虞而安，吏肃而严，民朴而亲，官无邪吏，朝无奸臣，下无侵争，世无刑民[7]。

惠主[8]：丰赏厚赐以竭藏，赦奸纵过以伤法[9]。藏竭则主权衰，法伤则奸门闿[10]。故曰：泰则反败矣[11]。

侵主[12]：好恶反法以自伤，喜决难知以塞明[13]。从狙而好小察，事无常而法令申[14]。不許，则国失势[15]。

芒主[16]：目伸五色，耳常五声，四邻不计，司声不听，则臣下恣行而国权大倾[17]。不許，则所恶及身[18]。

劳主[19]：不明分职，上下相干，臣主同则[20]。刑振以丰，丰振以刻[21]。去之而乱，临之而殆，则后世何得[22]？

振主[23]：喜怒无度，严诛无赦，臣下振恐，不知所错，则人反其故[24]。不䛐，则法数日衰而国失固[25]。

亡主[26]：通人情以质疑，故臣下无信[27]。尽自治其事则事多，多则昏，昏则缓急俱植[28]。不䛐，则见所不善，余力自失而罚[29]。

［注释］ ① 或以平虚：有人以平和虚心的态度。论：讨论。七主之过：七种君主的过失。六过一是：六种错误的，一种正确的。 ② 成事疾：做事成功快。言以七主七臣之过与是对照检查，所以成事快。 ③ 申主：诚信的君主。申：通“信”。 ④任势守数：顺应时势，遵循事理。为：建立。常：法规。周听近远：充分了解远近情况。周：全面，周全。续：延续，保持。 ⑤ 皆要：考核统计。皆：假借为“稽”。要：古时月统计称“要”，年统计称“会”。审：精确。必：坚决。下：百姓。服度：服从法度。 ⑥ 不备待而得和：对人民不用警备对待而用德政去亲和。得：通“德”。反素：返归朴素。 ⑦ 虞：通“娱”，欢乐。官：官府。刑民：受刑的百姓。从“故主虞而安”至“世无刑民”，原在下文“故一人之治乱在其心”上，据张文虎、郭沫若说移此。 ⑧ 惠主：滥施恩惠的君主。 ⑨ 竭藏：用尽积蓄。伤：毁。 ⑩ 奸门闿：开启奸邪犯法之门。闿：通“开”。 ⑪ 泰：平稳，宽缓。 ⑫ 侵主：损害法度的君主。 ⑬ 这两句意思是：所喜欢的和所厌恶的正好与法相反以致伤害自己，对不了解之事喜欢妄加判断而堵塞视听。 ⑭ 从：纵。狙：窥伺。这两句意思是：喜欢暗中监视，指示人背后窥视，做事无常而只是申布法令。 ⑮ 䛐：通“悟”。 ⑯ 芒主：荒怠的君主。芒：通“荒”。 ⑰ 伸：放纵，迷恋。耳常五声：耳朵离不开音乐。常：经常。四邻：指前后左右的辅臣。计：考虑。司声：谏言之类。恣：肆意。⑱ 所恶及身：所不愿看到的事（国亡身死等）就会发生在自己身上。 ⑲ 劳主：不善用人，自己烦劳的君主。 ⑳ 分职：本分和职责。干：犯。则：道。 ㉑ 刑振以丰：刑罚开放而且越来越多。振：发，开

放。丰振以刻：开放繁多而且严苛。刻：苛刻。 ㉒ 去之：去掉繁苛的刑罚。临之：运用它。殆：危险。后世何得：后代会有什么好处呢？ ㉓ 振主：以权威刑罚震慑臣民的君主。振：通“震”。 ㉔ 恐：原文为“怒”，据王引之说改。错：同“措”。人反其故：人返回到巧诈的状态。 ㉕ 法数日衰：法术日益衰弱。 ㉖ 亡主：亡国的君主。亡：原文为“芒”，据陈奂说校改。 ㉗ 这两句意思是：通晓人情世故而多疑，不信任臣下。 ㉘ 昏：慌乱。缓急俱植：不分轻重缓急地办理。植：通“置”。 ㉙ 见：通“现”。以上三句意思是：如不觉悟，就会出现他认为不好的事，其处理事情的余力就会丧失而导致滥施刑罚。

［原文］

故一人之治乱在其心，一国之存亡在其主。天下得失，道一人出①。主好本则民好垦草莱，主好货则人贾市，主好宫室则工匠巧，主好文采则女工靡②。夫楚王好小腰而美人省食，吴王好剑而国士轻死③。死与不食者，天下之所共恶也，然而为之者何也？从主之所欲也④。而况愉乐音声之化乎⑤？夫男不田，女不缁，工技力于无用，而欲土地之毛，仓库满实，不可得也⑥。土地不毛则人不足，人不足则逆气生，逆气生则令不行⑦。然强敌发而起，虽善者不能存⑧。何以效其然也⑨？曰：昔者纣是也⑩。诛贤忠，近谗贼之士而贵妇人，好杀而不勇，好富而忘贫⑪。驰猎无穷，鼓乐无厌⑫。瑶台玉铺不足处，驰车千驷不足乘⑬。材女乐三千人，钟石丝竹之音不绝⑭。百姓罢乏，君子无死，卒莫有人，人有反心⑮。遇周武王，遂为周氏之禽⑯。此营于物而失其情者也，愉于淫乐而忘后患者也⑰。故设用无度国家踣，举事不时，必受其灾⑱。夫仓库非虚空也，商宦非虚坏也，法令非虚乱也，国家非虚亡也[19]。彼时有春秋，岁有赈凶，政有急缓[20]。政有急缓故物有轻重，岁有赈凶故民有羡不足，时有春秋故谷有贵贱[21]。而上不调淫，故游商得以什伯其本也[22]。百姓之不田，贫富之不訾，皆用此作[23]。城郭不守，兵士不用，皆道此始[24]。夫亡国踣家者，非无壤土也，其所事者非其功也[25]。夫凶岁雷旱，非无雨露也，其燥湿非其时也[26]。乱世烦政，非无法令也，其所诛赏者非其人也[27]。暴主迷君，非无心腹也，其所取舍非其术也[28]。故明主有六务四禁。六务者何也？一曰节用，二曰贤佐，三曰法度，四曰必诛，五曰天时，六曰地宜[29]。四禁者何也？春无杀伐，无割大陵，倮大衍，伐大木，斩大山，行大火，诛大臣，收谷赋[30]。夏无遏水达名川，塞大谷，动土功，射鸟兽[31]。秋毋赦过、释罪、缓刑。冬无赋爵赏禄，伤伐五藏[32]。故春政不禁则百长不生，夏政不禁则五谷不成，秋政不禁则奸邪不胜，冬政不禁则地气不藏[33]。四者俱犯，则阴阳不和，风雨不时[34]。大水飘州流邑，大风飘屋折树，暴火焚地燋草[35]；天冬雷，地冬霆，草木夏落而秋荣[36]；蛰虫不藏，宜死者生，宜蛰者鸣；苴多螣蟆，山多虫螟[37]；六畜不蕃，民多夭死[38]；国贫法乱，逆气下生。故曰：台榭相望者亡国之庑也，驰车充国者追寇之马也，羽剑珠饰者斩生之斧也，文采纂组者燔功之窑也[39]。明王知其然，故远而不近也。能去此取彼，则人主道备矣[40]。夫法者所以兴功惧暴也，律者所以定分止争也，令者所以令人知事也[41]。法律政令者，吏民规矩绳墨也[42]。夫矩不正，不可以求方；绳不信，不可以求直[43]。法令者，君臣之所共立也；权势者，人主之所独守也[44]。故人主失守则危，臣吏失守则乱。罪决于吏则治，权断于主则威，民信其法则亲。是故明王审法慎权，下上有分[45]。夫凡私之所起，必生于主。夫上好本则端正之士在前，上好利则毁誉之士在侧[46]；上多喜善赏不随其功，则士不为用[47]；数出重法而不克其罪，则奸不为止[48]。明王知其然，故见必然之政，立必胜之罚[49]。故民知所必就，而知所必去，推则往，召则来，如坠重于高，如渎水于地[50]。故法不烦而吏不劳，民无犯禁，故有百姓无怨于上矣[51]。

［注释］ ① 道一人出：取决于君主。道：从。一人：指国君。 ② 本：指农业。货：财货。贾市：做买卖。女工：指女工制作的物品。靡：奢侈。 ③ 小腰：细腰。省食：节食减肥。轻死：不怕死。 ④ 恶：厌恶。从主之所欲：追随君主的好恶。 ⑤ 况：何况。化：教化，影响。 ⑥ 田：耕种。缁：泛指纺织。工技力于无用：工匠的技艺致力于无用之事。毛：指生长庄稼。 ⑦ 人不足：人吃的东西不够。逆气：对抗之气。 ⑧ 这两句意思是：这样强大的敌人趁机发动攻击，即使是善战的人也不能保存其国家。 ⑨ 效：验证。 ⑩ 原文“纣”上有“桀”字，据王念孙说删。 ⑪ 贵妇人：指宠幸褒姒。好杀而不勇：好杀戮却不勇于战斗。 ⑫ 驰猎：驰骋田猎。厌：满足。 ⑬ 瑶台：豪华的楼台。玉铺：吃的东西用玉器来盛。处：居住。驷：古一车四马为一驷。 ⑭ 材：通“裁”，选取。女乐：美女和乐工。 ⑮ 君子无死：官员不理政事。死：通“尸”，主持，引申为职守。卒：最后。莫有人：没有人拥护。 ⑯ 周氏：指周武王。禽：擒获之物。 ⑰ 营于物：迷恋物质享受。营：惑。情：人情。愉：通“偷”，苟且。 ⑱ 设用：财物

的安排使用。踣:倒,引申为败亡。不时:不合时宜。 ⑲ 非:不是。虚:凭空地,平白无故地。 ⑳ 赈:富足。原文为“败”,据丁士涵说改。下“赈”字同。 ㉑ 政:这里主要指财政政策。轻重:指物价的高低。羡:余。原文为“义”,据王念孙说改。 ㉒ 调淫:调节过度上涨或下跌的物价。淫:过度。什伯其本:获得十倍或百倍于其本钱的利益。 ㉓ 訾:同“资”,通“齐”。用此作:由此产生。 ㉔ 道:从。 ㉕ 其所事者非其功:他所从事的并不是治理国家的根本大事。 ㉖ 其燥湿非其时:干旱和降雨与实际需要的时节不合。 ㉗ 其所诛赏者非其人:他所杀戮和赏赐的,并不是犯罪应罚和立功应赏的人。即赏罚不当。 ㉘ 取舍:指任用和免除。非其术:不符合用人之道。术:道。 ㉙ 贤佐:任用贤能的人为辅佐。必诛:指刑罚坚决。 ㉚ 割大陵:挖掘隔断大的丘陵。倮大衍:使大的沼泽裸露。倮:通“裸”。衍:大泽。斩:挖掘,开发。 ㉛ 遏水达名川:阻止水流向大江大河。 ㉜ 伤伐五藏:损害收藏的五谷。“藏”原文为“谷”,据王念孙说改。 ㉝ 百长:指各种植物。胜:制服。 ㉞ 不时:不合时节。 ㉟ 飘屋:吹毁房屋。飘:原文作“漂”,据文义改。燋草:把草烧焦。 ㊱ 霆:震动。荣:茂盛。 ㊲ 苴:通“菹”,草泽。螣:螣蛇,传说中一种会飞的蛇。蟆:蛙类。虫螟:虫子和蛾子。 ㊳ 蕃:繁殖。夭死:短命而死。 ㊴ 庑:廊屋。羽:指箭。文采纂组:绘有彩色花纹的丝带。燔:烧。以上五句意为:所以说,连绵不断的楼阁台榭,是亡国的廊房;游览奔驰于国内的车辆,是引来敌人的车马;用珠宝装饰的箭和剑,是斩杀生灵的刀斧;彩绣的衣服和丝带,是焚毁功业的灶炉。 ㊵ 去此取彼:舍弃这些(指上述台榭、驰车、羽剑、纂组)而取用那些(指下文的法律政令)。人主道备:人君之道就完备了。 ㊶ 兴功惧暴:提倡功德威慑暴行。定分止争:确定职分制止纷争。令人知事:命令百姓管理政事。 ㊷ 吏:治理。 ㊸ 信:通“伸”。 ㊹ 守:掌握。 ㊺ 审法慎权:明于法而慎于权。分:分别,职分,名分。 ㊻ 本:根本,指道德。利:私利。毁誉:诽谤或吹捧。 ㊼ 多喜善赏:多所喜爱而喜欢赏赐。不随其功:不根据其功劳大小。 ㊽ 不克其罪:不能制服犯罪。奸不为止:奸邪之人就制止不了。 ㊾ 见:现,显示,颁布。

必然之政：坚决实施的政令。必胜之罚：必然制服的刑罚。 ㊿ 必就：必须要做的。必去：必须要避开的。坠重于高：从高处向下扔东西。渎水于地：在地上开沟引水。 (51) 烦：烦琐。矣：原文“上”下有“上亦”二字，无“矣”字，据何如璋说删补。

［原文］

法臣①：法断名决，无诽誉②。故君法则主位安，臣法则货赂止而民无奸③。呜呼美哉，名断言泽④。

饰臣⑤：克亲贵以为名，恬爵禄以为高⑥。好名则无实，为高则不御⑦。《故记》曰：“无实则无势，失辔则马焉制⑧？”

侵臣⑨：事小察以折法令，好佼友而行私请⑩。故私道行则法度侵，刑法繁则奸不禁，主严诛则失民心。

谄臣⑪：多造钟鼓、众饰妇女以惛上⑫。故上惛则四邻不计，而司声直禄⑬。是以谄臣贵而法臣贱，此之谓微孤⑭。

愚臣：深罪厚罚以为行，重赋敛、多兑道以为上，使身见憎而主受其谤⑮。《故记》称之曰：“愚忠谗贼”，此之谓也⑯。

奸臣：痛言人情以惊主，开罪党以为雠，除雠则罪不辜，罪不辜则与雠居⑰。故善言可恶以自信，而主失亲⑱。

乱臣：自为辞功禄，明为下请厚赏⑲。居为非母，动为善栋⑳。以非买名，以是伤上，而众人不知，此之谓微攻㉑。

［注释］

① 法臣：守法的大臣。 ② 法断名决：依法度而断，按刑名而

决。诽:怨谤之词。誉:夸誉之语。 ③ 君法:君主守法。臣法:大臣守法。 ④ 名断言泽:是非清楚,狱讼了然。名:是非之名。言:狱讼之案。泽:通“释”。 ⑤ 饰臣:虚伪的大臣。饰:装扮,修饰。 ⑥ 克:制服。恬:恬淡。 ⑦ 不御:不好控制。御:驾驭。 ⑧ 失辔:比喻失去控制。辔:缰绳。焉:怎样。 ⑨ 侵臣:损坏法度的大臣。 ⑩ 事小察:暗中进行窥视。折:损坏。佼:通“交”。友:原文作“反”,据刘绩说改。私请:私人的请托。 ⑪ 谄臣:谄媚的大臣。谄:原文作“乱”,据猪饲彦博与陈奂说改。 ⑫ 惛:惑乱。 ⑬ 四邻:周边的邻国。原文作“隣”,据俞樾说改补。直禄:白拿俸禄,指不司其职。直:只,空。 ⑭ 微孤:不知不觉地孤立。微:暗中。 ⑮ 深罪厚罚:罗织重罪,严加刑罚。多兑道:广开聚敛之道。兑:聚。见:被。

⑯ 愚忠谗贼:愚忠等于谗贼。 ⑰ 开:开列。雠:同“仇”。除雠则罪不辜:借除仇之机滥杀无辜。 ⑱ 信:通“伸”。这两句意思是:所以,善于在君主面前指责君主所厌恶的人或事,从而显示自己,使君主失去臣民的拥戴。 ⑲ 为:通“伪”。下:他的部属。 ⑳ 这两句的意思是:在家则是非议朝政的首领,在外则是歌功颂德的骨干。

㉑ 非:非议朝政。以是伤上:用附和君主错误来损害其威信。此:原文无,据文例补。微攻:暗中攻击。

禁藏第五十三

[解题]

本篇以开篇首句前二字为篇名,篇中论述的问题涉及君主正身修养、刑赏执法、因时为政、务本富民等各个方面。

[原文]

禁藏于胸胁之内,而祸避于万里之外①。能以此制彼者,唯能以己知人者也②。夫冬日之不滥,非爱冰也,夏日之不炀,非爱火也,为不适于身便于体也③。夫明王不美宫室,非喜小也,不听钟鼓,非恶乐也,为其伤于本事而妨于教也④。故先慎于己而后彼,官亦慎内而后外,民亦务本而去末⑤。

[注释]

① 禁:禁令。胸胁之内:胸中。 ② 此:指禁令。彼:指祸。唯:只有。 ③ 滥:加冰的水,这里指用加冰的水洗澡。爱:吝惜。炀:烤火。 ④ 美:美化,修饰。小:狭窄。恶:厌恶。伤:损害。本事:指农业生产。妨于教:妨碍教化。 ⑤ 己:指君主。彼:指别人。末:末作,指生产奢侈品的行业。

[原文]

居民于其所乐,事之于其所利,赏之于其所善,罚之于其所恶,信之于其所余财,功之于其所无诛①。于下无诛者,必诛者也;有诛者,不必诛者也②。以有刑至无刑者,其法易而民全③;以无刑至有刑者,其刑烦而奸多④。夫先易者后难,先难而后易,万物尽然⑤。明王知其然,故必诛而不赦,必赏而不迁者,非喜予而乐其杀也,所以为人致利除害也⑥。于以养老长弱,完活万民,莫明焉⑦。

［注释］ ① 以上六句意思是：把人民安置在他们愿意居住的地方，让他们从事对他们自己有利的工作，对那些他们认为是好的事情进行奖赏，对那些他们认为是坏的事情进行惩罚，使他们相信他们剩余的财富不会被剥夺，让他们从事不触犯刑律的事情。 ② 以上四句意思是：百姓没有因犯罪而被杀的，是坚持有罪必罚的结果；百姓有因犯罪而被杀的，是因为没有坚持有罪必罚的结果。 ③ 以：由，从。易：简易。全：保全。 ④ 烦：烦琐，复杂。奸：坏人。 ⑤ 尽然：都是如此。 ⑥ 迁：改变。喜予：喜欢赏赐。乐其杀：喜欢杀人。致：招致，谋取。 ⑦ 于以：用以。长：抚养。完活：保全，养活。莫明焉：没有比这再清楚的了。

［原文］ 夫法法则治①。法者天下之仪也，所以决疑而明是非也，百姓所县命也②。故明王慎之，不为亲戚故贵易其法，吏不敢以长官威严危其命，民不以珠玉重宝犯其禁③。故主上视法严于亲戚，吏之举令敬于师长，民之承教重于神宝④。故法立而不用，刑设而不行也。

［注释］ ① 法法：按法令办事。原文“法法”上有“不”，据王念孙说删。 ② 仪：准则。百姓所县命：百姓的生命悬挂在上面。县：通“悬”。 ③ 故：故旧。贵：地位高的人。易：改变。危：损害。以：因。 ④ 严于亲戚：比亲戚还重。亲戚：指父母。举令：执行命令。敬于师长：比对师长还恭敬。承教：接受教化。神宝：即神保，古时祭祀祖先时代表祖先的人，这里指祖先。

［原文］ 夫施功而不钧，位虽高为用者少①；赦罪而不一，德虽厚不誉者多②；举事而不时，力虽尽其功不成③；刑赏不当，断斩虽多，其暴不禁④。夫公之所加，罪虽重下无怨气⑤；私之所加，赏虽多士不为欢⑥。行法不道，众民不能顺⑦；举错不当，众民不

能成[8];不攻不备,当命为愚人[9]。

[注释] ① 施功:论功行赏。钧:通“均”。位:指赏给的爵位。 ② 一:坚持同一标准。誉:称赞。 ③ 不时:不合时宜。 ④ 刑赏:这里指刑。当:恰当。断斩:指惩罚。 ⑤ 公之所加:指按国家法令判罪。 ⑥ 私之所加:指违背国家法令,根据个人意志行赏。欢:通“劝”,鼓励。 ⑦ 不道:不符合原则。 ⑧ 举错:举止,指政策措施。错:通“措”。 ⑨ 攻:致力于道。备:完备。命:叫做。原文为“今”,据安井衡说改。

[原文] 故圣人之制事也,能节宫室、适车舆以实藏,则国必富、位必尊矣[1];能适衣服、去玩好以奉本,而用必赡、身必安矣[2];能移无益之事、无补之费,通币行礼,而党必多、交必亲矣[3]。夫众人者,多营于物,而苦其力、劳其心,故困而不赡,大者以失其国,小者以危其身[4]。

[注释] ① 制事:处理政事。适:适量,节制。实:充实。藏:积蓄。矣:原文无,据上下文文例增。 ② 玩好:指供玩赏的器物。奉本:重视加强农业。奉:遵奉。赡:足。 ③ 移:改变,去掉。通币行礼:按礼节相互往来,赠送礼物。党:同伙。交:朋友。 ④ 众人:一般的统治者。营:谋求,经营。困:窘迫。

[原文] 凡人之情:得所欲则乐,逢所恶则忧,此贵贱之所同有也[1]。近之不能勿欲,远之不能勿忘,人情皆然[2]。而好恶不同,各行所欲,而安危异焉,然后贤不肖之形见也[3]。夫物有多寡而情不能等,事有成败而意不能同,行有进退而力不能两也[4]。故立身于中,养有节[5]:宫室足以避燥湿,食饮足以和血气,衣服足以适寒温,礼仪足以别贵贱,游虞足以发

欢欣，棺椁足以朽骨，衣衾足以朽肉，坟墓足以道记⑥。不作无补之功，不为无益之事，故意定而不营气情⑦。气情不营则耳目穀、衣食足⑧。耳目穀、衣食足，则侵争不生，怨怒无有，上下相亲，兵刃不用矣⑨。故适身行义，俭约恭敬，其唯无福，祸亦不来矣⑩；骄傲侈泰，离度绝理，其唯无祸，福亦不至矣⑪。是故君子上观绝理者以自恐也，下观不及者以自隐也⑫。故曰：誉不虚出，而患不独生，福不择家，祸不索人，此之谓也⑬。

［注释］ ① 贵贱之所同有：地位高和地位低的人所共同具有的。 ② 这三句的意思是：对于所喜欢的东西接近了免不了要追求，远离了免不了要惦记，人的习性都是这样。 ③ 安危异焉：其结果或安或危各不相同。不肖：无才无德之人。见：通"现"，显现。 ④ 情不能等：人的欲望与物的多寡不能等同。意：意愿。两：成对，相称。 ⑤ 立身：为人处世。中：适中。节：节制。 ⑥ 燥：指日晒。湿：指雨淋。和：调养。适：适应。游虞：游玩娱乐。虞：通"娱"。发：抒发。棺椁：古代内棺称棺，外棺称椁。衾：指盖尸体的被子。道记：表示标志。 ⑦ 意定：意念坚定。不营气情：思想感情不迷乱。营：迷惑。 ⑧ 穀：善，好。 ⑨ 侵争：侵犯争夺之事。 ⑩ 适身：节制自身。唯：同"虽"，即使。 ⑪ 侈泰：奢侈浪费。离度绝理：离开法度，违背常理。 ⑫ 自恐：自我警戒。不及者：做得不够的人。自隐：自我纠正。隐：借为"檃"，校正用的木板，引申为纠正。 ⑬ 虚出：凭空而出。独生：无故产生。索：寻找。

［原文］ 能以所闻瞻察，则事必明矣①。故凡治乱之情，皆道上始②。故善者圉之以害，牵之以利，能利害者，财多而过寡矣③。夫凡人之情，见利莫能勿就，见害莫能勿避。其商人通贾，倍道兼行，夜以

续日，千里而不远者，利在前也④。渔人之入海，海深万仞，就彼逆流乘危百里，宿夜不出者，利在水也⑤。故利之所在，虽千仞之山无所不上，深渊之下无所不入焉。故善者执利之在，而民自美安⑥。不推而往，不引而来，不烦不扰，而民自富。如鸟之覆卵，无形无声，而唯见其成⑦。

［注释］

① 以所闻瞻察：根据所了解的情况进行考察。闻瞻：听到的和看到的。 ② 情：情实。道：从。 ③ 圉：驾驭，约束。以：用。牵：引诱。利害：指用利引诱，用害约束。 ④ 其：那。通贾：做买卖。倍道兼行：加倍地赶路。不远：不以为远。 ⑤ 仞：古七尺为一仞。就：趋向。彼：那。乘危：在危险中航行。宿夜：白天晚上。宿：通“夙”。 ⑥ 执利之在：掌握住利益的所在。执：原文为“势”，形近而误，据文义改。 ⑦ 覆卵：即孵卵。

［原文］

夫为国之本，得天之时而为经，得人之心而为纪，法令为维纲，吏为网罟，什伍以为行列，赏诛为文武①。缮农具当器械，耕农当攻战，推引铫耨以当剑戟，被蓑以当铠襦，菹笠以当盾橹②。故耕器具则战器备，农事习则功战巧矣③。当春三月，萩室熯造，钻燧易火，抒井易水，所以去兹毒也④。举春祭，塞久祷，以鱼为牲，以糵为酒，相召，所以属亲戚也⑤。毋杀畜生，毋拊卵，毋伐木，毋夭英，毋折竿，所以息百长也⑥。赐鳏寡，振孤独，贷无种，与无赋，所以劝弱民⑦。发五正，赦薄罪，出拘民，解仇雠，所以建时功、施生谷也⑧。夏赏五德，满爵禄，迁官位，礼孝弟，复贤力，所以劝功也⑨。秋行五刑，诛大罪，所以禁淫邪，止盗贼⑩。冬收五藏，冣万物，所以内作民也⑪。四时事备，而民功百倍矣。故春仁、夏忠、秋急、冬闭⑫。顺天之时，约地之宜，忠人之和，故风雨时，五谷实，草木美多，六畜蕃息，国富兵强，民材而令行，内无烦扰之政，外无强敌之患也⑬。

［注释］ ① 经：织布用的纵线，引申为根本。纪：织布时用来使各条线不相混的标线，引申为关键。维纲：渔网的总绳，引申为纲领。网罟：渔网。什伍：指十家为什、五家为伍的户籍制度。文武：指指挥军队进退的鼓锣。 ② 缮：修治。推引：推拉，使用。铫：读音 yáo，锄地用的大锄。耨：除草用的小锄。被：披。蓑：蓑衣。铠：铠甲。襦：读音 rú，甲内衬衣。原文为"鑐"，据丁士涵说改。菹：通"组"，编织。笠：草帽。橹：盾牌。 ③ 习：熟练。功：通"攻"。 ④ 萩室：用火熏烤室内。也叫樵室，古字"萩"、"樵"通。熯造：燃灶。熯：读音 rán，通"燃"。造：通"灶"。钻燧易火：古代钻木取火，所用木燧按季节的不同而更换树种。抒井：淘井。抒：原文为"杼"，形近而误。兹：其。 ⑤ 春祭：春天祭神的仪式。塞久祷：报答神保佑人不生病。塞：通"赛"，报答。久：通"疚"，疾病。牲：牺牲，供品。糵：酒曲，指含有酒曲的酒。召：邀请。属：联系。 ⑥ 拊：拍打。夭英：折花。折：原文为"拊"，形近而误。竿：指树木的枝条。息：生长繁衍。百长：各类生物。 ⑦ 振：通"赈"，救济。无种：没有种子的人。与：给予，救助。无赋：没有户籍、不纳税的流民。劝：鼓励。 ⑧ 发：颁布。五正：指各种政策措施。正：同"政"。出拘民：释放在押的犯人。解仇雠：调解纠纷。建时功：完成各季节的农活。施生谷：致力于生产粮食。 ⑨ 五德：泛指各种有利于国家的事。满：增加。迁：升。礼：礼遇。复贤力：免除贤能者应服的徭役。劝功：鼓励劳作。 ⑩ 五刑：泛指各种刑罚。 ⑪ 五藏：指各种应收藏的东西。冣：同"聚"。原文为"最"，据丁士涵说改。内作民：吸引耕作之民。内：通"纳"，招纳。 ⑫ 仁：和善。忠：忠厚。急：严峻肃杀。闭：闭合收藏。 ⑬ 约地之宜：因地制宜。忠人之和：符合人心。时：及时。蕃息：繁殖生长。民材：人民成为有用之材。烦扰之

政：烦乱惊扰百姓的政事。

［原文］

夫动静顺然后和也，不失其时然后富，不失其法然后治①。故国不虚富，民不虚治②。不治而昌，不乱而亡者，自古至今未尝有也③。故国多私勇者其兵弱，吏多私智者其法乱，民多私利者其国贫④。故德莫若博厚，使民死之⑤；赏罚莫若必成，使民信之⑥。

［注释］

① 动静顺：政策措施得当。和：和谐，协调。时：指农时。 ② 虚富：凭空而富。虚治：凭空而得到治理。 ③ 昌：昌盛。 ④ 私勇者：为私利而勇于争斗的人。私智者：为私利而用智巧的人。私利者：谋求私利的人。 ⑤ 博厚：广大深厚。使民死之：使人民愿意为报效君主的德而死。 ⑥ 必成：一定实现。

［原文］

夫善牧民者，非以城郭也，辅之以什，司之以伍①。伍无非其人，人无非其里，里无非其家，故奔亡者无所匿，迁徙者无所容②。不求而得，不召而来，故民无流亡之意，吏无备追之忧③。故主政可往于民，民心可系于主④。夫法之制民也，犹陶之于埴、冶之于金也⑤。故审利害之所在，民之去就，如火之于燥湿、水之于高下⑥。

［注释］

① 非以城郭：不是靠城池来统治。辅：辅助。什：十家为什。司：管理。伍：五家为伍。 ② 伍无非其人：伍里没有非本伍的人。奔亡者：逃亡流窜的人。无所匿：没有地方躲藏。迁徙者：迁移流浪的人。容：收容，容纳。 ③ 不求而得：指逃亡流窜的人。求：寻找。得：原文为“约”，据王念孙说改。不召而来：指迁移流浪的人。备追：警戒，追捕。 ④ 主政：君主的政治。往：贯彻，推行。系：联结，归附。 ⑤ 这三句意思是：用法制治理百姓，就像用黏土制造陶器，用矿石冶炼

金属一样。埴:黏土。金:泛指金属。 ⑥ 以上四句意思是:所以,明确了利害的所在,人民趋利避害,就像火避湿就干、水避高就下一样。

[原文]

夫民之所生,衣与食也;食之所生,水与土也。所以富民有要,食民有率,率三十亩而足于卒岁①。岁兼美恶,亩取一石,则人有三十石②;果蓏素食当十石,糠秕六畜当十石,则人有五十石③;布帛麻丝,旁入奇利,未在其中也④。故国有余藏,民有余食。夫锻钩者,所以定多寡也⑤;权衡者,所以视重轻也⑥;户籍田结者,所以知贫富之不訾也⑦。故善者必先知其田,乃知其人,田备然后民可足也⑧。

[注释]

① 要:要领,关键。食民:养活百姓。率:标准。卒岁:全年。② 岁兼美恶:好坏年成平均起来。兼:折合,平均。取:收获。③ 蓏:读音 luǒ,指瓜类。素食:指蔬菜类。秕:不饱满的谷粒。 ④ 旁入奇利:其他额外的收入。 ⑤ 锻钩:古代筹码之类的计量工具。锻:原文为“叙”,据刘绩补注本改。钩:原文为“钧”,据丁士涵说改。定:原文无,据郭沫若说补。 ⑥ 权:秤锤。衡:秤杆。 ⑦ 户籍:户口登记册。田结:土地登记册。訾:齐,等。 ⑧ 备:具备。

[原文]

凡有天下者,以情伐者帝,以事伐者王,以政伐者霸①。而谋功者有五②:一曰视其所爱,以分其威,一人两心,其内必衰也,臣不用,其国可危③。二曰视其阴所憎,厚其货赂,得情可深,身内情外,其国可知④。三曰听其淫乐,以广其心⑤。遗以竽瑟美人,以塞其内⑥;遗以谄臣文马,以蔽其外⑦。外内蔽塞,可以成败⑧。四曰必深亲之,如与之同生⑨。阴内辩士,使图其计⑩;内勇士,使高其气⑪。

内人他国，使倍其约，绝其使，拂其意，是必互斗⑫。两国相敌，必承其弊⑬。五曰深察其谋，谨其忠臣，睽其所使，令内不信，使有离意⑭。离不能合，必内自贼⑮。忠臣已死，故政可夺。此五者，谋功之道也。

［注释］ ① 以情伐者：用争取人心的办法去征服别国的。以事伐者：用建立事业的办法去征服别国的。以政伐者：用搞好政治的办法去征服别国的。 ② 谋功者有五：原文为“谋有功者五”，据丁士涵说校改。功：通“攻”。 ③ 视：观察。所爱：指君主所信任、重用的人。一人两心：指君主与其信任重用的人离心离德。内：内政。臣不用：大臣不为君主效力。 ④ 阴所憎：君主暗中所憎恶的人。厚其货赂：用大量财物收买。情：实情，情报。身内情外：使他身居其内而把情报泄露出来。

⑤ 听：听任。广：通“旷”，荒废。 ⑥ 遗：赠送。竽、瑟：古代的两种乐器。内：指内宫。 ⑦ 谄臣：以媚言取悦于君主的臣子。文马：装饰华丽的马。外：指朝廷。 ⑧ 成败：造成失败。 ⑨ 与：原文为“典”，据朱长春说改。这两句意思是：一定要深深与敌国结交，做出像是与它共生死的样子。 ⑩ 内：派遣。辩士：游说的人。图：图谋。计：计策。 ⑪ 高其气：助长其骄傲轻敌的气势。 ⑫ 内人他国：派人到敌国的盟国。倍：通“背”。其：指敌国。拂：违背。互：原文为“士”，据郭沫若说改。 ⑬ 承其弊：趁两败俱伤之际进行攻伐。

⑭ 谨：提防。睽：离间。原文为“揆”，据猪饲彦博说改。所使：所信用的人。令内不信：使其内部互不信任。 ⑮ 离不能合：原文为“离气不能令”，据丁士涵说删改。自贼：自相残杀。

入国第五十四

[解题]

本篇以开篇首句前二字为篇名，叙述了老老、慈幼、恤孤、养疾、合独、问病、通穷、振困、接绝九惠之教的具体内容，是一篇专论社会救济的文章。

[原文]

入国四旬，五行九惠之教①。一曰老老，二曰慈幼，三曰恤孤，四曰养疾，五曰合独，六曰问病，七曰通穷，八曰振困，九曰接绝②。

[注释]

① 四旬：四十天。五行：五次施行。 ② 老老：尊敬奉养老人。慈：爱护。恤：抚恤。疾：残疾人。合独：使鳏夫和寡妇匹合。独：鳏夫和寡妇。问病：原文"病"作"疾"，据下文改。通穷：向上通报穷困者。振：通"赈"，救济。接绝：使为国死难者得到祭祀。

[原文]

所谓老老者，凡国、都皆有掌老①。年七十已上，一子无征，三月有馈肉②；八十已上，二子无征，月有馈肉；九十已上，尽家无征，日有酒肉。死，上共棺椁③。劝子弟，精膳食，问所欲，求所嗜④。此之谓老老。

[注释]

① 国：国内。都：国都。掌老：掌管养老事务的官员。掌：管理。 ② 已：以。无征：免除兵役徭役。三月有馈肉：三个月由官府送一次肉。 ③ 共：同"供"，供应。椁：外棺。 ④ 劝：告诫。求所嗜：访求老人喜爱的东西来供应。

[原文]

所谓慈幼者，凡国、都皆有掌幼。士民有子，子有幼弱不胜养为累者，有三幼者无妇征，四幼者尽家无征，五幼又予之葆，受二人之食，能事而后止[①]。此之谓慈幼。

[注释] ① 不胜养：不能养活。胜：堪。妇征：向妇女征收布帛。予：给。葆：保姆。受：通“授”，给予。能事而后止：直到幼儿能自理为止。

[原文] 所谓恤孤者，凡国、都皆有掌孤。士民死，子孤幼，无父母所养，不能自生者，属之其乡党、知识、故人[①]。养一孤者一子无征，养二孤者二子无征，养三孤者尽家无征。掌孤数行问之，必知其食饮饥寒身之膌胜而哀怜之[②]。此之谓恤孤。

[注释] ① 士民：原文“民”作“人”，据丁士涵说改。属：托付。乡党：乡亲。知识：认识的人。故人：熟人。　② 数行问之：多次巡行查问。膌胜：瘦弱情况。胜：通“省”，瘦。哀怜：爱惜救助。

[原文] 所谓养疾者，凡国、都皆有掌养疾。聋、盲、喑、哑、跛躄、偏枯、握递，不耐自生者，上收而养之疾官，而衣食之，殊身而后止[①]。此之谓养疾。

[注释] ① 跛躄：跛脚、瘸子。偏枯：半身不遂。枯：枯萎。握递：手不能屈伸。耐：能。自生：自己生活。疾官：养残疾人的场所。官：同“馆”。衣食之：供应他们衣食。殊身而后止：直到他们死去。殊：绝。

[原文] 所谓合独者，凡国、都皆有掌媒[①]。丈夫无妻曰鳏，妇人无夫曰寡，取鳏寡而合和之，予田宅而家室之，三年然后事之[②]。此之谓合独。

[注释] ① 掌媒：掌管婚配事务的官员。　② 合和：匹配。家室之：使其有家室产业。事之：役使他们。

［原文］

所谓问病者，凡国、都皆有掌病①。士民有病者，掌病以上令问之②。九十以上，日一问③；八十以上，二日一问；七十以上，三日一问；众庶五日一问④。疾甚者，以告上，身问之⑤。掌病行于国中，以问病为事。此之谓问病。

［注释］

① 病：原文为“疾”，据上下文改。 ② 民：原文为“人”，据上文改。以上令问之：按君主的指示慰问。 ③ 日一问：一天看望慰问一次。 ④ 众庶：普通百姓。 ⑤ 疾甚者：病情严重的。身：指君主亲自。

［原文］

所谓通穷者，凡国、都皆有通穷①。若有穷夫妇无居处，穷宾客绝粮食，居其乡党，以闻者有赏，不以闻者有罚②。此之谓通穷。

［注释］

① 通穷：掌管调查报告贫穷情况的官员。 ② 以闻：向上通报情况。不以闻：不向上通报情况。

［原文］

所谓振困者，岁凶，庸人訾厉，多死丧①。弛刑罚，赦有罪，散仓粟以食之②。此之谓振困。

［注释］

① 岁凶：年景不好。庸人：为人做工者。訾厉：疾病。 ② 弛：松弛，宽缓。赦：赦免。

［原文］

所谓接绝者，士民死上事，死战事，使其知识、故人受资于上而祠之①。此之谓接绝也。

［注释］

① 死上事：为君主而死。资：费用。祠：祭祀。

九守第五十五

［解题］

本篇论述了人君在治国为政时应当遵守和把握的九个方面的问题，故名九守。

［原文］

安徐而静，柔节先定，虚心平意以待倾①。

右主位②

［注释］

① 徐：舒缓。柔节：以和柔为节。先定：率先做到安定。倾：乱，颠覆。原文为"须"，据丁士涵说改。 ② 右主位：以上是掌握所处地位的原则。主：掌握，主管。

［原文］

目贵明，耳贵聪，心贵智①。以天下之目视则无不见也，以天下之耳听则无不闻也，以天下之心虑则无不知也②。辐凑并进，则明不塞矣③。

右主明④

［注释］

① 明：视力。聪：听觉，听力。智：智力，心智。 ② 以：用。天下：指天下人。虑：思考，谋划。 ③ 辐凑并进：集中大家的聪明才智。塞：堵塞，蒙蔽。 ④ 主明：掌握明察事物的方法。

［原文］

听之术，曰：勿望而距，勿望而许①。许之则失守，距之则闭塞②。高山，仰之不可极也；深渊，度之不可测也③。神明之德，正静其极也④。

右主听⑤

［注释］

① 听之术：听取情况的方法。望：望风，引申为轻易、草率。距：通"拒"，拒绝。许：肯定，赞许。 ② 失守：无法掌握，无可遵循。

③ 以上四句意思是：要像高山一样，仰视也望不到顶；要像深渊一样，测度也不能知其深浅。 ④ 这两句意思是：要想修得神明德性，通过端正安静才能达到。极：至。 ⑤ 主听：把握听的要领。

［原文］

用赏者贵诚，用刑者贵必①。刑赏信必于耳目之所见，则其所不见，莫不暗化矣②。诚，畅乎天地，通于神明，况奸伪也③？

右主赏

［注释］

① 诚：诚实，讲信用。必：坚决，必然。 ② 刑赏信必于耳目之所见：对于耳目所闻所见的事情赏罚兑现。暗化：潜移默化。 ③ 况：何况。原文为“见”，据俞樾说改。

［原文］

一曰天之，二曰地之，三曰人之，四曰上下左右前后，荧惑其处安在①？

右主问

［注释］

① 天之：天上。地之：地下。人之：人间。荧惑其处：使人迷惑之处。安在：在哪里。

［原文］

心不为九窍，九窍治①；君不为五官，五官治。为善者，君予之赏；为非者，君予之罚。君因其所以来，因而予之，则不劳矣②。圣人因之，故能掌之③。因之循理，故能长久④。

右主因

［注释］

① 为：从事。治：理顺。这两句意思是：心不去干预九窍的事，九窍的作用发挥得很好。 ② 因其所以来：根据他们的来源及效果等情况。因：根据，利用。予之：给予赏罚。 ③ 因之：利用事物。掌之：掌握事物。 ④ 因之循理：利用事物时能遵循其自然法则。循：原文为“修”，形近而误。

[原文]

人主不可不周，人主不周则群臣下乱①。寂乎其无端也，外内不通，安知所怨②？关闬不开，善否无原③。

右主周

[注释]

① 周：周密，保密。 ② 寂乎其无端：保持静默，不露任何倾向和苗头。安知所怨：怎么会因泄密而产生怨恨呢？ ③ 关：门闩。闬：门。这两句意思是：门户不开，好坏的言论就无发源之处。

[原文]

一曰长目，二曰飞耳，三曰树明①。明知千里之外，隐微之中曰动奸，奸动则变更矣②。

右主参

[注释]

① 长目：看得远。飞耳：听得远。树明：确保明察。 ② 动奸：洞察奸邪。动：通"洞"。变：事故，变乱。更：通"梗"，阻碍、堵塞。

[原文]

循名而督实，按实而定名①。名实相生，反相为情②。名实当则治，不当则乱。名生于实，实生于德，德生于理，理生于智，智生于当③。

右督名

[注释]

① 循：按照，遵循。原文为"修"，据王念孙说改。督：稽查，考求。按：根据。 ② 相生：相随而生。反：复，又。情：情实，引申为说明。 ③ 当：正当，恰当，即符合名分。

桓公问第五十六

［解题］ 本篇记叙了齐桓公接受管仲的建议，仿效古代贤君，建立纳谏制度，设立有关机构和人员的史实。

［原文］ 齐桓公问管子曰："吾念有而勿失、得而勿忘，为之有道乎①？"对曰："勿创勿作，时至而随②。毋以私好恶害公正，察民所恶，以自为戒③。黄帝立明台之议者，上观于贤也④；尧有衢室之问者，下听于人也⑤；舜有告善之旌，而主不蔽也⑥；禹立谏鼓于朝，而备讯也⑦；汤有总街之庭，以观人诽也⑧；武王有灵台之复，而贤者进也⑨。此古圣帝明王所以有而勿失、得而勿忘者也⑩。"桓公曰："吾欲效而为之，其名云何？"对曰："名曰啧室之议⑪。曰：法简而易行，刑审而不犯，事约而易从，求寡而易足⑫。人有非上之所过，谓之正士，内于啧室之议⑬。有司执事者咸以厥事奉职，而不忘焉⑭。此啧室之事也，请以东郭牙为之，此人能以正事争于君前者也⑮。"桓公曰："善。"

［注释］ ① 念：思虑。有而勿失：长有天下而不丧失。忘：通"亡"，失。道：方法。 ② 创：开创。作：兴起。时至而随：时机成熟了就顺应它。 ③ 私好恶：个人的好恶。以自为戒：自己引以为戒。 ④ 明台：传说中黄帝设立的议论政事的场所。上观于贤：在上面听取贤人的议论。 ⑤ 衢室：建于大街通衢之上的房屋，用于听取百姓的意见。人：指平民百姓。 ⑥ 告善之旌：设于大街之上，号召百姓臣民献计

献策的旌旗。 ⑦ 谏鼓:立于朝堂之上,臣民百姓进谏时敲击的鼓。讯:告。也:原文为“唉”,据郭沫若说改。 ⑧ 总街之庭:设于街区中心,听取臣民意见的场所。诽:非议。 ⑨ 灵台之复:投送到灵台的谏言或建议。 ⑩ 所以:为什么。 ⑪ 啧室之议:大胆进言的议论制度。啧:人声嘈杂。 ⑫ 曰:就是说。刑审:刑罚明确。事:政事。约:简要。求:指征收的赋税。 ⑬ 非:非议。上之所过:君主的过失。正士:正直之士。内:通“纳”。 ⑭ 咸:全都。厥:其。奉职:恪尽职守。焉:原文为“为”,据戴望说改。 ⑮ 东郭牙:齐大夫。为:从事,主管。以正事争于君前:为正确的事在君主面前力争。

度地第五十七

[解题] 度地，即勘察地形。本篇从度地建都入手，主要对治水进行讨论，提出了从组织领导和管理到水利工程技术等一整套的治水规划和措施。

[原文] 昔者，桓公问管仲曰："寡人请问度地形而为国者，其何如而可①？"管仲对曰："夷吾之所闻，能为霸王者，盖天下圣人也②。故圣人之处国者，必于不倾之地，而择地形之肥饶者，乡山，左右经水若泽，内为落渠之写，因大川而注焉③。乃以其天材、地之所生，利养其人，以育六畜④。天下之人，皆归其德而惠其义。乃别制断之，不满州者谓之术，不满术者谓之里⑤。故百家为里，里十为术，术十为州，州十为都，都十为霸国⑥。不如霸国者，国也⑦。以奉天子，天子有万诸侯也，其中有公侯伯子男焉。天子中而处，此谓因天之材，归地之利⑧。内为之城，城外为之郭，郭外为之土阆，地高则沟之，下则堤之，命之曰金城⑨。树以荆棘，上相穑著者，所以为固也⑩。岁修增而毋已，时修增而毋已，福及孙子，此谓人命万世无穷之利，人君之葆守也⑪。臣服之以尽忠于君，君体有之以临天下，故能为天下之民先也⑫。此宰之任，则臣之义也⑬。故善为国者，必先除其五害，人乃终身无患害而孝慈焉。"

[注释] ① 度地形而为国：勘测地形建立国都。国：国都。何如：怎样。而：乃。 ② 盖：乃。下：原文为“子”，据猪饲彦博说改。 ③ 处：置，定。乡山：依山。乡：通“向”，原意为向北的窗户，这里指北面依靠。经水若泽：有水或泽经过。若：或。内为落渠之写：内部修建沟渠网络以排泄。落：通“络”。写：通“泻”。因：借助。焉：指大川。 ④ 天材：天然材料。育：养育。 ⑤ 制断：规定。不满州者：原文无“不满”，据猪饲彦博说补。 ⑥ 霸国：成就霸业之国。 ⑦ 国：指普通之国，以别于霸国。 ⑧ 中：居中。材：原文为“固”，据许维遹说改。归：收容。 ⑨ 郭：外城。土阆：城壕。沟：挖沟。堤：筑堤。金城：喻其坚固。 ⑩ 树：栽种。上相穑著：荆棘上的枝、刺相勾连。穑：合。著：联结。 ⑪ 毋已：不停止。葆：通“保”。 ⑫ 服：从事。体：包含。临：治理。 ⑬ 此：指度地而建都。则：而。

[原文] 桓公曰：“愿闻五害之说。”管仲对曰：“水一害也，旱一害也，风雾雹霜一害也，厉一害也，虫一害也[①]。此谓五害。五害之属，水最为大。五害已除，人乃可治。”桓公曰：“愿闻水害。”管仲对曰：“水有大小，又有远近[②]。水之出于山，而流入于海者，命曰经水；水别于他水，入于大水及海者，命曰枝水；山之沟，一有水一毋水者，命曰谷水[③]；水之出于地，流于大水及海者，命曰川水[④]；出地而不流者，命曰渊水。此五水者，因其利而往之可也，因而扼之可也，而不久，常有危殆矣[⑤]。”桓公曰：“水可扼而使东西南北及高乎？”管仲对曰：“可。夫水之性，以高走下则疾，至于漂石[⑥]；而下向高，即留而不行。故高其上，领瓴之，尺有十分之三，里满四十九者，水可走也[⑦]。乃迂其道而远之，以势行之[⑧]。水之性，行至曲必留退，满则后推前，地下则平行，

地高即控，杜曲则捣毁[9]。杜曲激则跃，跃则倚，倚则环，环则中，中则涵，涵则塞，塞则移，移则控，控则水妄行，水妄行则伤人，伤人则困，困则轻法，轻法则难治，难治则不孝，不孝则不臣矣[10]。故五害之属，伤杀之类，祸福同矣[11]。知备此五者，人君天地矣[12]。"

［注释］ ① 厉：疫病。 ② 远近：长短。 ③ 一：有时。毋：通"无"。 ④ 地：原文作"他水沟"，据王念孙说校改。 ⑤ 往：疏通。因而："因其利而"的省文。扼：控制。而不久：但不能长久。 ⑥ 漂石：把石头冲走。 ⑦ 高其上：提高上游水位。领瓴之：用瓦器引导。尺有十分之三：一尺之中有三寸的斜度。里满四十九者：水渠长四十九里。 ⑧ 迂：迂回。 ⑨ 行至曲：流到曲折的地方。地下：地势平缓。控：顿落。杜曲则捣毁：筑堤坝塞曲折之处则容易被冲毁。杜：通"堵"。捣：冲撞。 ⑩ 杜曲激则跃：筑堤杜塞曲折之处，水流便激荡踊跃。倚：偏向一方。环：回旋。中：在中间形成漩涡。涵：泥沙沉淀。移：改道。控：由高向低顿落。孝：善。臣：服从。 ⑪ 祸福：偏意复词，这里专指祸。以上三句意思是：所以五害之类，与伤害人是一样的，其祸患是相同的。 ⑫ 备：防备。君：统治。

［原文］ 桓公曰："请问备五害之道？"管子对曰："除五害，以水为始[1]。请为置水官，令习水者为吏[2]：大夫、大夫佐各一人，率部校长、官佐各财足[3]。乃取水左右各一人，使为都匠水工[4]。令之行水道、城郭、堤川、沟池、官府、寺舍及州中，当缮治者，给卒财足[5]。令曰：常以秋岁末之时，阅其民，案人比地，定什伍口数，别男女大小[6]。其不为用者辄免之，有锢病不可作者疾之，可省作者半事之[7]。并行以定甲士，当被兵之数，上其都[8]。都以临下，视

有余不足之处,辄下水官[⑨]。水官亦以甲士当被兵之数,与三老、里有司、伍长行里,因父母案行[⑩]。阅具备水之器,以冬无事之时。笼、臿、板、筑各什六,土车什一,雨辇什二[⑪];食器两具,人有之;锢藏里中,以给丧器[⑫]。后常令水官吏与都匠,因三老、里有司、伍长案行之。常以朔日始,出具阅之,取完坚,补弊久,去苦恶[⑬]。常以冬少事之时,令甲士以更次益薪,积之水旁[⑭]。州大夫将之,唯毋后时[⑮]。其积薪也,以事之已[⑯];其作土也,以事未起。天地和调,日有长久,以此观之,其利百倍。故常以毋事具器,有事用之,水常可制,而使毋败,此谓素有备而豫具者也[⑰]。"

[注释] ① 除五害:原文为"请除五害之说",据猪饲彦博及陶鸿庆说删。 ② 置水官:设立掌管水的机构。 ③ 官佐各财足:官员和属吏各自给予充足的经费。 ④ 水左右:居住在河流左边和右边的。 ⑤ 行:巡视、检查。缮:修理。给卒财足:给予足够的劳力和费用。 ⑥ 阅:巡视检阅。案人比地:查验人数,校定土地。原文"人"上有"家",据猪饲彦博说删。定什伍口数:划分什和伍应具有的人数。 ⑦ 不为用者:不能承担劳役的。辄:即。锢病:经久不愈的病。疾之:按病人处理。半事之:工作减半。 ⑧ 并:同时。行:巡视。当被兵之数:所选甲士的数量与按人口应出兵数相当。上其都:上报给都。十州为都。 ⑨ 以上三句意思是:都自上而下查验,发现有余或不足的,就下到掌管水利的机构调剂。 ⑩ 行里:在里中巡视。因:会同。案行:检验查实。 ⑪ 笼:盛土之筐。臿:掘土之锹。板:筑堤之板。筑:夯。各什六:一什各准备六件,十家为什。雨辇:防雨的车篷。 ⑫ 这两句意思是:专藏在里中,用来补充损坏和丢失。 ⑬ 朔日:月初一。弊久:破损陈旧。久:通"旧"。苦恶:质量粗劣。 ⑭ 以更次:按顺序轮流。益薪:增加薪材。 ⑮ 将之:带领干这件事。唯毋后

时:千万别拖延时间。 ⑯ 事之已:农事完毕。 ⑰ 毋事具器:无事之时备好器具。毋:通“无”。制:治服。使毋败:不使它失败。素:平时。豫具:提前准备。

［原文］

桓公曰:“当何时作之?”管子曰:“春三月,天地干燥,水纠列之时也①。山川涸落,天气下,地气上,万物交通②。故事已,新事未起,草木荑生可食③。寒暑调,日夜分,分之后,夜日益短,昼日益长④。利以作土功之事,土乃益刚⑤。令甲士作隄大水之旁,大其下,小其上,随水而行⑥。地有不生草者,必为之囊,大者为之隄,小者为之防,夹水四道,禾稼不伤⑦。岁埤增之,树以荆棘,以固其地,杂之以柏杨,以备决水⑧。民得其饶,是谓流膏⑨。令下贫守之,往往而为界,可以毋败⑩。当夏三月,天地气壮,大暑至,万物荣华,利以疾薅杀草薉,使令不欲扰,命曰不长⑪。不利作土功之事,放农焉,利皆耗十分之五,土功不成⑫。当秋三月,山川百泉踊,降雨下,山水出,海路距,雨露属,天地凑汐,利以疾作,收敛毋留⑬。一日把,百日铺,民毋男女,皆行于野,不利作土功之事⑭。濡湿日生,土弱难成,利耗什分之六,土工之事亦不立⑮。当冬三月,天地闭藏,暑雨止,大寒起,万物实熟,利以填塞空郄,缮边城,涂郭术,平度量,正权衡,虚牢狱,实廪仓,君修乐,与神明相望⑯。凡一年之事毕矣,举有功,赏贤,罚有罪,迁有司之吏而第之⑰。不利作土工之事,利耗什分之七,土刚不立。昼日益短,而夜日益长,利以作室,不利以作堂⑱。四时以得,四害皆服⑲。”

[注释]

① 纠列：裂开的绳索，形容水流细小。纠：绳索。列：同“裂”。② 涸：干涸。落：水位下降。 ③ 故事已：过去一年的农事结束了。荑：草木初生的嫩芽。 ④ 夜日：夜晚。昼日：白天。 ⑤ 刚：坚硬。 ⑥ 隄：同“堤”，堤坝。下同。随水而行：堤坝顺水而筑。⑦ 囊：指蓄水的水库。夹水四道：在水库四周筑堤坝。 ⑧ 埤：增益。之：指堤坝。树：栽种。 ⑨ 饶：富足。流膏：肥沃之土。膏：膏腴之地。 ⑩ 下贫：堤下的贫困之户。败：毁坏。 ⑪ 荣华：茂盛。疾：快。薅：通“薅”，田中除杂草。薉：同“秽”，草芜杂。令：征发徭役之令。扰：烦扰。命曰不长：这段时间叫做不长，即农忙不兴工役之时。 ⑫ 放农：妨碍农事。放：通“妨”。 ⑬ 踊：通“涌”。降：大。距：闭塞不通。属：相连。天地凑汐：天地之水像会聚的潮汐。⑭ 一日把：一天所收获的庄稼。餔：食。毋：无论。行于野：在田野里劳作。 ⑮ 濡：潮湿。日：日益。弱：软。立：成。 ⑯ 郄：通“隙”。缮：修治。涂郭术：堵塞城中的小路。禀：原文为“痞”，据刘绩补注本改。与神明相望：指祭祀活动。 ⑰ 举：选拔表彰。迁：提升。第之：排列其功劳先后次序。 ⑱ 刚：硬，冻土。利以作室：利于在内室劳作。以：于。堂：外屋。 ⑲ 四时以得：四季所做的事情得当。四害：除水之外的其他四害。

[原文]

桓公曰：“寡人悖，不知四害之备奈何①？”管仲对曰：“冬作土功，发地藏，则夏多暴雨，秋霖不止②。春不收枯骨朽脊，伐枯木而去之，则夏旱至矣③。夏有大露，原烟噎，下百草，人采食之伤人④。人多疾病而不止，民乃恐殆。君令五官之吏，与三老、里有司、伍长行里顺之，令之家起火为温，其田及宫中皆盖井，毋令毒下及食器，将饮伤人⑤。有下虫伤禾稼，凡天灾害之下也，君子谨避之，故不八九死也[⑥]。大寒、大暑、大风、大雨，其至不时者，此谓四刑[⑦]。或遇以死，或遇以生[⑧]。君子避之，是亦伤人[⑨]。故吏者所以教顺也，三老、里有司、伍长者，所以为率也[⑩]。五者已具，民无愿者，愿其毕也[⑪]。故常以冬日顺三老、里有司、伍长，以冬赏罚，使各应其赏而服其罚[⑫]。五者不可害，则君之法犯矣[⑬]。此示民而易见，故民不比也[⑭]。”

［注释］

① 悖：惑。四害之备奈何：怎样防治四害。备：原文为“服”，据俞樾说改。 ② 发：开发。霖：淫雨连绵不断。 ③ 收枯骨朽脊：掩埋腐朽的尸体。 ④ 烟噎：通“细缊”，亦作“烟煴”、“氤氲”，烟雾弥漫之状。下：下落。 ⑤ 行里：巡行于里中。顺：通“训”。起火为温：生火蒸煮食物，不吃生食冷食。 ⑥ 有：通“又”，还有。故不八九死：所以不会发生死亡十之八九的事。 ⑦ 不时：不合时节。刑：克害。 ⑧ 或：有人。 ⑨ 这两句的意思是：君子即使防避它，也会发生伤人之事。 ⑩ 教顺：教育训导。顺：通“训”。为率：做出表率。 ⑪ 五者：上述五方面的防治灾害的措施。具：具备。愿：愿望，要求。 ⑫ 顺：训。冬：终，古“冬、终”通用。应：当。 ⑬ 不可害：不为害。犯：使用。 ⑭ 此：指上述备五害之政。比：结党。

［原文］

桓公曰：“凡一年之中十二月，作土功，有时则为之，非其时而败，将何以待之[①]？”管仲对曰：“常令水官之吏，冬时行堤防，可治者章而上之都，都以春少事作之[②]。已作之后，常案行，堤有毁作[③]。大雨，各葆其所，可治者趣治，以徒隶给[④]。大雨，堤防可衣者衣之，冲水，可据者据之，终岁以毋败为效[⑤]。此谓备之常时，祸何从来？所以然者，浊水蒙壤，自塞而行者，江河之谓也[⑥]。岁高其堤，所以不没也。春冬取土于中，秋夏取土于外，浊水入之不能为败。”桓公曰：“善。仲父之语寡人毕矣，然则寡人何事乎哉？亟为寡人教侧臣⑦。”

[注释]

① 有时：合乎时节。则：才。而：则。待：应付，防备。 ② 行：巡视。章而上之都：具文呈报到都。 ③“常案行，堤有毁作”：经常巡视查验堤防，看哪里损坏了，哪里修筑了。 ④ 葆：同“保”。趣：督促。徒隶：工匠。 ⑤ 衣：覆盖。据：堵拦。效：成绩。原文为“固”，据刘绩补注本改。 ⑥ 浊：原文为“独”，据王念孙说改。蒙壤：流在土地上。自塞而行：自己堵塞流行。江河之谓：这就叫江河。 ⑦ 语：告诉。毕：全面，周到。何事乎哉：能干什么呢？亟：急。侧臣：左右的大臣。

地员第五十八

[解题] 地员，即土地及其物产的种类。本篇详述了土地的种类性质、所宜的物产及其种类，尤详于粮食作物，是农家之言的杰出代表。

[原文] 夫管仲之匡天下也，其施七尺①。

[注释] ① 施：丈量土地的用具，形如大弓。

[原文] 渎田息土，五种无不宜①。其立后而垂实，其木宜蚖苍与杜、松，其草宜楚棘②。见是土也，命之曰五施，五七三十五尺而至于泉。呼音中角③。其水仓，其民强④。

[注释] ① 渎田息土：河川沟渎边肥沃的土地。息土：原文为“悉徒”，据孙诒让说改。五种：即五谷。古人以黍、稷、菽、麦、稻为五种（见《周礼·夏官·职方氏》注），或以黍、稷、菽、麦、麻为五种（见《汉书·食货志》注）。 ② 立后：即粒厚。垂：原文作“手”，据章炳麟说改。蚖苍：芫花，一种落叶灌木。蚖：通“芫”。苍：同“花”。 ③ 角：五音之一。宫、商、角、徵、羽为古之五音。 ④ 仓：通“苍”，青色。

[原文] 赤垆，历强肥，五种无不宜①。其麻白，其布黄，其草宜白茅与雚，其木宜赤棠②。见是土也，命之曰四施，四七二十八尺而至于泉。呼音中商。其水白而甘，其民寿。

[注释] ① 赤垆：赤色土壤。历：疏。强：坚硬。 ② 雚：芦苇的一种。

［原文］

黄唐，无宜也，唯宜黍秫也①。宜县泽②。行廧落，地润数毁，难以立邑置廧③。其草宜黍秫与茅，其木宜櫄、櫌、桑④。见是土也，命之曰三施，三七二十一尺而至于泉。呼音中宫。其泉黄而糗，流徙⑤。

［注释］

① 黄唐：黄泥。唐：通“溏”。秫：黏米。　② 县泽：在下面聚水成泽。县：通“悬”，下。　③ 行廧落：筑围墙。廧：同“墙”。润：湿润。　④ 櫄：同“椿”。櫌：通“杻”，檍树。　⑤ 糗：通“臭”。

［原文］

斥埴，宜大菽与麦①。其草宜萯、雚，其木宜杞②。见是土也，命之曰再施，二七一十四尺而至于泉。呼音中羽。其泉咸，水流徙。

［注释］

① 斥埴：盐碱地。大菽：大豆的一个品种。　② 萯：同“菩”，草名。

［原文］

黑埴，宜稻麦①。其草宜苹、蓨，其木宜白棠②。见是土也，命之曰一施，七尺而至于泉。呼音中徵。其水黑而苦。

［注释］

① 黑埴：黑土。　② 苹：赖蒿，又名牛尾蒿。蓨：亦名蓧、蘧，即羊蹄菜。

［原文］

凡听徵，如负猪豕觉而骇①。凡听羽，如鸣马在野。凡听宫，如牛鸣窌中②。凡听商，如离群羊③。凡听角，如雉登木以鸣，音疾以清④。凡将起五音凡首，先主一而三之，四开以合九九，以是生黄钟小素之首，以成宫⑤。三分而益之以一，为百有八，为徵⑥。有三分而去其乘，适足，以是生商⑦。

有三分，而复于其所，以是成羽[8]。有三分，去其乘，适足，以是成角[9]。

［注释］

① 如负猪豕觉而骇：就像小猪被背走大猪发觉了惊叫的声音。猪豕：古时大猪叫豕，小猪叫猪。 ② 窌：同“窖”。 ③ 离：离散。 ④ 雉：鸡。疾：急促。 ⑤ 以下讲的是以三分损益法生成五音音阶。起：兴起，生成。五音凡首：五音风律之首。主一而三之：一分为三。四开以合九九：一分为三，三分为九，九分为二十七，二十七分为八十一。四开：分四次。以是：由此。黄钟：十二律之一。《汉书·律历志》：“五声之本，生于黄钟之律。”小素：黄钟之大数为三的十一次方，十七万七千一百四十七，故八十一为小素。素：本。 ⑥ 三分而益之以一：八十一分为三份，一份为二十七，八十一加上二十七，得一百零八，即徵之数。 ⑦ 有：又。原文“有”上有“不无”，据猪饲彦博、丁士涵说删。三分而去其乘：一百零八分为三份，减去其中一份。适足：刚好够商之数，即七十二。 ⑧ 有三分：再把七十二分三份。复于其所：把得到的二十四再加到原来的七十二上，得九十六，即为羽之数。 ⑨ 以上四句意思是：再把九十六分三份，去其一份之数，得六十四，正好是角之数。

［原文］

坟延者，六施，六七四十二尺而至于泉[1]。陕之旁七施，七七四十九尺而至于泉[2]。阸陕八施，七八五十六尺而至于泉[3]。杜陵九施，七九六十三尺而至于泉[4]。延陵十施，七十尺而至于泉[5]。环陵十一施，七十七尺而至于泉[6]。蔓山十二施，八十四尺而至于泉[7]。付山十三施，九十一尺而至于泉[8]。付山白徒十四施，九十八尺而至于泉[9]。中陵十五施，百五尺而至于泉[10]。青山十六施，百一十二尺而至于泉，青龙之所居，庚泥，不可得泉[11]。赤壤磝山十七施，百一十九尺而至于泉，其下清商，不可得泉⑫。陞山白壤十八施,百二十六尺而至于泉,其下骈石,不可得泉⑬。陡山十九施,百三十三尺而至于泉,其下有灰壤,不可得泉⑭。高陵土山二十施,百四十尺而至于泉⑮。

[注释] ① 坟延:矮小的土丘。 ② 陕之旁:狭谷之旁。陕:隘。旁:原本作"芳",据俞樾说改。 ③ 阨陕:狭谷。阨:原本作"祀",据王绍兰说改。 ④ 杜陵:土丘。 ⑤ 延陵:坡度较缓的土丘。 ⑥ 环陵:圆形的土丘。 ⑦ 蔓山:蔓延的山坡。 ⑧ 付山:附属的小山。付:通"附"。 ⑨ 白徒:白土。徒:通"土"。 ⑩ 中陵:一般的山陵。 ⑪ 庚:坚硬。 ⑫ 磝山:多小石的山。磝:原本作"嫯",据孙诒让说改。 ⑬ 陞山:多石的山。骈石:石并列。 ⑭ 陡:原本作"徒",据王绍兰说改。 ⑮ 高陵土山:纯土的高山。

[原文] 山之上,命之曰县泉,其地不干,其草如茅与走,其木乃樠,凿之二尺,乃至于泉①。山之上,命曰复吕,其草鱼肠与莸,其木乃柳,凿之三尺而至于泉②。山之上,命之曰泉英,其草蕲、白昌,其木乃杨,凿之五尺而至于泉③。山之材,其草荟与蔷,其木乃格,凿之二七十四尺而至于泉④。山之侧,其草葍与蒌,其木乃区榆,凿之三七二十一尺而至于泉⑤。

[注释] ① 县泉:山顶的高地,因有泉,故名。县:同"悬"。以下五种地形,按从高到低的顺序排列。如茅:亦称茹藘、蘧、茅蒐,即茜草。走:夏纬英以为即"虘",莎草科高山植物,可以垫鞋。樠:树木名,其心似松,故又名松心木。 ② 复吕:夏纬英以为当为"嵏嵝",层垒的高山之地。鱼肠:曲而细的竹,故名。古人把竹归为草类。莸:一种有臭味的草。 ③ 泉英:两山相重之处的高地。蕲:当归。白昌:菖蒲的一种。 ④ 材:侧,旁。荟:白荟,一种类似栝楼的蔓草。原文作"兢",据王绍兰

说改。蕾：一种水草，又名虞蓼、泽蓼。格：通“椵”，树名，又叫山楸，其木可做床几。 ⑤ 葍：读音 fú，又名爵弁、蔓茅，即旋花。蒌：蒌蒿。区榆：刺榆。区：原文作“品”，据王引之说改。

［原文］ 凡草土之道，各有穀造[1]。或高或下，各有草土。叶下于𧄸，𧄸下于莞，莞下于蒲，蒲下于苇，苇下于雚，雚下于蒌，蒌下于荓，荓下于萧，萧下于薜，薜下于萑，萑下于茅[2]。凡彼草物，有十二衰，各有所归[3]。

［注释］ ① 穀造：成就之道。穀：善。 ② 叶：指荷叶、荷花。下：低于。以下植物是按其生长之地由低到高的顺序来说的。𧄸：菱。莞：水葱。原文作“苋”，据王念孙说改。蒲：菖蒲。荓：扫帚菜。萧：蒿的一种。薜：薜荔，又名木莲，常绿藤本植物。萑：通“蓷”，益母草。 ③ 衰：等次。

［原文］ 九州之土，为九十物[1]。每土有常，而物有次[2]。

［注释］ ① 物：种类。 ② 土：原本为“州”，据王念孙说改。这两句意思是：每种土壤都有其特性，其种类有等级次序。

［原文］ 群土之长，是唯五粟[1]。五粟之物，或赤或青或白或黑或黄，五粟五章[2]。五粟之状，淖而不肕，刚而不觳，不泞车轮，不污手足[3]。其种大重、细重，白茎白秀，无不宜也[4]。五粟之土，若在陵在山，在陨在衍，其阴其阳，尽宜桐柞，莫不秀长[5]。其榆其柳，其檿其桑，其柘其栎，其槐其杨，群木蕃滋数大，条直以长[6]。其泽则多鱼，牧则宜牛羊。

其地其樊，俱宜竹、箭、藻龟、楢、檀[7]。五臭生之：薜荔、白芷、麋芜、椒、连[8]。五臭所效，寡疾难老，士女皆好，其民工巧[9]。其泉黄白，其人夷姤[10]。五粟之土，干而不格，湛而不泽，无高下，葆泽以处[11]。是谓粟土。

［注释］

① 长：首。五粟：即下文所云“五粟之土”。 ② 物：种类。章：标志。 ③ 淖而不肕：湿润但不粘。刚而不觳：干燥但不贫瘠。觳：贫瘠。泞：粘。 ④ 大重、细重：谷物的品种名。秀：禾穗。 ⑤ 若：或。陵：通“渎”，水边之地。衍：平原。 ⑥ 檿：读音 yǎn，山桑。蕃滋：生长。数：速，快。以：而。 ⑦ 樊：边。藻龟：有花纹的楸树。藻：彩饰。龟：通“萩”，即楸。楢：一种木质坚硬的树，其木可做制车的材料。 ⑧ 五臭：指下面所说的五种有香味的植物。麋芜：香草。亦作“蘼芜”，又名蕲茝、江蓠。连：通“兰”。 ⑨ 效：功效。原文为“校”，据王绍兰说改。寡疾难老：少病长寿。 ⑩ 夷姤：平厚。 ⑪ 格：通“垎”，坚硬。湛而不泽：湿润而不散。泽：通“释”，解散。葆泽：保持湿润。

［原文］

粟土之次，曰五沃[1]。五沃之物，或赤或青或黄或白或黑。五沃五物，各有异则[2]。五沃之状，剽悫橐土，虫易全处，悫剽不白，下乃以泽[3]。其种大苗、细苗，赨茎黑秀箭长[4]。五沃之土，若在丘在山，在陵在冈，若在陬、陵之阳[5]。其左其右，宜彼群木，桐、柞、枎、櫄，及彼白梓[6]。其梅其杏，其桃其李，秀生茎起[7]。其棘其棠，其槐其杨，其榆其桑，其杞其枋，群木数大，条直以长[8]。其阴则生之楂、藜，其阳安树之五麻[9]。若高若下，不择畴所[10]。其麻：大者如箭如苇，大长以美；其细者如雚如蒸，欲有与各[11]。大者不类，小者则治，揣而藏之，若众练丝[12]。五臭畴生，莲、與、蘪芜，藁本、白芷[13]。其泽则多鱼，牧则宜牛羊。其泉白青，其人坚劲，寡有疥骚，终无痟酲[14]。五沃之土，干而不斥，湛而不泽，无高下，葆泽以处[15]。是谓沃土。

［注释］

① 次：次一等。五沃：即下文"五沃之土"。 ② 异则：差异，差别。 ③ 剽忞橐土：轻密而多孔。剽：通"漂"，轻软。忞：细密。橐：口袋，这里指有孔窍。虫易全处：虫子容易在里面生长。泽：湿润。 ④ 大苗、细苗：均为谷物品种名称。赨：读音 tóng，红色。箭：禾秆。 ⑤ 陬：山角。 ⑥ 扶：树名。櫄：同"椿"。 ⑦ 秀生茎起：枝干挺拔，花叶茂盛。原文"秀"上有"其"，涉上诸"其"字而衍，今删。 ⑧ 杞：杞柳。枋：树名，木质坚硬细致，可用作制车的材料。 ⑨ 藜：通"梨"。安：则。原文"安"上有"则"，据王念孙、戴望说删。五麻：枲麻、苴麻、胡麻、纻麻、蕡麻。 ⑩ 畴所：地方。 ⑪ 蒸：细柴。欲有与各：堆在那里等待沤。各：通"络"，未沤的麻。 ⑫ 不类：无节疵。类：通"纇"，麻丝的节疵。 ⑬ 莲：通"兰"。與：通"萸"，一种香草，又名揭车。藁本：香草名，根可入药。 ⑭ 疥骚：疥疮瘙痒等病。痟：头痛。酲：酒醉后的身体不适。 ⑮ 斥：干裂。

［原文］

沃土之次，曰五位。五位之物，五色杂英，各有异章[1]。五位之状，不塥不灰，青忞以落[2]。及其种：大苇无、细苇无，赨茎白秀[3]。五位之土，若在冈在陵，在陨在衍，在丘在山，皆宜竹、箭、藻龟、楢、檀[4]。其山之浅，有茏与斥[5]。群木安逐，条长数大[6]。其桑其松，其杞其茸，种木胥容，榆、桃、柳、楝[7]。群药安生，姜与桔梗、小辛、大蒙[8]。其山之枭，多桔、符、榆[9]。其山之末，有箭与苑[10]。其山之旁，有彼黄䖟，及彼白昌，山藜、苇芒[11]。群药安聚，以圉民殃[12]。其林其漉，其槐其楝，其柞其榖，群木安逐[13]。鸟兽安族,既有麋麃,又且多鹿[14]。其泉青黑,其人轻直,省事少食[15]。无高下,葆泽以处。是谓位土。

[注释] ① 杂英:草木色彩相杂。异章:不同的标志。 ② 不塥不灰:既不结成硬块,也不疏散如灰。青怸以落:黑色细密而且长青苔。落:同“苔”。 ③ 苇无:野豌豆。苇:通“薇”。无:通“芜”。 ④ 藻龟:原文为“求黾”,据上文校改。 ⑤ 茏:又名天苍、笼古,即红草。斤:即芹。原文为“斥”,据丁士涵说改。 ⑥ 安:乃。逐:强。 ⑦ 茸:通“楉”,树名,似檀。胥容:全都容纳。楝:苦楝。 ⑧ 小辛:细辛,草药名。大蒙:草药名。 ⑨ 窎:深处。原文为“枭”,据张佩纶所引何如璋说改。符:通“苻”,鬼目草。 ⑩ 箭:竹的一种。苑:通“菀”,即紫菀,草药。 ⑪ 寅:贝母,草药。苇芒:又名杜荣,即芒草,似茅,可入药。 ⑫ 以圉民殃:为百姓治病。 ⑬ 漉:通“麓”,山麓。榖:树名,又叫楮、榖桑,其皮可以织布造纸。 ⑭ 族:聚集。原文为“施”,据王念孙说改。麋:麋鹿。麃:同“麠”,形状像鹿,尾巴像牛,一只角,跑得比鹿快。 ⑮ 直:清廉正直。

[原文] 位土之次,曰五隐[①]。五隐之状,黑土黑落,青怵以肥,芬然若灰[②]。其种櫑葛,䅌茎黄秀恚目,其叶若苑[③]。以蓄殖果木,不若三土以十分之二,是谓隐土[④]。

[注释] ① 隐:隐土。原文作“蒣”,据朱东光本改。下同。 ② 怵:同“怸”,密。芬:通“粉”。 ③ 櫑葛:即穭穛,稻的一种。恚目:颗粒饱满,像怒目圆睁。苑:紫菀。 ④ 蓄:通“畜”。殖:通“植”。三土:指上述粟土、沃土、位土。以上三句意思是:牲畜、谷物、果类、林木的产量,不到上述三种土壤的十分之二,这就是隐土。

[原文] 隐土之次,曰五壤。五壤之状,芬然若泽、若屯

土。其种大水肠、细水肠，赨茎黄秀以慈①。忍水旱，无不宜也②。蓄殖果木，不若三土以十分之二，是谓壤土。

[注释] ① 水肠：水稻的别名。慈：通“滋”，多。 ② 忍：耐。

[原文] 壤土之次，曰五浮。五浮之状，捍然如米以葆泽，不离不坼①。其种忍隐，忍叶如藿叶，以长狐茸②。黄茎黑茎黑秀，其粟大，无不宜也。蓄殖果木，不如三土以十分之二。

凡上土三十物，种十二物。

[注释] ① 捍然：坚硬的样子。葆泽：保持湿润。离：散。坼：开裂。② 忍隐：稊稗，谷物名。狐茸：形容其叶上的细毛。

[原文] 中土曰五忢。五忢之状，廪焉如塂，润湿以处①。其种大稷、细稷，赨茎黄秀以慈②。忍水旱，细粟如麻。蓄殖果木，不若三土以十分之三。

[注释] ① 廪焉如塂：像仓中的积米那样坚硬。塂：同“坚”，硬土。② 以：而。原文无，据上下文文例补。

[原文] 忢土之次，曰五纑①。五纑之状，强力刚坚。其种大邯郸、细邯郸，茎叶如扶、櫄，其粟大②。蓄殖果木，不若三土以十分之三。

[注释] ① 纑：通“垆”，硬土。 ② 大邯郸、细邯郸：谷物品种名称，因产地而得名。

[原文] 纑土之次，曰五塩。五塩之状，芬焉若糠以肥①。其种大荔、细荔，青茎黄秀②。蓄殖果木，不

若三土以十分之三。

［注释］ ① 肥：通“俷”，薄。 ② 荔：通“秎”，谷物名。

［原文］ 墭土之次，曰五剽。五剽之状，华然如芬以脆①。其种大秬、细秬，黑茎青秀②。蓄殖果木，不若三土以十分之四。

［注释］ ① 脆：原文为“脤”，据丁士涵、陶鸿庆说改。 ② 秬：黑黍。

［原文］ 剽土之次，曰五沙。五沙之状，粟焉如屑尘厉①。其种大萯、细萯，白茎青秀以蔓②。蓄殖果木，不如三土以十分之四。

［注释］ ① 粟焉如屑尘厉：细得像米粒，像屑尘飞扬。 ② 萯：通“秠”，黑黍的一种。

［原文］ 沙土之次，曰五塥。五塥之状，累然如仆累，不忍水旱①。其种大樛杞、细樛杞，黑茎黑秀②。蓄殖果木，不若三土以十分之四。

凡中土三十物，种十二物。

［注释］ ① 塥：多石的薄地。仆累：蜗牛。 ② 樛杞：即穋杞，晚种早熟的白粱粟。

［原文］ 下土曰五犹。五犹之状如粪。其种大华、细华，白茎黑秀①。蓄殖果木，不如三土以十分之五。

［注释］ ① 华：黍的别名。

［原文］ 犹土之次，曰五壮①。五壮之状如鼠肝。其种青梁，黑茎黑秀。蓄殖果木，不如三土以十分之五。

[注释] ① 壮:原文为“弡”,据唐兰说改。下同。

[原文] 壮土之次,曰五殖。五殖之状,甚泽以疏,离坼以臞埆[①]。其种雁膳黑实,朱跗黄实[②]。蓄殖果木,不如三土以十分之六。

[注释] ① 泽:通“释”,散。以:而。臞埆:贫瘠。 ② 雁膳:又名雕胡,菰米。朱跗:赤米,又名红霞米。

[原文] 五殖之次,曰五觳。五觳之状娄娄然,不忍水旱[①]。其种大菽、细菽,多白实。蓄殖果木,不如三土以十分之六。

[注释] ① 娄娄然:空虚的样子,形容土地不肥沃,贫瘠。

[原文] 觳土之次,曰五舄[①]。五舄之状,坚而不骼[②]。其种陆稻、黑鹅、马夫[③]。蓄殖果木,不如三土以十分之七。

[注释] ① 舄:盐碱地。原文为“凫”,据孙诒让说改。下同。 ② 骼:通“垎”,坚硬。 ③ 陆稻:旱稻。原文为“陵稻”,据张文虎说改。黑鹅、马夫:稻的两个品种名。

[原文] 舄土之次,曰五桀,五桀之状,甚咸以苦,其物为下。其种白稻长狭[①]。蓄殖果木,不如三土以十分之七。

[注释] ① 狭:通“荚”,指稻穗。

[原文] 凡下土三十物,其种十二物。

凡土物九十,其种三十六。

弟子职第五十九

［解题］

这是一篇学生守则，所记均为学子入学、受业、事师、修养及日常饮食起居的规则，郭沫若以为当是齐国稷下学宫的学则。

［原文］

先生施教，弟子是则①。温恭自虚，所受是极②。见善从之，闻义则服③。温柔孝悌，毋骄恃力④。志毋虚邪，行必正直⑤。游居有常，必就有德⑥。颜色整齐，中心必式⑦。夙兴夜寐，衣带必饰；朝益暮习，小心翼翼⑧。一此不解，是谓学则⑨。

［注释］

① 是则：以此为榜样。是：此，指先生所教。则：效法。 ② 极：尽。 ③ 服：实行。 ④ 毋骄恃力：不要恃力骄横。 ⑤ 虚邪：虚伪不正。 ⑥ 游：出游。居：家居。常：常规、常法。就有德：向有德之人学习。 ⑦ 必式：一定要符合法度。 ⑧ 朝益暮习：早上学习新的，晚上温习旧的。 ⑨ 一此不解：专心于此而不懈怠。解：通“懈”。则：规则。

［原文］

少者之事，夜寐蚤作①。既拚盥漱，执事有恪②。摄衣共盥，先生乃作③。沃盥彻盥，泛拚正席，先生乃坐④。出入恭敬，如见宾客。危坐乡师，颜色毋怍⑤。

［注释］

① 蚤：通“早”。 ② 拚：扫除。盥漱：洗漱。恪：恭敬谨慎。 ③ 摄衣共盥：提起衣襟，备好供先生盥洗的器具。 ④ 沃盥：以水浇手而洗。彻：撤除。泛拚：洒水后扫除。正席：摆正席位。 ⑤ 乡：通“向”。怍：颜色改变。

［原文］

受业之纪，必由长始，一周则然，其余则否①。始诵必作，其次则已②。凡言与行，思中以为纪，古之将兴者，必由此始③。后至就席，狭坐则起④。若有宾客，弟子骏作⑤。对客无让，应且遂行，趋进受命⑥。所求虽不在，必以反命，反坐复业⑦。若有所疑，奉手问之，师出皆起。

［注释］

① 纪：规矩。长：年长者。一周：第一遍。 ② 作：站起来。已：停止。 ③ 思中以为纪：考虑以中和之道为准则。 ④ 后至：后来的人。狭坐则起：坐在旁边的应起来让路。 ⑤ 骏：迅速。 ⑥ 让：责备，这里指失礼。应且遂行：一边应对一边行走。趋：快步走。 ⑦ 虽：如果。反：同“返”。

［原文］

至于食时，先生将食，弟子馔馈①。摄衽盥漱，跪坐而馈。置酱错食，陈膳毋悖②。凡置彼食：鸟兽鱼鳖，必先菜羹③。羹胾中别，胾在酱前，其设要方④。饭是为卒，左酒右浆⑤。告具而退，奉手而立。三饭二斗，左执虚豆，右执挟匕，周还而贰，唯嗛之视⑥。同嗛以齿，周则有始，柄尺不跪，是谓贰纪⑦。

［注释］

① 馔馈：进呈饭食。馔：饭食。馈：进食。 ② 错：通“措”，安放。悖：违犯规矩。 ③ 这一句是说：肉食之前，必先上菜羹。 ④ 羹胾中别：羹和胾要隔开放置。胾：切细的肉块。方：方形。 ⑤ 饭是为卒：饭在最后。酒：古人饭后用酒漱口，叫做酳。浆：古人饭后用来漱口的水。原文为“酱”，据刘绩说改。 ⑥ 三饭二斗：三碗饭二斗酒。斗：酒器。虚豆：空碗。匕：取饭的勺子。贰：再。唯嗛之视：只注意那些饭碗吃空的先生。 ⑦ 同嗛以齿：同时吃完了，按年齿的长幼顺序添饭。柄尺不跪：饭勺之柄长过尺，添饭时不用跪。贰纪：添饭的规矩。贰：再，指添饭。

［原文］

先生已食，弟子乃彻①。趋走进漱，拚前敛祭②。

［注释］

①彻：撤。 ②进漱：近前侍候漱口。敛祭：收拾祭品。古人每食必祭。

［原文］

先生有命，弟子乃食，以齿相要，坐必尽席①。饭必奉擥，羹不以手②。亦有据膝，毋有隐肘③。既食乃饱，循咡覆手④。振衽扫席，已食者作，抠衣而降⑤。旋而乡席，各彻其馈，如于宾客⑥。既彻并器，乃还而立⑦。

［注释］

①要：约。尽席：靠前。 ②奉擥：捧持。擥：用手撮持。以：用。 ③据膝：肘放在膝上。隐肘：肘在案上。 ④循咡覆手：顺着口边用手擦拭。咡：口耳之间。 ⑤振衽：抖衣襟。抠衣：提起衣襟。降：下来。 ⑥旋：转身。乡：同“向”。馈：食物。如于宾客：就像为宾客所做的一样。 ⑦并：通“屏”，收藏。

［原文］

凡拚之道：实水于盘，攘臂袂及肘，堂上则播洒，室中握手①。执箕膺揲，厥中有帚②。入户而立，其仪不忒③。执帚下箕，倚于户侧④。凡拚之纪，必由奥始⑤。俯仰磬折，拚毋有彻⑥。拚前而退，聚于户内⑦。坐板排之，以叶适己，实帚于箕⑧。先生若作，乃兴而辞⑨。坐执而立，遂出弃之⑩。既拚反立，是协是稽⑪。暮食复礼。昏将举火，执烛隅坐⑫。错总之法，横于坐所⑬。栉之远近，乃承厥火，居句如矩⑭。蒸间容蒸，然者处下，奉碗以为绪⑮。右手执烛，左手正栉⑯。有堕代烛，交坐毋倍尊者⑰。乃取厥栉，遂出是去⑱。

[注释] ① 攘:挽起。袂:衣袖。播洒:挥洒。握手:握手掬水而洒。② 执箕膺揲:手拿畚舌对着自己。箕:畚箕。膺:当,对。揲:箕之舌。厥:其。 ③ 忒:差错。 ④ 下:放下。倚于户侧:靠在门旁。 ⑤ 奥:室内西南角,古为祭神之处,尊长所居。 ⑥ 磬折:身子像磬那样弯曲。彻:撤动其他物件。 ⑦ 这两句意思是:从前向后退着扫,把脏物集在门内。 ⑧ 坐板排之:蹲下用木板把垃圾敛进畚箕。叶:箕舌。适:对。 ⑨ 兴:起来。辞:制止。 ⑩ 执:提起。⑪ 反:同"返"。是协是稽:这样才合于礼仪。 ⑫ 隅坐:坐在角上。 ⑬ 错总:放置火炬。错:同"措"。总:通"熜",用麻秆做成用来照明的火炬。 ⑭ 栉:火炬之灰烬。居句:直者为倨,横者为句。居:借为"倨"。以上三句意思是:根据火炬灰烬的长短,接续另外的火炬,一横一直,像矩尺一样。 ⑮ 蒸间容蒸:捆扎火炬时细柴之间要留有空隙,以利燃烧。蒸:细柴。然:通"燃"。奉碗以为绪:拿着碗接火炬的灰烬。绪:余,这里指燃尽之灰。 ⑯ 正:通"整",整理。 ⑰ 有堕代烛:执烛有疲倦者需要替代。堕:通"惰",疲倦。交坐:相互交替时起坐。倍:通"背",背向。尊者:指老师。 ⑱ 是去:扔掉烛灰。是:指烛灰。去:借为"弃"。

[原文] 先生将息,弟子皆起。敬奉枕席,问所何趾[①];俶衽则请,有常则否[②]。先生既息,各就其友。相切相磋,各长其仪[③]。周则复始,是谓弟子之纪。

[注释] ① 问所何趾:问问足伸向哪里。趾:脚趾。 ② 俶衽:第一次为先生铺卧席。俶:始。衽:铺席。有常:指有了固定的规矩。则:原本为"有",据宋本改。 ③ 长:增加。仪:通"义",义理。

言昭第六十（亡）

修身第六十一（亡）

问霸第六十二（亡）

牧民解第六十三（亡）

形势解第六十四

［解题］

本篇是对《形势》篇正文进行的说解。原文与说解并行，古书多有此例。这也说明了《管子》一书非一人一时之作的实际情况。解说是针对原文逐字逐句进行的，但有时也有借题发挥甚至误解之处。

［原文］

山者，物之高者也。惠者，主之高行也①。慈者，父母之高行也。忠者，臣之高行也。孝者，子妇之高行也。故山高而不崩则祈羊至，主惠而不解则民奉养，父母慈而不解则子妇顺，臣下忠而不解则爵禄至，子妇孝而不解则美名附[②]。故节高而不解，则所欲得矣；解，则不得。故曰："山高而不崩则祈羊至矣。"

渊者，众物之所生也，能深而不涸，则沈玉至。主者，人之所仰而生也，能宽裕纯厚而不苛忮，则民人附[③]。父母者，子妇之所受教也，能慈仁教训而不失理，则子妇孝。臣下者，主之所用也，能尽力事上，则当于主[④]。子妇者，亲之所以安也，能孝弟顺亲，则当于亲。故渊涸而无水则沈玉不至，主苛而无厚则万民不附，父母暴而无恩则子妇不亲，臣下堕而不忠则卑辱困穷，子妇不安亲则祸忧至[⑤]。故渊不涸，则所欲者至，涸则不至。故曰："渊深而不涸则沈玉极。"

天覆万物，制寒暑，行日月，次星辰，天之常也[⑥]。治之以理，终而复始。主，牧万民，治天下，莅百官，主之常也。治之以法，终而复始。和子孙，属亲戚，父母之常也[⑦]。治之以义，终而复治。敦敬忠信，臣下之常也。以事其主，终而复始。爱亲善养，思敬奉教，子妇之常也[⑧]。以事其亲，终而复始。故天不失其常，则寒暑得其时，日月星辰得其序。主不失其常，则群臣得其义，百官守其事。父母不失其常，则子孙和顺，亲戚相欢。臣下不失其常，则事无过失，而官职政治[⑨]。子妇不失其常，则长幼理而亲疏和。故用常者治,失常者乱。天未尝变,其所以治也。故曰:“天不变其常。”

地生养万物,地之则也。治安百姓,主之则也。教护家事,父母之则也。正谏死节,臣下之则也[10]。尽力共养,子妇之则也。地不易其则,故万物生焉。主不易其则,故百姓安焉。父母不易其则,故家事辨焉[11]。臣下不易其则,故主无过失。子妇不易其则,故亲养备具[12]。故用则者安,不用则者危。地未尝易,其所以安也。故曰:“地不易其则。”

春者,阳气始上,故万物生。夏者,阳气毕上,故万物长[13]。秋者,阴气始下,故万物收。冬者,阴气毕下,故万物藏。故春夏生长,秋冬收藏,四时之节也。赏赐刑罚,主之节也[14]。四时未尝不生杀也,主未尝不赏罚也。故曰:“春秋冬夏不更其节也。”

天,覆万物而制之;地,载万物而养之;四时,生长万物而收藏之。古以至今,不更其道。故曰:“古今一也。”

蛟龙,水虫之神者也。乘于水则神立,失于水则神废[15]。人主,天下之有威者也。得民则威立,失民则威废。蛟龙待得水而后立其神,人主待得民而后成其威。故曰:“蛟龙得水而神可立也。”

虎豹,兽之猛者也,居深林广泽之中则人畏其威而载之[16]。人主,天下之有势者也,深居则人畏其势。故虎豹去其幽而近于人,则人得之而易其威。人主去其门而迫于民,则民轻之而傲其势[17]。

故曰:“虎豹托幽而威可载也。”

风,漂物者也。风之所漂,不避贵贱美恶。雨,濡物者也。雨之所堕,不避小大强弱。风雨至公而无私,所行无常乡,人虽遇漂濡而莫之怨也⑱。故曰:“风雨无乡而怨怒不及也。”

人主之所以令则行禁则止者,必令于民之所好而禁于民之所恶也⑲。民之情莫不欲生而恶死,莫不欲利而恶害。故上令于生、利人,则令行;禁于杀、害人,则禁止。令之所以行者,必民乐其政也,而令乃行。故曰:“贵有以行令也。”

人主之所以使下尽力而亲上者,必为天下致利除害也。故德泽加于天下,惠施厚于万物⑳。父子得以安,群生得以育,故万民欢尽其力而乐为上用。入则务本疾作以实仓廪,出则尽节死敌以安社稷,虽劳苦卑辱而不敢告也㉑。此贱人之所以亡其卑也㉒。故曰:“贱有以亡卑。”

起居时,饮食节,寒暑适,则身利而寿命益㉓。起居不时,饮食不节,寒暑不适,则形体累而寿命损。人惰而侈则贫,力而俭则富。夫物莫虚至,必有以也㉔。故曰:“寿夭贫富无徒归也。”

[注释] ① 高行:高尚的操行。 ② 解:通“懈”。 ③ 人之所仰而生:人民依靠他而生存。苛忮:苛刻固执。附:归附。 ④ 当于主:符合君主的心意。当:符合。 ⑤ 堕:通“惰”。原文作“随”,据宋本改。 ⑥ 制:控制。行:运行。次:安排。 ⑦ 属:联结。 ⑧ 奉教:接受教导。 ⑨ 官职政治:官吏称职,政事得到治理。 ⑩ 正谏:以正道而谏。死节:为节操而死。 ⑪ 辨:通“辩”,治。 ⑫ 亲养备具:双亲奉养得周到。 ⑬ 毕:全部。 ⑭ 主之节:君主的节

令。 ⑮ 乘于水:借助于水。立:成。 ⑯ 载:通“戴”,敬奉。 ⑰ 去:离开。迫:近。傲其势:傲视其威势。 ⑱ 乡:通“向”。莫之怨:不怨恨它们。 ⑲ 令于民之所好:下令提倡人民所爱好的。禁于民之所恶:下令禁止人民所厌恶的。 ⑳ 加:被。 ㉑ 死敌:死于敌人之手,即为国而死。 ㉒ 亡:通“忘”。 ㉓ 时:按时。节:有节。适:适当。益:增加,延长。 ㉔ 这两句的意思是:事物没有凭空而来的,一定有它的原因。

[原文]

法立而民乐之,令出而民衔之,法令之合于民心如符节之相得也,则主尊显①。故曰:“衔令者君之尊也。”

人主出言,顺于理,合于民情,则民受其辞。民受其辞则名声章②。故曰:“受辞者名之运也。”

明主之治天下也,静其民而不扰,佚其民而不劳③。不扰则民自循,不劳则民自试④。故曰:“上无事而民自试。”

人主立其度量,陈其分职,明其法式,以莅其民,而不以言先之,则民循正⑤。所谓抱蜀者,祠器也。故曰:“抱蜀不言而庙堂既修。”

将将鸿鹄,貌之美者也。貌美,故民歌之。德义者,行之美者也。德义美,故民乐之。民之所歌乐者,美行德义也,而明主鸿鹄有之。故曰:“鸿鹄将将,维民歌之。”

济济者,诚庄事断也⑥;多士者,多长者也。周文王诚庄事断,故国治。其群臣明理以佐主,故主明。主明而国治,竟内被其利泽,殷民举首而望文王,愿为文王臣⑦。故曰:“济济多士,殷民化之。”

纣之为主也，劳民力，夺民财，危民死；冤暴之令，加于百姓；憯毒之使，施于天下[8]。故大臣不亲，小民疾怨，天下叛之而愿为文王臣者，纣自取之也。故曰："纣之失也。"

无仪法程式，蜚摇而无所定，谓之蜚蓬之问[9]。蜚蓬之问，明主不听也。无度之言，明主不许也。故曰："蜚蓬之问，不在所宾。"

道行则君臣亲，父子安，诸生育[10]。故明主之务，务在行道，不顾小物。燕爵，物之小者也[11]。故曰："燕爵之集，道行不顾。"

明主之动静得理义，号令顺民心，诛杀当其罪，赏赐当其功，故虽不用牺牲珪璧祷于鬼神，鬼神助之，天地与之，举事而有福[12]。乱主之动作失义理，号令逆民心，诛杀不当其罪，赏赐不当其功，故虽用牺牲珪璧祷于鬼神，鬼神不助，天地不与，举事而有祸。故曰："牺牲珪璧不足以享鬼神。"

主之所以为功者，富强也。故国富兵强，则诸侯服其政，邻敌畏其威，虽不用宝币事诸侯，诸侯不敢犯也。主之所以为罪者，贫弱也。故国贫兵弱，战则不胜，守则不固，虽出名器重宝以事邻敌，不免于死亡之患。故曰："主功有素，宝币奚为？"

羿，古之善射者也。调和其弓矢而坚守之，其操弓也，审其高下，有必中之道，故能多发而多中[13]。明主，犹羿也，平和其法，审其废置而坚守之，有必治之道，故能多举而多当。道者，羿之所以必中也，主之所以必治也。射者，弓弦发矢也。故曰:“羿之道非射也。”

造父,善驭马者也。善视其马,节其饮食,度量马力,审其足走,故能取远道而马不罢[14]。明主,犹造父也。善治其民,度量其力,审其技能,故立功而民不困伤[15]。故术者,造父之所以取远道也,主之所以立功名也。驭者,操辔也。故曰:“造父之术非驭也。”

奚仲之为车器也,方圜曲直皆中规矩钩绳,故机旋相得,用之牢利,成器坚固[16]。明主,犹奚仲也,言辞动作,皆中术数,故众理相当,上下相亲[17]。巧者,奚仲之所以为器也,主之所以为治也。斫削者,斤刀也。故曰:“奚仲之巧非斫削也。”

民,利之则来,害之则去。民之从利也,如水之走下,于四方无择也。故欲来民者,先起其利,虽不召而民自至[18]。设其所恶,虽召之而民不来也。故曰:“召远者使无为焉。”

莅民如父母,则民亲爱之。道之纯厚,遇之有实,虽不言曰吾亲民,而民亲矣[19]。莅民如仇雠,则民疏之。道之不厚,遇之无实,诈伪并起,虽言曰吾亲民,民不亲也。故曰:“亲近者言无事焉。”

明主之使远者来而近者亲也,为之在心。所谓夜行者,心行也。能心行德,则天下莫能与之争矣。故曰:“唯夜行者独有之乎。”

[注释]

① 衔:奉行。如符节之相得,像符和节一样合和。 ② 章:通“彰”,显现。 ③ 静其民:使其民安居。佚其民:使其民安佚。④ 自循:自己循规蹈矩。自试:自己努力做事情。 ⑤ 分职:名分和职责。法式:法令制度。莅:治理。以言先之:把语言放在前面。循:遵

循。 ⑥ 诚庄事断:诚实庄重而做事果断。 ⑦ 竟:通“境”。被:享受到。 ⑧ 憯毒之使:惨重的劳役。憯:同“惨”。使:役使。 ⑨ 蜚:同“飞”。 ⑩ 诸生育:万物发育生长。 ⑪ 爵:通“雀”。下“爵”字同。 ⑫ 当:符合。祷于鬼神:向鬼神祈祷。与:赞成,同意。 ⑬ 调和:调节,使之适合。守:掌握,保持。 ⑭ 视:照看。足走:脚力行走情况。罢:同“疲”。 ⑮ 立功:成就功名。困伤:困乏疲劳。 ⑯ 规:圆规。矩:方尺。钩:曲尺。绳:墨线。机旋相得:车的柱、轴很合适。利:快。 ⑰ 术数:策略规律。 ⑱ 来:招至。起:兴办。 ⑲ 道:引导,治理。遇之有实:给百姓实惠。

[原文]

为主而贼,为父母而暴,为臣下而不忠,为子妇而不孝,四者人之大失也。大失在身,虽有小善,不得为贤。所谓平隰者,下泽也,虽有小封,不得为高①。故曰:“平隰之封,奚有于高②?”

为主而惠,为父母而慈,为臣下而忠,为子妇而孝,四者人之高行也。高行在身,虽有小过,不为不肖。所谓大山者,山之高者也,虽有小限,不以为深。故曰:“大山之限,奚有于深?”

毁訾贤者之谓訾,推誉不肖之谓讆。訾讆之人得用,则人主之明蔽,而毁誉之言起。任之大事,则事不成而祸患至。故曰:“訾讆之人,勿与任大。”

明主之虑事也,为天下计者,谓之譕巨③。譕巨则海内被其泽,泽布于天下,后世享其功久远而利愈多。故曰:“譕巨者可与远举。”

圣人择可言而后言,择可行而后行。偷得利而后有害,偷得乐而后有忧者,圣人不为也④。故圣人择言必顾其累,择行必顾其忧。故曰:“顾忧者可与致道。”

小人者，枉道而取容，适主意而偷说，循利而偷得[⑤]。如此者，其得之虽速，祸患之至亦急。故圣人去而不用也。故曰：“其计也速而忧在近者，往而勿召也。”

举一而为天下长利者，谓之举长[⑥]。举长则被其利者众，而德义之所见远[⑦]。故曰：“举长者可远见也。”

天之裁大，故能兼覆万物[⑧]；地之裁大，故能兼载万物；人主之裁大，故容物多而众人得比焉[⑨]。故曰：“裁大者众之所比也。”

贵富尊显，民归乐之，人主莫不欲也。故欲民之怀乐己者，必服道德而勿厌也，而民怀乐之[⑩]。故曰：“美人之怀，定服而勿厌也。”

圣人之求事也，先论其理义，计其可否。故义则求之，不义则止。可则求之，不可则止。故其所得事者，常为身宝[⑪]。小人之求事也，不论其理义，不计其可否，不义亦求之，不可亦求之。故其所得事者，未尝为赖也[⑫]。故曰：“必得之事，不足赖也。”

圣人之诺已也，先论其理义，计其可否[⑬]。义则诺，不义则已；可则诺，不可则已。故其诺未尝不信也。小人不义亦诺，不可亦诺，言而必诺。故其诺未必信也。故曰：“必诺之言，不足信也。”

谨于一家，则立于一家[⑭]；谨于一乡，则立于一乡；谨于一国，则立于一国；谨于天下，则立于天下。

是故其所谨者小，则其所立亦小；其所谨者大，则其所立亦大。故曰："小谨者不大立。"

海不辞水，故能成其大；山不辞土石，故能成其高；明主不厌人，故能成其众；士不厌学，故能成其圣。飺者，多所恶也。谏者，所以安主也；食者，所以肥体也。主恶谏则不安，人飺食则不肥。故曰："飺食者不肥体也。"

言而语道德忠信孝弟者，此言无弃者[15]。天公平而无私，故美恶莫不覆；地公平而无私，故小大莫不载。无弃之言，公平而无私，故贤不肖莫不用。故无弃之言者，参伍于天地之无私也。故曰："有无弃之言者，必参之于天地矣。"

明主之官物也，任其所长，不任其所短，故事无不成而功无不立[16]。乱主不知物之各有所长所短也，而责必备[17]。夫虑事定物，辩明礼义，人之所长而蝚蝯之所短也[18]；缘高出险，蝚蝯之所长而人之所短也。以蝚蝯之所长责人，故其令废而责不塞[19]。故曰："坠岸三仞，人之所大难也，而蝚蝯饮焉。"

明主之举事也，任圣人之虑，用众人之力，而不自与焉，故事成而福生[20]。乱主自智也，而不因圣人之虑，矜奋自功，而不因众人之力，专用己，而不听正谏，故事败而祸生[21]。故曰："伐矜好专，举事之祸也。"

［注释］ ① 平隰：原文为"平原"，据王念孙说改。 ② 平隰之封：原文为"平原之隰"，据王念孙说改。 ③ 巨：原文为"臣"，据戴望说改，下"巨"字同。 ④ 偷：苟且。 ⑤ 枉道而取容：不用正道而取得

人喜欢。偷说：苟且取悦于君主。循：追求。原文为“备”，据王念孙说改。 ⑥ 举一而为天下长利：举办一件事而使天下得到长远的利益。 ⑦ 被：得。见：现，显现，引申为影响。 ⑧ 裁：通“材”。 ⑨ 比：通“庇”，依赖。 ⑩ 服：身体力行。勿厌：不满足。 ⑪ 常为身宝：一直是自身视为宝贵的。 ⑫ 未尝为赖：不值得依靠。 ⑬ 诺已：答应还是不答应。诺：答应。已：停止。 ⑭ 这两句意思是：对一家之事小心谨慎处理，一家就会治理得很好。 ⑮ 言：言谈，话语。语：讲。此言无弃者：这种言论没有人会不喜欢。 ⑯ 官物：处理事物。 ⑰ 责：求。 ⑱ 虑事定物：考虑和确定事物。蝚蝯：同“猱猿”，猴类。《形势》作“猿猱”，下同。 ⑲ 令废而责不塞：政令作废而达不到其要求。 ⑳ 自与：自己去办。 ㉑ 自智：自以为聪明。因：依靠，凭借。矜奋自功：自负逞能。

［原文］

马者，所乘以行野也。故虽不行于野，其养食马也，未尝解惰也[①]。民者，所以守战也。故虽不守战，其治养民也，未尝解惰也。故曰：“不行其野，不违其马。”

天生四时，地生万财，以养万物而无取焉。明主配天地者也，教民以时，劝之以耕织，以厚民养，而不伐其功，不私其利。故曰：“能予而无取者，天地之配也。”

解惰简慢，以之事主则不忠，以之事父母则不孝，以之起事则不成。故曰：“怠倦者不及也。”

以规矩为方圜则成，以尺寸量长短则得，以法数治民则安。故事不广于理者，其成若神[②]。故曰：“无广者疑神[③]。”

事主而不尽力则有刑，事父母而不尽力则不亲，受业问学而不加务则不成。故朝不勉力务进，夕无见功。故曰:“朝忘其事,夕失其功。”

中情信诚则名誉美矣,修行谨敬则尊显附矣。中无情实则名声恶矣,修行慢易则污辱生矣。故曰:“邪气袭内,正色乃衰也。”

为人君而不明君臣之义以正其臣,则臣不知于为臣之理以事其主矣。故曰:“君不君则臣不臣。”

为人父而不明父子之义以教其子而整齐之,则子不知为人子之道以事其父矣④。故曰:“父不父则子不子。”

君臣亲,上下和,万民辑,故主有令则民行之,上有禁则民不犯⑤。君臣不亲,上下不和,万民不辑,故令则不行,禁则不止。故曰:“上下不和,令乃不行。”

言辞信,动作庄,衣冠正,则臣下肃。言辞慢,动作亏,衣冠惰,则臣下轻之⑥。故曰:“衣冠不正则宾者不肃。”

仪者,万物之程式也。法度者,万民之仪表也。礼义者,尊卑之仪表也。故动有仪则令行,无仪则令不行。故曰:“进退无仪则政令不行。”

人主者,温良宽厚则民爱之,整齐严庄则民畏之。故民爱之则亲,畏之则用。夫民亲而为用,主之所急也。故曰:“且怀且威则君道备矣。”

人主能安其民,则事其主如事其父母。故主有忧则忧之,有难则死之。主视民如土,则民不为用,主有忧则不忧,有难则不死。故曰:“莫乐之则莫哀之,莫生之则莫死之。”

民之所以守战至死而不衰者，上之所以加施于民者厚也。故上施厚，则民之报上亦厚；上施薄，则民之报上亦薄。故薄施而厚责，君不能得之于臣，父不能得之于子[7]。故曰："往者不至，来者不极。"

［注释］

①养食：喂养。解：同"懈"。②广于理：与理相背。广：通"旷"，背弃。③疑：通"拟"，如。④整齐之：使之整齐，指管教。⑤辑：和谐。⑥亏：缺，这里指动作缺乏礼仪。惰：懈怠，这里指衣冠不整。⑦薄施而厚责：所施的恩惠少而所求的报偿多。

［原文］

道者，扶持众物，使得生育，而各终其性命者也。故或以治乡，或以治国，或以治天下[1]。故曰："道之所言者一也，而用之者异。"

闻道而以治一乡，亲其父子，顺其兄弟，正其习俗，使民乐其上，安其土，为一乡主干者，乡之人也[2]。故曰："有闻道而好为乡者，一乡之人也。"

民之从有道也，如饥之先食也，如寒之先衣也，如暑之先阴也[3]。故有道则民归之，无道则民去之。故曰："道往者其人莫来，道来者其人莫往。"

道者，所以变化身而之正理者也[4]。故道在身则言自顺，行自正，事君自忠，事父自孝，遇人自理[5]。故曰："道之所设，身之化也。"

天之道，满而不溢，盛而不衰。明主法象天道，故贵而不骄，富而不奢，行理而不惰[6]。故能长守贵富，久有天下而不失也。故曰："持满者与天。"

明主救天下之祸，安天下之危者也。夫救祸安危者，必待万民之为用也，而后能为之。故曰："安危者与人。”

地大国富，民众兵强，此盛满之国也。虽已盛满，无德厚以安之，无度数以治之，则国非其国，而民无其民也⑦。故曰：“失天之度，虽满必涸。”

臣不亲其主，百姓不信其吏，上下离而不和，故虽自安，必且危之⑧。故曰：“上下不和，虽安必危。”

主有天道，以御其民，则民一心而奉其上，故能贵富而久王天下。失天之道，则民离叛而不听从，故主危而不得久王天下。故曰：“欲王天下而失天之道，天下不可得而王也。”

人主务学术数，务行正理，则化变日进，至于大功，而愚人不知也⑨。乱主淫佚邪枉，日为无道，至于灭亡，而不自知也。故曰：“莫知其为之，其功既成；莫知其舍之也，藏之而无形。”

古者三王五伯皆人主之利天下者也，故身贵显而子孙被其泽。桀、纣、幽、厉皆人主之害天下者也，故身困伤而子孙蒙其祸。故曰：“疑今者察之古，不知来者视之往。”

神农教耕生谷，以致民利。禹身决渎，斩高桥下，以致民利⑩。汤武征伐无道，诛杀暴乱，以致民利。故明王之动作虽异，其利民同也。故曰：“万事之任也，异起而同归，古今一也。”

［注释］ ① 或：有人。以：用来。 ② 顺：使……和顺。 ③ 如饥之先食：就像饥饿的人把食物排为第一需求一样。先：以……为先。 ④ 变化身而之正理：改造自身而达到正确之理。 ⑤ 遇人自理：对人自然以理相待。 ⑥ 法象：效法取象。 ⑦ 德厚：仁德与恩惠。

度数:法度与策略。 ⑧ 自安:自以为安。且:将。 ⑨ 务:致力于。化变日进:日益增进。 ⑩ 禹身决渎:大禹用身体疏通河道。斩高桥下:斩削高处,平整低处。桥:通“矫”,纠正。

[原文]

栋生桡不胜任则屋覆,而人不怨者,其理然也[1]。弱子,慈母之所爱也,不以其理,下瓦则慈母笞之[2]。故以其理动者,虽覆屋不为怨;不以其理动者,下瓦必笞。故曰:“生栋覆屋,怨怒不及;弱子下瓦,慈母操箠。”

行天道,出公理,则远者自亲;废天道,行私为,则子母相怨。故曰:“天道之极,远者自亲;人事之起,近亲造怨。”

古者,武王地方不过百里,战卒之众不过万人,然能战胜攻取,立为天子,而世谓之圣王者,知为之之术也[3]。桀、纣贵为天子,富有海内,地方甚大,战卒甚众,而身死国亡,为天下僇者,不知为之之术也[4]。故能为之,则小可为大,贱可为贵。不能为之,则虽为天子,人犹夺之也。故曰:“巧者有余而拙者不足也。”

明主上不逆天,下不圹地,故天予之时,地生之财[5]。乱主上逆天道,下绝地理,故天不予时,地不生财。故曰:“其功顺天者,天助之;其功逆天者,天违之。”

古者,武王,天之所助也,故虽地小而民少,犹之为天子也[6]。桀纣,天之所违也,故虽地大民众,犹之困辱而死亡也。故曰:“天之所助,虽小必大;天之所违,虽大必削。”

[注释] ① 桡:弯曲。 ② 不以其理:原文下有“动者”二字,据王念孙说删。笞:用鞭子打。 ③ 方:方圆。为之之术:为君治国之道。 ④ 僇:通“戮”。 ⑤ 逆:违背。圹:通“旷”,荒废。予:给予。 ⑥ 犹:仍然。

[原文] 与人交,多诈伪无情实,偷取一切,谓之乌集之交[1]。乌集之交,初虽相欢,后必相咄[2]。故曰:“乌集之交,虽善不亲。”

圣人之与人约结也,上观其事君也,内观其事亲也,必有可知之理,然后约结[3]。约结而不袭于理,后必相倍[4]。故曰:“不重之结,虽固必解。道之用也,贵其重也。”

明主与圣人谋,故其谋得;与之举事,故其事成。乱主与不肖者谋,故其计失;与之举事,故其事败。夫计失而事败,此与不可之罪[5]。故曰:“毋与不可。”

明主度量人力之所能为,而后使焉。故令于人之所能为,则令行[6];使于人之所能为,则事成。乱主不量人力,令于人之所不能为,故其令废;使于人之所不能为,故其事败。夫令出而废,举事而败,此强不能之罪也。故曰:“毋强不能。”

狂惑之人,告之以君臣之义、父子之理、贵贱之分,不信圣人之言也,而反害伤之,故圣人不告也[7]。故曰:“毋告不知。”

与不肖者举事,则事败;使于人之所不能为,则令废;告狂惑之人,则身害[8]。故曰:“与不可,强不能,告不知,谓之劳而无功。”

常以言翘明，其与人也，其爱人也，其有德于人也，以此为友则不亲，以此为交则不结，以此有德于人则不报[9]。故曰："见与之友，几于不亲；见爱之交，几于不结；见施之德，几于不报。四方之所归，心行者也。"

明主不用其智，而任圣人之智；不用其力，而任众人之力。故以圣人之智思虑者，无不知也；以众人之力起事者，无不成也。能自去而因天下之智力起，则身逸而福多[10]。乱主独用其智，而不任圣人之智；独用其力，而不任众人之力，故其身劳而祸多。故曰："独任之国，劳而多祸。"

明主内行其法度，外行其理义，故邻国亲之，与国信之，有患则邻国忧之，有难则邻国救之[11]。乱主内失其百姓，外不信于邻国，故有患则莫之忧也，有难则莫之救也，外内皆失，孤特而无党，故国弱而主辱[12]。故曰："独国之君，卑而不威。"

明主之治天下也，必用圣人，而后天下治；妇人之求夫家也，必用媒，而后家事成。故治天下而不用圣人，则天下乖乱而民不亲也；求夫家而不用媒，则丑耻而人不信也。故曰："自媒之女，丑而不信。"

明主者，人未之见而有亲心焉者，有使民亲之之道也，故其位安而民往之[13]。故曰："未之见而亲焉，可以往矣。"

尧舜，古之明主也。天下推之而不倦，誉之而不厌，久远而不忘者，有使民不忘之道也，故其位安而民来之[14]。故曰:“久而不忘焉,可以来矣。”

日月,昭察万物者也,天多云气,蔽盖者众,则日月不明[15]。人主,犹日月也,群臣多奸立私,以拥蔽主,则主不得昭察其臣下,臣下之情不得上通,故奸邪日多而人主愈蔽[16]。故曰:“日月不明,天不易也。”

山,物之高者也。地险秽不平易,则山不得见[17]。人主,犹山也,左右朋党比周以壅其主,则主不得见[18]。故曰:“山高而不见,地不易也。”

人主出言不逆于民心,不悖于理义,其所言足以安天下者也,人唯恐其不复言也。出言而离父子之亲,疏君臣之道,害天下之众,此言之不可复者也,故明主不言也。故曰:“言而不可复者,君不言也。”

人主身行方正,使人有礼,遇人有信,行发于身而为天下法式者,人唯恐其不复行也[19]。身行不正,使人暴虐,遇人不信,行发于身而为天下笑者,此不可复之行,故明主不行也。故曰:“行而不可再者,君不行也。”

言之不可复者,其言不信也;行之不可再者,其行贼暴也[20]。故言而不信则民不附,行而贼暴则天下怨。民不附,天下怨,此灭亡之所从生也,故明主禁之。故曰:“凡言之不可复,行之不可再者,有国者之大禁也。”

[注释] ① 情:诚。偷:苟且。 ② 咄:指斥。 ③ 约结:结盟交友。 ④ 袭:用,根据。倍:通“背”。 ⑤ 与不可之罪:同不可靠的人谋划的过错。 ⑥ 令于人之所能为:让人们做他们力所能及的事。

⑦ 反害伤之:反而诋毁圣人之言。　⑧ 身害:身受其害。⑨ 翘明:宣扬。翘:举。与:帮助。不亲:不被亲近。不结:不被结交。不报:得不到报答。　⑩ 自去:自己放手。因:用。起:兴办事业。　⑪ 与国:结盟之国。　⑫ 莫之忧:没有人分忧。莫之救:没有人救助。特:独。　⑬ 未之见而有亲心焉者:没有见面就有亲近之心。往之:去投奔他。　⑭ 推之而不倦:不厌倦地推崇他。誉之而不厌:不厌倦地称赞他。来之:来归附他。　⑮ 昭:明。　⑯立私:树立私党。拥蔽:堵塞蒙蔽。　⑰ 秽:恶。见:同"现"。　⑱ 朋党比周:结为朋党相互勾结。朋:原文为"多",据王引之说改。壅:堵塞。⑲ 方正:端正。使人:用人。遇人:待人。信:原本作"理",据安井衡说改。　⑳ 贼:残。

立政九败解第六十五

[解题] 本篇是对《立政》篇“九败”一节的解说。九败即危害国家的九种言论，本篇作者针对九败，逐一进行了分析、辩驳。

[原文] 人君唯毋听寝兵，则群臣宾客莫敢言兵[①]。然则内之不知国之治乱，外之不知诸侯强弱，如是则城郭毁坏，莫之筑补，甲弊兵彫，莫之修缮，如是则守圉之备毁矣[②]，辽远之地谋，边竟之士偷，百姓无圉敌之心[③]。故曰：“寝兵之说胜，则险阻不守。”

人君唯毋听兼爱之说，则视天下之民如其民，视国如吾国。如是则无并兼攘夺之心，无覆军败将之事[④]。然则射御勇力之士不厚禄，覆军杀将之臣不贵爵，如是则射御勇力之士出在外矣[⑤]。我能毋攻人可也，不能令人毋攻我。彼求地而予之，非吾所欲也，不予而与战，必不胜也。彼以教士，我以驱众，彼以良将，我以无能，其败必覆军杀将[⑥]。故曰：“兼爱之说胜，则士卒不战。”

人君唯无好全生，则群臣皆全其生，而又养生[⑦]。养生何也[⑧]？曰：滋味也，声色也，然后为养生。然则从欲妄行，男女无别，反于禽兽[⑨]。然则礼义廉耻不立，人君无以自守也。故曰：“全生之说胜，则廉耻不立。”

人君唯无听私议自贵，则民退静隐伏，窟穴就山，非世间上，轻爵禄而贱有司[10]。然则令不行禁不止。故曰："私议自贵之说胜，则上令不行。"

人君唯无好金玉货财，必欲得其所好，然则必有以易之[11]。所以易之者何也？大官尊位，不然则尊爵重禄也。如是则不肖者在上位矣。然则贤者不为下，智者不为谋，信者不为约，勇者不为死，如是则驱国而捐之也[12]。故曰："金玉货财之说胜，则爵服下流。"

人君唯毋听群徒比周，则群臣朋党，蔽美扬恶[13]。然则国之情伪不见于上[14]。如是则多党者处前，寡党者处后[15]。夫朋党者处前，贤、不肖不分，则争夺之乱起，而君在危殆之中矣。故曰："群徒比周之说胜，则贤、不肖不分。"

人君唯毋听观乐玩好，则败。凡观乐者，宫室、台池、珠玉、声乐也。此皆费财尽力伤国之道也。而以此事君者，皆奸人也。而人君听之，焉得毋败？然则府仓虚，蓄积竭；且奸人在上，则壅遏贤者而不进也[16]。然则国适有患，则优倡侏儒起而议国事矣[17]。是驱国而捐之也。故曰："观乐玩好之说胜，则奸人在上位。"

人君唯毋听请谒任举，则群臣皆相为请[18]。然则请谒得于上，党与成于乡。如是则货财行于国，法制毁于官，群臣务佼而不求用[19]。然则无爵而贵，无禄而富。故曰："请谒任举之说胜，则绳墨不正。"

人君唯无听谄谀饰过之言，则败。奚以知其然也[20]？夫谄臣者，常使其主不悔其过不更其失者也[21]。故主惑而不自知也，如是则谋臣死而谄臣尊矣。故曰："谄谗饰过之说胜，则巧佞者用。"

[注释] ① 唯：只。毋：语助词，无意义。下"毋"、"无"同。 ② 然则：那么，就……。莫之筑补：没有人修筑。莫之修缮：没有人修缮。彫：通"凋"，损坏。守圉之备：防守抵御的设施。圉：通"御"。 ③ 谋：为人所谋。竟：同"境"。偷：苟且偷安。原文为"修"，据郭沫若说改。 ④ 并兼攘夺：兼并争夺。 ⑤ 射御勇力之士：指能战守的勇士。 ⑥ 教士：经过严格训练的将士。无能：无能之人。 ⑦ 养生：保全生命。而又养生：原文为"而生又养"。据姚永概说改。 ⑧ 养生何也：原文为"生养何也"，据姚永概说改。 ⑨ 从：通"纵"。反于禽兽：返回到禽兽状态。反：通"返"。 ⑩ 窟穴就山：在山中挖洞穴居住，指退隐山林。非世间上：非议世事，离间君臣。轻爵禄而贱有司：看轻爵禄而无视官府。 ⑪ 有以易之：有什么东西来换取。 ⑫ 不为下：不甘居其下。约：信守誓约。驱国而捐之：拿着国家送给别人。 ⑬ 群徒比周：群臣相互勾结营私。朋党：结为朋党。 ⑭ 国之情伪不见于上：国家的真实情况无法反映上来。情：诚实。 ⑮ 多党者：党徒多的人。多：原文为"朋"，据王念孙说改，下"多党"同此。寡党者：党徒少的人。 ⑯ 壅遏：堵塞阻碍。 ⑰ 适：遇上。 ⑱ 举：原文为"誉"，据《立政》篇文改。相为请：相互托请。 ⑲ 务佼而不求用：只尽力发展私人交情而不为国尽力。佼：通"交"。 ⑳ 奚：何。 ㉑ 不悔其过：不为其错误悔悟。不更其失：不更改其过失。

版法解第六十六

［解题］

本篇是对《版法》篇正文进行的解说。篇末两段文体和内容均与本篇不合，可能是他篇错简误入本篇。

［原文］

版法者，法天地之位，象四时之行，以治天下①。四时之行，有寒有暑，圣人法之，故有文有武。天地之位，有前有后，有左有右，圣人法之，以建经纪②。春生于左，秋杀于右；夏长于前，冬藏于后。生长之事，文也；收藏之事，武也。是故文事在左，武事在右，圣人法之，以行法令，以治事理。凡法事者，操持不可以不正③。操持不正则听治不公，听治不公则治不尽理，事不尽应④。治不尽理，则疏远微贱者无所告诉⑤；事不尽应，则功利不尽举⑥。功利不尽举则国贫，疏远微贱者无所告诉则下饶⑦。故曰："凡将立事，正彼天植。"

天植者，心也。天植正，则不私近亲，不孽疏远⑧。不私近亲，不孽疏远，则无遗利，无隐治⑨。无遗利，无隐治，则事无不举，物无遗者⑩。欲见天心，明以风雨⑪。故曰："风雨无违，远近高下，各得其嗣。"

万物尊天而贵风雨。所以尊天者，为其莫不受命焉也⑫；所以贵风雨者，为其莫不待风而动，待雨而濡也⑬。若使万物释天而更有所受命，释风而更有所仰动，释雨而更有所仰濡，则无为尊天而贵风雨矣⑭。今人君之所尊安者，为其威立而令行也。其所以能立威行令者，为其威利之操莫不在君也⑮。若使威利之操不专在君，而有所分散，则君日益轻而威利日衰，侵暴之道也⑯。故曰："三经既饬，君乃有国。"

［注释］ ① 法：效法。 ② 经纪：纲纪。 ③ 法事：法制之事。操持：掌握。正：公正。 ④ 听：审理案件。治：处理政事。尽：完全。理：合理。应：得当。 ⑤ 告诉：申诉。 ⑥ 举：完全发挥作用。 ⑦ 饶：通"侥"，因愤怒而呼喊。 ⑧ 私：偏爱。孽：害。 ⑨ 遗利：得不到开发的利事。隐治：隐辞，指无法申诉的冤案。 ⑩ 举：成。遗：废而不用。 ⑪ 明以风雨：从风雨上了解。 ⑫ 为：因为。其：万物。 ⑬ 濡：湿。 ⑭ 释：舍弃。仰：赖以，依靠。无为：不需要。 ⑮ 威：权威。利：利益。操：掌握。 ⑯ 专：专一。侵暴：侵夺暴乱。

［原文］ 乘夏方长，审治刑赏，必明经纪，陈义设法，断事以理，虚气平心，乃去怒喜①。若倍法弃令而行怒喜，祸乱乃生，上位乃殆②。故曰："喜无以赏，怒无以杀。喜以赏，怒以杀，怨乃起，令乃废。骤令而不行，民心乃外，外之有徒，祸乃始牙。众之所忿，寡不能图。"

冬既闭藏，百事尽止，往事毕登，来事未起③。方冬无事，慎观终始，审察事理④。事有先易而后难者，有始不足见而终不可及者，此常利之所以不举，事之所以困者也⑤。事之先易者，人轻行之，人轻行之则必困难成之事⑥；始不足见者，人轻弃之，人轻弃之则必失不可及之功。夫数困难成之事，而时失不可及之功，衰耗之道也⑦。是故明君审察事理，慎观终始，为必知其所成，成必知其所用，用必知其所利害⑧。为而不知所成，成而不知所用，用而不知所利害，谓之妄举。妄举者，其事不成，其功不立。故曰："举所美必观其所终，废所恶必计其所穷。"

凡人君者，欲民之有礼义也。夫民无礼义，则上下乱而贵贱争。故曰："庆勉敦敬以显之，富禄有功以劝之，爵贵有名以休之。"

凡人君者，欲众之亲上乡意也，欲其从事之胜任也⑨。而众者，不爱则不亲，不教顺则不乡意⑩。是故明君兼爱以亲之，明教顺以道之，便其势，利其备，爱其力，而勿夺其时以利之⑪。如此则众亲上乡意，从事胜任矣。故曰："兼爱无遗，是谓君心。必先顺教，万民乡风。旦暮利之，众乃胜任。"

[注释] ① 乘：趁着。夏方长：夏日正长。审：谨慎。治：处理。经纪：纲领法纪。义：同"仪"。 ② 倍：同"背"。行怒喜：按个人喜怒而行。殆：危。 ③ 毕登：全部完成。 ④ 终始：指事物的全过程。审：仔细。 ⑤ 不足见：不值得重视。不可及：无法弥补。举：开发。 ⑥ 轻：轻率。困：逃，失掉。 ⑦ 数：多次。时：时常。衰耗：衰败，耗费。 ⑧ 为：做。利害：指后果。 ⑨ 亲上乡意：亲近君主，顺从君主之意。乡：同"向"。 ⑩ 不爱则不亲：不爱护他他就不亲近你。原文下有"不亲则不明"，据俞樾说删。顺：通"训"。 ⑪ 道：引导。便其势：顺应他们的力量。利其备：增加他们的储蓄。

[原文] 治之本二：一曰人，二曰事。人欲必用，事欲必

工[①]。人有逆顺，事有称量[②]。人心逆则人不用，事失称量则事不工[③]。事不工则伤，人不用则怨。故曰："取人以己，成事以质。"

成事以质者，用称量也。取人以己者，度恕而行也[④]。度恕者，度之于己也，己之所不安，勿施于人。故曰："审用财，慎施报，察称量。故用财不可以啬，用力不可以苦。用财啬则费，用力苦则劳矣。"

奚以知其然也[⑤]？用力苦则事不工，事不工而数复之，故曰劳矣[⑥]。用财啬则不当人心，不当人心则怨起，用财而生怨，故曰费[⑦]。怨起而不复反，众劳而不得息，则必有崩阤堵坏之心[⑧]。故曰："民不足，令乃辱；民苦殃，令不行。施报不得，祸乃始昌；祸昌而不悟，民乃自图。"

［注释］ ① 这两句意思是：用人一定要让他竭尽全力，做事一定要使它成功。 ② 称量：分量和尺度。 ③ 不用：不为君主所用。 ④ 度恕：考虑到恕。 ⑤ 奚：何。 ⑥ 数复之：多次反复。 ⑦ 当：得。 ⑧ 反：平息。崩阤堵坏：倒塌败坏。

［原文］ 凡国无法则众不知所为，无度则事无仪[①]。有法不正，有度不直，则治辟，治辟则国乱[②]。故曰："正法直度，罪杀不赦。杀僇必信，民畏而惧。武威既明，令不再行。"

凡民者，莫不恶罚而畏罪[③]。是以人君严教以示之，明刑罚以致之[④]。故曰："顿卒怠倦以辱之，罚罪有过以惩之，杀僇犯禁以振之。"

治国有三器，乱国有六攻。明君能胜六攻而立三器，则国治；不肖之君不能胜六攻而立三器，故国不治。三器者何也？曰：号令也，斧钺也，禄赏也。六攻者何也？亲也，贵也，货也，色也，巧佞也，玩好也。三器之用何也？曰：非号令无以使下，非斧钺无以畏众，非禄赏无以劝民[⑤]。六攻之败何也[⑥]？曰：虽不听而可以得存，虽犯禁而可以得免，虽无功而可以得富。夫国有不听而可以得存者，则号令不足以使下；有犯禁而可以得免者，则斧钺不足以畏众；有无功而可以得富者，则禄赏不足以劝民。号令不足以使下，斧钺不足以畏众，禄赏不足以劝民，则人君无以自守也。然则明君奈何？明君不为六者变更号令，不为六者疑错斧钺，不为六者益损禄赏[⑦]。故曰："植固而不动，奇邪乃恐。奇革邪化，令往民移。"

[注释] ① 仪：原文为"机"，据洪颐煊说改。 ② 治辟：政治不全面。辟：通"躄"，瘸腿。 ③ 恶：厌恶。 ④ 致：及，加。 ⑤ 使下：役使下民。畏众：使民众畏惧。劝：鼓励。 ⑥ 败：害处。 ⑦ 六者：六攻。疑：犹豫不决。错：通"措"，施加。

[原文] 凡人君者，覆载万民而兼有之，烛临万族而事使之[①]。是故以天地、日月、四时为主、为质，以治天下[②]。天覆而无外也，其德无所不在[③]；地载而无弃也，安固而不动，故莫不生殖[④]。圣人法之以覆载万民，故莫不得其职姓，得其职姓则莫不为用[⑤]。故曰："法天合德，象地无亲。"

日月之明无私，故莫不得光。圣人法之，以烛万民，故能审察，则无遗善，无隐奸[⑥]。无遗善，无隐奸，则刑赏信必⑦。刑赏信必，则善劝而奸止。故曰："参于日月。"

四时之行，信必而著明。圣人法之，以事万民，故不失时功⑧。故曰："伍于四时。"

凡众者，爱之则亲，利之则至⑨。是故明君设利以致之，明爱以亲之⑩。徒利而不爱，则众至而不亲；徒爱而不利，则众亲而不至。爱施俱行，则说君臣、说朋友、说兄弟、说父子⑪。爱施所设，固不能守⑫。故曰："说众在爱施⑬。"

凡君所以有众者，爱施之德也。爱有所移，利有所并，则不能尽有⑭。故曰："有众在废私。"

爱施之德虽行而无私，内行不修，则不能朝远方之君⑮。是故正君臣上下之义，饰父子兄弟夫妻之义，饰男女之别，别疏数之差，使君德臣忠，父慈子孝，兄爱弟敬，礼义章明⑯。如此则近者亲之，远者归之。故曰："召远在修近。"

闭祸在除怨，非有怨乃除之，所事之地常无怨也⑰。凡祸乱之所生，生于怨咎；怨咎所生，生于非理。是以明君之事众也必经，使之必道，施报必当，出言必得，刑罚必理⑱。如此则众无郁怨之心，无憾恨之意，如此则祸乱不生，上位不殆⑲。故曰："闭祸在除怨也。"

凡人君所以尊安者，贤佐也⑳。佐贤则君尊、国安、民治，无佐则君卑、国危、民乱。故曰："备长在乎任贤㉑。"

凡人者，莫不欲利而恶害，是故与天下同利者，天下持之[22];擅天下之利者,天下谋之[23]。天下所谋,虽立必隳;天下所持,虽高不危。故曰:"安高在乎同利。"

[注释]

①烛:照。事使之:用劳动来役使他们。 ②主:主宰。质:本原。 ③外:遗留。 ④弃:剩余。生殖:生长繁殖。 ⑤职姓:所以生存的东西。职:所。姓:生。 ⑥审察:观察仔细。遗善:看不见的善行。隐奸:隐藏的坏事。 ⑦信必:准确而坚决。⑧事:使。 ⑨利之:对他有利。 ⑩致:招致。明:显示。⑪说:通"悦"。 ⑫固不能守:原文"固"上有"四"字,据猪饲彦博说删。 ⑬原文为"说在爱施",据刘绩补注增"众"字。 ⑭移:改变。并:合并。有:指拥有百姓。 ⑮内行:内心的德行。朝远方之君:使远方之君来朝。 ⑯饰:整治。疏:疏远。数:亲近。君德:君有德。章:通"彰"。 ⑰事:居处。 ⑱经:常法。道:方法。当:恰当。得:得当。理:合理。 ⑲殆:危险。 ⑳尊安:尊贵安稳。佐:辅助的大臣。 ㉑在:原文为"存",据《版法》篇正文改。 ㉒持:保持,拥护。 ㉓擅:独占。

[原文]

凡所谓能以所不利利人者,舜是也[1]。舜耕历山,陶河滨,渔雷泽,不取其利,以教百姓,百姓举利之[2]。此所谓能以所不利利人者也。所谓能以所不有予人者,武王是也[3]。武王伐纣,士卒往者,人有书社[4]。入殷之日,决钜桥之粟,散鹿台之钱,殷民大说[5]。此所谓能以所不有予人者也。

桓公谓管子曰:"今子教寡人法天合德,合德长久,合德而兼覆之则万物受命。象地无亲,无亲安固,无亲而兼载之则诸生皆殖[6]。参于日月,无私葆光,无私而兼照之则美恶不隐。然则君子之为身,无好无恶然已乎[7]?"管子对曰:"不然。夫学者所以自化，所以自抚[8]。故君子恶称人之恶，恶不忠而怨妒，恶不公议而名常称，恶不位下而位上，恶不亲外而内放[9]。此五者君子之所恐行，而小人之所以亡，况人君乎[10]？”

［注释］ ① 以所不利利人：在人们没有利的时候为人们谋利。 ② 陶：制造陶器。举利之：都因此而得利。举：尽，都。 ③ 以所不有予人：把人所没有的给人。 ④ 书社：存于社中的文书。 ⑤ 说：通“悦”。 ⑥ 诸生：各种各类的生物。殖：生殖。 ⑦ 为身：立身。然：这样。已：完，止。 ⑧ 化：化行。抚：修养。 ⑨ 不公议而名常称：不经过公议而自我宣扬。常：原文作“当”，据刘绩补注本改。放：通“防”。 ⑩ 恐行：害怕去做。小人之所以亡：小人由此而亡。

明法解第六十七

［解题］

本篇是对《明法》篇正文的解说。本文与正文次序、文句吻合，解说准确恰当，发挥了将法、术、势相结合的思想，是《管子》现存四篇解文中最好的一篇。

［原文］

明主者，有术数而不可欺也，审于法禁而不可犯也，察于分职而不可乱也①。故群臣不敢行其私，贵臣不得蔽贱，近者不得塞远，孤寡老弱不失其所职，竟内明辨而不相逾越，此之谓治国②。故《明法》曰："所谓治国者，主道明也。"

明法者，上之所以一民使下也③。私术者，下之所以侵上乱主也。故法废而私行，则人主孤特而独立，人臣群党而成朋④。如此则主弱而臣强，此之谓乱国。故《明法》曰："所谓乱国者，臣术胜也。"

明主在上位，有必治之势，则群臣不敢为非。是故群臣之不敢欺主者，非爱主也，以畏主之威势也；百姓之争用，非以爱主也，以畏主之法令也。故明主操必胜之数，以治必用之民⑤；处必尊之势，以制必服之臣。故令行禁止，主尊而臣卑。故《明法》曰："尊君卑臣，非亲也，以势胜也⑥。"

明主之治也，县爵禄以劝其民，民有利于上，故主有以使之⑦；立刑罚以威其下，下有畏于上，故主有以牧之[8]。故无爵禄则主无以劝民,无刑罚则主无以威众。故人臣之行理奉命者,非以爱主也,且以就利而避害也[9];百官之奉法无奸者,非以爱主也,欲以受爵禄而避罚也[10]。故《明法》曰:"百官论职,非惠也,刑罚必也。"

人主者,擅生杀,处威势,操令行禁止之柄以御其群臣,此主道也[11]。人臣者,处卑贱,奉主令,守本任,治分职,此臣道也[12]。故主行臣道则乱,臣行主道则危。故上下无分,君臣共道,乱之本也。故《明法》曰:"君臣共道则乱。"

人臣之所以畏恐而谨事主者,以欲生而恶死也。使人不欲生,不恶死,则不可得而制也[13]。夫生杀之柄,专在大臣而主不危者,未尝有也[14]。故治乱不以法断而决于重臣,生杀之柄不制于主而在群下,此寄生之主也。故人主专以其威势予人,则必有劫杀之患;专以其法制予人,则必有乱亡之祸。如此者,亡主之道也。故《明法》曰:"专授则失。"

[注释] ① 术数:方法策略。审:明确。察:明辨。 ② 蔽:压制。塞:阻碍。职:主管。竟:通"境"。治国:治理得好的国家。 ③ 明法:原文作"明主",据王念孙说改。一:统一。 ④ 特:独。党:结党。朋:团伙。 ⑤ 数:术。 ⑥ 原文"非"下有"计",据丁士涵说删。 ⑦ 县:同"悬"。有利于上:从君主那里得利。有以使之:有办法来役使他。 ⑧ 威:震慑。牧:统治。 ⑨ 且:将要。 ⑩ 受:原文为"爱",据王念孙说改。 ⑪ 擅:操持。御:驾驭。 ⑫ 本任:本职工作。治分职:管理好职责范围内的事。 ⑬ 使:假如。制:控制。 ⑭ 专:专授。

[原文] 凡为主而不得行其令,废法而恣群臣,威严已废,权势已夺,令不得出,群臣弗为用,百姓弗为使,竟内之众不制,则国非其国而民非其民①。如此者,灭主之道也。故《明法》曰:“令本不出谓之灭。”

明主之道,卑贱不待尊贵而见,大臣不因左右而进,百官条通,群臣显见②。有罚者主见其罪,有赏者主知其功。见知不悖,赏罚不差③。有不蔽之术,故无壅遏之患④。乱主则不然,法令不得至于民,疏远鬲闭而不得闻⑤。如此者,壅遏之道也。故《明法》曰:“令出而留谓之壅。”

人臣之所以乘而为奸者,擅主也⑥。臣有擅主者,则主令不得行,而下情不上通。人臣之力,能鬲君臣之间,而使美恶之情不扬闻,祸福之事不通彻,人主迷惑而无从悟。如此者,塞主之道也。故《明法》曰:“下情不上通谓之塞。”

明主者,兼听独断,多其门户⑦。群臣之道,下得明上,贱得言贵,故奸人不敢欺⑧。乱主则不然,听无术数,断事不以参伍⑨。故无能之士上通,邪枉之臣专国,主明蔽而聪塞,忠臣之欲谋谏者不得进。如此者,侵主之道也。故《明法》曰:“下情上而道止,谓之侵。”

人主之治国也,莫不有法令,赏罚具。是故其法令明而赏罚之所立者当,则主尊显而奸不生;其法令逆而赏罚之所立者不当,则群臣立私而壅塞之,朋党而劫杀之⑩。故《明法》曰:“灭、塞、侵、壅之所生，从法之不立也。”

法度者，主之所以制天下而禁奸邪也，所以牧领海内而奉宗庙也。私意者，所以生乱长奸而害公正也，所以壅蔽失正而危亡也。故法度行则国治，私意行则国乱。明主虽心之所爱而无功者不赏也，虽心之所憎而无罪者弗罚也。案法式而验得失，非法度不留意焉[11]。故《明法》曰：“先王之治国也，不淫意于法之外。”

明主之治国也，案其当宜，行其正理[12]。故其当赏者，群臣不得辞也；其当罚者，群臣不敢避也。夫赏功诛罪，所以为天下致利除害也。草茅弗去，则害禾谷；盗贼弗诛，则伤良民。夫舍公法而行私惠，则是利奸邪而长暴乱也[13]。行私惠而赏无功，则是使民偷幸而望于上也[14]；行私惠而赦有罪，则是使民轻上而易为非也。夫舍公法用私惠，明主不为也。故《明法》曰：“不为惠于法之内。”

凡人主莫不欲其民之用也。使民用者，必法立而令行也。故治国使众莫如法，禁淫止暴莫如刑。故贫者非不欲夺富者财也，然而不敢者，法不使也；强者非不能暴弱也，然而不敢者，畏法诛也[15]。故百官之事，案之以法，则奸不生；暴慢之人，诛之以刑，则祸不起[16]；群臣并进，策之以数，则私无所立[17]。故《明法》曰：“动无非法者，所以禁过而外私也。”

人主之所以制臣下者，威势也。故威势在下，则主制于臣；威势在上，则臣制于主。夫蔽主者，非塞其门守其户也，然而令不行、禁不止、所欲不得者，失其威势也。故威势独在于主，则群臣畏敬；法政独出于主，则天下服听[18]。故威势分于臣则令不行，法政出于臣则民不听。故明主之治天下也，威势独在于主而不与臣共，法政独制于主而不从臣出。故《明法》曰："威不两错，政不二门。"

明主者，一度量，立表仪，而坚守之。故令下而民从。法者，天下之程式也，万事之仪表也；吏者，民之所悬命也[19]。故明主之治也，当于法者赏之，违于法者诛之。故以法诛罪，则民就死而不怨；以法量功，则民受赏而无德也[20]。此以法举错之功也。故《明法》曰："以法治国，则举错而已。"

明主者，有法度之制，故群臣皆出于方正之治而不敢为奸[21]。百姓知主之从事于法也，故吏之所使者，有法则民从之，无法则止，民以法与吏相距，下以法与上从事[22]。故诈伪之人不得欺其主，嫉妒之人不得用其贼心，谗谀之人不得施其巧。千里之外，不敢擅为非。故《明法》曰："有法度之制者，不可巧以诈伪。"

权衡者，所以起轻重之数也[23]。然而人不事者，非心恶利也，权不能为之多少其数，而衡不能为之轻重其量也[24]。人知事权衡之无益，故不事也。故明主在上位，则官不得枉法，吏不得为私。民知事吏之无益，故财货不行于吏，权衡平正而待物，故奸诈之人不得行其私。故《明法》曰："有权衡之称者，不可欺以轻重。"

尺寸寻丈者，所以得长短之情也㉕。故以尺寸量短长，则万举而万不失矣。是故尺寸之度，虽富贵众强，不为益长；虽贫贱卑辱，不为损短。公平而无所偏，故奸诈之人不能误也㉖。故《明法》曰："有寻丈之数者，不可差以长短。"

国之所以乱者，废事情而任非誉也㉗。故明主之听也，言者责之以其实，誉人者试之以其官。言而无实者，诛；吏而乱官者，诛㉘。是故虚言不敢进，不肖者不敢受官。乱主则不然，听言而不督其实，故群臣以虚誉进其党㉙；任官而不责其功，故愚污之吏在庭㉚。如此则群臣相推以美名，相假以功伐，务多其交而不为主用㉛。故《明法》曰："主释法以誉进能，则臣离上而下比周矣；以党举官，则民务交而不求用矣。"

［注释］ ① 忞：放纵。夺：被夺取。弗：不。竟：同"境"。 ② 卑贱不待尊贵而见：地位低下者不用尊贵者引见。不因左右而进：不根据左右亲近之人的意见进用。条：顺。见：现。 ③ 见知不悖：所表现的与所了解的相一致。 ④ 不蔽之术：不被蒙蔽的方法。 ⑤ 鬲：通"隔"。闭：阻塞。 ⑥ 乘：乘机。擅主：独揽君主之权。 ⑦ 门户：指听取意见的渠道。 ⑧ 得：允许。明：示。言：议论。 ⑨ 参伍：分析比较。 ⑩ 朋党：结成朋党。 ⑪ 案法式：按照法令的规定。非法度：与法度无关。 ⑫ 当宜：恰当合适。 ⑬ 长：助长。 ⑭ 偷幸：苟且侥幸。 ⑮ 暴弱：对弱者施以暴力。 ⑯ 暴慢：强暴傲慢。 ⑰ 策：驾驭。数：术。 ⑱ 听：原文作"德"，形近而误，据王念孙说改。 ⑲ 悬：系。 ⑳ 无德：不必感恩戴德。 ㉑ 方正之治：制度化管理。 ㉒ 距：通"拒"，抗衡。从事：办事。 ㉓ 起：计量。 ㉔ 事：事奉。多少：增加或减少。轻重：加重或减轻。 ㉕ 情：实。 ㉖ 误：让它出现错误。 ㉗ 事

情:事实。任:听任。非:通“诽”。誉:夸誉。 ㉘ 吏而乱官:做官而乱其治。 ㉙ 督:考核。 ㉚ 责:求。污:品行不正。 ㉛ 相推以美名:以美名相互吹捧。相假以功伐:借用功劳相互夸耀。务多其交:尽力多结交。交:原文为“佼”,据古本改。下同。

[原文]

乱主不察臣之功劳,誉众者,则赏之①;不审其罪过,毁众者,则罚之②。如此者,则邪臣无功而得赏,忠正无罪而有罚。故功多而无赏,则臣不务尽力;行正而有罚,则贤圣无从竭能③;行货财而得爵禄,则污辱之人在官④;寄托之人不肖而位尊,则民倍公法而趋有势⑤。如此,则悫愿之人失其职,而廉洁之吏失其治⑥。故《明法》曰:“官之失其治也,是主以誉为赏而以毁为罚也。”

平吏之治官也,行法而无私,则奸臣不得其利焉,此奸臣之所务伤也⑦。人主不参验其罪过,以无实之言诛之,则人臣不能无事贵重而求推誉,以避刑罚而受禄赏焉⑧。故《明法》曰:“喜赏恶罚之人,离公道而行私术矣。”

奸臣之败其主也,积渐积微,使主迷惑而不自知也。上则相为候望于主,下则买誉于民,誉其党而使主尊之,毁不誉者而使主废之⑨。其所利害者,主听而行之,如此,则群臣皆忘主而趋私交矣⑩。故《明法》曰:“比周以相为慝,是故忘主死交,以进其誉⑪。”

主无术数,则群臣易欺之;国无明法,则百姓轻为非⑫。是故奸邪之人用国事,则群臣仰利害也⑬。如此,则奸人为之视听者多矣。虽有大义,主无从知之[14]。故《明法》曰:“交众誉多,外内朋党,虽有大奸,其蔽主多矣。”

凡所谓忠臣者,务明法术,日夜佐主明于度数之理,以治天下者也。奸邪之臣知法术明之必治也,治则奸臣困而法术之士显。是故邪之所务事者,使法无明,主无悟,而己得所欲也。故方正之臣得用则奸邪之臣困伤矣,是方正之与奸邪不两进之势也。奸邪在主之侧者,不能勿恶也[15]。唯恶之,则必候主间而日夜危之[16]。人主不察而用其言,则忠臣无罪而困死,奸臣无功而富贵。故《明法》曰:“忠臣死于非罪,而邪臣起于非功。”

富贵尊显,久有天下,人主莫不欲也。令行禁止,海内无敌,人主莫不欲也。蔽欺侵凌,人主莫不恶也。失天下,灭宗庙,人主莫不恶也。忠臣之欲明法术以致主之所欲而除主之所恶者,奸臣之擅主者,有以私危之,则忠臣无从进其公正之数矣[17]。故《明法》曰:“所死者非罪,所起者非功,然则为人臣者重私而轻公矣。”

乱主之行爵禄也,不以法令案功劳[18];其行刑罚也,不以法令案罪过,而听重臣之所言。故臣有所欲赏,主为赏之;臣欲有所罚,主为罚之。废其公法,专听重臣。如此,故群臣皆务其党重臣而忘其主,趋重臣之门而不庭[19]。故《明法》曰:“十至于私人之门,不一至于庭。”

明主之治也,明于分职,而督其成事[20]。胜其任者处官,不胜其任者废免。故群臣皆竭能尽力以治其事。乱主则不然。故群臣处官位，受厚禄，莫务治国者，期于管国之重而擅其利，牧渔其民以富其家[21]。故《明法》曰："百虑其家，不一图其国。"

明主在上位，则竟内之众尽力以奉其主，百官分职致治以安国家。乱主则不然，虽有勇力之士，大臣私之，而非以奉其主也[22]；虽有圣智之士，大臣私之，非以治其国也。故属数虽众，不得进也[23]；百官虽具，不得制也[24]。如此者，有人主之名而无其实。故《明法》曰："属数虽众，非以尊君也；百官虽具，非以任国也。此之谓国无人。"

明主者，使下尽力而守法分，故群臣务尊主而不敢顾其家；臣主之分明，上下之位审，故大臣各处其位而不敢相贵[25]。乱主则不然，法制废而不行，故群臣得务益其家；君臣无分，上下无别，故群臣得务相贵。如此者，非朝臣少也，众不为用也。故《明法》曰："国无人者，非朝臣衰也，家与家务相益，不务尊君也；大臣务相贵，而不任国也。"

人主之张官置吏也，非徒尊其身厚奉之而已也，使之奉主之法，行主之令，以治百姓而诛盗贼也[26]。是故其所任官者大，则爵尊而禄厚；其所任官者小，则爵卑而禄薄。爵禄者，人主之所以使吏治官也[27]。乱主之治也，处尊位，受厚禄，养所与交，而不以官为务。如此者，则官失其能矣。故《明法》曰："小臣持禄养交，不以官为事，故官失职。"

［注释］ ① 众：多。 ② 审：仔细考察。 ③ 无从竭能：无法竭尽其能。 ④ 污辱之人：品行恶劣的小人。 ⑤ 寄托之人：指委以重任的大臣。倍：通"背"。 ⑥ 悫愿：谨慎朴实。失其治：治理不好。

⑦ 平吏：一般官吏。治官：治理政事。务伤：尽力中伤。 ⑧ 参验：验证。人臣：原文作“奸臣”，据俞樾说改。无：不。贵重：权贵重臣。 ⑨ 相：伺机。候望：探测。不誉者：不赞美他的人。 ⑩ 所利害者：想要利或害的。趋私交：致力于私交。 ⑪ 交：原文作“佼”，据《明法》改。下同。 ⑫ 轻：易。 ⑬ 用：掌管。仰利害：利害所系。 ⑭ 义：通“俄”，“衺”之假借，“衺”即奸邪。 ⑮ 不能勿恶：不能不厌恶方正之士。 ⑯ 候主间：等待君主的时机。危：害。 ⑰ 致：实现。擅主：独揽君主之权。数：策。 ⑱ 行：授。以：根据。案：验。 ⑲ 务：致力于。党重臣：与重臣结交。不庭：不上朝庭。 ⑳ 分职：职责范围。督：察。 ㉑ 莫：不。期：希望。重：重权。擅：专。牧渔：鱼肉。 ㉒ 私之：留给自己。非以：不是用来。 ㉓ 属数：下属的数目。 ㉔ 制：掌握。 ㉕ 相贵：相互抬举。 ㉖ 张官置吏：设置官吏。徒：只。奉：养。 ㉗ 使吏治官：役使官吏治理政事。官：官府政事。

[原文]

明主之择贤人也，言勇者试之以军，言智者试之以官。试于军而有功者则举之，试于官而事治者则用之。故以战功之事定勇怯，以官职之治定愚智。故勇怯愚智之见也，如白黑之分[1]。乱主则不然，听言而不试，故妄言者得用；任人而不官，故不肖者不困[2]。故明主以法案其言而求其实，以官任其身而课其功，专任法不自举焉[3]。故《明法》曰：“先王之治国也，使法择人，不自举也。”

凡所谓功者，安主上，利万民者也。夫破军杀将，战胜攻取，使主无危亡之忧，而百姓无死虏之患，此军士之所以为功者也。奉主法，治竟内，使强不凌弱，众不暴寡，万民欢尽其力而奉养其主，此吏之所以为功也[4]。匡主之过，救主之失，明理义以道其主，主无邪僻之行，蔽欺之患，此臣之所以为功也[5]。故明主之治也，明分职而课功劳，有功者赏，乱治者诛，诛赏之所加，各得其宜，而主不自与焉[6]。故《明法》曰："使法量功，不自度也。"

明主之治也，审是非，察事情，以度量案之。合于法则行，不合于法则止。功充其言则赏，不充其言则诛[7]。故言智能者，必有见功而后举之[8]；言恶败者，必有见过而后废之。如此则士上通而莫之能妒，不肖者困废而莫之能举[9]。故《明法》曰："能不可蔽而败不可饰也。"

明主之道，立民所欲而求其功，故为爵禄以劝之[10]；立民所恶以禁其邪，故为刑罚以畏之[11]。故案其功而行赏，案其罪而行罚，如此则群臣之举无功者，不敢进也；毁无罪者，不能退也。故《明法》曰："誉者不能进而诽者不能退也。"

制群臣，擅生杀，主之分也[12]；县令仰制，臣之分也[13]。威势尊显，主之分也；卑贱畏敬，臣之分也。令行禁止，主之分也；奉法听从，臣之分也。故君臣相与，高下之处也，如天之与地也[14]；其分画之不同也，如白之与黑也。故君臣之间明别，则主尊臣卑。如此，则下之从上也，如响之应声；臣之法主也，如景之随形[15]。故上令而下应，主行而臣从，以令则行，以禁则止，以求则得。此之谓易治。故《明法》曰："君臣之间明别，则易治。"

明主操术任臣下，使群臣效其智能，进其长技[16]。故智者效其计，能者进其功。以前言督后事，所效当则赏之，不当则诛之⑰。张官任吏治民，案法试课成功⑱。守法而法之，身无烦劳而分职明⑲。故《明法》曰：“主虽不身下为而守法为之可也。”

［注释］　①见：同“现”。　②不官：不试之以官。困：屈。　③案：验。课：考。自举：自我举荐。　④竟：同“境”。暴：欺侮。　⑤匡：正。道：导。　⑥乱治：乱政。与：干预。　⑦充：符合。⑧言：所谓。见：同“现”。　⑨莫之能妒：没有人去妒忌他。⑩立民所欲：制定人民喜欢的政策。求其功：促使他们立功。⑪立民所恶：制定人民厌恶的政策。　⑫擅生杀：专生杀大权。⑬县：同“悬”，维系。仰：承受。　⑭相与：相互关系。　⑮法：效法。景：同“影”。　⑯术：策略。任：使用。效：献。长技：专长。⑰督：考察。　⑱张：设置。案：根据。试课：考核。　⑲守法而法之：遵守法度并据以治理政事。分职明：职责范围明确。原文“分职”下无“明”，据陶鸿庆说补。

臣乘马第六十八

[解题]

篇名当作《策乘马》,策指运筹谋划,乘即计算,马为计算时所用的筹码,策乘马意即经济谋划的策略。本文为轻重的首篇,与轻重的其他篇一样,讨论的主要是财政经济问题。本篇作者首先强调了政令在经济调控中的作用,主张国君不误农时,用政令操控粮食价格,使之掌握在国家手中。

[原文]

桓公问管子曰:"请问乘马①。"管子对曰:"国无储在令②。"桓公曰:"何谓国无储在令?"管子对曰:"一农之量壤百亩也,春事二十五日之内③。"桓公曰:"何谓春事二十五日之内?"管子对曰:"日至六十日而阳冻释,七十五日而阴冻释④。阴冻释而秇稷,百日不秇稷,故春事二十五日之内耳也⑤。今君立扶台,五衢之众皆作⑥。君过春而不止,民失其二十五日,则五衢之内阻弃之地也⑦。起一人之繇,百亩不举⑧;起十人之繇,千亩不举;起百人之繇,万亩不举;起千人之繇,十万亩不举。春已失二十五日,而尚有起夏作,是春失其地,夏失其苗,秋起繇而无止,此之谓谷地数亡⑨。谷失于时,君之衡籍而无止⑩。民食什伍之谷,则君已籍九矣,衡有求币焉⑪。此盗暴之所以起,刑罚之所以众也⑫。随之以暴,谓之内战⑬。"桓公曰:"善哉!"

[注释]

① 乘马:指经济方面的运算策划。乘:运算名称。马:筹码,古代计算的工具。 ② 储:储备,积蓄。在令:在于政令。 ③ 一农之

量：一个农民所能耕种土地的数量。壤：田地。春事：春季的农事。 ④ 日至：古夏至、冬至都叫日至，这里指冬至。阳冻：阳面的冻土。释：解冻。七十五日：原文为“七十日”，据俞樾说补。阴冻：阴面的冻土。 ⑤ 杕：同“埶”，种植。百日不杕稷：百日后则不宜种稷。 ⑥ 扶台：齐桓公所造建筑物名称。五衢：五方。衢：四通八达的道路。 ⑦ 阻弃之地：长满野草的荒地。阻：通“苴”，枯草。 ⑧ 起：征发。繇：通“徭”，徭役。举。耕种。 ⑨ 尚：还。有：通“又”。失其地：指土地得不到耕种。失其苗：指禾苗得不到管理。谷地数亡：粮食和土地多次丧失。 ⑩ 衡：负责收税的官。籍：收税，征收。 ⑪ 民食什伍之谷：百姓应食用所收粮食的十分之五。九：十分之九。衡有求币焉：税官又要求以货币纳税（即要求农民卖粮完税，再受商人盘剥）。原文为“有衡”，据马非百说改。有：通“又”。 ⑫ 盗暴：指人民的反抗行为。 ⑬ 随之以暴：指君主用暴力镇压人民的反抗。

［原文］

管子曰：“策乘马之数未尽也①。彼王者不夺民时，故五谷兴丰②。五谷兴丰，则士轻禄，民简赏③。彼善为国者，使农夫寒耕暑耘，力归于上，女勤于纤微而织归于府者，非怨民心伤民意，高下之策，不得不然之理也④。”

［注释］

① 原文“策乘马”上无“管子曰”三字，据王念孙说补。策乘马：关于经济的筹划计算。数：方法。未：原文为“求”，据安井衡说改。 ② 兴丰：丰盛。 ③ 轻禄：轻视俸禄。简赏：轻慢忽视奖赏。 ④ 力归于上：劳动成果归君主。力：指劳动成果。纤微：指纺织等精细的劳动。织：指纺织品。府：官府。怨民心：使民心生怨。高下之策：指实行用粮价高低来理财的方法。

［原文］

桓公曰：“为之奈何？”管子曰：“虞国得策乘马之数矣①。”桓公曰：“何谓策乘马之数？”管子曰：

"百亩之夫,予之策②:'率二十五日为子之春事,资子之币③。'泰秋,子谷大登,国谷之重去分④。谓农夫曰:'币之在子者以为谷而廪之州里⑤。'国谷之分在上,国谷之重再十倍⑥。谓远近之县、里、邑百官,皆当奉器械备⑦。曰:'国无币,以谷准币⑧。'国谷之秎,一切什九⑨。还谷而应谷,国器皆资,无籍于民⑩。此有虞之策乘马也。"

[注释]

① 虞国:传说中虞舜建立的国家。 ② 予之策:给他一个计划。 ③ 率:标准。五:原文为"七",据王念孙说改。资子之币:发放贷款资助你。 ④ 泰秋:大秋。泰:原文为"春"。据王念孙说改。登:收获。重:粮价。去分:降低一半。分:半。 ⑤ 以为谷:折合成粮食。廪之州里:缴到官府。 ⑥ 再十倍:又上涨十倍。 ⑦ 谓:命令。奉:上交。备:备用。 ⑧ 以谷准币:用粮食按市价折合代替应付的货币。 ⑨ 秎:读音 guàng,物价。这里指经国家操纵后的粮价。这两句意思是:在国家控制粮价上,一律获得十分之九的重利。 ⑩ 还谷:指贷款给百姓,使他们以粮食偿还。应谷:指国家用粮食支付购买器械。国器:国家所需的器械。资:充足。

乘马数第六十九

[解题]

乘马数，即谋划理财的方法，本文是《臣乘马》的续篇，主要论述了财政收入的保障、劳动力的管理使用、物价水平的调控、税收政策的制定四个方面的问题。

[原文]

桓公问管子曰："有虞策乘马已行矣，吾欲立策乘马，为之奈何？"管子对曰："战国修其城池之功，故其国常失其地用，王国则以时行也①。"桓公曰："何谓以时行？"管子对曰："出准之令，守地用、人策，故开阖皆在上，无求于民②。"

"霸国守分，上与下游于分之间而用足③。王国守始，国用一不足则加一焉，国用二不足则加二焉，国用三不足则加三焉，国用四不足则加四焉，国用五不足则加五焉，国用六不足则加六焉，国用七不足则加七焉，国用八不足则加八焉，国用九不足则加九焉，国用十不足则加十焉④。人君之守高下，岁藏三分，十年则必有三年之余⑤。若岁凶旱水泆，民失本，则修宫室台榭，以前无狗后无彘者为庸⑥。故修宫室台榭，非丽其乐也，以平国策也⑦。今至于其亡策乘马之君，春秋冬夏，不知时终始，作功起众，立宫室台榭⑧。民失其本，君不知其失诸春策，又失诸夏秋之策也，民无糟卖子，数矣⑨。猛毅之人淫暴，贫病之民乞请，君行律度焉，则民被刑僇而不从于主上[10]。此策乘马之数亡也[11]。”

“乘马之准，与天下齐准[12]。彼物轻则见泄，重则见射[13]。此斗国相泄，轻重之家相夺也[14]。至于王国，则持流而止矣[15]。”桓公曰：“何谓持流？”管子对曰：“有一人耕而五人食者，有一人耕而四人食者，有一人耕而三人食者，有一人耕而二人食者。此齐力而功地[16]。田策相员，此国策之时守也[17]。君不守以策，则民且守于下，此国策流已[18]。”

［注释］ ① 战国：好战的国家。修：致力于。功：事业，指工程。失其地用：失去土地的作用。王国：致力于统一、称王的国家。以时行：根据时机采取措施。 ② 出准之令：发布调节平均的法令。守：掌握。地用：指农业生产。人策：指物价政策。开阖：开放和关闭。 ③ 霸国：成就霸业的国家。守分：掌握一半。上与下：官府和百姓。与：原文为“分”，据郭沫若说改。游于分之间：在一半之内移动。 ④ 王国：成就王业的国家。守始：在财用开始形成时就掌握好。国用：国家财用。一不足则加一：一成不足就补足这一成。 ⑤ 守高下：掌握年景的好坏。十年则必有三年之余：十年就一定有三年的积蓄。三：原文为“五”，据王引之说改。 ⑥ 水洪：水灾。本：农业生产。前无狗后无彘：指养不起猪狗。庸：雇工。 ⑦ 丽：美。其：之。平国策：调整国家经济政策。 ⑧ 亡：无。作功起众：役使人民，大兴土木。 ⑨ 诸：之于。春策：春季的理财时机。夏秋之策：原文“策”下有“数”字，据马非百说删。糧：粥。数：必然的结果。 ⑩ 猛毅：强悍。淫暴：暴乱。乞请：乞讨。行律度：用法律进行制裁。被刑僇而不从于主上：宁肯忍受刑罚也不服从君主。 ⑪ 数：办法。 ⑫ 这两句意思是：经过筹划控制的物价标准，应与天下各诸侯国保持一致。 ⑬ 物：指物价。见：被。泄：流散。射：取。这两句意思是：国内物价偏低，商人把商品倾销到国外；物价偏高，商人则从国外运进商品以射取重利。 ⑭ 轻重之家：操纵市场的大商人。这两句意思是：这就是经济上相互争斗的国家互相倾销商品，富商大贾相互争夺的原因。 ⑮ 持流：控制流通。

止：足。 ⑯ 齐力而功地：花费同样的力量耕种土地。功：同“攻”，耕种。 ⑰ 田：指农业生产。相员：相辅相成。员：运。原文为“圆”，据宋本改。这两句意思是：农业生产与物价政策相辅并行，这就是国家理财政策按时在进行调控了。 ⑱ 不守以策：不用经济政策加以控制。民：指富商大户。且：将。守于下：在下面进行控制。下：原文为“上”，据文义改。流：流失，落空。

[原文]

桓公曰：“乘马之数尽于此乎？”管子对曰：“布织财物，皆立其赀①。财物之赀与币高下，谷独贵独贱②。”桓公曰：“何谓独贵独贱？”管子对曰：“谷重而万物轻，谷轻而万物重③。”

公曰：“贱策乘马之数奈何④？”管子对曰：“郡县上臾之壤守之若干，间壤守之若干，下壤守之若干⑤。故相壤定籍而民不移，振贫补不足，下乐上⑥。故以上壤之满补下壤之虚，章四时，守诸开阖，民之不移也，如废方于地⑦。此之谓策乘马之数也。”

[注释]

① 立其赀：规定其价格。赀：资。 ② 这两句意思是：万物的价格高低随货币的涨落而波动，粮食的价格则单独规定其高低，不受其影响。 ③ 这两句意思是：粮食价格高，万物就贱；粮食价格低，万物就贵。 ④ 贱：通“践”，实行。 ⑤ 上臾之壤：上等肥沃的土地。臾：通“腴”，肥沃。守：掌握。间壤：中等土地。下壤：下等土地。 ⑥ 相壤定籍：根据土地好坏规定纳税的标准。移：迁徙。振：通“赈”，救济。乐：喜欢。 ⑦ 以上壤之满补下壤之虚：用上等土地收入的盈余来补下等土地收入的不足。虚：原文为“众”，据俞樾说改。章四时：控制四时的物价。章：通“障”。守诸开阖：掌握物价开放关闭的大权。诸：指物价。如废方于地：就像把方形的东西放在地上一样。废：放置。

问乘马第七十（亡）

事语第七十一

［解题］

本篇以首句为题，从两个方面论述了积蓄财力这一中心思想。作者一方面反对奢侈散财，提倡积蓄财力，另一方面主张开源节流，利用本国财力积蓄，达到制天下的目的。

［原文］

桓公问管子曰："事之至数可闻乎①？"管子对曰："何谓至数？"桓公曰："秦奢教我曰②：'帷盖不修，衣服不众，则女事不泰③。俎豆之礼不致牲，诸侯太牢，大夫少牢，不若此，则六畜不育④。非高其台榭，美其宫室，则群材不散⑤。'此言何如？"管子曰："非数也⑥。"桓公曰："何谓非数？"管子对曰："此定壤之数也⑦。彼天子之制，壤方千里，齐诸侯方百里，负海子七十里，男五十里，若胸臂之相使也⑧。故准徐疾、赢不足，虽在下也，不为君忧⑨。彼壤狭而欲举与大国争者，农夫寒耕暑耘，力归于上，女勤于缉绩徽织，功归于府者，非怨民心伤民意也，非有积蓄不可以用人，非有积财无以劝下⑩。秦奢之数，不可用于危隘之国⑪。"桓公曰："善。"

［注释］

① 事：政事。至数：最好的方法。至：善，最佳。数：计策，方法。事之至数可闻乎：治国的最好办法，可以说给我听听吗？ ② 秦奢：作

者假设的人名,下文“佚田”同。 ③ 帷:车帷,用布帛织成,围于车的四周。盖:车盖,用于遮盖车顶。泰:通,引申为发达。以上三句意思是:不修饰车帷车盖,不缝制大量的衣服,女工生产就不发达。 ④ 俎豆:本是祭祀时用以装祭品的器具,这里指祭祀。致牲:用牲畜祭祀。牲:牺牲,祭祀用的牲畜。太牢:牛、羊、猪三牲具备叫太牢。少牢:只具备羊、猪为少牢。以上五句意思是:祭礼不用牲畜,例如,按礼诸侯祭祀要用牛、羊、猪,大夫祭祀用羊、猪,不这样,六畜就不能繁殖。 ⑤ 非:不。散:分散,使用。 ⑥ 非数:错误的办法。 ⑦ 定壤之数:土地有限的国家所使用的方法。 ⑧ 彼:那。齐诸侯:列位诸侯。齐:众。负海:靠海。负:背靠。子:子爵,公、侯、伯、子、男五等爵位之一。男:男爵。以上六句意思是:那里天子的统治区域,土地方圆千里,各位诸侯土地方圆百里,靠海的子爵土地方圆七十里,男爵五十里,他们就像身体和手臂一样相互为用。 ⑨ 准:调节。徐疾:缓急。赢:盈余。以上三句意思是:因此能调节财物的缓急余缺,财物即使散在民间,也不至于构成君主的忧患。 ⑩ 狭:狭小。举:起来。力:与下文的“功”均指劳动产品。缉绩徽织:泛指纺织。缉绩:纺麻线。徽:编绳索。织:织布。非怨民心伤民意:不是故意使民心怨恨,使民意受到伤害。用人:使用人。劝下:鼓励臣下。 ⑪ 秦奢:原文为“泰奢”,据上文改。危隘之国:危弱狭小的国家。隘:狭。

[原文] 桓公又问管子曰:“佚田谓寡人曰:‘善者用非其有,使非其人,何不因诸侯权以制天下①?’”管子对曰:“佚田之言非也。彼善为国者,壤辟举则民留处,仓廪实则知礼节②。且无委致围,城脆致冲③。夫不定内,不可以持天下④。佚田之言非也。”管子曰:“岁藏一,十年而十也。岁藏二,五年而十也。谷十而守五,绨素满之,五在上⑤。故视岁而藏,县时积岁,国有十年之蓄⑥。富胜贫,勇胜怯,智胜

愚，微胜不微，有义胜无义，练士胜驱众⑦。凡十胜者尽有之，故发如风雨，动如雷霆，独出独入，莫之能禁止，不待权与⑧。故佚田之言非也。”桓公曰：“善。”

［注释］ ① 因：凭借。以上三句意思是：善于治理国家的人，使用的不全是他自己国家的物产，任用的也不全是他自己国家的人才，为什么不利用其他诸侯的权势来控制天下呢？ ② 辟：开垦。举：充分，尽。③ 委：积蓄。脆：薄弱。冲：冲车，用于攻城。这两句意思是：况且国家没有积蓄，就会遭受敌国的围困；城池不坚固，就会招致敌国的进攻。④ 定内：安定内部。持天下：掌握天下。 ⑤ 绨：通“夷”，平，平均。素：通“疏”，疏通。以上三句意思是：十成之谷，保住五成，其他用来平均疏通，使人民积蓄富足，五成就安稳地掌握在君主手中了。⑥ 视岁而藏：根据收成情况决定积蓄多少。视：看，根据。县：同“悬”，坚持，积累。 ⑦ 微：隐蔽，保守机密。练士：经过训练的战士。驱众：没有经过训练的乌合之众。 ⑧ 十：全。莫之能禁止：没有人能阻挡。不待权与：不依靠盟国。

海王第七十二

［解题］

本篇主旨是讲利用山海的两种资源盐铁之利而成就王业，提出并论述了官山海的盐铁专卖政策。根据全篇内容，疑题目脱“山”字，应作《山海王》。

［原文］

桓公问于管子曰：“吾欲藉于台雉何如①？”管子对曰：“此毁成也②。”“吾欲藉于树木。”管子对曰：“此伐生也③。”“吾欲藉于六畜。”管子对曰：“此杀生也④。”“吾欲藉于人，何如？”管子对曰：“此隐情也⑤。”桓公曰：“然则吾何以为国⑥？”管子对曰：“唯官山海为可耳⑦。”

［注释］

① 藉于台雉：征收房屋楼台税。藉：同“籍”，征收赋税。雉：同“榭”，原文为“雉”，据王引之说改。 ② 毁：毁坏。成：已成之物。 ③ 伐生：砍掉未成材的树木。生：尚未成熟。 ④ 杀生：杀掉六畜。 ⑤ 隐情：隐瞒人口的实际数量。情：实情。 ⑥ 然则：既然这样，那么。何以：用什么。为：治理。 ⑦ 官山海：实行盐铁专卖。官：通“管”，控制。山海：山和海的物产，指铁和盐。

［原文］

桓公曰：“何谓官山海？”管子对曰：“海王之国，谨正盐策①。”桓公曰：“何谓正盐策？”管子对曰：“十口之家十人食盐，百口之家百人食盐。终月，大男食盐五升少半，大女食盐三升少半，吾子食盐二升少半，此其大历也②。盐百升而釜③。令盐之重升加分强，釜五十也④；升加一强，釜百也；升加二强，釜二百也。钟二千，十钟二万，百钟二十万，千钟二百万⑤。万乘之国，人数开口千万也⑥。禺策之，商日二百万，十日二千万，一月六千万⑦。万乘之国，正人百万也，月人三十钱之籍，为钱三千万⑧。今吾非籍之诸君吾子，而有二国之籍者六千万⑨。使君施令曰：吾将籍于诸君吾子，则必嚣号⑩。今夫给之盐策，则自倍归于上，人无以避此者，数也⑪。”

［注释］

① 谨：谨慎，重视。正盐策：整顿盐业专卖政策。正：端正。这两句的意思是：依靠海洋资源发展的国家，要注意整顿盐业专卖政策。② 终月：一个月。大男：成年男子。五升少半：五升多一点。吾子：小孩。大历：大概数字。 ③ 百升而釜：一百升为一釜。釜：古量器。

④ 重：指价格。分：半。强：通“繦”，穿钱的绳，指钱的计量单位，如后来的“贯”。这两句的意思是：使盐的价格每升增加半繦，一釜就可多得五十繦。 ⑤ 钟：量器，十釜为钟。 ⑥ 开口：指开口吃饭的人，即总人数。 ⑦ 禺策之：试着计算一下。禺：通“偶”。策：计算。商日二百万：正好是一天多收入二百万繦钱。商：古“适”字。 ⑧ 正人：应纳税的人。正：同“征”。人：原文为“九”，据王引之说改。以上四句意思是：一个具有万辆兵车的大国，应纳税的人有一百万人，每人每月征收三十钱，就能得三千万钱。 ⑨ 诸君：指成年男女。这两句的意思是：现在我不征收人头税，却能有相当于两个国家税收的六千万钱。

⑩ 使：假如。施令：发令。嚣号：喧闹，号叫。 ⑪ 今夫：如果。给之盐策：把税加到盐价中。自：原文为“百”，据陶鸿庆说改。以上四句意思是：如果把要征的税摊到盐价中，那利自然会成倍地流入君主之手，人民是无法逃避的，这是很自然的道理。

［原文］

“今铁官之数曰①：一女必有一针一刀，若其事立[2]；耕者必有一耒一耜一铫，若其事立[3]；行服连、轺、辇者必有一斤一锯一锥一凿，若其事立[4]。不尔而成事者天下无有[5]。令针之重加一也，三十针一人之籍[6]；刀之重加六，五六三十，五刀一人之籍也；耜铁之重加十，三耜铁一人之籍也[7]。其余轻重皆准此而行[8]。然则举臂胜事，无不服籍者[9]。"

［注释］ ① 铁官：主管经营铁业的机构。数：方法。 ② 刀：剪刀。若其事立：这样，她的事才能干成。若：如此，这样。 ③ 耒：古代的农具，类似于现在的犁，用于耕地。耜：古代的农具，类似于现在的铧，用于翻土。铫：大锄。 ④ 行服：从事，修造。连：通"辇"，人拉的车。轺：读音 yáo，轻便的小车。辇：读音 jú，古代马拉的大车。斤：斧。锥：铁锥，用以钻洞。凿：凿子，用以凿孔。 ⑤ 尔：如此，这样。这句的意思是：不具备这些东西而能干成上述事情的人，天下没有。 ⑥ 这两句意思是：如果每根针加价一分，三十根针多得的收入就等于一人所缴纳的税。 ⑦ 耜铁：做一个耜所用的铁。十：原文为"七"，据王引之说改。 ⑧ 轻重：价格的高低。准：按照，仿照。这句的意思是：其余铁器价格的高低，都按这个办法执行。 ⑨ 举臂：举手，指拿工具。胜：承担。这两句意思是：这样，凡是拿工具做事的，就没有不交纳赋税的。

［原文］ 桓公曰："然则国无山海不王乎[1]？"管子曰："因人之山海假之[2]。名有海之国雠盐于吾国，釜五十，吾受而官出之以百[3]。我未与其本事也，受人之事，以重相推，此用人之数也[4]。"

［注释］ ① 王：称王。这句的意思是：那么，国家没有山海就不能成就王业了吗？ ② 因人之山海假之：凭借别国的山海而加以利用。

③ 名：同“命”。雠：售，卖。釜五十：以每釜五十钱的价格买进。五十：原文为“十五”，据王引之说改。吾受而官出之以百：我们买到后再让官府以每釜一百钱的价格卖出。 ④ 与：参与。本事：指盐业生产。受人之事：接受别国的产品。重：加价。用人：指利用别人的财物。原文为“人用”，据郭沫若说改。以上四句意思是：我们没有参与盐业生产，只是拿别国的产品加价推销，这就是利用别国产品取利的方法啊。

国蓄第七十三

［解题］

本篇以首句为题，比较全面地概括了轻重理论的基本内容。作者主张“利出一孔”，即运用行政权力，操控关系国计民生的粮食和货币，防止富商大贾操纵市场以取利，从而增加国家的财政收入。

［原文］

国有十年之蓄，而民不足于食，皆以其技能望君之禄也①；君有山海之金，而民不足于用，是皆以其事业交接于君上也②。故人君挟其食，守其用，据有余而制不足，故民无不累于上也③。五谷食米，民之司命也④；黄金刀币，民之通施也⑤。故善者执其通施以御其司命，故民力可得而尽也⑥。

［注释］

① 蓄：积蓄，指粮食。望：希望，求取。禄：俸禄。 ② 山海之金：指靠盐铁专卖所得的金钱。不足于用：钱财不够用。以其事业交接于君上：用自己的职业去结交君主。事业：职业。交接：交往，结交。 ③ 挟：挟持，把持。守：掌握。据：据守。制：控制。累：系，捆绑，引申为控制。以上四句的意思是：因此，君主把持住粮食，掌握钱财，据守有余而控制不足，这样，人民就没有不受君主控制的了。 ④ 司命：生命的主宰者。司：管理。 ⑤ 刀币：货币。通施：交易的手段。 ⑥ 善者：善治国的人。执：掌握。御：控制。这两句的意思是：所以，善于治理国家的人通过掌握货币来控制粮食，这样，人民的力量就可以得到最大限度的使用了。

［原文］

夫民者信亲而死利，海内皆然①。民予则喜，夺则怒，民情皆然②。先王知其然，故见予之形，不见夺之理，故民爱可洽于上也[3]。租籍者，所以强求也[4]；租税者，所虑而请也[5]。王霸之君去其所以强求，废其所虑而请，故天下乐从也[6]。

［注释］ ① 信亲：相信亲近的人。原文为“亲信”，据朱东光本改。死利：为利而死。然：如此，这样。 ② 予：给予。夺：取。 ③ 见：同“现”，显现。形：形式，现象。理：道理，实质。洽：沟通，融洽。以上四句意思是：先王知道这个道理，所以，只是显示出给予人民的现象，掩盖起掠夺人民的实质。因此，人民就爱戴君主了。 ④ 租籍：正规赋税之外的附加税。 ⑤ 租税：正规的赋税。虑而请：经过仔细计算之后决定征收的正规赋税。 ⑥ 王霸之君：成就王业、霸业的君主。去：废除。废：置，保留。

［原文］ 利出于一孔者，其国无敌[1]；出二孔者，其兵不诎[2]；出三孔者，不可以举兵；出四孔者，其国必亡。先王知其然，故塞民之羡，隘其利途[3]。故予之在君，夺之在君，贫之在君，富之在君。故民之戴上如日月，亲君若父母[4]。

［注释］ ① 利出于一孔：经济利益出于一个渠道，即由国家统一掌握。利：利益，此处指经济利益。孔：途径，渠道。 ② 其兵不诎：军队不至于被征服。诎：同“屈”，屈服。 ③ 塞：阻止。羡：盈余。原文为“养”，据闻一多说改。隘：控制。以上三句意思是：先王明白这个道理，因此就不使人民有多余的钱财，限制人民获利的途径。 ④ 戴上如日月：爱戴君主就像对待日月一样。

［原文］ 凡将为国，不通于轻重，不可为笼以守民[1]；不能调通民利，不可以语制为大治[2]。是故万乘之国有万金之贾，千乘之国有千金之贾[3]。然者何也？国多失利，则臣不尽其忠，士不尽其死矣[4]。岁有

凶穰，故谷有贵贱[⑤]；令有缓急，故物有轻重[⑥]。然而人君不能治，故使蓄贾游市，乘民之不给，百倍其本[⑦]。分地若一，强者能守[⑧]；分财若一，智者能收[⑨]。智者有什倍人之功，愚者有不赓本之事[⑩]。然而人君不能调，故民有相百倍之生也[⑪]。夫民富则不可以禄使也，贫则不可以罚威也[⑫]。法令之不行，万民之不治，贫富之不齐也[⑬]。且君引錣量用，耕田发草，上得其数矣[⑭]；民人所食，人有若干步亩之数矣[⑮]。计本量委则足矣，然而民有饥饿不食者何也？谷有所藏也[⑯]。人君铸钱立币，民庶之通施也[⑰]。人有若干百千之数矣，然而人事不及、用不足者何也？利有所并也[⑱]。然则人君非能散积聚，钧羡不足，分并财利而调民事也，则君虽强本趣耕，而自为铸币而无已，乃今使民下相役耳，恶能以为治乎[⑲]？

［注释］ ① 为：治理。通：通晓。轻重：商品价格的高低，即价值规律。轻：物价低。重：物价高。为笼以守民：制定经济政策来控制人民。笼：鸟笼，喻指限制人民的经济措施。 ② 调通：调剂。语：说到，谈及。制：控制。这两句意思是：不能调节百姓的财富，就谈不到通过控制经济来达到天下大治。 ③ 万金之贾：拥有万金的富商。贾：商人。 ④ 以上三句意思是：国家的财利丢掉的太多，群臣就不会尽忠，将士也不会为国拼命了。 ⑤ 岁：指收成。凶穰：歉收和丰收。凶：灾荒。穰：读音 ráng，丰盛。 ⑥ 令：指征收赋税的法令。轻重：物价的高低。这两句的意思是：法令有缓有急，所以物价有低有高。 ⑦ 然：如此。治：治理，控制。蓄贾：积蓄很多的富商。给：充足。以上四句意思是：这种情况人君若不能控制，那富商就会在市场上奔走，趁着人民的不足，取得百倍的利益。 ⑧ 强者：能干的人。守：保持。 ⑨ 智者：精明的人。收：收取利益。 ⑩ 什倍人之功：十倍于人的功利。

什:通“十”。不赓本:不偿本钱,即赔本。赓:补偿。 ⑪ 然:这样。而:却,但是。调:调节。相百倍之生:相差百倍的财产。相:相差。生:产业,财产。 ⑫ 以禄使:用给予俸禄赏赐来驱使。以罚威:用刑罚去威胁。 ⑬ 齐:等。 ⑭ 引:援引,拿起。镃:读音 zhuì,古代计算用的筹码。发:开发。以上三句意思是:况且君主拿起筹码计算一下需要的费用,应该开发土地的数量,上面就掌握了。 ⑮ 步亩:田亩。步:古代丈量土地的单位,长六尺为一步。这两句意思是:掌握一个人所需的口粮,那他所需的田地亩数也就知道了。 ⑯ 计本量委:计算一下地里所生产的和粮仓里所积存的。本:土地所产出的。委:积蓄。有所藏:被一些人囤积贮藏起来了。 ⑰ 铸钱立币:铸造和发行货币。通施:交易的手段。 ⑱ 人事不及:不能满足人们日常使用。并:并吞。原文“并”下有“藏”,据王念孙说删。 ⑲ 钧:同“均”,均分。羡:多余。强本:加强农业生产。趣:通“促”。恶:读音 wū,何。以上七句意思是:如果人君不能分散囤积,平均多余的和不足的,分散聚积的财富,调节人民的需求,那么,君主即使加强督促农业生产,不停地铸造钱币,也只能使百姓在下面相互奴役,怎么能治理好国家呢?

[原文]

岁适美,则市粜无予,而狗彘食人食①。岁适凶,则市籴釜十繦,而道有饿民②。然则岂壤力固不足而食固不赡也哉③?夫往岁之粜贱,狗彘食人食,故来岁之民不足也④。物适贱,则半力而无予,民事不偿其本⑤;物适贵,则什倍而不可得,民失其用⑥。然则岂财物固寡而本委不足也哉⑦?夫民利之时失,而物利之不平也⑧。故善者委施于民之所不足,操事于民之所有余⑨。夫民有余则轻之,故人君敛之以轻⑩;民不足则重之,故人君散之以重⑪。敛积之以轻,散行之以重,故君必有十倍之利,而财之朎可得而平也⑫。

［注释］ ① 岁适美：遇到好年景。适：值，遇。无予：卖不出去。彘：猪。 ② 凶：灾荒，歉收。釜十繦：买一釜粮要用十串钱。釜：古代量器。繦：串钱的绳，这里指钱串。 ③ 岂：难道，哪里是。固：本来，确实。赡：充足。这句的意思是：这哪里是地力确实不好，粮食确实不够吃引起的呢？ ④ 往岁：上一年。来岁：下一年。 ⑤ 民事：生产事业。以上三句意思是：产品的价格低，要价只相当于所费劳动力的一半也卖不出去，生产者就会赔本。 ⑥ 民失其用：人民买不到所用的东西。 ⑦ 然：这。本委：生产和积累。 ⑧ 这两句意思是：是因为人民的财利时常遭受损失，产品和财利得不到平均。 ⑨ 委：积蓄。施：给予，销售。操事：从事。这两句意思是：所以，善于治国的人，在人民不足的时候销售积蓄的物资，在人民有余的时候收购物资。 ⑩ 轻：价格低。敛之以轻：以低价收购。 ⑪ 重：价格高。散之以重：以高价卖出。 ⑫ 财之㯓可得而平：可使物价保持平稳。

［原文］ 凡轻重之大利，以重射轻，以贱泄平①。万物之满虚随时，准平而不变，衡绝则重见②。人君知其然，故守之以准平③。使万室之都必有万钟之藏，藏繦千万④；使千室之都必有千钟之藏，藏繦百万。春以奉耕，夏以奉芸⑤。耒耜械器，种穰粮食，毕取赡于君⑥。故大贾蓄家不得豪夺吾民矣⑦。然则何？君养其本谨也⑧。春赋以敛缯帛，夏贷以收秋实⑨。是故民无废事而国无失利也⑩。

［注释］ ① 射：射取，购买。泄：倾泻，卖出。以上三句意思是：轻重之术的最大好处是：在人民有余而物价低的时候，以较高的价格买进；在人民不足而物价高的时候，以较低的价格卖出，使物价保持平稳。 ② 满虚：多少。时：原文为“财”，据张佩纶说改。准：供求关系。衡绝：失去平衡。见：同“现”。以上三句意思是：万物的多少随时而变，要使供求关系保持平衡而不发生变化。如果失去平衡，就会出现价格的涨落。 ③ 守之以准平：用供求关系的平衡来保持价格稳定。 ④ 万室之

都：拥有万户的大城镇。钟：古容量单位，六斛四斗为一钟。藏：积蓄。藏繦千万：积蓄上千万的钱。 ⑤ 奉：供应。芸：通“耘”。 ⑥ 种穰：泛指种子。赡：供应。以上三句意思是：农耕用具，种子粮食，都从君主那里得到供应。 ⑦ 蓄家：囤积居奇的商人。 ⑧ 养：发展。本：农业生产。谨：谨慎，重视。 ⑨ 赋：给予。这两句意思是：春季向人民放贷以收取生产的丝织品，夏天向人民放贷以收取秋天的粮食。 ⑩ 民无废事：人民不荒废农业生产。

［原文］

凡五谷者，万物之主也。谷贵则万物必贱，谷贱则万物必贵。两者为敌，则不俱平①。故人君御谷物之秩相胜，而操事于其不平之间②。故万民无籍而国利归于君也③。夫以室庑籍，谓之毁成④；以六畜籍，谓之止生⑤；以田亩籍，谓之禁耕；以正人籍，谓之离情⑥；以正户籍，谓之养赢⑦。五者不可毕用，故王者遍行而不尽也⑧。故天子籍于币，诸侯籍于食⑨。中岁之谷，粜石十钱⑩。大男食四石，月有四十之籍⑪；大女食三石，月有三十之籍；吾子食二石，月有二十之籍⑫。岁凶谷贵，粜石二十钱⑬。则大男有八十之籍，大女有六十之籍，吾子有四十之籍。是人君非发号令亩穑而户籍也⑭。彼人君守其本委谨，而男女诸君吾子无不服籍者也⑮。一人廪食，十人得余⑯；十人廪食，百人得余；百人廪食，千人得余。夫物多则贱，寡则贵，散则轻，聚则重⑰。人君知其然，故视国之羡不足而御其财物⑱。谷贱则以币予食，布帛贱则以币予衣⑲。视物之轻重而御之以准，故贵贱可调而君得其利⑳。

[注释]　① 这两句意思是：谷和万物的价格相互对立，二者不能同时保持高或低。　② 御：驾驭，掌握。秩：次第，更替。相胜：相互争胜，指物价涨落。操事：操纵从事。这两句意思是：所以，人君掌握谷和万物价格的交替涨落，在价格不平衡的二者之间进行操纵。　③ 无籍：不征收赋税。　④ 以：按照。室庑：房屋。籍：收税。这两句意思是：按房屋多少收税，叫做毁坏已建成的房屋。　⑤ 止生：禁止六畜的饲养繁殖。　⑥ 正人：应纳税的人。离情：断绝情欲，不生育。　⑦ 正户：应纳税的户。养赢：放纵富家大户。按户征税，则大户有利。养：放纵，扶植。赢：盈余，指富家大户。　⑧ 五者：指上述五种税收。毕：全，都。遍行而不尽：有所选择而不全面实行。　⑨ 籍于币：对流通的货币征税。籍于食：对粮食征税。　⑩ 中岁：中等年景。粜石十钱：卖一石粮食加价十钱。　⑪ 大男：成年男子。月有四十之籍：相当于每月有四十钱的税收。　⑫ 吾子：小孩。　⑬ 粜：原文为“籴”，据上下文文义改。　⑭ 非：不用。亩穑：按亩收赋。亩：原文为“收”，据丁士涵、马非百说改。穑：收敛。户籍：按户收税。　⑮ 守其本委谨：严格控制生产和积蓄。本：生产。委：积蓄。谨：严谨。服籍：纳税。⑯ 廪食：官府供给粮食，这里指购买官府粮食。这两句意思是：一人靠买官府的粮食生活，官府所得之利可养活十人有余。　⑰ 散：流散。轻：价格低。聚：囤积。重：价格高。　⑱ 视：根据。羡：剩余。御：掌握。　⑲ 以币予食：用钱买粮食。　⑳ 视物之轻重而御之以准：根据物价的高低，用平准措施加以控制。准：平准。

[原文]　前有万乘之国，而后有千乘之国，谓之抵国①。前有千乘之国，而后有万乘之国，谓之距国②。壤正方，四面受敌，谓之衢国③。以百乘衢处，谓之托食之君④。千乘衢处，壤削少半。万乘衢处，壤削太半。何谓百乘衢处托食之君也？夫以百乘衢处，危慑围阻千乘万乘之间⑤。大国之君不相中，举兵而相攻，必以为扞格蔽圉之用，有功利不得乡⑥。

大臣死于外，分壤而功[7]；列陈系累获虏，分禄而赏[8]。是壤地尽于功赏，而税藏殚于继孤也[9]。是特名罗于为君耳，无壤之有[10]；号有百乘之守，而实无尺壤之用[11]。故谓托食之君。然则大国内款，小国用尽，何以及此[12]？曰：百乘之国，官赋轨符，乘四时之朝夕，御之以轻重之准，然后百乘可及也[13]。千乘之国，封天财之所殖，械器之所出，财物之所生，视岁之满虚而轻重其禄，然后千乘可足也[14]。万乘之国，守岁之满虚，乘民之缓急，正其号令而御其大准，然后万乘可资也[15]。

［注释］ ① 抵国：抵抗的国家。 ② 距国：防守的国家。距：同“拒”。 ③ 壤：领土。衢国：处于交通要道的国家。衢：四通八达的道路。 ④ 百乘：拥有百辆兵车的小国。衢处：处在四通八达的交通要道，即四面受敌。托食：寄生。这两句意思是：小国处于四面受敌的位置，这样的君主，叫做靠别人生存的君主。 ⑤ 危慑：威慑胁迫。围阻：阻拦包围。 ⑥ 大：原文为“夫”，据王念孙说改。不相中：相互不和。中：和。扞格蔽圉：进攻和防守。扞格：矛盾，抵触。蔽：掩护。圉：守卫。用：工具。乡：通“飨”，享受。 ⑦ 分壤而功：分封土地给有战死之功者。功：赏有功。 ⑧ 列陈：列阵之士，指参战的士兵。系累：捆绑。获虏：抓获的战俘。分禄而赏：拿出俸禄来奖赏。原文为“分赏而禄”，据陶鸿庆说改。 ⑨ 税藏：赋税积蓄。殚：尽。继孤：抚恤优待死者的孩子。 ⑩ 特：只。罗：排列。这两句意思是：这只是名义上还排列在君主行列之内罢了，根本没有领土。 ⑪ 这两句意思是：名义上有百辆兵车的军队，实际上没有尺土可守。 ⑫ 款：空。何以及此：怎样才能补充呢？及：满足，补充。 ⑬ 官赋轨符：官府发放货币和实物的债券。乘：根据。朝夕：指物价的涨落。御之以轻重之准：用平衡物价的措施加以控制。及：给，足。 ⑭ 封：禁止，垄断。天财：自然资源。殖：出产。视岁之满虚而轻重其禄：根据年景的好坏调节俸禄的

多少。视:按照,根据。满虚:丰歉。 ⑮ 守:据守,根据。乘:按照。正:整顿,端正。御:掌握。准:供求关系。资:足。

[原文]

玉起于禺氏,金起于汝汉,珠起于赤野①。东西南北距周七千八百里,水绝壤断,舟车不能通②。先王为其途之远,其至之难,故托用于其重③。以珠玉为上币,以黄金为中币,以刀布为下币④。三币握之则非有补于暖也,食之则非有补于饱也,先王以守财物,以御民事,而平天下也⑤。今人君籍求于民⑥:令曰十日而具,则财物之贾什去一⑦;令曰八日而具,则财物之贾什去二;令曰五日而具,则财物之贾什去半;朝令而夕具,则财物之贾什去九。先王知其然,故不求于万民而籍于号令也⑧。

[注释]

① 禺氏:月支。我国古代西部的一个少数民族地区。汝汉:汝水(今河南境内)和汉水(今湖北境内)流域。赤野:不详。 ② 七千八百里:并非确指,形容路途遥远。水绝壤断:有山河的阻挡。 ③ 为:因为。托用于其重:借助于它的贵重。 ④ 刀布:货币。古钱币刀形的叫刀,铲形的叫布。 ⑤ 三币:上述三种货币。以:用。守:控制。御民事:掌握民用。 ⑥ 籍求于民:向人民征收赋税。 ⑦ 具:具备,齐全。贾:价格。这两句意思是:下令说十天必须交齐,人们都出售财物以纳税,财物的价格就会降低十分之一。 ⑧ 不求于万民:不向万民征税。籍于号令:通过政令的缓急来操纵物价,从中获得相当于赋税的收入。

山国轨第七十四

［解题］

“山”字为衍文,“轨”通“会”,国轨即国家的统计理财工作。本篇详细论述了统计理财工作的管理机构、主要内容、具体工作方法和统计结果的运用。作者主张把轻重之术运用到统计理财工作的全过程,从而增加国家的财政收入。

［原文］

桓公问管子曰:“请问官国轨①。”管子对曰:“田有轨,人有轨,用有轨,乡有轨,人事有轨,币有轨,县有轨,国有轨②。不通于轨数而欲为国③,不可。”

［注释］

① 官国轨:管理国家统计理财的方法。官:同“管”。轨:会计,统计计算。 ② 用:费用,即财政收支。人事:民用。 ③ 通:通晓,懂得。轨数:统计计算的方法。为:治理。

［原文］

桓公曰:“行轨数奈何①?”对曰:“某乡田若干?人事之准若干?谷重若干②?曰:某县之人若干?田若干?币若干而中用?谷重若干而中币③?终岁度人食,其余若干④?曰:某乡女胜事者终岁绩,其功业若干⑤?以功业直时而杆之,终岁,人已衣被之后,余衣若干⑥?别群轨,相壤宜⑦。”桓公曰:“何谓别群轨,相壤宜?”管子对曰:“有莞蒲之壤,有竹箭檀柘之壤,有汜下渐泽之壤,有水潦鱼鳖之壤⑧。今四壤之数,君皆善官而守之,则籍于财物,不籍于人⑨。亩十鼓之壤,君不以轨守,则民且守之[10]。民有通移长力,不以本为得,此君失也[11]。”

[注释] ① 奈何:怎么办。这句的意思是:怎样推行计算统计的办法? ② 人事之准:人民日常费用的平均数。 ③ 币若干而中用:满足日常费用需要多少钱。谷重若干而中币:多少粮食才能折合这些所需的钱。中:符合,相当。 ④ 终岁度人食:计算一下每人一年所吃的粮食。度:估量,计算。 ⑤ 胜事:能胜任女工之事。绩:纺织。功业:成果,指织成的布帛。 ⑥ 直时而圹之:按照当时的价格进行计算。直:相当。时:时价。圹:按价计算。人已衣被之后:除去人的衣、被之后。已:止。 ⑦ 群轨:上述应统计的事项。相:察看,辨别。这两句意思是:分别各种应计算统计的项目,辨别土地的性质及适宜种植的作物。 ⑧ 莞蒲之壤:出产莞蒲的土地。莞:水葱。蒲:水草。竹箭檀柘之壤:出产竹类、檀木、柘木的土地。箭:箭竹,竹的一个种类。汜下渐泽:低湿多水。 ⑨ 官:同“管”,管理。守:控制。 ⑩ 亩十鼓:一亩地可收十鼓粮食。鼓:十二斛为一鼓。原文为“亩”,据马非百说改。以轨守:根据统计结果加以控制。且:将。 ⑪ 通移:货币。通:原文为“过”,据王念孙说改。移:同“施”。长力:余力。得:合算,划得来。以上三句意思是:人民拥有货币而财力有余,就会认为从事农业生产不合算,这是君主的失误。

[原文] 桓公曰:“轨意安出[1]?”管子对曰:“不阴据其轨,皆下制其上[2]。”桓公曰:“此若言何谓也[3]?”管子对曰:“某乡田若干?食者若干?某乡之女事若干?余衣若干?谨行州里[4]。曰:‘田若干,人若干,人众田不度食若干[5]。’曰:‘田若干,余食若干。’必得轨程,此谓之泰轨也[6]。然后调立环乘之币[7]。田轨之有余于其人食者,谨置公币焉[8]。大家众,小家寡。山田、间田,曰终岁其食不足于其人若干,则置公币焉,以满其准[9]。重岁,丰年,五谷

登,谓高田之萌曰[10]:'吾所寄币于子者若干,乡谷之枋若干,请为子什减三[11]。'谷为上,币为下[12]。高田抚,间田、山田不被,谷十倍[13]。山田以君寄币,振其不赡,未淫失也[14]。高田以时抚于主上,坐长加十也[15]。女贡织帛,苟合于国奉者,皆置而券之[16]。以乡枋市准曰:'上无币,有谷,以谷准币[17]。'环谷而应策,国奉决,谷反准[18]。赋轨币,谷廪重有加十[19]。谓大家委赀家曰:'上且修游,人出若干币[20]。'谓邻县曰:'有实者皆勿左右,不赡,则且为人马假其食于民[21]。'邻县四面皆枋,谷坐长而十倍[22]。上下令曰:'赀家假币,皆以谷准币,直币而庚之[23]。'谷为下,币为上。百都百县轨据,谷坐长十倍[24]。环谷而应假币,国币之九在上,一在下[25]。币重而万物轻,敛万物,应之以币[26]。币在下,万物皆在上,万物重十倍[27]。府官以市枋出万物,隆而止[28]。国轨,布于未形,据其已成,乘令而进退,无求于民[29]。谓之国轨。"

[注释] ① 轨意安出:实行计划统计的措施应从哪里着手。安:哪里。② 阴:秘密。据:掌握。制:控制。 ③ 此若言:上面说的这些话。此:这。若言:上面的话。 ④ 谨:慎。行:巡视。 ⑤ 田不度食:田少,所产粮食不够吃。度:足。 ⑥ 轨程:调查统计的标准数据。程:标准。谓:原文为"调",据李哲明说改。泰轨:大的调查统计。⑦ 调立:调整设立。环乘之币:循环流通的货币。乘:因。 ⑧ 置:存放。这两句意思是:根据对土地统计的结果,对于除了糊口外,所产粮食尚有剩余的,把国家的钱币借贷给他们。 ⑨ 山田:下等的土地。间田:中等的土地。以满其准:用来补充,以达到平均水平。 ⑩ 重岁:丰收的好年景。重:丰,多。高田:上等的土地。萌:民。 ⑪ 乡

谷之朸:乡里粮食的市场价。朸:时价。什减三:政府将贷款减免十分之三,其余收回。 ⑫ 上:价格高。下:价格低。这两句意思是:谷在上而价高,货币在下而价低。 ⑬ 抚:据有。被:及,补充。原文“山”下无“田”字,据闻一多说补。以上三句意思是:高田之谷已被政府据有,间田、山田又不能互相补充,谷价就会上涨十倍。 ⑭ 以:用。振:通“赈”,救济。赡:足。未淫失:损失不会太大。淫:过度。 ⑮ 这两句的意思是:高田之谷已被君主及时占有,坐而长价十倍。 ⑯ 贡:交纳。织帛:布帛等纺织品。苟:如果。奉:用。置而券之:购买后不给钱,订立债务契约。置:购置。券:订立契约文书。 ⑰ 以乡朸市准:按乡村粮食与布帛的价格换算。以谷准币:把应支付的钱折合成谷。

⑱ 环:通“还”。应:应验,实行。策:契约。决:解决。反:返。准:指原来国家收购时的价格。以上三句意思是:把谷偿还给制造布帛的人,履行所订的契约,国家需要物品的债务关系就都解决了,谷价又回复到原来的水平。 ⑲ 赋:给予,发放。轨币:依据统计数据确定的钱数。有:又。这两句的意思是:再发放与统计数据相应的贷款,贮藏的粮食价格又会增长十倍。 ⑳ 大家:富户。委赀家:高利贷者。委:积。赀:同“资”。且:将。修游:巡游。修:从事。 ㉑ 实:谷物。勿左右:不得自由处理。赡:足。假其食于民:向富家借粮食。原文无“于”,据闻一多说补。 ㉒ 朸:价格变动。这两句意思是:四周邻县的粮食受影响而价格变动,粮价就会上涨十倍。 ㉓ 直:值,相等。庚:偿。以上三句意思是:由富家借的货币,一律按市价用粮食折合,以相等的数量偿还。 ㉔ 轨据:用统计数据和政策加以控制。 ㉕ 环谷而应假币:将所欠的货币折合成粮食偿还。九:十分之九。一:十分之一。在上:被国家控制。在下:在下面流通。 ㉖ 应:代替。以上三句意思是:币值上升而物价下跌,这时国家再收购万物,付出货币。 ㉗ 万物重十倍:万物价格上涨十倍。 ㉘ 府官:主管财物的机构。市朸:市场价。隆:通“降”。这两句意思是:主管的机构再以市价出售万物,至价格下落时即停止。 ㉙ 布:设置。乘:根据,利用。以上五句意思是:国轨就是在财物还没有显示出来的时候就采取措施,在财物形成的时候就能够掌握在手,只需要利用政策命令进行操纵,不用公开向人

民征赋税。

［原文］

桓公问于管子曰："不籍而赡国，为之有道乎①？"管子对曰："轨守其时，有官天财，何求于民②？"桓公曰："何谓官天财？"管子对曰："泰春民之功繇③；泰夏民之令之所止，令之所发④；泰秋民之令之所止，令之所发⑤；泰冬民之令之所止，令之所发⑥。此皆民所以时守也，此物之高下之时也，此民之所以相并兼之时也⑦。君守诸四务⑧。"桓公曰："何谓四务？"管子对曰："泰春，民之且所用者，君已廪之矣⑨；泰夏，民之且所用者，君已廪之矣；泰秋，民之且所用者，君已廪之矣；泰冬，民之且所用者，君已廪之矣。泰春功布日⑩：春缣衣、夏单衣、捍、笼、累、箕、縢、籯、筲、稷，若干日之功，用人若干⑪。无赀之家皆假之械器，縢、籯、筲、稷、公衣，功已而归公，折券⑫。故力出于民，而用出于上。春十日不害耕事，夏十日不害芸事，秋十日不害敛实，冬二十日不害除田，此之谓时作⑬。"桓公曰："善。吾欲立轨官，为之奈何⑭？"管子对曰："盐铁之策，足以立轨官⑮。"桓公曰："奈何？"管子对曰："龙夏之地，布黄金九千，以币赀金，巨家以金，小家以币⑯。周岐山至于峥丘之西塞丘者，山邑之田也，布币称贫富而调之⑰。周寿陵而东至少沙者，中田也，据之以币，巨家以金，小家以币⑱。三壤已抚，而国谷再什倍⑲。梁渭、阳琐之牛马满齐衍，请区之颠齿，量其高壮⑳。曰：'国为师旅，战车驱就敛子之牛马㉑。上无币,请以谷视市犷而庚子㉒。'牛马为上,粟二家㉓。二家散其粟,反准,牛马归于上㉔。"

[注释] ①籍:征收赋税。赡国:使国家富足。赡:足。道:方法。②轨守其时:根据调查统计所得数据,控制农忙时人民对各种物资的需求。有:又。官:同"管"。天财:自然资源。③之:至,从事。功:农业生产。繇:徭役。④之:到。令之所止:禁止开发的地方。令之所发:准许开发的地方。这两句的意思是:夏天,人民按照国家有关封禁和开放的命令,到山泽从事工副业生产活动。⑤原文"民"下无"之",据文义及上句文例补。⑥原文"民"下无"之",据文义及上句文例补。⑦此:这时。以时守:趁机控制市场。高下:价格涨落。⑧守诸四务:通过人民的四时活动进行控制。诸:之于。⑨且所用:将用。且:将。廪:贮存。⑩功布日:安排农事的时候。功:农事。布:布置,安排。⑪缣衣:夹衣。缣:双层。捍:同"杆",木杆、竹竿之类。笼:竹筐。原文为"宠",据刘绩补注本改。累:通"蔂",盛土的器具。箕:畚箕。幐:读音 téng,口袋。原文为"胜",据张佩纶说改。下同。籝:读音 yíng,一种能盛三四斗的大竹笼。筲:水桶。原文为"屑",据张佩纶说改。下同。稯:捆谷物的绳子。原文为"糉",据张佩纶说改。下同。⑫赀:同"资"。已:停止,完毕。折券:毁掉借时所立契约。原文"折"上有"衣",据张佩纶说删。⑬害:妨碍。芸:通"耘",锄地。敛实:收获谷物。除田:修整农田。除:治。时作:按时劳作。⑭轨官:主管统计理财的机构。⑮盐铁之策:指实行盐铁专营所得的资金。⑯龙夏:齐地名。张佩纶以为即雷夏,马非百以为即龙门大夏,实为作者假设。布:发放。赀:同"资",辅助。⑰山邑之田:丘陵山地之田。称贫富而调之:按贫富的程度来调节。⑱中田:中等土地。据:控制。⑲三壤:即上述龙夏之地、山邑之田、中田。抚:据,控制。这两句意思是:三种土地的收成都已控制起来,粮价可涨二十倍。⑳梁渭、阳琐:作者假托的两个人。衍:低平之地。区:辨别。原文为"驱",据张佩纶说校改。颠齿:牛马的头顶

和牙齿。根据头顶和牙齿可分别牛马的年纪。 ㉑ 为:整治。师旅:军队。就:近,来。 ㉒ 视:根据。市犷:市场价。庚:偿。这两句意思是:国君没有现金,请用粮食按市价折算支付。 ㉓ 这两句意思是:牛马归政府,粮食归梁渭、阳琐两家。 ㉔ 以上三句意思是:两家把粮食卖出去,粮价因此而回到原来的水平,而牛马则归国家所有了。

[原文]

管子曰:“请立赀于民,有田倍之,内毋有,其外皆为赀壤[1]。被鞍之马千乘,齐之战车之具,具于此,无求于民[2]。此去丘邑之籍也[3]。”“国谷之朝夕在上,山林廪械器之高下在上,春秋冬夏之轻重在上[4]。行田畴,田中有木者,谓之谷贼[5]。宫中四荣,树其余曰害女功[6]。宫室械器非山无所仰[7]。然后君立三等之租于山,曰:握以下者为柴楂,把以上者为室奉,三围以上为棺椁之奉[8]。柴楂之租若干,室奉之租若干,棺椁之租若干。”

[注释]

① 立赀:就牛马征购订立合同。倍之:加倍。内:内地。外:边地。原文“外”下有“外”字,据许维遹说删。赀壤:订立合同的区域。 ② 具:器具。具于此:由此得到满足。 ③ 去丘邑之籍:取消了按丘、邑等单位征集牛马的做法。 ④ 朝夕:价格的涨落。在上:取决于政府。山林:指山林的出产。廪:贮藏。高下:价格的高低。轻重:价格高低。 ⑤ 行:巡视。谷贼:害谷之贼。田中有树则妨碍作物生长,故称谷贼。 ⑥ 宫:房屋。荣:屋的四翼,这里指房屋周围。这两句的意思是:房屋四周,不种桑树而种其他树木,这叫妨碍妇女养蚕纺织。 ⑦ 仰:依靠。这句的意思是:让建筑房屋、制造器械者,除了依靠山林之木外,别无其他来源。 ⑧ 握以下:不满一握。握:把。柴楂:散柴。楂:小柴。把以上:超过一握。室奉:建造房屋所用之材。奉:供应。棺椁之奉:制造棺椁的材料。

[原文]

管子曰:"盐铁抚轨,谷一廪十①。君常操九,民衣食而繇,下安无怨咎②。去其田赋,以租其山③。巨家重葬其亲者服重租,小家菲葬其亲者服小租④;巨家美修其宫室者服重租,小家为室庐者服小租⑤。上立轨于国,民之贫富如加之以绳,谓之国轨⑥。"

[注释]

① 以上两句意思是:用盐铁专营所获资金进行统计理财,一成谷,通过囤积操纵可变为十成。 ② 操:掌握。繇:服徭役。 ③ 去:免去。租其山:收取山林的租税。 ④ 服:交纳。菲:薄。 ⑤ 室庐:简陋的房屋。 ⑥ 以上三句意思是:君主在国内设立统计制度,像绳索一样控制着人民的贫富,这就是统计理财的方法。

山权数第七十五

[解题]

"山"字为衍文,权数即权变之术。本篇的主题是论述如何运用权变之术理财,主张把权变之术与轻重之术结合起来,充分发挥天时、地利、人力、君权的作用,达到"一可为十,十可为百"的理财效果。

[原文]

桓公问管子曰:"请问权数①。"管子对曰:"天以时为权,地以财为权,人以力为权,君以令为权。失天之权,则人地之权亡。"桓公曰:"何为失天之权则人地之权亡②?"管子对曰:"汤七年旱,禹五年水,民之无𩜾有卖子者③。汤以庄山之金铸币,而赎民之无𩜾卖子者;禹以历山之金铸币,而赎民之无𩜾卖子者。故天权失,人地之权皆失也④。故王者岁守十分之参,三年与少半成岁,三十七年而藏十一年与少半⑤。藏三之一不足以伤民,而农夫敬事力作⑥。故天毁埊,凶旱水泆,民无入于沟壑乞请者也⑦。此守时以待天权之道也⑧。"桓公曰:"善。吾欲行三权之数,为之奈何⑨?"管子对曰:"梁山之阳綪、緤,夜石之币,天下无有⑩。"管子曰:"以守国谷,岁守一分⑪。以行五年,国谷之重什倍异日⑫。"管子曰:"请立币⑬。国铜以二年之粟顾之,立黔落⑭。物重与天下调⑮。彼重则见射,轻则见泄,故与天下调⑯。泄者,失权也⑰;见射者,失策也[18]。不备天权，下相求备，准下阴相隶[19]。此刑罚之所起而乱之之本也。故平则不平，民富则不如贫，委积则虚矣[20]。此三权之失也已[21]。”桓公曰：“守三权之数奈何[22]？”管子对曰：“大丰则藏分，阨亦藏分[23]。”桓公曰：“阨者，所以益也，何以藏分[24]？”管子对曰：“隘则易益也，一可以为十，十可以为百[25]。以阨守丰，阨之准数一上十，丰之策数十去九，则吾九为余[26]。于数策丰，则三权皆在君，此之谓国权[27]。”

［注释］

①权数：变通的方法，这里指运用变通的手段进行理财的方法。权：权变，变通。数：通“术”，方法。 ②何为：什么是。 ③饘：读音 zhān，粥饭。有：原文无，据王念孙说补。 ④天权：指天的水灾旱灾。失：丧失，即不能防备。这两句意思是：因此，天的水旱应付不了，人力和地利也就无从把握。 ⑤少半：一半少一点，不足一半。三十七：原文为“三十一”，据俞樾说改。以上三句意思是：所以，成就王业的人，每年都贮存十分之三的粮食，三年多一点的积累就相当于一年的收成，三十七年的积累就相当于十一年多一点的收成。 ⑥敬事力作：勤于农事，尽力劳作。 ⑦天毁埊：天降灾于地。埊：古“地”字。泆：溢。入于沟壑：死于沟壑。乞请：乞讨。 ⑧时：指年景的好坏。待：备。这句的意思是：这就是把握年岁丰歉的时机以防备天灾的方法。 ⑨三权之数：运用三权理财的方法。三权：指天权、地权、人权。 ⑩阳：南面。绪：读音 qiàn，红色的丝绸。綪：读音 qiàn，同“茜”，茜草，可制染料，染红色。夜石之币：掖地出产的石璧。夜：通“掖”，山东掖县，古称莱，产石称莱州玉。币：通“璧”。 ⑪这两句意思是：用这些东西（指上述梁山之绪、綪，夜之石璧）购存粮食，每年贮存十分之一。 ⑫行：推行。重：价格高。异日：往日。 ⑬立币：铸造发行货币。 ⑭顾：雇。黔落：矿徒居住工作的地方。黔：黔首，矿工。落：村落。这两句意思是：国家的铜矿，拿出两年的粮食雇人开采，建立冶炼铸造的场所。 ⑮物重：物价高低。物：原文为“力”，

据赵守正说改。调:协调一致。 ⑯ 见:被。射:射取。泄:流散。以上三句的意思是:物价高,别国就会来倾销商品以获利;物价低,商品就会流散到国外,所以物价要与天下协调一致。 ⑰ 失权:掌握不住理财的权变。 ⑱ 失策:掌握不住物价政策。 ⑲ 准:相等。阴:暗中,不公开。隶:役使。以上三句的意思是:不能应付天灾,百姓就会在下面相互借贷,这就等于百姓们暗中相互奴役。 ⑳ 以上三句的意思是:所以,由平均变为不平均,人富了还不如贫困好,因为他们积累了财富而国库却空虚了。 ㉑ 也已:语助词。 ㉒ 守:掌握。三权之数:运用三权理财的方法。 ㉓ 藏分:贮存一半。分:半。阨:困厄,即歉收。 ㉔ 所以益:所要补助。益:增加,补助。何以:怎么能。

㉕ 隘:厄,歉岁。易益:容易增加收入。益:增加。 ㉖ 以:用。阨:歉年。守:控制。准数:价格水平。上:上升到。策数:价格水平。以上四句意思是:在歉年出售贮存的粮食,用所得的钱购买丰年的粮食。歉年售粮之价可抬高到十,丰年购粮之价可减去九(即只用一即可),那政府就得到九的剩余。 ㉗ 于数策丰:策丰于数,即用轻重之术策划控制丰年的粮食。于:以。数:轻重之术。

[原文]

桓公问于管子曰:"请问国制①。"管子对曰:"国无制,地有量②。"桓公曰:"何谓国无制,地有量?"管子对曰:"高田十石,间田五石,庸田三石,其余皆属诸荒田③。地量百亩,一夫之力也④。粟贾一,粟贾十,粟贾三十,粟贾百⑤。其在流策者,百亩从中千亩之策也⑥。然则百乘从千乘也,千乘从万乘也。故地有量,国无策。"桓公曰:"善。今欲为大国,大国欲为天下,不通权策,其无能者矣⑦。"

[注释]

① 制:制度,这里指固定的理财制度。 ② 这两句的意思是:国家没有固定的理财制度,因为土地的产量随时而变。 ③ 高田十石:

上等土地亩产十石。间田：中等土地。庸田：下等土地。　④ 这两句的意思是：一个农夫的能力，可耕种百亩土地。　⑤ 以上四句意思是：高田、间田、庸田、荒田的粮价依次为：一、十、三十、百。此谓四类地区的粮食价格与土地的好坏成反比。　⑥ 在：明察。流策：通过调节流通来控制粮食的办法。从：赶上。中：等于。这两句的意思是：如能明察通过流通控制粮食的办法，百亩土地的收入可赶上或等于千亩的收入。　⑦ 权策：以权变理财的策略。以上四句意思是：现在想成为大国，大国想统一天下，不懂得以权变理财的策略，那是不可能的。

[原文]

桓公曰："今行权奈何①？"管子对曰："君通于广狭之数，不以狭畏广；通于轻重之数，不以少畏多②。此国策之大者也③。"桓公曰："善。盖天下，视海内，长誉而无止，为之有道乎④？"管子对曰："有。曰轨守其数，准平其流，动于未形，而守事已成⑤。物一也而十，是九为用，徐疾之数，轻重之策也⑥。一可以为十，十可以为百。引十之半而藏四，以五操事，在君之决塞⑦。"桓公曰："何谓决塞？"管子曰："君不高仁，则国不相被⑧；君不高慈孝，则民简其亲而轻过⑨。此乱之至也。则君请以国策十分之一者树表置高，乡之孝子聘之帀，孝子兄弟众寡不与师旅之事⑩。树表置高而高仁慈孝，财散而轻。乘轻而守之以策，则十之五有在上⑪。运五如行事，如日月之终复⑫。此长有天下之道，谓之准道⑬。"

[注释]

① 行权：实行以权变理财的方法。　② 以上四句意思是：君主若通晓利用土地大小理财的方法，就不必因国土小而害怕国土大的国家；通晓运用物价高低理财的方法，就不必因商品少而害怕商品多的国家。　③ 国策：国家理财政策。　④ 盖：通"盍"，合，统一，会合。

视:莅临,治理。长誉而无止:永久、无休止地享有盛誉。 ⑤ 轨守其数:这就是用计算统计的方法控制财政数据。准平其流:用平衡物价的方法平衡商品流通。 ⑥ 以上四句意思是:物价由一成长至十成,那就会有九成的赢利,这是运用号令的缓急和物价的高低进行操纵的结果。 ⑦ 引:取,拿。操事:从事理财事务。以上三句意思是:拿出十成的一半而积蓄其四成,用另外的五成作为政府理财的基金,由君主掌握放与收。 ⑧ 高:推崇,倡导。国:指国人。相被:相互帮助。被:加,及。 ⑨ 简:轻慢。轻过:把过错看得很轻。 ⑩ 国策:指用各种经济政策所取得的收益。树表置高:树立表柱、牌坊之类的标志进行表彰。聘之币:用币帛等慰问。众寡:无论多少。不与师旅之事:不服兵役。 ⑪ 有:通“又”。 ⑫ 这两句的意思是:使得到的这十分之五,依照上述方法运转,像日月一样周而复始。 ⑬ 准道:平准之道。

[原文] 桓公问于管子曰:“请问教数[①]。”管子对曰:“民之能明于农事者,置之黄金一斤,直食八石[②]。民之能蕃育六畜者,置之黄金一斤,直食八石[③]。民之能树艺者,置之黄金一斤,直食八石。民之能树瓜瓠荤菜百果使蕃衮者,置之黄金一斤,直食八石[④]。民之能已民疾病者,置之黄金一斤,直食八石[⑤]。民之知时,曰‘岁且阨’,曰‘某谷不登’,曰‘某谷丰’者,置之黄金一斤,直食八石[⑥]。民之通于蚕桑,使蚕不疾病者,皆置之黄金一斤,直食八石。谨听其言而藏之官,使师旅之事无所与,此国策之大者也[⑦]。国用相靡而足,相因揲而澹[⑧]。然后置四限高下,令之徐疾,驱屏万物,守之以策,有五官技[⑨]。”桓公曰:“何谓五官技?”管子曰:“诗者所以记物也,时者所以记岁也,春秋者所以记成败

也，行者道民之利害也，易者所以守凶吉成败也，卜者卜凶吉利害也⑩。民之能此者皆一马之田，一金之衣，此使君不迷妄之数也⑪。五家者，即见⑫：其时使豫先蚤闲之日受之，故君无失时，无失策，万物兴丰无失利⑬；远占得失，以为末教⑭；诗，记人无失辞⑮；行，殚道无失义⑯；易，守祸福凶吉不相乱。此谓君棅⑰。"

［注释］ ① 教数：教化百姓的方法。数：通"术"。 ② 置之黄金一斤：设立黄金一斤的奖励。直食八石：相当于八石粮食。 ③ 蕃育：繁殖饲养。 ④ 蕃衮：繁衍。衮：同"裕"。原文为"袁"，据王念孙说改。 ⑤ 已：止，治愈。 ⑥ 知时：懂得天时。且：将。阨：穷困，歉收。登：丰收。 ⑦ 与：参与。大：原文无，据王念孙说补。 ⑧ 国用：国家所用的东西。相靡而足：因分散（价低易购）而满足。相因揲而澹：因连续积累而充足。因：原文为"困"，据宋本改。揲：积。澹：通"赡"。原文为"窖"，据王引之说改。 ⑨ 四限：四境。高下：调节。驱屏万物：调动收藏万物。驱：驱使。屏：藏。有五官技：还要管理有五种技能的人。官：同"管"。 ⑩ 春秋：古代编年史的通称，这里泛指史书。行者：指掌管祭祀行路之神的人。道民之利害：告诉人们行路的利害。道：引导。易：指用《易》占筮。守：掌握。卜：占卜。 ⑪ 能此：指有上述五种特长。一马之田：赏给够一匹马耕种的土地。一金之衣：赏给一金所能买到的衣服。数：方法。 ⑫ 五家：指上述五种人。原文为"六家"，易、卜为一家，据上文"官五技"改。即见：若出现。 ⑬ 其时使豫先蚤闲之日受之：让他在农时到来之前闲散的时候颁布下去。蚤：通"早"。受：同"授"。失时：错过农时。失策：错过理财的策略。 ⑭ 这两句意思是：预测未来的得失，作为以后的经验教训。这是指"占者"而言。 ⑮ 记人无失辞：记录人的交往，使人们礼仪言辞没有失误。 ⑯ 殚道无失义：详尽说明道路情况，使人们不因不明白而误入歧途。殚：详尽。 ⑰ 此：指上述各项事务。君棅：君主的权力。棅：同"柄"。

[原文]

桓公问于管子曰:“权棅之数吾已得闻之矣,守国之固奈何①?”曰:“能皆已官,时皆已官,得失之数,万物之终始,君皆已官之矣,其余皆以数行②。”桓公曰:“何谓以数行?”管子对曰:“谷者民之司命也,智者民之辅也③。民智而君愚,下富而君贫,下贫而君富,此之谓事名二④。国机,徐疾而已矣⑤。君道,度法而已矣⑥。人心,禁缪而已矣⑦。”桓公曰:“何谓度法?何谓禁缪?”管子对曰:“度法者,量人力而举功⑧;禁缪者,非往而戒来⑨。故祸不萌通而民无患咎⑩。”桓公曰:“请闻心禁。”管子对曰:“晋有臣不忠于其君,虑杀其主,谓之公过,诸公过之家毋使得事君⑪。此晋之过失也。齐之公过,坐立长差⑫。恶恶乎来刑,善善乎来荣⑬。戒也。此之谓国戒⑭。”

[注释]

① 守国之固:保持国家稳定。 ② 以上六句意思是:有特长的人才已由国家管理使用,懂农时节令的人也已由国家管理使用,得失的规律,万物的终始,君主都已管理使用了,其余的都按一般方法进行就可以了。 ③ 司命:主宰生死命运的神。辅:辅助。 ④ 事名二:事物的两个方面。名:名称,内容,方面。 ⑤ 这两句的意思是:国家政治的关键,在于掌握号令的轻重缓急。 ⑥ 度法:衡量法制,使之适度。 ⑦ 禁缪:禁止谬误。缪:通“谬”,错误,过失。 ⑧ 量:考虑,衡量。举功:兴办事业。 ⑨ 非往而戒来:惩前毖后。非:责罚。 ⑩ 萌:萌芽,产生。通:通达,显著,指发展。患咎:灾祸和怨恨。 ⑪ 公过:重大的政治犯。毋使得事君:不准他们事奉君主。 ⑫ 坐立长差:根据主犯、从犯定罪。坐:定罪。长差:主从等级。 ⑬ 来:同“赉”,给予。这两句意思是:厌恶邪恶要给予惩罚,喜欢善行要给予奖励。 ⑭ 国戒:国家的戒律。

[原文]

桓公问管子曰："轻重准施之矣，策尽于此乎①？"管子曰："未也，将御神用宝②。"桓公曰："何谓御神用宝？"管子对曰："北郭有掘阙而得龟者，此检数百里之地也③。"桓公曰："何谓得龟百里之地？"管子对曰："北郭之得龟者，令过之平盘之中④。君请起十乘之使，百金之提，命北郭得龟之家曰⑤：'赐若服中大夫⑥。'曰：'东海之子类于龟，托舍于若，赐若大夫之服以终而身，劳若以百金⑦。'之龟为无赀，而藏诸泰台，一日而衅之以四牛，立宝曰无赀⑧。还四年，伐孤竹。丁氏之家粟可食三军之师行五月，召丁氏而命之曰⑨：'吾有无赀之宝于此，吾今将有大事，请以宝为质于子，以假子之邑粟⑩。'丁氏北乡再拜，入粟，不敢受宝质⑪。桓公命丁氏曰：'寡人老矣，为子者不知此数，终受吾质⑫！'丁氏归，革筑室，赋籍藏龟⑬。还四年，伐孤竹，谓丁氏之粟中食三军五月之食⑭。桓公立贡数⑮：文行中七千金，年龟中四千金，黑白之子当千金⑯。凡贡制：中二齐之壤策也⑰。用贡：国危出宝，国安行流⑱。"桓公曰："何谓流？"管子对曰："物有豫，则君失策而民失生矣⑲。故善为天下者，操于二豫之外⑳。"桓公曰："何谓二豫之外？"管子对曰："万乘之国，不可以无万金之蓄饰；千乘之国，不可以无千金之蓄饰；百乘之国，不可以无百金之蓄饰。以此与令进退，此之谓乘时㉑。"

[注释]

① 轻重准：轻重和国准。施：实行。　② 御神用宝：掌握运用神

怪宝物。 ③ 阙:洞穴。检数百里之地:其价值相当于数百里土地。检:比,同。 ④ 过:放置。 ⑤ 起:派出。百金之提:携带百金。之:是。提:携带。 ⑥ 赐若服中大夫:给你中大夫的待遇。若:你。 ⑦ 东海之子:东海龙王之子。类:像。而:你。劳:慰劳,赏赐。 ⑧ 之:是,这。无赀:无价。泰台:高台。衅之以四牛:杀四头牛祭祀它。 ⑨ 食:可供食用。 ⑩ 质:抵押。假:借。 ⑪ 乡:同"向"。 ⑫ 此数:这些道理。终受:一定要接受。 ⑬ 革筑室:重新改建房子。赋籍:铺设席子。 ⑭ 中食:可供食用。 ⑮ 贡数:即下文进贡,使用神龟的办法。 ⑯ 文行、年龟、黑白之子:均为龟的种类名称。中、当:等于。七千金:原文"七"下无"千金",据张佩纶说改。 ⑰ 中二齐之壤策:相当于两个齐国土地收入的数量。 ⑱ 这两句的意思是:国家有危难时拿来做抵押,国家平安时参与市场流通。 ⑲ 豫:提前准备、谋划。生:业。 ⑳ 二豫:指下文所说国家提前储备的粮食和宝物,即蓄饰。 ㉑ 与令进退:与国家政令的缓急相结合。乘时:利用政令缓急调节价格与流通。

山至数第七十六

［解题］

“山”字为衍文，至数即最好的方法。本篇主张国家运用轻重之术操控货币、粮食、物价，控制臣下，谋取民间和其他诸侯乃至天子的财富，以达到使天下不得不为其所使、不得不为其所用的目的。

［原文］

桓公问管子曰：“梁聚谓寡人曰①：‘古者轻赋税而肥籍敛，取下无顺于此者矣②。’梁聚之言如何？”管子对曰：“梁聚之言非也。彼轻赋税则仓廪虚，肥籍敛则械器不奉③。械器不奉而诸侯之皮币不衣，仓廪虚则倳贱无禄④。外皮币不衣于天下，内国倳贱，梁聚之言非也。君有山，山有金，以立币，以币准谷而授禄，故国谷斯在上，谷贾什倍⑤。农夫夜寝蚤起，不待见使，五谷什倍⑥。士半禄而死君，农夫夜寝蚤起，力作而无止⑦。彼善为国者，不曰使之，使不得不使；不曰用之，使不得不用⑧。故使民无有不用不使者⑨。夫梁聚之言非也。”桓公曰：“善。”

［注释］

① 梁聚：作者假托的人名，下文“请士”、“特”与此同。 ② 肥：通“俷”，薄。取下：取用于百姓。 ③ 不奉：供应不上。 ④ 而：则。诸侯之皮币不衣：诸侯各国穿不上皮、帛。倳：通“士”，下“倳”字同。 ⑤ 准：折算。斯：尽。 ⑥ 蚤：通“早”。不待见使：不用驱使。见：被。五谷什倍：五谷增加十倍。 ⑦ 士半禄而死君：士的俸禄仅为旧时的一半，但却愿为国君效死。半禄：指谷价贵了，用俸禄一半

的五谷换算的钱币支付给士，仍比往日多，故愿为君效死。 ⑧ 不曰用之：原文“用”作“贫”，据《揆度》篇改。 ⑨ 使：让。不用不使：不被使用、不被役使。用：原文为“得”，据丁士涵说校改。

[原文]

桓公又问于管子曰：“有人教我，谓之请士。曰：‘何不官百能①？’”管子对曰：“何谓官百能②？”桓公曰：“使智者尽其智，谋士尽其谋，百工尽其巧，若此则可以为国乎？”管子对曰：“请士之言非也。禄肥则士不死，币轻则士简赏，万物轻则士偷幸③。三怠在国，何数之有④？彼谷七藏于上，三游于下，谋士尽其虑，智士尽其知，勇士轻其死⑤。请士所谓妄言也。不通于轻重，谓之妄言。”

[注释]

① 官：通“管”。百能：各种有才能的人。 ② 官：原文无，据闻一多说补。 ③ 肥：通“俷”，薄。币轻：币值低，货币不值钱。简：轻视。万物轻：万物价格低。偷幸：侥幸偷安。 ④ 三怠：指士不死、士简赏、士偷幸。数：办法。 ⑤ 七：原文作“十”，据猪饲彦博说改。以上五句意思是：粮食七成在君主手中，三成在民间，君主有足够的粮食作为俸禄，使谋士尽虑，智士尽智，勇士轻死。

[原文]

桓公问于管子曰：“昔者周人有天下，诸侯宾服，名教通于天下，而夺于其下，何数也①？”管子对曰：“君分壤而贡入，市朝同流②。黄金，一策也；江阳之珠，一策也；秦之明山之曾青，一策也③。此谓以寡为多，以狭为广，轻重之属也④。”桓公曰：“天下之数尽于轻重之属也？”管子曰：“今国谷重什倍而万物轻，大夫谓贾人⑤：‘子为吾运谷而敛财。'谷之重一也,今九为余[⑥]。谷重而万物轻,若此,则国财九在大夫矣。国岁反一,财物之九者皆倍重而出矣[⑦]。财物在下,币之九在大夫。然则币谷羡在大夫也[⑧]。天子以客行,令以时出[⑨]。熟谷之人亡,诸侯受而官之,连朋而聚与,高下万物以合民用[⑩]。内则大夫自还而不尽忠,外则诸侯连朋合与,熟谷之人则去亡,故天子失其权也[⑪]。"桓公曰:"善。"

[注释] ① 名教:号令。夺于其下:权为其下所夺取。数:道理。 ② 这两句意思是:君主分地区定贡品,在市场上一起流通。 ③ 曾青:铜精,可供绘画用。 ④ 轻重:原文作"轨出",据郭沫若、马非百说改,下句之"轻重"同。 ⑤ 管子曰:原文无,据戴望、陶鸿庆说补。今:如果。贾人:原文为"贾之",据马非百说改。 ⑥ 九为余:谷重本为一,若涨至十,其余则为九。 ⑦ 国岁反一:粮价恢复原状。倍重而出:成倍地加价销售。 ⑧ 然:如此。羡:盈余。 ⑨ 客行:居客位。令:指大夫之令。 ⑩ 熟谷之人:熟悉操纵粮食市场者。官:用。与:党徒。高下万物:抬高或降低万物价格。合:包揽。 ⑪ 自还:自己经营谋利。还:同"环"。

[原文] 桓公又问管子曰:"终身有天下而勿失,为之有道乎?"管子对曰:"请勿施于天下,独施之于吾国。"桓公曰:"此若言何谓也?"管子对曰:"国之广狭、壤之肥墝有数,终岁食余有数[①]。彼守国者,守谷而已矣。曰:某县之壤广若干,某县之壤狭若干,则必积委币,于是县、州、里受公钱[②]。泰秋,国谷去叁之一,君下令谓郡、县、属大夫、里、邑皆籍粟入若干[③]。谷重一也,以藏于上者,国谷

三分，则二分在上矣④。泰春，国谷倍重，数也⑤。泰夏，赋谷以市犷，民皆受上谷以治田土⑥。泰秋，曰：'谷之存子者若干，今上敛谷以币⑦。'民曰：'无币以谷。'则民之三有归于上矣⑧。重之相因，时之化举，无不为国策⑨。君用大夫之委，以流归于上⑩；君用民，以时归于君⑪。藏轻，出轻以重，数也⑫。则彼安有自还之大夫独委之⑬？彼诸侯之谷十，使吾国谷二十，则诸侯谷归吾国矣⑭；诸侯谷二十，吾国谷十，则吾国谷归于诸侯矣。故善为天下者，谨守重流，而天下不吾泄矣⑮。彼重之相归，如水之就下⑯。吾国岁非凶也，以币藏之，故国谷倍重，故诸侯之谷至也⑰。是藏一分以致诸侯之一分，利不夺于天下，大夫不得以富侈⑱。以重藏轻，国常有十国之策也⑲。故诸侯服而无正，臣从而以忠⑳。此以轻重御天下之道也，谓之数应㉑。"

［注释］ ① 墝：贫瘠。 ② 积委币：储蓄货币。受公钱：发放贷款。受：授。 ③ 去叁之一：指粮价下降三分之一。籍：收购。 ④ 谷重一：国家收购粮食的价格一样。 ⑤ 倍重：价格成倍上涨。数：定数。 ⑥ 赋：发放。市犷：市价。上谷：官府的粮食。 ⑦ 曰：原文作"田"，据陶鸿庆说改。 ⑧ 民之三：百姓所剩粮食的十分之三。有：通"又"。 ⑨ 重之相因：利用价格轮番上涨采取措施。时之化举：根据季节变化采取措施。 ⑩ 委：积蓄。以流：通过利用流通的价格上涨，即"重之相因"。 ⑪ 用民：取用于民。以时：通过利用季节价格的变化，即"时之化举"。 ⑫ 藏轻：价格低时购而藏之。出轻以重：把低价购入的再以高价抛出。 ⑬ 这句的意思是：怎么还会有自谋私利的大夫独自囤积的事情呢？ ⑭谷十：谷价为十。 ⑮ 重流：指以高价使粮食流入。不吾泄：不会使我们的粮食流出。 ⑯ 重之

相归:粮食流向价格高的地方。 ⑰ 以币藏之:用货币收购贮藏。 ⑱ 致:吸引。夺于天下:被天下所夺。 ⑲ 以重藏轻:即以价低时购藏,以价高时售出。十国之策:十倍的预算。 ⑳ 正:同“征”,征伐。从而以忠:原文“从”上有“圹”字,据猪饲彦博说删。 ㉑ 御:统治。数应:轻重之术的效果。

[原文]

桓公问管子曰:“请问国会①。”管子对曰:“君失大夫为无伍,失民为失下。故守大夫以县之策,守一县以一乡之策,守一乡以一家之策,守家以一人之策②。”桓公曰:“其会数奈何③?”管子对曰:“币准之数,一县必有一县中田之策,一乡必有一乡中田之策,一家必有一家直人之用④。故不以时守郡为无与,不以时守乡为无伍⑤。”桓公曰:“行此奈何?”管子对曰:“王者藏于民,霸者藏于大夫,残国亡家藏于箧⑥。”桓公曰:“何谓藏于民?”管子曰⑦:“请散栈台之钱,散诸城阳,鹿台之布,散诸济阴⑧。君下令于百姓曰:‘民富君无与贫,民贫君无与富⑨。故赋无钱布,府无藏财,赀藏于民⑩。’岁丰,五谷登,五谷大轻,谷贾去上岁之分⑪。以币据之,谷为君,币为下⑫。国币尽在下,币轻谷重⑬。上岁之二分在下,下岁之二分在上,则二岁者四分在上,则国谷之一分在下,谷三倍重⑭。邦布之籍,终岁十钱⑮。人家受食,十亩加十,是一家十户也,出于国谷策而藏于币者也⑯。以国币之分复布百姓,四减国谷,三在上,一在下,复策也⑰。大夫聚壤而封,积实而骄上,请夺之以会⑱。”桓公曰:“何谓夺之以会?”管子对曰:“粟之三分在上,谓民萌皆受上粟，度君藏焉[19]。五谷相靡而重去什三，为余以国币谷准反行，大夫无计于重[20]。君以币赋禄，什在上[21]。君出谷，什而去七。君敛三，上赋七，散振不资者，仁义也[22]。五谷相靡而轻，数也[23]；以乡管重而籍国，数也[24]；出实财，散仁义，万物轻，数也。乘时进退。故曰：王者乘时，圣人乘易[25]。”桓公曰：“善。”

［注释］ ① 会：财会。 ② 守大夫：掌握大夫的财政情况。策：财会数据。 ③ 会数：财会工作的方法。 ④ 币准之数：货币发行的标准数量。中田之策：与土地情况相符的数据。直人之用：符合一家人需要的费用。 ⑤ 无与：没有知情者。 ⑥ 藏于民：藏富于民。筐：箱子。 ⑦ 管子曰：原文无此三字，据文义补。 ⑧ 栈台、鹿台：作者假托藏钱之处。布：钱币。 ⑨ 与：以。 ⑩ 赋无钱布：赋税不收钱币。赀：同“资”。 ⑪ 轻：价格下跌。贾：同“价”。去上岁之分：下跌到去年的一半。 ⑫ 据：控制。谷为君：粮食归官府。币为下：货币流散到民间。 ⑬ 原文“谷重”下有“上分”二字，据张友直说删。 ⑭ 国谷之一分在下：两年的粮食本来四分在上，四分在下，国家贮存的可以不用，而百姓的四分却要食用，剩余的只有一分。谷三倍重：粮食价格上涨三倍。 ⑮ 邦布之籍：国家按人口征收的赋税。

⑯ 以上四句的意思是：若每家都从政府买粮吃，把十亩地所产的粮食加价十倍，那从供一家食用的粮食中所获的利等于从十户人家所征收的人口税，这是利用粮食专卖政策聚财。 ⑰ 分：半。布：发放。减：分。复策：按上述程序再操作一次。 ⑱ 实：指谷物。夺之以会：用财会计算的理财方法剥夺他们。 ⑲ 谓：让。萌：通“氓”，民。受上粟：从国君那里购买粮食。度君藏：以国君所藏之谷为限度，即尽数卖出。 ⑳ 靡：散。重去什三：价格降了十分之三。为余：指余下的四分之一的粮食。以国币谷准反行：由政府按降低了的价格收购。无计于重：无法抬高粮价。计：原文为“什”，据郭沫若说改。 ㉑ 赋禄：发放俸禄。什：指全部粮食。 ㉒ 敛三：保存三份。赋七：发放七份。振：

通“赈”，救济。不资者：指贫困户。 ㉓ 数：同“术”，办法。 ㉔ 以：在。管重：控制粮价。管：原文为“完”，据张佩纶说改。籍国：登记收购城市的粮食。 ㉕ 乘：把握，利用。易：变化。

［原文］

桓公问管子曰：“特命我曰①：‘天子三百领，泰啬。而散大夫准此而行。’此如何②？”管子曰：“非法家也。大夫高其垄，美其室，此夺农事及市庸，此非便国之道也③。民不得以织为缪绡而貍之于地④。彼善为国者乘时徐疾而已矣。谓之国会。”

［注释］

① 特：假设的人名。 ② 领：件，这里指丧服。泰啬：太吝啬。散大夫：列大夫。 ③ 垄：坟。室：墓穴。市庸：市场佣工。 ④ 以：用。织：丝织物。缪绡：盖在棺上的幕。貍：通“埋”。

［原文］

桓公问管子曰：“请问争夺之事何如？”管子曰：“以戚始①。”桓公曰：“何谓用戚始②？”管子对曰：“君人之主，弟兄十人，分国为十；兄弟五人，分国为五。三世则昭穆同祖，十世则为祏③。故伏尸满衍，兵决而无止，轻重之家复游于其间④。故曰：毋予人以壤，毋授人以财⑤。财终则有始，与四时废起⑥。圣人理之以徐疾，守之以决塞，夺之以轻重，行之以仁义，故与天壤同数⑦。此王者之大辔也⑧。”

［注释］

① 以：从。戚：亲。 ② 用：以。 ③ 昭穆：古代宗庙或墓地，以始祖居中，二、四、六世居左，称昭；三、五、七世居右，称穆。十世则为祏：十世的祖先，牌位放在一起。祏：藏祖先牌位的石匣。 ④ 衍：低平之地。复：又。游于其间：指从中取利。 ⑤ 壤：土地。 ⑥ 废

起:兴衰。 ⑦ 徐疾:缓急。守:控制。决:开。塞:闭。数:指寿命。 ⑧ 辔:马缰绳,喻指关键。

[原文]

桓公问管子曰:“请问币乘马①。”管子对曰:“始取夫三夫之家,方六里而一乘,二十六人而奉一乘②。币乘马者,方六里,田之美恶若干,谷之多寡若干,谷之贵贱若干,凡方六里用币若干,谷之重用币若干③。故币乘马者,布币于国,币为一国陆地之数,谓之币乘马④。”桓公曰:“行币乘马之数奈何?”管子对曰:“士受资以币,大夫受邑以币,人马受食以币,则一国之谷资在上,币赀在下,国谷什倍,数也⑤。万物财物去什二,策也⑥。皮革、筋角、羽毛、竹箭、器械、财物,苟合于国器君用者,皆有矩券于上⑦。君实乡州藏焉,曰:‘某月某日,苟从责者,乡决州决⑧。’故曰:就庸一日而决⑨。国策出于谷轨,国之策货,币乘马者也⑩。今刀布藏于官府,巧币万物,轻重皆在贾之⑪。彼币重而万物轻,币轻而万物重,彼谷重而万物轻,谷轻而万物重⑫。人君操谷币准衡,而天下可定也,此守天下之数也⑬。”

[注释]

① 币乘马:货币筹划。 ② 取:实行。三夫之家:古时三夫一家是最基本的生产单位。三夫:原文作“三大夫”,衍“大”字,据王引之说删。 ③ 谷之重用币:按粮食最高价格来计算所用的货币。 ④ 布:发行。币为一国陆地之数:用来购买粮食的货币量应与全国陆地的面积相适应。 ⑤ 受资:接受俸禄。受邑:采邑收取租税。人马受食:指官府应支付的人、马食料费用。国谷什倍:粮食价格上涨十倍。 ⑥ 去什二:降价十分之二。策:政策控制的结果。 ⑦ 矩券:契约

合同。 ⑧ 君实:国君的粮食。乡州藏焉:分别储藏在乡、州。苟:如果。从责者:有定购契约的。决:决算,兑现。 ⑨ 就庸:雇车马运送。指上缴定购物资,运回相当的粮食。 ⑩ 谷轨:粮食统计。策货:谋取物资。币乘马者也:也是运筹货币的结果。 ⑪ 巧币万物:指投机买卖商品。轻重皆在贾之:物价的高低完全在于市场的买卖。 ⑫ 此句原文为"彼谷重而谷轻",据陶鸿庆说校补。 ⑬ 操谷币准衡:用粮食和货币准衡万物。准:原文为"金",据张佩纶说改。

[原文] 桓公问于管子曰:"准衡、轻重、国会,吾得闻之矣,请问县数①。"管子对曰:"狼牡以至于冯会之口,龙夏以北至于海庄,禽兽羊牛之地也,何不以此通国策哉②?"桓公曰:"何谓通国策?"管子对曰:"冯市门一吏,书赘直事,若其事③。廋圂牧食之人,养视不失④。折殂者,去其都秩,与其县秩⑤。大夫不乡赘合游者,谓之无礼义,大夫幽其春秋,列民幽其门山之祠⑥。冯会、龙夏牛羊牺牲月价十倍异日。此出诸礼义,籍于无用之地,因栏牢策也,谓之通⑦。"

[注释] ① 县数:利用祭祀理财的方法。县:通"悬",祭名,悬挂祭品于山林之中以祭山。 ② 狼牡、冯会之口、龙夏、海庄:均为地名。口:原文为"日",据安井衡说改。通国策:实行国家的理财措施。 ③ 冯:依。书:记录。赘直:聚集买卖。若其事:照实记录。若:如。以上三句意思是:在市场门口设一小吏,如实记录交易管理事项。 ④ 廋、圂:管理畜牧的小吏。廋:原文为"唐",据张佩纶说改。 ⑤ 折:原文为"扞",据张佩纶说改。殂:死亡。都秩、县秩:俸禄。 ⑥ 乡赘合游:指按时把牲畜集合配种。无礼义:牲畜不繁殖,不能供祭祀,故称无礼仪。义:同"仪"。幽:禁止。春秋:指春秋的祭祀。列民:平民。门山之祠:祭门、祭山的仪式。 ⑦ 因:利用。栏牢:垄断、控制。栏:原文为

"扪",据丁士涵说改。通:指通国策。

[原文]

桓公问管子曰:"请问国势①。"管子对曰:"有山处之国,有氾下多水之国,有山地分之国,有水泆之国,有漏壤之国②。此国之五势,人君之所忧也。山处之国常藏谷三分之一,氾下多水之国常操国谷三分之一,山地分之国常操国谷十分之三,水泉之所伤、水泆之国常操十分之二,漏壤之国谨下诸侯之五谷,与工雕文梓器以下天下之五谷③。此准时五势之数也④。"

[注释]

① 国势:国家的自然地理形势。 ② 处:居。氾:低洼。分:一半。泆:同"溢"。漏壤:土地渗漏。 ③ 操:掌握。谨下诸侯之五谷:努力取得其他诸侯国的粮食。下:招致。与工雕文梓器以下天下之五谷:发展手工业,制作精美的手工品来换取天下诸侯国的粮食。与工:扶持手工业。梓:制作木器。 ④ 准:针对。时:是,这。这句的意思是:这是针对解决五种不良地势的办法。

[原文]

桓公问管子曰:"今有海内,县诸侯,则国势不用已乎①?"管子对曰:"今以诸侯为策,分州之余焉,以乘四时,行栏牢之策,以东西南北相被,用平而准②。故曰:为诸侯,则高下万物以应诸侯③;遍有天下,则赋币以守万物之朝夕,调而已④。利有足则行,不满则有止⑤。王者乡州以时察之,故利不相倾,县死其所⑥。君守大奉一,谓之国簿⑦。"

[注释]

① 今:若。县诸侯:以诸侯国为县。已:止。 ② 以诸侯为策:以诸侯国为策谋对象。策:原文为"筞",据张佩纶说改。分州之余焉:

在分别上述五种地势之国的同时。分:原文为“公”,据张佩纶说改。余:原文为“饰”,据张佩纶说改。乘四时:掌握利用四个生产季节。栏:原文为“扪”,据丁士涵说改。被:相互补充。原文为“彼”,形近而误。用平而准:取得一致。 ③ 为诸侯:即上文以诸侯为策。高下万物:控制物价的高低。应:应对,应付。 ④ 赋:运用。守:控制。朝夕:指物价涨落。调:调节。 ⑤ 这两句意思是:利多时则流通,利少时则停止流通。 ⑥ 乡州以时察之:按时视察乡、州。故利不相倾:所以不相互争夺利益。县死其所:百姓安居其地。县:通“悬”,系。
⑦ 守大奉一:控制经济大局,奉行利出一孔之策。国簿:同“国会”。

地数第七十七

［解题］

地数指利用地理条件和自然资源理财的方法。本篇主题是论述山、水、陆地的自然资源之所在，以及如何控制利用这些资源生财。作者主张“官山海”，对这些资源垄断经营，如盐铁专卖，通过利用国家政策调控、操纵价格，增加国家的财政收入。

［原文］

桓公曰：“地数可得闻乎？”管子对曰：“地之东西二万八千里，南北二万六千里。其出水者八千里，受水者八千里①。出铜之山四百六十七山，出铁之山三千六百九山。此之所以分壤树谷也，戈矛之所发，刀币之所起也②。能者有余，拙者不足。封于泰山，禅于梁父，封禅之王七十二家，得失之数，皆在此内。是谓国用③。”桓公曰：“何谓得失之数皆在此？”管子对曰：“昔者桀霸有天下而用不足，汤有七十里之薄而用有余④。天非独为汤雨菽粟，而地非独为汤出财物也。伊尹善通移、轻重、开阖、决塞，通于高下徐疾之策，坐起之弗背时也⑤。黄帝问于伯高曰：‘吾欲陶天下而以为一家，为之有道乎⑥？’伯高对曰：‘请刈其莞而树之，吾谨逃其蚤牙，则天下可陶而为一家⑦。’黄帝曰：‘此若言可得闻乎？’伯高对曰：‘上有丹砂者下有黄金，上有慈石者下有铜金，上有陵石者下有铅、锡、赤铜，上有赭者下有铁，此山之见荣者也⑧。苟山之见其荣者，君谨封而祭之⑨。距封十里而为一坛，是则使乘者下行，行者趋⑩。若犯令者，罪死不赦。然则与折取之远矣⑪。修教十年，而葛卢之山发而出水，金从之⑫。蚩尤受而制之，以为剑、铠、矛、戟，是岁相兼者诸侯九⑬。雍狐之山发而出水，金从之。蚩尤受而制之，以为雍狐之戟、芮戈，是岁相兼者诸侯十二。故天下之君顿戟一怒，伏尸满野，此见戈之本也⑭。’”

［注释］ ① 出水：水的发源地。受水：指河流。 ② 树谷：种植五谷。戈矛：指武器。发：产生。刀币：钱币。起：出现。 ③ 国用：国家财政。 ④ 薄：地名，在今山东曹县南二十里左右。 ⑤ 通移：流通。决：开。坐起：发收。弗背：原文为“费”，据马非百说改。 ⑥ 陶：陶冶。 ⑦ 刈其莞：割去山上的茅草。树之：树立标记。逃：除掉。蚤牙：爪牙，持有兵器的武装力量。 ⑧ 慈：通“磁”。陵石：有棱角之石。赭：红土，铁矿石氧化后的颜色。见：通“现”。荣：植物之花，此指矿藏之上的标志物，即矿苗。 ⑨ 苟：如果。封而祭之：封山祭祀，意即以祭祀之名加以保护。 ⑩ 下行：下车马步行。趋：快走。 ⑪ 折取：指开采。 ⑫ 修教：执行禁令。葛卢：与下文“雍丘”、“芮”均为古地名。 ⑬ 兼：兼并。 ⑭ 戈之本：战争的起因。指黄帝没有自始至终管好矿产是战争的根源。

［原文］ 桓公问于管子曰：“请问天财所出，地利所在①？”管子对曰：“山上有赭者其下有铁，上有铅者其下有银。一曰：‘上有铅者其下有钍银，上有丹砂者其下有钍金，上有慈石者其下有铜金。’此山之见荣者也。苟山之见荣者，谨封而为禁。有动封山者，罪死而不赦。有犯令者，左足入，左足断；右足

入，右足断。然则其与犯之远矣②。此天财地利之所在也。”桓公问于管子曰：“以天财地利立功成名于天下者谁子也③？”管子对曰：“文武是也。”桓公曰：“此若言何谓也？”管子对曰：“夫玉起于牛氏边山，金起于汝汉之右洿，珠起于赤野之末光④。此皆距周七千八百里，其涂远而至难。故先王各用于其重，珠玉为上币，黄金为中币，刀布为下币。令疾则黄金重，令徐则黄金轻⑤。先王权度其号令之徐疾，高下其中币而制下上之用，则文武是也⑥。”

［注释］ ① 天财、地利：均指自然资源。 ② 犯：违背禁令。 ③ 谁子：谁人，哪个。 ④ 牛氏：即《国蓄》之“禺氏”，牛氏、禺氏，均为“月支”之音转。洿：低洼之地。 ⑤ “令疾则黄金重，令徐则黄金轻”：疾，急；徐，缓。此句意为：国家用政令缓急来控制黄金价格。 ⑥ 权度：权衡。高下其中币而制上下之用：调节黄金（中币）价格的高低控制珠玉（上币）、刀布（下币）的功用。

［原文］ 桓公问于管子曰：“吾欲守国财而毋税于天下，而外因天下，可乎①？”管子对曰：“可。夫水激而流渠，令疾而物重②。先王理其号令之徐疾，内守国财而外因天下矣。”桓公问于管子曰：“其行事奈何？”管子对曰：“夫昔者武王有巨桥之粟贵籴之数③。”桓公曰：“为之奈何？”管子对曰：“武王立重泉之戍，令曰：‘民自有百鼓之粟者不行④。’民举所最粟以避重泉之戍，而国谷二什倍，巨桥之粟亦二什倍⑤。武王以巨桥之粟二什倍而市缯帛，军五岁毋籍衣于民⑥。以巨桥之粟二什倍而衡黄金百万，终身无籍于民，准衡之数也⑦。”桓公问于管子曰：

"今亦可以行此乎?"管子对曰:"可。夫楚有汝汉之金,齐有渠展之盐,燕有辽东之煮,此三者亦可以当武王之数[⑧]。十口之家,十人咶盐,百口之家,百人咶盐[⑨]。凡食盐之数,一月丈夫五升少半,妇人三升少半,婴儿二升少半。盐之重,升加分耗而釜五十,升加一耗而釜百,升加十耗而釜千[⑩]。君伐菹薪煮沸水为盐,正而积之三万钟,至阳春请籍于时[⑪]。"桓公曰:"何谓籍于时?"管子曰:"阳春农事方作,令民毋得筑垣墙,毋得缮冢墓[⑫];大夫毋得治宫室,毋得立台榭[⑬];北海之众毋得聚庸而煮盐[⑭]。然盐之贾必四什倍。君以四什之贾,循河、济之流,南输梁、赵、宋、卫、濮阳[⑮]。恶食无盐则肿,守圉之本,其用盐独重。君伐菹薪煮沸水以籍于天下,然则天下不吾减矣[⑯]。"

[注释]

① 税于天下:向天下各国纳税。外因天下:利用天下各国之财税。

② 渠:通"遽",急。物重:物价上涨。 ③ 巨桥之粟:传说武王伐纣后,得巨桥仓之粮。巨桥:地名。贵籴之数:高价出售的办法。数:术。 ④ 重泉之戍:戍卫重泉的兵役。重泉:地名。鼓:量器名,古说十二斛为一鼓。不行:不去重泉服兵役。 ⑤ 举所最粟:全部聚集粮食。举:全。最:聚。国谷二什倍:国内粮价上涨二十倍。 ⑥ 市缯帛:购买丝帛。籍衣:征收军服。 ⑦ 衡:购买。籍:征收。准衡:见《山至数》篇注。 ⑧ 渠展:地名。煮:煮盐。 ⑨ 咶:通"舐",食。

⑩ 重:价格。升加分耗:每升加价半钱。 ⑪ 菹薪:泛指柴草。沸水:沸水入海之地的海水。正:征。籍于时:借助时价(取得收入)。

⑫ 缮:修整。 ⑬ 大夫:原文为"丈夫",据旧注改。 ⑭ 庸:雇工。 ⑮ 循:沿着。原文为"修",据王念孙说改。 ⑯ 籍于天下:即上文之"外因天下"之意。不吾减:原文作"不减",据张佩纶说校改。

[原文]

桓公问于管子曰："吾欲富本而丰五谷，可乎[①]？"管子对曰："不可。夫本富而财物众，不能守，则税于天下[②]；五谷兴丰，吾贱而天下贵，则税于天下，然则吾民常为天下虏矣[③]。夫善用本者，若以身济于大海，观风之所起，天下高则高，天下下则下[④]。天下高我下，则财利税于天下矣。"

[注释]

① 本：国。 ② 守：调控。 ③ 吾贱：原文为"巨钱"，据俞樾说改。为天下虏：成为天下掠夺的对象。 ④ 高、下：指物价的高、低。

[原文]

桓公问于管子曰："事尽于此乎？"管子对曰："未也。夫齐衢处之本，通达所出也，游子胜商之所道[①]。人来本者，食吾本粟，因吾本币，骐驥黄金然后出[②]。令有徐疾，物有轻重，然后天下之宝壹为我用[③]。善者用非有，使非人[④]。"

[注释]

① 衢处：处于四通八达的交通要道。本：国。胜商：富商。② 来：原为"求"，据文义改。因：沿用。骐驥：良马。出：拿出来。③ 壹：尽、全。 ④ 用非有：运用不属于自己所有的财物。使非人：使用不属于自己所有的人才。

揆度第七十八

[解题]

揆度，即测度、谋划。本篇把轻重理论用于国家大事的思考和谋划，内容涉及用人、市场、物价、货币、外贸、农业、救灾等各个方面。

[原文]

齐桓公问于管子曰：“自燧人以来，其大会可得而闻乎①？”管子对曰：“燧人以来，未有不以轻重为天下也。共工之王，水处什之七，陆处什之三，乘天势以隘制天下②。至于黄帝之王，谨逃其爪牙，不利其器，烧山林，破增薮，焚沛泽，逐禽兽，实以益人，然后天下可得而牧也③。至于尧舜之王，所以化海内者，北用禺氏之玉，南贵江汉之珠，其胜禽兽之仇，以大夫随之④。”桓公曰：“何谓也？”管子对曰：“令：‘诸侯之子将委质者，皆以双武之皮，卿大夫豹饰，列大夫豹幨⑤。’大夫散其邑粟与其财物以市虎豹之皮，故山林之人刺其猛兽若从亲戚之仇⑥。此君冕服于朝，而猛兽胜于外⑦；大夫已散其财物，万人得受其流⑧。此尧舜之数也。”

[注释]

①燧人：发明钻木取火的燧人氏。大会：大的经济筹算。会：会计。 ② 隘制：控制。 ③ 逃其爪牙：除掉割据势力。不利其器：限制武器。增薮：禽兽栖居的草丛。沛泽：丰茂的沼泽。益人：控制人。益：通“隘”。牧：治理。 ④ 仇：通“畴”，类。 ⑤ 委质：诸侯之子入朝为官，以为表忠心之质。豹饰：袖口以豹皮为饰。豹幨：衣襟以豹皮为饰。 ⑥ 从：追逐。亲戚之仇：父母的仇人。 ⑦ 冕服：上朝的礼

服。猛兽胜于外：猛兽在外面被战胜。　⑧ 得受其流：指得到大夫们因购买虎豹之皮而散出的粮食财物。

［原文］

桓公曰："事名二、正名五而天下治，何谓事名二？"对曰："天策阳也，壤策阴也，此谓事名二①。""何谓正名五？"对曰："权也，衡也，规也，矩也，准也，此谓正名五。其在色者，青黄白黑赤也；其在声者，宫商羽徵角也；其在味者，酸辛咸苦甘也。二五者，童山竭泽，人君以数制之夫②。味者所以守民口也，声者所以守民耳也，色者所以守民目也③。人君失二五者亡其国，大夫失二五者亡其势，民失二五者亡其家。此国之至机也，谓之国机④。"

［注释］

①天策：天数。壤策：地数。　② 夫：原本作"人"，据马非百说改。以上三句意思是：正名二、事名五，就像上文的童山竭泽一样，是人君治理的一种政策。　③ 守：控制。　④ 机：关键。

［原文］

轻重之法曰①："自言能为司马不能为司马者，杀其身以衅其鼓②；自言能治田土不能治田土者，杀其身以衅其社③；自言能为官不能为官者，劓以为门父④。"故无敢诬能奸禄至于君者矣⑤。故相任寅为官者，重门击柝不能者，亦随之以法⑥。

［注释］

① 轻重之法：轻重家所立之法。《史记·齐太公世家》索隐云管子有理人轻重之法七篇。　② 衅其鼓：以血祭鼓。　③ 衅其社：以血祭社。　④ 劓：当为"刖"，古代断足之刑。《周礼·秋官·司刑》："刖者使守门。"　⑤ 诬能奸禄：自称有能力而妄求爵禄。原本为"奸能诬禄"，据《法法》篇"明主不以爵禄私所爱，忠臣不诬能以干爵禄"改。

⑥ 相任寅为官者：相互推荐引进而得官者。寅：进。者：原本为"都"，形近而误。重门击柝不能者：守门击柝也不称职的小官。柝：木

梆子。原本为“拆”,形近而误。者:原本为“去”,形近而误。

［原文］

桓公问于管子曰:“请问失准①。”管子对曰:“失准者,天下皆制我而无我焉,此谓失准②。”桓公曰:“何谓也?”管子对曰:“今天下起兵加我,臣之能谋厉国定名者,割壤而封③;臣之能以车兵进退成功立名者,割壤而封。然则是天下尽封君之臣也,非君封之也。天下已封君之臣十里矣,天下每动,重封君之民二十里④。君之民非君富之也,邻国富之⑤。邻国每动,重富君之民,贫者重贫,富者重富。失准之数也⑥。”桓公曰:“何谓也?”管子对曰:“今天下起兵加我,民弃其耒耜,出持戈于外,然则国不得耕⑦。此非天凶也,此人凶也。君朝令而夕求具,民肆其财物与其五谷为雠,厌分而去⑧。贾人受而廪之,然则国财之一分在贾人⑨。师罢,民反其事,万物反其重⑩。贾人出其财物,国币之少分廪于贾人⑪。若此则币重三分,财物之轻三分⑫。贾人市于三分之间,国之财物尽在贾人,而君无策焉⑬。民更相制,君无有事焉⑭。此轻重之失准也。”

［注释］

① 失准:失去经济调控能力。失:本段凡五见,原本均作“大”,据张佩纶说改。　② 制我而无我:控制我而使我丧失调控能力。③ 厉:通“利”。　④ 动:指战争。重封君之民二十里:再一次使富商得到两倍于封君之臣的利益。重:更加,再一次。封君之民:类似于上文“封君之臣”的富商。　⑤ 非君富之:原本作“非富”,据陶鸿庆说补。

⑥ 失准之数:失去调控能力的政策。　⑦ 民:指农民。耒耜:泛指农具。　⑧ 具:具备、齐备。肆:陈列。雠:通“售”。厌分而

去：以其半价而出售。厌：损。分：半。原本无，据刘绩补注本补。 ⑨ 廪之：用粮仓贮存。一分：一半。 ⑩ 反其事：返回来从事农业。反其重：恢复到原来的物价水平。 ⑪ 出：卖出。少分：一小半。廪：贮存。 ⑫ 币重三分：货币价值上涨十分之三。财物之轻三分：财物价值下跌十分之三。原本“轻”下衍“重”字，今删。 ⑬ 市于三分之间：在这两个十分之三中间买卖谋利。 ⑭ 民更相制：商人之间相互控制。

[原文]

管子曰：“人君操本，民不得操末；人君操始，民不得操卒①。其在涂者，籍之于衢塞②；其在谷者，守之春秋③；其在万物者，立赀而行④。故物动则应之⑤。故豫夺其涂，则民无遵⑥；君守其流，则民失其高⑦。故守四方之高下，国无游贾，贵贱相当，此谓国衡⑧。以数相守，则利归于君矣⑨。”

[注释]

① 操：控制、掌握。民：指商贾。卒：终。 ② 涂：通“途”，指流通过程。籍：收税。衢塞：街市和关卡。衢：通衢大道，这里指街市。 ③ 守之春秋：把握好春秋两季。 ④ 立赀：订立契约合同。 ⑤ 物动则应之：货物流通则采取相应的措施应对。 ⑥ 豫夺其途：先占据流通渠道。无遵：无法可施。 ⑦ 守其流：指控制流通渠道。失其高：得不到高额利润。 ⑧ 守四方之高下：掌握各地物价之高低。国衡：国家的平准政策。 ⑨ “以数相守，则利归于君”：原本作“以利相守则数归于君”，据马非百说校改。

[原文]

管子曰：“善正商任者省有肆，省有肆则市朝闲，市朝闲则田野充，田野充则民财足，民财足则君赋敛焉不穷①。今则不然，民重而君重，重而不能轻；民轻而君轻，轻而不能重②。天下善者不然，民重则君轻，民轻则君重，此乃财余以满不足之数也③。故凡不能调民利者,不可以为大治。不察于终始,不可以为至矣④。动左右以重相因,二十国之策也⑤;盐铁,二十国之策也;锡金,二十国之策也。五官之数,不籍于民⑥。"

[注释] ① 正:管理。商任:商业活动。省有肆:官署设立并管理市场。市朝闲:自由市场交易量少。 ② 民:指商人。重:物价高。轻:物价低。重而不能轻:物价上涨后降不下来。轻而不能重:物价降低后涨不上去。 ③ 财余以满不足:损有余以补不足。财:通"裁"。数:术。 ④ 至:最好。 ⑤ 动左右以重相因:以价格的高低操控财物。动左右:拨动称量之具,喻指以轻重之术操控物价。二十国之策:相当于二十个财政年度的收入。 ⑥ 这两句意思是:运用好五种(物价、盐、铁、锡、金)官方理财的办法,就可以不向百姓收税。

[原文] 桓公问于管子曰:"轻重之数恶终①?"管子对曰:"若四时之更举,无所终②。国有患忧,轻重五谷以调用,积余臧羡以备赏③。天下宾服,有海内,以富诚信仁义之士,故民高辞让,无为奇怪者④。彼轻重者,诸侯不服以出战,诸侯宾服以行仁义。"

[注释] ① 恶:何。终:终止。 ② 更举:交替出现。 ③ 轻重五谷以调用:运用轻重之术调控五谷价格来调节财用。臧:同"藏"。羡:盈余。 ④ 高辞让:崇尚谦让。

[原文] 管子曰:"一岁耕,五岁食,粟贾五倍①。一岁耕,六岁食,粟贾六倍。二年耕而十一年食②。夫富能夺,贫能予,乃可以为天下③。且天下者,处兹行兹,若此而天下可壹也④。夫天下者,使之不使,用之不用⑤。故善为天下者,毋曰使之,使不得不使⑥;毋曰用之,用不得不用也⑦。"

[注释] ① 以上三句意思是：要想使一年耕种的粮食够五年食用，粮价就应提高到五倍。 ② 这句的意思是：这样两年耕种的粮食可够十一年食用。 ③ 夺：即损有余。予：即补不足。 ④ 兹：指上文的“夺富”而“予贫”。 ⑤ 使之不使：驱使而又不使其知被驱使。用之不用：使用而又不使其知被使用。 ⑥ 使不得不使：使民不得不被驱使。 ⑦ 用不得不用：使民不得不被使用。

[原文] 管子曰：“善为国者，如金石之相举，重钧则金倾[①]。故治权则势重，治道则势羸[②]。今谷重于吾国，轻于天下，则诸侯之自泄，如原水之就下[③]。故物重则至，轻则去[④]。有以重至而轻处者，我动而错之，天下即已于我矣[⑤]。物臧则重，发则轻，散则多。币重则民死利，币轻则决而不用，故轻重调于数而止[⑥]。”

[注释] ① 金：货币。石、均：均为重量名称，三十斤为一均，四均为一石。举：称量。重均则金倾：一端加重则另一端倾斜。 ② 这两句的意思是：以权术治理则重视势，以常规治理则不重视势。 ③ 自泄：自动流出粮食。 ④ 这两句的意思是：价格高则流入，价格低则流出。 ⑤ 重至而轻处：价高流入，价低而保存。错之：采取措施应对。天下即已于我：天下之利就归于我。已：止。 ⑥ 币重：货币升值。死利：拼命追求。币轻：货币贬值。轻重调于数而止：轻重之术是把货币的价值调节在一个适当的水平上才可以。

[原文] “五谷者，民之司命也；刀币者，沟渎也[①]；号令者，徐疾也。”“令重于宝，社稷重于亲戚，胡谓也[②]？”对曰：“夫城郭拔，社稷不血食，无生臣，亲没之后，无死子[③]。此社稷之所重于亲戚者也。故有城无人，谓之守平虚[④]；有人而无甲兵而无食，谓之

与祸居[5]。”

［注释］ ① 沟渎：沟渠，这里指流通手段。 ② 亲戚：指父母。胡：何。本句为桓公所问，下为管仲答语。 ③ 不血食：不能再祭祀，指社稷国家灭亡。生臣：活着的大臣。死子：殉死的子女。 ④ 平虚：废墟。 ⑤ 与祸居：与灾祸相伴。

［原文］ 桓公问管子曰：“吾闻海内玉币有七策，可得而闻乎[1]？”管子对曰：“阴山之礝碈，一策也[2]；燕之紫山白金，一策也[3]；发、朝鲜之文皮，一策也[4]；汝、汉水之右衢黄金，一策也；江阳之珠，一策也；秦明山之曾青，一策也；禺氏边山之玉，一策也。此谓以寡为多，以狭为广，天下之数尽于轻重矣[5]。”

［注释］ ① 玉币：以珍贵物产为货币。策：方法。 ② 礝碈：读音 rǔn mín，美石，仅次于玉。 ③ 白金：银。 ④ 发：北方古部族名。文皮：有花纹的毛皮，如虎皮、豹皮等。 ⑤ 以寡为多：以稀少之物控制众多之物。以狭为广：以狭小范围控制广大范围。数：指理财之术。

［原文］ 桓公问于管子曰：“阴山之马具驾者千乘[1]。马之平贾万也，金之平贾万也。吾有伏金千斤，为此奈何[2]？”管子对曰：“君请使与正籍者，皆以币还于金，吾至四万，此一为四矣[3]。吾非埏埴摇炉橐而立黄金也，今黄金之重一为四者，数也[4]。珠起于赤野之末光，黄金起于汝汉水之右衢，玉起于禺氏之边山。此度去周七千八百里，其涂远，其至阸[5]。故先王度用其重而因之，珠玉为上币，黄金为中币，刀布为下币。先王高下中币，制下上之用[6]。”

[注释] ① 具驾者：具备驾战车条件的。千乘：四千匹，四匹为一乘。② 平贾：一般价格。伏金：贮藏的黄金。为此奈何：购四千匹马需用钱币四千万，现有黄金值钱币一千万，怎么办呢？ ③ 使与正籍者：派使者通知应纳税的人。以币还于金：把货币换算成黄金而缴纳税收。一为四：这样可使金价上涨四倍，本来只得一万，现在却得到四万。④ 埏埴：烧制陶器，这里指烧制冶炼黄金所用的坩埚。摇炉橐：摇动为冶炉鼓风的皮橐。橐：原本作"櫜"，据王念孙说改。重：增值。⑤ 度：估计。阨：艰难。 ⑥ 高下中币：调节黄金的价格。制下上之用：控制上币、下币的流通。制：原本作"利"，据郭沫若说改。

[原文] 百乘之国，中而立市，东西南北度五十里[1]。一日定虑，二日定载，三日出竟，五日而反[2]。百乘之制轻重，毋过五日[3]。百乘为耕田万顷，为户万户，为开口十万人，为当分者万人，为轻车百乘，为马四百匹[4]。千乘之国，中而立市，东西南北度百五十余里。二日定虑，三日定载，五日出竟，十日而反。千乘之制轻重，毋过一旬。千乘为耕田十万顷，为户十万户，为开口百万人，为当分者十万人，为轻车千乘，为马四千匹。万乘之国，中而立市，东西南北度五百里。三日定虑，五日定载，十日出竟，二十日而反。万乘之制轻重，毋过二旬。万乘为耕田百万顷，为户百万户，为开口千万人，为当分者百万人，为轻车万乘，为马四万匹。

[注释] ① 度：约略。 ② 虑：计划。载：商品。竟：通"境"。反：同"返"。 ③ 制：制约，影响。轻重：物价高低。 ④ 开口：指人口总数。当分者：应该纳税的人。原文无"当"字，据下文例补。轻车：战车。

［原文］

管子曰："匹夫为鳏，匹妇为寡，老而无子者为独[①]。君问其若有子弟师役而死者，父母为独，上必葬之[②]：衣衾三领，木必三寸，乡吏视事，葬于公壤[③]。若产而无弟兄，上必赐之匹马之壤[④]。故亲之杀其子以为上用，不苦也[⑤]。君终岁行邑里，其人力同而宫室美者，良萌也，力作者也，脯二束、酒一石以赐之[⑥]；力足荡游不作，老者谯之，当壮者遣之边戍[⑦]。民之无本者贷之圃强[⑧]。故百事皆举，无留力失时之民，此皆国策之数也[⑨]。"

［注释］

① 匹：单，只。 ② 师役：战争。父母为独：父母也视为"独"。 ③ 衾：被子。木：棺木。视事：负责。公壤：公共墓地。 ④ 产：生。匹马之壤：一匹马所能耕种之田。 ⑤ 杀：牺牲。不苦：不以为苦。 ⑥ 行：巡视。人力同：劳动力相同。萌：通"氓"，民。脯：干肉。 ⑦ 谯：责备。当壮者：正值壮年的。边戍：守边。 ⑧ 圃强：土地和资金。强：通"繦"，串钱的绳，指钱币。 ⑨ 留力：不出力。

［原文］

上农挟五，中农挟四，下农挟三[①]。上女衣五，中女衣四，下女衣三[②]。农有常业，女有常事。一农不耕，民有为之饥者；一女不织，民有为之寒者。饥寒冻饿，必起于粪土，故先王谨于其始[③]。事再其本，民无檀者卖其子[④]。三其本，若为食[⑤]。四其本，则乡里给[⑥]。五其本，则远近通，然后死得葬矣[⑦]。事不能再其本，而上之求焉无止，然则奸涂不可独遵，货财不安于抱[⑧]。随之以法，则中内摲民也[⑨]。轻重不调，无檀之民不可责理，鬻子不可得使[⑩]。君失其民，父失其子，亡国之数也。

［注释］

① 挟五：养活五口人。挟：食，养。 ② 衣五：供五人穿衣。

③ 粪土：给土地施肥，指农业生产。 ④ 事再其本：收入是投入的两倍。糧：粥，这里泛指食物。 ⑤ 若：然后。 ⑥ 给：充裕。 ⑦ 远近通：在远近流通。 ⑧ 奸涂不可独遵：路有盗贼不可独行。涂：同“途”。抱：怀抱。原文作“拘”，据郭沫若说校改。 ⑨ 中内摲民：伤国内，害人民。中：伤。摲：割除。 ⑩ 责理：治理。

［原文］

管子曰：“神农之数曰[①]：‘一谷不登，减一谷，谷之法什倍[②]。二谷不登，减二谷，谷之法再十倍。’夷疏满之，无食者予之陈，无种者贷之新，故无什倍之贾，无倍称之民[③]。”

［注释］

① 数：术。 ② 登：谷物成熟。 ③ 夷疏满之：用平均分散的方法补充。陈：旧粮。新：做种子的新粮。什倍之贾：获利十倍的富商。倍称之民：获得成倍利息的高利贷者。

国准第七十九

［解题］

准即平准，通过调节来达到平衡。国准指国家经济调控的政策和方法。本文主张“视时而立仪”，即根据时代不同而实行不同的控制资源、调节经济的政策措施；对古代的经济政策应兼用而勿尽，亦即择善而从，不能照抄照搬。

［原文］

桓公问于管子曰：“国准可得闻乎？”管子对曰：“国准者，视时而立仪。”桓公曰：“何谓视时而立仪？”对曰：“黄帝之王，谨逃其爪牙①。有虞之王，枯泽童山②。夏后之王，烧增薮，焚沛泽，不益民之利③。殷人之王，诸侯无牛马之牢，不利其器④。周人之王，官能以备物⑤。五家之数殊而用一也⑥。”

桓公曰：“然则五家之数，籍何者为善也⑦？”管子对曰：“烧山林，破增薮，焚沛泽，猛兽众也。童山竭泽者，君智不足也。烧增薮，焚沛泽，不益民利。逃械器，闭智能者，辅己者也⑧。诸侯无牛马之牢，不利其器者，遏淫器而壹民心者也⑨。以人御人，逃戈刃，高仁义，乘天固以安己者也⑩。五家之数殊而用一也。”

［注释］

① 谨逃其爪牙：铲除各地的武装力量。 ② 枯泽童山：伐尽山林，竭尽水泽。 ③ 增薮：厚重的草丛。沛泽：茂密的沼泽。益：增加。 ④ 无牛马之牢：指不让诸侯拥有牛马。牢：牛马之圈栏。不利其器：不用各种淫巧之器谋利。 ⑤ 官能：任用有才能之人。备物：准备各种器物。 ⑥ 数殊而用一：办法不同但目的是相同的。 ⑦ 籍：借，采

用。 ⑧ 逃械器：舍弃生产的机械。闭：堵塞。辅己：加强君主自身。 ⑨ 遏淫器：限制使用机械。遏：原文作“曰”，据姚永概说改。 ⑩ 御：治理。逃戈刃：舍弃武器。高：崇尚，提倡。乘天固：利用天道。

［原文］

桓公曰：“今当时之王者立何而可？”管子对曰：“请兼用五家而勿尽①。”桓公曰：“何谓？”管子对曰：“立祈祥以固山泽，立械器以使万物，天下皆利而谨操重策②。童山竭泽，益利抟流③。出山金立币，存菹丘，立骈牢，以为民饶④。彼菹莱之壤，非五谷之所生也，麋鹿牛马之地⑤。春秋赋生杀老，立施以守五谷，此以无用之壤臧民之赢⑥。五家之数皆用而勿尽。”

［注释］

① 兼用五家而勿尽：兼采五家的方法而不全用。 ② 立祈祥以固山泽：采用设坛祭祀鬼神的方法来封存山泽。立械器：制造机械。谨操重策：谨慎地运用物价政策。 ③ 益利抟流：控制财利使它在一定的渠道流通。益：通“隘”，控制。抟：专。原文为“摶”，据李哲明说改。 ④ 立币：铸造货币。存菹丘：保存茅草茂盛的山丘。立骈牢：设立成排的畜栏。骈：并立。 ⑤ 菹莱之壤：未开垦的草地。莱：原文为“菜”，据王念孙说校改。 ⑥ 春秋赋生杀老：春天繁殖小的秋天宰杀老的。立施以守五谷：制造货币来控制粮食。施：指货币。臧民之赢：贮藏百姓的盈余。臧：同“藏”。赢：原本作“羸”，据文义改。

［原文］

桓公曰：“五代之王以尽天下数矣，来世之王者可得而闻乎①？”管子对曰：“好讥而不乱，亟变而不娈，时至则为，过则去，王数不可豫致②。此五家之国准也。”

［注释］

① 以：已。 ② 好讥而不乱：好调查但不烦琐。讥：察。亟变而不娈：勇于改革不留恋过去。娈：通“恋”。原本作“变”，据郭沫若说校改。王数不可豫致：帝王之术不可预先设定。

轻重甲第八十

［解题］

轻重甲，即专论轻重之术的第一篇文章，甲、乙、丙、丁是古人用天干标记篇章的方法。本篇内容有两大类：一是管仲与齐桓公探讨轻重之术的言论，一是运用轻重之术的实例。

［原文］

桓公曰："轻重有数乎①？"管子对曰："轻重无数，物发而应之，闻声而乘之。故为国不能来天下之财，致天下之民，则国不可成。"桓公曰："何谓来天下之财？"管子对曰："昔者桀之时，女乐三万人，晨噪于端门，乐闻于三衢，是无不服文绣衣裳者②。伊尹以薄之游女工文绣纂组，一纯得粟百钟于桀之国③。夫桀之国者，天子之国也，桀无天下忧，饰妇女钟鼓之乐，故伊尹得其粟而夺之流④。此之谓来天下之财。"桓公曰："何谓致天下之民？"管子对曰："请使州有一稟，里有积五窌⑤。民无以与正籍者予之长假，死而不葬者予之长度⑥。饥者得食，寒者得衣，死者得葬，不资者得振，则天下之归我者若流水⑦。此之谓致天下之民。故圣人善用非其有，使非其人，动言摇辞，万民可得而亲⑧。"桓公曰："善。"

［注释］

① 数：定数，规律。　② 晨噪于端门：早上在正门喧闹。原本作"端噪晨"，据《太平御览》所引校改。端门：宫殿的正门。衢：大街。　③ 薄：同"亳"，商汤所居之地，在今河南省商丘县北。游女：无业之女。工：从事。文绣纂组：绣花的织品。纯：匹、束。　④ 夺之流：操

纵其商品流通。 ⑤ 禀:同“廪”,粮仓。原本为“掌”,形近而误。窌:同“窖”。 ⑥ 无以与正籍:负担不起正常税收。长假:长期借贷(田地或钱财)。度:通“宅”,葬地。 ⑦ 不资者:贫穷的人。振:同“赈”,救济。 ⑧ 用非其有:使用那些不属于他自己的东西。使非其人:役使那些不属于他自己的人民。动言摇辞:指发号施令。

[原文]

桓公问管子曰:“夫汤以七十里之薄,兼桀之天下,其故何也①?”管子对曰:“桀者冬不为杠,夏不束柎,以观冻溺②。弛牝虎充市,以观其惊骇③。至汤而不然。夷疏而积粟,饥者食之,寒者衣之,不资者振之,天下归汤若流水④。此桀之所以失其天下也。”桓公曰:“桀使汤得为是,其故何也⑤?”管子曰:“女华者,桀之所爱也,汤事之以千金⑥;曲逆者,桀之所善也,汤事之以千金⑦。内则有女华之阴,外则有曲逆之阳,阴阳之议合,而得成其天子⑧。此汤之阴谋也。”

[注释]

① 兼:兼并。 ② 杠:独木桥。束柎:编木为筏,以供渡水。 ③ 弛:放。牝:雌。 ④ 夷疏:平均分散。疏:原本为“竞”,据丁士涵说校改。 ⑤ 得为是:得以夺取天下。 ⑥ 女华:桀的宠妃。 ⑦ 曲逆:桀的大臣。 ⑧ 阴阳之议合:指女华、曲逆内外勾结拥护商汤。

[原文]

桓公曰:“轻重之数,国准之分,吾已得而闻之矣,请问用兵奈何①?”管子对曰:“五战而至于兵②。”桓公曰:“此若言何谓也?”管子对曰:“请战衡、战准、战流、战权、战势,此所谓五战而至于兵者也③。”桓公曰:“善。”

[注释] ① 国准之分：指上篇所言各国国准的不同。分：区别。 ② 五战而至于兵：即在正式的军事斗争之前，进行五方面的斗争。五战：指下文“战衡、战准、战流、战权、战势”。 ③ 战衡、战准、战流：指在供求、物价、流通等领域内的斗争。战权、战势：指在战略领域内的斗争。

[原文] 桓公欲赏死事之后①，曰：“吾国者，衢处之国，馈食之都，虎狼之所栖也②。今每战舆死扶伤，如孤，荼首之孙，仰傳戟之室，吾无由与之，为之奈何③？”管子对曰：“吾国之豪家，迁封、食邑而居者④。君章之以物则物重，不章以物则物轻⑤；守之以物则物重，不守以物则物轻⑥。故迁封、食邑、富商、蓄贾、积余、藏羡、跱蓄之家，此吾国之豪也⑦。故君请缟素而就士室，朝功臣、世家、迁封、食邑、积余、藏羡、跱蓄之家曰⑧：‘城脆致冲，无委致围，天下有虑，齐独不与其谋⑨？子大夫有五谷菽粟者勿敢左右，请以平贾取之子⑩。’与之定其券契之齿，釜钣之数，不得为侈弇焉⑪。困穷之民闻而籴之，釜钣无止，远通不推，国粟之贾坐长而四十倍⑫。君出四十倍之粟以振孤寡，收贫病，视独老穷而无子者，靡得相鬻而养之，勿使赴于沟浍之中⑬。若此，则士争前战为颜行，不偷而为用，舆死扶伤，死者过半⑭。此何故也？士非好战而轻死，轻重之分使然也⑮。”

[注释] ① 死事之后：为国牺牲的将士之后。 ② 衢处：处于四通八达的交通要道。馈食之都：依靠别国粮食生存之国。虎狼之所栖：指山地多平原少。 ③ 舆死：车载着死者。死：同“尸”。如：而。荼首之孙：这些孤儿都是白发老人之孙。荼：白。仰傳戟之室：依靠有人扛着武器

作战而生存的家庭。室:原文为“宝”,据刘绩补注校改。无由与之:没有办法救济他们。 ④ 迁封、食邑而居者:因升迁、受封而得到食邑领地的人家。 ⑤ 章之以物:阻碍控制商品流通。章:通“障”。物重、物轻:指商品价格的高低。 ⑥ 守之以物:把商品贮存起来。守:持有、保持。 ⑦ 羡:盈余。跱蓄:积蓄。跱:同“峙”,积。 ⑧ 缟素:穿着白色丧服。就:去,到。士室:武士之家,即上文仰傳戟之室。朝:在朝廷上召见。 ⑨ 脆:薄弱。原文为“肥”,据刘绩补注改。致冲:受到攻击。委:积蓄。致围:遭受围困。有虑:指发生战事。与其谋:指参与。 ⑩ 勿敢左右:自己不能支配。贾:价。 ⑪ 定其券契之齿:订立买卖合同契约。齿:古时契约用竹简,双方各持其半,每半刻齿若干,两半齿合始有效。釜钲:量器名称单位。六斗四升为一釜;二斗为一钲,一说一钲为一斗二升八合。侈弇:原指量器的口大与小,引申为增减。 ⑫ 籴:购买。不推:不推而往。 ⑬ 振:同“赈”,救济。收:收养。原本作“牧”,据刘绩补注本校改。靡得:不必。鬻:卖。赴于沟浍:死于沟壑。 ⑭ 颜行:即雁行,指战阵队列。不偷:不苟且偷生。 ⑮ 轻重之分:轻重之术的作用。分:职分,作用。

[原文] 桓公曰:“皮、干、筋、角之征甚重。重籍于民而贵市之皮、干、筋、角,非为国之数也①。”管子对曰:“请以令高杠柴池,使东西不相睹,南北不相见②。”桓公曰:“诺。”行事期年,而皮、干、筋、角之征去分,民之籍去分③。桓公召管子而问曰:“此何故也?”管子对曰:“杠平之时,夫妻服辇,轻至百里④。今高杠柴池,东西南北不相睹,天酸然雨,十人之力不能上⑤;广泽遇雨,十人之力不可得而恃。夫舍牛马之力无所因⑥。牛马绝罢,而相继死其所者相望,皮、干、筋、角徒予人而莫之取,牛马之贾必坐长而百倍⑦。天下闻之,必离其牛马而归齐若流⑧。

故高杠柴池，所以致天下之牛马而损民之籍也⑨。《道若秘》云：‘物之所生，不若其所聚⑩。’”

[注释] ① 皮、干、筋、角：制造弓箭的材料。干：牲畜的骨头。籍：征收。市：买。为国之数：治国之策。 ② 高杠柴池：把桥修得很高，把水用栅栏围起来。杠：桥。 ③ 去分：减轻一半。分：半。 ④ 杠平：桥低。原文作“杠池平”，“池”字涉上文衍，今删。夫妻服辇：夫妻用手推车，一推一拉。辇：原本作“簟”，据王引之说校改。 ⑤ 酸：通“霰”，小雨。 ⑥ 舍：除了。无所因：没有凭借，没有办法。原文为“所无因”，据安井衡说校改。 ⑦ 罢：通“疲”。所：地方。徒予人：白白送人。莫之取：没人要。 ⑧ 离：卖出。若流：如流水。 ⑨ 损民之籍：减少向百姓征赋税的数量。 ⑩《道若秘》：古书名，今佚。“物之所生，不若其所聚”：从事物品的生产，不若从事物品的聚集。

[原文] 桓公曰：“弓弩多匡轸者，而重籍于民，奉缮工，而使弓弩多匡轸者，其故何也①？”管子对曰：“鹅鹜之舍近，鹍鸡鹄鸨之通远②。鹄鹍之所在，君请式璧而聘之③。”桓公曰：“诺。”行事期年，而上无阙者，前无趋人④。三月解匡，弓弩无匡轸者⑤。召管子而问曰：“此何故也？”管子对曰：“鹄鹍之所在，君式璧而聘之。菹泽之民闻之，越平而射远，非十钧之弩不能中鹍鸡鹄鸨⑥。彼十钧之弩，不得棐擞不能自正，故三月解匡而弓弩无匡轸者⑦。此何故也？以其家习其所也⑧。”

[注释] ① 匡轸：扭曲而不合用。奉缮工：（用征得的税收）供给制作弓弩的工匠。 ② 鹜：鸭。舍：窝。鹍鸡、鹄、鸨：均为能远飞的鸟。通：达。 ③ 鹄鹍之所在：有鹄、鹍之鸟的人家。式璧而聘之：用玉璧去礼聘。 ④ 阙：短缺。趋人：匆忙奔走之人。 ⑤ 匡：盛弓弩的器具。原

本作“匋”，据俞樾说校改。下“医”字同。 ⑥ 菹泽之民：居住在沼泽湿地的百姓。平：平地。 ⑦ 渠撇：校正弓弩的器具。渠：原本作“蘪”，据王念孙说校改。 ⑧ 以：因为。习其所：习惯了把弓弩加上渠撇放在那里。

［原文］

桓公曰：“寡人欲藉于室屋①。”管子对曰：“不可，是毁成也②。”“欲藉于万民③。”管子曰：“不可，是隐情也④。”“欲藉于六畜。”管子对曰：“不可，是杀生也⑤。”“欲藉于树木。”管子对曰：“不可，是伐生也⑥。”“然则寡人安藉而可⑦？”管子对曰：“君请藉于鬼神。”桓公忽然作色曰：“万民、室屋、六畜、树木且不可得藉，鬼神乃可得而藉夫？”管子对曰：“厌宜乘势，事之利得也⑧；计议因权，事之囿大也⑨。王者乘势，圣人乘幼，与物皆宜⑩。”桓公曰：“行事奈何？”管子对曰：“昔尧之五吏五官无所食，君请立五厉之祭，祭尧之五吏⑪。春献兰，秋敛落，原鱼以为脯，鲵以为殽⑫。若此，则泽鱼之正，伯倍异日，则无屋粟邦布之藉⑬。此之谓设之以祈祥，推之以礼义也⑭。然则自足，何求于民也？”

［注释］

① 藉于室屋：征收房产税。 ② 毁成：毁坏已建成的房屋。 ③ 藉于万民：征收人头税。 ④ 隐情：隐瞒人口的实数。 ⑤ 杀生：杀掉牲畜。 ⑥ 伐生：砍伐未成材的树木。 ⑦ 安藉而可：征什么税才可以。 ⑧ 厌：合适。这两句意思是：行事适宜乘势，有利于成功。 ⑨ 囿：通“侑”，帮助。这两句意思是：议事运用权谋，可以有很大帮助。 ⑩ 幼：通“幽”。 ⑪ 吏：原文为“更”，据闻一多说改。五厉之祭：指为尧时五个没有后人的功臣设祭。厉：死后没有后人祭祀者。 ⑫ 秋敛落：秋天用果实。原鱼：生鱼。鲵以为殽：用小鱼做菜殽。 ⑬ 泽鱼之正：征收的鱼税。正：同“征”。伯：同

"百"。屋粟:周制,民有田不耕,罚三夫之税粟。邦布:人口税。

⑭ 祈祥:指祭祀。

[原文] 桓公曰:"天下之国,莫强于越,今寡人欲北举事孤竹、离枝,恐越人之至,为此有道乎①?"管子对曰:"君请遏原流,大夫立沼池,令以矩游为乐,则越人安敢至②?"桓公曰:"行事奈何?"管子对曰:"请以令隐三川,立员都,立大舟之都③。大舟之都有深渊,垒十仞④。令曰:'能游者赐千金。'未能用金千,齐民之游水,不避吴越。"桓公终北举事于孤竹、离枝。越人果至,隐曲菑以水齐⑤。管子有扶舟之士五万人,以待战于曲菑,大败越人,此之谓水豫⑥。

[注释] ① 举事:指征伐。孤竹、离枝:均为北方小国。参见《小匡》篇注。 ② 遏原流:阻塞原山的水源。原山为淄水的源头,在今山东淄博博山区。矩游:跳跃游水。 ③ 隐:通"堰",阻塞。员:通"圆"。都:水池。大舟之都:能容纳大船的水池。 ④ 大舟:原本"舟"作"身",形近而误,下文"扶舟之士"之"舟"同此。垒:通"累"。仞:七尺为仞。 ⑤ 隐曲菑以水齐:在淄水的弯曲处筑堤以水淹齐国。隐:通"堰",筑堤。菑:同"淄",原本作"萧",据戴望说校改,下"曲菑"之"菑"字同此。 ⑥ 扶舟之士:指善水战的将士。扶:通"浮"。水豫:水战的准备。

[原文] 齐之北泽烧,火光照堂下①。管子入贺桓公曰:"吾田野辟,农夫必有百倍之利矣。"是岁租税九月而具,粟又美。桓公召管子而问曰:"此何故也?"管子对曰:"万乘之国、千乘之国,不能无薪而炊。今北泽烧,莫之续,则是农夫得居装而卖其薪

荛，一束十倍[2]。则春有以傳耜，夏有以决芸[3]。此租税所以九月而具也。”

［注释］ ① 泽：草泽。 ② 莫之续：没有柴薪接续。居装：积蓄捆装。薪荛：柴草。 ③ 傳耜：指耕种。决芸：指锄草。芸：通“耘”。

［原文］ 桓公忧北郭民之贫，召管子而问曰：“北郭者，尽屦缕之甿也，以唐园为本利，为此有道乎[1]？”管子对曰：“请以令禁：百钟之家不得事鞒，千钟之家不得为唐园，去市三百步者不得树葵菜[2]。若此，则空闲有以相给资，则北郭之甿有所雠[3]。其手搔之功，唐园之利，故有十倍之利[4]。”

［注释］ ① 屦缕之甿：搓草绳编草鞋的贫民。甿：通“氓”。唐园：菜园。唐：同“塘”。 ② 事鞒：做鞋出售。鞒：同“屩”，鞋。去：距离。树葵菜：种植蔬菜。葵：冬葵，古代主要蔬菜之一。 ③ 空闲有以相给资：空闲的人有职业谋生。雠：出售。 ④ 手搔之功：指双手的劳动成果。搔：通“爪”。

［原文］ 管子曰：“阴王之国有三，而齐与在焉[1]。”桓公曰：“此若言可得闻乎？”管子对曰：“楚有汝汉之黄金，而齐有渠展之盐，燕有辽东之煮，此阴王之国也。且楚之有黄金，中齐有菑石也[2]。苟有操之不工，用之不善，天下倪而是耳[3]。使夷吾得居楚之黄金，吾能令农毋耕而食，女毋织而衣[4]。今齐有渠展之盐，请君伐菹薪，煮沸水为盐，正而积之[5]。”桓公曰：“诺。”十月始正，至于正月，成盐三万六千钟。召管子而问曰：“安用此盐而可？”管子对曰：“孟春既至，农事且起[6]。大夫无得缮冢墓，理宫

室，立台榭，筑墙垣，北海之众无得聚庸而煮盐[7]。若此，则盐必坐长而十倍。”桓公曰：“善。行事奈何？”管子对曰：“请以令粜之梁、赵、宋、卫、濮阳[8]。彼尽馈食之国也，无盐则肿，守圉之国，用盐独甚[9]。”桓公曰：“诺。”乃以令使粜之，得成金万一千余斤。桓公召管子而问曰：“安用金而可？”管子对曰：“请以令使贺献、出正籍者必以金，金坐长而百倍[10]。运金之重以衡，万物尽归于君[11]。故此所谓用若挹于河海，若输之给马[12]。此阴王之业。”

［注释］ ① 阴王：诸侯没有王的名号，而其财富与王相当，称为阴王。与在：在内。 ② 中：当，等于。菑石：美石，或以为即今制淄砚之红丝石。菑，原本作“啬”，据王念孙说校改。 ③ 苟：假如。倪而是：不正眼看，意即不重视。倪：通“睨”，斜视。是：通“视”。 ④ 居：拥有。 ⑤ 菹薪：枯柴。泲水：泲水入海之地的海水。泲：原本作“沸”，据《地数》篇改。正：同“征”。下文“十月始正”之“正”同。 ⑥ 且：将。 ⑦ 缮冢墓：整修坟墓。聚庸：召集雇用人工。 ⑧ 粜：卖出。 ⑨ 馈食之国也：靠输入盐生活的国家。“国”字原本在“也”字下，据王念孙说校改。肿：浮肿。圉：同“御”。 ⑩ 贺：朝贺。献：贡献。出正籍：缴纳赋税。 ⑪ 运金之重以衡：用金的价格来衡量折算。 ⑫ 用：财用。若挹于河海：像从河海舀水。若输入给马：如不断运转的筹码。马：通“码”。

［原文］ 管子曰：“万乘之国必有万金之贾，千乘之国必有千金之贾，百乘之国必有百金之贾，非君之所赖也，君之所与[1]。故为人君而不审其号令，则中一国而二君二王也[2]。”桓公曰：“何谓一国而二君二王？”管子对曰：“今君之籍取以正，万物之贾轻去其分，皆入于商贾，此中一国而二君二王也[3]。故

贾人乘其弊以守民之时④。贫者失其财，是重贫也⑤；农夫失其五谷，是重竭也⑥。故为人君而不能谨守其山林、菹泽、草莱，不可以立为天下王⑦。”桓公曰：“此若言何谓也？”管子对曰：“山林、菹泽、草莱者，薪蒸之所出，牺牲之所起也⑧。故使民求之，使民藉之，因此给之⑨。私爱之于民，若弟之与兄，子之与父也，然后可以通财交假也⑩。故请取君之游财，而邑里布积之⑪。阳春，蚕桑且至，请以给其口食筐曲之强⑫。若此，则绛丝之籍去分而敛矣⑬。且四方之不至，六时制之⑭：春曰傳耜，次曰获麦，次曰薄芋，次曰树麻，次曰绝菹，次曰大雨且至，趣芸壅培⑮。六时制之，巨给至于国都⑯。善者乡因其轻重，守其委庐，故事至而不妄，然后可以立为天下王⑰。”

［注释］　①贾：商人。赖：依靠。君之所与：君主应该控制的。与：操。

②审：谨慎。中一国而二君二王：一国之中有两个君主或国王。

③籍：税收。取以正：按正规的办法限期征收。万物之贾轻去其分：因人民急于抛售产品以完税，商品的价格下降了一半。贾：价。分：半。皆入于商贾：商品均被商人低价收购，即相当于商人又重征了一次税。

④乘其弊：利用国家限期征税政策的弊端。守民之时：等待人民低价抛售产品以完税的时机。　⑤重贫：加倍贫困。　⑥重竭：加倍缺乏。　⑦谨守：严格控制。菹泽：沼泽。草莱：荒地。　⑧薪蒸：薪柴，大的叫薪，小的叫蒸。牺牲：祭祀用的牲畜。起：指繁衍生长。

⑨求：指采伐渔猎。藉：凭借，利用。因此给之：因此而得到供给。

⑩通财交假：互通有无，相互借贷。假：原本作“叚”，形近而误，据王念孙说改。　⑪游财：流动资金。邑里布积之：分散到邑、里贮存。

⑫且：将。给其口食筐曲之强：作为供应口粮、筐、薄等养蚕器具的费用。筐：原本作“筠”，据安井衡说改。曲：同“笛”，养蚕的薄。强：通

"緡",钱贯,这里指钱,资金。　⑬ 绁:粗蚕丝。分:半。这两句意思是:这样,蚕丝的税收减少了一半,因而容易征收(因为蚕农为偿还政府贷款而低价出售蚕丝)。　⑭ 且:如果。四方:指四方之财。六时:即下文所说六个生产季节。制:控制调节。　⑮ 曰:原本作"日",据张佩纶说改,下六"曰"字同。俥耜:耕种。俥:同"事"。薄芋:种芋头。薄:同"敷",播种。树麻:种麻。绝菹:除草。趣芸壅培:赶快锄草培土。趣:急。芸:通"耘"。　⑯ 巨给:大量的资金供应。巨:原本作"臣",形近而误,据黎翔凤说改。　⑰ 善者:指善于治理国家的人。乡:同"向",一向。因其轻重:利用轻重之术。委庐:仓库。妄:错乱。

[原文]

管子曰:"一农不耕,民或为之饥;一女不织,民或为之寒。故事再其本,则无卖其子者①;事三其本,则衣食足;事四其本,则正籍给②;事五其本,则远近通,死得藏③。今事不能再其本,而上之求焉无止,是使奸涂不可独行,遗财不可包止④。随之以法,则是下艾民⑤。食三升,则乡有乏食而盗⑥;食二升,则里有乏食而盗;食一升,则家有乏食而盗。今操不反之事,而食四十倍之粟,而求民之毋失,不可得矣⑦。且君朝令而求夕具,有者出其财,无有者卖其衣屦,农夫粜其五谷,三分贾而去⑧。是君朝令一怒,布帛流越而之天下⑨。君求焉而无止,民无以待之,走亡而栖山阜⑩。持戈之士顾不见亲,家族失而不分,民走于中而士遁于外,此不待战而内败⑪。"

[注释]

① 事再其本:从业收益是成本的两倍。　② 正籍:赋税。给:够用。　③ 远近通:远近可以互通有无,指商品交易发生。藏:葬。　④ 奸涂:路有盗贼。涂:同"途"。包止:放在手头上。包:同"抱"。　⑤ 下艾民:暗中伤害百姓。下:在下面。艾:通"刈",割。以上文

句,又见于《揆度》篇,文字稍异。 ⑥ 食三升:粮食作物有三种丰收了。古时粮食作物以五谷为主,一种丰收叫一升,或一登,故有五谷丰登之说。乏:原本作“正”,形近而误,据王引之说改,下两“乏”字同。⑦ 操不反之事:从事收益不够本钱的职业。四十倍:指价格上涨。失:离散。 ⑧ 具:同“俱”,齐备。屦:鞋。粜:卖出。三分贾而去:仅以十分之三的价格出售。 ⑨ 流越:流散,流失。之:至,到。⑩ 无以待之:没有什么供应。走亡而栖山阜:逃到山林中居住。栖:栖息。阜:山丘。 ⑪ 持戈之士:战士。顾:回来。失而不分:失散而不能彼此照料。分:理。走于中:在国内迁徙。遁于外:逃避到国外。

[原文]

管子曰:“今为国有地牧民者,务在四时,守在仓廪[①]。国多财则远者来,地辟举则民留处;仓廪实则知礼节,衣食足则知荣辱[②]。今君躬犁垦田,耕发草土,得其谷矣,民人之食,人有若干步亩之数,然而有饿馁于衢闾者何也[③]?谷有所藏也。今君铸钱立币,民通移,人有百十之数,然而民有卖子者何也[④]?财有所并也[⑤]。故为人君不能散积聚,调高下,分并财,君虽强本趣耕,发草立币而无止,民犹若不足也[⑥]。”

[注释]

① 为国:治理国家。 ② 以上数句又见于《牧民》篇,文字基本相同。 ③ 躬犁:亲自耕地。人有:原本作“有人”,据文义改。衢闾:大街小巷。 ④ 通移:流通,交易。 ⑤ 并:兼并,聚集。⑥ 调高下:调节物价的高低。强本趣耕:加强农业督促生产。发草:垦荒。犹若:仍然。

[原文]

桓公问于管子曰:“今欲调高下,分并财,散积聚。不然,则世且并兼而无止,蓄余藏羡而不息,贫贱鳏寡独老不与得焉[①]。散之有道,分之有数乎?”

管子对曰："唯轻重之家为能散之耳，请以令轻重之家[②]。"桓公曰："诺。"束车五乘，迎癸乙于周下原[③]。桓公问四，因与癸乙、管子、宁戚相与四坐[④]。桓公曰："请问轻重之数。"癸乙曰："重籍其民者失其下，数欺诸侯者无权与[⑤]。"管子差肩而问曰[⑥]："吾不籍吾民，何以奉车革？不籍吾民，何以待邻国[⑦]？"癸乙曰："唯好心为可耳[⑧]。夫好心则万物通，万物通则万物运，万物运则万物贱，万物贱则万物可因[⑨]。知万物之可因而不因者，夺于天下[⑩]。夺于天下者，国之大贼也。"桓公曰："请问好心，万物之可因。"癸乙曰："有余富无余乘者，责之卿诸侯[⑪]；足其所，不赂其游者，责之令大夫[⑫]。若此则万物通，万物通则万物运，万物运则万物贱，万物贱则万物可因矣。故知三准同策者能为天下，不知三准之同策者不能为天下[⑬]。故申之以号令，抗之以徐疾也，民乎其归我若流水，此轻重之数也[⑭]。"

［注释］ ① 且：将。羡：盈余。不与得：不在受益之列。 ② 轻重之家：擅长以轻重之术理财的专家。 ③ 束车：备车。束：原本作"东"，据丁士涵说改。 ④ 桓公问四：桓公亲自过问车辆迎送之事。四：通"驷"，一乘车的马。 ⑤ 籍：征税。权与：联盟。 ⑥ 差肩：肩膀交错，这里指探身。 ⑦ 奉车革：供应军需。车革：兵车、兵器，泛指军事用品。待：防备。 ⑧ 好心：用心巧妙。 ⑨ 因：利用。 ⑩ 夺于天下：万物被天下所夺，即流散到其他国家。 ⑪ 有余富无余乘：财富有余而战车不足。 ⑫ "足其所，不赂其游"：自家富足而不顾亲友。赂：赠送。游：交游，指朋友。 ⑬ 三准同策：三种方法一起运用。三准：指调高下、分并财、散积聚。为：治理。 ⑭ 抗：运用。徐疾：缓急。

［原文］

桓公问于管子曰："今傳戟十万，薪菜之靡日虚十里之衍①；顿戟一噪，而靡币之用日去千金之积②。久之，且何以待之③？"管子对曰："粟贾平四十，则金贾四千④。粟贾釜四十则钟四百也，十钟四千也，二十钟者为八千也。金贾四千，则二金中八千也⑤。然则一农之事，终岁耕百亩，百亩之收不过二十钟，一农之事乃中二金之财耳⑥。故粟重黄金轻，黄金重而粟轻，两者不衡立⑦。故善者重粟之贾⑧。釜四百，则是钟四千也，十钟四万，二十钟者八万。金贾四千，则是十金四万也，二十金者为八万。故发号出令，曰一农之事有二十金之策⑨。然则地非有广狭，国非有贫富也，通于发号出令，审于轻重之数然⑩。"

［注释］

① 傳戟：持武器，指军队。薪菜之靡：伙食的消费。虚：消耗。十里之衍：指十里平原所产的东西。衍：平地。 ② 顿戟一噪：指一次战争。靡币：耗费钱财。 ③ 且：将。 ④ 贾：同"价"。则：而。这两句意思是：粮食的平均价格是每釜四十钱，而黄金价格是每镒四千钱。

⑤ 二金中八千：黄金二镒值八千钱。中：当，值。 ⑥ 一农之事乃中二金之财：一个农夫一年的收益相当于两镒黄金的钱。 ⑦ 不衡立：不会同时贵或同时贱。 ⑧ 善者重粟之贾：善治国家的人提高粮食的价格。 ⑨ 曰：等于。 ⑩ 审：明白。

［原文］

管子曰："湩然击鼓，士愤怒①；铊然击金，士帅然②。策枹鼓从之，舆死扶伤，争进而无止③。口满用，手满钱，非大父母之仇也，重禄重赏之所使也④。故轩冕立于朝，爵禄不随，臣不为忠⑤；中军行战，委予之赏不随，士不死其列陈⑥。然则是大臣执于朝，而列陈之士执于赏也[7]。故使父不得子其子，兄不得弟其弟，妻不得有其夫，唯重禄重赏为然耳[8]。故不远道里而能威绝域之民，不险山川而能服有恃之国，发若雷霆，动若风雨，独出独入，莫之能圉[9]。”

［注释］ ① 湩：击鼓的声音。 ② 铃：鸣金的声音。帅然：突然。帅：通“率”。 ③ 策枹鼓从之：用战鼓激励战士。枹：鼓槌。原本作“桐”，形近而误，据张佩纶说改。从：通“纵”。舆死：载着死者。 ④ 用：指食用之物。大父母之仇：以父母之仇为重。重：厚重。 ⑤ 轩冕：君主、卿相所用的车、服，这里指君、相。 ⑥ 中军：指将帅。委予：给予，提供。列陈：战阵。陈：通“阵”。 ⑦ 执：制，制约，控制。 ⑧ 使：要想让。父不得子其子：父亲能舍得儿子。不得有其夫：舍得她的丈夫。唯重禄重赏为然：只有厚重的禄赏才能办到。 ⑨ 不远道里：不怕远征。威：威震。绝域：指极远之地。不险山川：不怕山川的险峻。有恃之国：有山川等做依靠的国家。圉：抵挡。

［原文］ 桓公曰：“四夷不服，恐其逆政游于天下而伤寡人，寡人之行，为此有道乎[1]？”管子对曰：“吴、越不朝，珠象而以为币乎[2]？发、朝鲜不朝，请文皮、毤服而为币乎[3]？禺氏不朝，请以白璧为币乎？昆仑之虚不朝，请以璆琳、琅玕为币乎[4]？故夫握而不见于手，含而不见于口，辟千金者，珠也，然后八千里之吴、越可得而朝也[5]。一豹之皮，容金而辟千金也，然后八千里之发、朝鲜可得而朝也[6]。怀而不见于抱，挟而不见于掖，而辟千金者，白璧也，然后八千里之禺氏可得而朝也[7]。簪珥而辟千金者，璆琳、琅玕也，然后八千里之昆仑之虚可得而朝

也[8]。故物无主,事无接,远近无以相因,则四夷不得而朝矣[9]。"

[注释]

① 四夷:古时中原对周围少数民族的蔑称。逆政游于天下:对齐国不利的政策在各诸侯国实行。为此:指控制这种情况。 ② 朝:臣服朝拜。珠象而以为币:以其出产的珍珠和象牙制品为货币。 ③ 发:发与朝鲜都是当时东北方的少数民族国家。文皮:有彩纹的皮毛,如虎皮、豹皮等。㲪服:以脱毛的皮革制成的服饰。 ④ 璆琳、琅玕:均为西北所产美玉的名称。 ⑤ 辟:同"譬",如同。 ⑥ 容金而辟千金:(用豹皮)装饰衣襟的衣服可比千金。容:修饰。金:通"襟"。辟千:二字原本无。据上下文文义补。 ⑦ 抱:胸怀。掖:通"腋"。⑧ 簪珥:发簪和耳饰。 ⑨ 主:主人,指拥有、管理、使用。接:相互联系。无以相因:无法相互利用。

轻重乙第八十一

[解题]

本篇为轻重专论的第二篇，全篇十四节，各自相对独立，为杂记、杂论体，但都围绕轻重之术这个中心立论。

[原文]

桓公曰："天下之朝夕可定乎①？"管子对曰："终身不定②。"桓公曰："其不定之说，可得闻乎③？"管子对曰："地之东西二万八千里，南北二万六千里。天子中而立，国之四面，面万有余里。民之入正籍者亦万有余里④。故有百倍之力而不至者，有十倍之力而不至者，有倪而是者⑤。则远者疏，疾怨上。边竟诸侯受君之怨民，与之为善，缺然不朝，是天子塞其涂⑥。熟谷者去，天下之可得而霸⑦？"桓公曰："行事奈何？"管子对曰："请与之立壤列天下之旁⑧：天子中立，地方千里，兼霸之壤三百有余里，佌诸侯度百里，负海子男者度七十里⑨。若此则如胸之使臂，臂之使指也。然则小不能分于民，准徐疾羡不足，虽在下不为君忧⑩。夫海出泲无止，山生金木无息，草木以时生，器以时靡幣，泲水之盐以日消⑪。终则有始，与天壤争，是谓立壤列也⑫。"

[注释]

① 天下之朝夕：指天下的物价波动。朝夕：通"潮汐"，指物价的涨落。 ② 终身：一直，永远。 ③ 不定之说：不稳定的理论或原因。 ④ 入正籍者：列入纳税范围内的。 ⑤ 至：指到达天子所处的中心位置。倪而是：转眼即可到达。倪：通"睨"，斜视。 ⑥ 疾：更加。竟：同"境"。受：接纳。涂：同"途"。 ⑦ 熟谷者：精通粮食

价格运作的人。 ⑧ 立壤列：制定土地大小、优劣的等级。旁：方，指四方。 ⑨ 兼霸之壤：指较大的诸侯国。佌：小。度：划分，给予。负海：靠海。子男：子爵、男爵。古时爵分五等，即公、侯、伯、子、男。⑩ 小不能分于民：指诸侯等所据有的土地小，不能与天子争民。准徐疾羡不足：调节缓急多余和不足。 ⑪ 靡幣：消耗。幣：通“弊”。⑫ 与天壤争：指充分利用天地自然所生的万物。

［原文］

武王问于癸度曰：“贺献不重，身不亲于君；左右不足，友不善于群臣①。故不欲亩穑户籍而给左右之用，为之有道乎②？”癸度对曰：“吾国者衢处之国也，远秸之所通，游客蓄商之所道，财物之所遵③。故苟入吾国之粟，因吾国之币，然后，载黄金而出④。故君请重重而衡轻轻，运物而相因，则国策可成⑤。故谨毋失其度，未与民，可治⑥。”武王曰：“行事奈何？”癸度曰：“金出于汝汉之右衢，珠出于赤野之末光，玉出于禺氏之旁山，此皆距周七千八百余里⑦。其涂远，其至阸，故先王度用于其重，因以珠玉为上币，黄金为中币，刀布为下币⑧。故先王善高下中币，制下上之用，而天下足矣⑨。”

［注释］

① 癸度：人名。友不善于群臣：作为朋友也不好与群臣交往。② 亩穑：按亩收赋。亩：原文为“收”，据丁士涵、马非百说改。户籍：按户收税。 ③ 衢处：处于交通要道。远秸：远处进贡的秸秆。秸：作物秸秆，古时有进贡秸秆供祭祀用的规定。通、道、遵：均为经过。④ 苟：如果。入：食用。因：运用。 ⑤ 重重而衡轻轻：以提高了的粮食价格而对应降低了的黄金价格。运物而相因：使物品流通相互利用。 ⑥ 以上三句意思是：所以要谨慎地操作，不要乱了套，不要让百姓知道，就可以做好。 ⑦ 右衢：右边，右侧。旁山：旁侧之山。《地数》、《揆度》作“边山”。 ⑧ 涂：同“途”。阸：艰难。 ⑨ 善

高下中币：善于提高或降低作为中币的黄金的价格。制下上之用：控制调节作为上币的珠玉和作为下币的刀布的使用流通。

[原文]

桓公曰："衡谓寡人曰：'一农之事必有一耜、一铫、一镰、一鎒、一椎、一铚，然后成为农①。一车必有一斤、一锯、一釭、一钻、一凿、一銶、一轲，然后成为车②。一女必有一刀、一锥、一箴、一鉥，然后成为女③。请以令断山木，鼓山铁，是可以毋籍而用尽④。'"管子对曰："不可。今发徒隶而作之，则逃亡而不守；发民，则下疾怨上，边竟有兵则怀宿怨而不战⑤。未见山铁之利而内败矣。故善者不如与民，量其重，计其赢，民得其七，君得其三⑥。有杂之以轻重，守之以高下⑦。若此，则民疾作而为上虏矣⑧。"

[注释]

① 衡：假设的人名。耜：翻地的工具。铫：大锄。镰：镰刀。鎒：小锄。椎：碎土的工具。铚：割禾穗的短镰。 ② 车：制作车的工匠。斤：斧。釭：车毂孔中用以穿轴的金属圈。銶：凿的一种。轲：车轴近车釭处包的铁。 ③ 刀：剪刀。锥：锥子。箴：针。鉥：长针。女：指女人所做的手工。 ④ 鼓山铁：用皮橐吹炭火冶铁。毋籍：不用征税。 ⑤ 竟：同"境"。 ⑥ 与民：把冶铁之事交给民办。赢：利润。七：原本为"十"，形近而误，据文义改。 ⑦ 有：通"又"。这两句意思是：再辅之以轻重之术，以物价高低来操控。 ⑧ 疾作：加紧工作。为上虏：为君主所利用。虏：俘虏，引申为使用。

[原文]

桓公曰："请问壤数①。"管子对曰："河埱诸侯，亩钟之国也②。碛，山诸侯之国也③。河埱诸侯常不胜山诸侯之国者，豫戒者也④。"桓公曰："此若言何谓也？"管子对曰："夫河埱诸侯，亩钟之国也，故谷众多而不理，固不得有⑤。至于山诸侯之国，则敛蔬藏菜，此之谓豫戒⑥。”桓公曰：“壤数尽于此乎？”管子对曰：“未也。昔狄诸侯，亩钟之国也，故粟十钟而锱金⑦。程诸侯，山诸侯之国也，故粟五釜而锱金⑧。故狄诸侯十钟而不得傳戟，程诸侯五釜而得傳戟⑨。十倍而不足，或五分而有余者，通于轻重高下之数。国有十岁之蓄，而民食不足者，皆以其事业望君之禄也⑩。君有山海之财，而民用不足者，皆以其事业交接于上者也⑪。故租籍，君之所宜得也，正籍者，君之所强求也⑫。亡君废其所宜得而敛其所强求，故下怨上而令不行⑬。民，夺之则怒，予之则喜，民情固然⑭。先王知其然，故见予之所，不见夺之理⑮。故五谷粟米者，民之司命也，黄金刀布者，民之通货也⑯。先王善制其通货以御其司命，故民力可尽也⑰。”

[注释] ① 壤数：利用土地的方法。 ② 河埳：近河的冲积平原。埳：通“淤”。亩钟：亩产一钟。 ③ 碛：沙石之地。原本作“睛”，据张佩纶说校改。 ④ 豫戒：豫先筹备。 ⑤ 不理：管理不好。固不得有：所以不能拥有粮食。固：通“故”。 ⑥ 蔬：通“疏”，泛指粗粮。⑦ 狄诸侯：指当时北方少数民族建立的国家。粟十钟而锱金：十钟的粮食价值黄金一锱，指粮食价格低。锱：古代重量单位名称。据《说文》六铢为一锱。 ⑧ 程诸侯：西周所封重黎之后程伯林甫之国，其地在今洛阳附近。五釜而锱金：五釜粮食价值黄金一锱，指粮食价格高。十釜为一钟。 ⑨ 傳戟：指供应军队。 ⑩ 事业：所从事的职业。望君之禄：求取君主的俸禄。 ⑪ 山海之财：指盐、铁专卖的收入。交接于上：指换取君主的钱财。 ⑫ 租籍：正常的赋税。正籍：额外征收的赋税。正：通“征”。 ⑬ 亡君：亡国之君。 ⑭ 民情固然：百姓的本性就是这样的。 ⑮ 见予之所：显示出给予的地方。见：同

“现”。所:处。不见夺之理:不显示出夺取的实质。 ⑯ 司命:指主宰。刀布:货币。 ⑰ 善制其通货以御其司命:善于通过控制货币流通来掌握粮食。

［原文］

管子曰:“泉雨五尺,其君必辱,食称之国必亡,待五谷者众也①。故树木之胜霜露者不受令于天,家足其所者不从圣人②。故夺然后予,高然后下,怒然后喜,天下可举③。”

［注释］

① 待:储备。以上四句的意思是:泉水雨水润地五尺深,国君必然会因政令不行而受辱,粮食产量和吃粮人口相当的国家一定会灭亡,这是因为风调雨顺粮食充足,百姓储备得多,不需要仰仗君主。 ② 胜:战胜。不受令于天:不受自然界季节的限制。家足其所:自给自足。圣人:指君主。 ③ 夺:指征收赋税。予:指赏赐救济等。高:提高物价。下:降低物价。怒然后喜:先让百姓不满,然后再让他们高兴。原本作“喜然后怒”,据上下文义改。举:得。

［原文］

桓公曰:“强本节用,可以为存乎①?”管子对曰:“可以为益愈,而未足以为存也②。昔者纪氏之国强本节用者,其五谷丰满而不能理也,四流而归于天下③。若是,则纪氏其强本节用,适足以使其民谷尽而不能理,为天下虏④。是以其国亡而身无所处,故可以益愈而不足以为存⑤。故善为国者,天下下我高,天下轻我重,天下多我寡,然后可以朝天下⑥。”

［注释］

① 本:指农业生产。存:生存。 ② 益愈:好一些。 ③ 纪氏之国:周初所封,姜姓,其地在今山东寿光境内,后为齐所灭。理:管理。四流:向四方流散。 ④ 适:恰恰,正好。为天下虏:被天下征服。 ⑤ 身无所处:无处安身。 ⑥ 高、下、轻、重:均指物价高低。朝天

下:使天下来朝,意即归附。

［原文］

桓公曰:“寡人欲毋杀一士,毋顿一戟,而辟方都二,为之有道乎①?”管子对曰:“泾水十二,空汶渊、洙浩,满三之於②。乃请以令使九月种麦,日至日获,则时雨未下而利农事矣③。”桓公曰:“诺。”令以九月种麦,日至而获。量其艾,一收之积中方都二④。故此所谓善因天时,辩于地利而辟方都之道也⑤。

［注释］

① 辟:开辟,建造。方都:大水池。 ② 泾水:经水。《度地》篇:“水之出于山而流入海者曰经水。”空汶渊、洙浩:穿过汶水积流形成的水渊和洙水积流形成的水泽。空:穿过。汶水在齐国境内,源出琅琊。洙水在齐国境内,源出泰山。浩:水沆。满三之於:指经水十二穿过汶渊和洙浩,使其水淤积满三成。於:通“淤”。 ③ 日至日获:夏至那天收割。 ④ 艾:指收获的粮食。一收之积中方都二:收获一次所得粮食等于建造两个大水池的费用。 ⑤ 因:利用。辩:通“辨”,辨别。

［原文］

管子入复桓公曰:“终岁之租金四万二千金,请以一朝素赏军士①。”桓公曰:“诺。”以令至鼓期于泰舟之野期军士②。桓公乃即坛而立,宁戚、鲍叔、隰朋、易牙、宾须无皆差肩而立③。管子执枹而揖军士曰:“谁能陷陈破众者,赐之百金④。”三问不对。有一人秉剑而前,问曰:“几何人之众也⑤?”管子曰:“千人之众。”“千人之众,臣能陷之。”赐之百金。管子又曰:“兵接弩张,谁能得卒长者,赐之百金。”问曰:“几何人卒之长也?”管子曰:“千人之长。""千人之长，臣能得之。"赐之百金。管子又曰："谁能听旌旗之所指，而得执将首者，赐之千金[6]。"言能得者垒十人，赐之人千金[7]。其余言能外斩首者，赐之人十金[8]。一朝素赏，四万二千金廓然虚[9]。桓公惕然太息曰："吾曷以识此[10]？"管子对曰："君勿患，且使外为名于其内，乡为功于其亲，家为德于其妻子[11]。若此，则士必争名报德，无北之意矣[12]。吾举兵而攻，破其军，并其地，则非特四万二千金之利也[13]。"五子曰[14]："善。"桓公曰："诺。"乃诫大将曰："百人之长，必为之朝礼，千人之长，必拜而送之，降两级[15]；其有亲戚者，必遗之酒四石，肉四鼎[16]；其无亲戚者，必遗其妻子酒三石，肉三鼎。"行教半岁，父教其子，兄教其弟，妻谏其夫，曰："见其若此其厚，而不死列陈，可以反于乡乎[17]？"桓公终举兵攻莱，战于莒必市里[18]。鼓旗未相望，众少未相知，而莱人大遁[19]。故遂破其军，兼其地，而虏其将。故未列地而封，未出金而赏，破莱军，并其地，禽其君[20]。此素赏之计也。

［注释］ ① 一朝：一天。素赏：空赏，即战前以许诺的形式赏赐。 ② 至鼓期：准备战鼓、战旗。至：通"致"。期：通"旗"。泰舟：地名。期军士：集合士兵。 ③ 即坛而立：站在高坛上。差肩：肩膀交错。④ 枹：鼓槌。揖军士：向军士作揖行礼。陈：通"阵"。 ⑤ 秉：执、持。 ⑥ 听旌旗之所指：按照军中令旗所指的方向。得执将首：能取得将军的首级。 ⑦ 垒：通"累"，累计，总共。十人：原本为"千人"，据文义改。人千金：每人千金。 ⑧ 外斩首：在外杀敌。 ⑨ 廓然：空虚的样子。 ⑩ 惕然：担心忧虑的样子。曷以识此：怎样来看这件事。 ⑪ 勿患：不用担心。且：将。外为名于其内：让将士们因

在外的战功而名扬国内。乡为功于其亲：在乡里把功劳归于将士的双亲。家为德于其妻子：在家里把恩德归于将士的妻子儿女。 ⑫ 无北之意：没有失败逃跑的念头。北：败北。 ⑬ 非特：不止。 ⑭ 五子：即宁戚、鲍叔、隰朋、易牙、宾胥无。 ⑮ 诫：告诫，训诫。朝礼：正式的礼节。降两级：下两级台阶相送。 ⑯ 亲戚：指父母。遗：赠送。 ⑰ 行教：实行这种措施。见其若此其厚：受国家如此厚待。见：被。其：同“期”，期望，期待。陈：通“阵”。反：同“返”。 ⑱ 必市里：地名。 ⑲ 众少：兵力多少。遁：逃跑。 ⑳ 列：同“裂”。禽：通“擒”。

［原文］

桓公曰：“曲防之战，民多假贷而给上事者，寡人欲为之出赂，为之奈何[①]？”管子对曰：“请以令：令富商蓄贾百符而一马，无有者取于公家[②]。若此，则马必坐长而百倍其本矣[③]。是公家之马不离其牧皂，而曲防之战赂足矣[④]。”

［注释］

① 曲防：地名。假贷而给上事：通过借贷来供应战时君主的需求。赂：偿还的钱财。 ② 百符而一马：持有百张借券的需向国家献马一匹。符：借、贷双方所持的凭证。 ③ 马必坐长而百倍其本：马的价格一定会大涨，达到其本钱的百倍。 ④ 牧皂：喂马的槽。皂：通“槽”。

［原文］

桓公问于管子曰：“崇弟、蒋弟、丁、惠之功世，吾岁罔，寡人不得籍斗升焉，去[①]。菹莱、咸卤、斥泽、山间堤埃不为用之壤，寡人不得籍斗升焉，去一[②]。列稼缘封十五里之原，强耕而自以为落，其民寡人不得籍斗升焉[③]。则是寡人之国，五分而不能操其二，是有万乘之号而无千乘之用也[④]。以是与天子提衡，争秩于诸侯，为之有道乎[⑤]？”管子对曰："唯籍于号令为可耳[6]。"桓公曰："行事奈何？"管子对曰："请以令发师置屯籍农，十钟之家不行，百钟之家不行，千钟之家不行[7]。行者不能百之一，千之十，而囷窌之数皆见于上矣[8]。君案囷窌之数，令之曰：'国贫而用不足，请以平价取之子，皆案囷窌而不能挹损焉[9]。'君直币之轻重以决其数，使无券契之责，则积藏囷窌之粟皆归于君矣[10]。故九州无敌，竟上无患[11]。"令曰："罢兵归农，无所用之。"管子曰："天下有兵，则积藏之粟足以备其粮；天下无兵，则以赐贫甿[12]。若此则菹莱、咸卤、斥泽、山间堁垲之壤无不发草，此之谓籍于号令[13]。"

[注释]

① 崇弟、蒋弟、丁、惠：齐国的功臣贵族。功世：因功劳而世袭。岁罔：歉收。罔：没有。籍：征收赋税。去：扣除。　② 菹莱：荒地。莱：原本作"菜"，据王念孙说改。下文"菹莱"之"莱"同。咸卤：盐碱地。斥泽：沼泽。堁垲：地不平的样子。去一：扣除一分。　③ 列稼缘封：沿着边境布满了庄稼。落：聚落，村落。　④ 五分而不能操其二：五分的财政收入而实际掌握的还不到二分。　⑤ 提衡：抗衡。争秩：争强。秩：位次。　⑥ 籍：借助，凭借。　⑦ 发师置屯籍农：征发军队屯田务农。十钟之家不行：家有十钟粮食的可以不去。　⑧ 囷：圆形的粮仓。窌：同"窖"，用来贮存粮食的地窖。　⑨ 挹损：增减。　⑩ 直币之轻重以决其数：根据其粮食的数量决定支付货币的多少。无券契之责：不留债券债务。　⑪ 竟：通"境"。　⑫ 兵：指战事。贫甿：贫民。　⑬ 发草：开垦耕种。

[原文]

管子曰："滕鲁之粟釜百，则使吾国之粟釜千，滕鲁之粟四流而归我，若下深谷者[1]。非岁凶而民饥也，辟之以号令，引之以徐疾，施乎其归我若流水[2]。"

[注释] ① 滕鲁：滕国和鲁国。釜百：每釜价格一百。 ② 辟：征召。徐疾：指借求的缓急。施乎：流水舒缓的样子。乎：原本作“平”，据文义改。

[原文] 桓公曰：“吾欲杀正商贾之利而益农夫之事，为此有道乎[①]？”管子对曰：“粟重而万物轻，粟轻而万物重，两者不衡立[②]。故杀正商贾之利而益农夫之事，则请重粟之价金三百[③]。若是则田野大辟，而农夫劝其事矣[④]。”桓公曰：“重之有道乎？”管子对曰：“请以令与大夫城藏，使卿、诸侯藏千钟，令大夫藏五百钟，列大夫藏百钟，富商蓄贾藏五十钟[⑤]。内可以为国委，外可以益农夫之事[⑥]。”桓公曰：“善。”下令卿诸侯令大夫城藏。农夫辟其五谷，三倍其贾[⑦]。则正商失其事，而农夫有百倍之利矣。

[注释] ① 杀：减少，降低。正商贾：在国家登记注册的商人。益农夫之事：使从事农业者得益。 ② 不衡立：指粮食和万物的价格不能同时高或同时低。 ③ 重：加重，提高。 ④ 辟：开辟，开垦。劝：努力。

⑤ 城藏：贮藏粮食。城：通“盛”，容纳，贮存。令大夫：命大夫，古“令”、“命”同字。 ⑥ 国委：国家积蓄。委：积蓄，贮备。 ⑦ 辟其五谷：开垦土地种植五谷。

[原文] 桓公问于管子曰：“衡有数乎[①]？”管子对曰：“衡无数也。衡者使物一高一下，不得常固[②]。”桓公曰：“然则衡数不可调耶[③]？”管子对曰：“不可调。调则澄，澄则常，常则高下不贰，高下不贰则万物不可得而使用[④]。”桓公曰：“然则何以守时[⑤]？”管子对曰：“夫岁有四秋，而分有四时[⑥]。故曰：农事且作，请以什伍农夫赋耜铁，此之谓春之秋[⑦]。大夏

且至，丝纩之所作，此之谓夏之秋[8]。而大秋成，五谷之所会，此之谓秋之秋[9]。大冬营室中，女事纺绩缉缕之所作也，此之谓冬之秋[10]。故岁有四秋，而分有四时。已得四者之序，发号出令，物之轻重相什而相伯[11]。故物不得有常固，故曰衡无数。"

［注释］ ① 衡有数：商品价格的平衡有固定的数字。 ② 高、下：指价格高低。不得常固：不能停留在固定的数字上。 ③ 衡数：价格平衡的数字。调：调节使之达到某一水平。 ④ 澄：静止。常：固定不变。高下不贰：物价高低统一，没有差距。万物不可得而使用：指物价统一，没有差别，商品流通受到阻碍。用：原本作"固"，据郭沫若说校改。 ⑤ 守时：把握时机。 ⑥ 秋：成熟收获的季节，引申为收成。这两句意思是：一年中有四个收成的时节，分别在四个季节。 ⑦ 且：将。什伍：十户为什，五户为伍。赋耜铁：利用出售农具的机会取得收益。耜铁：犁头，这里泛指农具。春之秋：春季的收益。 ⑧ 丝纩：丝与丝绵。夏之秋：夏季的收益。指利用收购丝纩取得收益。 ⑨ 会：会聚。秋之秋：指利用秋季收购五谷取得收益。 ⑩ 营室中：在室内劳作。纺绩缉缕：纺线织布。 ⑪ 已得四者之序：已经明白了四个收成季节的次序。轻重：指物价高低。相什而相伯：十倍百倍地涨落。伯：通"百"。

［原文］ 桓公曰："皮干筋角竹箭羽毛齿革不足，为此有道乎[1]？"管子曰："惟曲衡之数为可耳[2]。"桓公曰："行事奈何？"管子对曰："请以令为诸侯之商贾立客舍，一乘者有食，三乘者有刍菽，五乘者有伍养，天下之商贾归齐若流水[3]。"

［注释］ ① 皮干筋角竹箭羽毛齿革：制造弓箭等兵器的原材料。 ② 曲衡之数：运用多种渠道促使供求平衡的办法。曲：辗转多方。 ③ 一乘者有食：来一辆车贸易的客商供应饮食。有刍菽：供应喂马的草料。有伍养：配备五个服务人员。养：仆役。

轻重丙第八十二（亡）

轻重丁第八十三

［解题］

本篇为轻重专论的第四篇，所论述的都是轻重之术的具体内容及其实际运用。唯前两节正文后附小标题，与全篇体例不符，疑为后人所加。

［原文］

桓公曰："寡人欲西朝天子而贺献不足，为此有数乎①？"管子对曰："请以令城阴里，使其墙三重而门九袭②。因使玉人刻石而为璧，尺者万泉，八寸者八千，七寸者七千，珪中四千，瑗中五百③。"璧之数已具，管子西见天子曰："弊邑之君欲率诸侯而朝先王之庙、观于周室④。请以令使天下诸侯朝先王之庙、观于周室者，不得不以彤弓石璧⑤。不以彤弓石璧者，不得入朝。"天子许之曰："诺。"号令于天下。天下诸侯载黄金珠玉五谷文采布泉输齐以收石璧⑥。石璧流而之天下，天下财物流而之齐⑦。故国八岁而无籍，阴里之谋也⑧。

右石璧谋

［注释］

① 贺献：指献给天子的财物。 ② 城阴里：在阴里这个地方筑城。阴里：齐地名，也叫阴阳里、荡阴里。九袭：九重，九道。 ③ 玉人：制玉器的工匠。石：齐地所产的菑石。璧：玉器，圆形，中有方孔。尺

者万泉:直径一尺的售价万钱。泉:同“钱”。珪:长条形玉,前端呈三角形。中:值,相当。瑗:环形玉璧,中间的孔的面积比外环的面积大。 ④ 朝:朝拜。观:观礼。 ⑤ 彤弓:朱红色的弓。 ⑥ 文采:指丝织品。布泉:钱币。 ⑦ 之:至。 ⑧ 无籍:没有赋税。

[原文] 桓公曰:“天子之养不足,号令赋于天下则不信诸侯,为此有道乎①?”管子对曰:“江淮之间有一茅而三脊毌至其本,名之曰菁茅,请使天子之吏环封而守之②。夫天子则封于太山、禅于梁父③。号令天下诸侯曰:‘诸从天子封于太山、禅于梁父者,必抱菁茅一束以为禅籍,不如令者不得从④。’”天子下诸侯,载其黄金,争秩而走⑤。江淮之菁茅坐长而十倍,其贾一束而百金。故天子三日即位,天下之金四流而归周若流水⑥。故周天子七年不求贺献者,菁茅之谋也。

右菁茅谋

[注释] ① 养:供给。赋于天下:向天下诸侯国征收赋税。不信诸侯:诸侯不信的倒文,即诸侯不从。 ② 脊:梗。毌:古“贯”字。本:根。菁茅:茅草的一种,祭祀时铺在地上用来当席或用来缩酒。环封:四周封闭起来。 ③ 太山:泰山。梁父:山名,亦称梁甫,在今山东泰安东南。 ④ 诸:诸位。禅籍:扫地铺地。禅:通“墠”,除地为墠。籍:草席。 ⑤ 天子下诸侯:天子下其令于诸侯。争秩:争先。秩:位次。 ⑥ 即位:未离座位,形容极其容易。

[原文] 桓公曰:“寡人多务,令衡籍吾国之富商蓄贾称贷家,以利吾贫萌、农夫,不失其本事①。反此有道乎②?”管子对曰:“惟反之以号令为可耳③。”桓公曰:“行事奈何?”管子对曰:“请使宾胥无驰而南,

隰朋驰而北，宁戚驰而东，鲍叔驰而西。四子之行定，夷吾请号令谓四子曰：‘子皆为我君视四方称贷之间，其受息之氓几何千家，以报吾[4]。’”鲍叔驰而西，反报曰[5]：“西方之氓者，带济负河，菹泽之萌也，渔猎取薪蒸而为食[6]。其称贷之家多者千钟，少者六七百钟。其出之，钟也一钟[7]。其受息之萌九百余家。”宾胥无驰而南，反报曰：“南方之萌者，山居谷处，登降之萌也[8]。上斫轮轴，下采杼栗，田猎而为食[9]。其称贷之家多者千万，少者六七百万。其出之，中伯伍也[10]。其受息之萌八百余家。”宁戚驰而东，反报曰：“东方之萌，带山负海，苦处，上断福，渔猎之萌也，治葛缕而为食[11]。其称贷之家丁、惠、高、国，多者五千钟，少者三千钟[12]。其出之，中钟五釜也[13]。其受息之萌八九百家。”隰朋驰而北，反报曰：“北方之萌者，衍处负海，煮沸水为盐，梁济取鱼之萌也，薪食[14]。其称贷之家多者千万，少者六七百万。其出之，中伯二十也[15]。受息之萌九百余家。”凡称贷之家出泉参千万，出粟参数千万钟，受子息民参万家[16]。四子已报，管子曰：“不意我君之有萌中一国而五君之正也[17]。然欲国之无贫，兵之无弱，安可得哉？”桓公曰：“为此有道乎？”管子曰：“惟反之以号令为可。请以令贺献者皆以镰枝兰鼓，则必坐长什倍其本矣，君之栈台之织亦坐长什倍[18]。请以令召称贷之家，君因酌之酒，太宰行觞[19]。桓公举衣而问曰[20]：‘寡人多务，令衡籍吾国。闻子之假贷吾贫萌，使有以终其上令㉑。寡人有镰枝兰鼓，其贾中纯万泉也㉒。愿以为吾贫萌决其子息之数，使无券契之责㉓。'称贷之家皆齐首而稽颡曰㉔：'君之忧萌至于此！请再拜以献堂下㉕。'桓公曰：'不可。子使吾萌春有以傳耜，夏有以决芸㉖。寡人之德子无所宠，若此而不受，寡人不得于心㉗。'故称贷之家皆曰：'再拜受㉘。'所出栈台之织未能三千纯也，而决四方子息之数，使无券契之责。四方之萌闻之，父教其子，兄教其弟曰：'夫垦田发务，上之所急，可以无度乎㉙？君之忧我至于此！'此之谓反准㉚。"

［注释］ ① 多务：事务很多。衡：官名，掌管财政税收。籍：征收赋税。称贷家：放高利贷之家。贫萌：贫民。 ② 反此：改变这种状况。③ 反之以号令：意即用行政命令来代替。 ④ 称贷之间：有债务出现的地区。间：区间。受息之氓：借债之民。古"氓"、"民"同。几何：多少。 ⑤ 反报：返回来报告。 ⑥ 带济负河：围绕济水背靠黄河。菹泽：草地沼泽。渔猎取薪蒸而为食：靠渔猎打柴为生。 ⑦ 钟也一钟：借出一钟，收息一钟。 ⑧ 登降之萌：居住在高山和深谷的山民。

⑨ 斫轮轴：砍伐做车轮和车轴的木材。杼栗：橡子。 ⑩ 中伯伍：相当于百分之五十。中：当、值。伯：通"百"。伍：通"五"。⑪ 苦处：居处困苦。苦：原本作"若"，据文义改。上断福：上山砍伐做车辐的木材。福：通"辐"。治葛缕：用葛藤的纤维纺线。 ⑫ 丁、惠、高、国：齐国的功臣世家。 ⑬ 中钟五釜：相当于一钟收五釜的利息。

⑭ 衍处：居住在低洼的沼泽之中。梁济取鱼：在济水上筑梁捕鱼。薪食：以打柴为生。 ⑮ 中伯二十：利息相当于百分之二十。⑯ 泉：同"钱"。受子息民：借高利贷的人家。 ⑰ 意：原本作"弈"，据吴志忠说校改。中一国而五君之正：相当于一个国家有五个君主在征收赋税。五君：指桓公再加上东南西北四方的高利贷者。 ⑱ 镰枝兰鼓：绣有镰枝兰鼓图案的文锦。什：同"十"。织：指文锦。原本作

"职",据许维遹说校改,下"栈台之织"之"织"同。 ⑲ 太宰:官名。行觞:敬酒。 ⑳ 举衣:提衣,指起立。 ㉑ 假贷:借给。有以终其上令:能够完成国家征收赋税的命令。 ㉒ 其贾中纯万泉:它的价格一纯值万钱。纯:织物的计量单位,布帛方二尺四寸、长一丈五尺为一纯。 ㉓ 子息:利息。无券契之责:没有债务负担。 ㉔ 稽颡:古时一种跪拜礼仪,屈膝下拜,以额触地。 ㉕ 以献堂下:把债券献于堂下,意为无偿废除债务。 ㉖ 傳耜:指耕种。决芸:指锄地除草。

㉗ 寡人之德子无所宠:我的恩德,不足以使你们感到荣宠。若此而不受:这些文锦你们如果不接受。 ㉘ 皆曰:原本为"曰皆",据闻一多说校改。 ㉙ 务:通"蓩",毒草。度:考虑。原本作"庶",据马非百说校改。 ㉚ 反准:与平准政策相反的办法。

［原文］

管子曰:"昔者癸度居人之国,必四面望于天下,天下高亦高①。天下高我独下,必失其国于天下②。"桓公曰:"此若言曷谓也③?"管子对曰:"昔莱人善染。练茈之于莱纯锱,緺绶之于莱亦纯锱也,其周中十金④。莱人知之,间纂茈空⑤。周且敛马作见于莱人操之⑥。莱有推马,是自莱失纂茈而反准于马也⑦。故可因者因之,乘者乘之,此因天下以制天下⑧。此之谓国准。"

［注释］

① 高:指物价。 ② 这两句意思是:天下物价都高,只有我国物价低,必然会被天下各国吞并。 ③ 曷:通"何"。 ④ 莱:古国名。练茈之于莱纯锱:紫色的丝绢在莱国一纯值金一锱。茈:通"紫"。锱:重量单位,按《说文》六铢为一锱。緺绶:紫青色的丝带。其周中十金:这些在周的价格是一纯值金十锱。 ⑤ 间纂茈空:暗中将紫绢收购一空。间:暗中。纂:攒集。这里指收购。 ⑥ 见:同"现"。这句的意思是:周又赶紧集中马匹贱卖给莱人得到现钱去购莱人的紫绢。

⑦ 这两句意思是:莱人又推销马匹,所以,周从莱购买囤积的紫绢时受了损失,而在莱人卖马时又得到收益,从而达到平衡。 ⑧ 因:凭

借。乘：利用。

［原文］

桓公曰："齐西水潦而民饥，齐东丰庸而粜贱，欲以东之贱被西之贵，为之有道乎[①]？"管子对曰："今齐西之粟釜百泉，则钲二十也[②]。齐东之粟釜十泉，则钲二钱也。请以令籍人三十泉，得以五谷菽粟决其籍[③]。若此，则齐西出三斗而决其籍，齐东出三釜而决其籍，然则釜十之粟皆实于仓廪[④]。西之民饥者得食，寒者得衣，无本者予之陈，无种者予之新[⑤]。若此，则东西之相被，远近之准平矣。"

［注释］

① 水潦：水灾。丰庸：岁丰用足。粜：卖出粮食。被：遮盖，补助。 ② 釜百泉：一釜价格百钱。泉：同"钱"。钲二十：一钲价格二十钱。钲：容量单位，五钲为一釜。 ③ 籍人三十泉：征收每人三十钱的赋税。得以五谷菽粟决其籍：允许用粮食来完赋税。 ④ 釜十之粟：指齐东低价的粮食。 ⑤ 陈：陈粮。新：新粮。

［原文］

桓公曰："衡数吾已得闻之矣，请问国准。"管子对曰："孟春且至，沟渎阸而不遂，溪谷报上之水不安于藏，内毁室屋，坏墙垣，外伤田野，残禾稼[①]。故君谨守泉金之谢物，且为之举[②]。大夏，帷盖衣幕之奉不给，谨守帛布之谢物，且为之举[③]。大秋，甲兵求缮，弓弩求弦，谨丝麻之谢物，且为之举[④]。大冬，任甲兵，粮食不给，黄金之赏不足，谨守五谷黄金之谢物，且为之举[⑤]。已守其谢，富商蓄贾不得如故，此之谓国准[⑥]。"

［注释］

① 且：将。阸而不遂：阻塞不通。阸：原文作"阮"，据猪饲彦博说校改。报：赴。藏：处、位。 ② 谨守泉金之谢物：严格控制金钱、货币

等能用来囤积赢利的东西。泉金：金钱货币。因为春荒水灾，百姓需要生产救灾资金，借贷利息就会很高，金钱货币就成了最能赢利的东西。谢物：用来捞取最高利润的东西。谢：通“射”，射取，钓取。为之举：国家大量收购，防止富商囤积谋利。　③ 奉：供应。不给：不足。帛布之谢物：布帛等因市场急需而能囤积获利的东西。帛：原本作“泉”，据戴望说校改。　④ 甲兵：盔甲兵器。缮：修补。　⑤ 任甲兵：指有战事。任：用。　⑥ 守其谢：严格控制防止射利。不得如故：不能像往常一样囤积射利。

［原文］

龙斗于马渎之阳、牛山之阴①。管子入复于桓公曰：“天使使者临君之郊，请使大夫袀饰，左右玄服迎天之使者乎②！”天下闻之曰：“神哉齐桓公，天使使者临其郊。”不待举兵，而朝者八诸侯③。此乘天威而动天下之道也。故智者役使鬼神而愚者信之。

［注释］

① 马渎、牛山：均为齐国地名。渎：原文作“谓”，据张佩纶说校改。

② 袀饰：穿黑色服饰。龙为水族之长，故以黑色。袀：原本作“初”，据顾广圻说校改。饰：原本作“饬”，据宋本改。迎：原本无，据猪饲彦博说补。　③ 朝：前来朝见。

［原文］

桓公终神，管子入复桓公曰①：“地重，疫之哉兆，国有恸②。风重，疫之哉兆。国有枪星，其君必辱③；国有彗星，必有流血。浮丘之战，彗之所出，必服天下之仇④。今彗星见于齐之分，请以令朝功臣世家，号令于国中曰⑤：‘彗星出，寡人恐服天下之仇。请有五谷菽粟布帛文采者，皆勿敢左右⑥。国且有大事，请以平贾取之⑦。’功臣之家、人民百姓皆献其谷菽粟泉金，归其财物，以佐君之大事⑧。

此谓乘天灾而求民邻财之道也[9]。”

［注释］ ① 终神：祭神结束。复：报告。 ② 重：通“动”。疫之戠兆：瘟疫灾害的征兆。疫：原文作“投”，据郭沫若说校改，下文“疫之戠兆”之“疫”同。戠：通“灾”。恸：悲哀、不幸之事。 ③ 枪星：天枪星，古人以为是灾星。 ④ 服：征服。 ⑤ 齐之分：齐国所属的分野。朝功臣世家：召集功臣世家来朝。 ⑥ 勿敢左右：不得自作主张支配。 ⑦ 且：将。 ⑧ 归：汇集。大事：指战争。 ⑨乘天灾：利用上天所现的灾异之象。民邻：民间。邻：古时以五家为邻。

［原文］ 桓公曰：“大夫多并其财而不出，腐朽五谷而不散[1]。”管子对曰：“请以令召城阳大夫而请之[2]。”桓公曰：“何哉？”管子对曰：“‘城阳大夫，嬖宠被绨绕，鹅鹜含余秣，齐钟鼓之声，吹笙篪，同姓不入，伯叔父母远近兄弟皆寒而不得衣，饥而不得食[3]。子欲尽忠于寡人，能乎？故子毋复见寡人[4]。’灭其位，杜其门而不出[5]。”功臣之家皆争发其积藏，出其资财，以予其远近兄弟。以为未足，又收国中之贫病孤独老，不能自食之萌，皆与得焉[6]。故桓公推仁立义，功臣之家兄弟相戚，骨肉相亲，国无饥民[7]。此之谓缪数[8]。

［注释］ ① 并其财：隐藏财产。并：通“屏”，隐藏。腐朽五谷：让粮食腐烂。 ② 城阳：齐地名，约在今山东临沂市莒县附近。请之：请其罪。 ③ 嬖宠被绨绕：宠爱的姬妾穿着华美的衣服。绨绕：精美的织品。鹜：鸭。余秣：多余的粮食。笙篪：古代吹奏的管乐器。同姓不入：不接纳同姓族人。 ④ 毋：不必。复：再。 ⑤ 灭其位：撤了他的职。杜：堵塞。不出：不让他出入。 ⑥ 萌：民。与得：分得。 ⑦ 戚：亲近。 ⑧ 缪数：非同寻常的策略。

［原文］

桓公曰："峥丘之战，民多称贷负子息，以给上之急，度上之求①。寡人欲复业产，此何以洽②？"管子对曰："惟缪数为可耳。"桓公曰："诺。"令左右州曰③："表称贷之家，皆垩白其门而高其闾④。"州通之师，执折箓曰⑤："君且使使者⑥。"桓公使八使者式璧而聘之，以给盐菜之用⑦。称贷之家皆齐首稽颡而问曰⑧："何以得此也？"使者曰："君令曰：'寡人闻之《诗》曰：恺悌君子，民之父母也⑨。寡人有峥丘之战，吾闻子假贷吾贫萌，使有以给寡人之急，度寡人之求，使吾萌春有以傳耜，夏有以决芸，而给上事，子之力也。是以式璧而聘子，以给盐菜之用。故子中民之父母也⑩。'"称贷之家皆折其券而削其书，发其积藏，出其财物，以赈贫病，分其故赀，故国中大给，峥丘之谋也⑪。此之谓缪数。

［注释］

① 峥丘：地名。称贷负子息：借债并承担利息。度：满足。 ② 复业产：恢复百姓的产业。洽：通，解决。 ③ 州：当时的行政区域单位，五州为一乡。 ④ 表：旌表，表彰。垩白：用白色粉刷。高其闾：把他们居住的闾门加高。 ⑤ 州通之师：州长报告乡师。师：乡的行政长官。折箓：简册文书。 ⑥ 且：将。使使者：派使者来。 ⑦ 式璧而聘之：用玉璧行聘问之礼。以给盐菜之用：用来供给日常零用。⑧ 稽颡：古时一种跪拜礼仪，屈膝下拜，以额触地。 ⑨ 诗：《诗经》，本句出自《诗经·大雅·泂酌》。恺悌：和乐而平易。 ⑩ 中民之父母：等于百姓的父母。中：相当，相等。 ⑪ 折其券而削其书：毁了债券，削去简册上所写的债务。赈：救济。故赀：旧有的财物。

［原文］

桓公曰："四郊之民贫，商贾之民富，寡人欲杀商贾之民以益四郊之民，为之奈何①？"管子对曰：

"请以令决瓁洛之水，通之杭庄之间[2]。"桓公曰："诺。"行令未能一岁，而郊之民殷然益富，商贾之民廓然益贫[3]。桓公召管子而问曰："此其故何也？"管子对曰："决瓁洛之水通之杭庄之间，则屠酤之汁肥流水，则蚊母巨雄、翡燕小鸟皆归之，宜昏饮，此水上之乐也[4]。贾人蓄物而卖为雠，买为取，市未央毕，而委舍其守列，投蚊母巨雄[5]；新冠五尺请挟弹怀丸游水上，弹翡燕小鸟，被于暮[6]。故贱卖而贵买[7]。四郊之民何为不富哉[8]？商贾之人何为不贫乎？"桓公曰："善。"

［注释］

① 杀商贾之民以益四郊之民：削减商贾的利益来补助四郊的贫民。 ② 瓁洛：当时的水名。杭、庄：当时的地名。 ③ 殷然：充裕的样子。廓然：空虚的样子。 ④ 屠酤之汁：屠户、酒家流出的油水。蚊母巨雄：蚊母那样的大鸟。母：原本作"虻"，据张佩纶说校改。翡燕：小鸟名。归：聚集。 ⑤ 卖为雠：卖方速售。买为取：买方求速购。市未央毕：市场还没有全散。委舍其守列：舍弃其货摊柜台。投：投射，猎取。蚊母：原本作"蛇"，据张佩纶说校改。 ⑥ 新冠：指新加冠的成年人。五尺：指未成年的童子。弹翡燕小鸟：用弹弓打翡燕小鸟。被于暮：直到晚上。 ⑦ 贱卖而贵买：指商贾。 ⑧ 原文"四郊之民"下有"卖贱"，据猪饲彦博说删。

［原文］

桓公曰："五衢之民，衰然多衣弊而屦穿，寡人欲使帛、布、丝、纩之贾贱，为之有道乎[1]？"管子曰："请以令沐途旁之树枝，使无尺寸之阴[2]。"桓公曰："诺。"行令未能一岁，五衢之民皆多衣帛完屦。桓公召管子而问曰："此其何故也？"管子对曰："途旁之树未沐之时，五衢之民，男女相好往来之市者，罢市相睹树下，谈语终日不归[3]。男女当壮，扶辇推舆，相睹树下，戏笑超距，终日不归[4]。父兄相睹树下，论议玄语，终日不归。是以田不发，五谷不播，桑麻不种，茧缕不治[5]。内严一家而三不归，则帛、布、丝、纩之贾安得不贵[6]？"桓公曰："善。"

［注释］ ① 五衢：见《臣乘马》篇注。衰然：衣服破旧的样子。衣弊而屦穿：衣破鞋烂。贾：同"价"。 ② 沐：剪除。 ③ 之市：到集市。罢市：集市散后。 ④ 当壮：丁壮。超距：跳跃。 ⑤ 发：开垦。茧缕：蚕丝。 ⑥ 严：通"𥈭"，视。

［原文］ 桓公曰："粜贱，寡人恐五谷之归于诸侯，寡人欲为百姓万民藏之，为此有道乎[1]？"管子曰："今者夷吾过市，有新成囷京者二家，君请式璧而聘之[2]。"桓公曰："诺。"行令半岁，万民闻之，舍其作业而为囷京以藏菽粟五谷者过半[3]。桓公问管子曰："此其何故也？"管子曰："成囷京者二家，君式璧而聘之，名显于国中，国中莫不闻。是民上则无功显名于百姓也，功立而名成；下则实其囷京，上以给上为君[4]。一举而名实俱在也，民何为也[5]？"

［注释］ ① 粜贱：粮食销售价格低。欲为：想让。 ② 囷京：粮仓。囷：圆形粮仓。京：大的粮仓。 ③ 舍其作业：放下正在干的事情。 ④ 无功：没有战功。上以给上为君：上可以供给国君。 ⑤ 名实：指无功而显名和实其囷京。何为：何不为。

［原文］ 桓公问管子曰："请问王数之守终始，可得闻乎[1]？"管子曰："正月之朝，谷始也[2]；日至百日，黍秫之始也[3]；九月敛实，牟麦之始也[4]。"

［注释］ ① 王数之守终始：王者理财之道所应把握的时机。 ② 正月之朝：正月上旬。 ③ 日至百日：冬至后百日。 ④ 牟麦：大麦。牟：原本作“平”，据何如璋说校改。

［原文］ 管子问于桓公：“敢问齐方于几何里①？”桓公曰：“方五百里。”管子曰：“阴雍、长城之地，其于齐国三分之一，非谷之所生也②。海庄、龙夏，其于齐国四分之一也，朝夕外之，所壖齐地者五分之一，非谷之所生也③。然则吾非托食之主耶④？”桓公遽然起曰：“然则为之奈何⑤？”管子对曰：“动之以言，溃之以辞，可以为国基⑥。且君币籍而务，则贾人独操国趣⑦；君谷籍而务，则农人独操国固⑧。君动言操辞，左右之流君独因之⑨。物之始吾已见之矣，物之终吾已见之矣，物之贾吾已见之矣⑩。”管子曰：“长城之阳，鲁也；长城之阴，齐也。三败杀君二重臣定社稷者，吾此皆以孤突之地封者也⑪。故山地者山也，水地者泽也，薪刍之所生者斥也⑫。”公曰：“托食之主及吾地亦有道乎⑬？”管子对曰：“守其三原⑭。”公曰：“何谓三原？”管子对曰：“君守布则籍于麻，十倍其贾，布五十倍其贾，此数也⑮。君以织籍，籍于系⑯。未为系籍，抚织，再十倍其价⑰。如此，则去五谷之籍⑱。是故籍于布则抚之系，籍于谷则抚之山，籍于六畜则抚之术⑲。籍于物之终始而善御以言⑳。”公曰：“善。”

［注释］ ① 方：平方，面积。于：大。 ② 阴雍：平阴一带黄河大堤。长城：齐长城，在齐、鲁边界，西起今济南市长清境内广里，东至今青岛市黄岛区入海。 ③ 海庄、龙夏：齐国地名。海庄：原本作“淠”，据洪颐煊

说校改。朝夕外之:外为潮汐所环绕。墆:同“滞”,淹滞。 ④ 托食之主:寄食于别国的君主。 ⑤ 遽然:惊恐的样子。 ⑥ 渍:遂,成功。以上三句意思是:发号施令,操控经济,也可以成为立国的根本。 ⑦ 国趣:国人所追求的,这里指钱财。这两句意思是:况且君主以货币的方式征收赋税,富商就会专门经营钱财。 ⑧ 国固:国家的根本,这里指粮食。这两句意思是:君主以粮食的方式征收赋税,农民就会专门经营粮食。 ⑨ 左右之流君独因之:左右四方的货币粮食的流通君主可以利用。 ⑩ 贾:同“价”。 ⑪ 这两句疑有脱误,大意为:因齐鲁之间的冲突,三次失败,国君被杀,依靠重臣安定了国家,齐国又把凸出边界的部分割让给鲁国。 ⑫ 斥:低洼盐碱地。 ⑬ 这句的意思是:上面说的使我们相当于寄食之君的不生谷物的土地和刚才说的山地、水地、盐碱地有什么办法利用吗? ⑭ 三原:三种产品的来源。 ⑮ 守布则籍于麻:想控制布以取得收益,就在麻上征税。数:术,方法。 ⑯ 糸:读音 mì,细丝。原文作“系”,据安井衡说改,下同。这两句意思是:你想要在纺织品上取得收益,就从丝上征税。 ⑰ 抚织:体现在纺织品上。原文“抚织”上有“系”,涉上下文而衍,今删。以上三句意思是:如果还没有征收丝的税,就把它加在纺织品上,使其价格再涨十倍。 ⑱ 去:原文作“云”,据赵用贤说改。 ⑲ 术:通“遂”,郊外。以上三句意思是:所以,想征收布的税,就从麻丝上着手;想征收谷物的税,就从山地上着手;想征收六畜的税,就从郊外之地着手。 ⑳ 善御以言:善于把握政令缓急。

[原文] 管子曰:“以国一籍五,君守布万两而后籍麻,麻十倍其贾,布五十倍其贾①。公以重布决诸侯贾,如此而有二十齐之故②。是故轻轶于贾谷制畜者则物轶于四时之辅③。善为国者守其国之财,汤之以高下,注之以徐疾,一可以为百④。未尝籍求于民,而使用若河海,终则有始⑤。此谓守物而御天下也。”公曰:“然则无可以为有乎?贫可以为

富乎？”管子对曰：“物之生未有刑，而王霸立其功焉[⑥]。是故以人求人，则人重矣[⑦]；以数求物，则物重矣[⑧]。”公曰：“此若言何谓也？”管子对曰：“举国而一则无赀，举国而十则有百[⑨]。然则吾将以徐疾御之，若左之授右，若右之授左，是以外内不踐，终身无咎[⑩]。王霸之不求于人而求之终始，四时之高下，令之徐疾而已矣[⑪]。源泉有竭，鬼神有歇，守物之终始，终身不竭，此谓源究[⑫]。”

［注释］

① 此句原本为“以国一籍臣右守布万两而右麻籍四十倍其贾术布五十倍其贾”，参据丁士涵、张佩纶说校改。两：古时布帛的计量单位，四丈为一两。《小尔雅·广度》：“倍丈谓之端，倍端为之两。”以上四句的意思是：一个国家要想得到五倍的税收，国君要在控制万两布匹的基础上对麻征税，麻的价格上涨十倍，布匹的价格就会上涨五十倍。

② 公：指齐桓公。以重布决诸侯贾：以上涨的布匹价格去与诸侯各国结算贸易。二十齐之故：齐国过去财政收入的二十倍。故：旧有的，原来的。 ③ 此句有脱误或错简，郭沫若校为“是故轻重轶于贾谷制畜者财物轶于四时之辅”，大意为：贾谷制畜之道若不能行轻重之术，财物就不能借助于四时。 ④ 汤之以高下：用物价的高低来刺激。汤：读为“荡”，激荡，震荡。注之以徐疾：用号令的缓急来调节它。注：注入，参与。 ⑤ 籍求：指征收赋税。使用：指财用。 ⑥ 刑：通“形”。这两句意思是：财物的生产还没有完成时就着手控制，才能建立王业霸业的功绩。 ⑦ “以人求人，则人重”：派人直接向人民征收赋税，则人为的因素占主导地位。 ⑧ “以数求物，则物重”：以轻重政策来取得万物，则万物的价格调控占主导地位。 ⑨ 赀：通“资”。这两句意思是：全国物价统一，就没有差价利润可言，如果有十倍的差价就会有百倍的利润。 ⑩ 以徐疾御之：用号令缓急来控制。若左之授右：就像左手递到右手一样容易。不踐：不疲劳。咎：过失，错误。 ⑪ 求之：求之于。终始：财物生产流通的全过程。 ⑫ 终身：原本无“终”字，据王念孙说校补。源究：本原。

轻重戊第八十四

［解题］

本篇为轻重专论的第五篇，与轻重部分其他篇不同的是，本篇扩大了轻重之术运用的范围，由经济领域扩展到政治、法律、军事等方面。

［原文］

桓公问于管子曰："轻重安施[①]？"管子对曰："自理国虙戏以来，未有不以轻重而能成其王者也[②]。"公曰："何谓？"管子对曰："虙戏作，造六峜以迎阴阳，作九九之数以合天道，而天下化之[③]。神农作，树五谷淇山之阳，九州之民乃知谷食，而天下化之[④]。燧人作，钻燧生火，以熟荤臊，民食之无兹胃之病，而天下化之[⑤]。黄帝之王，童山竭泽[⑥]。有虞之王，烧曾薮，斩群害，以为民利，封土为社，置木为闾，始民知礼也[⑦]。当是其时，民无愠恶不服，而天下化之[⑧]。夏人之王，外凿二十虻，韘十七湛，疏三江，凿五湖，道四泾之水，以商九州之高，以治九薮，民乃知城郭、门闾、室屋之筑，而天下化之[⑨]。殷人之王，立皂牢，服牛马，以为民利，而天下化之[⑩]。周人之王，循六峜，合阴阳，而天下化之[⑪]。"公曰："然则当世之王者何行而可？"管子对曰："并用而毋俱尽也[⑫]。"公曰："何谓？"管子对曰："帝王之道备矣，不可加也，公其行义而已矣[⑬]。"公曰："其行义奈何？"管子对曰："天子幼弱，诸侯亢强，聘享不上[⑭]。公其弱强继绝，率诸侯以起周室之祀⑮。”公曰：“善。”

[注释] ① 安施：如何实行。 ② 理：治。虙戏：伏羲。 ③ 六峜：六法，指八卦，八卦为六爻演成。峜：古“法”字。迎：适应。作：兴起。九九之数：九九乘法之术。合天道：符合自然界的变化规律。化：归化，教化。 ④ 树：种植。 ⑤ 燧人：原文为“黄帝”，据张佩纶说校改。荤臊：指肉类。玆胃之病：指食物中毒。玆：读音 xuán，黑、浊。原本作“兹”，据马非百说改。 ⑥ 童山竭泽：见《国准》篇注。 ⑦ 烧曾薮：见《国准》篇注。封土为社：积土立祭坛，祭祀土地之神。置木为闾：用木做乡里的门，指建立乡、里、闾等组织。 ⑧ 慍：忿怒。 ⑨ 寊：同“亢”，大川。渫：通“渫”，疏浚。湛：淤积的水。道：导。四泾：即四渎，江、淮、河、济。商：测度。薮：大泽。 ⑩ 皂牢：喂养牲畜的槽子和圈舍。皂：通“槽”。 ⑪ 循：遵循，按照。六峜：六法。峜：原本作“崟”，据上文“造六峜”改。 ⑫ 并用而毋俱尽：都可以用但不可全部照搬。 ⑬ 备：全。 ⑭ 亢强：过于强大。聘享不上：指不去给周天子朝贡祭祀。 ⑮ 弱强继绝：削弱强大的诸侯国，使绝祀的国家延续下去。起周室之祀：指复兴周天子的统治。

[原文] 桓公曰：“鲁梁之于齐也，千谷也，蜂螫也，齿之有唇也①。今吾欲下鲁梁，何行而可②？”管子对曰：“鲁梁之民俗为绨。公服绨，令左右服之，民从而服之③。公因令齐勿敢为，必仰于鲁梁，则是鲁梁释其农事而作绨矣④。”桓公曰：“诺。”即为服于泰山之阳，十日而服之⑤。管子告鲁梁之贾人曰：“子为我致绨千匹，赐子金三百斤，什至而金三千斤⑥。”则是鲁梁不赋于民，财用足也⑦。鲁梁之君闻之，则教其民为绨。十三月，而管子令人之鲁梁，鲁梁郭中之民道路扬尘，十步不相见，曳絺而踵相随，车毂齺，骑连伍而行⑧。管子曰：“鲁梁可下矣。”公

曰："奈何？"管子对曰："公宜服帛，率民去绨，闭关，毋与鲁梁通使⑨。"公曰："诺。"后十月，管子令人之鲁梁，鲁梁之民饿馁相及，应声之正无以给上⑩。鲁梁之君即令其民去绨修农⑪。谷不可以三月而得，鲁梁之人籴十百，齐粜十钱⑫。二十四月，鲁梁之民归齐者十分之六。三年，鲁梁之君请服。

[注释]

① 鲁梁：鲁国、梁国。千谷：边界上的粮食，喻指争夺的对象。千：通"阡"。蜂螫：蜂的螫刺。以上四句的意思是：鲁国、梁国对于齐国来说，相当于边界上可争夺的粮食，在背后的芒刺，同时又像唇齿一样相互依存。 ② 下：征服。何行而可：怎么办才行。 ③ 俗为绨：有织绨的习俗。绨：一种既厚又平滑的绸。服绨：穿用绨制成的衣服。④ 勿敢为：指不敢织绨。仰：依靠。释：放弃。 ⑤ 为服：制作绨服。阳：南面。 ⑥ 致：贩来。什至：运来十倍，即一万匹。 ⑦ 不赋于民：不向人民征收赋税。 ⑧ 郭：通"廓"，城。曳䋚：拽着鞋。曳：原本作"絏"，据王念孙说改。䋚：同"屣"。踵：脚后跟。车毂齺：车毂相交错。齺：牙齿相交错的样子。连伍：连接成行。 ⑨ 服帛：穿用帛做成的衣服。去绨：不再穿用绨做成的衣服。 ⑩ 饿馁相及：饥饿连续不断。应声之正：答应了就能征得到的赋税，指平常很容易征收的赋税。 ⑪ 去绨修农：停止织绨从事农业。 ⑫ 籴十百：买粮食用十倍百倍的钱，形容粮价高。粜十钱：卖粮食才十钱，形容粮价低。

[原文]

桓公问管子曰："民饥而无食，寒而无衣，应声之正无以给上，室屋漏而不居，墙垣坏而不筑，为之奈何①？"管子对曰："沐涂树之枝也②。"桓公曰："诺。"令谓左右伯沐涂树之枝③。左右伯受，沐涂树之枝阔④。其年，民被白布，清中而浊，应声之正有以给上，室屋漏者得居，墙垣坏者得筑⑤。公召管子问曰："此何故也？"管子对曰："齐者，夷莱之国也。一树而百乘息其下者，以其不捎也[6]。众鸟居其上，丁壮者胡丸操弹居其下，终日不归[7]。父老柎枝而论，终日不归[8]。归市亦惰倪，终日不归[9]。今吾沐涂树之枝，日中无尺寸之阴，出入者长时，行者疾走，父老归而治生，丁壮者归而薄业[10]。彼臣归其三不归，此以乡不资也[11]。"

［注释］ ① 居：治，修理。《逸周书·作雒》："农居鄙得以庶士，士居国家得以诸公大夫。"孔晁注："居，治也。" ② 沐：修剪。涂：通"途"，道路。③ 左右伯：官职名。 ④ 受：接受任务。沐涂树之枝阔：修剪道路旁的树枝使它们很稀疏。阔：疏。 ⑤ 其年：一周年。其：同"期"。清中而浊：本来空虚的肚子有了粮食吃。 ⑥ 捎：削除。 ⑦ 胡：通"裍"，怀，揣。 ⑧ 柎枝而论：扶着树闲谈。 ⑨ 归市亦惰倪：从集市上回来的人到此也懒惰思睡，想在树荫下歇息。倪：通"睨"，眼睛迷起来。 ⑩ 长时：珍惜时间。长：尚，重视。治生、薄业：勤勉于本业。《方言》："薄，勉也。" ⑪ 彼：夫，语气词。此以：以此。本句意为：我之所以纠正这个"三不归"的问题，是因为乡里百姓因此而影响到经济收入。

［原文］ 桓公问于管子曰："莱、莒与柴田相并，为之奈何[1]？"管子对曰："莱、莒之山生柴，君其率白徒之卒铸庄山之金以为币，重莱之柴贾[2]。"莱君闻之，告左右曰："金币者，人之所重也。柴者，吾国之奇出也[3]。以吾国之奇出，尽齐之重宝，则齐可并也[4]。"莱即释其耕农而治柴，管子即令隰朋反农[5]。二年，桓公止柴[6]，莱、莒之籴三百七十，齐粜十钱，莱、莒之民降齐者十分之七[7]。二十八月，莱、莒之君请服。

［注释］ ① 与柴田相并：以林业和农业两大优势产业互补。与：以。并：合并。 ② 白徒之卒：未经训练的新征士兵。重莱之柴贾：提高莱国

薪柴的价格。 ③ 奇出：特产。 ④ 尽：换尽。并：兼并。⑤ 释：放弃。治柴：从事薪柴生产。反农：重新从事农业生产。反：同“返”。 ⑥ 止柴：停止购买薪柴。 ⑦ 三百七十：三百七十钱，指莱、莒两国的粮价。十钱：齐国的粮价。

［原文］

桓公问于管子曰：“楚者，山东之强国也，其人民习战斗之道①。举兵伐之，恐力不能过。兵弊于楚，功不成于周，为之奈何②？”管子对曰：“即以战斗之道与之矣③。”公曰：“何谓也？”管子对曰：“公贵买其鹿。”桓公即为百里之城，使人之楚买生鹿。楚生鹿当一而八万④。管子即令桓公与民通轻重，藏谷什之六⑤。令左司马伯公将白徒而铸钱于庄山⑥。令中大夫王邑载钱二千万，求生鹿于楚。楚王闻之，告其相曰：“彼金钱，人之所重也，国之所以存，明王之所以赏有功。禽兽者群害也，明王之所弃逐也。今齐以其重宝贵买吾群害，则是楚之福也，天且以齐私楚也⑦。子告吾民急求生鹿，以尽齐之宝。”楚人即释其耕农而田鹿⑧。管子告楚之贾人曰：“子为我致生鹿二十，赐子金百斤，什至而金千斤也⑨。”则是楚不赋于民而财用足也。楚之男子居外，女子居涂⑩。隰朋教民藏粟五倍，楚以生鹿藏钱五倍⑪。管子曰：“楚可下矣。”公曰：“奈何？”管子对曰：“楚钱五倍，其君且自得而修谷，钱五倍，是楚强也⑫。”桓公曰：“诺。”因令人闭关，不与楚通使。楚王果自得而修谷，谷不可三月而得也，楚籴四百⑬。齐因令人载粟处芊之南，楚人降齐者十分之四⑭。三年而楚服。

[注释] ① 山东：古时太行山以东统称山东。 ② 弊：败。功不成于周：不能为周天子立功。 ③ 与：当，应对。 ④ 之：往，去。楚生鹿当一而八万：楚国一只活鹿的价格是八万钱。当：值，等于。 ⑤ 什之六：十分之六。 ⑥ 伯公：人名，齐国大臣，下文“王邑”同。 ⑦ 天且以齐私楚：上天将把齐国送给楚国。 ⑧ 田：捕猎。 ⑨ 什至：贩来十倍的活鹿。 ⑩ 男子居外，女子居涂：男子在田野捕鹿，女子在路上接应。 ⑪ 楚以生鹿藏钱五倍：楚国因卖鹿而贮存了五倍的钱币。 ⑫ 且：将。自得而修谷：自以为得计转而从事农业生产。 ⑬ 四百：指楚国的粮价。 ⑭ 芊：楚地名。

[原文] 桓公问于管子曰：“代国之出，何有①？”管子对曰：“代之出，狐白之皮，公其贵买之②。”管子曰：“狐白应阴阳之变，六月而壹见。公贵买之，代人忘其难得，喜其贵买，必相率而求之。则是齐金钱不必出，代民必去其本而居山林之中③。离枝闻之，必侵其北④。离枝侵其北，代必归于齐。公其令齐载金钱而往⑤。”桓公曰：“诺。”即令中大夫王师北将人徒载金钱之代谷之上，求狐白之皮⑥。代王闻之，即告其相曰：“代之所以弱于离枝者，以无金钱也。今齐乃以金钱求狐白之皮，是代之福也。子急令民求狐白之皮以致齐之币，寡人将以来离枝之民⑦。”代人果去其本，处山林之中，求狐白之皮。二十四月而不得一。离枝闻之，则侵其北。代王闻之，大恐，则将其士卒葆于代谷之上⑧。离枝遂侵其北，王即将其士卒愿以下齐⑨。齐未亡一钱币，修使三年而代服。

[注释] ① 代：古国名，在今河北蔚县周围。出：出产的物品。 ② 狐白

之皮：银狐皮。银狐又称白狐，平常毛棕色或青灰色，冬季变为白色，其毛皮用于制裘，非常名贵。 ③ 去其本：抛弃农业生产。 ④ 离枝：古国名，参见《小匡》篇注。 ⑤ 其：原本作“因”，据王念孙说校改。 ⑥ 王师北：人名。 ⑦ 致：换取。来：招致。 ⑧ 葆于代谷之上：退守在代谷之上。 ⑨ 愿以下齐：愿意归服齐国。

［原文］

桓公问于管子曰：“吾欲制衡山之术，为之奈何①？”管子对曰：“公其令人贵买衡山之械器而卖之②。燕、代必从公而买之，秦、赵闻之，必与公争之，衡山之械器必倍其贾③。天下争之，衡山械器必什倍以上④。”公曰：“诺。”因令人之衡山求买械器，不敢辩其贵贾⑤。齐修械器于衡山十月，燕、代闻之，果令人之衡山求买械器；燕、代修三月，秦国闻之，果令人之衡山求买械器⑥。衡山之君告其相曰：“天下争吾械器，令其贾再什以上⑦。”衡山之民释其本，修械器之巧⑧。齐即令隰朋漕粟于赵，赵粜十五，隰朋取之石五十⑨。天下闻之，载粟而之齐。齐修械器十七月，修籴五月，即闭关不与衡山通使。燕、代、秦、赵即引其使而归⑩。衡山械器尽，鲁削衡山之南，齐削衡山之北。内自量无械器以应二敌，即奉国而归齐矣⑪。

［注释］

① 吾欲制衡山之术：我想要一个控制衡山国的方法。 ② 械器：指攻战的武器装备。 ③ 倍其贾：价格增长一倍。 ④ 什倍以上：指价格。 ⑤ 不敢辩其贵贾：不敢压低价格。 ⑥ 修：购置。 ⑦ 贾：原本作“买”，据朱东光本校改。什以上：什倍以上。 ⑧ 修械器之巧：发展制造武器装备的技术。 ⑨ 漕粟：从水路购买运输粮食。十五：每石十五钱。石五十：每石五十钱。 ⑩ 引：召。 ⑪ 内：指衡山国内。奉：献。

轻重己第八十五

［解题］

本篇为轻重的第六篇，与前几篇不同，本篇叙述的是时令、时政，包括农业生产的安排。

［原文］

清神生心，心生规，规生矩，矩生方，方生正，正生历，历生四时，四时生万物①。圣人因而理之，道遍矣②。

［注释］

① 历：时历。　② 因：根据，利用。理：治理。遍：完备。

［原文］

以冬日至始，数四十六日，冬尽而春始①。天子东出其国四十六里而坛，服青而绕青，搢玉忽，带玉监，朝诸侯卿大夫列士，循于百姓，号曰祭日，牺牲以鱼②。发出令曰："生而勿杀，赏而勿罚，罪狱勿断，以待期年③。"教民樵室钻鐩，墐灶泄井，所以寿民也④。耜、耒、耨、欘、鉊、鈶、乂、橿、欋、渠、绳、緤，所以御春夏之事也，必具⑤。教民为酒食，所以为孝敬也。民生而无父母谓之孤子，无妻无子谓之老鳏，无夫无子谓之老寡。此三人者，皆就官而众，可事者不可事者，食如言而勿遗⑥。多者为功，寡者为罪，是以路无行乞者也⑦。路有行乞者，则相之罪也。天子之春令也。

［注释］

① 冬日至：冬至。　② 国：国都。坛：立祭坛。服青而绕青：穿青色衣服，戴青色冠冕。绕：同"冕"。搢玉忽：插带玉制的笏板。忽：通"笏"。原本作"総"，据王念孙说校改。带玉监：佩带玉制的饰镜。监：

同“鉴”。循:同“徇”,公示政令。 ③ 期年,满一年,即秋天。 ④ 樵:用柴炭烘烤。钻燧:钻木取火。墐灶:用泥涂修灶膛。泄井:淘井。寿民:保民,养民。 ⑤ 耜:铧犁。耒:犁。耨:小锄。欘:镢,刨地的农具。原本作“怀”,据张佩纶说校改。铚:读音 zhāo,镰。铦:读音 sì,镰柄。乂:通“刈”,镰刀。橿:读音 jiāng,锄柄。《释名》:“齐人谓其柄曰橿。”欋:四齿杷。《释名》:“齐鲁谓四齿杷为欋。”原本作“权”,据何如璋说校改。渠:杷的别名。绳:原本作“绲”,“绳”字之误,据王念孙说校正。緤:通“绁”,马缰绳。御春夏之事:用来从事春夏的农业生产。 ⑥ 三人:指上述三类人。众:终。以上四句的意思是:以上所说的孤、鳏、寡三类人,都要收容到官府供养终身,能干事的和不能干事的,都要根据能力大小确定赡养标准,不能遗漏。 ⑦ 多者、寡者:指收容三类人数的多少。

[原文]

以冬日至始,数九十二日,谓之春至①。天子东出其国九十二里而坛,朝诸侯卿大夫列士,循于百姓,号曰祭星,十日之内,室无处女,路无行人②。苟不树艺者,谓之贼人③;下任之地,上任之天,谓之不服之民④;处里为下陈,处师为下通,谓之役夫⑤。三不树而主使之⑥。天子之春令也。

[注释]

① 春至:春分。 ② 处女:指赋闲在家的女子。 ③ 苟:如果。树艺:耕种。 ④ 任:依靠。原本为“作”,据张佩纶说校改。不服之民:不服教化的百姓。 ⑤ 处里:在乡里。下陈:下等。处师:在军队。下通:下等。役夫:古时对贱者的称呼。 ⑥ 三不树:即贼人、不服之民、役夫三种不耕种的人。主使之:主管的官吏要强制他们劳动。

[原文]

以春日至始,数四十六日,春尽而夏始①。天子服黄而静处,朝诸侯卿大夫列士,循于百姓,发号出令曰:"毋聚大众,毋行大火,毋断大木、诛大臣,毋斩大山,毋戮大衍[2]。灭三大而国有害也[3]。"天子之夏禁也。

[注释] ① 春日至:即春至,春分。 ② 行大火:引发大火。诛:责。斩:伐。戮大衍:斩伐沼泽。 ③ 灭三大:指断大木、斩大山、戮大衍。

[原文] 以春日至始,数九十二日,谓之夏至,而麦熟。天子祀于太宗,其盛以麦[1]。麦者,谷之始也。宗者,族之始也。同族者入,殊族者处[2]。皆齐,大材,出祭王母[3]。天子之所以主始而忌讳也[4]。

[注释] ① 太宗:太庙。盛:祭祀时放在祭器内的谷类。 ② 殊:异,不同。处:指在外。 ③ 齐:同"斋",斋戒。大材:指祭祀用的物品。王母:祖母。 ④ 主始:重视本族的根本。忌讳:先王死日为忌,名为讳,这里指追思祖先。

[原文] 以夏日至始,数四十六日,夏尽而秋始,而黍熟。天子祀于太祖,其盛以黍[1]。黍者,谷之美者也。祖者,国之重者也。大功者太祖,小功者小祖,无功者无祖[2]。有功者皆称其位而立沃,无功者观于外[3]。祖者所以功祭也,非所以戚祭也[4]。天子之所以异贵贱而赏有功也[5]。

[注释] ① 太祖:太庙。祖:祖庙。 ② 大功者太祖:有大功者祭于太庙。太:同"大"。 ③ 有功:原本为"无功",下文无功原本为"有功",据猪饲彦博及张佩纶说校改。称其位而立沃:按其职位站立行祭礼。沃:通"饫",站着行饮酒礼。 ④ 功祭:因功而祭。戚祭:因亲族远近而祭。 ⑤ 异:别,区分。

[原文] 以夏日至始,数九十二日,谓之秋至。秋至而

禾熟。天子祀于太惢①。西出其国百三十八里而坛，服白而绕白，搢玉忽，带锡监，吹埙箎之风，凿动金石之音，朝诸侯卿大夫列士，循于百姓，号曰祭月，牺牲以彘②。发号出令："罚而勿赏，夺而勿予；罪狱诛而勿生，终岁之罪，毋有所赦③。"作衍牛马之实，在野者王④。天子之秋计也。

[注释] ① 太惢：据安井衡说即心宿。心宿三星，故其字作"惢"。② 忽：笏。原本作"緫"，据王念孙说校改。锡监：锡制饰镜。埙：陶制的吹奏乐器。箎：竹制的乐器。凿动：打击。金石：指钟磬类打击乐器。彘：猪。　③ 罪：罪犯。赦：赦免。　④ 衍：繁殖。实：充满。王：同"旺"。本句大意为：此时牛马繁殖兴旺，遍布原野。

[原文] 以秋日至始，数四十六日，秋尽而冬始。天子服黑绕黑而静处，朝诸侯卿大夫列士，循于百姓，发号出令曰："毋行大火，毋斩大山，毋塞大水，毋犯天之隆①。"天子之冬禁也。

[注释] ① 塞：堵塞。毋犯天之隆：不要冒犯上天的威严。隆：高尊。

[原文] 以秋日至始，数九十二日，天子北出九十二里而坛，服黑而绕黑，朝诸侯卿大夫列士，号曰祭辰①。趣山人断伐，具械器②；趣菹人薪雚苇，足蓄积③。三月之后，皆以其所有易其所无，谓之大通三月之蓄④。

[注释] ① 祭辰：祭祀北极星。原本作"发繇"，据郭沫若说校改。② 趣：督促。山人：山居之民。具：准备。　③ 菹人：居住在沼泽边上的人。薪雚苇：割取雚和芦苇做柴草。　④ 大通三月之蓄：各以三个月的积蓄进行大规模交换。

[原文] 凡在趣耕而不耕，民以不令，不耕之害也①。宜芸而不芸，百草皆存，民以仅存，不芸之害也②。宜获而不获，风雨将作，五谷以削，士民零落，不获之害也③。宜藏而不藏，雾气阳阳，宜死者生，宜蛰者鸣，不藏之害也④。张耜当弩，铫耨当剑戟，获渠当胁䩡，蓑笠当栋橹，故耕械具则战械备矣⑤。

[注释] ① 趣耕而不耕：督促耕种而不耕种。民以不令：百姓因此而不好。令：善。　② 芸：通“耘”，锄草。仅存：仅能维持生存。　③ 削：减收。零落：减少。　④ 蛰：蛰居冬眠。　⑤ 铫：大锄。耨：小锄。获渠：蓑衣。胁䩡：护胸胁的铠甲。蓑笠：斗笠。栋橹：盾牌。

轻重庚第八十六（亡）

主要参考书目

《管子补注》二十四卷,[明]刘绩撰,万历七年朱东光刊中都四子本。

《管子榷》二十四卷,[明]朱长春撰,万历四十年张维枢刊本。

《管子纂》二卷,[明]张榜撰,万历三十九年刊管韩合纂本。

《管子评注》,[明]沈鼎新撰,姑苏聚文堂刊本。

《管子评林》,[明]翁正春撰,注释续九子全书本。

《管子》二卷,[明]归有光辑评,诸子汇函本。

《诠叙管子成书》,[明]梅士享撰,天启五年刻本。

《删定管子》一卷,[清]方苞撰,抗希堂十六种本。

《管子补正》,[日本]猪饲彦博撰,日本宽政十年(清嘉庆三年)刊本。

《管子义证》八卷,[清]洪颐煊撰,嘉庆十七年刊积学斋丛书本。

《管子校正》二十四卷,[清]戴望撰,诸子集成本,上海书店1986年影印。

《管子纂诂》,[日本]安井衡撰,日本元治元年(清同治三年)刊本。

《管子析疑》,[清]何如璋撰,稿本。

《管子学》,[清]张佩纶撰,台北商务印书馆1971年影印本。

《管子识误》一卷,[清]宋翔凤撰,周秦诸子斠注十种本。

《管子校》一卷,[清]许光清撰,丛书集成初编本。

《管子》二十四卷,[清]吴汝纶点勘,桐城吴先生点勘诸子七种本。

《管子集注》,[清]王仁俊撰,稿本。

《读管子》一卷,[清]许玉瑑撰,诗契斋十种本。

《弟子职笺释》一卷,[清]洪亮吉撰,洪北江全集本。

《弟子职集解》一卷,[清]庄述祖撰,丛书集成初编本。

《管子地员篇注》,[清]王绍兰撰,寄虹山馆刻本。

《弟子职古本考注》一卷，［清］王绍兰辑，萧山王氏十万卷楼辑佚七种本。

《弟子职注》一卷，［清］孙同元撰，丛书集成初编本。

《弟子职解诂》一卷，［清］桂文灿撰，南海桂氏经学本。

《读书杂志》，［清］王念孙、王引之撰，高邮王氏四种本，江苏古籍出版社 1985 年版。

《诸子评议》，［清］俞樾撰，春在堂全书本。

《慎宜轩笔记》，［清］姚永概撰，1926 年排印本。

《读诸子札记》，［清］陶鸿庆撰，艺文印书馆 1971 年版。

《舒艺室随笔》，［清］张文虎撰，同治十三年刊本。

《香草续校书》，［清］于鬯撰，中华书局 1982 年版。

《管子隐义》一卷，［清］邵瑞彭撰，邵次公遗著本。

《倦游庵椠记·子通》，［清］周悦让撰，齐鲁书社 1996 年版。

《读管子寄言》，［清］宋枬撰，光绪十年刊本。

《管子余义》，［近代］章炳麟撰，章太炎全集本，上海人民出版社 1986 年版。

《管子斠补》，［近代］刘师培撰，1936 年宁武南氏刊印刘申叔遗书本。

《札迻》，［近代］孙诒让撰，光绪二十年刻本。

《管子校释》，［近代］颜昌峣著，岳麓书社 1996 年版。

《管子新释》，［民国］尹桐阳撰，1928 年排印本。

《管子校义》，［民国］李哲明撰，北京公记印书局 1931 年排印本。

《管子补注疏义》，［民国］庞树典撰，1931 年常熟开文社排印本。

《管子今诠》，［民国］石一参撰，中国书店 1988 年版。

《管子通释》二十四卷，附管子之研究一卷，［民国］支伟成撰，泰东书局 1924 年版。

《管子》一卷，［民国］张之纯评注，评注诸子精华录本。

《诸子学述》，［民国］罗焌撰，商务印书馆 1935 年版。

《管子参解》，［清］金廷桂撰，1922 年排印本。

《双剑誃诸子新证》，于省吾撰，中华书局1962年版。

《管子四篇疏证》，张舜徽撰，见《周秦道论发微》，中华书局1982年版。

《管子四篇诠释》，陈鼓应撰，三民书局2003年版。

《罗根泽说诸子》，罗根泽撰，上海古籍出版社2001年版。

《诸子斠证》，王叔岷撰，世界书局1964年版。

《管子集校》，郭沫若、闻一多、许维遹等撰，科学出版社1956年版。

《管子地员篇校释》，夏纬英撰，农业出版社1981年版。

《吕氏春秋上农等四篇校释》，夏纬英撰，农业出版社1956年版。

《中国思想通史》，侯外庐、赵纪彬、杜国庠著，人民出版社1959年版。

《十一家注孙子》，曹操等撰，中华书局1961年版。

《春秋哲学史论集》，关锋、林聿时著，人民出版社1963年版。

《韩非子集释》，陈奇猷撰，上海人民出版社1974年版。

《国语》，上海师院古籍整理组校点，上海古籍出版社1978年版。

《管子轻重篇新诠》，马非百撰，新编诸子集成本，中华书局1979年版。

《管子经济篇文注释》，北京经济学院管子思想研究组，江西人民出版社1980年版。

《中国哲学史教学资料选辑》，北京大学哲学系中国哲学史教研室选注，中华书局1981年版。

《晏子春秋集释》，吴则虞著，新编诸子集成本，中华书局1982年版。

《管子注译》，赵守正撰，广西人民出版社1982年版。

《十批判书》，郭沫若著，《郭沫若全集·历史编》，人民出版社1982年版。

《青铜时代》，郭沫若著，《郭沫若全集·历史编》，人民出版社1982年版。

《先秦诸子杂考》，金德建著，中州书画社1982年版。

《中国哲学史新编》，冯友兰著，1980年修订本，人民出版社1982年版。

《中国哲学发展史》(先秦卷),任继愈主编,人民出版社 1983 年版。

《盐铁论校注》(增订本),王利器撰,天津古籍出版社 1983 年版。

《吕氏春秋校释》,陈奇猷撰,学林出版社 1984 年版。

《中国经济思想史资料选辑》,巫宝三主编,中国社会科学出版社 1985 年版。

《管子评传》,[清]梁启超著,诸子集成本,上海书店 1986 年影印。

《管子研究》,第一辑,山东人民出版社 1987 年版。

《管子今注今译》,李勉撰,台北商务印书馆 1988 年版。

《管子通解》,赵守正撰,北京经济学院出版社 1989 年版。

《管子经济思想研究》,巫宝三著,中国社会科学出版社 1989 年版。

《管子思想研究》,徐汉昌著,台湾学生书局 1990 年版。

《管子析论》,谢云飞著,台湾学生书局 1990 年版。

《管子与齐文化》,北京经济学院出版社 1990 年版。

《管子全译》,谢浩范、朱迎平著,贵州人民出版社 1991 年版。

《稷下钩沉》,张秉楠辑注,上海古籍出版社 1991 年版。

《稷下学史》,刘蔚华、苗润田著,中国广播电视出版社 1992 年版。

《管子经略思想研究》,王秀珠、李英森、陆绍昌著,香港新世纪出版社 1992 年版。

《管子学案》,[民国]戴濬著,学林出版社 1994 年版。

《管子新探》,胡家聪著,中国社会科学出版社 1995 年版。

《诸子笺校商补》,刘如瑛著,山东教育出版社 1995 年版。

《管子述评》,汤孝纯著,东大图书公司 1995 年版。

《古文献丛论》,李学勤著,上海远东出版社 1996 年版。

《先秦学术概论》,吕思勉著,东方出版中心 1996 年版。

《管子十日谈》,王德敏等著,安徽文艺出版社 1997 年版。

《管子简释》,钟肇鹏、孙开泰、陈升校释,齐文化丛书本,齐鲁书社 1997 年版。

《帛书四种》，葛荃、曹全禄注释，齐文化丛书本，齐鲁书社 1997 年版。

《管理宝典——管子与中国文化》，袁闯著，河南大学出版社 1998 年版。

《稷下学研究——中国古代的思想自由与百家争鸣》，白奚著，生活·读书·新知三联书店 1998 年版。

《管子直解》，周瀚光、朱幼文、戴洪才撰，复旦大学出版社 2000 年版。

《管仲评传》，战化军著，齐鲁书社 2001 年版。

《郭店竹简与先秦学术思想》，郭沂著，上海教育出版社 2001 年版。

《管子货币思想考释》，张友直著，北京大学出版社 2002 年版。

《管子经济伦理思想研究》，周俊敏著，岳麓书社 2003 年版。

《管子校注》，黎翔凤撰，新编诸子集成本，中华书局 2004 年版。

《清代诸子学研究》，刘仲华著，中国人民大学出版社 2004 年版。

《管子研究》，池万兴著，高等教育出版社 2004 年版。

《管子研究》，张固也著，齐鲁书社 2006 年版。

《管子文献学研究》，郭丽著，中国海洋大学出版社 2007 年版。

图书在版编目（CIP）数据

管子新注／姜涛著．—济南：齐鲁书社，2009.4(2015.9 重印)
（齐鲁文化经典文库）
ISBN 978-7-5333-2170-3

Ⅰ.管… Ⅱ.姜… Ⅲ.管子—注释 Ⅳ.B226.12

中国版本图书馆 CIP 数据核字(2009)第 017027 号

齐鲁文化经典文库
管子新注
姜涛 著

主管单位	山东出版传媒股份有限公司
出版发行	齊魯書社
社　　址	济南市英雄山路 189 号
邮　　编	250002
网　　址	www.qlss.com.cn
电子邮箱	qilupress@126.com
印　　刷	山东临沂新华印刷物流集团有限责任公司
开　　本	720mm×1020mm　1/16
印　　张	37.75
插　　页	3
字　　数	525 千
版　　次	2009 年 4 月第 1 版
印　　次	2015 年 9 月第 2 次印刷
标准书号	ISBN 978—7—5333—2170—3
定　　价	**79.00 元**